LAS GUERRAS DE NAPOLEÓN

SERIE MAYOR

CHARLES ESDAILE

LAS GUERRAS DE NAPOLEÓN

UNA HISTORIA INTERNACIONAL, 1803-1815

Traducción castellana de
Miguel Ángel Martín Mas

CRÍTICA
BARCELONA

Título original:
Napoleon's Wars. An International History, 1803-1815
Allen Lane. Penguin Group, Londres

Diseño de la colección: Enric Satué
Diseño de la cubierta: Jaime Fernández
Ilustración de la cubierta: Carga de la Guardia Imperial rusa contra la infantería de Soult en los altos de Pratzen. National Army Museum, Londres
Realización: Ātona, S.L.

Crítica, S.L., Diagonal, 662-664, 08034 Barcelona
editorial@ed-critica.es
www.ed-critica.es
ISBN: 978-84-7423-753-5
Depósito legal: M-14690-2009
Impreso en España
2009.– Dédalo Offset, S.L. (Madrid)

A mi madre,
Elizabeth Alice Ellen Esdaile,
con todo mi amor

PREFACIO Y AGRADECIMIENTOS

¿Conquistador o libertador? ¿Agresor o víctima? ¿Pecador o santo? ¿Verdugo o mártir? Durante doscientos años Napoleón y su política exterior han sido origen de una polémica constante; y no parece que ésta vaya a terminar, y mucho menos a resolverse. Las razones que explican esta situación están meridianamente claras. A lo largo de su vida, Napoleón tuvo una preocupación constante por entrar a formar parte de la posteridad, y lo cierto es que su exilio en la pequeña isla de Santa Elena le proporcionó una excelente oportunidad de, literalmente, hacer historia. Gracias a la publicación de sus conversaciones, a las entrevistas que concedió a invitados y viajeros que pasaron por su residencia y a las memorias que sus compañeros de exilio escribieron animados por él, Napoleón logró superar los confines de la tumba y el destierro para crear una versión de lo acontecido a la que los historiadores han sido incapaces de sustraerse.

Más que ningún otro personaje histórico, Napoleón ha tenido la capacidad de inspirar a un leal grupo de admiradores para que dedicaran sus vidas a una cruzada en defensa de su reputación. Armados con las «Sagradas Escrituras» entregadas en el monte de Santa Elena, y auxiliados por una serie de compañeros de viaje, políticos e historiadores, estos nuevos soldados de la grande armée* *han buscado, generación tras generación, persuadir al mundo de que su héroe solamente deseaba defender el honor de Francia, continuar la obra de la Revolu-*

* En francés en el original. Literalmente «gran ejército», denominación habitual para referirse al ejército de Napoleón. (*N. del t.*)

ción Francesa, liberar al resto de Europa de las cadenas del ancien régime *e incluso crear una Europa unida que se hubiera convertido en la precursora de la actual Unión Europea. A la carga una y otra vez, han mantenido el debate abierto y, entre otras cosas, han hecho posible que se escriba este libro. En realidad, no solamente lo han hecho posible, sino que lo han convertido en absolutamente necesario, ya que sus argumentos son tan poderosos y atractivos que han terminado por ganar la batalla de la opinión pública. Personas que nunca han oído hablar de Brumario, Marengo, Austerlitz o Wagram, sin embargo, «saben» que Napoleón, de algún modo, representa la libertad, el progreso y el ascenso del hombre común. Además, el nombre de Napoleón como marca y la importancia del personaje han triunfado, sin lugar a dudas, en el mundo de la publicidad (y quizá en el del cine: Napoleón no es solamente una de las personalidades sobre las que más libros se han escrito, sino que también está reconocido como el que, tras Jesucristo, ha sido retratado más veces en diferentes películas).*

La idea de que un único libro pueda dar la vuelta a esta situación puede parecer un tanto ingenua pero creo que, de todas formas, merece la pena intentarlo. Así que el Napoleón al que la opinión pública tiene en tan alta estima, el Napoleón que hasta la fecha ejerce tan grande influjo sobre la imaginación de la gente es el Napoleón que el mismo emperador quiso que viéramos, el Napoleón que primero se dio a conocer en los boletines imperiales y luego en miles de copias de Le Moniteur, *y que más tarde se consagró en la leyenda de Santa Elena. Por la misma razón, todos los argumentos empleados y los que quedan por emplear para crear una imagen positiva del emperador son, en efecto, los argumentos del mismo Napoleón. Cada uno de esos argumentos es, por lo menos, cuestionable, y en la actualidad hay pocos historiadores profesionales que los tomen en consideración. Pero los historiadores profesionales raramente captan la atención que merecen, así que el primer propósito de este libro es, por lo tanto, sintetizar sus trabajos e incluirlos en el debate de que tan frecuentemente han estado ausentes.*

Pero Las guerras de Napoleón *no es solamente una contribución más para alimentar la polémica napoleónica. Es también un intento de tratar el tema desde una perspectiva diferente de la que podríamos denominar como «estándar». En esencia, el tema de las guerras napoleónicas se ha tratado hasta ahora, bien desde una única óptica, o bien a través de una de las dos ópticas predominantes. En resumen, los que desean acercarse al tema, se ven, en cierto modo, obligados a hacerlo a través de una biografía de Napoleón o por medio de un estudio de sus campañas. Como géneros históricos, estas aproximaciones no tienen nada de malo, pero ambas presentan ciertas limitaciones, ya que se centran demasiado en una historia claramente unidimensional, se limitan a vender un relato, sin más, o bien recuentan una historia que se ha contado una y otra vez. En consecuencia, una revisión de conjunto de la historiografía de las guerras napoleónicas siempre dejará un regusto amargo en el paladar del investigador. Lo que invariablemente nos encontramos es una letanía de batallas de Napoleón, pero las guerras napoleónicas no fueron solamente las batallas de Napoleón, sino que hubo otros escenarios de guerra —tales como la península Ibérica, Italia, los Balcanes o Escandinavia— a los que el emperador nunca tuvo la gracia de concederles su presencia o bien los visitó muy brevemente. De estos otros escenarios, todos ellos situados en la periferia del continente, solamente el primero ha recibido un tratamiento en detalle (aunque, lamentablemente, en general de forma sesgada). Así llegamos al segundo objetivo de* Las guerras de Napoleón*: escribir una historia de las guerras napoleónicas que refleje su dimensión paneuropea y que no se centre solamente en Francia. Para hacer esto, he tenido que rellenar muchos huecos, y el resultado es, de algún modo, curioso, puesto que he tenido que emplear mucha más tinta en el tratamiento de la revuelta serbia de 1804 que en el de la batalla de Austerlitz, por ejemplo. Pero, siendo así las cosas, no pienso pedir disculpas; no tendría mérito ni serviría de nada desperdiciar palabras en narraciones que ya se han hecho antes en multitud de ocasiones.*

Relacionado con este tema está el tercer objetivo de Las guerras de Napoleón. *Aunque esto no queda para nada claro en la historiografía convencional, el hecho es que Napoleón no existió en el vacío. Como la Revolución Francesa antes que él, emergió en una Europa cuya historia internacional estuvo dominada no tanto por lo acontecido en Occidente, sino más bien por lo acontecido en el Este. Los principales puntos calientes de aquella época eran, sobre todo, Polonia y el Imperio Otomano, y las maniobras que se centraron sobre estos dos estados —uno difunto hacia 1800 y el otro convertido ya por entonces en el proverbial «hombre enfermo» de Europa (aunque realmente se trataba de un enfermo que hacía verdaderos esfuerzos por superar su enfermedad)—. Estas dos realidades no se vieron afectadas ni por los acontecimientos de 1789 ni por los de 1799. Lo que este libro intenta hacer, así, es colocar las guerras napoleónicas en su verdadero contexto. La idea, realmente, no es original —publicada en 1995, la magistral* Transformación de la política europea, *de Paul Schroeder, también nació con ese propósito—, pero el presente libro es el primer intento de observar las guerras napoleónicas solamente bajo este prisma. Mientras que Schroeder pretende lo mismo, sin duda mucho más elegantemente, él lo hace en el contexto de un estudio que abarca todo el periodo comprendido entre 1763 y 1848 y no se presenta muy bien a sí mismo como una de las más importantes contribuciones del siglo* XX *a la polémica napoleónica.*

Durante la preparación de esta edición española de Napoleon's Wars: an International History,* *consideré adecuado añadir algunos comentarios sobre las obras publicadas en castellano sobre el emperador y sus guerras. Sin embargo, la búsqueda en los depósitos de la Biblioteca Nacional, entre otros, me ha resultado bastante decepcionante. A pesar de la importancia para la historia moderna de España de los acontecimientos sucedidos en el periodo entre 1808 y 1814, se han publicado muy pocas obras de importancia dedicadas a la época napoleónica por autores españoles. No se encuentra ninguna historia internacional ni militar sobre el conflicto, por ejemplo, y la única que este autor ha sido capaz de encontrar a este respecto es una obra dedicada a la intervención de Napoleón en España en 1808 —M. Moreno Alonso,* Napoleón: la aventura de España *(Sílex, Madrid, 2004)—, otra de utilidad sobre los acontecimientos relacionados con Trafalgar —A. Guimerá Rabina,* Trafalgar y el mundo atlántico *(Marcial Pons, Madrid, 2004)— y una tercera —J. Mercader Riba,* José Bonaparte, rey de España, 1808-1813 *(Consejo de Investigaciones Superiores, Madrid, 1971)— que contiene bastantes detalles sobre la tormentosa relación entre Napoleón y uno de sus monarcas satélites, además de una u otras dos en las que se ha intentado narrar la guerra dentro del contexto europeo: E. De Diego García,* España, el infierno de Napoleón: 1814-1814, una historia de la Guerra de la Independencia *(La Esfera de los Libros, Madrid, 2008) y E. Martínez Ruiz,* La Guerra de la Independencia (1808-1814): claves españolas de una crisis europea *(Sílex, Madrid, 2007).*

* Título original de la obra en inglés. (*N. del t.*)

Aparte de estos textos, los estudiantes solo pueden recurrir a unas cuantas biografías de Napoleón, e incluso éstas no son muy abundantes; existe, es cierto, la monografía de Jesús Pavón, Las ideas y sistema napoleónicos *(Instituto de Estudios Políticos, Madrid, 1944), pero no es fiable en cuanto a su sesgo político y se encuentra muy desfasada. Tampoco las biografías de Napoleón en español destacan por su calidad. Por ejemplo, la obra de E. Sotillos,* Napoleón: de soldado a emperador *(Toray, Barcelona, 1990) es una historia para niños en formato de cómic, y la de D. del Olmo,* Napoleón *(Ramón Sopena, Barcelona, 1968) es una versión seminovelada de la vida del emperador que carece incluso de bibliografía. Entre las obras con mayores pretensiones se encuentran las de M. Moreno Alonso,* Napoleón: de ciudadano a emperador *(Sílex, Madrid, 2005); M. Sol López,* Napoleón *(Nauta, Barcelona, 1991); F. L. Cardona Castro,* Napoleón *(Edimat Libros, Madrid, 2002) y R. González Flórez,* Un tal Buonaparte: itinerario de una ambición *(Aldebarán, Madrid, 2002). Sin embargo, solo el primero de ellos —con mucho, la mejor obra disponible— pretende ser algo más que una historia narrativa, ciertamente muy aguda en sus percepciones sobre Napoleón, a quien el autor considera como poco más que la personificación de una ambición sin límites y sin escrúpulos. Y la cuarta de las obras no va más allá de 1799. Incluso con el boom de publicaciones impresas con motivo del bicentenario del levantamiento de 1808, la bibliografía es claramente limitada, al igual que las obras traducidas de algunos de los más importantes historiadores extranjeros, entre los que destaca D. G. Chandler,* Las campañas de Napoleón: un emperador en el campo de batalla. De Tolón a Waterloo *(La Esfera de los Libros, Madrid, 2005).**

Hasta aquí las razones y la justificación. Pasemos a los agradecimientos. Como siempre, mis deudas son múltiples. Mi agente, Bill Hamilton, es el primero de la lista; su sugerencia de escribir «un gran libro sobre Napoleón» encendió la mecha que me ha llevado hasta donde estoy ahora. Después viene mi editor de Penguin Books, Simon Winder, que ha sido la fe, la paciencia y el ánimo personificados, y su ayudante, Chloe Campbell, que ha soportado las congojas no solo de

* En el momento en que corrijo este prefacio recibo noticia de una obra muy recomendable que se ha publicado recientemente en castellano: E. Canales, *La Europa Napoleónica, 1792-1815* (Madrid, 2008). (*N. del autor.*)

un autor, sino de un ser humano cada vez más cansado, y que, además, es verdaderamente una de las joyas en la corona de Penguin. Como este trabajo es en muchos sentidos una síntesis, debería nombrar a continuación al personal de la British Library, de la Biblioteca Nacional de Madrid y finalmente al de la Sydney Jones Library de la Universidad de Liverpool; todos han hecho lo posible por satisfacer mis necesidades y han convertido el proceso de búsqueda en un placer. Además, también están mis colegas, y especialmente aquellos que trabajan en el campo de la historia napoleónica. Estoy especialmente agradecido a un grupo de ellos, entre los que debería nombrar a Marianne Elliot, Alan Forrest, Tim Blanning, Michael Broers, Rory Muir, Christopher Hall, Michael Rowe, Janet Hartley, Jeremy Black, Paul Schroeder, Enno Kraehe, Clive Emsley, Malcolm Crook, Desmond Gregory, Michael Duffy, John Lynn, Stuart Woolf, David Gates, Alexander Grab, Geoffrey Ellis, Donald Horward, Owen Connelly, Harold Parker, Jean Tulard, Phillip Dwyer, Brendan Simms, Rick Schneid y por último, pero no menos importantes, Gunther Rothenburg y David Chandler, quienes fallecieron poco antes de que terminara el manuscrito de esta obra. Por falta de espacio, me resulta imposible dar cuenta de la forma adecuada de las aportaciones de las personas que he nombrado y de otros muchos especialistas, pero quiero que conste mi agradecimiento hacia todos ellos y que soy plenamente consciente de que, sin su contribución, este libro probablemente no se hubiera escrito nunca. Muchos de ellos también me han ofrecido una profunda amistad, la mejor de las compañías y el más amable apoyo y aliento. Finalmente, debo referirme a mi familia, esos camp-followers* *tan heroicos y sufridos en la marcha como cualquiera de las pobres almas que marcharon penosamente tras los ejércitos de Napoleón; Alison, Andrew, Helen, Maribel y Bernardette han marchado conmigo a cada paso del largo camino que nos ha llevado de Amiens a Waterloo y, como sus predecesores, se merecen todo el reconocimiento del mundo.*

Por último, permítanme hacer referencia a algunas cuestiones técnicas. Todas las citas se han escrito en lengua moderna en términos de puntuación y ortografía, mientras que los vocablos anticuados se han

* Literalmente «seguidores del campamento». Se refiere a la multitud de civiles, esposas, hijos, artesanos, vendedores de todo tipo, etc. que seguían a los ejércitos en las campañas de la época napoleónica. (*N. del t.*)

evitado (así que Saragossa, por ejemplo, se ha traducido por Zaragoza, Leghorn como Livorno y Gothenburg como Goteborg). A diferencia de lo anterior, en los numerosos casos en los que en Escandinavia, Europa oriental y los Balcanes, los nombres extranjeros han cambiado al albur del desplazamiento de las fronteras, las identidades étnicas y las lealtades políticas, los nombres extranjeros se han dejado en la forma que resulte más familiar para los lectores de la historia napoleónica; para ver cuál es su forma moderna, consulten el glosario que se incluye al final del libro. Hay, sin embargo, unas cuantas excepciones. Referirme a Alejandría, Praga, Varsovia y Moscú con otros nombres sería algo afectado y poco útil, mientras que he sido completamente incapaz de averiguar el nombre moderno de un par de pequeñas poblaciones. Una de ellos es Plässtwitz, esa localidad de Silesia donde se firmó el armisticio entre Napoleón y sus enemigos rusos y prusianos en junio de 1813. De hecho, ni siquiera existe un acuerdo al respecto del nombre alemán de este lugar: «Plässtwitz» es solamente uno de los nombres que podemos encontrar en una lista que incluye: Parchwitz, Plaeswitz, Pleiswitz, Plasswitz y Pleschwitz. Por todas las deficiencias o inconsistencias y, por supuesto, los errores —todos míos— que el texto pueda contener, lo único que puedo ofrecer es mis sinceras disculpas.

CHARLES ESDAILE
Liverpool, 2 de noviembre de 2008

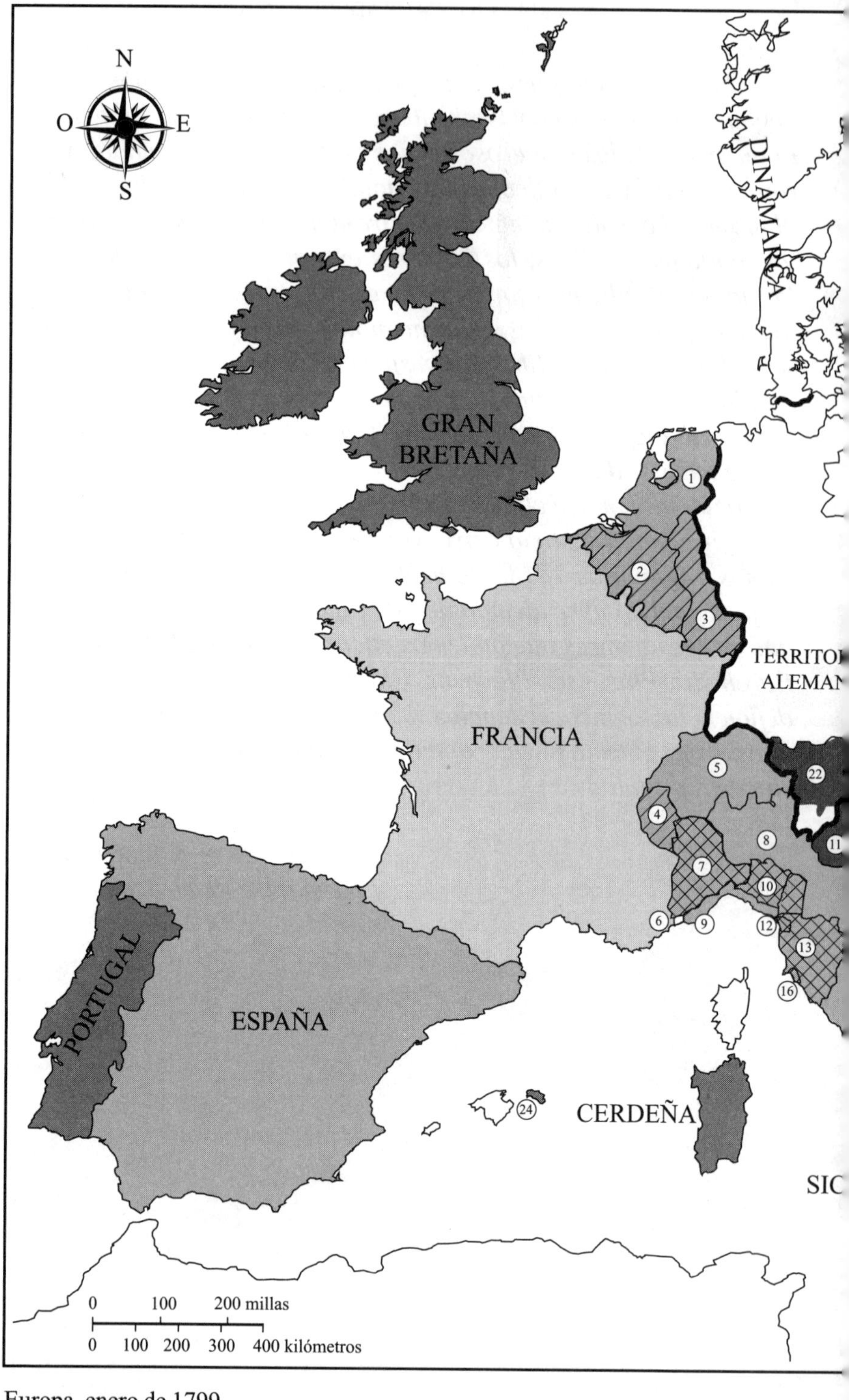

Europa, enero de 1799.

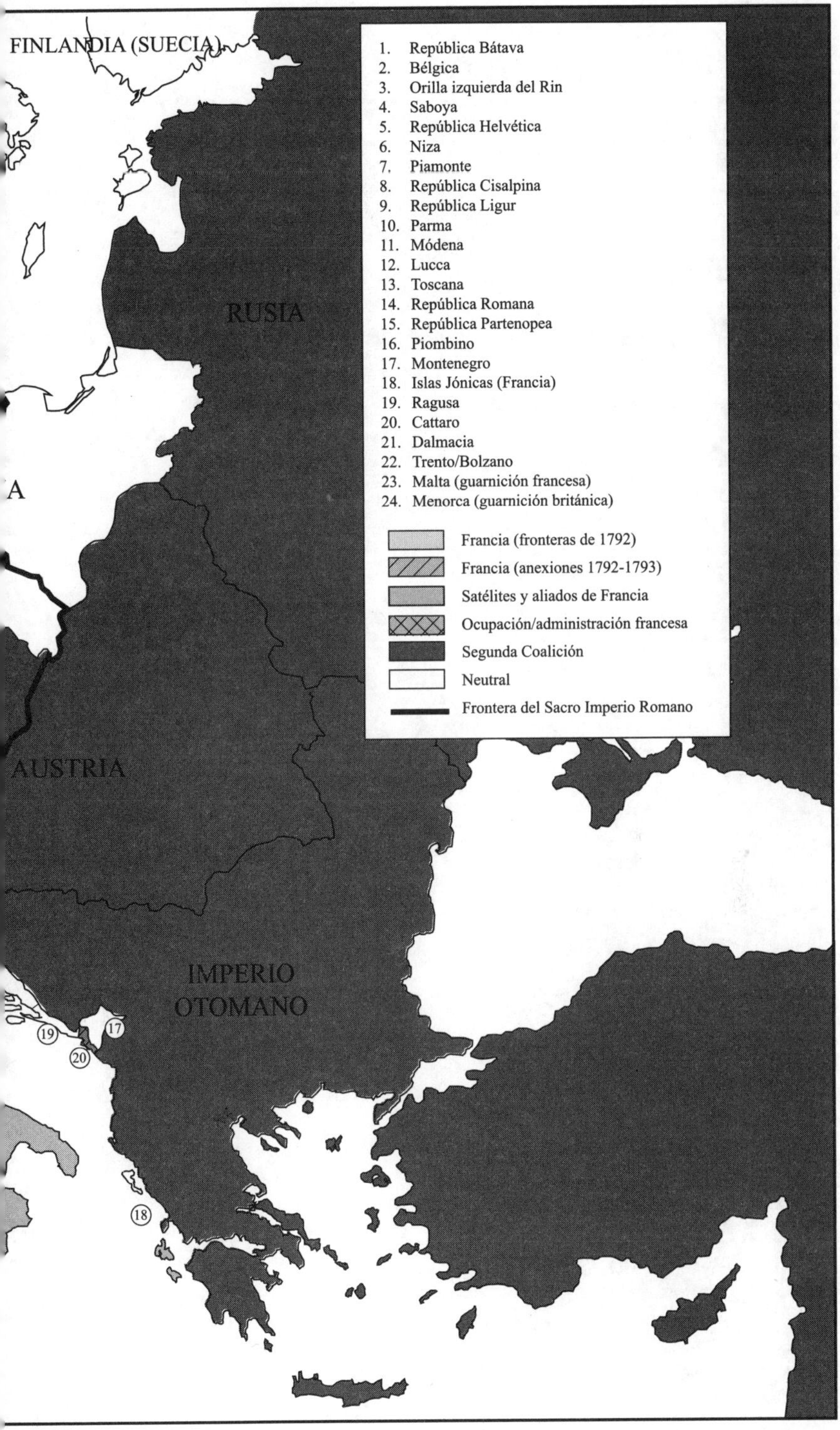
FINLANDIA (SUECIA)
RUSIA
A
AUSTRIA
IMPERIO OTOMANO
17
18
19
20
1. República Bátava
2. Bélgica
3. Orilla izquierda del Rin
4. Saboya
5. República Helvética
6. Niza
7. Piamonte
8. República Cisalpina
9. República Ligur
10. Parma
11. Módena
12. Lucca
13. Toscana
14. República Romana
15. República Partenopea
16. Piombino
17. Montenegro
18. Islas Jónicas (Francia)
19. Ragusa
20. Cattaro
21. Dalmacia
22. Trento/Bolzano
23. Malta (guarnición francesa)
24. Menorca (guarnición británica)
Francia (fronteras de 1792)
Francia (anexiones 1792-1793)
Satélites y aliados de Francia
Ocupación/administración francesa
Segunda Coalición
Neutral
Frontera del Sacro Imperio Romano

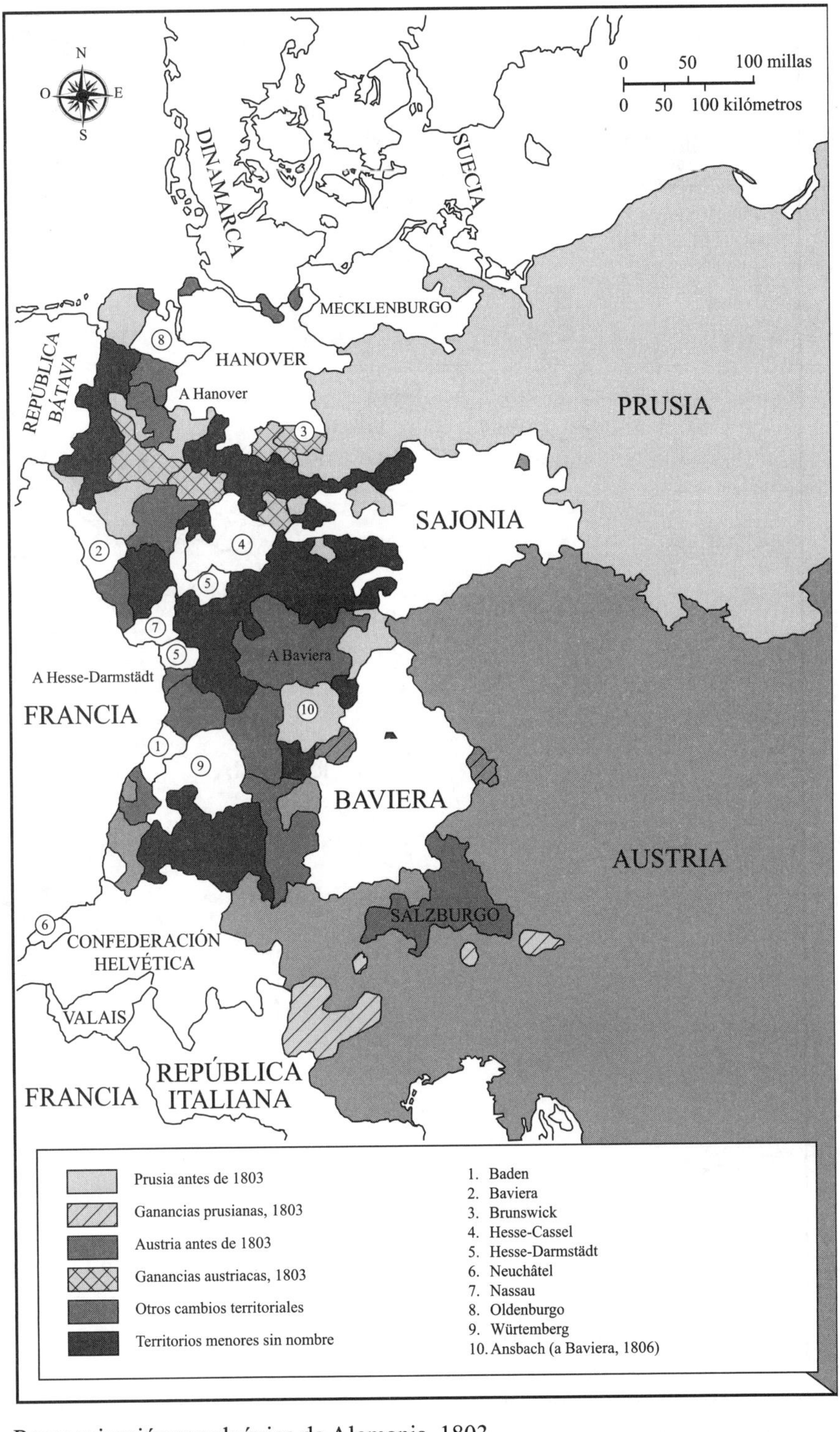

Reorganización napoleónica de Alemania, 1803.

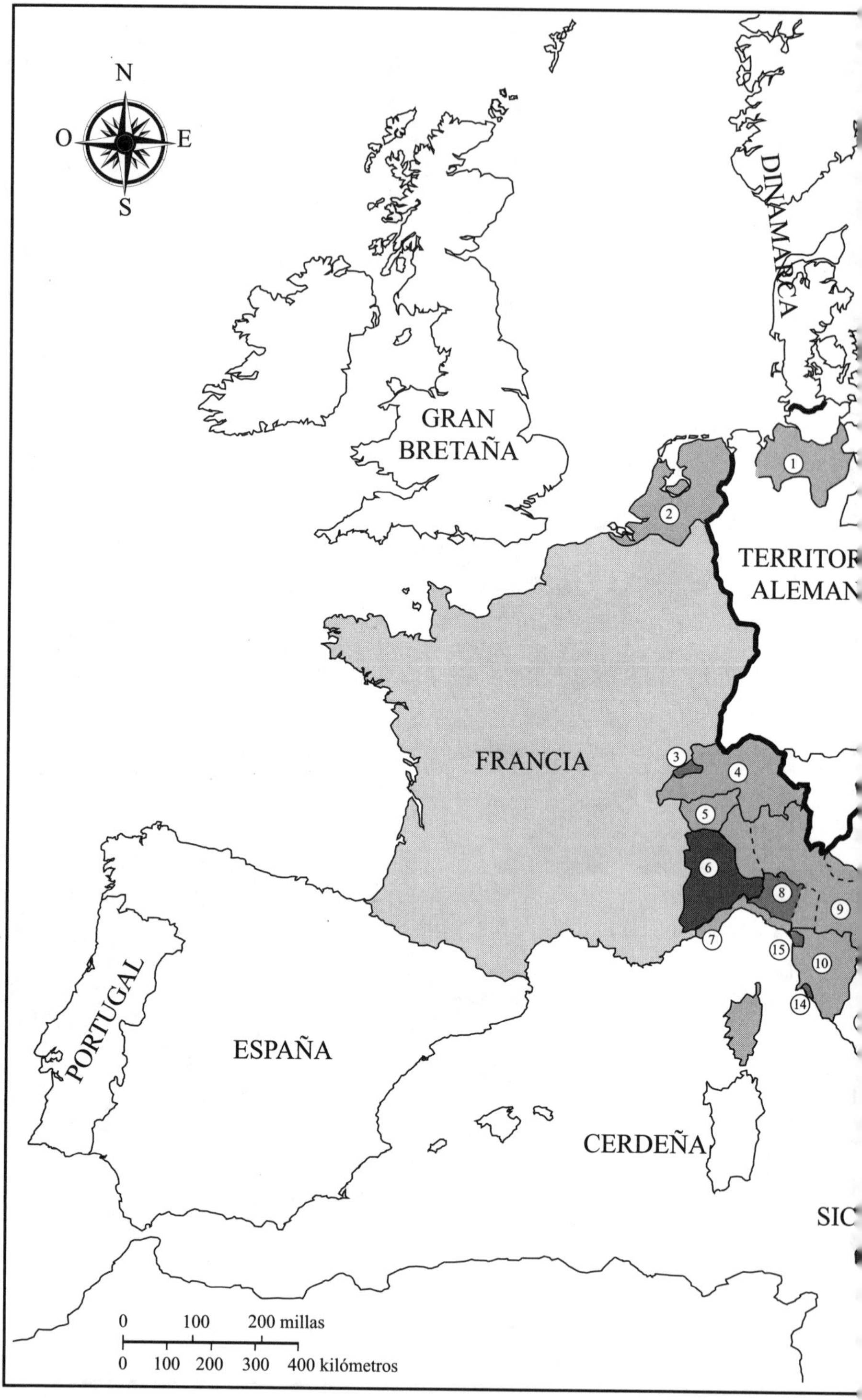

Europa, julio de 1803.

FINLANDIA
(SUECIA)
RUSIA
PRUSIA
AUSTRIA
IMPERIO
OTOMANO
POLES
1. Hanover/Hamburgo etc.
2. República Bátava
3. Neuchâtel
4. Confederación Helvética
5. República del Valais
6. Piamonte
7. República Ligur
8. Parma
9. República Italiana (mostrando los territorios ganados desde 1799)
10. Reino de Etruria
11. Estados Pontificios
12. Montenegro
13. República de las Siete Islas
14. Piombino (bajo ocupación francesa)
15. Lucca
16. Ragusa
17. Cattaro
18. Dalmacia
19. Malta (guarnición británica)
Francia (fronteras de 1801)
Francia (anexiones 1800-1803)
Satélites de Francia
Ocupación/administración francesa
Frontera del Sacro Imperio Romano
16
17
12
13

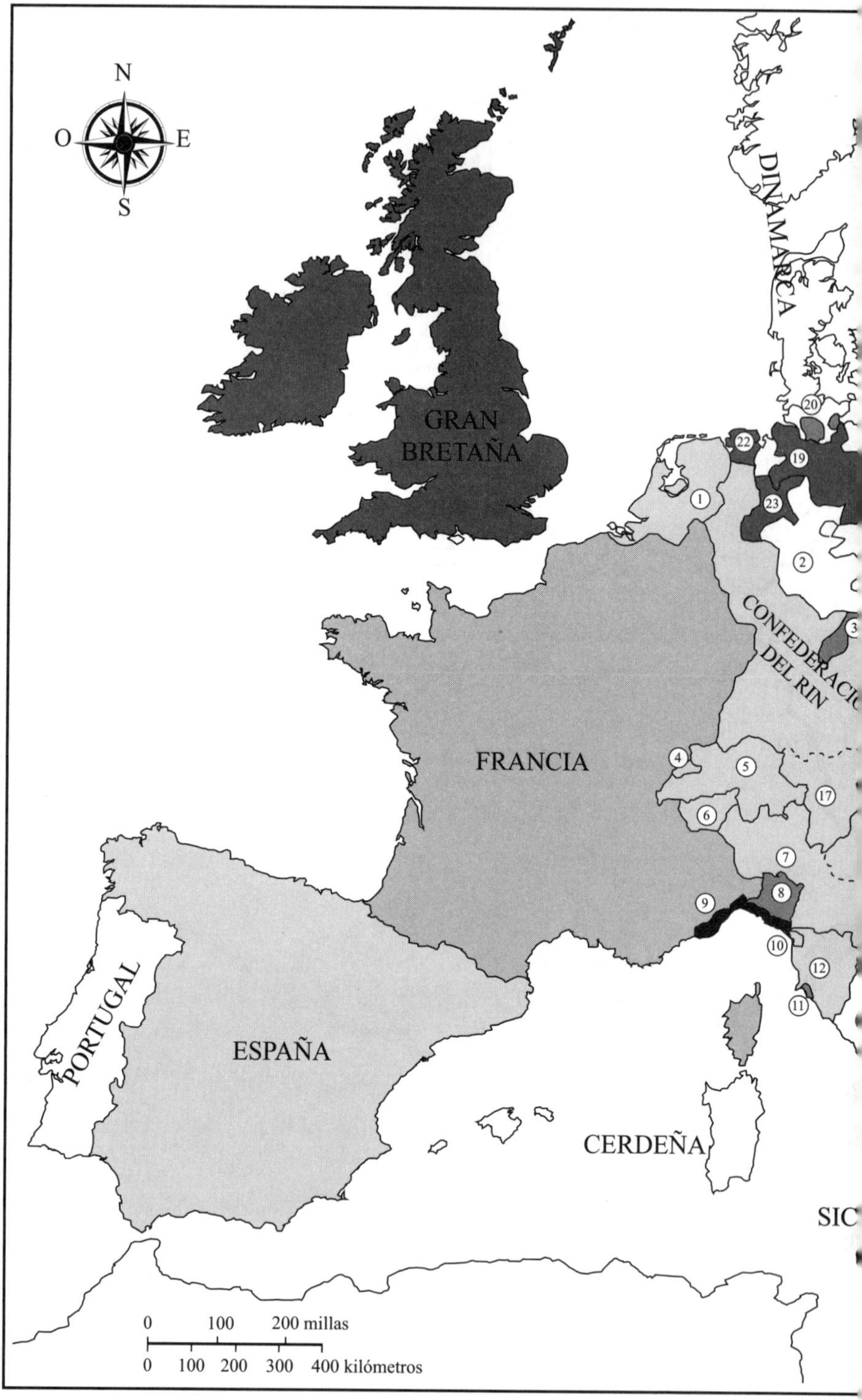

Europa, septiembre de 1806.

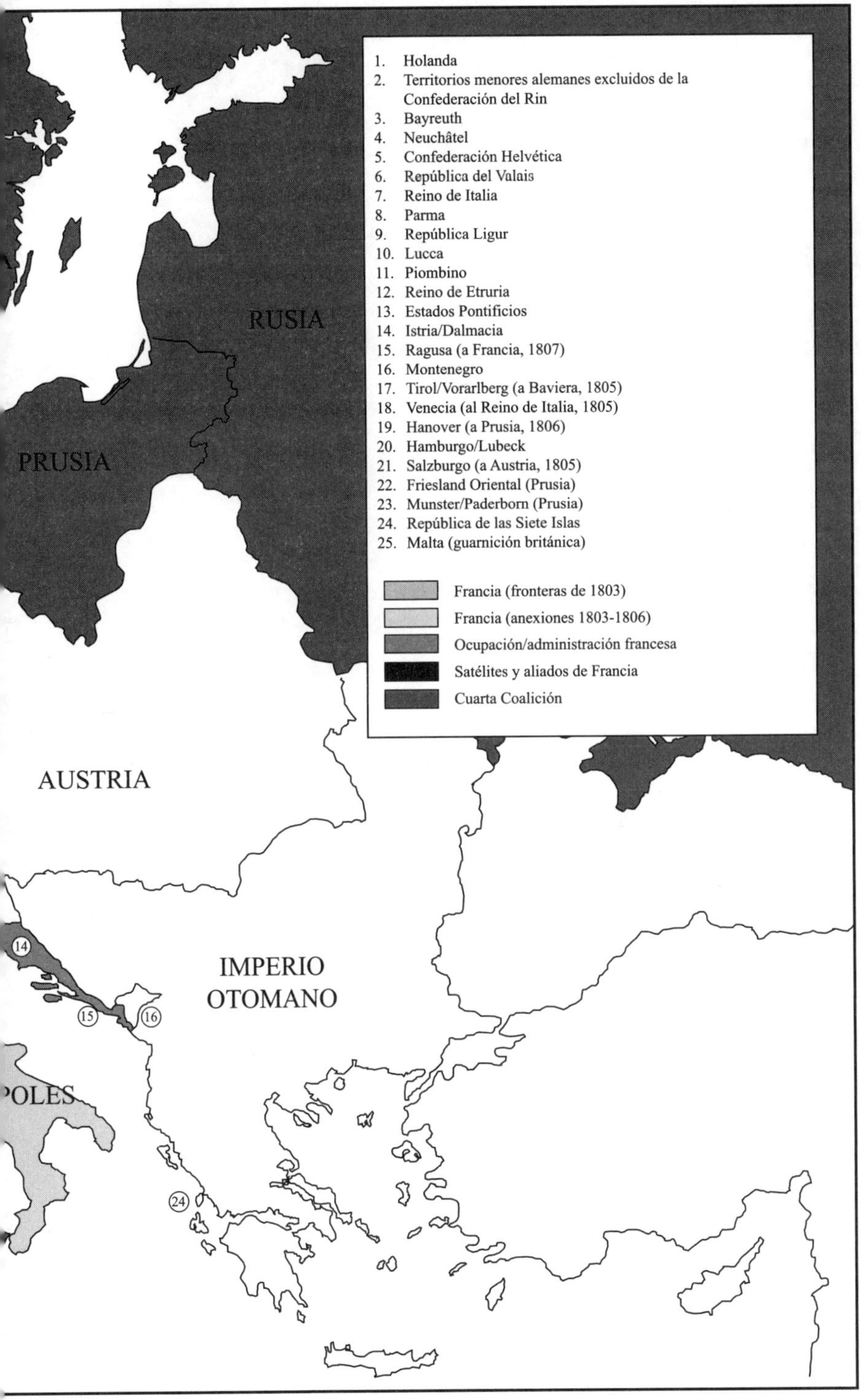
1. Holanda
2. Territorios menores alemanes excluidos de la Confederación del Rin
3. Bayreuth
4. Neuchâtel
5. Confederación Helvética
6. República del Valais
7. Reino de Italia
8. Parma
9. República Ligur
10. Lucca
11. Piombino
12. Reino de Etruria
13. Estados Pontificios
14. Istria/Dalmacia
15. Ragusa (a Francia, 1807)
16. Montenegro
17. Tirol/Vorarlberg (a Baviera, 1805)
18. Venecia (al Reino de Italia, 1805)
19. Hanover (a Prusia, 1806)
20. Hamburgo/Lubeck
21. Salzburgo (a Austria, 1805)
22. Friesland Oriental (Prusia)
23. Munster/Paderborn (Prusia)
24. República de las Siete Islas
25. Malta (guarnición británica)
Francia (fronteras de 1803)
Francia (anexiones 1803-1806)
Ocupación/administración francesa
Satélites y aliados de Francia
Cuarta Coalición
RUSIA
PRUSIA
AUSTRIA
IMPERIO OTOMANO
14
15
16
24

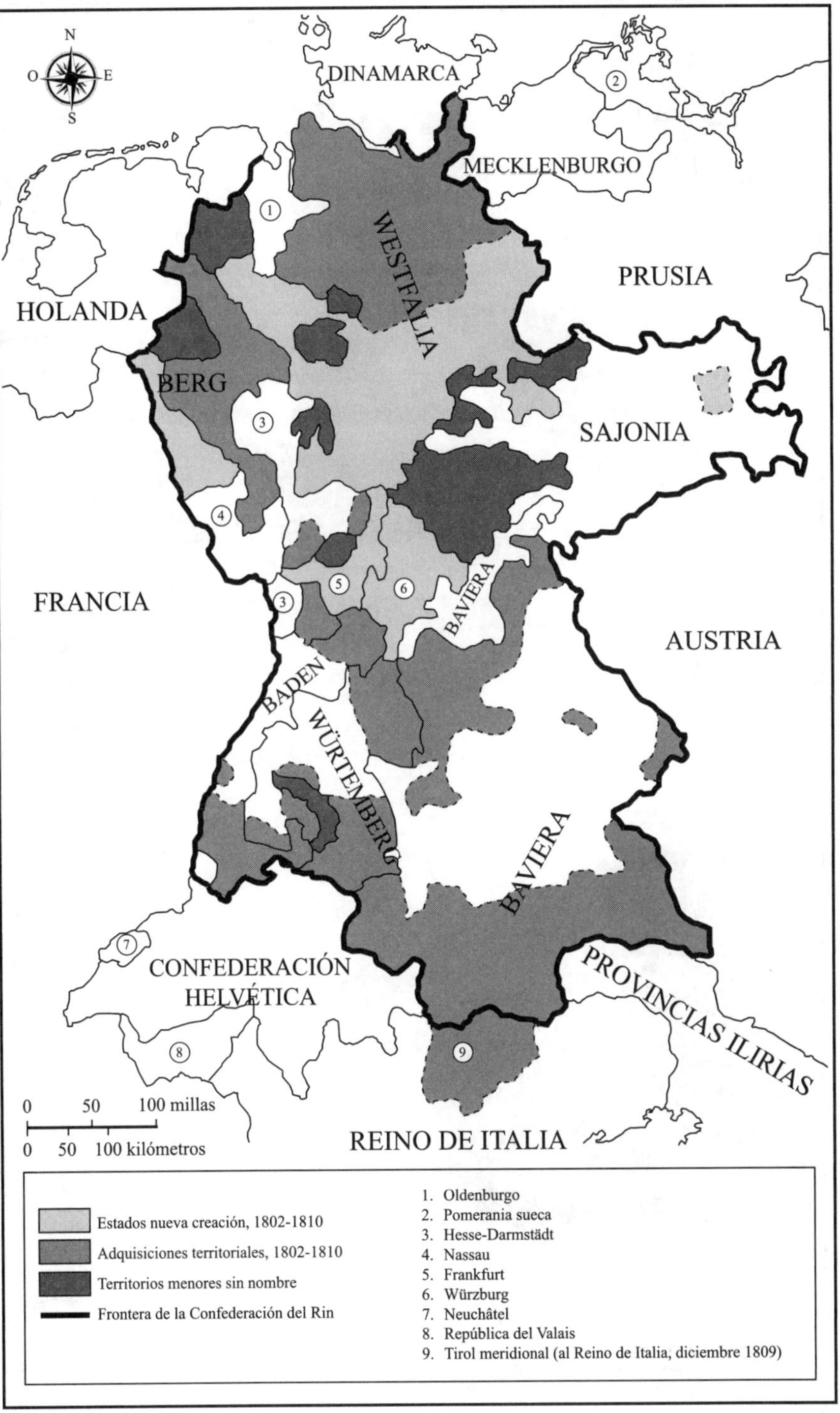

Europa central, septiembre de 1809.

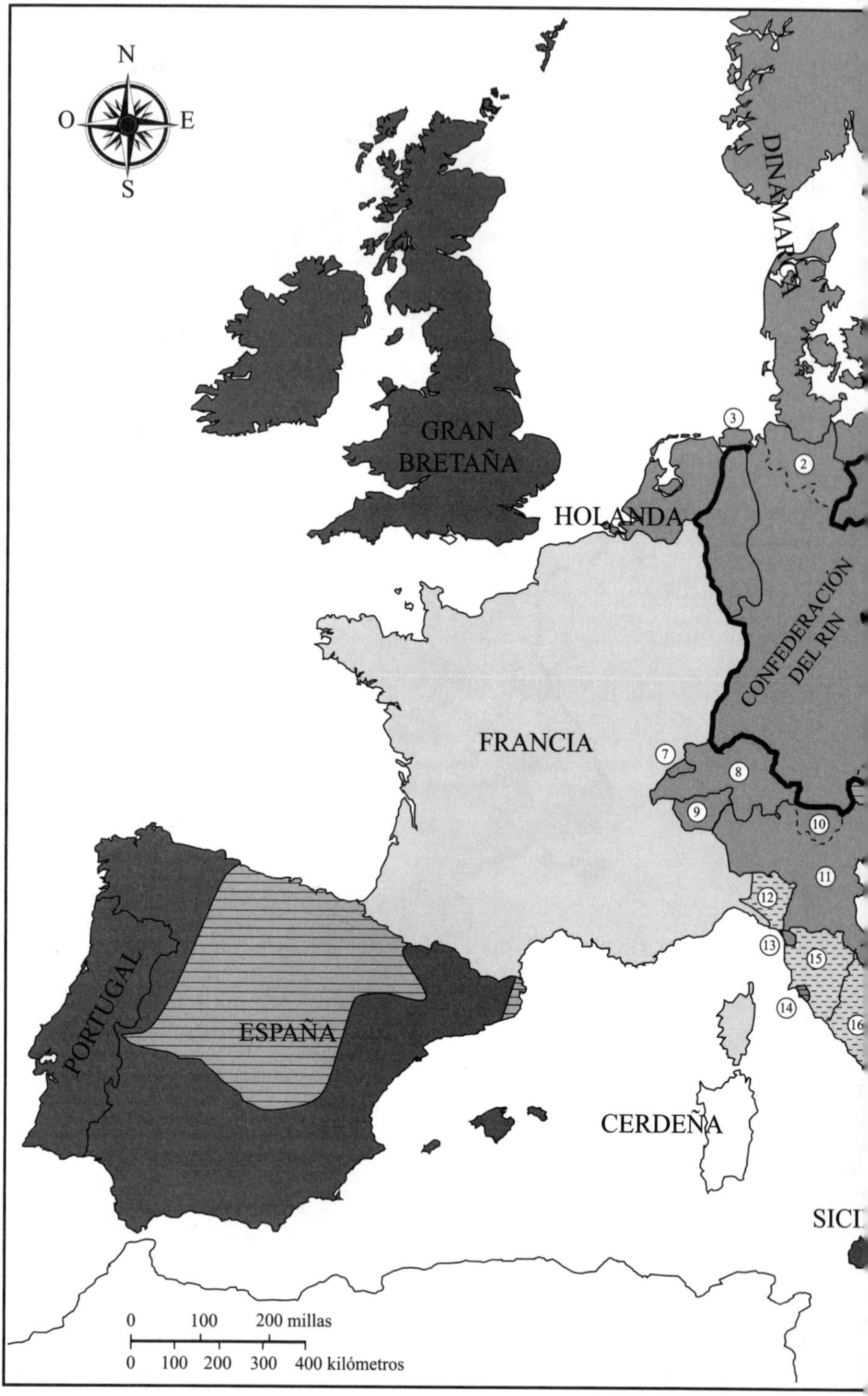

Europa, marzo de 1810.

1. Pomerania sueca
2. Hanover/Estados Hanseáticos (a Westfalia, 1810)
3. Friesland Oriental (a Holanda)
4. Galitzia Occidental (al Gran Ducado de Varsovia, 1810)
5. Danzig (bajo ocupación francesa)
6. Salzburgo/Ried (a Baviera, 1809)
7. Neuchâtel
8. Confederación Helvética
9. República del Valais
10. Tiro l meridional/Trentino (al Reino de Italia, diciembre, 1809)
11. Reino de Italia
12. Parma
13. Lucca
14. Piombino
15. Reino de Etruria
16. Roma
17. Las Marcas (al Reino de Italia, 1808)
18. Territorio Habsburgo perdido en favor de las Provincias Ilirias
19. Provincias Ilirias
20. Montenegro
21. Tarnopol (a Rusia, 1809)
22. Bialystok (a Rusia, 1807)
23. Finlandia (a Rusia, 1809)
24. Islas Jónicas (disputadas)
25. Islas Aaland (a Rusia)
26. Malta (guarnición británica)
Francia (fronteras de 1806)
Francia (anexiones 1806-1809)
Ocupación/administración francesa
Satélites y aliados de Francia
Aliados y dependientes de Gran Bretaña
Frontera de la Confederación del Rin
RUSIA
PRUSIA
GRAN DUCADO
DE VARSOVIA
AUSTRIA
IMPERIO
OTOMANO
POLES

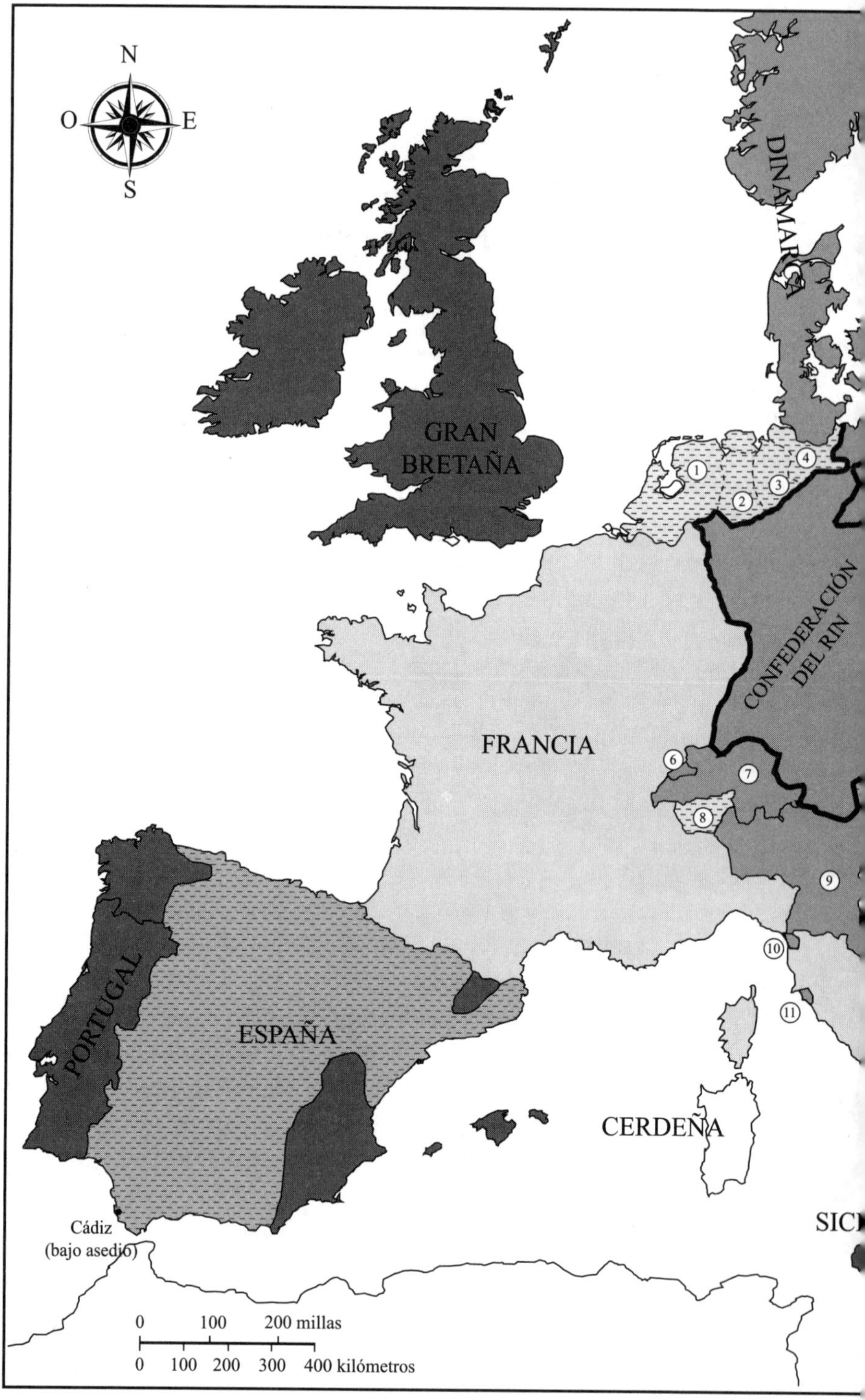

Europa, mayo de 1812.

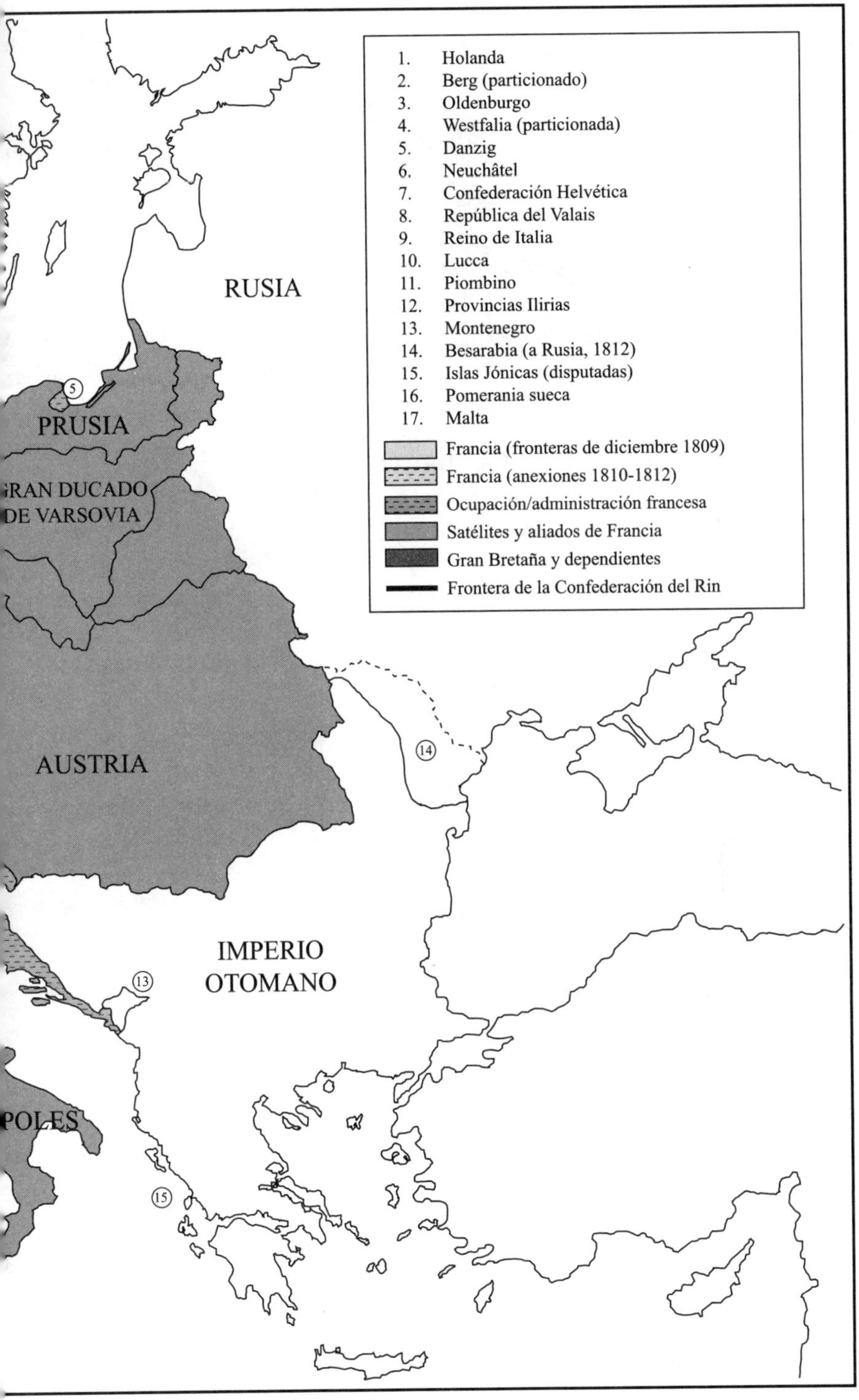
1. Holanda
2. Berg (particionado)
3. Oldenburgo
4. Westfalia (particionada)
5. Danzig
6. Neuchâtel
7. Confederación Helvética
8. República del Valais
9. Reino de Italia
10. Lucca
11. Piombino
12. Provincias Ilirias
13. Montenegro
14. Besarabia (a Rusia, 1812)
15. Islas Jónicas (disputadas)
16. Pomerania sueca
17. Malta
Francia (fronteras de diciembre 1809)
Francia (anexiones 1810-1812)
Ocupación/administración francesa
Satélites y aliados de Francia
Gran Bretaña y dependientes
Frontera de la Confederación del Rin
RUSIA
PRUSIA
5
RAN DUCADO
DE VARSOVIA
AUSTRIA
14
IMPERIO
OTOMANO
13
POLES
15

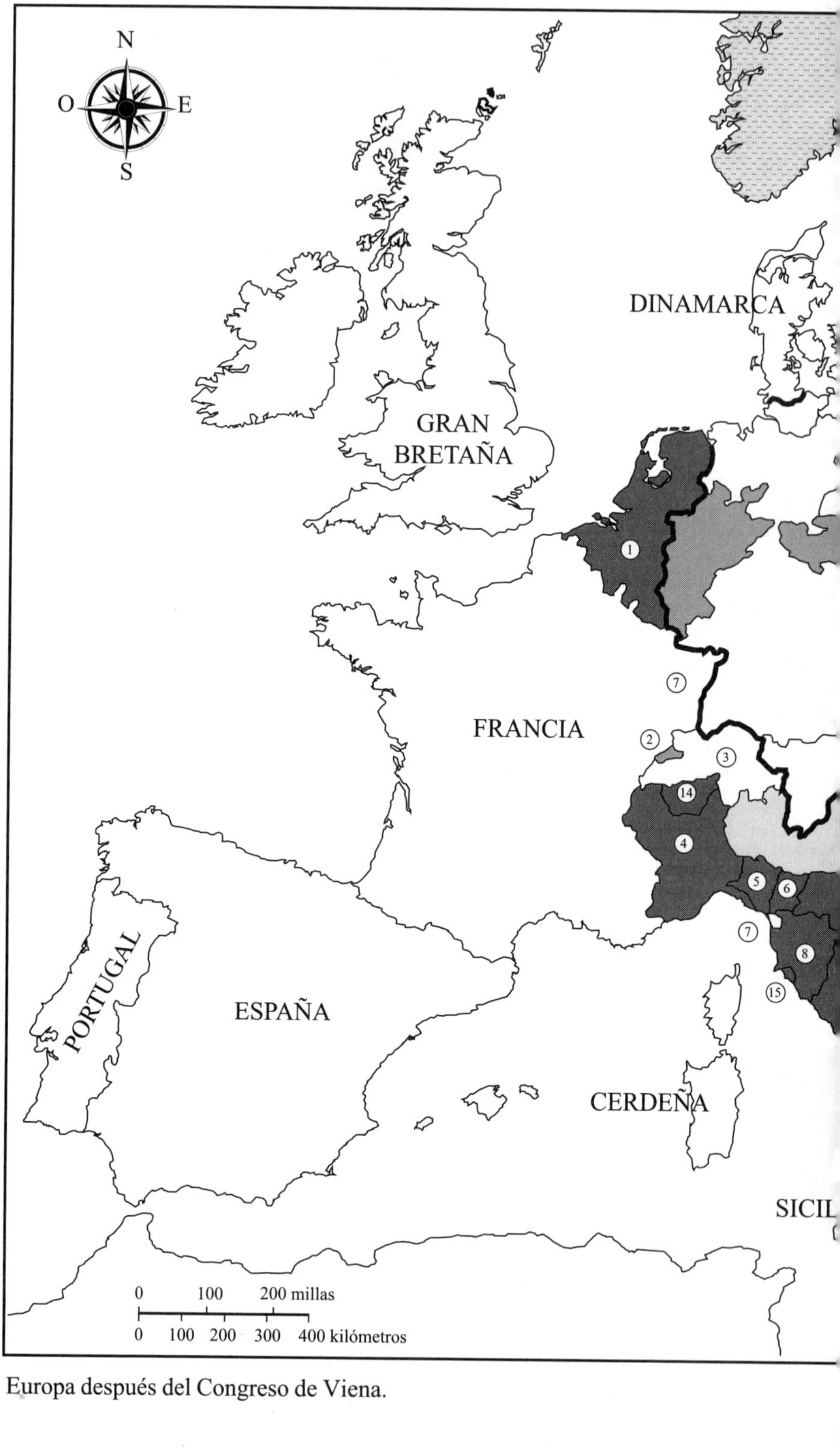

Europa después del Congreso de Viena.

1. Holanda Unida
2. Neuchâtel (a Prusia)
3. Confederación Helvética
4. Piamonte/Génova (a Cerdeña)
5. Parma
6. Módena
7. Lucca
8. Toscana
9. Estados Pontificios
10. Nápoles (a Sicilia)
11. Tarnopol (a Austria)
12. Montenegro
13. Islas Jónicas
14. Valais (a la Confederación Helvética)
15. Piombino (a Toscana)
16. Malta (a Gran Bretaña)
17. Danzig (a Prusia)
Restauraciones territoriales y adquisiciones
Prusia
Suecia
Austria
Otros
Rusia
Frontera de la confederación alemana
RUSIA
PRUSIA
CONGRESO
POLONIA
AUSTRIA
IMPERIO
OTOMANO
17
11
12
13

Introducción

LAS GUERRAS NAPOLEÓNICAS VISTAS CON PERSPECTIVA HISTÓRICA

Escribiendo sobre el estallido en 1803 de las guerras napoleónicas, John Holland Rose llegó a afirmar: «la historia de Napoleón se convierte, durante doce trascendentales años, en la historia de la humanidad».[1] Hoy en día, tal afirmación nos parece fuera de lugar. En la época en que Inglaterra y Francia estaban en guerra, Robert Fulton inventaba el barco de vapor, Richard Trevithick construía la primera locomotora de vapor y William Jessop diseñaba los planos de la primera vía férrea pública del mundo. Además, en Norteamérica, Lewis y Clark estaban a punto de convertirse en los primeros hombres blancos que recorrían la distancia que separa la Costa Este del océano Pacífico; en África el califato Sokoto se encontraba en pleno proceso de islamización de los pueblos Hausa, en el territorio de la actual Nigeria; y en China la secta conocida como los «Lotos Blancos» lideraba una serie de revueltas contra los manchúes que terminaron por desacreditar a la dinastía Qing y allanaron el camino para su posterior derrocamiento. Y por lo que respecta al mundo de las ideas, por entonces comenzaron a surgir nuevas corrientes que, sin duda, hubieran horrorizado a la mayoría de los hombres de 1789 (y no digamos a Napoleón). Saint-Simon estaba inmerso en la ideología del protosocialismo, madame de Stäel, Mary Wollstonecroft y otras escritoras comenzaban a enarbolar de forma explícita la bandera de la emancipación femenina. La historia de Napoleón, por lo tanto, nunca fue la historia del mundo. ¿Fue, sin embargo, la historia de Europa? Responder a esta pregunta es precisamente el objetivo de este libro, por lo menos desde la perspectiva de las relaciones internacionales. ¿Fue el monarca francés el principal motor de los acontecimientos? ¿Fue la Europa napoleónica, en resumen, una demostración de la teoría del «gran hombre» en términos históricos? ¿O más bien Napoleón se vió atrapado en una serie de procesos que se habían iniciado sin que mediara ninguna intervención por su parte? De hecho, parece como si el emperador hubiera estado en dos mentes distintas. En una ocasión afirmó: «Siempre he estado al mando; desde el mismo momento en el que nací estuve investido de poder, y tales fueron mis circunstancias y mi fuerza que, desde el mismo instante en el que llegué a adquirir cierta prominencia, no reconocí ni amos ni leyes».[2] Aunque en otra ocasión, refiriéndose a lo acaecido entre los años 1803 y 1805, llegó a afirmar algo totalmente opuesto: «Nunca he sido mi propio amo; siempre he estado gobernado por las circunstancias».[3] Sea cual sea la verdad, una cosa está clara: la Francia de Napoleón no existía en el vacío. Porque, aunque el rumbo que tomaron las relaciones internacionales prueba que las potencias europeas terminaron por doblegarse ante el poder de Napoleón, lo cierto es que éstas tenían objetivos estratégicos y diplomáticos que venían de muy lejos, y, por lo tanto, no dejaron de hacer su propio juego solamente porque se vieran, sucesivamente, cada vez más amenazadas desde París. De ahí la necesidad de realizar un trabajo sobre los aspectos internacionales de la Europa napoleónica que constituya algo más que una nueva biografía de Napoleón Bonaparte u otra recopilación más de sus campañas militares.

Comencemos, entonces, definiendo lo que queremos decir cuando hablamos de guerras napoleónicas. Las hostilidades se iniciaron en mayo de 1803, cuando Gran Bretaña, no pudiendo soportar por más tiempo las agresiones continuas, declaró la guerra a Francia y a su nuevo gobernante, el conocido como primer cónsul, Napoleón Bonaparte. Durante los dos años siguientes no se libró casi ninguna batalla en tierrra, pero sí numerosas en alta mar, que provocaron, entre otras cosas, que España se aliara con Francia en 1804 y que un gran ejército napoleónico se concentrara en la costa francesa, amenazando a Gran Bretaña con la inminencia de una invasión. Pero ninguna flota ni ninguna lancha de desembarco llegó nunca a las costas inglesas y, hacia agosto de 1805, ese peligro que se cernía sobre las islas Británicas ya se había desvanecido. Pero, mientras que en el año 1803 Inglaterra se había visto sola, por el contrario, en el verano de 1805 se logró crear una poderosa coalición antifrancesa. Junto a Gran Bretaña estaban en ese momento Austria, Rusia, Suecia y Nápoles, así que a los ejércitos franceses no les quedó más remedio que marchar hacia el este para contener la amenaza. Una flota franco-española terminó completamente destruida en Trafalgar, pero los austriacos fueron derrotados en Ulm y los rusos en Austerlitz. Malherida, Austria pidió la paz y, por un momento, pareció que Gran Bretaña y Rusia iban a seguir el mismo camino. Pero, incluso aunque hubiera sucedido tal cosa, resultaba muy poco probable que Europa hubiera podido mantenerse en paz: tras el levantamiento de los serbios de 1804, el Imperio Otomano había comenzado a deslizarse peligrosamente hacia el enfrentamiento con Rusia, lo que derivó en el estallido de la guerra entre estas dos potencias en el otoño de 1806. Y, ciertamente, cualquier posibilidad de firmar la paz con Francia se desvanecía rápidamente: ni Gran Bretaña ni Rusia fueron capaces de obtener el compromiso de paz que buscaban o de, al menos, contar con un acuerdo redactado en términos aceptables. Finalmente, en septiembre, una Prusia sumida en la desesperación terminó por atacar a Napoleón. En territorio prusiano se libraron grandes batallas: las tropas napoleónicas obtuvieron aplastantes victorias en Jena y Auerstädt, mientras que la invasión francesa de Polonia, llevada a cabo en 1807, culminó en Eylau con una terrible carnicería sobre unos campos azotados por una violenta ventisca de nieve. Por un instante pareció que se había logrado frenar a Napoleón, pero la llegada del verano trajo consigo una nueva ofensiva que terminó con otra victoria francesa en Friedland, lo que obligó al zar de Rusia, Alejandro I, a pedir la paz.

Este acuerdo de paz con Rusia constituyó un verdadero punto de inflexión. Con las victorias cosechadas en los dos años anteriores, Napoleón se encontraba en el cénit de su poder. Coronado emperador de Francia en diciembre de 1804, en ese momento se encontraba al frente de un vasto imperio. En los años inmediatamente anteriores, a las repúblicas satélites obtenidas en la década de 1790 se les habían sumado nuevos territorios, constituyendo todo ese entramado una serie de monarquías gobernadas por uno u otro de los numerosos hermanos y hermanas de Napoleón. Estos principados incluían Holanda, los estados alemanes de Westfalia y Berg, el Reino de Italia (en realidad el valle del río Po) y Nápoles. Además muchas otras regiones —Bélgica, Renania, el Piamonte— habían sido anexionadas a Francia, y se ejercía diverso grado de control en ciertos territorios de Alemania, donde el antiguo Sacro Imperio Romano se había visto sustituido por la nueva Confederación del Rin, y en Polonia, parte de la cual se había reorganizado formando otro estado satélite bautizado como el Gran Ducado de Varsovia. Contando con España como leal aliado y con una Rusia persuadida para unirse a Francia en su lucha contra Gran Bretaña, el camino que conducía a la victoria final quedaba expedito y, para alcanzarla, el emperador impuso a Europa un embargo al comercio británico, que es conocido como el sistema continental.[4]

Napoleón fracasó estrepitosamente a la hora de aprovechar la oportunidad que le brindaba esta estrategia de embargo comercial; de hecho, a menudo se afirma que en 1808 cometió el mayor error de toda su carrera cuando se puso en contra de sus aliados españoles derrocando a la dinastía borbónica en favor de su hermano, José Bonaparte. Tal afirmación, sin embargo, es producto de una visión muy reducida de la situación. Es cierto que la aventura española sumergió a Francia en una larga y devastadora guerra en la península Ibérica durante los siguientes cinco años, pero este conflicto no fue, en sí mismo, un desastre. Tratar de ejercer un mayor grado de control en España era una medida lógica en el contexto del conflicto existente entre Napoleón y Gran Bretaña y en el de la partición del Imperio Otomano que, ciertamente, ya entraba dentro de sus planes hacia 1808; además, ganar la guerra a los españoles no era, de ningún modo, algo imposible. El verdadero error tiene su origen en cómo Napoleón se las compuso con el resto del continente. Tal era el odio y la desconfianza que se sentían hacia Inglaterra en lugares como Alemania, Italia, Escandinavia, Austria y Rusia, que una política de conciliación y respeto bien podría haber hecho que el emperador se ganara el apoyo de toda Europa, lo que hubiera significado que Inglaterra tuviera enormes dificultades para mantener la guerra en marcha. Desde el principio, sin embargo, el imperio napoleónico se mostró como un ente interesado solamente en explotar a sus vasallos; incluso las reformas que llevó a cabo no fueron más que simples medios para conseguir más dinero y más soldados. Y al resto de las potencias le quedó claro que lo único que realmente tenían por delante era una completa situación de subyugación a Francia. Es por ello que, Austria, como Prusia antes que ella, hizo un último intento desesperado de alcanzar su independencia en 1809 para solamente conseguir ser derrotada en Wagram. Sin embargo, esta victoria, el último de los grandes triunfos de Napoleón, no fue suficiente para restaurar la autoridad de Francia. Cada vez más inquieta, Rusia rompió sus relaciones con Napoleón hacia finales de 1810, y acto seguido puso en marcha la movilización de su ejército. Lo cierto es que el conflicto en el Este se podía haber evitado, pero el soberano francés no alcanzó ningún compromiso con Alejandro sobre ninguna de las cuestiones que estaban sobre la mesa y, en junio de 1812, un gigantesco ejército francés invadió Rusia. Esta campaña constituyó un absoluto desastre para Napoleón. Su dominio sobre el resto de Europa quedó en la cuerda floja al necesitar reunir un ejército tan numeroso como fuera posible para marchar contra Rusia, y sobre todo porque el ejército que marchó hacia el interior de Lituania y que terminó entrando en Moscú fue completamente destruido por una combinación de la empecinada resistencia rusa y de los rigores del clima propios del país. Y fue entonces cuando se llegó al trágico final. Tomando una decisión de crucial importancia, Alejandro decidió no detenerse en la frontera rusa e invadir Alemania y el Gran Ducado de Varsovia para intentar darle un golpe de gracia a Napoleón y convencerle de que sus sueños de gloria debían terminar de una vez por todas. Esto motivó el levantamiento de Prusia contra Napoleón, mientras que la actitud intransigente del emperador terminó por poner en su contra a Austria y a muchos de los estados alemanes. Tras meses de dura lucha, el nuevo ejército que Napoleón había logrado reunir tras la debacle de Rusia fue destruido en Leipzig, lo que le obligó a abandonar Alemania y a replegarse hasta la frontera del río Rin. Aun habiéndosele ofrecido varios tratados de paz, que le hubieran permitido continuar en el trono de Francia, Napoleón decidió seguir luchando con la esperanza de que la alianza contra él terminara desintegrándose, pero lo cierto es que la situación por entonces era mucho más desesperada de lo que él creía. No solamente Francia comenzó a rebelarse contra las incesantes llamadas al reclutamiento, sino que, además, tras haber perdido los franceses el reino bonapartista de España en la batalla de Vitoria, librada en junio de 1813, el ejército anglo-portugués cruzó los Pirineos. Gracias a una campaña absolutamente brillante, Napoleón logro resistir unas pocas semanas más, pero a comienzos de abril estaba bastante claro que no existía ninguna esperanza, así que, al final, el emperador fue forzado a abdicar por sus propios generales. Al año siguiente Napoleón escapó del pequeño reino que se le había concedido en la isla italiana de Elba y se hizo de nuevo con el poder en París. Una vez más declaró la guerra para terminar siendo derrotado en la batalla de Waterloo, con la que las guerras napoleónicas llegaban a su fin. ¿Qué se puede decir de este largo conflicto bélico considerado desde el punto de vista histórico? El primer aspecto digno de mención es que el conflicto bélico que asoló Europa entre los años 1803 y 1815 ha sido tradicionalmente considerado como una continuación de los nueve años de guerra que se habían iniciado en 1792, con la Francia revolucionaria enfrentada a una cambiante coalición de otros estados. Al principio solamente Austria y Prusia se enfrentaron a Francia pero, en 1793, el preocupante cariz que habían tomado los acontecimientos en Francia forzó a otros muchos países a unirse a la lucha contra ella. Durante un año o más la guerra fue una cuestión de Francia contra todos, pero, muy pronto, una serie de factores condujeron a un país tras otro a abandonar la lucha, o incluso a aliarse con Francia en contra de Gran Bretaña. Hacia 1797 solamente Gran Bretaña y Austria seguían combatiendo y, ese año, incluso Austria se retiró tras el rosario de batallas ganadas en Italia por Napoleón, que por entonces era conocido simplemente como el general Bonaparte. Como iba a ocurrir diez años más tarde, Gran Bretaña se quedó sola y, también en esa ocasión, iba a ser Francia la que se mostrara más agresiva. Al mando de Napoleón, un ejército francés invadió Egipto, lo que provocó que Austria, Rusia, Nápoles y el Imperio Otomano declararan la guerra. Sin embargo, Napoleón —desde 1799 cónsul de Francia— salió victorioso. Austria y Nápoles fueron derrotadas y forzadas a aceptar la paz; Rusia fue persuadida para que cambiara de bando; y a gran Bretaña no le quedó más opción que intentar asegurarse las mejores condiciones por medio del tratado de Amiens.

A menudo se argumenta que esta larga serie de guerras fue el fruto de una guerra ideológica entre Francia y el *ancien régime*, que los principios de la Revolución Francesa resultaban tan despreciables para los soberanos y los hombres de estado del resto de Europa que éstos se embarcaron en una cruzada que no podía terminar hasta que la República francesa fuera aplastada y la dinastía borbónica fuera restaurada. Del mismo modo se cree que, convencidos de que no quedaba otro camino, y de que además era su deber, los sucesivos gobiernos republicanos de Francia trataron por todos los medios de exportar el ideario de la Revolución a todos los rincones del planeta. Estas ideas parecen un tanto exageradas. Es cierto que existía un odio cerval hacia el jacobinismo en los salones, cortes y cancillerías de Europa, ya que el conflicto se veía alimentado por continuas campañas de propaganda de una escala nunca vista. Pero realmente pocos gobernantes o soberanos estaban sinceramente comprometidos con la idea de provocar un cambio de régimen en Francia, y todavía se mostraban mucho menos entusiastas ante la posibilidad de la restauración de la dinastía borbónica tal y como había existido antes de 1789. Ya en la década de 1790 había habido un buen número de estados dispuestos a practicar una política de enfrentamiento con Francia, pero también otros que se habían aliado con ella para la consecución de unos intereses de una u otra clase, mientras que por el tiempo en el que se libraron las batallas de Austerlitz, Jena y Friedland no había en la práctica ningún estado que no hubiera podido convivir con Napoleón con tal de que éste hubiera aceptado la imposición de ciertos límites al poder de Francia. De hecho, imaginar que la Revolución Francesa y los sucesivos gobiernos franceses dejaron de lado de algún modo los aspectos principales de las relaciones internacionales sería algo más que ser corto de vista: una de las razones por las que Francia llegó tan lejos fue porque la mayoría de las potencias a las que se enfrentaba continuaron hasta 1812, o incluso hasta después, preocupándose por otros asuntos que nada tenían que ver con derrotar a Napoleón. Rusia es un buen ejemplo de ello. En 1791, y de nuevo en 1794, las tropas rusas no estaban luchando con los franceses, sino con los polacos, mientras que durante las guerras napoleónicas Alejandro I no dudó en involucrarse en conflictos que tuvieron como escenario no solamente los Balcanes, sino también el Báltico y Asia central. Del mismo modo, en 1814 las fuerzas suecas no estaban combatiendo a Napoleón, sino que estaban centradas en la conquista de Noruega.

Entonces, si Europa no estaba dividida por fronteras ideológicas, ¿cómo es que se originó el largo conflicto que la sumió en la guerra librada entre los años 1792 y 1815? En definitiva, como veremos, la primera causa fue la actitud belicosa de Napoleón, su egolatría y su obsesión por el poder, pero no podemos ignorar otros factores que son, esencialmente, de cariz estructural o sistémico. Los más importantes de todos ellos fueron, en primer lugar, el asunto de qué hacer con Europa oriental y, en particular, de cómo llenar el vacío dejado por el declive de Suecia, Polonia y el Imperio Otomano; y, en segundo lugar, el endémico conflicto colonial y comercial que durante la mayor parte del siglo pasado había definido la relación entre Gran Bretaña y Francia. Verdaderamente, por lo que respecta al primero de los asuntos, es incluso posible argumentar que las guerras de la Revolución surgieron a raíz y, en cierto modo fueron parte, de una crisis mucho más amplia que comenzó en Europa oriental en 1787. Más que imaginarse las guerras de la Revolución como un nuevo tipo de conflicto que anunció las guerras totales que se libraron en el siglo XX, parece más sensato considerarlas como unas guerras dinásticas propias del siglo XVIII. Por lo que respecta a Napoleón, la analogía más obvia es la que se puede hacer con Luis XIV. Rey de Francia entre 1643 y 1715, en 1667 Luis se embarcó en un programa de conquista que, aparentemente, sirvió como modelo a Napoleón. En primer lugar, una serie de conflictos con Holanda y otras potencias hizo que Francia se hiciera con un buen pedazo de los Países Bajos españoles y con la región de Alsacia y, más tarde, en 1700, la muerte sin descendencia del rey Carlos II de España constituyó una gran oportunidad para que Francia pudiera hacerse con la totalidad de la herencia de los Habsburgo españoles, o al menos de controlarla por medio del nieto de Luis, Felipe. Si esta estratagema hubiera funcionado, Luis se hubiera hecho con una esfera de influencia que habría incluido España, Nápoles, Sicilia, Cerdeña, Lombardía y los Países Bajos españoles, por no mencionar un imperio colonial que habría incorporado gran parte de Norteamérica y Sudamérica.

Con Francia convertida en una superpotencia, su dominio de la Europa occidental hubiera sido total, así que no es de extrañar que se formara una gran coalición de países para desafiar a Luis, lo que condujo a la guerra de Sucesión española. Por un lado estaban Francia, España (donde Felipe, el nieto de Luis XIV, se había apresurado a nombrarse a sí mismo como Felipe V) y unos cuantos estados alemanes que se habían distanciado progresivamente de Austria; por el otro estaban Gran Bretaña, Holanda, Dinamarca, Austria y la mayoría de los estados del Sacro Imperio Romano. Las luchas que se iban a suceder fueron, para su tiempo, tan duras como las de las guerras napoleónicas. Los ejércitos reunidos por los países en conflicto iban a ser enormes. En 1710 el ejército de Luis XIV contaba con 225.000 hombres, y el de la reina Ana de Inglaterra con unos 58.000; y hay estimaciones que nos dicen que el ejército francés llegó a contar hasta con 360.000 hombres. A primera vista estas cifras pueden parecer bastante pequeñas, y ciertamente lo son si las comparamos con las de los ejércitos que combatieron en el periodo napoleónico, pero hay que tener en cuenta que, por entonces, la población de Europa era mucho menor. Si en 1700 Francia tenía unos veinte millones de habitantes, en 1800 la cifra había aumentado hasta los treinta y tres millones, siendo las cifras equivalentes para Gran Bretaña de cinco y dieciséis millones respectivamente. Con un índice de prosperidad y con unos niveles de producción agrícola significativamente menores, la guerra era una carga mucho más difícil de soportar para la sociedad de entonces. Y para Francia en particular, la guerra de Sucesión española se convirtió en un auténtico calvario. Como Luis era incapaz de mantener una presencia militar permanente en Alemania o Italia, el peso total de la lucha recayó sobre sus desgraciados súbditos. Los alistamientos fueron masivos —entre 1701 y 1713 fueron llamados a filas 455.000 hombres— y un mayor número de hombres fueron periódicamente obligados a cavar trincheras, con lo que la producción agrícola sufrió una severa caída que provocó el aumento del precio del pan. Ejércitos más grandes, sucesivos episodios de defensa y ataque de fortalezas y un papel más importante de la artillería hicieron que el coste de la lucha fuera enorme. Entre 1700 y 1706 el presupuesto de guerra fue de 1.100.000 francos, mientras que entre 1708 y 1715 aumentó hasta 1.900.000. Más tarde, en 1709, se produjo una catástrofe natural. Francia ya había sufrido epidemias de disentería y de otras enfermedades, pero ese año se vio castigada por uno de los peores inviernos jamás registrados. Con las cosechas completamente perdidas, la población terminó sucumbiendo a causa de la hambruna. No se sabe cuántas personas murieron, pero tan apocalípticas son las descripciones que nos han llegado que la cifra seguramente alcanzó muchos cientos de miles y, posiblemente, varios millones.

En otros países la situación no llegó a ser tan desesperada (aunque algunos de los estados alemanes seguramente alistaron a más hombres de los que nunca se alistaron durante el periodo napoleónico), pero quizá debamos destacar en primer lugar el hecho de que, por entonces, las batallas no eran tan frecuentes como llegaron a ser cien años después. Este es un factor que hay que tener en cuenta, aunque lo cierto es que los ejércitos puestos en campaña no eran sustancialmente más pequeños que sus correspondientes napoleónicos. En Blenheim, por ejemplo, 60.000 soldados franceses y bávaros se enfrentaron a 56.000 soldados aliados; en Malplaquet, Marlborough disponía de 110.000

hombres y Villars de 80.000; en Oudenarde 80.000 aliados combatieron contra 85.000 franceses; y en Ramillies los dos bandos contaban con 50.000 soldados cada uno. Esto nos da una media de unos 142.000 combatientes para cada batalla, lo que en este aspecto no las diferencia gran cosa de las libradas en las guerras napoleónicas, de las que daremos cuenta más adelante. En segundo lugar, las matanzas que se producían eran similares a las que se produjeron en las batallas de Napoleón, Wellington o el archiduque Carlos. En Almansa, por ejemplo, los aliados tuvieron 17.000 bajas entre los 22.000 hombres de los que disponían, mientras que en Blenheim las pérdidas de los franceses y los bávaros ascendieron a 38.000 hombres. El más sangriento de todos estos combates, sin embargo, fue Malplaquet, donde las bajas combinadas de ambos bandos ascendieron a la cifra de 42.000. En unas cuantas ocasiones, la guerra de Sucesión española tuvo batallas tan encarnizadas y masivas como cualquiera de las libradas durante las guerras napoleónicas.

Tampoco podemos decir que las guerras napoleónicas fueron únicas por lo que se refiere a su extensión por el planeta. Si bien es cierto que se luchó en un escenario verdaderamente mundial —dejando aparte los conflictos que estallaron en Norteamérica y Sudamérica, pequeñas fuerzas de combatientes se encontraron en campos de batalla de Java, el cabo de Buena Esperanza, Buenos Aires y las Indias Occidentales—, la guerra de los Siete Años, librada entre 1756 y 1763, fue testigo en las colonias de campañas de tal magnitud que se puede perfectamente equiparar a la de las luchas que tuvieron lugar entre 1803 y 1815. Verdaderamente, se podría incluso afirmar que, si se produjo un gran salto hacia delante en el arte de la guerra en esta época, éste no tuvo lugar en 1803, ni siquiera en 1792, sino más bien en 1756: considerando que los grandes enfrentamientos del reinado de Luis XIV y de los cuarenta años que siguieron se habían librado todos ellos en territorio europeo, fue la guerra de los Siete Años la que convirtió a las colonias europeas en Asia, África y el Nuevo Mundo en un verdadero campo de batalla y, verdaderamente, en ocasiones, en el principal campo de batalla.

¿Qué es, entonces, lo que diferencia a las guerras napoleónicas del resto de los conflictos surgidos anteriormente en Europa? En primer lugar está la idea de que, al igual que la guerra de los Siete Años había convertido por primera vez el conflicto europeo en un conflicto global, del mismo modo la lucha que comenzó en 1803 fue la primera que libró la nación en armas. Este concepto lo utilizaron los franceses por primera vez en 1793, pero en ese momento este fenómeno también se estaba produciendo en el otro lado del campo de batalla: el alistamiento obligatorio se introdujo en España en 1808, en Suecia en 1812, en Prusia en 1813, mientras que, en Gran Bretaña, la inexistencia del alistamiento obligatorio se vio compensada por una serie de leyes parlamentarias que establecían que todos los hombres deberían pasar por algún tipo de entrenamiento militar, aunque solamente fuera para formar unidades de reserva empleadas a tiempo parcial en la defensa del territorio nacional. E incluso en esos estados cuyos sistemas de reclutamiento permanecieron sin reformarse —un buen ejemplo de esto es Rusia— la demanda de reclutas fue en ocasiones tan grande que resulta difícil creer que se hubieran podido reunir muchas más tropas, incluso si se hubiera adoptado el sistema francés de reclutamiento obligatorio. Además estaban el nuevo interés por el papel de la propaganda como instrumento de guerra, junto al hecho de que los ejércitos puestos en campaña eran, en ocasiones, mucho más grandes. Para testimoniar el carácter excepcional de la guerra de Sucesión española, baste contar que el número de combatientes en las doce batallas de la guerra de los Siete Años libradas por Federico el Grande contaron con una media de 92.000 hombres, mientras que, de modo sorprendente, la cifra media para las seis grandes batallas de las guerras de la Revolución alcanzó solamente los 87.000 hombres. Aunque si ponemos juntas las batallas de Austerlitz, Jena, Eylau, Friedland, Tudela, Aspern-Essling y Wagram —que proporcionaron a Napoleón la hegemonía entre 1805 y 1809—, la cifra media es de 162.000. Y si miramos las batallas de la época de declive de Napoleón entre 1812 y 1813 —Borodino, Lützen, Bautzen, Dresde y Leipzig—, eso nos lleva a alcanzar la cifra de 309.400.

Las consecuencias militares de esta evolución al alza en el número de combatientes fueron inmensas. Mientras que en el siglo XVIII los altos costes de todo tipo que conllevaba mantener un soldado forzaban a los generales europeos a intentar evitar la batalla y a ganar sus campañas a costa de maniobras, ahora era posible librar muchas más batallas. En la guerra de Sucesión española es posible encontrar una docena de grandes batallas, pero en las guerras napoleónicas tendríamos por lo menos cuarenta. Por entonces los ejércitos se habían hecho tan grandes que ya no podían funcionar por más tiempo como unidades, así que tuvieron que dividirse en subunidades con carácter permanente. Conocidas como divisiones, éstas aparecieron por primera vez en las guerras de la Revolución Francesa, pero pronto se hizo evidente que los primeros pasos tomados en pos de esta reorganización no estaban carentes de problemas. Las divisiones creadas para los ejércitos del Norte, el del Sambre y el de Meuse, los Pirineos orientales, Italia y el resto eran a menudo demasiado pequeñas como para poder sostenerse por sí mismas durante mucho tiempo, mientras que la medida que se había tomado al respecto de su autonomía había conducido a la caballería y a la artillería a dividirse en pequeñas unidades que, en la realidad, no resultaban de ninguna utilidad. Se necesitaba algo diferente, y en 1804 se dio con la solución: el nuevo sistema de división en cuerpos de ejército de Napoleón. De ahí en adelante la formación básica en los ejércitos del emperador fue la de los cuerpos de ejército, estando cada uno de ellos compuesto por tres o cuatro divisiones de infantería y una división de caballería, y cada división de dos brigadas de infantería o caballería y una batería de artillería. Además, un comandante de cuerpo podía disponer de un par de baterías extra, pero el grueso de la artillería, y especialmente los cañones pesados de a doce libras, que eran los que causaban más daño, se mantenían al nivel de ejército como una reserva especial que podía desplegarse en dondequiera que el general al mando del ejército —en el caso de las principales fuerzas francesas el mismo Napoleón— creyera conveniente. También se podían mantener a nivel de ejército uno o más cuerpos formados solamente por caballería pesada y artillería montada, siendo la misión de estas unidades la de aprovechar el momento en que las líneas enemigas comenzaban a quebrarse para asegurar así una derrota total. Con varias diferencias por lo que respecta a los detalles y la nomenclatura, hacia 1812 este modelo de organización fue el adoptado por todos los ejércitos europeos y, con ello, las batallas también se transformaron. Aunque todavía se daba el caso —y Waterloo es el ejemplo más obvio—, una victoria decisiva ya no se obtenía en una sola jornada. En su lugar, las batallas se libraban durante varios días por generales que intentaban controlar las operaciones desde una granja situada a un par de kilómetros por detrás de la primera línea de combate (en este aspecto, una vez más Waterloo es una excepción). En resumen, nos encontramos con el final de una era y los poco prometedores augurios de un nuevo tiempo de guerra.

Podríamos tratar también el tema de la participación de la población civil en la lucha. Como es de sobra conocido, las guerras napoleónicas dieron al mundo el término «guerrilla», y el hecho es que en Italia, el Tirol, la península Ibérica y Rusia la población civil fue arrastrada a la lucha en gran número para actuar como combatientes irregulares. Pero no se debe exagerar sobre este asunto: en los últimos años se ha ido demostrando, por ejemplo, que las famosas guerrillas españolas mantenían fuertes vínculos con las unidades regulares del ejército; al igual que la base de la resistencia partisana en Rusia no vino por parte de los campesinos, sino de los cosacos. Además, el fenómeno no era del todo nuevo: en la guerra de Sucesión española, por ejemplo, cuadrillas de campesinos desesperados habían tomado las armas para intentar defender sus casas y sus cosechas de la destrucción o las requisas. Aunque lo cierto es que sí se podría afirmar que las guerras napoleónicas instituyeron el concepto de guerra asimétrica. Al mismo tiempo, tales fueron las exigencias a las que se vieron sometidos los desafortunados civiles que ninguna de las potencias de Europa pudo retraerse de tomar alguna medida para hacerse con la opinión pública. Por primera vez entramos una época en la que la propaganda y el manejo de la noticia llegaron a formar parte del esfuerzo de guerra, al mismo tiempo que se fomentaba el odio por el enemigo entre la población civil. Además, si se esperaba que el pueblo luchara, entonces había que darle algo por lo que luchar, siendo el resultado que, en algunas partes del continente, sobre todo en Prusia y en España, el ejemplo ofrecido por Francia en 1793 se imitó por medio de la adopción de una serie de medidas reformistas de cariz político y social. Y por último, pero no por ello menos importante, debemos considerar el gran impulso que se dio al desarrollo del Estado moderno: debido a las constantes demandas exigidas por la guerra, muchas administraciones se vieron obligadas a introducir nuevos métodos de administración, promocionando la creación de una nueva burocracia moderna y explotando nuevas formas de recaudación, lo que terminó por enterrar de una vez por todas el *ancien régime*.

Las guerras napoleónicas marcaron un antes y un después en la historia de la guerra en Europa. Concluyamos esta introducción, sin embargo, volviendo al tema de los soberanos del siglo XVIII y, en particular, de Luis XIV. Aunque no se metió por iniciativa propia en guerras después de 1673, el Rey Sol siempre fue un monarca belicoso. La corte de Versalles era un verdadero cuartel militar y la mayoría de sus cortesanos fueron prominentes comandantes militares. Existía también una gran obsesión por la gloria militar: Luis se hizo retratar con armadura incluso en su vejez, mientras que Versalles se convertía en un mausoleo en recuerdo de las glorias de las armas francesas. Si Luis se embarcó en una serie de guerras tan pronto como se hizo con un verdadero control de sus dominios en 1661, fue en parte porque se dio cuenta que la guerra era consustancial al hecho de ser rey, ya que era el argumento principal que un soberano podía ofrecer para mantener su condición. Hubo, como veremos, muchas cosas que se repitieron cien años más tarde, pero también hubo un buen número de diferencias realmente importantes. Nunca completamente insensible a los horrores de la guerra, Luis fue capaz de reconocer que había momentos en los que la prudencia era la parte más importante del valor. Expulsado de Alemania e Italia y forzado a sostener la guerra con los únicos recursos de Francia, y, durante la mayor parte del tiempo en los territorios de su reino, a partir de 1706 Luis se mostró dispuesto a terminar como fuera la guerra de Sucesión española. A sus generosas propuestas, sin embargo, la respuesta de los aliados fue ofrecerle la paz en unos términos totalmente inaceptables: Francia no solamente iba a ser despojada de sus principales ciudades fronterizas y obligada a destruir numerosas fortalezas, sino que también se la iba a forzar a enviar sus tropas a España para derrocar a Felipe V en el caso de que éste no abdicara voluntariamente. Como consecuencia, Luis concluyó que era mejor seguir luchando; como él mismo dijo, ya que nos vemos abocados a librar una guerra, preferiría no hacerla contra mi propio nieto. Está claro que para el Rey Sol la guerra nunca había sido la primera opción: puesto que la guerra de los Nueve Años, librada entre 1688 y 1697, había casi agotado los recursos de Francia, Luis hubiera estado dispuesto a dividir la herencia española entre su nieto Felipe y el pretendiente austriaco, incluso aunque los Borbones tuvieran más derechos. E incluso al principio de su reinado, la ambición de Luis era muy limitada, puesto que realmente no quería un imperio, sino asegurar las fronteras de su reino.

Luis XIV representa el modelo de todos los monarcas europeos del siglo XVIII. Todo estaba dispuesto para utilizar la guerra como un instrumento político y para utilizar las victorias en el campo de batalla como el fundamento y la medida del prestigio del monarca pero, con la posible excepción de Carlos XII de Suecia, todos los soberanos eran conscientes de cuáles eran los límites razonables para sus campañas de conquista. Si tomamos el caso de Federico de Prusia, por ejemplo, el objetivo de sus guerras con Austria fue, primero, hacerse con el control de la provincia de Silesia y, luego, mantenerla bajo su dominio. Nunca se le ocurrió intentar la conquista de Hungría o Bohemia, y mucho menos conspirar para derrocar a los Habsburgo. Con la excepción de un corto periodo en 1792, cuando los líderes *brissotins* de la Revolución Francesa se empeñaron en ofrecer la liberación de todos los pueblos de Europa dejando tras de sí un reguero de sangre, este principio de la guerra contenida se mantuvo incluso durante las guerras de la Revolución de 1799: el Directorio no pretendía jacobinizar la totalidad del continente, al igual que las potencias a las que se enfrentaba no pretendían retrasar el reloj a un momento anterior a 1789. Pero Napoleón era distinto. Se dice que, al final de su vida, Luis XIV se arrepintió de haber amado tanto la guerra. Esto puede o no ser cierto, pero nada parecido se puede encontrar en los anales del exilio de Napoleón en Santa Elena, y resulta muy difícil imaginarse al emperador haciéndose partícipe de un sentimiento como ése. Napoleón Bonaparte no fue solamente el último señor de la guerra —un hombre que no hubiera sido nada sin la guerra y la conquista—, sino que además fue un monarca que nunca supo ponerse límites, del mismo modo que lo habían hecho los hombres de estado que habían librado las guerras del siglo XVIII. Habrá algunos que argumenten que esto no fue culpa suya, que fue obligado a embarcarse en la conquista del mundo por la renuencia de Gran Bretaña a permitir que Francia tuviera lo que le pertenecía. Este es otro tema de debate, pero parece bastante improbable que, en las mismas circunstancias, el Rey Sol hubiera tomado el mismo camino que Napoleón. En cualquier caso, este asunto es irrelevante: no importa cómo queramos explicar las guerras napoleónicas, porque lo cierto es que el emperador y su absoluta incapacidad para adquirir compromisos, junto con su predisposición a poner sus músculos en tensión a la menor oportunidad y a llevar las cosas al último extremo, fueron lo que le convirtieron en lo que fue.

Sean cuales sean las causas de las guerras napoleónicas, el caso es que éstas terminaron por legarnos una Europa y un mundo muy diferentes. Antes de 1789 Francia había sido el más poderoso de los estados europeos. Aunque se vio eclipsada temporalmente con la derrota en la guerra de los Siete Años y con las dificultades económicas que tuvo que pasar por culpa del apoyo que ofreció a las trece colonias durante la guerra de la Independencia americana, todavía era más próspera que cualquiera de sus competidores continentales y contaba con el mejor ejército de Europa. Mientras tanto, aliada con España, fue capaz de ejercer por lo menos un cierto control sobre las aspiraciones británicas en el resto del mundo, al mismo tiempo que se beneficiaba del comercio ultramarino. Hacia 1815, sin embargo, la gloria pasada se había desvanecido. Los recursos propios de Francia todavía eran muy grandes, pero la creación de una nueva confederación germánica —la creación, puede decirse, de una nación alemana— aseguraba que ya no iba a ser posible aspirar a dominar Alemania, tal y como había pretendido Napoleón o Luis XIV por medio de la victoria en la guerra de Sucesión española. Más allá de los mares, mientras tanto, la mayor parte del imperio colonial francés se desvanecía junto con el dominio español en América Central y del Sur. Irónicamente, el mayor héroe de la historia de Francia condujo a su país a perder su posición internacional al tiempo que facilitaba que Gran Bretaña dominara los mares y el resto del continente para terminar teniendo que combatir con una nueva potencia que iba a resultar una amenaza mucho mayor para ella de lo que nunca había sido Francia. En fin, que el año 1815 fue las dos cosas: un principio y un final.

Capítulo 1

LOS ORÍGENES DE LAS GUERRAS NAPOLEÓNICAS

Ya se ha advertido acerca de este trabajo que no es una biografía de Napoleón Bonaparte. Existen razones de peso para que esto sea así. Como ya se dejó entrever en el prefacio, la historia biográfica del más famoso soberano de Francia no se ha contado nunca de forma que resultara realmente útil. Ciertamente se ha ofrecido de forma cronológica, pero la mayoría de los autores están tan centrados en pasar de una batalla a otra que no encuentran el momento para colocar la batalla de Austerlitz o el matrimonio con María Luisa en el contexto político y diplomático correspondiente. Y lo que es peor, a una biografía de Napoleón le sucede más de lo mismo, y no se produce casi nunca un avance por lo que respecta a la comprensión de ese periodo histórico. Se trata de trabajos carentes de originalidad, que nos ofrecen siempre la misma historia y, además, una historia en la que aparece una única figura sobresaliente entre una serie de personajes sumidos en las tinieblas. Existen, es cierto, trabajos rivales que dan un punto de vista totalmente contrario y que demonizan a Napoleón, pero éstos tampoco dan cuenta de la complejidad de las situaciones vividas por este personaje y tienden a centrarse solamente en sus defectos y en sus supuestas iniquidades. Esta no es, sin embargo, la forma en la que debe plantearse la biografía de un personaje como Napoleón. Incluso aunque la historia de Europa comprendida entre los años 1803 y 1815 pudiera hacerse teniendo como epicentro a un solo personaje (y tal cosa no debería hacerse nunca), el resto de actores del drama deberían contar con su propio espacio y no quedar relegados a actuar como mera comparsa del héroe o del villano. Las biografías todavía tienen su razón de ser, pero resulta evidente que las biografías que son más útiles como trabajos de historia —unos buenos ejemplos son las de Lefébvre y Tulard— son esas en las que que no se tratan en profundidad los detalles de las batallas, los amores y la vida íntima de Napoleón.

Aunque, a pesar de lo dicho anteriormente, lo cierto es que no podemos prescindir del todo de los detalles biográficos. Como suele ocurrir con muchos «grandes hombres», los detalles de los que disponemos de los primeros años de la vida de Napoleón no son precisamente fiables. Comencemos, sin embargo, por lo que conocemos. Bautizado como Napoleón Bonaparte, el futuro emperador de Francia nació el 15 de agosto de 1769 en Ajaccio, la capital de Córcega, en el seno de una familia de la pequeña nobleza. Las historias que nos hablan de la pobreza de la familia Bonaparte son, con toda probabilidad, una invención: la casa en la que Napoleón pasó sus primeros años no era un hogar humilde y, su madre, Leticia Remolino, le aportó al padre, Carlo, un destacado funcionario, una dote bastante razonable. El dinero no sobraba, pero la familia tenía propiedades y mantenía una buena posición social. Los Bonaparte habían pertenecido a la oligarquía local durante dos siglos, ascendiendo eventualmente a una posición superior gracias al papel preponderante que esta familia tuvo en el régimen de Pasquale Paoli. En Santa Elena, Napoleón dejó claro que la suya no era la historia de un hombre que había pasado de llevar harapos a la abundancia:

> En mi familia ... no gastábamos prácticamente nada en comida, excepto, desde luego, en productos tales como el café, el azúcar y el arroz, que no se cultivaban en Córcega. Nosotros mismos cultivábamos todo lo demás. La familia poseía un ... molino al que todos los aldeanos llevaban el trigo para moler, pagándonos con una parte proporcional de harina. También éramos propietarios de un horno comunal cuyo uso se pagaba con pescado. También había dos campos de olivos en Ajaccio. Uno pertenecía a la familia Bonaparte y el otro a los jesuitas ... La familia también hacía su propio vino.[1]

Ni siquiera la conquista de la isla por parte de una potencia extranjera puso en peligro la prosperidad de la familia. Carlo Bonaparte no tuvo problemas para congraciarse con los franceses cuando éstos se anexionaron la isla en 1768, y no solo conservó su puesto oficial, sino que además se convirtió en el interlocutor entre sus paisanos y sus nuevos amos. Aunque la familia era numerosa —Napoleón era el segundo de ocho hermanos y hermanas, aunque había habido otros cinco hijos que murieron cuando eran bebés o a edad muy temprana—, nunca hubo dificultades para procurarles, por lo menos a los cinco varones, una adecuada educación y, además, la posibilidad de poder servir en el futuro al estado borbónico (de hecho, incluso Elisa, la hermana mayor, obtuvo una plaza en un exclusivo colegio en las afueras de París).

Y, ciñéndonos estrictamente a los hechos, ¿cómo fue la vida del joven Napoleón? Inevitablemente, en cuanto Napoleón alcanzó el poder, surgieron todo tipo de historias sobre su infancia y su juventud, y a estas alturas ya resulta imposible poder separar la realidad de la ficción. Pero, de entre todas esas historias que nos hablan de un niño tirano que amedrentaba a todo el mundo y destrozaba todo lo que caía en sus manos, de un niño general que conducía a sus compañeros a la batalla, de un niño mujeriego que iba a la escuela agarrado de la mano de hermosas niñas y de un niño patriota que criticaba a su padre por no haber seguido a Paoli al exilio —cuentos de los que se dice que Napoleón «solía reírse a carcajadas»—,[2] hay varias cosas dignas de ser destacadas. En primer lugar, que parece que a Napoleón le faltó el amor de sus padres (aunque bastante cariñoso, su padre normalmente se encontraba ausente a causa del trabajo, mientras que su madre tenía un carácter extremadamente austero y trataba a sus hijos con gran severidad). En segundo lugar, vemos a un niño que está constantemente buscando la aprobación y la atención de sus padres, por la que tenía que competir con sus numerosos hermanos, así que el pequeño Napoleón terminó expresando su frustración por medio de la violencia, intentando prevalecer sobre todos los demás y teniendo como víctima propiciatoria a su desafortunado hermano mayor, José. En tercer lugar, este mismo deseo de reconocimiento le condujo a una ambición y a unas ansias de poder de las que dan cuenta todos los que le conocieron. En cuarto lugar, las frecuentes palizas que recibió le llevaron a obsesionarse por el poder y le convirtieron en un mentiroso compulsivo. Y, en último lugar, la insatisfacción y la inseguridad le convirtieron en un soñador: fascinado por la historia desde edad muy temprana, Napoleón era un solitario que a menudo pasaba largos periodos encerrado en su habitación para dedicarse a leer y para sumergirse en sus sueños de evasión y heroísmo. Citando a Chaptal:

> Su madre a menudo me decía que ... Napoleón nunca jugaba a las típicas cosas propias de los niños de su edad y que procuraba por todos los medios evitarlas. Desde edad muy temprana tuvo su propia habitación en el tercer piso de la casa, donde a menudo se encerraba para dedicarse a sus cosas. Ni siquiera bajaba a almorzar con toda la familia, y se pasaba todo el día leyendo, sobre todo trabajos de historia.[3]

¿Fue el origen corso de Napoleón otro factor definitorio de este carácter tan atípico? Según algunos testimonios, la respuesta es, claramente, «sí». Napoleón, por lo que sabemos, creció imbuido de un alto sentido del honor y con una prodigiosa capacidad para la actuación, producto ambas cosas de la obsesión por el estatus, algo típico de una sociedad como la corsa. A esto hay que añadir una fanática lealtad al clan, causa de sus constantes intentos de favorecer a sus familiares, de los que además se sentía responsable, por no mencionar el arraigado espíritu aventurero que condujo a muchos corsos a convertirse en corsarios o en soldados de fortuna. Y finalmente, estaba el tema del igualitarismo y de la justicia para todos: en Córcega, incluso las familias nobles, como los Bonaparte, no se sentían muy alejadas del conjunto de la población, y tanto los pobres como los ricos se sentían unidos por el odio hacia lo extranjero, ya que la isla tenía una larga historia de conquistas, sometimiento y explotación. Sin embargo, todos estos argumentos pueden no ofrecer mucha confianza al que es verdaderamente observador. Mucho más determinante fue el régimen de Paoli, entre los años de 1755 y 1769. Siendo parte del territorio de la República de Génova, Córcega había sido víctima, a principios del siglo XVIII, de una serie de injusticias, así que, indefectiblemente, se terminó produciendo una rebelión en la isla. Se llevaron a cabo negociaciones, pero luego vino un largo periodo de estancamiento y, hacia mediados de siglo, pareció que el asunto corso se había solucionado. A comienzos del año 1755, sin embargo, Pasquale Paoli, un joven corso, oficial del ejército napolitano, que era el hermano pequeño de uno de los líderes de la insurrección, regresó a su tierra natal. A decir de todos, una figura notable, Paoli se puso inmediatamente al frente de la rebelión y se las arregló para hacer renacer el espíritu de lucha y unir a sus normalmente desunidos compatriotas. No se obtuvo ninguna victoria militar —no se pudo expulsar a los genoveses de las principales fortalezas costeras—, pero Paoli logró poner en marcha un estado y, lo que es más importante, un estado que, durante un corto periodo, fue admirado por algunas de las principales figuras políticas de la época. Inspirándose en los escritos de Montesquieu, el líder corso promulgó una constitución que garantizaba la soberanía del pueblo, estableció un Parlamento elegido en parte por sufragio universal, en parte por el poder eclesiástico y en parte por el propio Paoli, aunque este Parlamento tenía la capacidad de limitar el poder de Paoli como presidente de facto. Pero, aunque Paoli convirtió Córcega en el estado de la libertad, y de esta forma se ganó la admiración de Jean-Jacques Rousseau y de James Boswell, no pudo evitar su conquista: en 1768 Génova cedió el control de la isla a Francia y, en apenas un año, las tropas borbónicas habían acabado con todos los focos de resistencia.

Pero, ¿de qué modo iba a influir toda esta historia en Napoleón? En términos de inspiración juvenil, digamos que en gran medida. El compromiso de su padre con Paoli —había llegado a ser su secretario y luchó junto a él en la desperada defensa de la isla contra los franceses— fue un motivo de orgullo para el joven corso, además de una lección sobre cómo beneficiarse personalmente en una época de agitación política. Al mismo tiempo, también alimentó sus sueños de gloria y le proporcionó un modelo para su propia ambición. Pero lo que más le influyó fue, sin duda, la figura de Paoli, al que Napoleón veía como un modelo a imitar: según Las Cases, el líder corso «durante algún tiempo promovió cierto culto por él».[4] Como el futuro emperador le dijo a su compañero de escuela, Bourrienne, «Paoli fue un gran hombre que amaba a su país».[5] Muchos años más tarde iba a emplear prácticamente las mismas palabras cuando le contó a uno de los personajes que le visitó en Santa Elena que era «un gran carácter» que «siempre luchó por su país».[6] Pero Paoli no fue solamente un patriota. Fue también una figura intensamente carismática, un valiente soldado y un sabio legislador que se ganó la devoción de sus seguidores, el respeto de sus enemigos y el aplauso de los filósofos. Al mismo tiempo, Paoli era la figura arquetípica del salvador: el gran hombre que había venido de ninguna parte para salvar la rebelión corsa, conducirla a la gloria y finalmente terminar sufriendo una derrota aplastante. Pero, sobre todo, el líder corso fue un hombre que manipuló su papel de héroe nacional para conseguir sus propios propósitos, incrementando su poder de manera disimulada al tiempo que intentaba demostrar que actuaba dentro de las tradiciones seudodemocráticas de la insurrección que encabezaba. Incluso aunque Napoleón no llegara a ser consciente de todo esto hasta muchos años después, fue, sin duda, una mezcla embriagadora para él. Preguntado por uno de sus maestros si Paoli era un buen general, se dice que el joven escolar respondió: «Lo fue, señor, y yo quiero ser como él».[7]

Siempre ha sido difícil escribir sobre la infancia del monarca francés con garantías de seguridad. Como su secretario apuntó una vez: «Cada uno de nosotros ... sin dejar de ser honrados, podríamos dar cuenta de un Napoleón distinto».[8] Pero sabemos mucho más del Napoleón que vino después. En diciembre de 1778 abandonó su isla natal por primera vez y embarcó rumbo a Francia, donde, tras cuatro meses estudiando francés en una escuela religiosa de Autun, ingresó en la academia militar de Brienne. Si bien es cierto que los historiadores continuamente se hacen nuevos planteamientos al respecto, podemos decir que la biografía de Napoleón comienza a ser conocida con mucho más detalle desde este momento en adelante. El primer cronista fue su compañero de clase, Louis de Bourrienne, que se convirtió en el secretario de Napoleón entre los años 1798 y 1802. Como las de muchos otros memorialistas de la época, las memorias de Bourrienne ofrecen muy poca confianza desde el punto de vista histórico, ya que no solamente es que fueran redactadas por otra persona, sino que además destilan verdadero odio a la figura de Napoleón (despedido de su cargo por malversación de fondos, Bourrienne sentía un profundo resentimiento hacia su antiguo jefe). Publicadas bajo el reinado de los Borbones, estas memorias también pretendían la rehabilitación política y personal del autor en los nuevos tiempos de la Restauración, además de limpiar la mancha que suponía haber estado al servicio de Napoleón. Aunque lo cierto es que la imagen que el compañero de escuela de Napoleón ofrece del chico que llegó a Brienne en mayo de 1779 tiene ciertos visos de ser real y, en gran parte, está confirmada por otras memorias menos conocidas. Relativamente pobre —llegó a ingresar en la academia gracias a que su padre había echado mano de sus contactos con las autoridades de ocupación para obtener una beca—, físicamente poco atractivo, añorando su casa y su familia y todavía con una pobre expresión en francés, Napoleón Bonaparte se convirtió en el típico chico raro de la clase. No le fue de gran ayuda para adaptarse su carácter irritable y el hecho de que saliera en defensa de la causa corsa ante la menor oportunidad. «Su conversación —escribió Bourrienne— casi siempre reflejaba su mal humor y no era precisamente una persona sociable.»[9] No es extraño que terminara siendo el objetivo de las burlas de sus compañeros y que padeciera acoso escolar. Los profesores nunca le prestaron atención y todo el mundo intentaba tomarle el pelo. Y el caso es que no había escapatoria: no solamente todos los estudiantes eran internos, sino que además no había vacaciones en los seis años que duraba la formación en la academia. Si el joven corso realmente lideró a sus compañeros en una lucha de bolas de nieve a modo de simulacro de batalla campal, o si él solo fue capaz de parar a un grupo de cadetes veteranos que había invadido un jardín que él mismo había cultivado, o si cogió un berrinche antes que someterse a un castigo particularmente brutal, o se le despojó del mando de una compañía del cuerpo de cadetes del colegio por su comportamiento altanero, es algo que en realidad no tiene importancia. Lo que realmente interesa es que, una vez más, vemos a Napoleón como una persona que siente la necesidad de mantenerse en un permanente estado psicológico de lucha, un Napoleón completamente aislado de su familia y del mundo exterior y un Napoleón que buscaba consuelo en los libros, que le hacían más llevadero su estado de amargura y frustración. Citando de nuevo a Bourrienne, «Bonaparte no caía bien a sus compañeros ... Prácticamente no se relacionaba con ellos ... y raramente se divertía con ellos ... Durante las horas libres se iba a la biblioteca, donde devoraba libros de historia, particularmente las obras de Polibio y Plutarco».[10]

Todos estos factores contribuyeron a que la estancia de seis años de Napoleón en Brienne se convirtiera en un factor determinante de su vida. Solamente llegó a destacar en matemáticas, pero su afán por la lectura le proporcionó una cultura general bastante considerable, lo que le condujo a sentirse superior al resto de sus compañeros de clase. Además de esto, desde luego, estaba el hecho de que era corso y, como buen representante de esa tierra, eso le hacía sentirse superior al resto de los mortales. Todo esto se lo tenemos que agradecer a Rousseau y Boswell, cuyas obras eran leídas con fruición por Napoleón, aunque estos no fueron los únicos autores que configuraron su pensamiento adolescente. Fascinado por la historia antigua, leyó todos los trabajos sobre Grecia y Roma que pudo encontrar y, gracias en parte a las obras de Plutarco, se fue fascinando cada vez más por la vida de los césares. Deslumbrado por el concepto de poder absoluto, se dice que llegó a considerar a los asesinos de Julio César no como héroes, sino como traidores. También llegó a obsesionarse en gran medida con el concepto de patriotismo, tal y como lo presentaba el dramaturgo francés Corneille. En realidad, se trataba de sueños juveniles y de un exacerbado complejo mesiánico: acompañado de Paoli, a quien todavía consideraba un ídolo, Napoleón regresaría a Córcega para liberarla de los odiados franceses. Pero esto no lo haría como creyente católico: aunque educado por sacerdotes, el futuro emperador poco a poco terminó enfrentado a la doctrina de la Iglesia. ¿Cómo se podía confiar en un credo que condenaba a los grandes personajes de Grecia y Roma a la condenación eterna? ¿Fue el resultado de su pérdida de fe, como algunos han argumentado, la creación de un vacío que Napoleón necesitó llenar con cualquier otra deidad? Si es así, la patria era una candidata perfecta, y más teniendo en cuenta su conocimiento de las ideas de la «voluntad general» de Rousseau. Pero discutir al respecto de si el joven corso necesitaba un ideal parece un tanto inútil: aunque era un misántropo convencido cuando se graduó en Brienne en 1784, ya contaba desde hacía tiempo con el estímulo necesario que le proporcionaban su propia ambición y el alto concepto que tenía de sí mismo.

Tras su estancia en Brienne, Napoleón pasó casi un año en la École Royale Militaire en París. Esta escuela era la más prestigiosa en formación militar del *ancien régime* y, al mismo tiempo, era una institución que daba preferencia a los hijos de los oficiales del ejército y negaba el ingreso a todo aquel que no pudiera demostrar que sus antepasados habían sido nobles, por lo menos, durante cuatro generaciones. El requerimiento de nobleza no fue un problema —los Bonaparte contaban con excelentes credenciales—, pero el asunto del servicio en el cuerpo de oficiales sí planteó dificultades, y es posible que en este asunto la leyenda coincida con la realidad: como el padre de Napoleón nunca había sido oficial, podemos asumir que el chico logró ingresar en la École Militaire gracias solamente a su capacidad intelectual. No solamente los años en Brienne, sino también las experiencias de Napoleón en París están rodeadas de un halo de leyenda. Lo único que sabemos con certeza es que el padre del joven corso murió a causa de un cáncer de estómago unos pocos meses después del ingreso en la École Militaire y que, con su familia pasando dificultades económicas, intentó hacer dos cursos en uno (lo que podría explicar por qué se graduó como el cuadragésimo segundo de su clase). Pero si muchas de las anécdotas que se cuentan de este periodo nos parecen, de nuevo, producto de la leyenda, no cabe duda de que la influencia que los primeros años de su vida tuvieron sobre el carácter de Napoleón fue absoluta. La muerte de su padre alimentó la ambición de Napoleón: sin poder confiar en el calmado José —«el amable Bonaparte»— vio la pérdida del progenitor como una oportunidad para convertirse en el cabeza de familia y recuperar las glorias pasadas de su clan. Más obsesionado con la causa corsa que nunca —aunque más bien este amor apasionado por la patria no era más que el deseo instintivo de un chico de dieciséis años de rebelarse contra su padre— también siguió siendo el blanco de la desaprobación oficial y de bromas realmente pesadas. Ciertamente, no le resultó de mucha ayuda que su aspecto físico no mejorara o que su estatura no aumentara: si debemos creer a la siempre poco fiable Laure Permon, su aspecto era tan ridículo que lo apodaban el «Gato con Botas». Por lo tanto, el resultado de todo esto fue una mezcla de frustración, arrogancia, orgullo, altivez y ambición. Además, todavía conservaba ese inquietante carácter introvertido: una chica que se lo encontró en una barcaza que iba de Ajaccio a Tolón en 1778 recordaba «un pequeño y poco agraciado muchacho» con «una cara desagradable» que tenía todo el tiempo la nariz pegada a un libro y que era tan maleducado que uno de los pasajeros llegó a decir que había que haberlo tirado al mar.[11] También existía cierto grado de violencia reprimida: mostrándose a sí mismo como un hombre de letras, Napoleón escribió una serie de historias en las que se mezclaban horripilantes asesinatos y baños de sangre por todos lados. Ya por entonces ambicionaba la fama en los campos de batalla aunque quizá no era solamente, parafraseando a Wilfred Owen, un hombre joven deseoso de alcanzar la gloria, sino un muchacho lleno de odio y resentimiento.

Sea cual sea la influencia que los años vividos como cadete militar hubieran podido tener sobre su psicología, el caso es que cuando Napoleón obtuvo el grado de subteniente de artillería en 1785, ya había caído bajo el influjo del incipiente radicalismo político que comenzaba a impregnar a gran parte de la clase culta francesa. Después de todo, como oficial e hijo de la pequeña nobleza, pertenecía no solamente a una, sino a dos de las clases sociales que afrontaban su futuro en la Francia del *ancien régime* con preocupación; además hay que tener en cuenta que, aunque solamente fuera por el elogio que el escritor ginebrino había hecho a la Córcega de Paoli, Napoleón también era un ávido lector de Jean Jacques Rousseau. Todavía sintiéndose muy unido a su tierra natal —de los tres años y medio que se sucedieron antes del estallido de la Revolución, había pasado casi dos de permiso en su casa con su familia— Napoleón siguió siendo un revolucionario corso más que un revolucionario francés, así que todavía tendía a interpretar los cambios de modo que se ajustaran a las necesidades de su patria. Por entonces Francia no le concernía, salvo por el hecho de que la revolución en París podía significar la independencia en Ajaccio. Tampoco le importaban gran cosa los principios de 1789. Lo que realmente le preocupaba era el poder del estado. En resumen, para ser libre, Córcega tenía que ser fuerte y, si quería ser fuerte, debía contar con una administración totalmente nueva que, al estilo de la de Paoli, pudiera garantizar la obtención de los hombres y los recursos necesarios para su defensa. Esto por lo que concierne a Córcega, pero ¿qué planes tenía Napoleón para sí mismo? A corto plazo asumiría el papel de aventajada mano derecha del líder, aunque Paoli no iba a vivir para siempre —nació en 1725— y no es difícil adivinar cuáles eran las verdaderas intenciones del joven artillero. Napoleón no solamente restauraría en el poder a *il babbo* —«el abuelo»— como le llamaban, sino que lo sustituiría e incluso llegaría a ser él. En resumen, lo que realmente le atraía de la causa revolucionaria eran los papeles de salvador y de absolutista ilustrado: en el primero regresaría a Córcega y la liberaría del yugo de París, y en el segundo se convertiría en el dirigente de un nuevo régimen que concedería derechos a todos sus ciudadanos y que gobernaría como un dictador benevolente. Desde luego, no se podía abusar del poder; el nuevo mesías gobernaría siguiendo los dictados de una constitución y nunca ejercitaría su poder en otra dirección que no fuera la del servicio a su pueblo. Pero estas intenciones no resultan muy creíbles: a pesar de su aparente desprecio por el despotismo, sus héroes —salvo Paoli— seguían siendo déspotas como Federico el Grande de Prusia, Julio César y el soldado ateniense y hombre de estado Alcibíades. Y, aunque verdaderamente admiraba a Rousseau, hay que destacar que el escritor ginebrino puede leerse más como un apóstol de oscuros credos que como un defensor de la democracia: en la noción de voluntad general está implícita una visión de poder absoluto que resultaba ciertamente atractiva a un salvador en ciernes.

Cuando estalló la Revolución en 1789, Napoleón vio en ese acontecimiento un momento en el que la historia podía dar marcha atrás para lograr la liberación de Córcega. Habiendo obtenido otro permiso para ausentarse del cuartel general de su regimiento en Auxonne, donde había servido durante los últimos diez meses, en septiembre de 1789 Napoleón se embarcó rumbo a Ajaccio. Al llegar a casa, se encontró con que la situación política de la isla estaba ciertamente revuelta. Para algunos de sus compatriotas —la mayor parte de ellos hombres que pertenecía a clanes que se habían visto despojados de los privilegios de los que habían gozado durante el breve periodo de independencia— el camino a seguir era la obtención de los mismos derechos que se habían conseguido en la metrópoli en julio de 1789 y, por lo tanto, se apresuraron a mostrarse favorables a la Revolución, obteniendo paradójicamente, como única recompensa, un decreto que anexionaba la isla al territorio francés. Pero para otros corsos la solución estaba en el retorno de Paoli y, por extensión, en un nuevo levantamiento contra los franceses. La situación de descontento se agravó considerablemente cuando se introdujo en Córcega el mismo sistema de gobierno local que había hecho su aparición en el continente, lo que provocó la lucha entre distintas facciones y el urdimiento de violentas intrigas. Napoleón supo atravesar toda esta marea de conflictos y problemas con una considerable dosis de oportunismo, pero no pudo realmente llevar a cabo sus objetivos. Aunque todavía mantenía su deseo de lograr la independencia de Córcega, entre sus intenciones no estaba la de liderar una revuelta nacional, así que Napoleón optó por seguir un camino mucho más práctico. Bajo su liderazgo los Bonaparte se harían con el control de los distintos niveles de poder en Córcega, mientras que, al mismo tiempo, se unirían a los agentes de París en la isla y usarían esta posición de confianza para solicitar el retorno de Paoli. Y así ocurrió, ya que el 14 de julio *il babbo* desembarcó cerca de Bastia, y fue inmediatamente elegido comandante en jefe de la Guardia Nacional corsa y presidente del consejo del nuevo departamento de Francia en el que se había convertido la isla. Pero, justo en ese momento, las cosas comenzaron a torcerse. Molesto ya con el nombramiento de Napoleón en el ejército, el viejo líder se sintió profundamente ofendido cuando éste hizo críticas públicas bastante incisivas al respecto de su política de defensa de la isla frente a los franceses en 1769. Lejos de llegar a convertirse en la mano derecha de Paoli, Napoleón terminó siendo apartado de la lucha por el poder en su tierra; el resultado fue que, en febrero de 1791, optó por reintegrarse a su regimiento en Auxonne.

De vuelta a Francia, Napoleón hizo el papel de tribuno del pueblo y, tan exasperado estaba con él su oficial, que era de tendencias monárquicas, que lo transfirió a una unidad estacionada en Valence. Aquí continuó con sus actividades revolucionarias, llegando a convertirse en secretario del club jacobino local y a tener un papel principal en una serie de ceremonias públicas y en las que arengaba al público para que buscaran los *biens nationaux*. Pero todo esto no era más que una maniobra para poder mantener sus opciones: en realidad, Napoleón no había perdido la esperanza de llegar a convertirse en el lugarteniente de Paoli. Su antiguo héroe le había rechazado pero, sin embargo, Napoleón no se dio por vencido y pidió un permiso que le permitió volver a casa en otoño de 1791, asegurándose un puesto en los famosos «voluntarios de 1791». En abril de 1791 la fortuna por fin le sonrió y fue ascendido a teniente coronel del segundo batallón de milicia reclutado en Córcega (aunque lo cierto es que para esto empleó el soborno y el fraude). Mientras tanto, José se había convertido en alcalde de Ajaccio. Pero llegar a conseguir el aprecio de Paoli seguía siendo la principal aspiración, incluso aunque Napoleón fuera perfectamente consciente de que su estancia en Córcega ponía en peligro sus posibilidades de ascenso en el ejército regular. Cuando los jacobinos locales decidieron pasar a la ofensiva contra sus oponentes políticos, a Napoleón no le quedó más remedio que prestarles el apoyo de sus tropas. Sin embargo, el plan falló y, viendo que los radicales eran forzados a rendirse, Napoleón decidió que había llegado la hora de recuperar su posición en la metrópoli. Como había sido borrado de la lista de ascensos del ejército, no tuvo otra opción que presentarse en París, sobre todo porque sus oponentes políticos en Córcega lo estaban acusando, en ese momento, de contrarrevolucionario. Al final todo se resolvió: se le perdonó por sus actividades contra el gobierno y se le restituyó su cargo como oficial del ejército regular, obteniendo el grado de capitán y un permiso para volver a Córcega de nuevo, esta vez con el pretexto de que tenía que acompañar a su hermana Elisa de vuelta a casa, tras haberse cerrado la academia de damas parisina en la que estudiaba.

Napoleón había jugado muy bien sus cartas para poder quedarse en París. Pero esto no significaba que fuera feliz. Por el contrario, su visita a la capital coincidió con los violentos levantamientos del 20 de junio y del 10 de agosto de 1792, que despertaron en él un comprensible miedo por la violencia popular al tiempo que le convencían de que los jacobinos estaban jugando con fuego. Como escribió a José: «los jacobinos son tontos que carecen de sentido común».[12] En resumen, el futuro de Napoleón puede que estuviera en Córcega, pero en ese momento su figura no era precisamente muy popular allí, ya que Paoli estaba especialmente alarmado por el cariz que estaban tomando los acontecimientos. Para favorecer los intereses de su familia, el antiguo admirador de Paoli no tenía otra opción salvo integrarse en el partido jacobino de la isla, aunque solo fuera porque los jacobinos habían logrado hacerse con el poder en París. Sin embargo, no parece que lograra engañar a su familia. «Siempre he desconfiado de Napoleón —escribió su hermano Luciano—, una ambición que, aunque no es totalmente egoísta, no nace solamente del amor por el bien público. Napoleón haría lo que fuera por mantener su posición, y creo que sería perfectamente capaz de cambiarse de chaqueta, si esto fuera necesario para sus propios intereses.»[13] Como el futuro emperador recordó más tarde, fueron «unos tiempos muy propicios para un hombre joven y con iniciativa».[14]

En todo caso, lo que importa es que en ese momento estaba a punto de producirse la ruptura definitiva con Paoli. Según lo que nos cuenta el propio Napoleón, el líder corso se encontraba por entonces en conversaciones con los británicos para entregarles la isla. Pero tal cosa no es cierta, ya que parece que no se produjeron contactos entre Paoli y los británicos hasta abril de 1793 y que, incluso entonces, la iniciativa no surgió de Paoli, sino de los británicos. La historia de que Paoli le sugirió al futuro emperador que debía intentar hacer carrera en el ejército británico es pura invención. Que la relación entre los dos terminara deteriorándose se debió en gran parte a que Paoli había terminado aliándose con los tradicionales rivales de los Bonaparte, siendo el clan de los Pozzo di Borgo uno de los más importantes. Tras una fracasada expedición a Cerdeña, un territorio que pertenecía al estado enemigo del Piamonte, el resentimiento entre las dos familias alcanzó su punto álgido. Por un lado, Napoleón insinuó que Paoli había saboteado la expedición, mientras que, por el otro, Paoli acusó a los jacobinos de forzarle a ordenar ataques desesperados y condenados al fracaso para contar con un pretexto que les permitiera ordenar su arresto y ejecución. Fuera cual fuese la verdad, el caso es que este hecho sumió a

Córcega en un conflicto civil. En una situación como ésa los Bonaparte y sus aliados no tenían nada que hacer. Progresivamente, la facción más débil de la política corsa, los jacobinos, tuvo que rendirse a la evidencia, no dejando a Napoleón y a su familia otra opción que la de huir al continente.

La ruptura con Paoli y con ella la pérdida de las propiedades familiares puso fin a las aspiraciones de Napoleón de llegar a gobernar Córcega. De ahí en adelante sería un francés y, por lo menos de momento, un jacobino: unas pocas semanas después de su llegada a Francia redactó un artículo para *Le Souper de Beaucaire*, en el que se imaginaba una conversación entre él mismo y unos cuantos ciudadanos en la que se explayaba sobre los males producidos por la llamada revuelta federalista que estaba en ese momento paralizando Francia, y defendía las acciones llevadas a cabo por las fuerzas gubernamentales que acababan de tomar al asalto Aviñón. Y por lo que respecta a Córcega o a su líder, cualquier atisbo de lealtad había desaparecido completamente: Napoleón nunca regresó a su tierra natal y raramente habló de ella, y si lo hizo, fue con desdén; de hecho, el artículo en *Le Souper de Beaucaire* y un panfleto publicado en el momento de su exilio destilaban desprecio por su antiguo héroe y le acusaban de traición, intentando de este modo exonerar a los Bonaparte del mismo cargo.

Esta vehemencia, sin embargo, se torna demasiado evidente. Por un lado, no deja de ser un ejemplo clásico de cómo el amor se puede trasnformar en odio de un día para otro; pero, por otro lado, no hay razón para dudar de que el fracaso de Napoleón en Córcega supuso un duro golpe para su ego, que además lo sumió en una profunda tristeza. Al mismo tiempo, si Napoleón era en ese momento francés y jacobino, era simplemente porque no tenía otra opción y era la única forma de poder seguir progresando en su carrera; una carrera que, incidentalmente, parecía probable que se relanzara gracias a la carencia de oficiales en el ejército francés debida a los exilios que se produjeron con el estallido de la Revolución en 1789. Frente a esto estaba el hecho de que haber mantenido ideas políticas radicales desde los tiempos de su estancia como cadete en la academia de oficiales podía perjudicarle. Además, como hemos visto, ni siquiera la gente más cercana confió nunca en la sinceridad de Napoleóna cerca de sus ideas políticas, aunque al mismo tiempo parece que al final llegó a creer que podía convencer a Paoli para que adoptara su modo de pensar. De esta forma, lo que se nos presenta es un panorama plagado de contradicciones, pero también de cínico cálculo: mucho nos tememos que el amor a Córcega no fue reemplazado por el amor a Francia, sino por el amor a Napoleón. Por el momento, eso significaba que había que hacer mucho teatro, pero eso no era un problema para un Napoleón acostumbrado a ello. Como muchos otros trabajos del mismo tipo, las memorias de Paul de Barras no son precisamente muy fiables que digamos, incluso aunque la narración de su primer encuentro con Napoleón pueda tener ciertos visos de realidad:

> Bonaparte me ofreció unas cuantas copias de un panfleto que había escrito hace poco y que estaba impreso en Aviñón. Al mismo tiempo me pidió permiso para distribuirlo entre los oficiales y la tropa del ejército republicano. Con un montón de ellos en las manos, dijo mientras los repartía: «¡Esto os mostrará si soy o no soy un patriota! ¿Puede un hombre ser demasiado revolucionario? ¡Marat y Robespierre son mis santos!».[15]

Fuera como fuese el desarrollo de este episodio, no hay duda de que las tácticas de Napoleón funcionaron. Afortunadamente para él, uno de los tres representantes a los que la Convención había elegido para enviar a la región de Marsella en el verano de 1793 fue Antoine-Christophe Saliceti, un viejo amigo de José que había sido representante de Córcega en la Asamblea Nacional y que había llegado a ser el líder de facto de los jacobinos de la isla. Manteniendo el espíritu de lealtad propio de los clanes corsos, este personaje se las arregló para poder favorecer a los Bonaparte. Hizo que la Convención les concediera una sustanciosa compensación económica y además le buscó a José un puesto como comisario asistente en el estado mayor del ejército que había sido enviado para acabar con la sublevación del Midi, bajo el mando del general Carteaux. Por lo que respecta a Napoleón, sus esfuerzos como propagandista fueron alabados en extremo en los despachos que Saliceti envió a París, así que el 16 de septiembre fue recompensado con el mando de la artillería que apoyaba al ejército que llevaba a cabo el asedio de Tolón. No es necesario decir gran cosa del archiconocido episodio que sigue, en su plano estrictamente militar: Napoleón mostró un valor extremo y una gran capacidad de decisión, consiguiendo con su iniciativa personal que la ciudad se rindiera en menos tiempo de lo esperado. Lo que merece la pena ser comentado con detalle es la actitud egocéntrica que exhibió en el transcurso de esos acontecimientos. Napoleón, parece, sabía más que nadie, así que mostró sus opiniones sin perder un segundo. Gracias a sus quejas, el primer comandante del ejército de asedio, el general Carteaux, fue sustituido y enviado a prisión, mientras que su sucesor, el general Dugommier, terminó por estar tan molesto por sus constantes intervenciones que tuvo que ordenarle que se ocupara de sus propios asuntos y que se limitara a mandar la artillería. Junto a esto estaba su deseo de actuar para la galería. Napoleón apareció entre sus artilleros dirigiendo el fuego en persona, durmiendo en el suelo envuelto en un capote, ascendiendo a un valiente sargento al grado de oficial (el futuro general Junot) en el mismo campo de batalla, cultivando la amistad con un pequeño grupo de camaradas, que incluía nombres tales como los de Victor, Marmont y Duroc, y finalmente, demostrando su valor al tomar parte en el asalto final montado en su caballo, cuando su lugar como comandante de la artillería estaba en ese momento en la retaguardia. Si mereció el reconocimiento que tuvo tras esa acción es algo que queda abierto a la discusión, pero lo cierto es que, en este aspecto, la verdad no importa demasiado, puesto que el caso es que, héroe o no, fue aquí donde comenzó a hacerse un nombre.

> Mi reputación me la gané en Tolón. Todos los generales, representantes y soldados que me oyeron dar mi opinión en los diferentes consejos tres meses antes de la caída de la ciudad anticiparon mi futura carrera militar ... En el Ejército de los Pirineos, Dugommier estaba siempre hablando de su comandante de la artillería en Tolón, y sus palabras quedaron grabadas en las mentes de aquellos generales y oficiales que después vinieron ... al Ejército de Italia.[16]

Bien, puede que sea así. Según Bourrienne, «las noticias de la caída de Tolón causaron gran sensación ... por toda Francia, sobre todo porque nadie se esperaba tal éxito en las operaciones».[17] Pero el nuevo camarada de Napoleón, Marmont, pensaba de otro modo: «[Napoleón] se hizo un nombre gracias a sus acciones, pero luego no tuvo suficiente *éclat* como para que su reputación fuera conocida en otros lugares que no fueran las filas del ejército en el que servía; si se hablaba de él con estima y respeto, lo cierto es que nadie lo conocía en París y ni tan siquiera en Lyon».[18] Y lo que ocurrió después no le atrajo tantos halagos como a Napoleón le hubiera gustado. Fue ascendido al rango de brigadier, pero la máquina de propaganda francesa no destacó su persona, sino la de Saliceti, y aunque Dugommier, Saliceti y el hermano de Robespierre, Augustin (como Saliceti un representante del gobierno en misión en el Midi), alabaron su comportamiento en los despachos, no obtuvo el reconocimiento que él creía merecer. Tampoco sus planes para futuras operaciones fueron aceptados por el gobierno. Aunque era el segundo en el mando de la artillería del Ejército de Italia, el nuevo general se mostraba ansioso por contar con un papel más importante en dicha fuerza, así que comenzó a bombardear a los políticos de París con planes para una ofensiva contra el Piamonte. Al mismo tiempo hizo todo lo que pudo para asegurarse el favor de Augustin de Robespierre y su colega Ricord. Citando a Barras:

> Cuando Bonaparte entró a formar parte del primer Ejército de Italia ... deseaba y buscaba sistemáticamente alcanzar la cumbre sin importar cuáles fueran los medios que empleara para ello. Completamente convencido de que las mujeres eran una gran ayuda para esto, comenzó a visitar de forma asidua a la esposa de Ricord, consciente de que esta señora ejercía gran influencia sobre Robespierre el Joven. .. Persiguió a Madame Ricord con todo tipo de atenciones, recogiéndole los guantes, sosteniéndole el abanico, sujetándole con profundo respeto la brida y el estribo cuando montaba su caballo, acompañándola en sus paseos con el bicornio en la mano y mostrando preocupación ante el menor incidente que sufría la señora.[19]

Volviendo a la situación militar, tanto politiqueo no le hizo ningún bien a Napoleón. En los primeros meses de 1794 el peligro más inminente no era el Piamonte, sino el gran ejército español que había cruzado los Pirineos orientales y ocupado el sur del Rosellón. Avanzar contra esa fuerza, afirmó Napoleón, sería un gran error, pero comprender sus razones para mantener tal opinión —el hecho de que existía el peligro de una insurrección popular y las dificultades logísticas y políticas que suponían las operaciones en España— resulta difícil en vista de lo que iba a ocurrir en 1808. Citando de nuevo a Barras, «Bonaparte ... absorto enteramente en la consecución de sus propios intereses, se engañaba a sí mismo creyendo que lo suyo era la búsqueda del bien común».[20] Como quedó meridianamente claro que lo único que le importaba a Napoleón era su propia gloria, nadie hizo caso de sus recomendaciones; por el contrario, el Ejército de los Pirineos orientales fue reforzado al tiempo que se le encomendó la misión de expulsar a los españoles de territorio francés y tomar la ciudad de Barcelona. Gracias a la ayuda de los planes concebidos por Napoleón, se lograron algunos éxitos en la frontera italiana en una serie de campañas menores que culminaron con la victoria sobre los genoveses en Dego, pero no se contaba ni con la voluntad ni con el número de hombres suficientes como para continuar con el avance, y a finales de septiembre los invasores se retiraron a las posiciones iniciales de la campaña.

Para Napoleón, el éxito de Tolón vino seguido de una profunda frustración. Sus planes oportunistas para mejorar su situación habían quedado bloqueados y, lo que es peor, había perdido el favor de los políticos de París. Además, no se encontraba con las fuerzas francesas en el momento de la victoria de Dego. La razón para este cambio de suerte fue la caída de Robespierre en julio de 1794. Debido a que dio la casualidad de que el delegado del gobierno asignado al Ejército de Italia era Augustin Robespierre, y que éste le había puesto bajo su protección, considerándolo una estrella emergente, Napoleón había quedado asociado con el Terror más de lo que hubiera resultado deseable. Y había llegado el momento de pagar el precio. El primer movimiento contra él vino de su patrón Saliceti, que estaba más relacionado con el Ejército de los Alpes que con el Ejército de Italia, y que parece que estaba deseando darle una buena lección a su protegido. Aterrorizado por la forma en que muchas ciudades del sur estallaron en cólera contra cualquier persona que estuviera relacionada con los Robespierre —se produjeron masacres en Marsella, Aix y Nimes—, el corso se aprovechó del hecho de que Napoleón acababa de participar en una misión secreta en la neutral República de Génova como excusa para arrestarle, ya que el mero hecho de haber cruzado la frontera era suficiente para sugerir que había estado involucrado en algún tipo de complot fraguado en el extranjero. Que Napoleón era inocente de tales cargos es algo que quedó meridianamente claro, aunque, durante unos cuantos días su vida estuvo en peligro. Al final Saliceti cedió y proclamó su inocencia, probablemente porque concluyó que ejecutar a su antiguo amigo y seguidor le podía hacer perder el favor del nuevo gobierno que se había establecido en París, aunque no se permitió a Napoleón volver al ejército en campaña. En su lugar se le encargó la ingrata y finalmente inútil tarea de elaborar un plan para la invasión de Córcega. Incluso en el amor, las cosas no le salían bien en esa época, ya que intentó casarse con la hija de un rico noble local, pero fue rechazado con el argumento de que era un joven carente de porvenir.

Tras la frustración vino más frustración, y eso en un año, 1794, en el que Francia había salido victoriosa en todos los frentes. Gracias a una serie de aplastantes victorias, sus ejércitos habían expulsado a los españoles del Rosellón, ocupado la franja norte de Cataluña, conquistado Renania y recuperado definitivamente Bélgica. Ante tales triunfos militares, el éxito de Napoleón en Tolón no era más que una bagatela, además de un asunto del ya lejano pasado: Napoleón no era uno de los héroes del momento, al modo como lo eran Pichegru o Jourdan. A comienzos de 1795, Napoleón era un hombre frustrado y profundamente amargado.

Un segundo romance —esta vez con la hermana de la esposa de José Bonaparte, Julie Clery— no parecía que fuera a terminar mejor que el primero, mientras que el ataque a Córcega fue repelido por un escuadrón naval británico. Pero, por encima de todo esto, estaba el asunto de su destino como comandante de la artillería del Ejército del Oeste en la lejana Bretaña. En una época relativamente tranquila, el oeste de Francia no era el mejor destino para un soldado en busca de gloria, así que Napoleón se puso en camino hacia París para intentar asegurarse un puesto más conveniente a sus ambiciones. Sin embargo, el ministro de la Guerra era un moderado que no perdonaba a Napoleón por su relación con Robespierre, y su única respuesta fue trasladarle a una brigada de infantería. La reacción de Napoleón ante esta degradación fue la de alegar que estaba enfermo —si obtenía una baja por enfermedad, al menos podría quedarse en París para poder intentar obtener un destino mejor—. Fueron tiempos muy duros. El coste de la vida era muy alto, y Napoleón tuvo que vivir muy frugalmente en un alojamiento de lo más miserable. De hecho, no hubiera sido capaz de sobrevivir si no hubiera sido por su hermano José, que todavía conservaba su puesto en el comisariado, y que le enviaba dinero de vez en cuando. La privación y las preocupaciones terminaron influyendo en su estado físico. El futuro general Thiébault, por ejemplo, le recuerda como «un hombre menudo ... que no parecía otra cosa que una víctima [cuyo] atuendo desaliñado y su cabello largo y lacio y ... ropas desgastadas ... eran la prueba evidente de las estrecheces por las que estaba pasando». Algo parecido a esto nos cuenta Laura Junot en sus memorias.

> En esa época Napoleón era una persona poco atractiva ... Su piel era tan amarilla ... y parecía cuidarse tan poco, que, despeinado y con el cabello empolvado a medias, tenía un aspecto ciertamente desagradable. Sus manos pequeñas ... era huesudas ... y las llevaba mugrientas ... Siempre que comparo la imagen que tengo de Napoleón entrando en el patio del Hotel de la Tranquillité ... con paso inseguro y torpe, llevando un sombrero barato redondo con el ala cayendo sobre sus ojos, y con dos «orejas de spaniel» de pelo descuidado cayendo sobre el cuello del mismo capote gris que luego se convirtió en un símbolo tan glorioso ... y las botas estaban tan pobremente trabajadas y cuidadas, comparadas con las otras que le vi llevar después, que apenas puedo creer que se tratara de la misma persona.[21]

No era la primera vez que Napoleón iba a contemplar la posibilidad del suicidio. Algunos detalles de las penurias que pasó por aquella época nos las cuenta Bourrienne, con el que volvió a encontrarse otra vez:

> Fue con mucho dolor como resolvió esperar pacientemente a la desaparición de los prejuicios que todavía tenían contra él los hombres que ostentaban el poder por entonces, y confiaba en que los cambios que se venían sucediendo en el poder al final le pusieran en manos de esos que estuvieran dispuestos a concederle su favor ... Se convirtió en un hombre meditabundo, frecuentemente melancólico y algo trastornado, y ... envidiaba la suerte de su hermano José, que acababa de casarse con mademoiselle Clery, la hija de un rico y respetable comerciante de Marsella ... Mientras tanto, el tiempo pasaba, pero no sucedía nada; sus proyectos no tenían éxito, y sus propuestas no recibían ningún tipo de atención. Esta injusticia le emponzoñaba su espíritu, y estaba atormentado con el deseo de hacer algo. Permanecer entre la masa le resultaba intolerable. Decidió abandonar Francia, y concluyó ... que el Este era el mejor camino hacia la gloria, y llegó a pensar en marcharse a Constantinopla y ofrecerle sus servicios al [sultán].[22]

Su resentimiento aumentaba cada día. Por un lado Napoleón echaba de menos su éxito en Tolón, y hablaba apasionadamente de su «estrella», mientras que por otro lanzaba invectivas contra Saliceti, a quien culpaba de todas sus desgracias, y refunfuñaba despreciando el comportamiento de los caballeros encopetados que, conocidos como los *incroyables*, atestaban las calles de París. Pero el principal estímulo que permitía a Napoleón seguir adelante era el deseo de venganza, ya fuera contra los políticos que habían frenado su carrera o contra la sociedad, que se había mostrado ciertamente voluble a la hora de reconocer sus méritos. Y no se trataba precisamente de un asunto de inquina personal: Saliceti, por ejemplo, fue tratado con gran generosidad por Napoleón tiempo después, y no solamente intervino para evitar que fuera encarcelado tras el golpe de estado del 18 de Brumario, sino que además le concedió una serie de importantes cargos políticos y diplomáticos en Italia. Pero es indudable que albergaba deseos de venganza; un día, juró, sería el dueño de las calles de París, calles que estaban, mientras tanto, haciendo desaparecer lo poco que quedaba de su idealismo juvenil. Tras la caída del puritano Robespierre, las gentes adineradas se habían dejado llevar por un sentimiento de liberación que se manifestaba a través del hedonismo, la ostentación y una notable relajación de la moral sexual. Las costumbres adquirieron tintes extremadamente extravagantes, mientras que tanto hombres como mujeres hacían gala de su promiscuidad. «Por entonces —escribió un joven oficial del ejército— la desorganización de la sociedad alcanzó su cénit. El rango había desaparecido, la riqueza había cambiado de manos. Aunque todavía era peligroso afirmar que se provenía de una alta cuna ... los nuevos ricos ... marcaban las tendencias de la moda, y a todas las extravagancias propias de estas gentes carentes de educación se le sumaban las absurdidades de un clientelismo carente de dignidad ... Este gusto por las artes ... tuvo como resultado que se adoptaran las modas, e incluso los hábitos de la capital con la más descarada licencia ... Uno no lo hubiera creído, a no ser que lo viera con sus propios ojos, pero mujeres llenas de encanto y bien educadas y nacidas, llevaban pantalones de color carne y ... vestidos de muselina transparente con los senos y los hombros al descubierto, y así se presentaban en lugares públicos.»[23] Mientras tanto, con la defensa de la propiedad privada a la orden del día, su adquisición se convirtió en un asunto de primer orden: la especulación y la corrupción no conocían fronteras. Todo esto, en contraste con un segundo plano en el que la gente vivía en la más completa de las miserias, provocaba que se actuara con absoluto cinismo: la libertad, la fraternidad y la igualdad estaban en boca de todos, pero todo eso no era por entonces más que una mera cantinela. Napoleón era perfectamente consciente de esta situación. Citando una carta que envió a su hermano José: «Solamente hay una cosa que hacer en este mundo, y es seguir ganando dinero y más dinero, además de poder y más poder. Todo lo demás no importa nada».[24]

Sea como fuere no pasó mucho tiempo antes de que la confianza de Napoleón en su buena estrella se viera por fin recompensada. No está claro lo que ocurrió exactamente pero, de una forma u otra, en septiembre de 1795 Napoleón se vio con un puesto en la Oficina Topográfica del estado mayor del ejército, el embrión del estado mayor general establecido por Lazare Carnot en 1793. Dadas sus capacidades, fue inmediatamente destinado como jefe de una misión militar a la otomana Turquía, pero se produjo cierto retraso a la hora de confirmar el nombramiento y esto hizo que Napoleón se encontrara todavía en París cuando, el 3 de octubre, estalló en la ciudad una revuelta contra el nuevo gobierno, conocido como el Directorio, que se acababa de instalar en la capital en virtud de la recién proclamada constitución de 1795. El levantamiento de Vendimiario, como se llegó a conocer a este episodio, constituyó una seria amenaza militar, ya que en la revuelta estaban involucrados miles de miembros desafectos de la Guardia Nacional. Las tropas leales al gobierno, menos numerosas y desorganizadas, se pusieron apresuradamente bajo el mando del político Paul Barras con el título de Ejército del Interior, y por un momento pareció que iban a ser aplastadas por los rebeldes. Sin embargo, todos los hombres disponibles estaban desplegados en las cercanías del palacio de las Tullerías y, cuando los insurgentes atacaron, se dieron de bruces con la famosa «ráfaga de metralla». Entre los defensores del palacio estaba Napoleón, que se dice que ofreció sus servicios a Barras, concediéndosele el puesto de edecán o, posiblemente, de segundo en el mando. Napoleón mostró un gran coraje y energía. Según Thiébault, «desde el primer momento la actividad que demostró fue motivo de sorpresa en todo el mundo: parecía estar en todos los sitios y ... Luego causó más admiración dando órdenes breves, claras e inmediatas con una indiscutible autoridad. Todo el mundo estaba atónito ante el vigor que desplegaba organizando la defensa, y por eso todos pasamos de la admiración a la confianza y de ésta al entusiasmo».[25] Aunque lo cierto es que no está claro que Napoleón estuviera al mando de la defensa del palacio, o, en palabras de Carlyle, fuera comandante del capote del comandante de

Barras: incluso a través de su propio testimonio, por ejemplo, sabemos que no fue él, sino Barras, el que tuvo la iniciativa de ordenar que la artillería dispersara a los rebeldes.

Pero quién estuvo verdaderamente al mando ese famoso día de Vendimiario no resulta especialmente trascendente, puesto que el caso es que, al poco tiempo, todo el mundo estaba convencido de que el joven corso había salvado la Revolución. Barras fue uno de los principales responsables de crear en la gente esta impresión, ya que, de este modo, podría justificar el apoyo que estaba dispuesto a prestar a Napoleón. También colaboró Louis Fréron, un líder termidoriano que había cooperado con Barras en la pacificación del sur de Francia en 1793 y que, por entonces, cortejaba a la hermosa Paulina Bonaparte. Mientras tanto, Napoleón jugó sus cartas de manera extremadamente inteligente, por un lado mostrando modestia y timidez cuando los oficiales que habían sofocado el levantamiento fueron presentados a la Convención, y por otro manteniéndose bajo el paraguas de Barras, que le iba a facilitar la entrada a los salones más elegantes de París. En esa época, Napoleón no tenía precisamente el aspecto de un conquistador. «Todavía puedo ver su pequeño sombrero —recordaba Thiébault— decorado con una pluma que apenas se sujetaba, el fajín tricolor atado de mala manera, su abrigo mal confeccionado y un sable que, ciertamente no parecía el arma adecuada para un aspirante a militar glorioso.»[26] Vendimiario fue su salvación. Con Barras elevado a la presidencia del Directorio, Napoleón fue nombrado comandante en jefe del Ejército del Interior, con el rango de general, el 26 de octubre. Citando a Bourrienne, Vendimiario «sacó adelante a Bonaparte y lo elevó de entre la multitud».[27]

Al mismo tiempo, la «ráfaga de metralla» fue una experiencia útil en otro sentido. Desde el principio de la Revolución vemos claramente que Napoleón despreciaba a la multitud como fuerza política. A su parecer no era más que una turba carente de organización que podía ser intimidada por cualquier oponente que poseyera un firme liderazgo y disciplina militar. Si Luis XVI hubiera aparecido montando su caballo para defender las Tullerías en 1792, le dijo a José, el palacio nunca hubiera caído en manos de la muchedumbre. Así que su convicción era tanto de cariz político como militar: la turba tenía que ser derrotada. Incivilizada y brutal, en el momento en que se relajaran el orden y la disciplina, comenzaría a causar estragos por las calles. Ciertamente, como testigo del asalto a las Tullerías en agosto de 1792, había visto las barbaridades que la muchedumbre era capaz de cometer —en muchos casos, los defensores del palacio fueron descuartizados—. La mutilación y la profanación de los cadáveres habían estado a la orden del día, y unos días después el horror aumentó con las terribles atrocidades que fueron conocidas como las masacres de septiembre. En una sociedad en la que el miedo a la insurrección de los campesinos y al bandolerismo era endémico, Napoleón no podía sino sentir un profundo desprecio por los levantamientos populares. No hace falta decir que este sentimiento se vio confirmado por los sucesos de Vendimiario. Por un lado, la multitud había sido aplastada: 8.000 soldados gubernamentales habían acabado con el levantamiento de 25.000 insurgentes en menos de veinticuatro horas de lucha sufriendo tan solo unas 100 bajas. Y, por otro, la mayoría de los insurgentes no habían tomado parte en los combates, sino que se habían dedicado a emborracharse y al pillaje. A los ojos de Napoleón, si se les había convocado a luchar en las calles, había sido solamente porque una facción política quería hacer realidad sus ambiciones. Como había escrito a su hermano Luciano en 1792: «Los que están al mando son pobres criaturas ... todo el mundo quiere triunfar a cualquier precio sin importar los horrores que deban perpetrar o las calumnias que deban propagar; la intriga es la guía de todos».[28] Lo que Vendimiario demostró no fue solamente que había que mantener vigilada a la chusma, sino que el poderoso estado surgido de la Revolución, que era tan admirado por Napoleón, no solamente se veía amenazado en las calles, sino también en los pasillos del poder, es decir, que también había que vigilar a las nuevas elites.

Aunque hay mucho sobre lo que reflexionar en este punto, lo cierto es que no hay pruebas de que el héroe de Vendimiario estuviera pensando en un asalto al poder en esa época. De todas formas, hacia finales de 1795, vemos que Napoleón, de la noche a la mañana, se ha convertido en un personaje principal de la política del París revolucionario y en un hombre rico con una residencia en la plaza Vendôme, además de en un invitado habitual en los salones más de moda de la capital. En marzo de 1796 se casó con la viuda criolla de treinta y dos años Rose de Beauharnais («Josephine» [Josefina] fue el nombre que le dio Napoleón, que tenía el curioso hábito de rebautizar a todas sus conquistas femeninas). ¿Fue esto, también, un ejemplo más una de esas acciones cuidadosamente calculadas? Para muchos historiadores esto fue un acto de fe. Como Barras había sido amante de Josefina hasta poco tiempo antes, y éste la estimaba grandemente, casarse con ella podía ser una garantía para mantener el favor del que, en ese momento, era el hombre más poderoso de Francia. Del mismo modo, habiendo sido el primer marido de Josefina un noble ejecutado durante la época del Terror, el joven general podía pensar que, casándose con ella, podía asegurarse la aceptación social que se le había negado en la elitista academia de Brienne. En palabras de su buen amigo, Marmont, «el amor propio de Bonaparte se vio halagado. Las ideas del Viejo Orden siempre le habían atraído fuertemente, todavía podía ser víctima de ... todo tipo de prejuicios aristocráticos».[29] Y, finalmente, el dinero puede haber jugado también un papel importante, puesto que la artera Josefina le había hecho creer a Napoleón que era inmensamente rica. Aunque otros historiadores afirman que estaba completamente loco por ella, o que fue la propia Josefina, sintiéndose en deuda y sin perspectivas, la que tuvo la iniciativa, conduciendo a Napoleón a un matrimonio que no solamente iba a resultar ventajoso para ella, sino que además era la única forma de salir de una situación en la que su atractivo físico, que en el pasado le había ayudado tanto, estaba comenzando a difuminarse. Sea cual fuere la razón para este enlace, el caso es que Napoleón se sintió fuertemente atraído por Josefina, de lo que fue testigo Hortensia de Beauharnais en una cena en casa de Barras, y en la que vio por primera vez al que iba a convertirse en su padrastro:

> La lista de invitados de Barras era muy numerosa: las únicas personas a las que conocía eran Tallien y su esposa. En la mesa me colocaron entre mi madre y un general, que, para hablar con ella, se inclinaba sobre mí con tal fuerza que terminé por hartarme y eché la silla hacia atrás. A pesar de esto, debo decir que este hombre tenía una buena figura y una cara expresiva, aunque extremadamente pálida. Hablaba de forma entusiasta y parecía que solamente estaba interesado en mi madre. El general resultó ser Bonaparte.[30]

¿Estaba en ese momento Napoleón pensando solamente en su futura carrera? Es imposible saberlo, pero fueran las que fueran las razones para que se celebrara ese matrimonio, lo que importa es que el general tenía una esposa más bien avariciosa, a la que parece que le prometió que estaría «bañándose en oro».[31]

Napoleón se casó con Josefina el 9 de marzo de 1796. Dos días más tarde dejó París camino de las fronteras del Piamonte, ya que un mes antes se le había entregado el mando del Ejército de Italia. Para los demasiado cínicos, este nombramiento fue la dote de Barras; la recompensa entregada a Napoleón por haber librado al director de su antigua amante. Pero me parece que esto es ir demasiado lejos. El plan de campaña para 1796 incluía, por primera vez, una ofensiva en Italia, y en este teatro de operaciones el general corso era el máximo experto del ejército francés: de hecho, las pocas semanas que pasó en la Oficina Topográfica las había pasado en gran parte elaborando planes de operaciones para Italia. Además, aunque ya había logrado una importante victoria en Loano entre el 23 y el 24 de noviembre de 1795, el por entonces comandante del Ejército de Italia, el general Schérer, se oponía a seguir avanzado hacia el interior. En primer lugar, como se dijo a sí mismo: «Un general de veinticinco años no puede permanecer mucho tiempo al mando del Ejército del Interior».[32] Aparte de su deseo de gloria, su repentino encumbramiento desde la oscuridad tenía que terminar acompañándose del respeto de muchos de sus camaradas generales, algunos de los cuales, por lo menos, eran en ese momento sus enemigos declarados (uno de ellos era el también enérgico y joven Lazare Hoche, que acababa de alcanzar gran renombre pacificando la región de la Vendée, y que también había sido amante de Rose de Beauharnais). Y, aunque de ninguna manera era demasiado orgulloso para rechazar su patronazgo, a Napoleón le disgustaba profundamente Barras. De él llegó a decir: «Barras ... no tenía ni talento, ni capacidad de liderazgo, ni capacidad de trabajo ... Habiendo abandonado el ejército con el grado de capitán, nunca había estado en campaña, así que no tenía ni idea de lo que significaba la ciencia militar. Elevado al Directorio gracias a los sucesos de Termidor y Vendimiario, no tenía ninguna de las cualidades necesarias para desempeñar tal puesto».[33] El sentimiento era mutuo —según el director, su protegido no era más que un «engatusador que sabía decirte lo que querías oír»—[34] pero, de momento, la alianza entre los dos personajes se mantuvo y Barras hizo que sus compañeros directores le dieran a Napoleón el mando en Italia. Un enfoque especialmente interesante de la situación nos lo ofrecen las memorias de Lavallette, que iba a convertirse en uno de los edecanes de Napoleón:

> Las tareas del comandante en jefe en París le otorgaron al general Bonaparte un gran poder ... pero pronto el gobierno se sintió disgustado e

incluso humillado por el yugo que el joven general les había uncido. De esta forma, el general seguía sus propias opiniones, ocupándose él mismo de todo, tomando todas las decisiones, y actuando solamente de la forma que el creía más apropiada. La sorprendente actividad y capacidad de su mente y su carácter dominante no daban ninguna oportunidad a los políticos para opinar. El Directorio todavía quería tratar a los jacobinos con tacto; el general ordenó que la sala en la que se iban a reunir se cerrara, y el gobierno solamente pudo oír lo que se había hecho, sin haber tenido la oportunidad de opinar previamente al respecto. El hecho de que ciertos miembros de la antigua nobleza residieran en París parecía que era considerado peligroso. El Directorio quería desterrarlos, pero el general les protegió. El gobierno tuvo que ceder. Redactó regulaciones, rehabilitó a ciertos generales que habían caído en desgracia, acabó de forma brusca con cualquier tipo de sugerencia, hirió el orgullo de todo el mundo, desafió a todos los que le odiaban y definió como torpeza la lenta e incierta política del gobierno. Y cuando al Directorio se le ocurrió por fin expresar una ligera queja, él ... explicó sus ideas y sus planes tan sencilla y claramente, y con tal elocuencia, que nadie se atrevió a replicar, y dos horas después se comenzó a hacer todo lo que él había dicho. Sin embargo, si el Directorio estaba harto de él, el general Bonaparte también estaba hastiado de la vida en París, donde no tenía ninguna posibilidad de lograr sus ambiciones ni ninguna oportunidad para la gloria tal y como anhelaba su genio. Mucho tiempo antes había elaborado planes para la conquista de Italia. Un largo periodo de servicio en El ejército de Niza [*sic*] le habían proporcionado el tiempo necesario para madurar sus planes, para prever cualquier dificultad y ponderar todos los peligros; solicitó al gobierno el mando en Italia, dinero y tropas, pero solamente pidió una moderada suma que ascendía a 100.000 coronas. Con tan escasos recursos se lanzó a la conquista de Italia al frente de un ejército que no había recibido su paga durante seis meses y que ni siquiera tenía zapatos. Pero Bonaparte era muy consciente de sus propias fuerzas y, dirigiéndose eufórico al encuentro de su futuro, se despidió del Directorio, que le vio marchar con una contenida alegría, feliz de librarse de un hombre cuyo carácter no habían podido dominar, y cuyos grandes planes era meramente, a los ojos de la mayoría de sus miembros, el ímpetu de un hombre joven orgulloso y descarado.[35]

En marzo de 1796 la historia personal de Napoleón Bonaparte terminó fundiéndose con el curso de las relaciones internacionales. Antes de tratar el conflicto en el que llegó a ser combatiente, sin embargo, sería aconsejable dar paso atrás y ofrecer una visión de conjunto de esta discusión surgida a raíz de los primeros años del futuro emperador. En primer lugar, seamos enteramente honestos. Los años de 1769 a 1796 son muy difíciles de describir: hay poco material sin publicar que sea una fuente primaria, mientras que las memorias con las que contamos, por no mencionar las del propio Napoleón, son uniformemente partidistas y en algunos casos no se tratan más que de puras invenciones. Y esto no es todo, puesto que gran parte del material del que disponemos es tan ambiguo que nos puede conducir a conclusiones contradictorias. Napoleón, probablemente, no es nada más que el reflejo de los gustos personales de los creadores de esos textos. Aunque lo cierto es que la imagen de un Napoleón oportunista prevalece sobre la de un Napoleón idealista. Si fue un niño falto de cariño nacido de una madre que tuvo un parto difícil, el vástago de una familia de escaladores sociales empedernidos, el segundo hijo en constante rivalidad con su hermano mayor, José, el niño despreciado e inadaptado de Brienne, el desgarbado cadete del que se burlaban las chicas que le apodaban el «Gato con Botas», el fracasado político corso, el refugiado exiliado, el héroe privado injustamente de la gloria, el brigadier que estaba sin blanca y que buscaba desesperadamente un puesto en París, el «General Vendimiario» en deuda con el infame Barras, o el joven marido enamorado de una nujer que era tan ardiente como codiciosa, lo cierto es que toda una serie completa de Napoleones conspiraron para producir una figura genuinamente aterradora. Usar la palabra «megalómano» para referirse al personaje en esta época no sería probablemente muy apropiado, pero, de todas formas, lo que vemos es un hombre lleno de aversión por las turbas callejeras, de desprecio por las ideología, obsesionado por la gloria militar, convencido de que su destino iba a ser importante y determinado a alcanzar la cumbre. A esto hay que sumar los celos que sentía por muchos generales que habían logrado más laureles que él en campaña y, en particular, por el general Hoche. «Es un hecho —escribió Barras— que, de todos los generales, Hoche era el que más obsesionaba a Bonaparte ... Llegando a Italia le preguntaba a todo el mundo: "¿Dónde está Hoche? ¿Qué está haciendo Hoche?".»[36] Era una peligrosa combinación. Marmont recordó su primer encuentro con Napoleón tras los acontecimientos de Vendimiario, cuando el nuevo comandante irradiaba un «extraordinario aplomo» al tiempo que parecía marcado por «un aire de grandeza que no le había notado nunca antes».

Y respecto a pregunta de si se hubiera podido mantenerlo bajo control, mi respuesta es que lo dudo: «Este hombre que sabía como mandar no podía estar destinado a obedecer».[37]

Así era el hombre que en 1796 se encontró al mando del Ejército de Italia. ¿Qué podemos decir del conflicto, o más bien la serie de conflictos, en los que se había embarcado? Comencemos por dejar una cosa bien clara. Las guerras de la Revolución no fueron una lucha entre la libertad y la tiranía. Como ya hemos visto, de hecho, ni siquiera fueron solamente producto de la Revolución Francesa. Desde luego, esto no quiere decir que los aspectos ideológicos no fueran importantes en este conflicto, ya que, de hecho, en algunas ocasiones, ciertamente, incrementaron la tensión. Pero no fueron la principal fuente de problemas. La historia diplomática de la década de 1790 (y también la de 1800) sugiere que pocas de entre las grandes potencias de Europa eran reacias a firmar la paz con Francia, e incluso una alianza con ella. Tampoco esa década produjo ningún cambio en las aspiraciones de las grandes potencias, que, en cada caso, persiguieron objetivos que hubieran sido los mismos que hubieran perseguido monarcas de cincuenta o incluso cien años antes. Esto no debe llevar a concluir que estas aspiraciones eran invariables. Cada estado, en un momento u otro, podía seguir distintos caminos dependiendo de sus prioridades o de cuáles eran sus alianzas en ese momento, o llegar a concluir que no tenía otra alternativa salvo sacrificar un objetivo en favor de otro. Y lo mismo se puede decir de las estructuras dentro de las cuales operaban: la dinámica de las relaciones internacionales en Europa se vio alterada considerablemente en el transcurso del siglo XVIII, y continuó cambiando tras 1789. Pero por lo menos hasta el comienzo del siglo XIX, el abanico de estas opciones permaneció siendo sustancialmente el mismo, teniendo como consecuencia, desde luego, que la Revolución Francesa se convirtiera de repente en la principal fuente de preocupación de todas las cancillerías y ministerios de la guerra del *ancien régime*.

Uno podría, con cierta justicia, ir un poco más allá. No fue hasta 1814 cuando las potencias por fin dejaron de lado sus diferencias y concentraron todas sus fuerzas y energías en la lucha para acabar con Napoleón. Pero, de momento, nuestra prioridad debe ser más bien examinar la era de conflicto que supuso el contexto del siglo XVIII. Durante más de los cien años anteriores a 1789 no hubo apenas uno en el que la totalidad de Europa estuviera en paz. Por qué sucedió tal cosa es otra vez una pregunta en la que no debemos detenernos durante mucho tiempo. Sin embargo, y resumiendo, para todas las monarquías de Europa el campo de batalla era al mismo tiempo un indicador de su poder y un escenario para forjar su propia gloria nacional, además de una forma de legitimar el poder en su territorio, donde a menudo se producían desafíos por parte de las aristocracias feudales y de las poderosas jerarquías eclesiásticas. Mientras tanto, la guerra provocaba más guerras. Hasta cierto punto, las grandes exigencias requeridas —durante el siglo XVIII los ejércitos y las armadas se hicieron cada vez más grandes y más exigentes en términos del equipo militar necesario— podrían financiarse con reformas internas. De ahí que se llegara al absolutismo ilustrado, tan característico del periodo comprendido entre 1750 y 1789, o a los esfuerzos de Gran Bretaña y España para explotar sus colonias de forma más efectiva. Pero una serie de problemas, que incluían la resistencia de las elites tradicionales —un factor que en sí mismo podía generar un conflicto armado—, significaba que solamente se podían obtener una serie de ventajas limitadas de tales soluciones, así que la mayoría de los monarcas buscaron, más pronto o más tarde, la forma de mover sus fronteras para ganar espacio o la adquisición de nuevas colonias. Esto, desde luego, implicaba la guerra en Europa (que, dados sus costes, conllevaba a su vez ganancias territoriales o, por lo menos, compensaciones económicas). Ninguno de los grandes estados jamás hubiera estado dispuesto a ceder voluntariamente ni la más pequeña de sus provincias y, mientras los más débiles podían ser obligados a hacer tal cosa, los monarcas que no habían obtenido beneficios no iban nunca a permitir que un solo monarca saliera beneficiado: si, por ejemplo, Suecia se hacía con parte del territorio de Noruega, entonces Rusia quería comerse un pedazo de Polonia. Tampoco esto ayudaba a solucionar el problema. Para poder ganar la guerra era necesario contar con aliados, y los aliados esperaban ser recompensados por sus servicios, ya fuera con dinero o con nuevos territorios. Y como este era el principio de una cadena de demandas de compensación, muchos de los conflictos del siglo XVIII se convirtieron en asuntos totalmente continentales que involucraban a estados situados entre Portugal y Rusia y entre Suecia y Sicilia. Por la misma razón, ningún acuerdo de paz podía ser definitivo. Así que ninguna guerra se libraba para obtener una victoria total. Aparte de la cuestión de los costes, estaba el hecho de que ninguna dinastía estaba dispuesta a mendigar a las otras, aunque solo fuera porque el monarca en cuestión podía resultar un aliado útil en el siguiente conflicto. Esto, a su vez, significaba que el perdedor de una guerra casi siempre se encontraba en la tesitura de intentar compensar el resultado buscando la victoria en otra guerra, y de esta forma funcionaba un juego que, aun siendo esencialmente inútil, continuaba fascinando y cautivando a los monarcas y a los generales.

Muchos factores, por lo tanto, confluyeron para hacer de la guerra un mal endémico en la Europa del siglo XVIII. Sin embargo, las presiones que conducían al conflicto estaban aumentando debido a ciertos cambios en la estructura de las relaciones internacionales. De manera muy gradual, la política exterior fue evolucionando de ser un asunto de dinastías a ser un asunto de naciones. Pero este cambio no se debe exagerar, ya que en realidad solamente afectaba a unos pocos estados, en los que además se producía muy lentamente. En un sentido muy vago y general, todos los estados comprendían que debía haber una conexión entre la política exterior y el bienestar del súbdito, pero, en la mayoría de los casos, este hecho no merecía la más mínima atención y tampoco se creía que el pueblo tuviera derecho a ser consultado sobre el asunto de la guerra o la paz, o que éste pudiera beneficiarse de una forma u otra como consecuencia de la victoria. Las gentes de Europa no eran más que meros peones que se podían movilizar para la guerra y someter a los peores sufrimientos dependiendo de la entera voluntad de sus monarcas. Comenzando por Inglaterra en el siglo XVII, sin embargo, surgió lo que podríamos considerar como una incipiente y auténtica opinión pública. En fechas tan tempranas como la década de 1620, por ejemplo, Carlos I provocó la indignación de muchos de sus súbditos cuando no fue capaz de intervenir de forma efectiva a favor de la causa protestante durante la guerra de los Treinta Años. En esa ocasión, el estímulo fue religioso pero cuando el establecimiento de las colonias americanas, la penetración en la India y en África y el comercio de esclavos trajeron la riqueza a Gran Bretaña, el asunto fue una cuestión más de intereses comerciales, esperando que el estado usara su poder para proteger las inversiones de las oligarquías (y además el bienestar de un sector mucho más amplio de la población). En la práctica, desde luego, el estado británico no necesitaba ser espoleado por su pueblo para que defendiera sus posesiones coloniales e incrementara sus territorios, pero su pueblo se lo hubiera puesto muy difícil si no hubiera estado dispuesto a hacer tal cosa. Presiones similares, mientras tanto, se estaban produciendo en las Provincias Unidas, Francia y, en menor medida, en España, mientras que en algunos lugares más habían surgido ciertos grupos que estaban demasiado aislados del resto de la sociedad como para merecer la etiqueta de «opinión pública», pero que tenían considerables intereses en la política exterior (un buen ejemplo son los intereses de la nobleza rusa en el comercio entre el Báltico y Gran Bretaña).

Aunque de ninguna manera podemos considerar estos factores como secundarios, había otros que ejercían, sin duda, más presión. Particularmente, para las potencias del Este, estaba el asunto del aumento de los costes de mantenimiento de sus instalaciones militares. En el transcurso del siglo XVIII los ejércitos se hicieron mucho más grandes: Rusia y Prusia doblaron el tamaño de sus ejércitos entre 1700 y 1789, y Austria no le fue a la zaga. Lo que había sido relevante a comienzos de siglo había sido el prestigio dinástico y, en particular, la cuestión de qué familias reinantes debían gobernar los muchos estados que pasaban por crisis sucesorias. Pero comenzando por la invasión de Silesia por parte de Federico II de Prusia en 1740, lo que importaba ahora era el territorio. La conquista se había convertido en algo esencial, así que todas las consideraciones de cariz legal o moral se terminaron dejando de lado. Pero como todos los estados europeos estaban jugando el mismo juego, se mantenía (por lo menos por parte de muchos monarcas y hombres de estado) que la conquista universal traería aparejada el bien universal. Los estados más débiles del continente ciertamente sufrirían, pero como ninguna de las grandes potencias quedaría por debajo de las otras de su misma condición, el resultado sería un equilibrio de poder que contribuía a la seguridad general. Por decirlo de otro modo, la conquista era un deber moral cuya consecución contribuía al bien general, y la guerra, por extensión, un acto de benevolencia. Tampoco la guerra resultaba especialmente amenazadora por entonces. En 1789 los principales ejércitos de Europa bien podían ser mucho más grandes de lo que habían sido en 1700, ya que las buenas cosechas, unos mejores medios de transporte, una burocracia implementada, unos sistemas fiscales más productivos y una mayor disciplina aseguraron que los horrores de la guerra de los Treinta Años, en la que bandas de soldados que no recibían su paga deambulaban por Alemania viviendo del terreno y no reconociendo la autoridad de sus amos políticos, que ya no eran capaces ni de pagarles ni de alimentarles, no se repitieran. Al mismo tiempo, la guerra resultaba menos costosa en otro sentido. Gracias a la mejora en el arte de mandar ejércitos, se asumía que las batallas serían menos frecuentes. Los ejércitos enemigos podían maniobrar de tal modo que pudieran retirarse de sus posiciones y sus comandantes —hijos de la edad de la razón— terminarían convencidos de que, dada su situación de desventaja, no les quedaba más remedio que retirarse, permitiendo a sus oponentes avanzar sin resistencia. Si se podían evitar las batallas, en consecuencia, los asedios también se tornaron menos frecuentes, y se convirtieron en operaciones mucho menos sangrientas, sobre todo porque se aceptó, como norma general, que si una vez que se había abierto brecha en las murallas de una fortaleza, su gobernador capitulaba sin oponer más resistencia el juego había acabado, con lo que se lograba salvar vidas tanto de civiles como de sus soldados.

Pero, en realidad, Europa no se estaban convirtiendo en un lugar más seguro, aunque sí más civilizado. Dado que cualquier solución territorial posible que pudiera idearse para el continente europeo era probable que desagradara a una u otra de las grandes potencias, las constantes conquistas no conducían a la paz perpetua, sino a la guerra constante y, en consecuencia, había más inseguridad que seguridad. Como había quedado demostrado durante la guerra de los Siete Años, como los intereses que se ponían en juego eran cada vez mayores, los monarcas que se veían acorralados solían recurrir a la batalla, y raramente aceptaban el hecho de que fueran inferiores tanto en número de tropas como en la calidad de sus mandos, y además solían presionar a los gobernadores de sus fortalezas para que defendieran sus posiciones hasta el último extremo: éste fue el conflicto que dio lugar a la frase «pour encourager les autres». Como demostró la guerra de Sucesión bávara, los ejércitos regulares de finales del siglo XVIII eran mucho menos capaces de llevar a cabo las maniobras necesarias para acabar con la guerra sin necesidad de entablar batalla, al modo en que, por ejemplo, lo hicieron los ejércitos de la guerra de Sucesión española. La marcha de Marlborough hacia el Danubio en 1704 no se podía haber repetido setenta años después. Y, ciertamente, no disminuyeron los sufrimientos de la población civil, ni los daños que provocaba la soldadesca a su paso por una región. En los más salvajes escenarios de guerra —los Balcanes, las fronteras de la colonias americanas— las torturas y las masacres estaban a la orden del día, mucho más de lo que habían estado en esas partes de Alemania que habían quedado devastadas por la guerra de los Siete Años. La perspectiva general era realmente oscura: la guerra puede que no fuera el monstruo que había sido en el siglo XVII, pero todavía era una bestia salvaje. Muchos monarcas y hombres de estado eran plenamente conscientes de esta realidad, y por eso unos pocos intentaron cambiar las reglas del tradicional juego del poder. Pero, al final, no pudieron hacer nada, porque su única arma era la misma mezcla de alianza y fuerza bruta que había causado el problema en origen.

Y lo cierto es que la situación era mucho peor de lo que podría deducirse por lo anteriormente expuesto. Hacia mediados de la década de 1780 se estaba fraguando un conflicto a gran escala. Comencemos por hacer referencia a Francia. En el pasado un poderoso estado, desde 1763 había sufrido una serie de catástrofes y humillaciones. La primera partición de Polonia en 1772 debilitó gravemente a sus principales aliados en el este de Europa. Despojada de sus vastos territorios americanos en la guerra de los Siete Años, se había tomado su venganza apoyando a los nacientes Estados Unidos de América en la guerra de Independencia americana, solamente para terminar con su capacidad financiera totalmente agotada. Y finalmente, sin dinero, Luis XVI fue humillado repetidamente, forzándole los británicos a aceptar un tratado comercial profundamente desventajoso y a quedarse sin hacer nada mientras las fuerzas prusianas aplastaban al régimen profrancés que se había establecido gracias a la revolución holandesa de 1785-1787. Decir que en los albores de la Revolución Francia estaba metida en una guerra que podía acabar con estos desastres, quizá sea un tanto exagerado —sus gobernantes estaban realmente en busca de una variedad de soluciones que resultaban, algunas de ellas, bastante contradictorias— pero sin embargo ésta era ciertamente una opción que se mantenía abierta y para la que se estaban preparado. Mientras un masivo programa de reformas militares transformaba el ejército y lo preparaba para las operaciones ofensivas, los diplomáticos franceses intentaban reforzar la posición de Austria —el principal aliado de Francia— buscando una alianza con Persia que pudiera hacer que Rusia se lo pensara dos veces antes de intentar cualquier ofensiva en el oeste. Al mismo tiempo, se hicieron denodados esfuerzos para disuadir a Viena de embarcarse en ninguna aventura militar en los Balcanes y para predisponer a los turcos contra Rusia. Por lo que respecta a Gran Bretaña, también se encontraba amenazada por la alianza de Francia con los gobernantes de Egipto (en teoría, una provincia del Imperio Otomano, pero en la práctica un estado cuasi independiente), Oman y Hyderabad.

Sin embargo, no era Francia el único estado que amenazaba con poder cambiar la situación. Entre las potencias del Este, también se estaban produciendo movimientos inquietantes. En Austria José II se había comprometido con un agresivo intento de construir un estado poderoso y centralizado, pero se había encontrado con una creciente oposición y estaba dispuesto a hallar una compensación no solamente por medio de planes que hubieran supuesto hacerse con Baviera entregando a cambio a sus gobernantes los Países Bajos austriacos (la parte occidental de la actual Bélgica), sino, además, lanzando un ataque contra el Imperio Otomano por medio de una alianza con Rusia. También se contemplaba una nueva guerra con Prusia, que no había dejado de dar problemas en los últimos años, frustrando una serie de intentos austriacos de reforzar su posición en el Sacro Imperio Romano, y que había estado gobernada hasta no hacía mucho por el poderoso Federico el Grande, que había muerto en 1786. Aunque, en ese momento ya gobernados por Federico Guillermo II, los prusianos también estaban en movimiento. Sus beneficios tras la primera partición de Polonia habían sido mucho menores que los obtenidos por Rusia o Austria y para nada contemplaban la concesión de una serie de objetivos claves. Y lo que es peor, mientras Rusia se había beneficiado gracias a la guerra ruso-turca de 1768-1774, por el contrario, la guerra de Sucesión de Baviera de 1778 no le había reportado absolutamente nada a Prusia. En primer lugar, los medios que se iban a usar eran principalmente pacíficos —como Viena, Potsdam era bastante capaz de elaborar extravagantes planes referidos a intercambios territoriales, y lo cierto es que Federico Guillermo II no era precisamente lo que se llama un señor de la guerra—, aunque estaba claro que no se iba a dar un paso atrás. En Suecia se daba una situación paralela a la de Austria, en la que un monarca reformista —en este caso Gustavo III— se encontraba con serias disensiones en su reino, y deseaba reforzar el poder del trono con una aventura militar. Y, en último lugar, pero no por eso menos importante, estaba la Rusia de Catalina la Grande, que se estaba mostrando tan agresiva en su interpretación del tratado que había terminado la guerra anterior con Turquía que Constantinopla estaba siendo empujada de nuevo hacia la guerra.

No es éste el lugar para recontar la larga y complicada historia de los acontecimientos que se sucedieron después. En resumen, la inevitable crisis estalló en agosto de 1787, cuando Turquía atacó a Rusia. Esto, a su vez, provocó un conflicto generalizado en Europa oriental con Austria y Rusia aliadas contra Turquía, Suecia enfrentada a Rusia y Dinamarca enfrentada a Suecia. Hacia 1790 las luchas casi habían terminado, pero en mitad de la confusión generalizada estalló la revolución en Polonia, donde una facción reformista se encontraba ansiosa por recuperar sus privilegios y construir un estado moderno. Hasta ese momento, lo acontecido en Francia había sido ignorado casi totalmente, pero en el transcurso de 1791 este país también se vio arrastrado a una crisis provocada por los desesperados intentos de Leopoldo II de Austria por reanudar las hostilidades y, en particular, por promocionar una nueva partición de Polonia. No había intención alguna de iniciar una guerra con la Francia revolucionaria —desde luego Leopoldo no tenía ningunas ganas—, pero en abril de 1792 las torpes tácticas austriacas combinadas con maniobras políticas en Francia iniciaron las guerras de la Revolución. Inicialmente, las potencias beligerantes se limitaban a Francia por un lado y Austria y Prusia por el otro, pero en un año la mayoría de los estados europeos estaban coaligados contra Francia. Pero esto no era una cruzada antirrevolucionaria: ninguna de las potencias que luchaba contra Francia tenían ningún deseo de restaurar el *ancien régime* tal y como existía en 1789, y muchos se limitaban o a luchar o a dejar la lucha; dentro de poco, Napoleón se iba a hacer con el mando del Ejército de Italia y, verdaderamente, España estaba luchando del lado de Francia. Para la mayoría de las potencias, de hecho, la guerra contra la Revolución estaba o subordinada a objetivos de política exterior concebidos a largo plazo o de acuerdo con esos objetivos. Así que Rusia y Prusia siempre consideraron que hacerse con el territorio de Polonia (estado que desapareció del mapa con dos particiones, una en 1792 y otra en 1795) era mucho más importante que la lucha contra Francia, mientras que Prusia solamente se metió en el conflicto porque pensaba que eso le conllevaría ganancias territoriales en Alemania. Austria todavía pensaba en términos de un «intercambio bávaro». Y Gran Bretaña fue a la guerra para impedir que Francia se hiciera con los Países Bajos, sirviéndole además el conflicto para salir del aislamiento diplomático que tanto le perjudicó durante la guerra de Independencia americana, así que durante mucho tiempo luchó siguiendo unas tácticas que garantizaban su superioridad colonial y marítima. Esto no quiere decir que se careciera de ideología. Ningún monarca quería tener la revolución en casa —de hecho, estaban aterrorizados por lo acaecido entre 1792 y 1794— y muchos estados tomaron medidas drásticas para evitar la libre opinión y el debate. Al mismo tiempo, la defensa del *ancien régime* o del orden internacional se usó como una excusa extremadamente útil para legitimar el esfuerzo de la guerra, del mismo modo que la contrarrevolución se empleó —sobre todo por los británicos— como medio de provocar una revuelta dentro de Francia. Pero meterse en una guerra total para restaurar en el trono a Luis XVIII (el sucesor de Luis XVI) era harina de otro costal. Un Borbón en el trono de Francia podía ser una buena cosa en muchos sentidos, pero en definitiva era algo que tenía que sacrificarse en favor de los propios intereses, especialmente cuando los beligerantes se encontraban divididos al respecto de lo que la palabra «restauración» debía significar, con los británicos, por lo menos, exigiendo algún tipo de gobierno constitucional y otros buscando la restauración del absolutismo.

En Francia, el concepto de guerra ideológica estaba mucho más asumido que en ninguna otra parte. Entre 1791 y 1792 hubo un verdadero temor ante una cruzada contrarrevolucionaria, mientras que los *brissotins*, la facción radical que había enarbolado la bandera de la guerra, habían acompañado sus demandas con un discurso que promulgaba la destitución de los tiranos de sus tronos. Pero las apariencias engañan. En gran parte los miedos a la intervención extranjera eran creados intencionadamente por los *brissotins*, para los que la guerra era, principalmente, una herramienta diseñada para consolidar la Revolución, aparte de su propia ambición personal. Y, a pesar de su retórica, cuando Francia entró en guerra en abril de 1792, lo hizo solamente contra Rusia. Se hicieron todos los esfuerzos para evitar el conflicto con Prusia y volver a ésta contra sus antiguos enemigos. La guerra que consiguieron los *brissotins*, por lo tanto, no era, desde luego, la que ellos querían. Con una Francia que no estaba preparada en absoluto en ese momento para una guerra como esa —su ejército estaba totalmente desorganizado y los famosos voluntarios de 1791 y 1792 no constituían para nada una fuerza amenazadora—, extender la Revolución por el continente se convirtió en ese momento en un asunto de primera necesidad. Pero no se trataba solamente de esto: hasta cierto punto, Brissot y sus propios seguidores simplemente se dejaron llevar por su propio discurso y por una borrachera de vanagloria; de ahí la forma irresponsable en la que declararon la guerra a un país tras otro a comienzos de 1793. Aunque, al final, su cruzada no llegó realmente a nada. A finales de 1792 Francia ofreció su ayuda a todo aquel pueblo que deseara recuperar su libertad, denunció los principios sobre los cuales se había gestado la partición de Polonia y reclutó una serie de legiones extranjeras cuya tarea era levantar a las naciones en contra de los opresores. Pero había un buen número de personaje realistas y de gran lucidez en París que se dieron cuenta de que esto no podía funcionar, y mucho menos proporcionar resultados positivos. Entre ellos estaba Robespierre y, por eso, la primera medida del Comité de Salud Pública fue dejar claro que su única preocupación era Francia. Entre aquellos que murieron en la guillotina en el verano de 1793 había cierto número de revolucionarios extranjeros que habían resultado demasiado entusiastas. Bajo el régimen termidoriano y el del Directorio el péndulo osciló hacia el lado de la agresión, pero el término liberación era, por entonces, solamente eso, una palabra, aunque extremadamente útil a la hora de permitir a los gobernantes franceses probar sus credenciales revolucionarias. En Bélgica y en la orilla izquierda del Rin el código era la anexión, y lo mismo en Holanda, donde se estableció la primera de una serie de repúblicas satélites, un eufemismo que escondía la explotación política, militar y económica. Y si se apoyaban revoluciones en cualquier otro lugar, probablemente en Irlanda, esto era solamente una estratagema para debilitar y crear problemas al enemigo. Y al respecto de los objetivos específicos de la política francesa, estaba claro que muchos de ellos coincidían con aquellos que se habían enunciado en un momento u otro durante el *ancien régime*. También era visible una estructura intelectual que no tenía nada de revolucionaria. Por lo menos, un miembro del Directorio —Reubell— consideraba a Bélgica y a la orilla izquierda del Rin como una compensación merecida por Francia dadas las ganancias territoriales obtenidas por las potencias del Este en Polonia. La ideología de la expansión no había desaparecido completamente: dentro del Directorio, a Reubell se le opuso el fiero Larevellière-Lépeaux, que no era solamente un viejo *brissotin*, sino también el diputado que el 19 de noviembre de 1792 había introducido el decreto prometiendo ayuda a cualquier pueblo que quisiera recobrar su libertad. Pero, en general, la consigna era la de ser calculadores. Ciertamente en opinión de Schroeder, bajo la influencia del personaje de carácter más realista, Carnot, el Directorio no quería una continuación de la guerra, sino más bien el establecimiento de una paz general: tan ansioso estaba «el arquitecto de la victoria» por obtener este resultado, que incluso estaba dispuesto a abandonar la frontera del Rin.

Si había que conseguir la paz, sin embargo, a comienzos de 1796 parecía que esto tenía que hacerse por medio del empleo de las armas, por lo menos por lo que se refería a Austria y Gran Bretaña —los dos principales opositores a la República— que en absoluto estarían dispuestos a firmar la paz. Aunque sufría terribles problemas económicos, Austria todavía no estaba lo suficientemente desesperada como para considerar una paz por separado. Esto tenía sentido por muchas razones: aparte de la necesidad de evitar la inminente bancarrota, hacia 1796 el principal objetivo bélico de Austria era la anexión de Baviera a cambio de sus territorios en los Países Bajos, y esto, como había demostrado Schroeder, era mucho más probable que se lograra a través de un acuerdo con Francia, más que a través de cualquier otro medio. Pero, en realidad, resultaba imposible dejar de hacer la guerra. Si las conversaciones de paz con Francia fracasaban y Gran Bretaña descubría el doble juego de Austria, Viena probablemente podía despedirse del apoyo británico para el crucial asunto del intercambio bávaro, y lo que es más importante, de un suculento préstamo que estaba en ese momento intentando negociar con Londres. Tampoco un acuerdo con Francia iba a resultar de mucha ayuda: Austria quizá racionalizaría sus fronteras en el oeste, pero haciendo esto quedaría al borde de la guerra con Prusia y Rusia, que es probable que pidieran algún tipo de compensación territorial. En esas circunstancias, seguir luchando, que en cualquier caso encajaba con el miedo personal y la antipatía que sentía el canciller austriaco, Thugut, por la Revolución, parecía por entonces la mejor opción, ya que esto, por lo menos, bloquearía a los rusos —que teóricamente también estaban en guerra con Francia— en su alianza con Viena y, en consecuencia, protegería lo que Austria había obtenido gracias a la reciente partición de Polonia, aparte de contribuir a disuadir a los prusianos de unirse a Francia (una verdadera posibilidad perseguida por la diplomacia francesa desde la firma del tratado de paz entre Prusia y Francia de 1795). Y por lo que se refiere a Gran Bretaña, a pesar del creciente descontento de su población y del deseo de encontrar la paz del primer ministro, William Pitt, tampoco tenía otra opción que seguir luchando: se mantuvieron contactos secretos con

Francia en 1795, habiendo sugerido que, a pesar de Carnot, el Directorio nunca hubiera abandonado los Países Bajos de no haber sido obligado, ya que cualquier cosa menos la victoria hubiera significado una humillación. Así que con Gran Bretaña y Austria totalmente incapaces de iniciar la ofensiva en ese momento, la iniciativa debía partir de Francia, que en cualquier caso podía permitirse el lujo de atacar gracias a la salida de la Primera Coalición de Prusia y España en 1795. Napoleón, naturalmente, quería ganar la guerra en el frente italiano —Barras afirmó que bombardeó «al Directorio y a los ministerios demandando soldados, dinero y uniformes»—.[38] Esta ayuda no iba a llegar de inmediato, para el Directorio eran prioritarias otras operaciones tales como la invasión de Irlanda y una ofensiva en el sur de Alemania. Así que Napoleón tenía que esperar un poco antes de dar el salto a la fama. La expedición a Irlanda fue rechazada por un «viento protestante» y la invasión de Alemania por los austriacos. En Italia, sin embargo, las cosas eran muy diferentes: avanzando a través de la frontera desde su base en Niza en abril de 1796, el pequeño y harapiento ejército de Napoleón —al comienzo de la campaña tan solo contaba con 40.000 hombres, que Marmont describe como «muertos de hambre y muchos sin calzado»—[39] había entrado victorioso en el Piamonte, la Toscana, Módena y los Estados Pontificios tras derrotar a varios ejércitos austriacos. Viendo que Viena estaba amenazada, los vapuleados austriacos solicitaron un armisticio, firmándose un principio de acuerdo de paz en Leoben el 18 de abril de 1797.

Por esta época, además, Napoleón se había convertido en algo más que un simple general. Muy al comienzo de esta campaña, el éxito en la batalla, la devoción de sus tropas y una creciente confianza en sus fuerzas, le convencieron de que era un hombre predestinado para hacer algo grande. Tras la batalla de Lodi —una acción relativamente pequeña que se libró el 10 de mayo de 1796 en la que las fuerzas de Napoleón lanzaron un heroico ataque a través de un estrecho puente defendido por un gran número de austriacos— afirmó que se había dado cuenta de repente de que «muy bien podía yo convertirme en un actor principal de nuestra escena política».[40] Al mismo tiempo, los fracasos franceses en otros escenarios bélicos —que contrastaban fuertemente con las victorias de Napoleón— reforzaron su posición en el Directorio al tiempo que su independencia política. Estimulado por la necesidad de proporcionar a su pequeño ejército una base segura para sus operaciones, por no mencionar su deseo de actuar cara a la galería y desmerecer a sus superiores más pragmáticos, Napoleón apoyó deliberadamente el sentimiento republicano, cuyo resultado fue la formación, primero, de las repúblicas Cispadana y Transpadana en octubre de 1796 (las cuales, ocho meses después se unieron con más territorios tales como el República Cisalpina cuya capital se encontraba en Milán y después, en 1797, por la República de Liguria, con la capital en Génova). Contando totalmente con la iniciativa, Napoleón se permitió ofrecer la paz a los austriacos en términos convenidos por él mismo, lo que llevó a la firma del tratado de Campo Formio el 17 de octubre de 1797.

Aunque derrotada militarmente, a Austria no le fue tan mal en otros contextos, anexionándose el obispado de Salzburgo y grandes partes de la antigua República de Venecia, que se repartió entre ella, la República Cisalpina y Francia (que se hizo con las islas Jónicas). Verdaderamente, ésta fue la única pérdida territorial de Viena, aparte de Lombardía, —la base principal de la República Cisalpina—, de entre los territorios que controlaba en la orilla izquierda del Rin, tales como la Holanda austriaca. Además, la píldora se vio endulzada por dos importantes promesas. En primer lugar, Austria iba a recibir una compensación en Alemania, y luego Prusia iba a ser excluida de esta región (para acomodar esta posición, Napoleón unilateralmente renunció a la aspiración de Francia al respecto de la posesión de los territorios renanos de Prusia). Normalmente, sin embargo, la magnanimidad de Napoleón era fruto del más frío cálculo: consciente de que sus rivales Hoche y Moreau estaban a punto de iniciar la invasión de Alemania, el futuro emperador estaba desesperado por acabar con la guerra antes de que sus competidores pudieran robarle parte de su gloria. Como le dijo al noble italiano Miot de Melito en el verano de 1797: «Si dejo la firma de los tratados de paz a otro hombre, éste quedaría por encima de mí ante la opinión pública, y eso a pesar de mis victorias militares».[41] Y lo que es peor, Campo Formio era una afrenta a la política del Directorio en Italia, que hasta entonces había consistido en utilizar los territorios conquistados solamente como moneda de cambio para hacerse con Bélgica o con la orilla izquierda del Rin.

Campo Formio no fue la única evidencia de la independencia de Napoleón. Sin advertir a París, por ejemplo, trató la derrota de los piamonteses con la oferta de una alianza militar, en un intento por aumentar sus fuerzas. Y, por lo que respecta a Roma, donde el Directorio quería que se estableciera una paz punitiva que hubiera conllevado la abolición de la Inquisición y la anulación de las bulas que la Iglesia había publicado anatomizando la Revolución, Napoleón prefirió imponer un tratado con condiciones mucho más moderadas que le costó al papado muchos territorios y una gran indemnización, pero que le permitió mantener la mayoría de sus principios ideológicos. Y por lo que respecta al clero, Napoleón actuó como un anticlerical de boquilla cara a la galería de París, puesto que favoreció a los obispos locales y se abstuvo de perseguir a los muchos sacerdotes franceses que habían huido al norte de Italia.

Pero, ante este comportamiento, esos miembros del Directorio que reconocieron el peligro —y habría que recordar que no todos lo hicieron— no contaban con ninguna posibilidad de defensa. En mayo de 1796, por ejemplo, un intento de dividir el Ejército de Italia en dos fuerzas separadas se vio frustrado al amenazar Napoleón con dimitir, mientras que, en noviembre, un general enviado por Carnot para forzar a Napoleón a firmar un armisticio con los austriacos fue invitado, de manera sutil, a ponerse de su lado. En Francia, mientras tanto, el general corso había alcanzado una fama sin precedentes. Refiriéndose a su viaje para integrarse a su destino en el Ejército de Italia, por ejemplo, Lavallette escribió:

> Oía el nombre Bonaparte por todos los lugares por los que pasaba; cada día traía consigo el nombre de una nueva victoria. Sus cartas dirigidas al gobierno, su proclamación escrita con un estilo tan elevado y con tan grande elocuencia, llegó a todo el mundo. Toda Francia compartía el entusiasmo que produjo que el ejército alcanzara tan alta gloria ... Los nombres de Montenotte, Milesimo, Lodi, Milán, Castiglione, se mencionaban constantemente con noble orgullo junto con los de Jemappes, Fleurus y Valmy.[42]

Citando a Madame de Staël: «En París se hablaba del general Bonaparte en los términos más laudatorios: la superioridad de sus espíritu ... y su talento como comandante habían conferido a su nombre mucha más importancia que al de cualquier otro individuo desde que estallara la Revolución».[43]

Y por último, pero no por ello menos importante, el tutor de la hijastra de Napoleón, Hortensia de Bauharnais, se deshacía en elogios:

«¿Sabías que tu madre iba a unir su suerte a la de un hombre tan extraordinario? ¡Qué talento! Una nueva conquista a cada momento».[44]

Toda esta admiración era, en gran parte, una creación propia de Napoleón. Si realmente, de repente, llegó a verse como gobernante de Francia tras la batalla de Lodi es algo que nunca sabremos, pero parece claro que desde el principio de la campaña se empeñó en granjearse el favor de la opinión pública. Un puntal de esta política consistía en presentarse a sí mismo como un modelo de virtud cívica. «Bonaparte, que todavía lleva las charreteras de lana de sus primeros años de vida militar, aún se muestra modesto en sus costumbres y en todo lo que dice: sus proclamaciones son todas en nombre de la libertad.»[45] Otro puntal de su estrategia mitificadora consistía en apaciguar los ánimos del Directorio con el botín producto de las victorias. Esta estrategia operaba en dos niveles. En primer lugar, la creciente desesperación del gobierno de París por obtener dinero se vio mitigada por la imposición de una serie de multas y levas que, solamente hasta finales de 1796 habían proporcionado cuarenta y cinco millones de francos en metálico y otros doce millones en forma de joyas y otros objetos valiosos. Y, en segundo lugar, las necesidades culturales de la Revolución se vieron cubiertas con el envío de gran número de cuadros, estatuas y otros tesoros artísticos. Finalmente, también estaba el asunto de la propaganda. Por primera vez, el joven general se encontró a sí mismo en una posición en la que podía manipular su imagen pública: de ahí que la famosa pintura que encargó tras la batalla de Arcola le representara al mismo tiempo como un héroe conquistador y como un hombre del futuro, y de ahí, también, que decidiera crear nada más y nada menos que tres periódicos que se dedicaban a la única tarea de ensalzar sus hazañas. Si la propaganda era importante, también lo era manejar a las personas. En cuanto fue destinado al mando del Ejército de Italia, Napoleón se rodeó de un grupo de oficiales que eran esbirros dignos de confianza y en absoluto carentes de talento. Entre ellos estaban Jean Andoche Junot y Auguste Marmont, que se encontraron ambos por primera vez con Napoleón en Tolón, y que más tarde compartirían los duros meses de 1795 con él; otro veterano de Tolón, llamado Charles Leclerc, que en junio de 1797 fue elegido como un marido de lo más conveniente para la hermana de Napoleón, Paulina; Guillaume Brune, un comandante de brigada que se había distinguido en los sucesos de Vendimiario; Jean Baptiste Bessières, un oficial de caballería que le había recomendado Joaquín Murat; y finalmente el propio Murat, el oficial que fue a buscar los cañones que Napoleón empleó contra los insurgentes de París en Vendimiario. A este grupo habría que añadir muchos de los comandantes del Ejército de Italia —Berthier, Augereau, Masséna, Lannes, Sérurier— cuyo resentimiento y cuyas sospechas ante el general político enviado para mandarlos fueron vencidos finalmente por una mezcla de zalamería, soborno y superioridad de caráter. Siguiendo el ejemplo del propio Napoleón, que sin duda se hizo rico gracias a sus victorias, a los generales también se les permitió construir sus propios nidos: tanto Masséna como Augereau se hicieron famosos por su rapacidad, mientras que Marmont fue aparentemente reprobado por no aprovecharse de las oportunidades que se le presentaban.

Pero, para convertir el Ejército de Italia en un arma de influencia política no bastaba con llenarlo de amigos o con ganarse la lealtad de unos cuantos oficiales. Como se deduce de las memorias del general Thiébault, la red que había que tejer era mucho más grande.

> Bonaparte ... hizo todo lo que pudo para excitar la imaginación de sus soldados. Sus frases, no menos afortunadas, que llenas de significado, se repetían con entusiasmo; sus familiaridades daban lugar a muchas anécdotas ... los ascensos se repartían a raudales por todo el ejército, muchos ganaban honores, y se dedicaba en cuerpo y alma a convertirse en el orgullo y la esperanza de cada hombre. Pero todo esto aún le parecía insuficiente, y empleaba el humor para divertir a sus soldados, al tiempo que les motivaba a despreciar al enemigo. De este modo, en los cuarteles y acantonamientos se representó una sátira, cómicamente imaginada e ingeniosamente compuesta. Los soldados la leían y la repetían entre gritos de alegría. Contenía la humilde apelación de los granaderos del Ejército de Italia al noble, poderoso e invencible emperador de Austria, al que se referían con una serie de absurdos epítetos y títulos. Comenzaron por agradecerle los jóvenes voluntarios que había sido tan amable de enviar desde Viena, y por pedirle que enviara más, mientras se quejaban de que les daba pocos pantalones a sus soldados y que las casacas eran demasiado cortas ... que los soldados nunca tenían dinero en los bolsillos, y que ninguno de ellos tenía reloj ... eran simplemente chanzas de cantina, pero los soldados las encontraban sublimes, y eso era lo que querían.[46]

Aunque su empleo del humor era una medida inteligente, lo que realmente le proporcionó a Napoleón un éxito tan aplastante fue la logística. Lamentablemente, la famosa proclamación que hizo en presencia del Ejército de Italia, cuando tomó el mando en la víspera de la campaña, ha terminado siendo considerada como una invención posterior. Al mismo tiempo, el saqueo fue prohibido, pero más porque suponía una amenaza para la eficiencia y la disciplina militar que porque fuera reprobable en sí mismo. Aunque resulta evidente que las promesas que Napoleón hizo supuestamente a sus hombres se cumplieron: los soldados fueron alimentados, vestidos y, lo que es más importante, pagados de la manera más eficiente. Directa o indirectamente la lealtad de los soldados se ganaba si se lograba cubrir sus necesidades, mientras que el lenguaje empleado en las proclamaciones y las arengas en el campo de batalla tenían más que ver con el patriotismo y con la virtud cívica. Y por encima de todo esto, eran constantemente halagados como hombres que eran capaces de vencer en combate una y otra vez, superando todas las dificultades, y en los que su general confiaba plenamente como colectivo y como individuos. Dado que Napoleón también procuraba aparentar que compartía los mismos peligros que ellos, tanto si era apuntando una batería de cañones bajo el fuego enemigo en Lodi como tomando parte en el asalto del crucial puente de Arcola, no es extraño que se establecieran esos lazos tan fuertes entre Napoleón y sus soldados, lazos que iban a sostener al ejército francés hasta 1815. Hacia mediados de 1797, de hecho, el Ejército de Italia ya no servía a Francia, sino a Napoleón, que en consecuencia se sentía seguro al emplear la grandilocuencia más ambigua: «Las montañas nos separan de Francia, pero es necesario defender la constitución y la libertad, proteger al gobierno y a los republicanos, así que las cruzaréis con la velocidad de un águila».[47]

Gracias a unas excelentes dotes para el generalato y a su destreza para convertirse en un líder de masas, Napoleón había alcanzado una posición de extraordinario poder en el cuerpo político francés. Cuando las hostilidades con Austria finalizaron, esto se confirmó de manera dramática. En la primavera de 1797 el gobierno había sufrido una severa derrota en unas elecciones generales. Lo que esto supuso en términos políticos es muy complicado de explicar, pero ciertamente no presagiaba, como se dice en muchas biografías de Napoleón, que la República se viera gravemente amenazada. Apoyados por el patronazgo ofrecido por los británicos, un grupo de comprometidos monárquicos se mostraban activos en Francia, y sus actividades de propaganda puede que hubieran servido para aumentar la derrota del gobierno. Pero, de todas formas, las actividades de una minoría de extremistas monárquicos no resultaba un problema. Muy pocos monárquicos eran absolutistas convencidos, y el resultado de las elecciones significaba, sobre todo, el reflejo de un creciente deseo de paz, reconciliación política y estabilidad social. Lo que amenazaba la Revolución no era, por tanto, la restauración, sino el compromiso, pero para todos esos que consideraban que sus intereses dependían de la continuación de la guerra, esto resultaba extremadamente negativo. Por lo tanto, muy pronto, tres de los miembros del Directorio favorables a la guerra comenzaron a plantearse la posibilidad de dar un golpe de estado, y en esto se vieron apoyados inmediatamente por Napoleón y Hoche. Uno, podría, de hecho, incluso ir más allá. Es seguro que la facción radical del Directorio estaba metida en el asunto y que no tenía dudas de ningún tipo al respecto de la línea que se esperaba que siguiera Napoleón.

El 14 de julio Napoleón lanzó una proclama dirigida a sus tropas, indicándoles que debían estar preparadas para defender la República de sus enemigos internos, mientras que al día siguiente envió una carta al Directorio amenazándolo con dimitir a no ser que se tomaran acciones inmediatas en contra de los monárquicos. Con su posición apoyada por la llegada fortuita a las afueras de la ciudad de 10.000 hombres del ejército de Hoche, que estaban siendo transferidos a la costa del canal, los radicales no necesitaban nada más. El subordinado de Napoleón, Augereau, fue puesto al frente de la guarnición de la capital, y el 4 de septiembre (18 Fructidor) el hacha cayó finalmente. Los miembros moderados del Directorio —Carnot y un recientemente nombrado Barthélemy— fueron arrestados y la Asamblea sufrió una purga. Aunque Napoleón no había actuado solo, el mensaje era bastante claro: Francia estaban gobernada por las bayonetas. Y esto no fue el final: Hoche llevaba enfermo mucho tiempo, y murió el 19 de septiembre en Wetzlar. Si las bayonetas gobernaban Francia, era Napoleón el que gobernaba las bayonetas.

Que el vencedor de Lodi, Arcola y Rivoli estuviera comenzando a desarrollar ambiciones concretas en el frente político, no resultaba en absoluto sorprendente. Si la oportunidad estaba presente, también lo estaba la experiencia. Tan pronto como terminó la campaña, Napoleón se instaló en el suntuoso palacio de Mombello, a las afueras de Milán, y allí estableció lo que solamente puede denominarse como una corte privada. Viejos amigos tales como Bourrienne, que se había visto favorecido con el cargo de secretario personal, se vieron relegados al papel de subalternos: «Aquí cesó mi relación de igual a igual con él, de compañero a compañero, y comenzó esa relación en la que yo le veía como grande, poderoso y rodeado por el homenaje y la gloria. Ya no le volví a tratar de manera informal; era perfectamente consciente de la importancia de su persona».[48] Gobernante de facto de la República Cisalpina, se daba aires de príncipe hereditario, una impresión que se vio reforzada por la aparición en su cuartel general no solamente de Josefina, sino también de sus hijos, Eugenio y Hortensia, su madre y varias de sus hermanas. Para hacernos una idea de cuál era la atmósfera que prevalecía, podemos echar mano de las memorias de Miot de Melito:

> Fui recibido por Bonaparte ... rodeado de una brillante corte que nada tenía que ver con el cuartel general de un ejército que yo me esperaba. Ni sus edecanes ni sus oficiales eran recibidos a su mesa, ya que se había vuelto muy selecto a la hora de seleccionar a sus invitados. Una invitación era un honor que todos pretendían, y que se obtenía con gran dificultad ... No se sentía abrumado ... por tantos honores excesivos, sino que los recibía como si hubiera estado acostumbrado a ellos toda la vida. Su salón de recepciones estaba constantemente lleno de una multitud formada por generales, administradores y por los caballeros más distinguidos de Italia, que vinieron a solicitar el favor de un encuentro momentáneo o una brevísima entrevista. En una palabra, todos se postraban ante la gloria de sus victorias y la altivez de su porte. Ya no era el general de una república victoriosa, sino un conquistador que actuaba por su cuenta.[49]

Y en este punto nos encontramos con un asunto de gran importancia. Como muchos de sus héroes clásicos, Napoleón se sentía, como afirma Miot de Melito, en el papel no solamente de general, sino también de legislador, ya que la República Cisalpina necesitaba una constitución y un código legislativo. Para aconsejarle acudieron en tropel todos los hombres cultos de Lombardía, mientras que, como cualquier otro absolutista ilustrado del siglo que estaba a punto de concluir, Napoleón promovió las artes y se interesó por la agricultura, la educación y las obras públicas. Por lo tanto, a la desnuda ambición se le unió el autoengaño: casi de la noche a la mañana, el aventurero corso se había transformado, a sus propios ojos, en el benefactor de la humanidad.

Todo esto, es fácil de comprender, trastornó a Napoleón. Como él mismo afirmó: «He probado la supremacía, y ya no puedo renunciar a ella».[50]

Mientras tanto, sus fantasías se hicieron incluso más extremas. «Lo que he hecho hasta ahora no es nada. Me encuentro solamente al comienzo del camino que he de recorrer. ¿Creéis que estoy triunfando en Italia solamente para ... crear una república?»[51] Hacia mediados de 1797, de hecho, Napoleón estaba planteándose seriamente hacerse con el control del gobierno de Francia: habló abiertamente de que se negaría a abandonar Italia si no era para jugar «un papel en Francia parecido al que tengo aquí», y más tarde afirmó: «Los legisladores parisinos que han sido puestos al cargo del Directorio no entienden nada de lo que significa gobernar. Son hombres con una mentalidad egoísta ... Dudo mucho que puedan aguantar mucho tiempo sin discutir entre ellos».[52] Si los directores eran hombres de «mentalidad egoísta», también eran completamente corruptos, como, de hecho, lo era gran parte de la administración. Pero se necesita ser cauto a la hora de tratar este asunto: tras el 18 de Brumario Napoleón tenía buenas razones para exagerar los delitos de sus predecesores, y lo mismo han hecho aquellos que han buscado propagar su leyenda, porque, realmente, lo único que necesitaba el Directorio era cierto grado de reestructuración: figuras tales como Barras y Talleyrand eran, sin duda, profundamente corruptas. Y esto, desde luego, solamente podía animar a Napoleón. En palabras de Bourrienne, «despreciaba al Directorio, al que acusaba de debilidad, indecisión, extravagancia, e insistencia en el empleo de una política que solamente servía para degradar la gloria nacional».[53]

Napoleón no solamente gobernaría Francia, sino que también la salvaría, reforzándose aún más su sueño gracias a la situación que se encontró cuando finalmente retornó a Francia a comienzos de diciembre de 1797, tras la inauguración del Congreso de Rastatt. El papel moneda que había mantenido en pie a Francia desde los tiempos de la Revolución había llegado a valer tan poco que tuvo que ser suprimido, la moneda era escasa y los pobres en las ciudades sufrían estragos a causa del precio del pan, que era tan alto como cuando el pueblo se echó a las calles en 1789. Y lo más grave era que el Directorio no podía evitar darle a Napoleón la bienvenida de un héroe que estaba claro que disfrutaba de enorme popularidad no solo entre sus filas. Según Laure Permon:

> Por muy grande que fuera la vanidad de Bonaparte, es seguro que quedó satisfecha por la manera en que la gente de toda condición se reunió ... para darle la bienvenida a la madre patria. El pueblo gritaba: «¡Larga vida a Bonaparte! ¡Larga vida al vencedor de Italia! ¡Larga vida al pacificador de Campo Formio!». Los burgueses exclamaban, «¡Dios le guarde!» ¡Quizá él pueda salvarnos del *maximum* y de los Directores!» Y las clases altas ... mostraban su admiración por el joven que en un año había ido de la batalla de Montenotte al tratado de Leoben. Fallos ... puede que los hubiera cometido, pero en ese momento era un coloso de gloria tan grande como pura.[54]

También resulta interesante el testimonio de Madame de Staël, que fue testigo de la gran recepción que el Directorio organizó para Napoleón en el palacio de Luxemburgo.

> Ninguna habitación hubiera sido lo suficientemente grande como para acomodar a las multitudes que se congregaron: había espectadores en cada ventana y sobre cada tejado. Vestidos a la romana, los cinco directores se situaron sobre una tarima construida en un extremo del patio, y al lado estaban los miembros de los dos consejos, los altos tribunales y el instituto. Si este espectáculo se hubiera celebrado antes, la Asamblea Nacional hubiera hincado la rodilla ante el despotismo militar el 18 Fructidor, y se hubiera considerado grandioso: una banda muy buena tocaba piezas patrióticas, las banderas recordando las grandes victorias cubrían la tarima donde se situaba el Directorio. Bonaparte llegó vestido de forma sencilla y seguido de sus edecanes: todos ellos eran más altos que el general, pero tal era la humildad de su porte que todos parecían empequeñecidos a su lado. Toda la elite de Francia estaba presente y se deshacía en aplausos: republicanos, monárquicos y todos los demás veían su futuro en términos del apoyo de su poderosa mano.[55]

Como era de esperar, todo esto hizo poco por apaciguar el desprecio que Napoleón sentía por los políticos y disminuir su ambición personal. Por el contrario, como escribió Gohier:

> Lejos de quedar satisfecho con la solemne recepción que se le dio a su retorno de Italia ... Bonaparte vio en la pompa de la celebración nada más que el deseo del Directorio de apoderarse de su gloria ... Para satisfacer su vanidad, hubiera sido necesario permitirle presentarse ante el pueblo montado en un carro triunfal.[56]

De todas formas, habiendo vuelto a París, Napoleón no perdió el tiempo, así que comenzó a establecer contactos que le sirvieran para poder hacer realidad sus ambiciones (un proceso en el que, de hecho, ya se había embarcado incluso antes de dejar Italia). Su plan inicial consistía en ser elegido para el Directorio y luego hacerse con el poder en conjunción con uno más de sus miembros antes de reescribir la constitución de tal forma que ésta concediera mucho más margen de maniobra al poder ejecutivo (y, con ello, no hace falta decirlo, a su persona). Pero en esto no tuvo éxito. Nadie en ese momento estaba dispuesto a ponerse a su merced en ese asunto y algunos de esos a los que consideraba como viejos aliados, por ejemplo Barras, comenzaban a tener miedo de él. Mientras tanto, no había nada que hacer salvo embarcarse en busca de más gloria. La acción, de hecho, resultaba esencial, ya que, como afirmó, «en París nada se recuerda durante mucho tiempo. Si me quedo sin hacer nada ... estoy perdido».[57] Sugerir que esta energía sin límites y esta ambición se habían convertido por entonces en el único factor determinante de la política francesa sería incorrecto, pero el hecho era que Napoleón ya suponía en ese momento un gran impacto en las relaciones de Francia con el resto de Europa, y que su persona iba a cambiar el curso de la historia del continente. A comienzos de 1796, la prioridad del Directorio era la derrota militar de Gran Bretaña, Austria y sus aliados, a la mayoría de los cuales se los iba a encontrar entre los pequeños estados de Italia. Con Prusia fuera de la guerra, Rusia mostrándose poco interesada en los asuntos de Europa occidental y España a punto de convertirse en un aliado de Francia, existía la convicción de que el objetivo de Francia —la renuncia formal de los Borbones y la confirmación de sus adquisiciones de las tierras y de la orilla izquierda del Rin— se lograría gracias al agotamiento de sus enemigos. Austria se encontraba al borde de la bancarrota, y hasta Gran Bretaña tenía dificultades para afrontar los costes que suponía la guerra. Miembros concretos del Directorio puede que tuvieran una opinión diferente, pero ningún plan general de conquista —o, si se prefiere, de liberación— se estaba considerando en ese momento. Y, cuando las conquistas de repente comenzaron a llegar una tras otra a París (de una dirección completamente inesperada), el plan era todavía emplearlas como moneda de cambio para obtener los verdaderos objetivos de Francia. Fue Napoleón el que le dio la vuelta a esta situación. Embarcándose en un proceso que convertía Italia en una serie de repúblicas, al tiempo que cínicamente repartía la neutral República de Venecia con Austria, inició una reacción en cadena. Como a Viena ya no se la podía compensar con la devolución de Lombardía, habría que ofrecerle en su lugar territorios alemanes. Pero, dada la insistencia austriaca —acelerada por Napoleón— de que Prusia no debía tener parte en todo este proceso, Francia se estaba arriesgando a tener que librar una guerra contra Potsdam. Finalmente este peligro quedó conjurado, ya que en Rastatt la delegación francesa demandó la totalidad de la orilla izquierda del Rin, lo que a su vez significaba hacerle un sitio a Prusia en el comedero alemán. Aunque lo que todo esto significaba realmente era la probabilidad de que surgieran nuevos problemas en Italia, donde los Habsburgo se dolían de la pérdida de Mantua, así que era probable que intentaran responder a la expansión de Prusia en Alemania con reclamaciones acerca de la estratégica franja de Lombardía.

Por razones que no fueron solamente culpa de Napoleón, Francia también se veía obligada en ese momento a practicar una política expansionista. Como había que proteger la República Cisalpina, la ocupación de Suiza, o por decirlo de otro modo, la ruta directa entre París y Milán, se había convertido en una necesidad inmediata. Por toda Italia los patriotas se encontraban en un inquietante estado de agitación. Y en París los hombres relacionados con el golpe del 18 Fructidor estaban, en primer lugar, aterrorizados ante el espectro de la intervención militar, en segundo lugar ansiosos por recibir más oro y, en tercer lugar, comprometidos con un jacobinismo por cuyos aspectos sociales no mostraban el más mínimo entusiasmo.

Ya fuera para satisfacer a los generales, llenarse sus propios bolsillos y los del tesoro francés en bancarrota, o hacer honor a la imagen radical invocada por medio de la derrota de Carnot y los monárquicos, solamente había una salida. En unos pocos meses se había establecido una nueva república en Roma, y esto lo único que podía provocar es que Austria se mostrara más dispuesta a contraatacar, sobre todo porque el acuerdo de Viena al intercambio territorial en Alemania era seguro que iba a privarla de la mayoría de sus apoyos en el Sacro Imperio Romano y, por extensión, era probable que eso la condujera a buscar una compensación por medio de un mayor control de Italia. De este modo, también se acabó de un plumazo con la posibilidad de alcanzar un compromiso con Gran Bretaña: a principios de 1797 los británicos habían abierto negociaciones de paz con el Directorio, pero éstas terminaron tras lo ocurrido en Fructidor, al tiempo que el radicalismo de los meses siguientes convenció a Pitt y a sus ministros de que Francia estaba a punto de caer otra vez en manos de un régimen criminal, lo que era totalmente inaceptable. En ese momento no había, como escribió el político británico William Windham, ninguna probabilidad de «alcanzar un acuerdo con Francia, excepto por medio de una guerra civil provocada desde el exterior».[58]

No conviene ir demasiado lejos por lo que se refiere al asunto de la paz. La paz con Gran Bretaña se podía haber alcanzado sin dificultades hacia 1797, es cierto, pero se puede argumentar que, como no existía ningún deseo de dejar de lado siglos de rivalidad anglo-francesa, ésta hubiera sido una paz de lo más inestable. Por la misma razón, mientras tanto, limitar las ambiciones francesas a la frontera del Rin no hubiera necesariamente conllevado la paz en Alemania. Así que lo cierto es que Fructidor y Campo Formio perpetuaron la guerra con Gran Bretaña, y convirtieron la reanudación de la guerra con Austria en una posibilidad real. Por culpa en gran parte de Napoleón, la amenaza de oposición activa también comenzó a surgir en otro punto. Hasta ese momento, Rusia se había quedado fuera de la guerra librada por las monarquías contra Francia. Aunque gobernada por un soberano que se oponía ferozmente a la Revolución y que teóricamente era miembro de la Primera Coalición, todavía no había dado un solo paso: más que combatir a Francia lo que importaba era consolidar las ganancias territoriales de Moscú en Polonia. La belicosa y expansionista Catalina II murió en 1796, siendo reemplazada por su hijo, Pablo I, cuya reputación como dictador militar en el fondo escondía un intenso deseo de practicar una política exterior pacifista que le permitiera acometer las reformas internas que requería su nación. De diferentes formas, sin embargo, las acciones de Napoleón habían puesto seriamente en riesgo la neutralidad rusa. Simplemente conquistando el norte de Italia, Napoleón había logrado alarmar a Catalina, que hacia 1796 tenía Polonia completamente bajo su control, y es muy probable que, si hubiera vivido lo suficiente, hubiera enviado tropas rusas a los Alpes o al Adriático. Pero la muerte de Catalina le ahorró ese problema a Napoleón, aunque éste no dejó de jugar con el peligro, sobre todo porque lo que estaban haciendo en Italia no era más que establecer un patrón que podía servir para incitar a los polacos a que se lanzaran a la lucha por su independencia. Aunque el Directorio se había opuesto por razones obvias a tales planes (la formación de algún tipo de ejército polaco en el exilio, de hecho, era algo que los refugiados políticos polacos instalados en París habían solicitado en repetidas ocasiones), en 1797 Napoleón reunió a un gran número de prisioneros de guerra polacos para formar una fuerza que fue puesta al servicio de la República Cisalpina. Conocida como la Legión Auxiliar Polaca, pronto alcanzó el tamaño de una pequeña división —contando con unos 6.000 hombres— mientras que, para empeorar aún más las cosas, esta unidad quedó al mando de un héroe de la revuelta de 1794 llamado Dabrowski. No es necesario decir que a Napoleón no le importaba lo más mínimo la liberación de Polonia —aparte de poder contar con más hombres, parece que su principal interés consistía en dotar a la República Cisalpina con una fuerza disciplinada de soldados veteranos en los que se pudiera confiar para sostener el régimen—, pero esto no le impidió permitir a Dabrowski que lanzara un manifiesto revolucionario llamando a sus compatriotas a alzarse en armas. Además, la Legión adoptó uniformes al tradicional estilo polaco y se le garantizó que sería libre de marchar a Polonia si sus compatriotas la necesitaban.

Habiendo ya ofendido a Rusia, en ese momento Napoleón se dispuso a abrir aún más la herida. Por una serie de razones, Grecia y el Mediterráneo oriental habían sido durante mucho tiempo un área de interés para los rusos. Influida por el príncipe Grigori Potemkin, Catalina II había considerado seriamente la posibilidad de establecer un estado satélite en Grecia o en las ruinas del Imperio Otomano. Al final, este planteamiento no se había llevado nunca a cabo, pero tampoco fue dejado completamente de lado: por el momento, Grecia podía seguir siendo turca, pero nadie dudaba de que, cuando llegara la hora de expulsar a los turcos de Europa, Rusia sería la primera en hacer públicos sus derechos sobre el mundo heleno. Napoleón, sin embargo, tenía otros planes. Por razones que no están claras, en algún momento durante la campaña italiana los ojos del comandante francés se fijaron en el Este. Egipto ciertamente se le pasó por la mente como su próximo objetivo —de hecho expuso la idea al Directorio varias veces por medio de algunas cartas— y fue sin duda en relación con este objetivo por lo que de repente propuso que Francia debía hacerse con Malta. Pero, ¿por qué no se planteó tomar las islas Jónicas —las más importantes eran Corfú, Zante y Cefalonia— como la parte que le correspondía a Francia en el reparto de Venecia? Al igual que Malta, todas ellas eran bases navales muy adecuadas, pero, con la diferencia de que eran pájaros que ya se tenían en la mano; una importante consideración dada la necesidad de encontrar de manera inmediata una base para la armada veneciana (que Napoleón había tenido buen cuidado en asegurar para Francia). Al mismo tiempo, eran territorios que se podían usar como moneda de cambio con Constantinopla para poder hacerse con el control de Egipto, o alternativamente empleados como un foco de nacionalismo griego que podía ejercer presión sobre los turcos. Por lo tanto, su adquisición permitiría a Napoleón volver a hacer el papel de libertador, mientras que, al mismo tiempo, se aseguraba de que Austria no tuviera acceso al Adriático y garantizaba a Francia su parte en el caso de que se terminara desmembrando el Imperio Otomano. Aunque otro argumento para justificar la posesión de estas islas, avanzado por el propio Napoleón, consistía en que eran importantes para el comercio francés, ya que servirían de puente para la importación del algodón egipcio. Y, también, simplemente porque estaban allí: teniendo la posibilidad de acosar al oso ruso, Napoleón no pudo resistir a la tentación. Fueran cuales fueran los motivos de Napoleón al respecto de las islas Jónicas, lo cierto es que Rusia se sintió profundamente ofendida. Pero estas islas no eran razón suficiente para persuadir a Pablo I de ir a la guerra contra Francia. Lo que realmente importó fue la campaña egipcia de 1798. En algunos trabajos esta campaña se ha explicado como una iniciativa de Napoleón, pero en realidad las cosas fueron muy diferentes: el futuro emperador no era el único que se había planteado esta campaña, y, de hecho, no fue su principal valedor. Sin embargo, sus habituales orgullo y ambición también jugaron su parte. Habiendo recibido la orden de ponerse al mando de los preparativos para la invasión de Gran Bretaña planeada por el Directorio como su siguiente movimiento en el conflicto, a comienzos de 1798 Napoleón revisó el plan de invasión y se negó categóricamente a tener nada que ver con ello, puesto que no estaba dispuesto a arriesgarse a ver cómo su reputación se hundía en las frías y oscuras aguas del canal de la Mancha; o, por ese plan, pasarse meses y meses sin hacer nada en Calais o Boulogne antes de que, por fin, se iniciara la invasión. Ansiando entrar en acción, fue en ese momento cuando decidió resucitar el plan de invasión de Egipto que ya había mencionado el verano anterior: «Se podría llevar a cabo una expedición hacia el Levante que amenazara el comercio con la India».[59]

Actuando de este modo, Napoleón satisfacía de alguna manera su atracción romántica por Oriente. Citando a Bourrienne: «El Este presentaba un campo de conquista y gloria que embargaba y deleitaba su imaginación. "Europa —dijo— solo es una topera, la fama siempre se ha ganado en Asia."».[60] Aunque las propias palabras de Napoleón sugieren algo un poco distinto:

> La seducción de una conquista oriental me apartó de mis pensamientos sobre Europa más de lo que hubiera podido creer ... en Egipto me encontré libre de todos los obstáculos propios de una fastidiosa civilización. Estaba lleno de sueños ... Me veía fundando una religión, marchando hacia Asia, montando un elefante, llevando un turbante en la cabeza, y portado en la mano un nuevo Corán, que habría sido redactado de acuerdo a mis necesidades. En mis empresas, habría combinado las experiencias de ambos mundos, explotando para mi propio beneficio el teatro de la historia ... El tiempo que pasé en Egipto fue el más hermoso de toda mi vida.[61]

En resumen, los sueños de convertirse en el nuevo Alejandro el Grande vinieron a la mente de Napoleón solamente después de Egipto, y no antes. Lo que le preocupaba en las primeras semanas de 1798 era una serie de consideraciones más mundanas, como nos cuenta Germaine de Staël:

> Bonaparte siempre andaba buscando la manera de cautivar la imaginación de los hombres, y por lo que a él concernía, sabía exactamente cómo podían ser gobernados aquellos que no han nacido para ocupar un trono. Una invasión de África, una guerra librada en un país que era casi fabuloso, como era el caso de Egipto, era algo que podía influir en cualquier espíritu. Mientras tanto, resultaría fácil persuadir a los franceses de que obtendrían grandes beneficios por medio de esta colonia en el Mediterráneo, que un día les facilitaría el ataque de las posesiones británicas en la India. Por lo que respecta el proyecto, estaba cargado de gloria, y añadiría aún más lustre al nombre Bonaparte. Si se hubiera quedado en Francia, en cambio, el Directorio le hubiera ... calumniado sin límites y ensuciado su reputación ... Bonaparte prefería romperse en pedazos antes que dejar que el rayo le alcanzara. En consecuencia, tenía buenas razones para preferir convertirse en un tema para la poesía antes que quedar expuesto al chismorreo jacobino.[62]

Pero, por encima de todo esto, Napoleón estaba desesperado por entrar en acción. «La ciudad de París —se quejaba— me pesa como si estuviera cubierto por una manta de plomo.»[63] Como luego le dijo a Claire de Rémusat: «No sé lo que hubiera sido de mí si no hubiera tenido la feliz idea de marchar a Egipto».[64]

Pero, ¿marchar a Egipto era realmente una «feliz idea»? Si el país hubiera podido ser controlado por Francia para su propio beneficio, entonces las ganancias, sin duda, hubieran sido enormes. Igualmente, elegir Egipto como su objetivo fue una lúcida idea por parte de Napoleón, ya que le permitía hacerse pasar por un patrón de las artes: con un interés creciente por el pasado ancestral de Egipto, esta nueva aventura tuvo, desde el principio, un revestimiento de respetabilidad cultural que el general corso tuvo mucho cuidado de realzar contando con los servicios de un grupo selecto de intelectuales. Desde un punto de vista táctico, sin embargo, llevar a un gran ejército desde un extremo del Mediterráneo al otro supondría una dura tarea: los británicos puede que no tuvieran ningún barco en el Mediterráneo a comienzos de 1798 (habían retirado su escuadra de esa zona en 1796), pero mantenían una fuerte presencia en Gibraltar y podían llevar una poderosa flota a ese teatro de guerra en unos pocos días gracias al control que ejercían sobre las islas de Malta y Sicilia. El historial de la marina francesa era más bien pobre, y no había razones para creer que los trece navíos de línea de la flota de Tolón fueran a ser capaces de soportar un ataque británico (varios de los barcos se encontraban en mal estado y había una inquietante escasez de marineros bien entrenados). Y siendo esto así, ¿cómo se iba a poder explotar Egipto como proveedor de algodón y de otros productos coloniales? En cualquier caso, primero había que conquistar el país, y eso no iba a resultar fácil. Las tropas tendrían que operar con un clima al que no estaban acostumbradas y estarían expuestas a brotes de todo tipo de enfermedades. Además, Egipto era un país enorme compuesto en gran parte por desierto y montañas, mientras que sus defensores, por muy pobremente armados y organizados que estuvieran comparados con los ejércitos europeos, eran muy superiores en número a las fuerzas de Napoleón. Alejandría y El Cairo se podían tomar con mucha facilidad, pero, ¿qué pasaría con el Alto Egipto y la costa del mar Rojo? Napoleón podía terminar enfrentado a una larga y costosa campaña en la que iba a resultar muy difícil contar con refuerzos.

Digamos, sin embargo, que se logró conquistar Egipto. ¿Y qué pasó entonces? Pues que, como ese país no tenía ninguna importancia en términos comerciales para Gran Bretaña, el mero hecho de su conquista no supuso un gran golpe para su economía. Lo que realmente importaba era la India, y la campaña para su conquista era muy difícil que pudieran afrontarla los franceses. Una marcha hacia la India al estilo del avance de Alejandro Magno hacia el Indo era algo imposible de llevar a cabo, y otros planes tampoco tenían mucho sentido. Una invasión marítima, por ejemplo, hubiera requerido la construcción de una flota de guerra y transportes en Egipto, en una costa en la que faltaban los servicios básicos ofrecidos por un puerto y en un mar cuya única salida podía ser fácilmente bloqueada por la Marina Real británica (no es necesario hablar aquí de un canal de Suez que Napoleón imaginó con muchos años de antelación, puesto que, aunque el país fuera pacificado con facilidad, la consecución de un proyecto de esas dimensiones hubiera necesitado muchos años). Entonces, solo quedaba la posibilidad de una incursión comercial. Sin embargo, a este respecto, las perspectivas resultaban también bastante oscuras. Se podían haber acondicionado unos pocos barcos corsarios con los recursos que ofrecía la flota nativa, y establecer Suez o Qusseir como una nueva base para los corsarios franceses que ya operaban en el océano Índico, pero el mar Rojo era un escenario muy poco conveniente desde el que operar, y es difícil ver cómo el coste de invadir Egipto habría justificado las escasas ventajas que éste ofrecía en términos de capacidad operativa frente a las que ya se contaban gracias a la posesión francesa de isla Mauricio. Y, finalmente, si las ganancias es probable que fueran poco importantes, también estaba el asunto de las relaciones internacionales. Los turcos, se suponía, no lucharían —aunque nominalmente sujeto al sultanato de Turquía, Egipto en la práctica contaba con un gobierno propio que no proporcionaba grandes beneficios a Constantinopla— y, aunque así hubiera sido, los otomanos no suponían una gran amenaza. Pero no solamente había que contar con los turcos: ciertamente, invadir el Mediterráneo oriental hubiera puesto en movimiento a Rusia —Pablo I acababa de dar cuenta de sus intenciones de intervenir declarándose protector de Malta o, más bien, de sus gobernantes, los caballeros de la Orden de San Juan—, y esto, a su vez, podía fácilmente provocar la reclamación, por parte de los austriacos, de más territorios en Italia.

Invadir Egipto, por lo tanto, era una auténtica locura, ya que el éxito dependía de la imposibilidad de que Gran Bretaña declinara entrar en acción para responder a la aventura francesa. De hecho, solamente una estrategia hubiera hecho que mereciera la pena: si se conseguía que la Marina Real británica centrara toda su atención en Egipto —en otras palabras, si el gobierno británico se hubiera puesto nervioso a la vista de la reacción que se podía esperar por parte de la Compañía de las Indias Orientales—, es posible que los franceses hubieran podido llevar a cabo una invasión de las islas Británicas. Pero el caso es que no se tomó ninguna medida en favor de una expedición como esa. Por lo tanto, dar cuenta de esta expedición en términos convencionales no tendría mucho sentido y de hecho es perfectamente posible encontrar otras explicaciones. Comenzando por Napoleón, el plan consistía en llevar su ejército a Egipto, despedir a la flota francesa para que buscara la seguridad de Corfú, asegurarse una serie de victorias inmediatas y luego volver a Francia en una fragata rápida para explotar los frutos del aparente triunfo. En resumen, citando a Marmont «Encontrar oportunidades para mantener su nombre en el candelero... era todo lo que ocupaba su pensamiento».[65] Pero, ¿cuáles eran los planes de otro de los principales promotores de la expedición, el ministro de Asuntos Exteriores, Charles Maurice de Talleyrand? Sospechamos que estaba jugando incluso un juego mucho más sutil. Desesperado por asegurar la aceptación internacional de la nueva Francia, parece probable que su objetivo fuera distraer a los que querían agredir a la República, y, en particular, satisfacer la lujuria conquistadora de su comandante más famoso en una zona del mundo poco codiciada, lo que evitaría que las grandes potencias terminaran llevándose de nuevo las manos a la cabeza. Lo que pretendía, en resumen, es iniciar la partición del Imperio Otomano y, de ahí, atraer a Austria y Rusia para que entraran a formar parte de una coalición con Francia. Gran Bretaña, mientras tanto, quedaría aislada, y se terminaría de una vez por todas con la idea de que Francia pretendía llevar la Revolución a otras partes de Europa. Y por lo que respecta al problema de Napoleón, el pensamiento de Talleyrand está bastante claro. Al principio lo había considerado como un potencial aliado para restaurar el orden y la respetabilidad internacional de Francia pero esta creencia se fue disipando con los acontecimientos de la conquista de Italia. Y aunque se podrían barajar otras posibilidades, parece que en ese momento confiaba en que el general no fuera capaz de volver a Francia a corto plazo. Y, por qué no, Napoleón podía sufrir una gran derrota, lo que le convertiría en un chivo expiatorio muy útil para el ministro y un «muñeco roto» que hubiera perdido toda credibilidad en París con un Directorio que nunca se había mostrado totalmente de acuerdo con la expedición.

Fueran cuales fueran las razones, el 19 de mayo de 1798 la gran expedición se echó al mar rumbo a Egipto. En términos navales y militares, no parece necesario contar lo que ocurrió después. Habiendo capturado Malta rápidamente, Napoleón evitó a la flota de Nelson y alcanzó Egipto sin problemas, donde las fuerzas francesas ocuparon El Cairo y vencieron en la deslumbrante batalla de las Pirámides. Pero en ese momento las cosas comenzaron a torcerse. La flota francesa, fue destruida en la batalla de Abukir; Turquía, Nápoles, Austria y Rusia fueron a la guerra; los franceses fueron casi totalmente expulsados de Italia; el efímero éxito obtenido en Nápoles, que se había transformado en la conocida como República Partenopea en enero de 1799, terminó con derramamiento de sangre y una revuelta campesina; así, Napoleón tuvo que retrasar su vuelta a Francia, ya que necesitaba recuperar su reputación tras la pérdida de su flota. Fueran las que fueran sus razones, las intenciones tanto de Napoleón como de Talleyrand se vieron frustradas. Aunque el primero, a pesar de todo, no había perdido su ímpetu. A pesar de que la invasión de Palestina fracasó ante las murallas de Acre, Napoleón obtuvo la gloria que necesitaba borrando literalmente del mapa a un ejército turco de 9.000 hombres en la segunda batalla de Abukir (25 de julio de 1799), tras la cual recibió un paquete de periódicos europeos. Estos seguirían que Francia se encontraba al borde de la derrota, que era todo lo que Napoleón necesitaba, y en menos de un mes volvió secretamente a Francia acompañado solamente de unos cuantos amigotes de confianza. Con Egipto aparentemente en manos francesas y una serie de nuevas victorias en su haber, ya tenía suficiente material como para representar de nuevo el papel de héroe conquistador. Viéndose reforzado por la recepción, justo antes de su sorprendente reaparición, de una serie de despachos oficiales que minimizaban su fracaso en Tierra Santa, pintando la situación francesa de color de rosa y exagerando la importancia de sus victorias en Egipto, Napoleón fue recibido con gran entusiasmo por parte del pueblo francés. De ahí las escenas que se produjeron cuando arribó a Fréjus el 9 de octubre:

> Un oficial vino hasta la playa en un bote. Lo podíamos ver claramente. Algunos hombres fueron a encontrarse con él, pero apenas pasaron unos pocos segundos y pudimos observar una gran conmoción: la gente corría hacia la ciudad, pronto la playa se llenó con una gran multitud. Había botes cargados de pasajeros, y ... una horda de gente se metió en el barco entrando por las troneras de los cañones ... Pronto al general le quedó claro cuál era el sentimiento generalizado. «Tú eres el único que puede salvar a Francia», le gritaban por todos lados. «Sin ti perece. Has sido enviado por la providencia: ¡toma las riendas del gobierno!»[66]

Y en el resto del camino se produjeron las mismas escenas. «Nuestro viaje de Fréjus a París —escribió el hijastro de Napoleón, Eugenio de Beauharnais— fue una marcha triunfal. Un único sentimiento animaba a la totalidad del pueblo francés e indicaba a Napoleón lo que debía hacer. En Lyon, especialmente, la alegría de sus habitantes estaba al borde del delirio.»[67] Y por lo que respecta a la capital, allí también se mantenía un buen espíritu. Citando a uno de los futuros y más entusiastas colaboradores del emperador:

> A su llegada, Bonaparte se alojó en la pequeña casa que había comprado en la Rue Chantereine ... A ésta acudieron pronto todas las principales personalidades del gobierno, la legislatura, el ejército y el instituto, junto con todos los que tenían algún grado de influencia personal ... Todos los corazones rebosaban de alegría, admiración, y amor por el retorno del héroe que, aunque nadie reconocía realmente el hecho de que poseía el poder supremo, todo el mundo lo daba por sentado.[68]

Las razones para tanta alegría son comprensibles, ya que la situación en Francia se había convertido progresivamente en insostenible. La economía estaba arruinada; la ley y el orden habían casi desaparecido en las áreas rurales debido al gran número de hombres que se habían visto forzados a practicar el bandolerismo empujados por la pobreza y por el reclutamiento obligatorio; se había producido un rebrote de la revuelta de la Vendée y surgieron más problemas en Bélgica; y la gran crisis militar de 1799 solamente se resolvió volviendo a recurrir a medidas que recordaban al Terror de 1793. Para enfrentarse a estos problemas, se pensaba que Francia necesitaba reforzar su poder ejecutivo, puesto que había quedado claro que el Directorio no solamente era corrupto, sino también incapaz de imponer el grado de autoridad necesario. Mientras tanto, para un espectro mucho más amplio de la sociedad, lo que importaba era la paz y, con ella, una bajada del precio del pan y el fin del servicio militar forzoso. Y. tanto para pobres como para ricos, también existía la necesidad de obtener nuevas victorias, y con ellas la consolidación de las ganancias territoriales que se habían ido acumulando desde 1789. El resultado era inevitable. Como el futuro ministro del Interior de Napoleón, Jean Antoine Chaptal escribió:

> En este estado de cosas, se anunció que el general Bonaparte había desembarcado en Fréjus. La noticia se extendió a la velocidad de la luz. La esperanza renació en cada corazón. Todas las facciones se unieron a él. El recuerdo de su brillante campaña en Italia, los memorables logros de sus ejércitos en Egipto no dejaban otra opción. Fue llevado en triunfo de Fréjus hasta París, y unos días después fue proclamado primer cónsul.[69]

Todo esto, desde luego, resulta demasiado simplista. Los especialistas modernos reconocen que la situación de Francia en ese momento no era ni mucho menos tan mala como la pintaron más tarde los apologetas y los colaboradores de Napoleón. En realidad, el Directorio había introducido un conjunto de beneficiosas reformas que en principio proporcionaron a la República un ejército más fuerte y un sistema tributario mucho más efectivo. Mientras tanto, una serie de buenas cosechas había reducido considerablemente el precio de los alimentos, mientras que la doble amenaza de la rebelión y la derrota militar habían quedado finalmente conjuradas. Al mismo tiempo, no deberíamos mostrarnos excesivamente deterministas respecto al Consulado, ni olvidar que la conspiración que aupó a Napoleón al poder fue el trabajo, no de *l'italique*, sino de un grupo de políticos que ni siquiera estaban pensando en Napoleón como la «espada» que podría imponer su voluntad —si no hubiera muerto en la batalla de Novi, el general al mando hubiera sido probablemente Joubert, mientras que Sieyès se encontraba supuestamente enfrascado en la tarea de persuadir a Moreau para que aceptara el puesto cuando recibiera las noticias del desembarco del conquistador de Egipto—. Sin embargo, la llegada de un Napoleón dispuesto a hacerse con el poder cambió la situación totalmente. Se trataba de un momento decisivo, y uno que finalmente condujo a Napoleón hasta lo más alto. Como recordó Germaine de Staël, «era la primera vez desde la Revolución que se oía el nombre de una persona individual en todas las bocas. Hasta entonces había sido "la Asamblea Constituyente, el pueblo, la Convención". En ese momento, sin embargo, nadie hablaba de otra persona que no fuera del hombre que iba a ocupar el lugar de todos los demás y a convertir en anónima a la raza humana».[70]

En cierto sentido, hemos vuelto al punto de partida. Aunque todavía debemos analizar el proceso por medio del cual se llegó a esta situación, esa en la que Francia quedó en manos de una única y sobresaliente personalidad. Dado lo que ya conocemos del carácter de Napoleón, no cabe duda de lo que esto presagiaba. A pesar de todas las reivindicaciones de sus apologetas, una revisión crítica de los primeros años del nuevo gobernante francés nos ofrece la imagen de un hombre que estaba muy lejos de ser el héroe y el libertador que nos presenta la leyenda.

Y Napoleón, hacia 1799, hacía tiempo que ya no se movía por motivaciones ideológicas, porque, incluso aunque éstas hubieran constituido una parte importante de su vida, parece que realmente nunca habían sido su único motor. Consideremos, por ejemplo, el nacionalismo corso de Napoleón. Aun siendo profundo en el pasado, al final terminó siendo tan solo una pose. En sus años de escuela lo usó como una forma de reafirmar su personalidad, y rápidamente pasó a convertirse en un mero vehículo para alcanzar los objetivos de su familia y satisfacer su propia ambición, y fue dejado de lado en cuanto quedó claro que los Bonaparte habían perdido la batalla para hacerse con el control de su isla nativa. Lo mismo puede decirse de las ideas jacobinas de Napoleón. En privado se mostraba disgustado por los excesos de la Revolución, pero pronto se convenció a sí mismo de que los políticos radicales que incitaban a que se llevaran a cabo esos desmanes no eran más que demagogos en busca de su propio beneficio. Aunque reconocía el poder de sus ideas y, sobre todo, la preeminencia que tenían en el ejército, que seguía siendo el elemento de la sociedad francesa más tendente al radicalismo de 1792-1793, hizo uso de ellas para establecer una base segura de poder entre sus filas. Pero, en general, la ideología era una asunto de importancia secundaria para él. En el norte de Italia desafió la política del gobierno con la creación de las repúblicas Liguria y Cisalpina, pero este comportamiento abiertamente libertador lo compensó con la negativa a imponer una paz en los Estados Pontificios, que hubiera terminado con el poder temporal del Papa, y con su cesión de gran parte del territorio de Venecia a los Habsburgo. En

Egipto, su actitud caballerosa no era más que puro teatro. Napoleón era, personalmente hablando, profundamente irreligioso, aunque en El Cairo flirteó con el islam e hizo públicas sus intenciones de gobernar de acuerdo con el Corán, con la vana esperanza de que esto le hiciera ganarse el favor de las elites locales y ahuyentar el fantasma de la intervención turca. Del mismo modo, en Italia había lisonjeado a los obispos locales y pretendido ser amigo de la Iglesia católica. Como afirmó en 1800: «Fue declarándome católico como terminé con la guerra en La Vendée, declarándome musulmán como me establecí en Egipto, y declarándome ultramontano como me gané el corazón de los italianos. Si gobernara una nación de judíos, reconstruiría el Templo de Salomón».[71]

Según los apologetas de Napoleón, este cinismo era solo aparente: todo lo que quería era gobernar a los hombres que quisieran ser gobernados y tratar a todas las religiones con el mismo respeto. Tales argumentos, sin embargo, son, cuando menos, un tanto ingenuos. Para Napoleón lo único que contaba era la consecución del poder y su propia glorificación. Buscó esconder sus ambiciones personales tras el manto del interés nacional y de la defensa de la Revolución. En palabras de un político resentido, «Bonaparte nunca ha conocido otra cosa salvo el poder absoluto ... Resulta tan gratificante verse rodeado, solicitado, adulado; ser capaz de repartir privilegios entre la familia y los amigos; alcanzar cada vez más opulencia y grandeza».[72]

¿Qué significaba todo esto en el contexto de las relaciones internacionales? En los años posteriores, Napoleón intentó siempre minimizar el impacto de sus actividades entre 1796 y 1799. El Directorio, argumentaba, necesitaba la guerra y, en consecuencia, él había sido simplemente su instrumento. Sin embargo, mientras la guerra le proporcionó un gran botín a Francia, también causó dificultades tales en el país que la paz se convirtió en un requisito para la estabilidad social y política. Pero para Napoleón parece bastante claro que esa paz se podía haber obtenido en 1797, ya que Austria había sido derrotada militarmente y Gran Bretaña estaba dispuesta a negociar. Igualmente, aunque no era el único factor en el drama, sin Napoleón no se hubiera abierto la brecha con Rusia en 1798, y muchos menos la reanudación de las hostilidades con Austria y Nápoles.

Inextricablemente unido a esto estaba lo que en la época parecía ser una revolución en la política internacional: habiendo comprometido, sin contar con nadie, a Francia con un gran cambio en la política en Italia, Napoleón se embarcó en una partición unilateral del Imperio Otomano, que tuvo el extraordinario resultado de unir a San Petersburgo y Constantinopla. Esto no quiere decir que no se mantuvieran los intereses tradicionales de la política internacional, ni que éstos se hubieran visto superados con la Revolución: si Rusia luchaba junto al Imperio Otomano en 1798, por ejemplo, era en parte porque quería mantenerlo a salvo para poder llevar a cabo su propia partición más tarde y con sus propias condiciones. Sin embargo, un nuevo y perturbador elemento —una ambición personal tan grande que no se podía constreñir dentro de los límites del sistema de estados europeos— había entrado de lleno en las relaciones internacionales.

Capítulo 2

DE BRUMARIO A AMIENS

Hacia mediados de noviembre de 1799, Napoleón se proclamó a sí mismo gobernante de Francia. Escapando de Egipto, regresó a un país que padecía bajo la intriga política, el descontento social y una profunda crisis económica. Explotando habilidosamente la situación a su favor, Napoleón emergió del caos como gobernante de facto de Francia, siendo su título oficial el de primer cónsul. Por lo que se refiere a la historia internacional de Europa en ese momento, inmediatamente nos vienen a la mente una serie de cuestiones. ¿Qué se pensaba de Napoleón en las capitales de Gran Bretaña, Austria, Rusia y otros estados que formaban parte de la Segunda Coalición? ¿Y qué pensaba hacer el nuevo mandatario francés con el poder obtenido tras Brumario? Todo esto, además, da lugar a una serie de reflexiones. ¿Estaba Europa a punto de vivir un hito histórico, en un momento en el que el destino de un continente entero podía depender de la voluntad de un aventurero? ¿O la situación internacional no cambió esencialmente y, más bien, el futuro de una Europa desgarrada por la guerra ya había quedado establecido previamente por otros factores? Antes de poder responder a estas cuestiones, debemos volver a centrarnos en la figura del hombre que alcanzó el poder en 1799 y, en particular, en su relación con el estado francés.

Comencemos tratando el asunto del poder personal de Napoleón. Muy pronto fue tan grande como el de cualquier otro monarca de la época. De este modo, las negociaciones que condujeron a la aprobación de la nueva constitución, de la que derivaba formalmente la autoridad de Napoleón como primer cónsul, se concluyeron hacia mediados de diciembre de 1799. Los conspiradores civiles que habían precipitado la caída del Directorio habían necesitado una «espada», pero el arma que habían elegido resultó, más tarde, imposible de envainar. En el centro de sus cónclaves estaba Emmanuel Sieyès, un sacerdote de Chartres que se había hecho famoso en 1789 por la redacción del famoso panfleto *Qu'est-ce que c'est le Tiers Etat?,* y que tuvo un papel principal en la Asamblea Nacional, llegando a ser miembro del Directorio en 1799. Considerado el padre espiritual de la República, también fue la principal autoridad en el terreno de la teoría constitucional. Como sus compañeros de conspiración, lo que el veterano líder revolucionario quería era estructurar un sistema que salvaguardara los intereses de la elite acaudalada que controlaba la República y que estaba enfrentada a los jacobinos y a los monárquicos. Para conseguir su objetivo planeó establecer un complicado sistema de control y de balances cuyo resultado final sería garantizar un gobierno estable y efectivo, al tiempo que se aseguraba de que ninguna facción política pudiera aprovecharse de la maquinaria del estado para alcanzar sus objetivos partidistas. Como parte de este arreglo, el poder del ejecutivo iba a verse fortalecido en detrimento del poder del legislativo, aunque, en ningún caso, pretendía que Francia se convirtiera en una dictadura. Mientras un «gran elector», apenas una figura ceremonial, actuaba como cabeza del estado, la responsabilidad de los asuntos internos y de la política exterior se repartiría entre dos cónsules. Para quitárselo de en medio, a Napoleón se le ofrecería el «gran electorado», un cargo absolutamente carente de poder. Sin embargo, el general de Sieyès no quiso saber nada de sus planes. No habían prácticamente comenzado las discusiones sobre la nueva constitución presagiada por Brumario, cuando el «oráculo», como era conocido Sieyès, se vio totalmente superado. Como observó de forma inteligente: «Caballeros, ¡tienen un amo! ¡Este hombre lo sabe todo, lo quiere todo y puede hacerlo todo!».[1]

En unos pocos días, el plan de Sieyès se había venido abajo. Napoleón estaba de acuerdo con la nueva estructuración de la legislatura, que para nada le dejaba carente de poder, y también se alegró bastante de ver que el principio del sufragio universal había quedado invalidado al declarar las elecciones no solamente indirectas, sino también presenciales (el electorado no elegía a los diputados por sí mismo, sino que más bien elegía listas de potenciales diputados de entre los cuales el ejecutivo hacía su propia elección por medio de un «senado conservador» elegido desde el poder), pero Napoleón se negó rotundamente a aceptar el cargo de gran elector e insistió en que el poder ejecutivo debería mantenerse unido. Entonces, dejemos que Francia, dijo Sieyès, sea gobernada por un Consulado compuesto de tres hombres que compartirán el poder repartido de forma equitativa. Aunque esto tampoco fue del agrado de Napoleón, que consideraba que el gobierno debía estar en manos de un solo hombre. Las implicaciones de esto quizá deberían haber estado claras. Pero, como siempre, el conquistador de Italia jugó sus cartas con una consumada inteligencia. En absoluto contraste con el estilo que iba a adoptar justo unas pocas semanas después, se vistió con ropas civiles, adoptando un aire de hombre razonable y moderado, y haciéndole el juego a sus compañeros cónsules interinos, Sieyès y Ducos (aparte de respetarles por lo que se refiere al protocolo, Napoleón también le ofreció a Sieyès la presidencia del Senado). Otros dos factores jugaban a favor de Napoleón. El primero era simplemente una cuestión de sentido común: si el Directorio no había funcionado, ¿por qué debía esperarse algo mejor de su calco, pero compuesto por tres hombres? Y en segundo lugar estaba el propio carácter enérgico de Napoleón: capaz de concentrarse en los detalles durante largas horas, prolongaba las discusiones hasta un punto en que los integrantes de la comisión designada para discutir la nueva constitución quedaban tan exhaustos que estaban dispuestos a aceptar virtualmente cualquier cosa. Dado el prestigio de Napoleón —por lo que concernía a la opinión pública cultivada, él era el hombre que podía salvar Francia— el resultado estaba cantado. Habría tres cónsules, ciertamente, pero uno de ellos sería el «primero». Y esto no significaba *primus inter pares*. Al mando estaría el primer cónsul —por supuesto, Napoleón— y mientras el segundo y tercer cónsules tenían derecho a ser consultados, no tenían poder de veto, y su designación se haría por periodos más cortos que los diez años de los que iba a disponer Napoleón.

No es necesario explayarse al respecto de los muchos medios que Napoleón iba a tener a su alcance para ejercer el poder como resultado de la nueva constitución del año VIII. El asunto es bastante simple: la *grande nation* consistía en que Napoleón hiciera su santa voluntad. Y quedaba claro que su voluntad era lo mejor para Francia. Citando a Chaptal, «la gloria militar le había hecho alcanzar el poder absoluto.

La misma gloria que estaba ligada a la esperanza y al entusiamo, y sería esa misma gloria lo que le mantendría en el poder hasta su caída».[2] Desde el principio, la guerra y la gloria militar constituyeron los cimientos del régimen de Napoleón y es por ello que su entrada formal en las Tullerías el 17 de febrero de 1800 puede considerarse, en gran medida, como una acción de conquista más:

> Justo a la una en punto, Napoleón salió del Luxemburgo ... Tres mil hombres seleccionados, entre los cuales estaban los miembros del soberbio regimiento de los Guías, se reunieron para la ocasión. Juntos marcharon disciplinadamente con los músicos tocando ... El carruaje consular estaba tirado por seis caballos blancos ... Estas hermosas monturas habían sido un regalo del emperador de Alemania a Napoleón tras la firma del tratado de Campo Formio. Bonaparte llevaba un magnífico sable que le había dado el emperador Francisco ... La [Guardia Consular] formaba en los accesos de las Tullerías ... Habiéndose formado las tropas en la [Plaza de Carrousel], el Primer Cónsul, dejando su carruaje ... se montó en su caballo y pasó revista a los hombres ... El Primer Cónsul se tomó su tiempo, paseando entre las líneas, dirigiéndose con halagos a los comandantes de cuerpo. Luego se colocó cerca de la entrada de las Tullerías, con Murat a su derecha, Lannes a su izquierda y tras él un numeroso grupo de jóvenes guerreros, cuyas caras estaban bronceadas por el sol de Egipto y de Italia ... Cuando las banderas de las demi-brigadas nonagésima sexta, cuadragésima tercera y trigésima pasaron frente a él, y estos estandartes no eran más que unos mástiles coronados por jirones de tela perforada por las balas y ennegrecidos por la pólvora, se quitó el bicornio y se inclinó en señal de respeto. Este homenaje de un gran capitán ... fue seguido de miles de aclamaciones y, cuando las tropas terminaron de desfilar, el Primer Cónsul entró en las Tullerías con paso firme.[3]

Los días posteriores siguieron la misma tónica, como el bien situado Antoine Thibadeau nos narra:

> El Primer Cónsul, en esos primeros días, parecía más bien un general que un magistrado civil ... Todos los días, a pie o a caballo, el Primer Cónsul se paseaba entre las filas de sus soldados, llegando a conocer tanto a oficiales como a soldados y asegurándose de que ellos le conocieran a él. Se fijaba hasta en el más mínimo detalle de su equipo, armas e instrucción, y les preguntaba al respecto de sus necesidades y deseos. Actuando como general y como magistrado, distribuía, en nombre de la na-

ción, alabanzas y reproches, ascensos y recompensas. De esta forma, se ganó el corazón de los hombres e hizo que el ejército se convirtiera en el más bello espectáculo de París, digno de admiración tanto por parte de sus habitantes como de los visitantes. Era fácil ver cómo el Cónsul se sentía a sus anchas entre los soldados, ya que para él esto constituía un verdadero placer ... Todo esto le dio al Primer Cónsul una espléndida oportunidad para mostrar al mundo su inagotable energía y su absoluto dominio del arte de la guerra.[4]

Lo que vemos aquí quizá sea meramente la respuesta de un gobernante *parvenu** a una situación en la que, de la noche a la mañana, tenía que verse aceptado por las cabezas coronadas de Europa. Argumentar que Napoleón estaba meramente intentando asegurarse el reconocimiento de los monarcas de Austria, Prusia y Rusia, sin embargo, no le libera del cargo de ser adicto a la guerra. Para el primer cónsul, la gloria no era simplemente importante, sino también una manifestación de la monarquía. La victoria en el campo de batalla le había llevado al poder; como bien sabía, la victoria en el campo de batalla sería lo que le mantendría, a la larga, en esa misma posición. Comentando la posibilidad de que Napoleón acordara la paz en 1800, por ejemplo, madame de Staël destacaba:

Nada era más contrario a su naturaleza ... Solamente podía vivir en la constante agitación, y ... solamente podía respirar en una atmósfera volcánica. Todo hombre que llega a convertirse en la cabeza de un país poderoso por otros medios que no son la herencia dinástica, solamente puede mantenerse en el cargo si le da a la nación libertad o glorias militares; si se convierte, en resumen, en un Washington o en un conquistador. Pero lo cierto es que Bonaparte estaba muy lejos de ser como Washington, así que resultaba imposible para él retener ... un poder absoluto salvo desconcertando a la gente o presentando cada tres meses al pueblo francés algún nuevo espectáculo.[5]

Y es por esto que, rodeado como estaba de soldados —según Hortensia de Beauharnais , sus dependencias personales tenían «el aspecto de un cuartel general»—,[6] Napoleón llegó al poder como un hombre de paz. Todas las tendencias de la opinión pública francesa estaban

* Advenedizo. En francés en el original. (*N.del t.*)

hartas de la guerra hacia 1799, y la gran ventaja del nuevo primer cónsul radicaba en el hecho de que parecía ser capaz de combinar la paz con la protección del estado surgido de la Revolución. Cuando entraba a caballo en París tras el golpe de estado, con las calles abarrotadas por una muchedumbre que le jaleaba, su respuesta fue proclamar: «¡Franceses! ¡Queréis la paz; vuestro gobierno la quiere incluso más que vosotros!».[7] De hecho, la primera medida tomada por la diplomacia consular fue redactar unos despachos enviados a Jorge III de Inglaterra y a Francisco II de Austria para pedir el fin de la guerra (en realidad, Francisco era en ese momento Francisco II del Sacro Imperio Romano; sin embargo, cuando éste se colapsó, tomó el título de «emperador de Austria», convirtiéndose en Francisco I). Estos despachos, sin embargo, no iban en serio. En cierto modo, no eran más que una estratagema para tratar de ganar tiempo, ya que, a comienzos de 1800, Napoleón estaba preocupado por la necesidad de subyugar la siempre problemática región de la Vendée, que de nuevo se había levantado en armas contra el estado. Y, como Talleyrand, que de nuevo se había convertido en el ministro de Asuntos Exteriores de Francia, escribió, «estos despachos tuvieron un gran efecto favoreciendo la paz interior del país».[8] Pero, como Napoleón bien sabía, la Segunda Coalición era poco probable que estuviera dispuesta a aceptarle como gobernante de Francia. Además, en ese momento, la coalición estaba absolutamente convencida de las posibilidades de victoria: los Borbones habían sido repuestos en el trono de Nápoles, poderosas fuerzas austriacas habían ocupado la República Cisalpina, el Piamonte y el sur de Alemania, y Gran Bretaña dominaba los mares y había dejado aislado al ejército que Napoleón había abandonado en Egipto.

Pero, en realidad, la posición aliada era mucho menos poderosa de lo que los hechos sugerían. Como reconoció lord Hawkesbury, existían grandes diferencias entre los miembros de la coalición:

> Nuestras conexiones con las potencias extranjeras son todavía inciertas y, en cierto modo, embarazosas. Aunque el emperador de Rusia mantiene una relación cordial con Gran Bretaña en todo lo que se refiere a la guerra, no están de acuerdo, ni pueden llegar a estarlo nunca, con ... el emperador de Alemania. El emperador de Rusia persigue la guerra para lograr la restauración ... de todos los antiguos gobiernos. La corte de Viena no buscará nada más que el engrandecimiento de ... la casa de

Austria, y no adaptará ningún principio antiguo ni apoyará ninguno de los sistemas anteriores, salvo que esto no interfiera con sus ambiciosos planes.[9]

No es raro que las reacciones ante el advenimiento de Napoleón fueran fieramente hostiles, aunque esto era exactamente lo que el primer cónsul quería. Como escribió más tarde:

> Si Francia hubiera acordado la paz bajo las circunstancias existentes en ese momento, lo hubiera hecho tras una campaña plagada de desastres; lo cierto es que se hubiera retirado a resultas de una sola campaña. Esto hubiera resultado poco honorable, y solamente hubiera servido para envalentonar a los príncipes y animarles a formar una nueva coalición contra ella. Todas las circunstancias de la campaña de 1800 jugaban en favor de ella: los ejércitos rusos se estaban retirando del teatro de la guerra; la pacificación de la Vendée dejaba a un nuevo ejército libre para el servicio de la República; en el interior, las diversas facciones habían quedado anuladas y el principal magistrado contaba con la entera confianza de la nación. Correspondía a la República no hacer la paz hasta que se restaurara el equilibrio en Italia; no podía, sin abandonar su destino, consentir una paz menos ventajosa que la de ... Campo Formio. En ese momento la paz hubiera llevado a la República a su fin: la guerra era absolutamente necesaria para el mantenimiento de la fuerza y la unión del estado, que estaba mal organizado, mientras que la gente hubiera demandado una rebaja de los impuestos y la disolución del ejército; en consecuencia, tras una paz de dos años, Francia hubiera tenido que volver a la guerra en condiciones desventajosas. La guerra me resultaba necesaria. Las campañas de Italia, la paz de Campo Formio, las campañas de Egipto, las transacciones del 18 de Brumario, la voz unánime del pueblo que me elevó a la suprema magistratura me había llevado muy lejos, pero un tratado de paz que derogara el de Campo Formio ... habría acabado con mi influencia sobre la imaginación de la gente, y esto me hubiera privado de los medios de acabar con la anarquía surgida con la Revolución, estableciendo un sistema definitivo y permanente.[10]

Napoleón, desde luego, no estaba actuando de buena fe. Habiendo responsabilizado a sus enemigos de la continuidad de la guerra, podría obtener más victorias que aumentaran su gloria y le permitieran dictar la paz en los términos más convenientes para él. Por decirlo de otro modo, en palabras de una proclama que dirigió a su ejército el 18 de

Brumario: «Libertad, victoria y paz devolverán a la República Francesa a la posición que una vez tuvo en Europa».[11]

¿Pero realmente existía otra alternativa que la guerra? Entre los admiradores de Napoleón, es un axioma común el afirmar que el panorama al que se enfrentaba a comienzos de 1800 era de abierta hostilidad contra él y, además, que los monarcas de Europa tenían la determinación de restaurar la casa de Borbón en Francia y, con ello, la monarquía absoluta. Este punto de vista resulta completamente engañoso. Gran Bretaña y Austria, ciertamente, estaban predispuestos a continuar la guerra, pero no estaban para nada interesados en la causa de Luis XVIII, que no había sido precisamente bien tratado por parte de estos estados. Llevado de un lado a otro y facilitándole un escaso apoyo financiero, su autoridad y sus derechos nunca fueron proclamados en las pocas ocasiones en que los aliados lograron hacerse con el control del territorio francés. Devolver a los Borbones al trono era algo con lo que comulgaban ciertos políticos británicos, pero no era el objetivo principal de la política militar de Gran Bretaña, por la simple razón de que la seguridad territorial y marítima, que era su principal preocupación, podía conseguirse por otros medios, que además resultaban más convenientes. Gran Bretaña había ido a la guerra en 1793 para impedir que Francia se permitiera interpretar las fronteras y los tratados a su conveniencia y, sobre todo, para evitar que controlara la totalidad de la costa del canal de la Mancha (una preocupación que en 1795 se vio fuertemente reafirmada por la conquista de Holanda por parte de la República Francesa). Ciertamente, Gran Bretaña había manejado a los monárquicos franceses únicamente en su propio beneficio. Apoyar a los insurgentes y conspiradores que actuaban a favor de los Borbones fue un útil divertimento estratégico que sirvió, en ocasiones, para comprometer un gran número de tropas francesas y provocar graves trastornos en París. En el mismo momento en que Napoleón llegó al poder, los ejércitos británicos estaban centrados en apoyar las insurrecciones monárquicas que surgieron en la Vendée y en Bretaña. Al mismo tiempo, muchos políticos británicos, incluyendo desde luego a la mayoría de los que habían estado al mando durante la década de 1790, temían los principios de la Revolución Francesa y apoyaban las medidas drásticas de Pitt contra las ideas radicales en el interior del país. Pero la restauración de los Borbones era otra cuestión. Algunos políticos y hombres de estado —principalmente, el ministro de Asuntos Exteriores, lord Grenville, y su acólito, William Windham— seguían creyendo en una «estrategia de derrocamiento» por medio de la cual se restauraría la paz y el jacobinismo sería erradicado gracias a la liberación de Francia, pero el secretario de Estado para la Guerra y las Colonias, Henri Dundas, y muchos otros, no confiaban demasiado en esos planteamientos visionarios. Mientras que Grenville abogaba por marchar sobre París, los escépticos apoyaban una lucha de corte colonial y económico que permitiera a los británicos sobrevivir a los franceses. Inherente a esta estrategia estaba la posibilidad de un compromiso de paz basado en la restauración de las fronteras de 1792, y esto, a su vez, se veía favorecido por la creciente desilusión sobre la capacidad de los monárquicos franceses como fuerza política y militar (además, siendo sus líderes personas arrogantes y autoritarias, a Grenville no le resultaba fácil llegar a congeniar con ellos, mientras que Windham era conocido por su falta de realismo y pobre juicio). Mientras tanto, ni siquiera los miembros más duros de la facción de Grenville estaban librando una guerra en favor del feudalismo. Por el contrario, según su punto de vista, había que dejar que Francia viviera su propio 1688 y terminara gobernándose con algún tipo de monarquía constitucional, y, en muchos sentidos, este objetivo se veía limitado por la convicción de que cualquier solución que se alcanzara en Francia no debía provenir, de los ejércitos extranjeros, sino de los propios políticos franceses.

A comienzos de 1800, por lo tanto, se habían establecido las bases de una posición más moderada que la esgrimida hasta entonces por los partidarios de Grenville. Si Francia se veía aislada de tal modo que no pudiera exportar la Revolución, se le podía permitir que siguiera su propio rumbo, y obviar de este modo la necesidad de un cambio de régimen. Fuera cual fuera el uso que se hiciera de los monárquicos franceses, el objetivo de la Gran Bretaña miembro de la Segunda Coalición dependía de un plan que iba a convertirse en la piedra de toque de la política europea hasta el final de las guerras napoleónicas. Francia tenía que verse confinada a sus fronteras de 1792 y bloqueada por una serie de estados tapón que contarían con el apoyo de una cuádruple alianza de grandes poderes. En ese aspecto, no había gran diferencia con la estrategia de Grenville: de hecho, el esquema era, en origen, una obra suya. Pero mientras que para el ministro de Asuntos Exteriores, el gran cordón sanitario sería el resultado de una victoria total sobre Francia, para los políticos menos beligerantes, éste iba a ser un sustitutivo de la guerra. Si se veía que el régimen republicano francés era incapaz de sostenerse por sí mismo, eso sería miel sobre hojuelas, pero su derrocamiento había dejado de ser una necesidad. Con el advenimiento de Napoleón, mientras tanto, surgieron nuevas complicaciones. Por un lado, su biografía sugería que era un señor de la guerra y un aventurero en el que no se podía confiar mucho más que en sus predecesores, aunque, por otro lado, los británicos contaban con informes que afirmaban que intentaba imitar las formas de la monarquía y que planeaba introducir una constitución moderada que protegería la propiedad privada. Grenville declaró que lo de Brumario no significaba nada, pero el primer ministro, William Pitt, mostró una actitud más moderada que la que se había exhibido hasta entonces. En ese momento, Gran Bretaña tenía que mostrarse cautelosa: con Francia controlando Bélgica, por ejemplo, no se preveían negociaciones de paz, pero la posibilidad de firmar algún tipo de tratado no estaba agotada, aunque un agente secreto corso fue enviado a París con el objetivo de conseguir ese tratado. Por lo que respecta a los Borbones, no se podía permitir que se pusieran en medio del camino de los intereses de Gran Bretaña: no se debía hacer nada que entorpeciera a Gran Bretaña a la hora de considerar si, en un momento dado, continuar con la guerra podía resultar más desfavorable que negociar la paz. Teniendo en cuenta este objetivo, Pitt destacó que era esencial evitar comprometerse con la restauración en el trono de Francia de Luis XVIII. Sin duda, algunos se preguntaban por qué Gran Bretaña debía luchar por Luis XVIII cuando Luis XIV había resultado tan perjudicial para los intereses británicos cien años antes.

Aunque el rechazo a las primeras propuestas de paz de Napoleón vino acompañado de la más feroz de las retóricas —en un debate en la Cámara de los Comunes celebrado el 3 de febrero de 1800, Pitt no solamente atacó ferozmente el rumbo de la política francesa desde 1792, sino que acusó personalmente al primer cónsul francés de estar detrás de las peores acciones de su país—, lo cierto es que Gran Bretaña no estaba comprometida en 1800 con una guerra a muerte contra Francia. Y si esto vale para Gran Bretaña, también se puede decir lo mismo de Austria. Como muchos de sus camaradas británicos, el canciller austriaco, Thugut, odiaba la Revolución Francesa, al tiempo que veía el conflicto como un choque ideológico en el que Austria «debe combatir a una nación que no solamente ha llegado a ser el paradigma del fanatismo, sino que intenta arrastrar con ella a otros pueblos, y que lleva mucho tiempo intentando imponer sus objetivos a toda Europa a través de sus profetas».[12] Sin embargo, conviene matizar esta postura. En 1791 Thugut escribió:

> Si el régimen democrático alguna vez adquiere cierta consistencia y comienza a extender la desgracia con la que se ve amenazada Europa, no dudaría en dar todo mi apoyo a los más vigorosos medios encaminados a erradicar este mal de raíz, y a convertir a esos bribones en un ejemplo que disuadirá para siempre a todos aquellos que tentados de imitarlo, al tiempo que nos beneficiamos de la oportunidad de privar a Francia del poder que en el pasado utilizó para acosar a otras cortes europeas.[13]

De la actitud de las potencias europeas, podemos concluir dos cosas. Lo primero es que, si se podía contener la Revolución, entonces no era necesario destruirla. Francia tenía que ser derrotada, ciertamente, pero no había necesidad alguna de una victoria total que llevara al derrocamiento de la República: como Pitt, Thugut soñaba con aislar a Francia por medio de un cordón sanitario que contemplaba el cambio de las fronteras francesas y que pondría las grandes ciudades fortificadas en manos de Austria, Prusia y una engrandecida Baviera. Incluso si el ejército austriaco se veía obligado a tener que presentarse delante de las Tullerías, no sería con el objetivo de abrirle las puertas a uno de los Borbones que, como se solía decir, era una familia que no aprendía nada pero que tampoco olvidaba nada, ya que hacer eso supondría correr el riesgo de un segundo 1789, y con ello, el de una nueva guerra.

Volviendo a la postura de Thugut expresada en 1791, la segunda conclusión a la que llegamos es que el hecho de hacer la guerra a la Revolución en realidad estaba relacionado con objetivos más amplios y concernientes a la política exterior. Uno de estos objetivos consistía en mantener a Francia como un estado débil, lo que era, en cierto sentido, una situación que le convenía totalmente a Austria. Pero otro objetivo —del que normalmente no se habla— es el asunto de la «compensación». Aunque finalmente Austria se hizo con algunos territorios gracias a la eliminación de Polonia del mapa de Europa entre 1793 y 1795, la partición del estado polaco fue una catástrofe para los Habsburgo que, en el fondo, vieron como terminaba debilitándose su posición en el este de Europa. No solamente los territorios que habían obtenido eran de escaso valor estratégico, sino que, además, Rusia en ese momento estaba en condiciones de marchar a través de la frontera. Principalmente en el periodo que siguió a la segunda partición, en 1793, cuando parecía que Austria no iba a conseguir nada frente a las grandes ganancias de Rusia y Prusia, Viena tuvo que seguir luchando, aunque solamente fuera para conseguir algún territorio más y conseguir así restaurar el equilibrio entre las potencias. Sin embargo, en 1797, de repente Austria se hizo por fin con un territorio que merecía realmente la pena: la mayor parte de la República de Venecia, con lo cual Thugut se vio forzado a firmar la paz a regañadientes. Los principios de la Revolución Francesa todavía eran un anatema en Austria pero por fin ese país había ganado algo gracias al conflicto surgido tras los acontecimientos de 1789. Con la opinión pública en Viena harta de la guerra —Thugut era abucheado cada vez que aparecía por las calles—, ni Rusia ni Gran Bretaña podían o estaban dispuestas a hacer gran cosa en favor de los austriacos, que estaban en bancarrota y con un ejército totalmente incapaz de resistir los ataques de Napoleón, así que, sin duda, la mejor opción era intentar conseguir finalizar la guerra.

La más que favorable impresión que Thugut tenía del poder político ejercido por el vencedor de Arcola y Rivoli también resultó de ayuda, puesto que le llevó a concluir que un acuerdo de paz con Napoleón podía resultar una buena cosa, ya que parecía que éste era un hombre con el que se podían tratar.

Pero al final, sin embargo, a Thugut no le agradó el tratado que resultó de las negociaciones. En su opinión, el problema de Francia quedaba sin resolver, y solamente había firmado la paz porque la otra alternativa, la guerra, hubiera conducido a su país a sufrir una auténtica catástrofe militar. Para colmo, resultó que la adquisición de la mayor parte del territorio de Venecia fue un timo, ya que las tierras más remotas de Bélgica y Lombardía contaban con el doble de población que la que se había ganado gracias a Campo Formio. Y lo que era aún peor, el comportamiento de Francia en los meses que pasaron entre el armisticio de Leoben y la firma del tratado, y después, durante el breve periodo de paz que siguió, sugería, en primer lugar, que este país no tenía ninguna intención de actuar de buena fe con Viena y, en segundo lugar, que la Revolución seguiría su curso. Antes de que los franceses entregaran Venecia, por ejemplo, la habían saqueado y, además, habían promovido el sentimiento revolucionario en esas tierras, mientras que la creación de las repúblicas de Génova, Roma y Suiza, así como las crecientes demandas francesas sobre de la orilla izquierda del Rin, convencieron a Thugut de que el objetivo de los franceses era provocar un levantamiento universal. El comportamiento del embajador que Francia envió a Viena no fue precisamente correcto: un hombre notablemente vanidoso, desagradable y ambicioso, de fuertes convicciones jacobinas, el general Bernardotte asumió un aire fanfarrón e insolente que le granjeó todo tipo de enemistades.

Aunque existía la convicción de que Francia resultaba peligrosa para las monarquías de Europa —e incluso para la civilización europea—, esto no significaba que Thugut estuviera resuelto a librar una guerra a muerte contra ella. Al final, lo que se buscaba era la victoria militar, pero el estadista austriaco sabía muy bien que incluso un compromiso de paz solamente se podía lograr por medio de una sólida alianza de todas las potencias que, además, estuviera dispuesta a subordinar todo lo demás en pos de la derrota de Francia. No se podía confiar en que Prusia estuviera dispuesta a luchar contra los franceses, o en que no terminara apuñalando a Austria por la espalda en Alemania. Se podía confiar algo más en Gran Bretaña, incluso aunque se había abierto a Francia en 1797, pero su capacidad para contribuir a una guerra terrestre —el único tipo de conflicto al que Thugut daba valor— estaba extremadamente limitada; y por lo que respecta al «oro de Pitt», éste solamente llegaba en pequeñas cantidades que no resultaban gratis, sino que constituían préstamos que había que devolver con intereses desorbitados (un asunto que durante el periodo de 1797-1798, en particular, hizo que las relaciones entre Londres y Viena se enfriaran bastante). Y por último, pero no por ello menos importante, tampoco se podía confiar demasiado en la Rusia de Pablo I: dejando aparte la salud mental del propio zar —aunque probablemente no estaba loco (como a menudo se afirma), el monarca ruso tenía una personalidad extraordinariamente irritable y caprichosa—, también estaba la cuestión de cómo Rusia podía intervenir de forma efectiva en los campos de batalla de Alemania e Italia, y de si el ejército ruso sería capaz de enfrentarse al francés.

Todo esto significaba que, lejos de apresurarse a librar una nueva guerra contra Francia a la primera oportunidad, Thugut se había echado atrás al tiempo que intentaba apaciguar los ánimos en París. Ciertamente, Austria solamente se involucraría en la guerra cuando le quedara claro que a Francia se le iba a enfrentar una poderosa coalición. Pero, llegado el momento, sin embargo, la coalición solamente resultaba poderosa por el número de estados que la integraban. Los éxitos iniciales se habían desaprovechado a causa del desacuerdo sobre la estrategia a seguir, y las fuerzas rusas, en particular, habían resultado de dudosa utilidad y acudido en mucho menor número de lo que inicialmente se había prometido. Hacia finales de 1799, el pragmatismo llevó a Thugut a adoptar una línea diferente, ya que, en privado, confiaba en que Napoleón fuera capaz de acabar con las facciones, —que se creía que eran el verdadero motor de la agresión francesa— para, de este modo, terminar creando las condiciones idóneas para la firma de un tratado de paz duradero. La iniciativa de paz de enero de 1800 fue rechazada, pero los términos de la respuesta austriaca no eran, de ninguna manera, tan agresivos como los de su socio británico, y los siguientes meses vinieron marcados por un intercambio de misivas con Talleyrand en el que Thugut parece que hizo verdaderos esfuerzos para poder alcanzar un acuerdo. En resumen, el Thugut de 1800 no parece ser ya el beligerante ideólogo de los años anteriores, sino más bien un típico hombre de estado del siglo XVIII cuya respuesta al desafío francés fue una búsqueda de adquisiciones territoriales —los principales objetivos eran Lombardía, el Piamonte, y los antiguos territorios papales de Bolonia y Ferrara— que convertieran a Austria en un estado mucho más fuerte. Hasta que la negociación o la victoria en el campo de batalla aseguraran la posesión de esos nuevos territorios, Austria no firmaría la paz. Pero el objetivo no era derrocar al gobierno revolucionario francés, si es que alguna vez había existido tal objetivo, puesto que Francia no era la única preocupación de Thugut, sino también Rusia y Prusia.

La impresión de que Napoleón podía haber sobornado a Austria en 1800 se ve confirmada si consideramos los puntos de vista y el carácter del emperador Francisco y de su hermano, el archiduque Carlos. Para Francisco, el odio por la Revolución Francesa era un axioma tan cierto como lo era para Thugut; de hecho, había respondido a una serie de conspiraciones jacobinas en 1794 con la ejecución sumaria de sus líderes. Del mismo modo, su reinado estaba asociado con la censura más estricta, con la utilización de la Iglesia como un instrumento de propaganda contrarrevolucionaria, con el establecimiento de una poderosa policía secreta y con el empleo generalizado de espías e informadores. Y en 1792, ciertamente, había sido más partidario de la guerra que su predecesor, Leopoldo II. Dicho esto, siempre había considerado el conflicto con Francia como una lucha de carácter defensivo, y nunca pensó en promover la invasión del territorio de su enemigo. Además en realidad, odiaba la guerra (cuyos horrores había experimentado en persona en Flandes en 1794, en el curso de una visita a sus tropas) y, como hombre cauteloso y normalmente pesimista, no se solía mostrar predispuesto a iniciar aventuras en el extranjero. Como resultado, el «barón de la guerra», Thugut, nunca pudo realmente contar con su apoyo, mientras que hacia 1800 el emperador estaba seguro de que lanzarse a la guerra contra Francia era algo completamente inútil. Y por lo que respecta a su hermano menor, el archiduque Carlos, probablemente el mejor general de toda la historia de Austria, éste estaba absolutamente convencido, incluso puede que más que el emperador, de que el ejército austriaco no estaba preparado para derrotar a los franceses. Además odiaba profundamente a Thugut, y tanto en 1797 como en 1798 había liderado una facción en la corte austriaca que abogaba por la paz.

Por lo tanto, en 1800 Austria se mostraba ambivalente acerca de la guerra con Francia y poco interesada en derrocar a Napoleón. Pero, ¿qué pensaban las otras potencias del Este? Prusia, desde luego, no estaba dispuesta a participar en la guerra de 1800. Profunda enemiga de Austria —tras la retirada prusiana de la guerra en Francia en 1795, una serie de consejeros de Federico Guillermo II sugirieron declarar la guerra a los austriacos—, Potsdam no tenía ninguna intención de combatir a Francia, y mucho menos de ofrecerle ayuda a Viena. De hecho, antes que arriesgarse a entrar en conflicto con Francia, a finales de 1795 los prusianos se ofrecieron para hacer concesiones en la frontera sur de su esfera de influencia en Alemania del norte, que había sido su recompensa por haberse salido del conflicto. En 1798 se hicieron verdaderos esfuerzos para convencer a Prusia de que se uniera a la Segunda Coalición, pero todo fue en vano, primero por el odio generalizado que existía en ese país hacia Austria, y segundo por el carácter del rey Federico Guillermo III, que había accedido al trono el año anterior y era tan pacifista como irresoluto.

Según el autonombrado portavoz de los elementos más reaccionarios entre los *junkers*, Ludwig von de Marwitz, «era, por naturaleza, tendente a la inacción», mientras que el liberal Hermann von Boyen se lamentaba:

> Su capacidad de análisis era, en algunos momentos, en periodos de tranquilidad, bastante aguda, pero solamente si se trataba de descubrir las

> debilidades de una cosa o una persona; a este respecto poseía una facilidad verdaderamente destacable ... Pero cuando se trataba de juzgar un asunto que requería tomar decisiones serias, que podían conducir a complicaciones, sus poderes de discernimiento se diluían y, en esas ocasiones, hacía todo lo posible por evitar cargar con esa responsabilidad.[14]

Pero no se trataba solamente de un caso de pusilanimidad. Puede que el monarca prusiano odiara el conflicto armado incluso más que Francisco II. Como le dijo a su primo, el príncipe Henry: «Todo el mundo sabe que aborrezco la guerra y que no conozco nada mejor que la preservación de la paz y la tranquilidad como único sistema útil para lograr la felicidad de la raza humana».[15]

Al igual que a Francisco II, le disgustaba cualquier muestra de militarismo, y se empeñó en convertir en falso ese antiguo adagio que rezaba que Prusia era más bien un ejército con estado que un estado con un ejército. En 1798 reprendió a sus cuerpos de oficiales, recordándoles que el bienestar del ejército dependía de la sociedad civil, y no al revés. Dejando de lado las preferencias del rey, había muchos otros indicios que indicaban que mantenerse neutral era, por entonces, la mejor opción. La guerra hubiera significado un gran gasto en un momento en que el tesoro —nunca lleno dada la pobreza de gran parte del territorio prusiano— estaba casi en bancarrota; además la guerra hubiera costado muchas bajas al ejército prusiano, con lo que se hubiera terminado poniendo en peligro Silesia, o incluso Polonia, que podían verse amenazadas por la venganza austriaca. Y, finalmente, en una guerra contra Francia la victoria era incierta, ya que los desperdigados territorios prusianos se verían amenazados desde el oeste, aparte de que el clarividente Federico Guillermo sospechaba que el ejército prusiano no estaba preparado para ir a la guerra: su actuación en 1793-1795 no había sido buena, y existía un creciente clamor, incluso entre la tropa, exigiendo reformas.

Pero, ¿por qué había que ir a la guerra contra Francia? En primer lugar, Francia no parecía constituir una amenaza; las relaciones con ella eran razonablemente buenas: la esfera de influencia prusiana en el norte de Alemania, establecida por medio del tratado de Basilea de 1795, se había respetado escrupulosamente; y no había ni un solo vestigio de ideas revolucionarias extendiéndose por los territorios gobernados por Federico Guillermo. En segundo lugar, buscando la negociación con Francia, Prusia se había asegurado firmes promesas de compensación por las tierras que había perdido en la orilla izquierda del Rin, habiéndosele ofrecido los territorios arrebatados a los pequeños estados de Alemania central y, además, podía confiar en obtener más ganancias gracias a Hanover. Y, en tercer lugar, la neutralidad no suponía ningún riesgo para la diplomacia prusiana en el caso de que la situación cambiara: Gran Bretaña y Austria necesitarían a Prusia en 1805 o 1810 de la misma manera que la habían necesitado en 1795 y 1800. Frente a todo esto estaba la idea de que la cruzada contra Francia no reportaría ningún beneficio, ni siquiera en la coyuntura favorable de 1799. Si bien es cierto que existía un grupo de ideología antifrancesa, del que formaba parte el ministro Christian von Haugwitz, que se había convencido progresivamente de que Francia era una fuerza tan insaciable que cualquier día se volvería contra Prusia, la mayoría de los consejeros del rey le aconsejaba la neutralidad. Por lo tanto, no resulta sorprendente que Federico Guillermo fuera uno de los primeros monarcas europeos que felicitó a Napoleón tras el 18 de Brumario.

Así que, en 1800, Napoleón sabía perfectamente que no tenía nada que temer por parte de Prusia. De hecho, despreciaba abiertamente a Federico Guillermo III. Como afirmó más tarde, «como ciudadano, el rey de Prusia es un hombre leal, bueno y honesto, pero, por lo que se refiere a su capacidad política, es un hombre gobernado por la necesidad y que se encuentra a merced de cualquiera que esté en posesión de la fuerza y esté preparado para levantar la mano».[16] Y, si Napoleón no tenía nada que temer de Potsdam, lo mismo podía decirse de San Petersburgo. A primera vista, esto resulta sorprendente. El monarca de Rusia desde 1796, Pablo I, era un personaje de carácter especialmente voluble, que era famoso por sus ataques de cólera, su fascinación desde la niñez por todo lo relacionado con el ejército y su determinación de transformar las maltrechas fuerzas armadas rusas. «El Palacio —escribió el futuro ministro de Asuntos Exteriores, el príncipe Czartoryski— se convirtió en un cuartel: por todos lados se oía el taconeo de las botas de los oficiales y el tintineo de las espuelas.»[17] Pero Pablo no era solamente el modelo de un moderno capitán general, sino que también era un cruento opositor a la Revolución Francesa. Aunque no estaba verdaderamente loco, todo lo que conocemos sobre su personalidad sugiere que sufría lo que se conoce como un desorden de la personalidad obsesivo-compulsivo. Para las personas que sufren este problema, todo tiene que estar ordenado, al tiempo que necesitan sentir que lo tienen todo bajo control, así que nos podemos imaginar el trauma tan inmenso que representó para él la Revolución. Y no se trataba solamente de que ésta amenazara los principios de la monarquía; mucho peor era el hecho de que también fomentaba el debate y la incertidumbre. En consecuencia, Pablo se oponía a lo que estaba ocurriendo en Francia mucho más que su madre, Catalina la Grande. A diferencia de ella, sin embargo, se mostró desde el principio dispuesto a hacerle la guerra a Francia y, por esa razón, se disgustó cuando Rusia se quedó cruzada de brazos: tan grande fue su enfado que, desde 1792 en adelante, se desvinculó de la emperatriz y se confinó en sus aposentos privados.

Curiosamente, nada de lo dicho convierte a Pablo I en un belicista, por lo menos por lo que respecta a la Revolución Francesa. Verdaderamente, su primera medida de política exterior al llegar al trono en diciembre de 1796 fue cancelar el apoyo militar que Catalina había decidido prestar a la Primera Coalición. Lo que motivó el cambio fueron motivos pragmáticos. Francia bien podía constituir un peligro ideológico, pero eso no eran tan grave como el hecho de que, en ese momento, era tan poderosa que, enviar tropas contra ella significaría sacrificar valiosos recursos militares. Por lo que respecta a Gran Bretaña y Rusia, la historia de su lucha contra Francia estaba, viéndola de manera optimista, llena de altibajos y, de manera pesimista, resultaba descorazonadora. En consecuencia, se necesitaba concertar la paz, así que Pablo se mostró dispuesto a reconocer el gobierno de la República y a asumir que Francia se quedara con Saboya, Niza, Bélgica y los territorios austriacos de la orilla izquierda del Rin. Esto no quiere decir que las monarquías europeas no tuvieran miedo de la amenaza ideológica que constituía Francia, pero la respuesta que dio Pablo en ese momento era muy diferente a todo lo que se había hecho anteriormente; porque desde el principio se había acordado que Francia podía conservar sus fronteras naturales, pero que no se podía permitir de ninguna manera que intentara sobrepasarlas. Para impedirlo, era necesario formar una coalición permanente entre Gran Bretaña, Prusia, Rusia y Austria que permitiera a estas potencias mantener a raya a la tricolor republicana.

A pesar de estos comienzos pacíficos, hacia finales de 1798, como no podía ser de otra manera, Rusia estaba en guerra con Francia. Según algunos historiadores, Pablo simplemente había estado intentando ganar tiempo para llevar a cabo las tan necesarias reformas militares, y nunca había estado dispuesto a abandonar la causa legitimista (como demuestra la forma en la que ofreció asilo tanto a Luis XVIII como al papa Pío VI en el invierno de 1797-1798). Es, en consecuencia, posible que el conflicto hubiera surgido de todas formas, pero esto es algo de lo que no podemos tener certeza. Si nos ceñimos a lo que conocemos como cierto, lo que cambió las cosas fue la adquisición por parte de Napoleón de las islas Jónicas y la subsiguiente conquista, primero de Malta y luego de Egipto. Pablo no deseaba en absoluto seguir el ejemplo de su madre intentando conquistar más territorios al Imperio Otomano, pero, en 1797, se había erigido como protector de los caballeros de San Juan —una decisión que fue recompensada inmediatamente con la concesión del título de gran maestre—, aparte de que ni él ni ningún otro zar hubieran nunca tolerado una nutrida presencia militar francesa en el Mediterráneo oriental. Los objetivos de guerra de Rusia eran, por entonces, más de cariz estratégico que ideológico, aunque en la práctica el zar coincidía con los partidarios de Grenville en que la única esperanza de conseguir una solución definitiva pasaba por marchar sobre París y derrocar a la República. Muy pronto, sin embargo, Pablo cayó en el desánimo. En el crucial teatro suizo-italiano se dio cuenta de que la fuerza expedicionaria era demasiado débil para hacer cualquier cosa que no fuera seguir la estrategia austriaca y, lo que es peor, que los austriacos habían establecido unos objetivos diferentes antes de la invasión de Francia, lo que tuvo como resultado que el cuerpo ruso comandado por el general Korsakov sufriera una aplastante derrota en Zúrich. En el Mediterráneo, Rusia rompió su alianza con Gran Bretaña a causa de las posturas encontradas respecto a la isla de Malta; en Italia, Rusia también terminó mal con Austria a causa de la cuestión de las compensaciones territoriales que esta última aspiraba a percibir a costa de Nápoles y el Piamonte; y, finalmente, en Holanda, que había sido invadida por una fuerza expedicionaria anglo-rusa, Rusia se enfadó con Gran Bretaña porque esta última no supo aprovechar la inicial ventaja aliada y terminó negociando con los franceses. Y, para colmo, tanto en Italia como en Suiza o Austria, las campañas del ejército ruso habían terminado en desastre: no solamente la disciplina de las tropas se diluyó en un momento dado, sino que el intento de Pablo de revivir los modos de Federico, abandonados mucho tiempo antes por Catalina la Grande, no cosechó ningún éxito sobre el campo de batalla. Tal y como Pablo había temido en 1796, la guerra había resultado una experiencia fútil: no se podía confiar en Austria y Gran Bretaña como aliados, y Rusia era incapaz de librar por sí sola una guerra en el oeste de Europa, y si lo intentaba, lo único que podía conseguir era desperdiciar hombres y dinero.

Hacia finales de 1799, un enfadado y decepcionado Pablo ya había abandonado la colaboración militar con Austria. Formalmente hablando, Rusia todavía estaba en guerra, pero en el curso de 1800 una serie de factores se combinaron para que la situación cambiara un poco más todavía. Muchos de estos factores no fueron más que discusiones entre Gran Bretaña y Rusia con motivo de los subsidios que esta última debía recibir como gratificación por unirse a la lucha contra Francia. Pero mucho más importante fue que, con el advenimiento de Napoleón al poder, la percepción que las monarquías europeas tenían de Francia cambió completamente. De este modo, para Pablo, Brumario fue lo que cambió todo. Defender a Luis XVIII cuando había sido el único emblema posible del legitimismo en Francia —el único representante de la paz y el orden— había estado muy bien en el pasado, pero en ese momento existía una alternativa más dinámica y sugerente. En resumen, el atractivo que el ornato monárquico parecía ejercer sobre Napoleón había funcionado: Pablo veía en él a un mero arribista corso, ciertamente, pero un arribista corso que pondría a Francia en su sitio, y con ella a toda Europa. Ciertas muestras de acercamiento fueron transmitidas desde París vía Berlín, con el mensaje de que Francia estaba dispuesta a acordar la paz en términos razonables y a reconocer los intereses de Rusia en Alemania y el Mediterráneo. Y todavía se dieron más gestos de buena voluntad —sobre todo el generoso tratamiento que Napoleón dio a los prisioneros rusos capturados en Holanda y la promesa de que iba a devolver Malta a la Orden de los Caballeros de San Juan—, aparte de que hacia el verano de 1800 todas las fuerzas que Pablo había enviado a Europa occidental estaban de vuelta a casa. No solamente se estaba consiguiendo que Rusia se retirara de la coalición. Inherente al acercamiento ofrecido por Francia a Rusia estaba el intento de establecer una alianza. De hecho, en enero de 1800 se propuso un acuerdo por medio del cual Rusia y Francia despojarían al Imperio Otomano de Egipto, Grecia, Constantinopla, los Balcanes y las islas griegas; se establecería una Polonia independiente bajo el gobierno de un príncipe ruso; y se compensaría a Prusia por la pérdida de los territorios polacos con nuevos territorios en Alemania y Silesia. Mientras tanto, una serie de personajes de la corte rusa, que incluían sobre todo al canciller Rostopchin, habían llegado a la conclusión de que tal alianza sería extremadamente conveniente para Rusia. El 29 de diciembre de 1800 Pablo escribió personalmente a Napoleón en términos absolutamente amistosos, proponiéndole una alianza franco-rusa que tendría como consecuencia una paz general. Para llevar la carta, se envió a un emisario ruso a París. Esta *démarche*, mientras tanto, vino acompañado de una serie de cambios importantes en Rusia, incluyendo la dimisión del pro británico canciller diputado Pani y la expulsión de Luis XVIII y sus seguidores.

Resulta importante destacar que este acercamiento franco-ruso adolecía de muchos defectos. Para Napoleón, Pablo I era simplemente una herramienta, un arma que podría esgrimir contra Gran Bretaña y Austria. De este modo, en 1800, lo que realmente interesaba a Napoleón era la marina rusa y la posibilidad de poder engatusar a Pablo para que se decidiera a lanzar un ataque terrestre contra la India. Pero Pablo no fue nunca un títere en manos de Napoleón. Además, era un monarca que tenía objetivos muy concretos a la hora de aliarse con el primer cónsul. El más importante de todos ellos era la esperanza de engrandecer Rusia con territorios en los Balcanes, donde Rostopchin esperaría, como poco, el apoyo de los franceses para hacerse con los territorios que actualmente forman Rumanía y Bulgaria. Nada podía estar más lejos de los pensamientos de Pablo que los planes que tenía Napoleón en relación con su persona. El zar mantenía muy buenas relaciones con los turcos y, aunque la posibilidad de ejercer cierta presión sobre los británicos le satisfacía enormemente, no tenía ninguna intención de atacar la India. Una fuerza de los Cosacos del Don recibió la orden de avanzar hacia el kanato de Bokhara, ciertamente, pero, aunque este territorio se encontraba en la ruta hacia la India, la expedición no tenía como misión la invasión de ese país, sino atender a un conflicto que había surgido en la frontera sur de Rusia. El interés ruso se centraba en ese momento en el estado transcaucásico de Georgia que, hasta 1795, había sido un reino cristiano independiente. Ese año el sah de Persia, Aga Mohamed, lo invadió y lo forzó a acatar un protectorado. Este era un desafío que Pablo no podía ignorar y, en enero de 1801, decretó la anexión de Georgia y envió a su ejército con la misión de expulsar a los persas, que en ese momento estaban gobernados por el hijo de Aga

Mohamed, Fath Ali. Siendo Persia un poderoso oponente, la presencia de tropas en Bokhara se explicaría como un intento de abrir un segundo frente contra ese país. Pero, entonces, ¿qué quería conseguir Pablo por medio de un acuerdo con Napoleón? Gran Bretaña tenía mucho que ver en esto: Pablo se encontraba muy contrariado por las constantes pretensiones de dominio marítimo de Gran Bretaña, y estaba muy preocupado porque una expedición británica a Egipto pudiera terminar en una presencia británica permanente en el Mediterráneo oriental. Pero controlar a Gran Bretaña no era el único objetivo de Pablo. Una alianza con Francia era también el mejor medio de negociar la evacuación de Egipto por parte de los franceses. Y, al mismo tiempo, también estaba el asunto de la protección de los intereses rusos en Europa: para esto el zar no solamente contaba con numerosas conexiones dinásticas entre los pequeños estados alemanes, sino que también deseaba expandir la influencia rusa erigiéndose como el protector de los débiles frente a los fuertes. Esto se había convertido en un asunto urgente, primero, por la determinación de Austria de asegurarse compensaciones territoriales en Italia a expensas del Piamonte y la Toscana, y segundo por la reorganización del Sacro Imperio Romano, que estaba poniéndose en ese momento en marcha. En resumen, la política rusa derivó por dos caminos de forma inmediata. Napoleón podía confiar en el apoyo ruso contra Gran Bretaña y Austria, pero también confiaba en que se contuviera al respecto de Alemania e Italia, e incluso se retirara del Mediterráneo. A corto plazo los deseos de Rusia coincidían en parte con los de Francia, pero a largo plazo resultarían claramente distintos.

Pero, de momento, las discrepancias permanecían ocultas bajo la superficie, y además hay que tener en cuenta que Napoleón todavía no era el objeto de la animadversión general de Europa. Por el contrario, el continente estaba profundamente dividido, gracias a los profundos conflictos de intereses existentes entre Prusia y Rusia de Polonia; entre Rusia y Austria acerca de los Balcanes; y entre Austria y Prusia acerca de Alemania. Y, al mismo tiempo, el miedo a Gran Bretaña mantenía a España del lado francés. En consecuencia, los únicos enemigos del primer cónsul a comienzos de 1800 eran Gran Bretaña y Austria, cuyo compromiso con la lucha era bastante limitado, aunque lo cierto es que habría que haber derrotado completamente a estas potencias para obligarlas a firmar la paz. La siguiente batalla no iba a ser más que una arremetida desesperada para evitar una aplastante derrota, como la de

Waterloo en 1815. Las cosas no comenzaron bien para Napoleón. Llevando la iniciativa, los austriacos atacaron en Italia con 97.000 hombres, forzaron a los franceses a retirarse y los asediaron en Génova que, defendida con gran coraje por Masséna, no cayó hasta el 4 de junio. A pesar de haber sido cogido por sorpresa, la respuesta de Napoleón fue fulminante: mientras Moreau cruzaba el Rin y derrotaba a los austriacos en Stockach el 3 de mayo, el primer cónsul se ponía al frente del recientemente creado Ejército de Reserva y cruzaba los Alpes para terminar apareciendo por la retaguardia austriaca, obteniendo una victoria por los pelos en Marengo el 14 de junio. Como incluso los admiradores de Napoleón admiten, este no fue su mejor momento. La estrategia de cruzar los Alpes resultaba sólida —incluso brillante—, pero, habiendo llegado a Milán, no juzgó correctamente a su oponente, el general Melas. Creyendo que Melas simplemente se retiraría hacia la reconquistada Génova, dispersó sus fuerzas en un cordón diseñado para atrapar a los casacas blancas austriacos. Melas, sin embargo, era un general mucho más enérgico de lo que Napoleón suponía y, de repente, se dispuso a rodear el ejército que comandaba el primer cónsul con una fuerza que doblaba en número a la de Napoleón. En una batalla en la que los franceses se vieron obligados a retirarse unos ocho kilómetros, Napoleón pasó verdaderas dificultades hasta que, justo a tiempo, apareció el general Desaix con nuevas tropas para lanzar un contraataque que cogió a los agotados austriacos con sus líneas peligrosamente extendidas y que provocó su retirada general, cayendo muerto el general Desaix en el momento de la victoria francesa.

La campaña de Marengo fue una verdadera pifia si consideramos las capacidades militares que Napoleón había demostrado hasta el momento. Sin embargo, sí logró infligir suficientedaño a los austriacos como para obligarles a evacuar sus conquistas italianas a cambio de un armisticio. En respuesta a una nueva solicitud de paz dirigida a Francisco II desde el campo de batalla de Marengo, se envió un emisario a París. Los términos establecidos eran generosos: a Austria se le ofrecieron los mismos términos que había obtenido en Campo Formio. Y esto no era raro: Napoleón no se sentía comprometido moralmente ni con estos términos ni con ninguno, puesto que solamente estaba interesado en llegar a un acuerdo rápido con Austria para dirigir todos sus esfuerzos a la lucha con Gran Bretaña, a la que pretendía obligar a firmar la paz y, de este modo, conseguir que Malta y Egipto volvieran a quedar bajo la influencia francesa (Malta había sido invadida por los británicos y Egipto estaba a punto de verse atacada). Reflejando las dudas que asediaban a muchos observadores en Viena, el enviado austriaco, St. Julien, estaba de acuerdo con los términos de Napoleón pero, reforzado por el hecho de que seis días después de la batalla de Marengo Gran Bretaña había firmado un tratado de subsidio con Austria, por medio del cual la primera acordaba pagarle a la segunda un préstamo libre de interés de dos millones de libras, Thugut consiguió persuadir a Francisco de que rechazara el acuerdo. Sin embargo, presionados como estaban por las fuerzas del general Moreau, los austriacos solicitaron un armisticio en Alemania, donde se retiraron a la línea del río Inn. Además, los franceses sitiaron las fortalezas de Ulm, Ingoldstädt y Philipsburg, tomando de esta forma unos rehenes que les iban a resultar muy útiles —Napoleón prometió permitir que las tropas austriacas se abastecieran cada díez días, pero con la condición de que solamente pudieran reunir alimentos para esos díez días—. En ese momento, Napoleón intentó conseguir por otros medios sus objetivos en Egipto. De este modo, Thugut, habiendo presentado la contra propuesta de una conferencia general de paz, se encontró con que el gobernante francés sugirió que el armisticio involucrara también a Gran Bretaña. Cuando la administración de Pitt se resistió a estas demandas argumentando que, mientras que Gran Bretaña se mostraba contenta de participar en el congreso propuesto por Thugut, un armisticio con Francia supondría el cese de hostilidades en el mar y, por extensión, permitiría el acceso a Egipto a los franceses, Napoleón respondió amenazando con una inmediata reactivación de las hostilidades. Dándose cuenta de que Austria tenía pocas posibilidades de resistir a un eventual ataque francés, Gran Bretaña propuso un compromiso que le habría permitido al primer cónsul enviar convoyes de alimentos a Egipto de forma periódica. Esto tampoco era aceptable para Napoleón, y el resultado fue la propuesta de nuevos términos que incrementaron la presión aún más: para salvar el armisticio austriaco, los aliados deberían permitir que una poderosa flota de fragatas francesas pudiera alcanzar las costas de Egipto y que se tomaran las fortalezas alemanas. Desesperado por ganar unos cuantos días más, Francisco II ordenó la rendición de sus guarniciones, pero los británicos sospecharon, con razón, que las fragatas iban a cargarse no solo con comida sino con grandes refuerzos de tropas, además de que eran plenamente conscientes de que las fragatas se iban a emplear en la defensa de la costa egipcia. Una suspensión de las hostilidades era una cosa, y otra muy distinta permitir que los franceses se atrincheraran en el Nilo. Esto fue la gota que colmó el vaso, así que los británicos rompieron las negociaciones, y no dejaron a los austriacos otra opción que la de hacer lo mismo.

¿Eran sinceras las propuestas de paz de Napoleón tras la victoria de Marengo?

Éste es, ciertamente, el punto de vista de sus admiradores. Sin embargo, resulta difícil apoyar una postura tan ingenua. Para firmar una paz duradera con Austria, hubiera sido necesario ofrecerle una serie de concesiones respetuosas con su condición de gran potencia. Esto hubiera significado la devolución de Italia a la esfera de influencia austriaca —un movimiento que hubiera significado tener que retirar las fuerzas francesas de ocupación hasta los Alpes y abandonar la República Cisalpina—, la aceptación de las ganacias territoriales a expensas de Baviera y Francia (que hubiera tenido que rendir los puertos del Adriático y las islas de las que se había apoderado gracias a Campo Formio), y el abandono de cualquier ambición que Francia pudiera tener sobre el control de Alemania. Pero nunca se ofreció ninguna de estas concesiones. Y lo cierto es que no se podía esperar otra cosa. Los territorios que se tenían que haber cedido en el sur —Piamonte, Lombardía, las legaciones, la Venecia Cisalpina, la Venecia Dalmática— habían quedado todos bajo el dominio de Francia en virtud de las conquistas personales de Napoleón, y no se podían entregar sin dañar seriamente su prestigio, mientras que en Alemania, haber aceptado un avance austriaco habría sido visto como una acción que ponía en peligro la frontera del Rin. Por lo tanto, si Napoleón quería la paz, tendría que conseguirla a través de la victoria, y no a través del compromiso.

Así las cosas, las hostilidades se reanudaron muy pronto. Satisfecho, puesto que tendría que vérselas con Gran Bretaña y con Austria cada una por su lado, el primer cónsul además estaba deseando embarcarse en una nueva aventura en el continente. No es extraño, tras Marengo, la población le aclamó hasta el paroxismo:

> El Primer Cónsul permaneció unos cuantos días más en Milán para arreglar los asuntos de Italia y luego preparó su vuelta a París ... No tengo palabras para describir las manifestaciones de alegría y admiración con las que Bonaparte se encontró durante su marcha ... Llegando a Lyon nos

> paramos en el Hotel des Celestins, donde las aclamaciones de la gente eran tan grandes y la multitud tan numerosa ... que Bonaparte se vio obligado a salir al balcón ... Dejamos Lyon por la tarde y continuamos nuestro viaje hasta Dijon, donde sus habitantes se volvieron locos de alegría al vernos llegar.[18]

Al mismo tiempo, si los acontecimientos del 14 de junio de 1800 no supusieron la adquisición de un poder extra por parte del primer cónsul, bien es cierto que, a partir de entonces, los políticos que habían salido perjudicados tras Brumario no tuvieron ninguna oportunidad de librarse de Napoleón.

Mientras Napoleón había estado lejos haciendo la guerra, Sieyès había estado conspirando con Fouché y otros con el objetivo de derrocarle. Con el mando del Ejército del Interior en manos de Bernardotte —un personaje tan ambicioso como Napoleón, que tenía celos de él, y de ideas, aunque solamente fuera por imagen, jacobinistas—, la derrota en Marengo hubiera sellado el destino de Napoleón. Con la victoria, sin embargo, la situación era muy distinta. No solamente un grupo de descontentos se puso del lado de Napoleón, sino que Sieyès se relegó a sí mismo a un segundo plano cuando comenzaron las conversaciones sobre la concesión a Napoleón del título vitalicio de primer cónsul. Como le dijo a Bourrienne: «Bien, unos cuantos episodios más como esta campaña y quizá logre pasar a la posteridad».[19] No hacía falta pertenecer a su círculo íntimo para darse cuenta de cómo iba evolucionando su carácter ambicioso. En palabras de Bertrand Barère, un antiguo miembro de la Convención que figuraba entre el primer grupo de jacobinos proscritos, y a los que iba a amnistiar Napoleón:

> El tiránico Cónsul no fue olvidado en favor del victorioso general, especialmente al ver cómo hacía gala de su altanería y su egoísmo, completamente incompatibles con la devoción a su país, y... había echo quitar las letras doradas que se habían colocado en la entrada principal del palacio de las Tullerías. Cuando la gente se dio cuenta de que las palabras «República Francesa» no eran del agrado del Primer Cónsul, nadie podía dudar de que la ambición del corso iba a terminar ligada a la destrucción de la República.[20]

Ciertamente, lo que hacía que las nuevas victorias contra Austria resultaran tan atractivas era el hecho de que, por entonces, el primer cónsul Napoleón tenía acceso a muchos más medios de propaganda que antes. Aunque el mandatario francés se escudó tras el hecho de que coincidía con el aniversario de la toma de la Bastilla, su regreso a París se celebró con gran pompa y ceremonia, mientras que la campaña ya había quedado marcada por la creación de una imagen completamente falseada de Napoleón que le convertía en un héroe romántico luchando en solitario contra las fuerzas de la naturaleza. Como proclamaba un boletín del 24 de mayo. «El Primer Cónsul descendió de lo alto del paso de San Bernardo avanzando sobre la nieve ... y superando los precipicios.»[21] Pero la realidad era que Napoleón había cruzado el paso de una manera mucho menos heroica, montado en una mula, mientras sus tropas no marchaban penosamente por sinuosos caminos de cabras, sino que avanzaban por una carretera que estaba en unas condiciones bastante razonables. Pero tales detalles no le impidieron embellecer su aventura alpina aún todavía más. De este modo, en una de las obras encargadas tras la victoria de Marengo, el primer cónsul fue representado por el pintor David arengando a sus tropas montado sobre un brioso corcel. Esculpidos en las rocas del fondo aparecen tres nombres: Bonaparte, Aníbal y Carolus Magnus (Carlomagno). Y por lo que respecta a las fuerzas de la naturaleza, aparecen representadas en el viento que levanta la voluminosa capa de Napoleón. Implícitos en esta imagen hay una serie de reclamos: junto a Alejandro Magno, Aníbal fue el héroe más famoso de la Antigüedad, además, el reino de Carlomagno comprendía Francia e Italia. Menos conocida, pero igual de interesante es la pintura que Lejeune dedicó a Marengo: Desaix está presente en el cuadro —de hecho, se le muestra en el momento en que cae muerto al frente de sus victoriosas tropas—, pero está representado por una diminuta figura situada a media distancia, mientras que el centro del cuadro lo ocupa Napoleón, que está representado cabalgando con su estado mayor y dirigiendo las operaciones. Y este no es el final de la historia: a primera vista, el primer cónsul parece que cabalga al rescate de su subordinado, cuando en realidad lo que ocurrió fue lo contrario.

Una nueva campaña en el continente era siempre del agrado de Napoleón pero, en esta ocasión, la gloria a la que aspiraba se le escapó. Todavía en París cuando se iniciaron las hostilidades el 22 de noviembre, parece que Napoleón intentó marchar a Italia para ponerse al frente de las 90.000 tropas francesas que estaban concentradas en el río

Mincio al mando del general Brune. Pero, lamentablemente para Napoleón, no se llegó a producir una tercera campaña italiana, ya que una vez que los austriacos tomaron la iniciativa, éstos precipitaron una serie de acontecimientos que dejaron al primer cónsul lejos del frente de guerra. Porque, esta vez, el ataque se produjo en Baviera, donde las fuerzas del archiduque Juan rodearon el flanco izquierdo de Moreau y lanzaron un ataque sobre Múnich. En teoría el plan era bueno, ya que los franceses podían haber quedado atrapados contra los Alpes bávaros, pero Juan era un comandante inexperto, mientras que los franceses tenían la ventaja de la solidez de sus líneas. La campaña terminó en un absoluto desastre para la causa aliada. Abalanzándose sobre los austriacos en la población de Hohenlinden el 3 de diciembre, Moreau hizo trizas al ejército de Juan para luego atravesar el Danubio y marchar hacia el interior de Austria. Hohenlinden, en ciertos aspectos una victoria más importante que la de Marengo —en esa batalla los austriacos perdieron treinta y tres cañones, mientras que en Hohenlinden perdieron cincuenta—, puso furioso a Napoleón, ya que se había visto privado de parte de su gloria, y sobre todo porque Moreau era un republicano acérrimo y un rival desde hacía mucho tiempo. Años después, Napoleón todavía seguía quitando importancia a la victoria de Hohenlinden:

> Fue una de esas grandes batallas que nacen de la casualidad y se ganan sin ningún plan. Moreau no mostró demasiada determinación: es por eso por lo que prefirió mantenerse a la defensiva. Al final resultó ser una mera escaramuza: el enemigo fue atacado mientras maniobraba y derrotado por unas tropas a las que había superado y a las que debían haber destruido. Todo el mérito fue de los soldados y de los comandantes de división, que fueron los que se encontraron en mayor peligro, todos ellos luchando como héroes.[22]

Pero por mucho que la victoria de Hohenlinden irritara al primer cónsul, lo cierto es que el resultado de esa batalla aseguró sus objetivos estratégicos. Desmoralizada y exhausta, Viena pidió la paz, y el 8 de febrero de 1801 sus representantes firmaron, como estaba previsto, el tratado de Lunéville, por medio del cual Austria se veía de nuevo forzada a aceptar la anexión de Bélgica y de la orilla izquierda del Rin por parte de Francia, además de ceder los ducados de Módena y Toscana, hasta entonces en poder de los Habsburgo, junto con algunos territorios que había comprado a Venecia en 1797 (de estos territorios Módena y las tierras venecianas fueron para la República Cisalpina, y, en un gesto que buscaba la reconciliación con España, la Toscana fue entregada al hijo del duque de Parma —un yerno de Carlos IV— como el Reino de Etruria). Como todo esto no era lo suficientemente humillante, a los austriacos también se les obligó a acordar que el duque de Toscana debería recibir una compensación en Alemania, lo que conllevó que los estados eclesiásticos, que formaban la principal base de Viena en el Sacro Imperio Romano, deberían ser secularizados y anexionados. En principio, Austria ya se había mostrado de acuerdo con este proceso en Campo Formio, por medio del cual había aceptado que los gobernantes de los territorios perdidos por la anexión de la orilla izquierda del Rin por parte Francia deberían también ser recompensados con territorios pertenecientes al imperio. Pero lo que realmente implicaba Lunéville era una probable reorganización total, y no parcial, de Alemania. Esto perjudicaba en gran medida a Austria, sobre todo frente al antagonista prusiano.

Sumado a esto estaba el fracaso de Viena a la hora de imponer una cláusula en el tratado a efectos de que el emperador Francisco II pudiera optar al control del establecimiento de nuevas fronteras; así que, en conclusión, este tratado supuso un golpe demoledor para Austria. Como Metternich lamentó más tarde: «Con la conclusión de la paz de Lunéville, la debilidad y la vacilación del gabinete austriaco llegó a su punto máximo ... El imperio alemán se acercaba a su disolución».[23] Y, en efecto, también había terminado la influencia de Austria en Nápoles. En palabras del comandante en jefe del ejército napolitano que había invadido Italia central, el conde Roger de Damas:

> La reina ... estaba en Viena. Cuando se comenzó a plantear la posibilidad de un armisticio entre los ejércitos austriaco y francés, la reina exigió un compromiso oficial por escrito para que el ministro nunca consintiera acordar nada que pusiera en peligro su ejército y su estados. El emperador le debía esto al rey de Nápoles tras el activo apoyo que este último le había prestado. Sin embargo ... antes de que se secara la tinta, el ministro firmó un armisticio que nos ignoraba completamente. M. de Bellegarde me escribió diciendo: «Acabo de concluir un armisticio en el que no se os tiene en cuenta [y podría] solamente obtener la promesa de

que no vais a a ser atacados. Ya sabéis cómo mantiene esta gente sus promesas: tomad precauciones».[24]

Este aviso no podía haber sido más oportuno. Una incursión napolitana en la Toscana fue repelida en Siena el 14 de junio de 1801, así que a Fernando IV no le quedó otra opción que pedir la paz. Dictado por el homólogo francés de Damas, Joaquín Murat, se preveía que los términos del tratado de Florencia iban a ser muy duros: Nápoles tenía que ceder Elba, Piombino y varios pequeños enclaves que mantenía en la Toscana al Reino de Etruria; pagar una indemnización de 120.000 ducados en un plazo de tres meses; cerrar sus puertos a los barcos británicos; amnistiar y devolver sus propiedades a todos aquellos que se habían visto involucrados en la creación la República Partenopea de 1798; permitir que las tropas francesas ocuparan la costa adriátrica mientras se estuviera en guerra con Gran Bretaña, siendo estas tropas pagadas y alimentadas por los napolitanos; y entregar, por lo menos hasta que se firmara la paz con Londres, tres fragatas a la marina francesa. Fue por muy poco que Fernando IV pudo arreglárselas para poder seguir contando con los servicios de su primer ministro, el barón Acton, un mercenario inglés que se había granjeado el favor de la corte napolitana en la década de 1770 y que, desde entonces, había jugado un papel principal en su política (los franceses, por supuesto, creían que era un agente británico y estaban deseando librarse de él). Todo lo que podría decirse de este acuerdo es que podía haber sido peor. Verdaderamente, como admitió Damas, los términos de la paz «no fueron de ningún modo tan malos en comparación con los términos que Austria se vio obligada a aceptar».[25]

Esta opinión, sin embargo, no se compartía en Nápoles, donde Acton había hecho todo lo posible para evitar cualquier responsabilidad personal en las negociaciones: de hecho, el diplomático, que había sido enviado a Florencia, cayó públicamente en desgracia y desapareció de la corte durante tres años. Esto reflejaba el fuerte impacto que todo este asunto había tenido sobre la reina María Carolina, la princesa austriaca que era quien verdaderamente gobernaba el país, dada la falta de interés por los asuntos públicos que evidenciaba su marido, que no era precisamente una lumbrera. Una acérrima opositora de la Revolución Francesa, que se había sentido horrorizada al recibir la noticia de las ejecuciones de Luis XVI y de María Antonieta, había sido una firme defensora de la guerra en 1796, y se alegró cuando las hostilidades se retomaron en 1798. Pero aun así, lo cierto es que siempre se mostró ambivalente al respecto de Napoleón:

> Personalmente, aborrezco la causa a la que sirve Bonaparte y también su papel. Es el Atila, el azote de Italia, pero el caso es que siento una verdadera estima y una profunda admiración por él. Él es el hombre más grande que ha existido en siglos. Su fuerza, constancia, actividad y talento se han ganado mi admiración ... Mi única lamentación es que sirve a una causa detestable. Me gustaría ver caer a la República, pero que permanezca Bonaparte ... Espero que sus planes se tuerzan y que sus empresas fracasen [pero], al mismo tiempo, deseo su felicidad y gloria, pero que no sea a expensas nuestras ... Si muere, deberían reducirlo a polvo y darle una dosis de éste a todos los monarcas reinantes en Europa, y dos a cada uno de sus ministros, [y] de este modo las cosas funcionarían mejor.[26]

Para María Carolina, entonces, Napoleón no suponía mayor problema, con tal de que éste dejara a Nápoles en paz, claro. Además, su odio hacia Francia se terminó disipando más adelante, con la campaña de 1800. No fue solo que Austria hubiera dejado tirada a Nápoles tras Hohenlinde. Además, la reina María Carolina pudo ver la derrota muy de cerca, puesto que se vio atrapada en Livorno tras la travesía de los Alpes de Napoleón; iba de camino a Viena para asegurar los intereses napolitanos en Italia central en contra de la determinación de Thugut por asegurar las compensaciones territoriales para Austria. Citando una carta que escribió al embajador napolitano en Viena el 28 de junio: «Los fugitivos del ejército austriaco han llegado en un estado lamentable. Los veo muriendo en las calles sin uniformes ni camisas, y ya han perdido su aspecto humano. La voluntad de los generales y almirantes es tan increíble como su charla. Todos quieren paz y tranquilidad. Si todas las tropas son como las que puedo ver, le aconsejaría que firmara la paz y que nunca más pensara en la guerra».[27] El 2 de julio, expuso su punto de vista aún más claramente:

> Juro que una vez que se restaure la paz, solamente el más astuto de los hombres podrá convencerme de optar por la guerra, salvo que se dé el caso de una agresión contra nuestro país ... El resto de Europa puede estar en llamas, Thugut ser emperador y el zorro rey de Inglaterra pero, incluso

> así, nunca abandonaré el sistema de neutralidad, o, para ser más precisa, de nulidad. Solamente aspiro a descansar.[28]

A la desesperación provocada por la incapacidad de Austria para poder sostener una guerra se sumaba en ese momento la irritación provocada por las acciones de los británicos en la isla de Malta, otro territorio motivo de discordia. Tras un largo sitio en el que las fuerzas armadas napolitanas tuvieron un importante papel, la guarnición francesa de La Valetta terminó por rendirse el 5 de septiembre de 1800. Mientras que este hecho fue bienvenido por todos, por el contrario, se produjo una gran irritación en Palermo por la manera en que los napolitanos habían quedado excluidos de las negociaciones de paz. Manteniendo unas tensas relaciones ya desde que el notoriamente displicente sir William Hamilton fuera reemplazado por el mucho más enérgico Arthur Paget, la reina se encontraba muy afligida:

> Los franceses han sido expulsados, y eso está muy bien, pero ... nos sentimos ciertamente agraviados por no haber podido participar en el proceso de capitulación, sobre todo considerando que nuestras tropas, munición y artillería han sido empleados en las operaciones de sitio, aparte de que tengamos derechos legítimos sobre la isla ... Es muy doloroso resultar engañado y agraviado por un amigo. Somos unos sólidos aliados de los británicos, y por eso nos alegra que un aliado tan importante controle una fortaleza que domina Sicilia, pero el procedimiento que se ha seguido, este tratamiento tan poco correcto después de tantas preocupaciones, cordialidad, asistencia y enormes gastos, todo esto resulta realmente mortificante.[29]

Este descontento iba a tener consecuencias más tarde. Mientras tanto, solamente el Imperio Otomano y Gran Bretaña plantaban cara a Napoleón. Era imposible convencer a los turcos para que cesaran las hostilidades, y eso que Napoleón hizo todo lo que pudo para entablar con ellos negociaciones de paz. Pero, aun así, éstos no constituían una verdadera amenaza: no solamente estaban ocupados con los desórdenes internos que sufría el país, sino que el 20 de marzo de 1800 el ejército que habían enviado por tierra con la misión de reconquistar Egipto había sido derrotado estrepitosamente en Heliópolis. Con los turcos totalmente fuera de combate, los franceses tenían las manos libres para concentrarse en la guerra contra Gran Bretaña. Para asegurarse la posesión de Egipto durante el mayor tiempo posible —Napoleón había sugerido a los turcos que quizá estaría dispuesto a evacuar la provincia, aunque en realidad nunca tuvo intención alguna de hacer tal cosa—, se enviaron refuerzos a Alejandría y el Ejército de Oriente recibió instrucciones de resistir hasta el final. Mientras tanto, la presión en Londres aumentó enormemente cuando España lanzó un ataque contra Portugal —el último aliado de Gran Bretaña en Europa— en mayo de 1801. Este conflicto, conocido como la guerra de las Naranjas, no fue precisamente beneficioso para los intereses de Napoleón. De acuerdo con el plan original, se iban a ocupar grandes áreas de Portugal para usarlas como monedas de cambio para llegar a obtener Malta y otros territorios coloniales que Gran Bretaña había arrebatado a Francia, España y Holanda. Quince mil soldados franceses se vieron comprometidos en esta campaña. El ejército francés cruzó los Pirineos y, a principios de mayo, alcanzó la fortaleza fronteriza de Ciudad Rodrigo. El objetivo principal de la campaña era que los puertos de Portugal no permitieran el atraque de los barcos de bandera británica (esto supondría un gran golpe para los británicos, ya que Lisboa era un puerto clave para la Marina Real británica y Portugal un socio muy importante para los intereses comerciales de Gran Bretaña). Al mismo tiempo, el primer cónsul podría obtener una dosis más de gloria militar en un momento en que sus ejércitos estacionados en el resto de Europa se encontraban inactivos. Dejando aparte el hecho de que esta campaña fue un cebo que Napoleón hizo morder a los españoles, lo importante del asunto es que, si todo salía bien, a los británicos no les iba a quedar otra opción que devolver una de las llaves que abrirían las puertas de Oriente a Napoleón.

Pero, al final, todos estos planes se fueron al traste. Preocupado por la presencia de tan numeroso contingente francés en la península Ibérica, el rey Carlos IV y su valido, Manuel Godoy, acordaron con los portugueses poner fin a la guerra de forma inmediata, trastocando así los planes de Napoleón. Tras algunas escaramuzas menores, Lisboa accedió a ceder una pequeña parte de Extremadura a España, pagar una indemnización a Francia y cerrar sus puertos a Gran Bretaña, pero a cambio los españoles tendrían que retirarse de Portugal y comprometerse a no volver a amenazar su integridad territorial. Por propia iniciativa, el representante personal del primer cónsul, Luciano Bonaparte, se mostró de acuerdo con estas condiciones, lo que provocó la ira de

Napoleón. Completamente determinado a conseguir sus objetivos, Napoleón se negó a ratificar el tratado de Badajoz y ordenó la reanudación de las hostilidades, pero Godoy se negó rotundamente a ceder ante la presión e incluso amenazó con firmar una paz por separado con Gran Bretaña. Furioso, Napoleón le preguntó si es que acaso los Borbones se habían cansado de reinar. Al final todo el asunto se quedó en agua de borrajas, ya que, por el otoño de 1801, la situación internacional había cambiado enormemente.

Antes de dar cuenta de esta nueva situación, merece la pena considerar lo que sabemos de los objetivos que Napoleón se había fijado por entonces. Si una cosa está clara, es el hecho de que sus objetivos no se limitaban a la conservación de las fronteras naturales de Francia y de la esfera de influencia que se había forjado en Holanda y en el norte de Italia. Por el contrario, implícita a los tratos del primer cónsul en España y Portugal está la asunción de que no solamente Egipto podría conservarse hasta que se alcanzara una paz general, sino que también podría conservarse después. Francia no se conformaba con tener un imperio en Oriente. Por el contrario, Napoleón también tenía puestos sus ojos sobre el hemisferio occidental. Se esperaba alcanzar la paz con Inglaterra para que Francia pudiera recuperar sus islas productoras de azúcar en las Indias Occidentales. Pero, más allá de esto, está la cuestión del vasto territorio de Luisiana. Cedido a España en 1762, al finalizar la guerra de los Siete Años, este territorio se extendía desde el golfo de México hasta la frontera actual de Canadá, y desde el río Mississippi hasta las Montañas Rocosas. Aunque inexplorada en gran parte, y colonizada por europeos solamente en su extremo sur, donde Nueva Orleáns constituía un puerto de gran importancia estratégica, siendo el centro de una economía agrícola basada en el arroz, el azúcar y el algodón, quedaba claro que esta vasta región era, potencialmente, muy importante. Siendo una valiosa fuente de producción colonial, también era una fuente muy conveniente de alimentos y materias primas para las colonias de Francia establecidas en las Indias Occidentales. Y por lo que se refería al interior de estos territorios, a saber qué maravillas podían esconder, habiendo sin duda quedado Napoleón absolutamente impresionado por el oro y la plata que España había traído de sus viejas posesiones en el Nuevo Mundo. Y por último, pero no por ello menos importante, estaba el asunto de la estrategia global, ya que una base en la América occidental permitiría a Napoleón ejercer presión sobre los británicos en Canadá al tiempo que podría amenazar a Estados Unidos.

Para ser justos con Napoleón, hay que decir que, como en el caso de Egipto, él no era el único francés, había puesto los ojos en el territorio de Luisiana. En 1795, las negociaciones de paz con España, que derivaron en el tratado de Basilea, ya habían visto un intento de hacerse con ese territorio, mientras que entre 1796 y 1797 el Directorio había intentado persuadir a Godoy para que considerara su venta, algo que para Talleyrand era absolutamente primordial. Y, por encima de todo esto, estaba el hecho de que en la década de 1790 quedó claramente demostrado que Estados Unidos no era ni el amigo ni el aliado que Francia suponía. A pesar del tratado de amistad franco-americano de 1778, George Washington había declarado la neutralidad de Estados Unidos, así que se negaba rotundamente a tolerar que los franceses emplearan Estados Unidos como base de operaciones para sus corsarios o, lo que era peor, que se lanzaran a la conquista de Luisiana con un ejército de mercenarios reclutados en la frontera. Cuando los británicos comenzaron a interceptar los barcos estadounidenses que comerciaban con Francia y sus colonias, Washington respondió, no declarando la guerra, sino negociando un tratado que reconocía el derecho que tenía Gran Bretaña a bloquear todo el comercio con Francia, y esto a cambio del pago de una compensación por cada barco o carguero estadounidense requisado. Como represalia, los franceses declararon, en primer lugar, que tratarían a los barcos americanos como enemigos y, en segundo lugar, que impondrían un código de conducta y de requisas que iba a ser incluso mucho más duro que el que practicaban los británicos. Sufriendo Estados Unidos cada vez más pérdidas, con los corsarios franceses comportándose como auténticos piratas y sin esperanzas de que les llegara compensación alguna, al presidente Adams no le quedó otro remedio que declarar la guerra a Francia en 1798. Se hicieron planes para atacar Luisiana, Florida y las islas francesas en el Caribe, al tiempo que se preparaba una pequeña armada para combatir a los barcos de guerra y a los corsarios del Directorio. Alarmados por la amenaza que se cernía sobre Luisiana, en menos un año los franceses se dieron cuenta de que no tenía sentido mantener abierto este conflicto. Se enviaron mensajes conciliadores a Adams y, estando apenas Napoleón establecido en el poder, ya estaba éste expresando su pesar por los decretos que habían llevado a su país a esa guerra con la armada estadounidense. Gracias a una serie de circunstancias políticas que se produjeron en Estados Unidos, incluyendo que la guerra lo único que estaba consiguiendo era reforzar la posición de los enemigos de Adams, los federalistas, las disculpas de Napoleón tuvieron el efecto deseado. Se restauraron las relaciones diplomáticas y se redactó un acuerdo de paz que anuló el tratado de 1778 —reforzando de este modo el principio de neutralidad de Estados Unidos— para compensar a Estados Unidos por su actitud de rechazo de las demandas británicas referidas a la navegación neutral y por la renuncia a reclamar compensaciones por los daños infligidos a sus barcos desde 1793. Durante un tiempo, todo fue bien, pero eran tales las diferencias entre las posiciones norteamericana y francesa que era probable que surgieran nuevos problemas. En resumen, que la adquisición de la Luisiana siguió siendo un tema de vital importancia y, por lo tanto, un motivo constante de discordia. Al mismo tiempo que las negociaciones parecían estar derivando hacia el acuerdo de 30 de septiembre de 1800 —el tratado de Mortefontaine—, se estaban produciendo conversaciones paralelas con España relacionadas con el territorio de Luisiana. No hubo grandes dificultades para conseguir la venta de este territorio: el gobierno español consideraba su posesión de la Luisiana como una fuente de problemas, así que merecía la pena el negocio con Francia, sobre todo si eso garantizaba el establecimiento bajo control español del Reino de Etruria, en Italia. El 1 de octubre de 1800, por medio del tratado de San Ildefonso, la Luisiana fue entregada a los franceses, pero el acuerdo permaneció secreto durante algún tiempo y, por varias circunstancias, la transferencia del territorio no se hizo efectiva hasta el 15 de octubre de 1802

Esta transferencia de territorio no fue considerada una amenaza por nadie, pero si se hubieran conocido los verdaderos planes de Napoleón, Gran Bretaña nunca hubiera firmado la paz. Pero, siendo así las cosas, el compromiso de los británicos con la guerra se fue diluyendo poco a poco. Gran Bretaña contaba con la supremacía en los mares, es verdad: Malta, como hemos visto, fue arrebatada a los franceses; los españoles fueron derrotados en una serie de combates navales menores; y los daneses derrotados en Copenhague (véase más adelante). Y, desde luego, como nada podía poner en peligro la preponderancia de la Marina Real británica, nada podía detener a los británicos si éstos querían hacerse con el control de las colonias y otros territorios ultramarinos de sus oponentes: hacia 1800 sus presas incluían Tobago, San Pedro y Miquelón, Pondicherry, Martinica, Santa Lucía, Los Santos, Mariegalante, Deseada, Las Indias Orientales holandesas, Ceilán, Malaca, Demerara, Essequibo, Berbice, Trinidad, Madagascar, Surinam, Gorée, Curaçao, Menorca y Córcega (aunque esta última solo se pudo mantener entre 1793 y 1796). Ese mismo poder marítimo podía poner en peligro la permanencia de los franceses en Egipto: en diciembre de 1800 una gran fuerza expedicionaria británica zarpó del puerto de Gibraltar con rumbo a Alejandría al mando de sir Ralph Abercromby. Hacia finales de marzo de 1801, los británicos habían establecido una firme cabeza de puente en la costa mediterránea, derrotando estrepitosamente a los franceses en la segunda batalla de Abukir, y se aproximaban a Alejandría. Animada por las promesas de auxilio —hasta el final Napoleón intentó enviar tropas de refuerzo a través del Mediterráneo— la guarnición francesa resistió hasta avanzado el verano, pero El Cairo se rindió finalmente en junio sin oponer resistencia. Si la aventura egipcia no terminaba por decidirse, en la India los británicos obtuvieron un completo éxito. Desde 1798 en adelante, una serie de campañas británicas habían acabado con los monarcas afines a Francia y extendido las fronteras de los territorios dominados por Gran Bretaña, al tiempo que se comenzaba a hacer famoso el nombre de Arthur Wellesley, hasta entonces un desconocido oficial.

Había, entonces, muchas voces que clamaban por la continuación de la guerra. Una de ellas era la de lord Malmesbury, el experimentado diplomático que había estado al cargo de las negociaciones de 1797. Como registró en su diario en marzo de 1801:

> Me temo que los ministros han estado demasiado predispuestos a la negociación. Bonaparte se aprovechará de esto o se mostrará insolente (se siente muy seguro en su posición) o les traicionará y les hará firmar una paz engañosa bajo el manto de una fingida sumisión. Hay razones para suponer que los lejanos ejércitos franceses no están dispuestos a ser muy obedientes, y que esos que los comandan se consideran a sí mismos tan merecedores de gobernar Francia como el Primer Cónsul. No se atreve, por lo tanto, a traerlos de vuelta a Francia, y no está seguro de que éstos mantengan los países que están bajo su control en beneficio de su persona y de sus propósitos. Temo un armisticio naval: si accedemos a esto, haremos como el jinete que va por delante pero, en un momento dado, permite a sus competidores que se pongan a su altura durante la

> carrera. Pero esto, y las concesiones ante las demandas de las naciones neutrales, y, probablemente, algún favor o un acto de sumisión a la voluntad de Pablo, yo creo, será adecuado para nuestros propósitos, y mi mayor esperanza es que Bonaparte, aturdido por el éxito y la vanidad, y teniendo en cuenta nuestra tendencia a ser sumisos, responderá a nuestras propuestas con un lenguaje tan insolente y autoritario que incluso los ministros más recalcitrantemente pacifistas se sentirán ofendidos.[30]

Pero las capacidades de Gran Bretaña eran limitadas: se disponía de pocas tropas —el ejército de Abercromby se reunió solamente a costa de abandonar cualquier esperanza de defensa de Portugal— y existían pocas posibilidades de poder emplear un ejército con éxito en Europa. A pesar de las exageradas demandas de sus partidarios en Londres, el legitimismo francés no mostraba trazas de poder generar el tipo de levantamiento armado que podría haber justificado un desembarco en Francia, mientras que los ataques contra bases navales tales como Cádiz, Ferrol y Brest demostraron ser bastante poco útiles. Gracias a la supremacía en el mar, se podría haber intentado algo contra las posesiones españolas en América —había, en particular, muchos rumores sobre la conquista de Cuba— pero, a corto plazo, era difícil ver cómo tales operaciones podían haber tenido alguna influencia sobre los asuntos de Europa, y menos cómo la Marina Real británica iba a ser capaz por sí sola de acabar con el dominio francés o impedir que los franceses siguieran cerrando puertos al comercio británico. Y, por último, pero no por ello menos importante, estaba el hecho de que Francia estaba en ese momento haciendo verdaderos esfuerzos para organizar y fortalecer el estado tras el caos de la Francia jacobina de la década de 1790: se estaba eliminando gradualmente el bandidaje, el reclutamiento se llevaba a cabo de manera más efectiva y la administración había alcanzado de nuevo un alto grado de estabilidad.

No es sorprendente, por lo tanto, que un alto grado de pesimismo acompañara al optimismo de los más intransigentes. Citando una carta escrita por lord Auckland a lord Wellesley, que por entonces era gobernador general de la India:

> No podemos ignorar por más tiempo que es probable que la guerra termine sin que se logre la independencia de Europa, y teniendo que asumir el dominio colonial francés. Ni siquiera creo que una repentina desaparición de escena de Bonaparte cambiara especialmente las cosas.

> Probablemente le sucedería Berthier, Moreau o Masséna, o algún otro dux ... cogería las riendas, en resumen, extraños e inesperados acontecimientos pueden tener lugar, pero debo confesar que no vemos nada dentro de la línea de justo cálculo que tienda a permitirnos librar la guerra con éxito firmar la paz con seguridad.[31]

Mientras tanto, Gran Bretaña se enfrentaba a una cada vez más grave crisis económica que provocaba inestabilidad social. Las cosechas de 1799 y 1800 habían sido extremadamente malas, lo que influyó en el aumento del precio del pan. En consecuencia, la demanda interior de productos de consumo cayó en el mismo momento en que los franceses saboreaban el éxito y en el continente se estaba reduciendo el volumen de las importaciones británicas. En consecuencia muchas fábricas textiles fueron a la bancarrota, al tiempo que se intentaba importar grano de Rusia, algo que finalmente no pudo ser por la decisión de ese país de unirse a la Liga de la Neutralidad Armada (véase más adelante). También se vieron reducidos los suministros transportados por mar, mientras que el comercio se vio dañado seriamente por la decisión de Prusia, no solo de cerrar sus propios puertos al comercio británico, sino también de ocupar Hanover (que controlaba los ríos Elba y Weser). Y por si todo esto no fuera suficiente, la población británica, cada vez más hambrienta, se vio expuesta al impacto de la conocida como *Combination Law*, una medida que se había introducido en 1799 para controlar el crecimiento de los sindicatos. A pesar del aplastamiento del levantamiento de 1798, el descontento en Irlanda estaba a la orden del día. Y por último, el primer ministro William Pitt, un hombre enfermo y consumido por su adición al alcohol, se mostraba cansado y despótico.

La paz era esencial. ¿Pero, cómo iba a alcanzarse? Con Pitt al mando, era improbable que París estuviera dispuesta a responder favorablemente a cualquier acercamiento de posturas, ya que el primer ministro era un personaje absolutamente demonizado en la otra orilla del canal. Pero en ese momento surgió una providencial disputa sobre de la medida que ofrecía la emancipación de los católicos. Sacada adelante por Pitt en un intento de mostrarse conciliador con Irlanda, esta ley fue seriamente denunciada por Jorge III, así que al primer ministro no le quedó más remedio que dimitir. Su marcha se adecuó de forma tan propicia a las circunstancias que se llegó a sugerir que todo el asunto se había planeado deliberadamente con el objeto de allanar el camino para las conversaciones de paz con Francia. Si esta teoría es correcta —las evidencias no son del todo concluyentes—, sí que se ve ciertamente reforzada por el hecho de que el primer ministro saliente recomendó como sucesor suyo al portavoz de la Cámara de los Comunes, Henry Addington. Como Pitt sabía muy bien, Addington estaba absolutamente comprometido con la consecución de la paz, siendo la primera acción llevada a cabo por su gabinete la de anunciar que estaba dispuesto a llegar a un acuerdo con los franceses.

Manteniendo esta imagen de gobernante reacio a llevar a su país a la guerra, Napoleón se las arregló para ganar tiempo. Con la guarnición francesa ya claramente condenada, un tratado de paz era la única opción para poder salvar algo del gran fiasco egipcio. Napoleón acababa de sufrir recientemente un gran golpe en el campo diplomático. A finales de 1799, como hemos visto, dadas las disensiones con Gran Bretaña y Austria, Rusia había retirado sus tropas de todas las campañas que se libraban contra los franceses, así que el primer cónsul se apresuró a sacar alguna ventaja de esta situación con la esperanza de desconcertar aún más a sus enemigos. Pablo I estaba por entonces cegado por el retorno de 7.000 prisioneros que habían estado en manos francesas. Completamente impresionado por este gesto tan generoso, Pablo terminó persuadido de que una alianza con Francia convenía a los intereses de Rusia, así que, a finales de otoño de 1808, se dispuso a movilizar un ejército en la frontera austriaca. Y, además de esto, organizó un alianza de los estados bálticos, Rusia, Suecia, Prusia y Dinamarca, para ejercer presión sobre Gran Bretaña a través de la Liga de la Neutralidad Armada. Las potencias del Báltico se sentían cada vez más resentidas con Gran Bretaña porque ésta interceptaba constantemente sus buques. El objetivo de esta nueva alianza era amenazar a Londres para forzarla a garantizar la libertad de navegación. Para Napoleón todos estos acontecimientos eran ciertamente prometedores, puesto que Rusia y los estados del Báltico contaban con grandes recursos navales. Pero todo se fue al traste porque, el 23 de marzo de 1801, Pablo fue asesinado en un golpe de estado y reemplazado por su hijo, Alejandro I, un gobernante que, además de mostrarse amistoso con Napoleón, deseaba en primera instancia evitar las aventuras en el extranjero en favor de un programa de reformas para su país. Además, una escuadra británica al mando de sir Hyde Parker atacó y derrotó a una escuadra danesa en

Copenhague. Aunque los prusianos seguían ocupando Hanover, que habían invadido de acuerdo con los compromisos adquiridos con la Liga, toda esperanza de poder dañar realmente a los británicos se desvaneció de repente. En consecuencia, no tenía sentido que el primer cónsul mantuviera las hostilidades, especialmente porque Francia seguía tan cansada de la guerra como siempre, y además parecía poco probable que los británicos aceptaran cualquier tipo de acuerdo (para asegurarse de que hicieran tal cosa, Napoleón montó un gran espectáculo con los preparativos de una flota de invasión). Al mismo tiempo, la paz ofrecía otras ventajas, ya que gracias a ella se podría reconstruir la armada francesa e influir sobre Alemania para que apoyara los intereses de Francia. En resumen, Francia era la más interesada en llevar a buen término un acuerdo de paz, y el resultado fue, en primera instancia, las charlas preliminares de Londres del 1 de octubre de 1801, y luego el tratado de Amiens de 25 de marzo de 1802. Como Turquía firmó la paz por separado el 9 de octubre de 1801, por primera vez desde abril de 1792 la totalidad de Europa estaba en paz.

Para alcanzar la paz, Gran Bretaña tuvo que ofrecer unos términos que fueron extremadamente generosos. Se reconocieron las fronteras naturales de Francia, además de la existencia de algunas repúblicas satélites, se devolvieron sus pérdidas coloniales junto a las posesiones holandesas de Cabo, Surinam, Curaçao, Malaca y las islas Spice, reteniendo solamente Gran Bretaña la Trinidad española y la Ceilán holandesa. Además, Menorca fue devuelta a España y Malta a los caballeros de la Orden de San Juan, ofreciendo garantías de que el ejército británico estacionado en Egipto sería devuelto a casa. Por lo que respecta a Francia, todo lo que ésta tenía que hacer era retirar sus tropas de los satélites que le quedaban, que a partir de ese momento serían considerados como estados independientes. Incluso en eso, sin embargo, los británicos salieron perdiendo: la República Cisalpina, la República Helvética y la República de Batavia se vieron libres de las guarniciones francesas, pero los británicos tenían que aceptar su nueva forma de gobierno y, por extensión, asumir el hecho de que estas repúblicas permanecerían bajo la influencia francesa. Hablando estrictamente, deberíamos también decir que Napoleón había accedido a ceder Egipto, pero, en esas circunstancias, esto no fue en absoluto una concesión, ya que los sueños de Francia de poseer un nuevo imperio colonial en el Nilo ya hacía unos cuantos meses que se habían desvanecido, mientras que quedó acordado que la evacuación solamente se llevaría a cabo si los británicos hacían lo mismo con sus tropas en Malta. Solamente había dos puntos en que los británicos podían encontrar cierto consuelo, y ninguno de ellos fue el fruto de la negociación directa con Francia. Cuando Napoleón firmó la paz con Rusia el 8 de octubre de 1801 se le forzó a abandonar sus demandas al respecto del archipiélago Jonio y a reconocer una nueva organización política en la forma de la «República de las Siete Islas». Por otro lado, el 6 de noviembre, Federico Guillermo III ordenó la evacuación de Hanover con la justificación de que mantenerla hubiera supuesto complicaciones con Gran Bretaña, algo que no se podía permitir que ocurriera en un momento en que ésta estaba en paz con Francia.

Aparte de la paz en sí misma, Gran Bretaña no había ganado absolutamente nada, aparte de que el tratado de Amiens se acordó entre el desasosiego y la alarma. Según William Windham, por ejemplo, «el país ha recibido un golpe mortal».[32] Para Grenville, fue «un asunto que había que lamentar profundamente» y «un acto de debilidad y humillación».[33] Y para Canning, «fue una desgracia y una calamidad».[34] Tales comentarios han sido a menudo usados como una prueba de que Gran Bretaña —o al menos la clase política británica— nunca se planteó cumplir con las condiciones establecidas en el tratado de paz, puesto que lo único que buscaban era ganar tiempo. Pero tanto Windham como el resto eran, o extremistas que veían la guerra en términos de un choque de ideologías, u hombres que sentían una inquina personal hacia Addington. Todas las pruebas sugieren que solamente una minoría rechazaba plenamente el tratado. Existía cierto grado de recelo, ciertamente, pero de Jorge III para abajo se podía encontrar a una serie de personas que estaban dispuestas a conceder una oportunidad a la paz. Y por lo que respecta a los que se oponían al acuerdo, el hecho de que William Pitt lo presentara como el mejor arreglo que Addington podía conseguir, significó su completa derrota, puesto que ir en contra del tratado y buscar la caída del gobierno para poder retomar las hostilidades hubiera significado dejar de lado a su gran héroe. Y también hubiera significado ir en contra de la opinión pública, que dio la bienvenida con gran regocijo al cese de las hostilidades, y que simpatizaba, hasta cierto punto, con las ideas de la Revolución Francesa. Citando de nuevo a lord Malmesbury:

> El 12 [de octubre de 1801] un francés llamado Lauriston, edecán provisional de Bonaparte, trajo la ratificación. Un guarnicionero de ideas jacobinas lo vio pasar por Oxford Road ... Reunió a la multitud, les persuadió de que era el hermano de Bonaparte, y Lauriston fue llevado en un carruaje a ver a todas sus visitas. El gobierno lo trató con mucha diplomacia, aunque se trataba de una circunstancia desgraciada y un triste precedente.[35]

¿Podía haber durado la paz en 1802? A primera vista, la respuesta debe ser «no». Gran Bretaña y Francia estaban preparadas para llegar a un acuerdo, pero ninguna de las dos había renunciado a sus principales objetivos bélicos. Mientras que Gran Bretaña aspiraba a la seguridad en Europa, Napoleón estaba preocupado por preservar la hegemonía francesa, y muy pronto ambos objetivos resultaron incompatibles. Pero esta es, ciertamente, una postura demasiado determinista. Gran Bretaña es improbable que se decidiera a retomar las hostilidades en un futuro inmediato: no solamente la opinión pública estaba en contra de esto, sino que quienes deseaban seguir con la guerra se sentían ciertamente debilitados por las contradicciones inherentes a su postura. Además, puesto que Napoleón ya estaba dando muestras de incumplimiento de algunos de los acuerdos establecidos en las charlas preliminares de Londres, incluso antes de que se firmara la paz definitiva en Amiens, es fácil llegar a la conclusión de que los intereses británicos en el continente se había dejado de lado. Y si la hegemonía francesa en Europa occidental no se veía amenazada desde Londres, lo cierto es que tampoco se veía amenazada desde ningún otro lugar. El nuevo emperador de Rusia sentía cierta inclinación hacia Napoleón, mientras que Prusia se mostraba contenta con su preponderancia en el norte de Alemania y Austria deseaba por todos los medios evitar el conflicto, estando incluso dispuesta a renunciar a ampliar sus territorio en Alemania e Italia, si se le permitía hacerlo en los Balcanes. Y por encima de todo esto estaba el hecho de que el nivel de éxito conseguido por los franceses había sido extraordinario: las fronteras «naturales» se habían preservado sin que eso hubiera tenido ningún coste y sin que ni tan siquiera hubiera repercutido negativamente en las posesiones ultramarinas de Francia; Incluso Luis XIV se hubiera dado por satisfecho con esa situación.

Y el acuerdo tampoco era tan malo si tenemos en cuenta que ponía fin a la «era de guerra», que había sido la tónica del siglo XVIII. Como destaca Schroeder, el acuerdo alcanzado entre 1801 y 1802 fue, en términos globales, extremadamente realista. Gran Bretaña, Francia Y Rusia terminaron siendo reconocidas como las tres grandes potencias de Europa, y entre ellas acordaron que cada una tendría su esfera de influencia. A Gran Bretaña se le permitió conservar su supremacía marítima: ni siquiera Napoleón exigió el desmantelamiento de la Marina Real británica, y esto a pesar de que implicaba que la presencia colonial francesa siempre se vería amenazada. Francia quedó como la primera potencia en Europa occidental y se vio reforzada al ampliar sus fronteras y obtener una importante esfera de influencia en Italia y Alemania. Y Rusia, aparentemente, contaba con la seguridad de que el Imperio Otomano quedaría bajo su dominio exclusivo y que su papel en la reorganización de Alemania iba a ser más importante de lo había sido nunca antes. Y por lo que se refiere a Austria y Prusia, aunque es cierto que quedaron claramente menos favorecidas que Gran Bretaña, Francia y Rusia, por lo menos podían esperar obtener alguna compensación en Alemania. Y si en teoría ninguna potencia podía dominar sobre otra en Alemania —la manzana de la discordia entre las potencias—, en el Mediterráneo la situación era muy similar: Francia contaba con su base en Tolón, Gran Bretaña con la suya en Gibraltar, y Rusia con la suya, o al menos esperaba contar con ella, en las islas Jónicas, mientras que a nadie se le concedió el dominio de Malta. En resumen, lo que vemos es un compromiso de acuerdo que no era más inestable que cualquiera de los tratados de paz que se habían firmado antes en Europa y, por lo tanto, debemos buscar otras razones que expliquen por qué este acuerdo fracasó y resultó ser una mera tregua temporal. ¿Cuáles son las conclusiones que se pueden extraer de la guerra que acababa de terminar? En pocas palabras, lo que demostró el final de ese conflicto es que Francia se había convertido en un estado muy poderoso con el advenimiento de la Revolución y mucho más con la llegada al poder de Napoleón Bonaparte, y que no se podría contener a éste excepto con una alianza de todas las potencias. Y para que ésta se pudiera establecer, Gran Bretaña tendría que asumir un compromiso en el continente, Austria y Prusia dejar de lado su tradicional rivalidad a causa de los territorios alemanes, y Rusia abandonar sus ambiciones al respecto de Polonia y el Imperio Otomano. En otras palabras, las potencias debían buscar una nueva manera de tratar las relaciones internacionales en una búsqueda del interés común y evitando las rencillas y la consecución de los intereses particulares. En 1802, sin embargo, todavía se estaba muy lejos de poder alcanzar tal objetivo, ya que las potencias se encontraban bloqueadas por sus ancestrales rivalidades, y solamente un cataclismo podía haber cambiado las cosas por entonces. Pero, ¿acaso no era Napoleón con su genio, su dinamismo, su coraje, su audacia y su falta de piedad ese cataclismo? Cegada por los triunfos de Marengo y Hohenlinden, Francia no se daba cuenta de que Lunéville y Amiens plantaron las semillas de su caída.

Capítulo 3

LA PAZ DE AMIENS

El 25 de marzo de 1802 los cañones se silenciaron en Europa por primera vez desde abril de 1792. Durante diez años menos un mes las potencias europeas se habían visto atrapadas por un serie de campañas militares que habían enfrentado a Francia con el resto de ellas. Francia salió victoriosa de estas campañas: se había logrado terminar con largos años de impotencia en los asuntos internacionales, asegurado las «fronteras naturales», e incorporado Holanda, Suiza y el norte de Italia a un imperio de facto en el que la voz de París era la ley. Y, aunque vio sus objetivos frustrados en Egipto y se vio debilitada en la India, Francia también había recuperado sus posesiones coloniales, por lo menos en teoría, y restablecido su presencia militar en Norteamérica. Además, había cierto elemento de equilibrio inherente a esa situación que nos puede permitir argumentar que Amiens podía haber generado una paz general y duradera, especialmente en un momento en que las potencias europeas estaban hastiadas de tantas guerras —Gran Bretaña, Francia y Austria— u ocupadas en sus asuntos internos —Rusia y Prusia—. Lo que se requería era contención y buena voluntad por parte de todas las partes involucradas, viniendo aquellas acompañadas, en primer lugar, del reconocimiento de que todas las potencias tenían intereses legítimos y, en segundo lugar, de la concienciación de que las relaciones internacionales tenían que basarse, desde ese momento, en un espíritu de compromiso. Pero que la paz fuera duradera dependía en gran parte de Napoleón. Por lo menos el primer cónsul tendría que estar dispuesto a retirar sus tropas de Holanda, Suiza e Italia, a respetar la integridad y la independencia de las repúblicas Cisalpina, Liguria, Helvética y Bátava y renunciar a cualquier campaña de conquista en el continente europeo. Hubiera sido aconsejable practicar una política liberal al respecto del comercio británico, por no mencionar un avance en pos de un acuerdo comercial que, aunque se había solicitado en Amiens, sus términos no habían quedado todavía estipulados, mientras que resultaba esencial que los franceses pusieran coto a sus actividades ultramarinas. Dados el carácter de Napoleón, su ambición y su, por entonces, tan alta opinión de sí mismo sobre sus capacidades era extremadamente improbable que tal cosa fuera a suceder, así que no es extraño que las hostilidades se reanudaran apenas catorce meses después.

Una vez más volvemos a toparnos con la historia personal de Napoleón Bonaparte. El primer cónsul siempre mantuvo durante sus últimos años que consideraba Amiens como una oportunidad perdida: «En Amiens creo, honestamente. que los destinos de Francia, Europa e incluso el mío quedaron todos fijados, y la guerra llegó a su fin ... Por lo que a mí concernía, me iba a dedicar exclusivamente a la administración de Francia, y creo que hubiera sido capaz de hacer prodigios ... Me vi privado de una buena oportunidad para mostrar mi talento».[1]

Dado que el contexto en el que se realizan estas declaraciones es el de la forja de la leyenda de Santa Elena, resulta imposible poderles conceder credibilidad alguna, pero incluso los más escépticos no negarán el hecho de que Napoleón sabía cómo canalizar su personalidad, y no solo en el campo de batalla. Por el contrario, el primer cónsul alcanzó el poder con una visión del Mundo Antiguo que veía al héroe clásico como un hombre que no solamente era un gran comandante militar, sino también un competente legislador. Comenzando por el debate sobre la nueva constitución, desde los primeros días en el cargo, Napoleón se sumergió en la febril tarea del gobierno civil:

> En los cuatro años de su Consulado dirigía varios consejos cada día. En estas reuniones se examinaban todos los asuntos relativos a la administración, las finanzas y la justicia. Y, como poseía una gran agudeza, muchas veces de sus labios salían las más profundas interjecciones o las más juiciosas reflexiones, y esto sorprendía a los hombres que estaban mucho más versados que él en estos asuntos. Las reuniones a menudo se prolongaban hasta las cinco de la mañana.[2]

Podemos encontrar una descripción parecida en las memorias de Antoine Thibaudeau, un veterano de la Convención que en septiembre de 1800 fue nombrado miembro del Consejo de Estado:

> Cuando Napoleón alcanzó el puesto de primer magistrado ya gozaba de una gran reputación. Pero aunque su reputación ya era muy grande, no por eso dejaba de sorprender a todo el que era testigo de la facilidad con la que tomaba las riendas y dominaba esas partes de la administración que le eran absolutamente nuevas. Todavía causaba más sorpresa el ver cómo trataba los asuntos que le eran completamente extraños ... Presidió casi todas las reuniones del Consejo de Estado, durante las cuales se discutió el Código Civil y tuvo parte activa en los debates, comenzándolos, sosteniéndolos, dirigiéndolos y animándolos. A diferencia de algunos de los oradores profesionales del Consejo, no hacía en absoluto esfuerzos retóricos. Nunca empleaba párrafos elaborados o palabras altisonantes; hablaba sin prepararse el discurso, sin timidez ni afectación ... Nunca quedaba por debajo ... en conocimiento ... frente a cualquier otro miembro del Consejo. Y tampoco era inferior a los más experimentados por lo que se refiere a la facilidad con la que lograba ir al grano del asunto, la mesura de sus ideas o la fuerza de sus argumentos.[3]

Napoleón, por lo tanto, se mostraba genuinamente entusiasmado con su nuevo cargo de «magistrado jefe». Como los años de lucha habían terminado, se notaba cierto cambio en el ambiente. El primer cónsul intentaba dar la imagen propia de un gobernante civil («¿Por qué no hay un hombre en Francia —bramó—, que no sea más civil de lo que yo soy?»)[4] mostrándose en público con ropa civil y poniendo a su servicio a pintores como Ingres y Gros para que le retrataran, no con el uniforme azul de un general, sino con la librea roja que se le había entregado como cabeza visible del estado francés. El general Bonaparte también era conocido como el «ciudadano Bonaparte», y éste se pasaba mucho tiempo patrocinando las artes y visitando fábricas y talleres. «Durante el otoño de 1802 —escribió Bourrienne— se celebró en el Louvre ... una exposición de productos industriales que satisfizo en extremo al Primer Cónsul. Parecía orgulloso del alto grado de perfección que las artes industriales habían alcanzado en Francia.»[5]

Pero, a pesar de lo anterior, sostener la idea de que Napoleón había renacido como un hombre de paz supondría pecar en extremo de ingenuo. En realidad, se combinaron una serie de factores para asegurar que, si no se mostraba verdaderamente inclinado hacia la guerra, entonces, por lo menos, sí que estaba preparado para asumir grandes riesgos. En primer lugar, estaban las presiones generadas por su propio carácter. El primer cónsul, como hemos visto, estaba obsesionado con el concepto del poder. Como Mathieu Molé, un joven noble que en 1806 se convirtió en uno de los secretarios del Consejo de Estado, afirmó: «Cuanto más lo veo, más grande es mi convicción de que ... solamente pensaba en satisfacer sus propios deseos y en aumentar sin límite su propia ... grandeza».[6] Mientras que este testimonio muestra un punto de vista claramente hostil, las palabras del veterano director, Gohier, resultan más interesantes:

> Tras una fachada de sencillez que empleaba para imponerse sobre la multitud, escondía una desmesurada vanidad, un *amour propre* sin límites. Si habitualmente despreciaba las galas en una corte que había sido más ricamente adornada que nunca antes, todo estaba diseñado para que la gente tuviera su vista puesta en él ... En efecto, mostrando una apariencia más que modesta, mientras que al mismo tiempo insistía que nadie podía aparecer frente a él sin ir cubierto de oro, bordados, lazos y gemas de todo tipo, Bonaparte decía: «Aunque soy el único que lo merece, soy la única persona aquí que no necesita ningún tipo de ornamento. Por lo que respecta a todos los demás, deben su lustre solamente a la luz que yo proyecto sobre todos los que me rodean». La gloria ... que a menudo se considera como su pasión dominante, estaba, de hecho, dominada por su insaciable deseo de dominar. El reconocimiento al que han aspirado todos nuestros grandes capitanes era para él el punto de partida, más que el objetivo que quería alcanzar. La base de su carácter consistía en una audacia innata cuyo objetivo era la satisfacción de una ambición sin límites.[7]

Y, si el objetivo era dominar todo y a todos, la guerra era, sin duda, el medio ideal —en ocasiones el único medio— para alcanzar y conservar ese objetivo. La guerra, sin embargo, no se limitaba a satisfacer una necesidad básica del carácter de Napoleón. Al mismo tiempo, el primer cónsul era consciente de que la gloria militar estaba supeditada a su supervivencia política, del mismo modo que la guerra había estado ligada inexorablemente con su ascenso al poder. Como dijo en una ocasión en 1803: «El Primer Cónsul no se parece a esos reyes que, por la gracia de Dios, consideran sus estados como una herencia. Éste necesita brillantes acciones y, por lo tanto, la guerra».[8] Y en 1802 Napoleón se mostró bastante explícito sobre sus intenciones: «Las victorias pasadas pronto dejarán de estimular la imaginación ... Ciertamente mi intención es la de multiplicar los esfuerzos para lograr la paz. Puede que en el futuro sea más conocido por esos esfuerzos que por mis victorias pero, por el momento, nada causa mayor sensación que la victoria en el campo de batalla».[9]

Tampoco se trataba solamente de garantizar el prestigio personal de Napoleón a los ojos de sus camaradas gobernantes, o de imponer su autoridad sobre el resto del continente europeo. Temiendo a la multitud como la temía, parece que siempre consideró la guerra como un medio para disciplinar a sus súbditos y poner freno al carácter imprevisible de los franceses. Como él mismo afirmó: «Incluso en mitad de una guerra, nunca he dejado de valorar el establecimiento de instituciones útiles y la promoción de la paz y el orden en el país. Todavía queda mucho por hacer, y nunca cejaré en mi empeño. Pero, ¿acaso ya no es el éxito militar necesario para deslumbrar o contentar a nuestra gente?».[10] Al mismo tiempo, aunque el gobernante francés no se sentía para nada cautivo de él, también estaba la cuestión del ejército. Exactamente como había sido el caso bajo el gobierno de la República, la mayor parte de los dirigentes del ejército fueron espoleados hacía una nueva política. Napoleón tenía que asegurarse de que estos personajes lograban cumplir sus aspiraciones, sobre todo porque se había producido una rápida evolución desde el jacobino «ejército de virtud» al «ejército de honor» comandado por generales veteranos que potencialmente se podían convertir en «sujetos todopoderosos». Citando a Pasquier:

> El ejército, sin duda, se convirtió en la principal fuente de problemas. Se podría haber pensado que ya era lo suficientemente satisfactorio el ver, por fin, a un general a la cabeza del gobierno, y lo cierto es que así debería haber sido, pero el caso es que era en las filas del ejército donde se reunía el mayor número de descontentos. Era imposible no despertar las envidias de otros generales que creían que atesoraban tantos méritos como los del Primer Cónsul.[11]

No solamente Pasquier tenía esta visión de la situación. Tal y como escribió el odiado y poco escrupuloso ministro de Policía, Joseph Fouché:

> Yo percibía, día tras día, que resultaba mucho más fácil controlar los estados de opinión en la jerarquía civil que en la militar, donde la oposición ejercida era mucho más seria. La policía secreta ... se mostraba muy activa a este respecto; los oficiales sospechosos eran suspendidos, exiliados o enviados a prisión. Pero el descontento pronto degeneró en irritación entre los generales y coroneles, que, profundamente imbuidos de las ideas republicanas, veían claramente que Bonaparte solamente pisoteaba nuestras instituciones para abrirse camino hacia el poder absoluto .. En una cena en la que veinte oficiales descontentos se reunieron con algunos republicanos veteranos y con patriotas violentos, se habló sin tapujos de las ambiciosas intenciones del Primer Cónsul. En cuanto sus espíritus se vieron animados por los efluvios etílicos del vino, algunos llegaron a afirmar que era indispensable que el nuevo César compartiera el destino del antiguo... Tan grande era su entusiasmo que un coronel ... famoso por entonces ... por ser un gran tirador, afirmó que ojalá pudiera estar a unas cincuenta yardas de distancia de Bonaparte.[12]

Con dos de los más recalcitrantes —Bernadotte, que comandaba el Ejército del Oeste, y Moreau, comandante en jefe del Ejército del Rin— ocupando puestos importantes, se podía llegar a pensar que la continuidad de la guerra era esencial para el primer cónsul, ya que ésta era el medio más adecuado para mantener ocupados a los generales. A comienzos del verano de 1802, los peligros que conllevaba la paz habían quedado claros al descubrirse la llamada «conspiración de Rennes». En una de de las numerosas intrigas similares, se vio involucrado el jefe de estado mayor de Bernadotte, que intentó soliviantar al gran ejército que se estaba concentrando en Bretaña, y que probablemente iba a tener que enfrentarse a la muerte por fiebre amarilla en las Indias Occidentales. Aunque se terminó por descubrir el complot mucho antes de que se pudiera hacer nada más que la distribución de un par de folletos de contenido sedicioso, lo cierto es que éste constituyó una seria amenaza. Muy alarmado, Napoleón inicialmente amenazó con fusilar a Bernadotte, pero sabiamente dio marcha atrás y, en cambio, le ofreció al «*sargento* Belle Jambe», como se conocía al general gascón, el puesto de gobernador de Luisiana, y luego el de embajador en Estados Unidos (otros generales que habían sido enviados en misiones diplomáticas por entonces fueron Lannes, que marchó a Lisboa, y Brune, destinado a Constantinopla). También interesante, mientras tanto, resulta la sugerencia de que la guerra, si no inminente, no tardaría mucho tiempo en volver a reanudarse. Tomemos, por ejemplo, el siguiente testimonio referido a una revista que tuvo lugar en las Tullerías en 1802:

> Después de que la infantería y la caballería, desmontada, hubieran formado en cuadro, [Bonaparte] se dio una vuelta ... a pie para charlar con los soldados ... Le dijo a uno: «¿Has estado alguna vez en campaña?». «No.» «Tienes suerte.» Y a otro: «Tendrás buenos generales». Una vez que terminaba de charlar con los hombres de un cuadro, los soldados comenzaban a fumar, charlar, hacer chistes o a repetir lo que el *petit bonhomme* les había dicho. Uno oyó un fragmento de conversación de Bonaparte con un soldado: «Eres un buen tipo. Lucharás bien». «Póngase a mi lado, *mon géneral*, y ya verá.» Yo deseaba con todas mis fuerzas ver a Bonaparte, y en el momento que se colocó frente a mí, solamente pensé en él como un conquistador entre sus tropas.[13]

Además, existían serias preocupaciones relacionadas con el estado de ánimo de la sociedad civil. Napoleón había llegado al poder porque había ofrecido paz a Francia, pero también deseaba ofrecerle prosperidad, y esto parecía requerir la continuación de un política exterior beligerante que le proporcionaría a la *grande nation* recursos y mercados que, de otro modo, nunca llegaría a dominar. Y solamente así podría Napoleón contentar a aquellos que le acusaban de haber acabado con la libertad y de sostenerse en el poder a la manera de un déspota. Ya en la época de la paz de Amiens comenzaba a hacerse oír esta oposición. En fecha tan temprana como febrero de 1801, varios miembros de la judicatura habían pretendido bloquear la formación de los tribunales especiales, que Napoleón consideraba necesarios para suprimir el bandolerismo que asolaba gran parte de Francia, y esto lo hicieron sobre la base de que constituían una amenaza para el estado de derecho. A finales de 1801, se había producido una seria discusión con la judicatura y la legislatura al respecto del nombramiento de tres miembros del Senado, mientras que las dos cámaras había procedido a rechazar una serie de propuestas del gobierno, incluyendo las primeras cláusulas del Código Civil. Y, finalmente, en abril de 1802, la introducción de la condecoración de la Legión de Honor fue recibida con una oposición coordinada sobre la base de que su concesión conduciría a la creación de una nueva aristocracia. Pero, de una forma u otra, esta resistencia se terminó venciendo, y los poderes de la Asamblea se vieron reducidos todavía más, con lo que quedaba claro que los principios republicanos tenían que verse supeditados a una prosperidad que, al fin y al cabo, dependía de una fuerza armada. Y había que prestar atención a los notables, porque era precisamente este grupo el más susceptible de verse soliviantado por las denuncias de los líderes opositores Daunou y Constant, aunque tampoco había que olvidarse de los *sans culottes*. Para este grupo el Consulado era poco más que un fraude. La democracia representativa estaba muerta. El hombre trabajador se veía limitado por un sistema policial cada vez más duro e intrusivo y por una serie de medidas hostiles, incluyendo la tan odiada *livret* o cartilla. Y, además, en 1801 los líderes del radicalismo político se vieron diezmados por una salvaje purga que se había llevado a cabo con el pretexto de que un atentado terrorista había estado a punto de costar la vida a Bonaparte y a Josefina en la Rue St. Niçaise el 24 de diciembre de 1800. De hecho, la bomba fue colocada por los monárquicos, pero dio igual, porque el caso es que el primer cónsul llevaba tiempo buscando una excusa para justificar el aplastamiento del jacobinismo. A corto plazo, la paz era un antídoto efectivo contra el descontento, pero la paz sin prosperidad económica no resultaba una perspectiva muy atractiva. Aunque Napoleón había logrado distender la situación comprando harina barata en el extranjero, el precio del pan aumentaba cada día, provocando el miedo y el descontento. Y, debemos insistir en ello, el caso es que la prosperidad económica no se podía alcanzar salvo a través de la guerra: a largo plazo Francia necesitaba mercados y materias primas, mientras que, como mercantilista que era, Napoleón creía que estos objetivos solamente se podían alcanzar por medio de la fuerza.

Dejando de lado la conexión que se podría establecer entre las continuas victorias militares y la restauración del orden, lo cierto es que el resultado de la reorganización del estado que llevó a cabo Napoleón en Francia a quien más beneficiaba era, sin duda, a él mismo. Los debates que acompañaron a la aprobación del Código Civil constituyen un buen ejemplo. Al principio, dice Chaptal, el primer cónsul había estado preparado para prestar atención a hombres de gran experiencia y conocimiento. Sin embargo, poco después las cosas comenzaron a cambiar:

> Desde el momento en que Bonaparte adquirió ideas propias, ya fueran verdaderas o falsas, al respecto de cómo funcionaba la administración, luego, él ... ya no volvió a consultar a nadie más ... ni aceptó el

consejo de nadie. Siempre se guiaba por su propio criterio; su opinión era el único código de conducta; y se burlaba de forma cruel de todos los que tenían ideas diferentes a las suyas. Buscando la forma de ridiculizarles, muchas veces se golpeaba la cabeza y decía: «Esta herramienta me es mucho más útil que los consejos de los hombres que, supuestamente, tienen más formación y experiencia».[14]

Tras tener que soportar un duro aprendizaje —un desconcertante hábito de Napoleón consistía, por ejemplo, en discutir un plan de acción completamente opuesto al que verdaderamente pretendía seguir para avergonzar a sus oponentes y dar la impresión de que cedía ante la posibilidad del debate—, los funcionarios del primer cónsul aprendieron lo que se podía esperar de él. Aunque lo cierto es que, a su vez, no se podía esperar gran cosa de ellos. Como afirma Gohier, sus consejeros de estado eran «hombres que estaban dedicados a la consecución del poder para sí mismos y que se habían unido a las filas republicanas solamente para sacar provecho de la ruina de la República».[15] Esta afirmación quizá sea un tanto injusta. No todos los hombres que rodeaban a Napoleón carecían de juicio crítico y espíritu de independencia. Por definición un personaje egoísta y orientado hacia sus propios intereses, Talleyrand, que había sorteado con gran destreza los escollos de la década de 1790, terminó sirviendo a los Borbones en 1814, y, en unos pocos años, rompió con su amo por discrepar de la política exterior. Pero el hecho es que la bienvenida que Napoleón estaba dispuesto a dar a cualquiera que se uniera a su causa, ya fueran monárquicos constitucionalistas, extremistas jacobinos, conservadores termidorianos o emigrados monárquicos, constituía una invitación explícita para que se dejara de lado todo principio y se estuviera dispuesto a asumir que la palabra del primer cónsul era sagrada.

El resultado, no es necesario decirlo, fue un reforzamiento tanto del hábito de mando como del sentido de infalibilidad de Napoleón. En ausencia del primer cónsul, el Consejo de Estado era absolutamente inútil. «Yo diría del Consejo de Estado y de los miembros de esa asamblea —escribió Molé— lo que se ha dicho con tanto acierto de nuestros grandes ejércitos y de los generales que los mandaron. Cuando Napoleón estaba al frente de ellos eran invencibles y los generales a sus órdenes parecían todos grandes soldados. Cuando estaba ausente, esos ejércitos tenían dificultades para mantenerse unidos y los tenientes de Napoleón discutían, tenían celos unos de otros y no eran capaces de hacer absolutamente nada ... Uno los podría comparar a la cifra cero, cuyo valor depende del número que la preceda.»[16] Napoleón, por entonces, era el amo supremo. Citando de nuevo a Molé:

> Tan pronto como su pensamiento tomaba forma, lo dejaba deslizarse hacia sus labios, indiferente a la forma como viniera revestido. No le importaba gran cosa el asunto a debatir. Despreciaba todas las reglas establecidas, situándose por encima de las convenciones habituales, porque consideraba como un privilegio propio de su superioridad sobre otros hombres el derecho de pensar en voz alta y dejar concebir a su cerebro y a su boca hablar, confiando en la atención y el respeto con el cual la más ligera de sus palabras era recibida por los oyentes, entre los cuales el más eminente se consideraba muy inferior a él. No le asustaba ver cómo, a veces, se contradecía a sí mismo. Con su capacidad para ofrecer razones sutiles y plausibles en apoyo de todas sus opiniones, le daba menos importancia a seleccionarlas bien que a probar que su mente era capaz de considerar cada aspecto de cada cuestión, y que no había una sola idea que ellos pudieran sugerir que no se le hubiera ocurrido ya antes a él.[17]

Con cada día que pasaba, Napoleón veía confirmado su sentimiento de infalibilidad. Al mismo tiempo, el estado que estaba gobernando era más poderoso que nunca, así que éste se convertía en el vehículo ideal para su ambición. Para entender esto, debemos volver a los comienzos del Consulado en 1800. Uno de los elementos más perdurables de la leyenda napoleónica es que Brumario salvó a Francia de un irremediable caos, y que Napoleón, de hecho, fue el salvador no solamente de la Revolución, sino también de la propia Francia. Se trata claramente de una exageración: las últimas investigaciones históricas sobre el Directorio demuestran que no solamente frenó el desastre militar previo al futuro retorno del primer cónsul de Egipto, sino que también introdujo una serie de importantes reformas que ayudaron a allanar el camino para el éxito de Napoleón. Aunque, a largo plazo, el panorama militar se presentaba muy gris. Dada la población de veintinueve millones, se podría pensar que todo lo que Francia tenía que hacer para reunir un gran ejército era introducir el servicio militar obligatorio. No es necesario decir, sin embargo, que las cosas no eran tan sencillas, ya que un sistema de reclutamiento efectivo dependía en gran parte de un proceso de reformas políticas y administrativas igualmente efectivas.

Francia poseía un sistema de servicio militar obligatorio desde 1798, cuando la conocida como Ley Jourdan introdujo un decreto por medio del cual todos los solteros, salvo los que eran el único sostén para la familia, los funcionarios del gobierno, los sacerdotes, los estudiantes y los disminuidos físicos, deberían presentarse para el servicio a la edad de veinte años de acuerdo con un sistema de cuota que se rellenaría por sorteo. Sin embargo, aunque este sistema iba a ser la base para el reclutamiento del ejército francés durante todo el periodo napoleónico, en la época de su introducción la Ley Jourdan era poco más que papel mojado. Ya desde el primer reclutamiento obligatorio, el motivado por la emergencia de 1793, se vio claramente el rechazo que éste despertaba entre los campesinos, que, desde luego, constituían el grueso de la población: el servicio en el ejército conllevaba la pérdida del hogar, la familia y la seguridad que ofrecía un entorno conocido, aparte de que suponía sufrir privaciones, peligros y una más que probable muerte; los soldados eran principalmente brutales y licenciosos; y finalmente, el reclutamiento privaba a las comunidades campesinas de la tan necesaria mano de obra, siendo percibido, y con razón, como socialmente injusto (porque, en general, las ciudades y los burgueses sufrían menos que el campo y los campesinos). Además, gran parte de los campesinos pensaba que no merecía la pena luchar por la Revolución: en muchas partes del país las cargas económicas que se habían tenido que soportar habían aumentado ostensiblemente desde 1789; se habían beneficiado más bien poco de la venta de las tierras propiedad de la Iglesia y de los *emigrés*; y se habían visto sujetos a requisas periódicas por parte de los representantes de los odiados *bourgs*. Por otro lado, además de esto, estaba la cuestión religiosa. No deberíamos generalizar aquí acerca del odio de los campesinos hacia la Iglesia. Sin embargo, en Bretaña, Normandía, Flandes, Poitou y muchas otras áreas, la Iglesia católica era todavía un motor de la vida rural, y eso a pesar de que había tenido que sufrir un anticlericalismo de lo más virulento. En grandes partes de Francia el descontento del campesinado llegó a generalizarse, empeorando aún más los problemas de orden público por culpa de la deserción y, por extensión, del bandidaje. Hacia 1798 el problema llegó a ser tan serio que el Directorio se mostró incapaz de reforzar su autoridad sobre los gobiernos locales al respecto de los impuestos y el reclutamiento. Con estas dificultades agravándose por culpa de los desastres militares de 1799, el Directorio volvió, en una acción desesperada, al jacobinismo de 1793, pero haciendo esto sólo consiguió agravar aún más la crisis: muy alarmados por lo que veían como una amenaza más para la propiedad y el orden, y financieramente muy dañados por la depresión económica y los intentos del Directorio por estabilizar la situación financiera recortando los pagos de la deuda nacional y reorganizando el sistema fiscal, los notables —las personas con propiedades, muchas de ellas obtenidas en el curso de la Revolución, que formaban la base de los gobiernos locales de Francia— comenzaron a negarse a colaborar. Saboteada por la resistencia popular y la falta de cooperación de las clases acaudaladas, la Ley Jourdan había resultado ser un absoluto fracaso, con un balance de solamente 131.000 hombres incorporados a sus unidades de los 400.000 que habían sido llamados a filas en primera instancia.

Cuando Napoleón llegó al poder, Francia tenía esencialmente todo lo necesario para llevar a cabo un gran esfuerzo de guerra, pero no para sacarle todo el partido a ésta. En un espacio muy corto de tiempo, sin embargo, el primer cónsul había logrado cambiar todo eso, habiendo inicialmente reforzado las estructuras del gobierno. Se creó un consejo de estado para redactar una legislación y proporcionar a Napoleón el consejo de los expertos. Se reorganizaron los ministerios y se introdujeron varias medidas para coordinar su trabajo; la burocracia, el sistema fiscal, el judicial y la misma ley (a través de la promulgación del famoso Código Civil de 1804) se racionalizaron y reordenaron; y, en febrero de 1800, todo el sistema de gobierno local se transformó. Además, el ideal desde la Revolución había sido que la ley debía mejorarse por medio de consejos locales electos, así que la autoridad quedó en manos de los oficiales designados desde París, y la administración de cada departamento en las de un todopoderoso prefecto, al que también se le concedieron muchas responsabilidades que, hasta ese momento, habían pertenecido a los ayuntamientos. En teoría altamente eficiente, el sistema aseguraba que los hombres a cargo de los asuntos locales dependieran absolutamente de París para su supervivencia. Muy bien pagados y a menudo procedentes de regiones de Francia diferentes a las que desarrollaban su labor, los prefectos, por lo menos en teoría, eran también inmunes al soborno y a las presiones de los intereses locales. Y, finalmente, como un medio más de subordinar la administración al régimen, Napoleón la copó con hombres de probada fidelidad, incluyendo sus hermanos, Luciano y José; los generales Berthier, Masséna, Brune, Marmont, Lefébvre y Sérurier, que sirvieron a las órdenes de Napoleón en Italia y Egipto; y los representantes de los *savants* que habían acompañado a Napoleón a Egipto, tales como Gaspard Monge y Claude Berthollet.

Hubo un nombramiento que fue especialmente importante. Al mando de Luciano Bonaparte, el Ministerio del Interior se convirtió en el corazón del régimen napoleónico. Pudiendo controlar casi todos los ámbitos de la sociedad francesa, incluyendo el comercio, la agricultura y la educación, París dispuso de una capacidad sin precedentes, al mismo tiempo que proporcionaba a Napoleón una cantidad de información que nunca antes ningún régimen pudo tener a su disposición. Si se pudo imponer el reclutamiento obligatorio, por ejemplo, fue en parte porque el Ministerio del Interior llevó a cabo no menos de tres censos generales entre 1803 y 1811. Y no se trataba solamente de saber con qué recursos se contaba. A partir de los interminables informes que las autoridades enviaban a París, el régimen también fue capaz de responder a las condiciones locales de una manera especialmente efectiva. También es interesante tener en cuenta el papel del Ministerio de Policía, cuyos agentes ciertamente espiaban a la población, pero no tanto para mandar a la gente a la cárcel —porque lo cierto es que, comparativamente, no hubo tantos prisioneros políticos bajo el gobierno de Napolcón—, sino para mantcncr informado a París de lo que pensaba el pueblo. Lejos de imponerse de una manera universal, el reclutamiento obligatorio se llevó a cabo teniendo siempre en cuenta hasta qué punto la población podría soportar tal medida. Si las provincias orientales fronterizas con Alemania (donde existía una larga tradición de reclutamiento forzoso) sufrieron esta medida de forma rigurosa, en Bretaña, por el contrario, el recuerdo de lo que había ocurrido en La Vendée hizo que se aplicara de forma más laxa, mientras que en los Pirineos simplemente no se llevo a cabo, a cambio de la formación de una milicia local conocida como los Chasseurs des Montagnes. Lejos de considerar un régimen cuya vigilancia sobre la población local derivaba en el terror, más bien nos encontramos ante uno que, en muchos aspectos, buscaba la negociación con la población para imponer límites pragmáticos a la actuación del estado. «Yo estaba lejos —escribía Fouché— de limitar mis tareas al espionaje ... Como estaba informado de todo, llego a ser mi tarea ... dar a conocer a la cúpula del gobierno las quejas y los sufrimientos de la gente.»[18]

Sin duda, estas medidas infundieron en el sistema un nuevo grado de energía, pero la mera remodelación del estado no era suficiente. Sosteniendo a los prefectos había recursos militares que eran más poderosos y más confiables: se hicieron esfuerzos para hacer rotar a los batallones de la Guardia Nacional y que sirvieran en otras poblaciones que no fueran las de origen, se llevó a cabo una purga en la Gendarmería Nacional, que fue reestructurada y considerablemente aumentada con soldados veteranos de probada lealtad bajo el mando de un inspector general; y se permitió a París y a otras grandes ciudades formar una guardia municipal. Pero antes, la tregua que siguió a la batalla de Marengo también permitió el envío de un gran número de tropas al interior del país para combatir el bandidaje y para capturar a los desertores, incrementándose la efectividad de la lucha contra estos males por medio de la aplicación de medidas judiciales especiales que permitían llevar a cabo ejecuciones sumarias. Esta ofensiva no resolvió el problema de un día para otro —entre diciembre de 1804 y julio de 1806 hubo no menos de ciento diecinueve revueltas contra el reclutamiento en la Francia metropolitana, mientras que, en 1805, la tasa de deserción ascendió a un número de ochocientos hombres por mes—, pero, poco a poco, la situación comenzó a cambiar ostensiblemente. En 1798 la tasa de evasión del reclutamiento era de un 37 por 100; en 1806 bajó al 27 por ciento; en 1810 hasta el 13 por 100; y en 1811 terminó desapareciendo. No solamente los hombres que se negaban a ser reclutados sentían el poder de la represión. En Normandía y Bretaña las bandas de los *chouan,* que en la década de 1790 habían mantenido viva la lucha contrarrevolucionaria apoyando a los que evadían el reclutamiento y aterrorizando a todos aquellos que apoyaban al estado, fueron literalmente cazadas por las nuevas autoridades. De este modo el bandidaje se vio reducido a una mera estrategia de supervivencia para aquellos que elegían vivir al margen de la ley: en el departamento del Sena Inferior, por ejemplo, el número de asaltos en los caminos (puesto que los carruajes con el correo gubernamental eran un objetivo preferido) declinó ostensiblemente desde 1800 en adelante, hasta que un ataque final en 1807 condujo a seis años de verdadera calma. Estamos, en cierto modo, adelantando acontecimientos, desde luego, pero podemos decir que por la época en que las relaciones con los británicos comenzaron de nuevo a deteriorarse, el problema inmediato ya había quedado resuelto. «Los ministros ingleses ... cometen un gran error si piensan que pueden dictar leyes a una nación de cuarenta millones de almas —presumía Napoleón—. Piensan que dudo de mi posición y que tengo miedo de ir a la guerra. Pero yo puedo reunir dos millones de hombres en cuanto quiera.»[19]

Pero no era solamente una cuestión de hombres, sino, por supuesto, también de dinero. En el reino de los impuestos Napoleón no era de ningún modo un innovador. Si había un área del gobierno en la que el Directorio había obtenido un verdadero éxito, esa era la del desarrollo del sistema fiscal. En el periodo entre 1797 y 1799 la estructura fiscal heredada de la Revolución había sido completamente reorganizada por el ministro de Finanzas, Jacques Ramel de Nogaret. La fiscalidad directa se había basado en tres imposiciones sobre la propiedad —sobre la tierra, los bienes muebles y los sirvientes y las puertas y las ventanas— y, además, los propietarios pagaban una licencia anual por todas las actividades comerciales e industriales. Apoyando este sistema había una serie de impuestos indirectos: abolidos en el curso de la Revolución, volvieron por entonces en la forma de pagos aduaneros internos —el antiguo *octroi*— e impuestos sobre los sellos y el tabaco. El Consulado dejó esto como estaba: de 1804 en adelante hubo un creciente aumento del número de impuestos indirectos que había que pagar sobre los bienes de consumo, pero en ese momento Napoleón se centró en imponer un moderado gravamen, conocido como los *centimes additionnels,* sobre los cuatro impuestos directos. Lo que realmente le interesaba era la capacidad del estado para obtener los ingresos que teóricamente le correspondían. A pesar de que Ramel hizo verdaderos esfuerzos transfiriendo la tarea de la evaluación de los impuestos, reciclando a los agentes del gobierno local en nuevos oficiales de hacienda y lanzando una nueva campaña para recoger el gran número de extraordinarios atrasos, lo cierto es que los resultados no fueron demasiado buenos. Con los ingresos viéndose drásticamente reducidos por culpa de los éxitos militares de la Segunda Coalición en junio de 1799, el Directorio había impuesto un préstamo forzoso que recordó a las medidas más radicales de la Convención y que debilitó en extremo la confianza de los notables. Por lo tanto había que buscar una solución. En fecha tan temprana como el 24 de noviembre de 1799 una nueva ley reorganizó la maquinaria de la recogida de impuestos para incrementar el control del ministro de Finanzas sobre la red de agentes que operaban en el sistema a nivel municipal y departamental, al tiempo que se reformaba el sistema de inspección y contabilidad. Desde 1802 en adelante, se dedicaron verdaderos esfuerzos para la creación de un nuevo registro de propiedad cuyo objetivo era asegurarse de que nada escapaba al escrutinio del estado. Gracias también, desde luego, al aumento de los poderes de la policía, el resultado final fue que el estado francés alcanzó un nuevo grado de estabilidad financiera: en 1801, de hecho, se produjo un ligero superávit.

Gracias a la gran capacidad del régimen para ejercer la represión, los habitantes de la Francia napoleónica eran perfectamente conscientes de que mostrarse abiertamente contrario al régimen podía tener graves consecuencias. Sin embargo, el escenario político surgido tras el 18 de Brumario se caracterizaba por ser al mismo tiempo tanto el palo como la zanahoria. Aunque Napoleón estaba ciertamente preocupado, sobre todo, por afianzar el poder del estado —cuyos intereses, desde luego, había llegado a identificar con los de su persona— era perfectamente consciente de que su gobierno no se podría consolidar a no ser que, como él mismo afirmó, «podamos plantar sobre el suelo de Francia algunos bloques de granito».[20] En términos reales, esto significaba que el nuevo régimen tendría que conciliarse con los elementos clave de la sociedad. La voluntad del campesinado, por ejemplo, se compró con el abandono de la descristianización revolucionaria, restaurando el Concordato de 1801 la libertad de culto a la Iglesia católica; y la voluntad de la nobleza por la amnistía ofrecida a cualquier *emigré* que decidiera retornar a Francia. También fue de gran ayuda en este sentido la reducción del número de reclutas forzosos: entre 1800 y 1805 el número de hombres reclutados por el ejército fue solamente de 78.000 por año. Y acerca de los pobres que habitaban las ciudades, éstos consiguieron empleo y pan más barato: enfrentándose a una verdadera amenaza de hambruna, en 1802 el gobierno introdujo una serie de medidas especiales diseñadas para asegurar el abastecimiento de grano a París y apoyar a los fabricantes que se habían visto afectados por la caída repentina del consumo. Y, en general, el pueblo llano recibió con alborozo la restauración del calendario tradicional con sus semanas de siete días y su profusión de celebraciones religiosas. Lo más importante, sin embargo, es que la clase propietaria recibió, en general, un tratamiento especialmente favorable. De este modo, los notables vieron garantizada la posesión de las tierras que habían obtenido gracias a la incautación que la Revolución llevó a cabo de los bienes de la Iglesia y la nobleza, mientras que, tanto nobles como burgueses, obtuvieron un alto grado de representación en las estructuras políticas y administrativas creadas por el régimen (y con ello generosos salarios y otros emolumentos), el monopolio de la educación superior, protección frente a los rigores del reclutamiento obligatorio y el dominio del cuerpo de oficiales del ejército. También se vieron favorecidos por la política fiscal de Napoleón, que dependía mucho más de los impuestos indirectos, y podían confiar en el régimen para que protegiera sus intereses económicos a través de medidas tales como una legislación laboral restrictiva y el Código Civil. De particular interés aquí fue la determinación del primer cónsul de no repetir los errores de la década de 1790 a cerca de la impresión de papel moneda. De este modo, los desprestigiados *assignats* no reaparecieron y, en su lugar, se impusieron estrictos controles sobre los préstamos del gobierno y sobre la especulación financiera, quedando la moneda estabilizada gracias a la creación del Banco de Francia. Y, finalmente, debemos repetir un argumento ya esgrimido en otro contexto. El bandidaje dejó de ser la pesadilla que había supuesto para el gobierno del Directorio. Por lo tanto, bajo el gobierno de Napoleón las propiedades y las personas se encontraban seguras.

Se ha citado tan a menudo el Código Civil como un ejemplo de las bondades del primer cónsul que se hace necesario tratar ese tema con cierto detalle. Lo que más sorprende al observador moderno es, primero, la profunda injusticia social de ese corpus legislativo, y segundo, hasta qué punto esta injusticia fue obra de Napoleón. Lo que vemos no es un fuero universal de justicia, sino más bien un instrumento diseñado para favorecer a las elites a través de la cuales se iba a gobernar Francia. Aunque ciertamente había muchos artículos que beneficiaban a todas las clases de la sociedad, el código se hizo sobre todo para aquellos hombres que tenían propiedades, cuya defensa quedó consagrada. Al mismo tiempo, junto a los artículos por los que a menudo se le recuerda, hubo un empeño —y aquí debemos destacar que fue Napoleón el que demostró un particular interés al respecto de estas disposiciones— en reforzar el papel dominante del *père de famille*, y esto acabó con muchos de los logros que Francia había obtenido en 1792. En particular, la posición de la mujer se deterioró dramáticamente. Ya no iba a tener los mismos derechos ante el divorcio (cuyos motivos estaban considerablemente restringidos) e iba a poder ser encarceladas, por adulterio. Y lo peor de todo es que quedaban subordinadas a la voluntad de sus maridos y se les negaban los derechos que se les habían garantizado para mantener el control de sus propiedades, disfrutar de la propiedad de parte de los bienes familiares, heredar a la muerte de sus maridos, firmar contratos y ser testigos en un juicio. Podían ser echadas en cualquier momento a la calle junto a sus hijos se les negaba el derecho a solicitar el divorcio si eran abandonadas por sus maridos. Y los niños se encontraban en una situación igual de penosa: los padres los podían encarcelar por periodos de hasta seis meses, prohibir sus matrimonios hasta bien avanzada la edad adulta, hacer uso de sus propiedades a conveniencia mientras fueran menores y discriminarlos en asuntos de herencia. Todo esto estaba relacionado con el deseo de mantener la estabilidad de la familia como unidad económica, aunque también existía una lectura política: tanto las mujeres como los jóvenes habían tenido un papel preponderante en los días de la Revolución, y, desde el primer momento, se hizo patente que la familia constituía un medio importante para ejercer presión sobre aquellos jóvenes aptos para el alistamiento. Definitivamente, para Napoleón, los padres eran un instrumento más de represión y de control estatal.

En los tiempos del Consulado, sin embargo, la conciliación todavía estaba a la orden del día. Junto a ella estaba la propaganda, con Napoleón haciendo verdaderos esfuerzos por persuadir a la opinión pública de que sus políticas estaban dirigidas al interés nacional. Por ejemplo, si las clases propietarias eran invitadas a formar parte del régimen, era en parte para que, como líderes de las comunidades locales, se convirtieran en embajadores entre la gente. Del mismo modo, si el poder legislativo se encontraba mutilado en París, era en parte porque actuaba como un foro en el que Napoleón podía justificar sus políticas y ensalzar sus logros. Y si los plebiscitos se usaban de manera reiterada para legitimar los cambios en el gobierno —en 1800 para aprobar la constitución consular y en 1802 para nombrar a Napoleón primer cónsul vitalicio y dar paso a cambios constitucionales que aumentaran sus poderes todavía más—, era para crear una imagen de unidad nacional y dar la sensación de que se respetaba el principio de soberanía popular. Además, cada aspecto de la vida cultural se convertía en un transmisor de las directrices del gobierno. Por lo que se refiere a la prensa, por ejemplo, Napoleón por un lado estableció una férrea censura, y por otro intentó asegurarse de que su mensaje llegaba al mayor número de personas imprimiendo periódicos baratos que se leían en voz alta en los lugares públicos. Entre los intelectuales, los escritores que apoyaban al régimen contaban con su patronazgo, pero los que no, eran acosados, encarcelados o forzados a marchar al exilio. Y si hablamos de la educación, los profesores se sentían cada vez más bajo el control del estado, y los estudiantes de los liceos estaban obligados a llevar uniforme, hacer instrucción y estudiar un currículo nacional que combinaba las asignaturas habituales con otras más bien de corte propagandístico y adoctrinador. Una vez garantizada la libertad de culto, la Iglesia se dio cuenta de que el precio que tenía que pagar era el empleo de la religión para apuntalar el régimen —incluso se llegó a descubrir la existencia de un san Napoleón— y la conversión del púlpito en un instrumento de adoctrinamiento político. Finalmente, las artes —la pintura, la música, la arquitectura— se utilizaron para glorificar el gobierno de Napoleón. Gran parte del resultado final fue una grandeza estereotipada o totalmente convencional en su glorificación de la guerra y la conquista, aunque, en ocasiones, también era posible emplear cierto grado de sutileza. La famosa pintura de Gros de 1804 con Napoleón visitando el hospital de enfermos de peste en Jaffa es un buen ejemplo. En esta obra vemos, ciertamente, a un Napoleón señor de la guerra pero, junto a ésta, hay otras imágenes: el compasivo líder cuidando de sus hombres sin temer por su propia seguridad e incluso la del monarca medieval conjurando la enfermedad conocida como el «mal del rey». El mensaje no daba lugar a equívocos: el hombre montado en el caballo era también un hombre de paz que ofrecía salud y victorias a su pueblo.

Es difícil saber hasta qué punto estas políticas fueron realmente bien recibidas por parte de la sociedad francesa. Pero no cabe duda de que en la época de la firma del tratado de Amiens el régimen consular era extremadamente popular. Excelentes cosechas, junto al aumento de las ganancias y una reducción del alistamiento forzoso aseguraron que la población estuviera contenta, mientras que los notables podían considerarse ampliamente satisfechos con las políticas sociales y económicas del régimen, por no mencionar la manera en que se habían asegurado las ventajas obtenidas en 1789. Para la comunidad intelectual, Napoleón era el supremo patrón de las artes que había dado a conocer las maravillas del Antiguo Egipto. Para los católicos devotos el primer cónsul era el hombre que había acabado con la persecución a la Iglesia. Y entre los franceses de toda condición, el retorno a la paz constituyó un gran alivio, aunque solamente fuera porque los impuestos volvieron, temporalmente, a los niveles de 1791. Lo mismo se puede decir de la restauración gradual de la ley y el orden y de la reforma del sistema judicial, siendo uno de los resultados el establecimiento de una justicia mucho más barata y más accesible. En julio de 1802 el plebiscito que convirtió a Napoleón en primer cónsul vitalicio tuvo como balance un total de 3.586.855 votos a favor frente a, solamente, 8.374 en contra. Estas cifras, sin embargo, no pueden considerarse una buena referencia: el voto no solamente era público, sino que además había que firmarlo y, al menos en el ejército, se dio cierto grado de intimidación. Pero incluso los escépticos aceptan que el mensaje ofrecido por el plebiscito no puede dejar de ser escuchado: en 1802 Napoleón tenía el apoyo general de Francia. El resultado, desde luego, fue el aumento de la autoestima y del sentimiento de estar destinado a cumplir una misión. En una comparecencia ante el Senado el 3 de agosto, justo después de que se declarara la victoria, Napoleón afirmó:

> El pueblo francés desea que mi persona quede consagrada a su bienestar durante toda mi vida. Obedezco a sus deseos ... Gracias a mis esfuerzos... la libertad, igualdad y prosperidad de Francia estarán aseguradas frente a los caprichos del destino y las incertidumbres del futuro. La mejor y la más grande de todas las naciones será la más feliz, y su felicidad contribuirá al bienestar de Europa. He sido llamado por mi pueblo ... para restaurar la justicia, el orden y la igualdad universales.[21]

Para los que querían entenderlo, estas palabras tenían un significado profundamente ambiguo. Gracias a una combinación de factores, Napoleón había logrado restaurar cierto orden en Francia, y de este modo hizo posible que sus considerables recursos transformaran el país en una verdadera potencia militar. Dejando de lado el asunto de la *grande France* que Napoleón había creado, hay que contar también el asunto de su personalidad. El campo de la psicobiografía es, cuanto menos controvertido —puede, verdaderamente, ser incluso considerado como un tanto dudoso—, pero algunos de los que trabajaban codo a codo con Napoleón en esa época nos han legado la imagen de un hombre que se sentía fundamentalmente incómodo con la perspectiva de la paz. Uno de esos observadores era Claire de Rémusat, que llegó a la corte consular como dama de compañía de Josefina en el otoño de 1802.

> Bonaparte carecía de educación y de buenas maneras: era como si hubiera estado irrevocablemente destinado a pasarse toda su vida o en una tienda, donde todo vale, o en un trono, donde se te permite cualquier cosa. No sabía cómo entrar o salir de una habitación; no sabía cómo saludar a la gente, cómo levantarse, cómo sentarse. Sus gestos eran bruscos, lo mismo que su manera de hablar ... Creo que merece la pena hablar del vestuario del Primer Cónsul por esa época. Entre semana se ponía un uniforme como el que llevaba su guardia, pero en las ceremonias tanto él como los otros dos cónsules llevaban ropas rojas bordadas en oro ... Esta vestimenta hacía que Napoleón no se sintiera cómodo, así que intentaba librarse de ella siempre que le era posible ... Con su escarlata y oro, él ... generalmente llevaba el chaleco de su uniforme, su sable de campaña, pantalones de montar ... y un par de botas. Con su aspecto desaliñado y su pequeña estatura, parecía que llevara un disfraz, pero todo el mundo se cuidaba muy mucho de reírse de él.[22]

Tampoco Chaptal se muestra precisamente adulador. A sus ojos Napoleón «tenía las maneras de un subteniente sin rango social», mientras que le horrorizaba la falta de cortesía y respeto con el que habitualmente trataba a sus ministros, generales, sirvientes e invitados en la corte: el primer cónsul a menudo respondía con ataques de ira ante cualquier nimiedad, y dejaba los banquetes oficiales tras comer apresuradamente unos pocos bocados, levantándose y dejando a sus compañeros de cena, que todavía estaban comiendo la sopa. Esta costumbre debía ser, quizá, producto de una personalidad dinámica y de una energía que muy pocos podían igualar —Chaptal dice que Napoleón podía volver a París viajando día y noche desde lo más profundo de Polonia para salir de su carruaje y asistir a una reunión del Consejo de Estado sin mostrar el más mínimo signo de fatiga—, pero incluso en sus hábitos dietéticos se notaba que era un hombre acostumbrado a la vida en campaña: como se sabe, sus platos favoritos —setas, cebollas y patatas frita— eran los que se podían encontrar en la sartén de cualquier soldado. Volviendo a las maneras de Napoleón, se mencionan ciertos comportamientos que hoy en día se definirían como de persona hiperactiva, y algunos de ellos ciertamente desagradables.

> Napoleón era, por naturaleza, un hombre habitualmente destructivo. En la sala del consejo se le podía ver en medio de una discusión con un cuchillo en la mano, cortando los brazos de la silla y haciendo profundas

> muescas en la madera ... Para no aburrirse, luego cogía una pluma y se ponía a llenar de rayas los papeles que tenía delante, terminando por hacer una bola con ellos y tirarlos al suelo. Y, por lo que se refiere a las piezas de porcelana, no se podían dejar en sus manos sin que terminara por romperlas. Recuerdo que un día le enseñaron una estatua ecuestre de su persona que habían hecho con excepcional maestría en la fábrica de porcelana china de Sèvres. Poniéndola sobre la mesa, primero rompió los estribos y luego una pata, y, cuando le dije que el artista se moriría de dolor al ver su trabajo mutilado de esa forma, replicó con frialdad: «Eso se puede arreglar con un poco de masilla». Acariciando a un niño, lo pellizcaba hasta que lo hacía llorar. En Malmaison tenía una carabina en su despacho con la que solía disparar a las aves raras que Josefina mantenía en los lagos del jardín. Este impulso maligno hacia la destrucción era tan grande que no podía entrar en el invernadero de Malmaison sin cortar o arrancar una de las plantas exóticas que allí crecían.[23]

Junto a esta violencia reprimida estaba un ego desmesurado que resultaba verdaderamente escalofriante. Su tema favorito de conversación era él mismo; despreciaba a las mujeres y las trataba con desdén y, según parece, con una considerable brutalidad sexual; y trataba a los demás con el mayor de los cinismos:

> Mientras que algunas de sus cualidades intelectuales eran destacables ... carecía de valores morales. No había generosidad ni grandeza. Nunca admiró ni supo entender un acto de decencia. Siempre negaba la existencia de cualquier emoción; no fue nunca sincero; y admitía abiertamente que juzgaba la capacidad de los hombres en función de hasta qué punto eran capaces de engañar; en tales ocasiones, verdaderamente, obtenía gran placer en recordar que, durante su infancia, uno de sus tíos le había predicho que gobernaría el mundo porque era un gran mentiroso ... Todas las formas de gobernar a los hombres y que pudieran envilecerlos era empleadas por Napoleón. Rechazaba cualquier vínculo afectivo, disfrutaba enfrentando a los hombres y vendía sus favores con el objetivo de crear inquietud, creyendo que la mejor forma de mantener a los hombres de su lado era comprometer su integridad e incluso, a veces, ensuciar su reputación. En cuanto a la virtud, solamente la perdonaba cuando podía ponerla en ridículo. Tampoco se puede decir que verdaderamente amara la gloria, ya que el hecho es que él mismo no hubiera dudado un momento en decir que lo que importaba era el éxito.[24]

Estas palabras de Claire de Rémusat son prácticamente las mismas que las de Chaptal:

> Napoleón nunca experimentó un sentimiento verdaderamente generoso. Además, estaba la sequedad de su carácter; nunca tuvo un verdadero amigo. Consideraba a todos los hombres como ... instrumentos que podía usar para satisfacer sus caprichos o su ambición ... Paseando por los campos de Eylau, rodeado de 29.000 cadáveres, golpeó con su pie a uno de ellos y dijo a los generales que le rodeaban: «Tampoco es tanto el cambio». A su vuelta de la batalla de Leipzig se encontró con monsieur Laplace. «Parece como si hubieras perdido peso.» «Sire, he perdido a mi hija.» «Bueno, ésa no es una razón. Tú eres un geómetra: mide lo sucedido con una regla y verás que no es nada.» Es a esta insensibilidad a la que se le pueden atribuir la mayoría de las acciones de su gobierno ... Napoleón no sentía ningún vínculo hacia su familia. Fue por vanidad más que por afectividad por lo que llegó a desarrollar algún vínculo con ellos o cierta consideración por sus méritos. No parecía que le importara gran cosa la vida disoluta de sus hermanas ... y a menudo hablaba con desprecio de sus hermanos.[25]

Esta imagen tan negativa del gobernante francés está abierta al debate. La insistencia de Chaptal en que Napoleón no sentía ningún aprecio por su familia es ciertamente discutible, mientras que también es importante aclarar que el primer cónsul no era un monstruo: las ejecuciones por delitos políticos fueron extremadamente raras durante su gobierno e incluso tampoco se dio un gran número de prisioneros políticos. Por lo que se refiere a su personalidad, fue capaz de desplegar un gran encanto y su generosidad era notoria, aunque bien es cierto que nos podemos llegar a plantear si esta forma de ser era sincera o parte de una actuación. Sin embargo, algunos biógrafos modernos de Napoleón han coincidido en afirmar que había ciertos elementos de su comportamiento que nos muestran a un hombre para quien la política exterior basada en el pacifismo, con sus corolarios de justicia y autocontención, hubiera sido muy difícil de soportar. Un rasgo de su personalidad particularmente inquietante era la violencia cotidiana que el gobernante francés era capaz de ejercer: incluso de buen humor, tendía a pellizcar las mejillas —un gesto famoso—, tirar de las orejas o pellizcar las narices. De mal humor, llegaba a perder verdaderamente el control, volcando las mesas y atacando físicamente al objeto de su enfado. Otra característica de su personalidad fue la naturaleza febril de su mente: como algunos observadores destacaron, siempre estaba planeando nuevos proyectos, esquemas y sueños, y éstos servían para espolear su ambición, incluso aunque al final no se llevaran nunca a cabo o se dejaran de lado tras haberlo pensado un poco mejor. Citando al pintor Joseph Farington: «Noté que ... tenía una apariencia febril, que era muestra de una mente inquieta».[26] Otra característica más es que, ya en esta época, Napoleón se veía sometido a una gran tensión física y psicológica: acostumbrado a una rutina diaria que resulta ciertamente sorprendente por su alto grado de intensidad, no solamente mutilaba el mobiliario, sino también a sí mismo, rascándose constantemente las partes irritadas de su cuerpo, irritaciones producto de una desagradable dolencia de la piel —probablemente fruto del estrés— a la que había estado sometido desde fecha tan temprana como 1793. Y, por decir algo positivo, poseía un dinamismo al que necesitaba dar salida constantemente. A veces, de hecho, era el puro centro de atención: «He visto a Bonaparte de cerca, pudiendo examinar su semblante y observar los gestos y expresiones», escribió lady Elizabeth Foster. «No estoy defraudada. Nunca he visto un rostro que sea tan difícil que pase desapercibido. Nunca he visto a nadie que representara tan fielmente tamaña profundidad de pensamiento, agudeza y audacia mental.»[27] Y por último, pero no por ello menos importante, estaban su carácter impaciente y la negativa a tolerar el más mínimo error: Napoleón se aburría rápidamente, quería resultados inmediatos, no reconocía la palabra «imposible», y era un mal perdedor para el que ganar era siempre más importante que el juego en sí mismo (por ejemplo, era incapaz de jugar a las cartas sin terminar haciendo trampas).

Un aspecto de su naturaleza que invita al debate es el tema de la relación de Napoleón con las mujeres. Intentar analizar estas relaciones con un cierto grado de objetividad y credibilidad es un asunto difícil, pero merece la pena destacar que otros especialistas han tratado el asunto, por lo menos, como un factor determinante del comportamiento del primer cónsul en el plano de las relaciones internacionales. En resumen, el argumento es el siguiente. En 1796 un Napoleón bastante torpe e inexperto se había enamorado locamente de una mujer mayor que él y bien relacionada socialmente, que terminó convirtiéndose en su esposa. Desafortunadamente, el idilio no duró mucho: siempre promiscua, Josefina engañó a Napoleón con el joven oficial del ejército,

Hypolyte Charles. Sin lugar a dudas, Napoleón se sintió profundamente herido cuando, apenas desembarcado en Egipto, se le informó de la infidelidad de su esposa, y es probable que esta experiencia fuera el detonante del profundo desprecio por el sexo femenino que exhibía el gobernante de Francia. Como es bien conocido, permaneció al lado de Josefina —e incluso siguió amándola—, pero su venganza se consumó por medio de una serie de relaciones con distintas amantes y tratándola con una curiosa mezcla de ternura, brutalidad y desprecio. ¿Cuál, sin embargo, fue el impacto que todo esto causó en su forma de conducir la política internacional? Una respuesta bien podría ser «ninguno en absoluto». Pero, al mismo tiempo, la evidente ansiedad que Napoleón mostraba por obtener victorias militares, por dominar el panorama internacional, bien puede haber tenido una dimensión sexual. Nunca sabremos si la perspectiva de la batalla le excitaba, como se ha llegado a afirmar algunas veces, pero no es descabellado pensar que podría haberse dado un escenario en el que el triunfo en el campo de batalla compensaba su fracaso en la vida privada. Incapaz de inspirar amor, por lo menos podía inspirar miedo.

Tomando todo esto en cuenta, es difícil entender cómo el tratado de Amiens podía haber contenido a Napoleón: un espíritu inquieto que necesitaba la gloria en el plano personal y militar, que como gobernante de Francia controlaba el estado más poblado y próspero de la Europa continental, cuyos problemas internos comenzaban a estar bajo control. Y, para mantenerle siempre en la brecha, estaban su inmensa confianza en sus propias capacidades, una intachable carrera militar y el desprecio por cualquier tipo de posible oposición a su persona. «El reclutamiento obligatorio forma ejércitos de ciudadanos», dijo una vez. «El alistamiento voluntario forma ejércitos de vagabundos y criminales.»[28] Y se mostraba especialmente mordaz con Gran Bretaña:

> La gente habla de la riqueza y el buen gobierno de Inglaterra. Bien, acabo de ver los presupuestos ingleses, y los voy a publicar en el *Moniteur*. Muestran un déficit de entre quinientos a seiscientos millones de francos ... No se puede negar que sus recursos son considerables, pero sus gastos son desorbitados. La gente admira a Inglaterra sin saber nada de ella ... No hay nada en Inglaterra digno de envidia para Francia. Sus habitantes desertan a la primera de cambio: hay más de 40.000 de ellos en el Continente en este momento [en febrero de 1803].[29]

Tenemos, por lo tanto, a un hombre que como mínimo estaba preparado y dispuesto a asumir el riesgo de la reanudación de las hostilidades, incluso aunque en ese momento no era su inclinación primaria. ¿Cómo, entonces, deberíamos interpretar los comentarios ocasionales de Napoleón acerca de que una continuación de la guerra era inevitable en base al enfrentamiento ideológico? Por ejemplo:

> Si confiamos en la buena fe o en la duración de nuestros tratados, una entre dos cosas es necesaria. O el resto de los gobiernos de Europa se acerca al mío, o mi gobierno debe buscar la armonía con ellos. Entre estas viejas monarquías y nuestra nueva república es seguro que existirá siempre el riesgo de una guerra. Ahí radica el origen de las discordias europeas ... En nuestra posición considero la paz como un mero respiro, creo que mis diez años de gobierno [estaba hablando antes de convertirse en cónsul vitalicio] se pasarán casi enteramente en un estado de guerra.[30]

La respuesta, desde luego, es bastante simple: conjurando el espectro de la contrarrevolución extranjera, Napoleón estaba dándose a sí mismo carta blanca para tomar la iniciativa y golpear en el momento que le conviniera. Como le dijo a Thibaudeau:

> Si nuestros vecinos aprenden a mantener la paz, yo les aseguraré la paz, pero si me obligan a emplear de nuevo las armas, será nuestra ventaja si las tomamos nosotros antes de que se oxiden por la falta de uso ... Pero estad seguros que no seré yo el que inicie las hostilidades. No, no albergo intención alguna de ser el agresor, pero es mucho lo que está en juego como para dejar que los poderes extranjeros tomen la iniciativa. Los conozco bien. Son ellos los que, o se levantarán en armas contra nosotros, o me darán sobrados motivos para tener que declararles la guerra.[31]

Fueran los que fuesen los motivos de Napoleón, resulta difícil no terminar concluyendo que fue por su culpa por lo que se perdió cualquier esperanza de paz. Como admitió Talleyrand: «Apenas había concluido la Paz de Amiens cuando la moderación comenzó a abandonar a Bonaparte; esta paz no se terminó de establecer antes de que se sembraran la semillas de nuevas guerras».[32] Aunque se produjo la retirada de algunas fuerzas francesas —concretamente de Nápoles y de Suiza—, lejos de mantenerse tranquilamente dentro de las fronteras establecidas por los tratados de Lunéville y Amiens, Napoleón continuó interviniendo activamente en los asuntos de las áreas fronterizas que habían quedado bajo su control. Comencemos por Holanda, cuyos intereses, hay que decir, habían sido reiteradamente pisoteados por las negociaciones que finalmente habían conducido al establecimiento de la paz. Las tropas francesas continuaron ocupando la República de Batavia, al tiempo que se presionaba a los holandeses para que rompieran sus lazos comerciales con Gran Bretaña. Luego estaba Suiza. En 1798 este estado había alcanzado su unificación —la República Helvética—, pero el sentimiento cantonal resultaba tan fuerte que, desde el primer momento, se produjo una creciente presión para que se terminara adoptando una constitución federal. Con la situación empeorando por culpa de las rivalidades personales que dividían a los líderes revolucionarios, el resultado fue el caos: entre enero de 1800 y abril de 1802 hubo no menos de cuatro golpes de estado con las diferentes facciones luchando por hacerse con el poder. Para Francia, sin embargo, esta situación no importaba en tanto en cuanto pudiera mantener el control sobre esta región (que resultaba más crucial que nunca: sin los pasos alpinos de Suiza, la ruta directa hacia el norte de Italia quedaba bloqueada). De hecho, con el establecimiento de la Paz de Amiens, se podía haber convertido en una ventaja. Suiza, a diferencia de Holanda, fue evacuada inmediatamente: la razón es simple. En el verano de 1802 se había impuesto en el país una constitución de compromiso por medio de un improvisado plebiscito, y el resultado fue tan impopular que, en cuanto los franceses abandonaron el país —algo que hicieron con sospechosa velocidad—, se produjo un levantamiento civil. No es necesario decir que esto es exactamente lo que Napoleón quería que ocurriera: en cuestión de semanas el primer cónsul se ofreció como mediador, envió 12.000 soldados a Suiza y convocó a una asamblea de notables en París. De esta asamblea surgió la cuarta constitución que Suiza había tenido en cinco años. En sí misma, la llamada Acta de Mediación no fue en absoluto una mala solución para los problemas políticos que acosaban a la República Helvética. Los radicales terminaron calmándose gracias al mantenimiento de la igualdad ante la ley y los conservadores por la restauración del antiguo sistema de cantones. Aunque modificada en gran medida con el tiempo, esta ha sido la base de la Confederación Helvética hasta la fecha. Pero, como se hizo evidente más tarde, la existencia de una Suiza neutral no estaba en la agenda del primer cónsul. Apoyando a los conservadores en la lucha sobre la forma en la que debía organizarse el estado suizo, éstos reunieron una fuerza militar que no iba a tener problema en alinearse junto a los franceses para luchar contra sus enemigos. Por supuesto, quedaban los radicales, pero como «jacobinos» que eran, no tenían a dónde ir y, en consecuencia, no les quedó otra opción que conformarse y quedar agradecidos a Napoleón por los despojos que éste les lanzó. En resumen, Suiza se convirtió en un estado satélite de Francia, quedando el conocimiento internacional de esto reforzado por el hecho de que, en agosto de 1802, el primer cónsul la había despojado del importante distrito fronterizo del Valais para asegurarse el control del vital paso fronterizo del Simplon.

El anexionismo y el intervencionismo que se habían hecho visibles en Suiza, también terminaron por mostrarse en Italia. Aumentada su extensión gracias a la anexión de los territorios del Piamonte y de Venecia, la República Cisalpina —rebautizada entonces como la República Italiana— se reordenó siguiendo las directrices de la Francia consular, con Napoleón en calidad de presidente. Una persona nombrada por Napoleón, Francesco Melzi d'Erill se convertiría en su gobernante —su verdadero puesto era el de vicepresidente—, mientras que el resto de la administración fue elegida de entre las filas de un congreso de 450 notables que se reunió en Lyon. Al igual que hicieron Melzi y sus partidarios, en agosto de 1802 procedieron a introducir el reclutamiento obligatorio y, al año siguiente, negociaron un concordato con el Vaticano al estilo del de los franceses. En septiembre de 1802, y en contra de la opinión de Talleyrand, el Piamonte fue anexionado a Francia junto a Elba y el Piombino, y, luego, en octubre de ese mismo año, Parma quedó bajo la administración francesa. Si la República Italiana no se tragó la totalidad de Italia, parece que Francia sí lo hizo. Como observó Talleyrand: «Para gobernar, y gobernar de forma hereditaria, como [Napoleón] aspiraba a hacer ... él juzgaba necesario anexionar a Francia todos aquellos países que habían sido conquistados por él ... sin entender nunca que se le podía terminar pidiendo cuentas por una violación tan monstruosa de lo que la ley de naciones consideraba como lo más sagrado».[33]

Pero fue en Alemania donde la intervención de Napoleón resultó más dramática. De este modo, en cuestión de meses, el Sacro Imperio Romano fue desmantelado de forma definitiva. Tan importante fue este hecho que debemos prestarle atención con más detalle. Esencialmente una colección de reinos independientes, principados, obispados, abadías, ciudades libres y feudos unidos solamente por una teórica lealtad de sus gobernantes a la casa de los Habsburgo, el Imperio era un importante bastión de la influencia austriaca y, como tal, se había convertido en objetivo de la ira de Napoleón. Aunque también se veía amenazado internamente con la desestabilización, muchos de los gobernantes de los estados más grandes y medianos estaban cada vez más determinados a absorber las ciudades libres, los territorios de la Iglesia y los pequeños principados y baronías. Tal política no podía ser sino desastrosa para Austria, cuyos principales apoyos en el Imperio habían sido tradicionalmente los obispos, los abades y los caballeros imperiales, pero el problema de encontrar alguna compensación para los Habsburgo italianos desalojados estaba ahora atrayendo incluso a Francisco II, que terminaría indefectiblemente por involucrarse en el proceso. Habiendo ocupado y anexionado la orilla izquierda del Rin, los franceses habían propuesto que los gobernantes alemanes que se habían visto afectados deberían ser compensados con la adquisición de nuevos territorios al este del río. Este principio, verdaderamente, se había acordado formalmente en Campo Formio, así que se inició una conferencia internacional en Rastatt para arreglar este asunto. A causa de la guerra de la Segunda Coalición, sin embargo, esta reunión no duró mucho, así que no se hicieron muchos más progresos hasta que Francia volvió a sacar a colación el asunto en Lunéville. Haciendo esto, desde luego, confiaba en acabar con la dominación austriaca sobre el Sacro Imperio Romano y completar la cadena de estados satélites que protegían las «fronteras naturales» por medio de la creación de un bloque pro francés en Alemania central y meridional. Lo que esto implicaba era maximizar el principio de «compensación» para acabar con los aliados tradicionales de los austriacos en la Dieta imperial y fortalecer a los estados medianos, tales como Baviera, que se suponía que tenían especial interés en librarse del yugo austriaco. Pero Francia no era el único jugador en esta competición. Austria y Prusia querían obtener más territorios; Rusia, proteger a sus clientes alemanes (véase más adelante); y la multitud de príncipes alemanes, sobrevivir y, si era posible, aumentar sus dominios. Fue una auténtica vorágine que requería actuar con suma prudencia.

A pesar de las aparentes dificultades, Napoleón alcanzó sus objetivos de manera ridículamente simple. En primera instancia, como Francia era un garante de la constitución del Sacro Imperio Romano en virtud del tratado de Westfalia de 1648, el primer cónsul tenía legítimo derecho a intervenir en los asuntos alemanes. Al mismo tiempo, el gobernante francés hacía tiempo que se había dado cuenta de que la clave en este asunto era ganarse el favor de Alejandro I, sobre todo porque el zar estaba involucrado, por muchas razones, en el destino de Alemania. De este modo, en virtud del tratado de Teschen de 1779, que había visto como Catalina II mediaba en un acuerdo de paz al comienzo de la guerra de Sucesión bávara, el monarca ruso podía proclamarse como el garante de la constitución del Sacro Imperio Romano, puesto que, además, mantenía numerosas conexiones entre los gobernantes de los estados alemanes: su madre era princesa de Hesse; su esposa, princesa de Baden; su cuñado duque de Oldenburgo, y su primo, el gobernante de Würtemberg. En cuanto Alejandro subió al trono, un nuevo enviado, en la persona del general Duroc, llegó a San Petersburgo. Alejandro le dio una calurosa bienvenida. «Haz saber al Cónsul que estoy ligado a su gloria —le había dicho—. No quiero nada para mí mismo; solamente quiero contribuir a la paz en Europa.»[34] Diciendo esto, probablemente, se mostró demasiado sincero. Como Sophie Tisenhaus, una condesa polaca que más tarde publicaría sus memorias como la condesa de Choiseul-Gouffier, recordó:

> El carácter filantrópico del emperador parecía poder garantizar una paz duradera a sus felices súbditos. Ni una sola idea de conquista o ambición se albergaba en la mente del joven soberano ... Lo sorprendente era la admiración que involuntariamente sentía por el hombre cuyo carácter en nada era parecido al suyo. Pero debe admitirse que la gloria y el poder que adornaban a Napoleón por entonces estaban bien calculados para seducir la voluntad con toda la fascinación de lo maravilloso. Alejandro no podía considerar como un usurpador a tan extraordinario hombre que, habiendo rescatado a Francia del abismo de la Revolución, seguía dirigiendo sus destinos bajo el modesto título de cónsul.[35]

Habiendo establecido relaciones amistosas, se siguió cortejando a Rusia: resulta significativo, por ejemplo, que las tropas enviadas a reconquistar Santo Domingo (véase más adelante) incluyeran todas las fuerzas polacas voluntarias que se habían reclutado en Italia de entre los prisioneros de guerra austriacos. Aunque Alejandro era ingenuo e idealista, no se lanzó inmediatamente a los brazos de Napoleón. Su primer ministro de Asuntos Exteriores, Nikita Panin, era una abierto opositor a la Revolución Francesa y a Napoleón y, en consecuencia, se mostraba más favorable a una alianza con Gran Bretaña. De hecho, se firmó un acuerdo de paz con este país en junio de 1801. Aunque Alejandro siempre mantuvo ciertas reservas al respecto. Profundamente resentido frente a las pretensiones comerciales británicas, el zar había insistido en que, como precio por la paz, Gran Bretaña accediera a respetar los derechos marítimos, no solamente de Rusia, sino también de los estados bálticos, al tiempo que sospechaba de la complicidad de Gran Bretaña en el asesinato de su padre y despreciaba profundamente a Panin, que resultaba bastante arrogante y autoritario. En el otoño de 1801 Rusia estaba en plenas negociaciones de paz con Francia, y a principios de octubre el camino quedaba despejado para un acuerdo gracias al reemplazo de Panin por el más maleable Victor Kochubei. Pocos días después, la firma del tratado con Francia puso formalmente fin a la contribución de Rusia a la Segunda Coalición. Este acuerdo venía acompañado de un codicilo secreto que comprometía el apoyo ruso a Napoleón respecto a sus planes en Alemania, así que el primer cónsul quedaba con las manos libres para llevar a cabo la reorganización de Alemania siempre que, por lo menos, respetara los intereses de Alejandro I.

En tales circunstancias, esto no supuso una gran dificultad para Napoleón. Muchos de los estados con los que el zar mantenía vínculos familiares eran los que a él mismo le hubiera gustado ver reforzados, y si Alejandro había puesto ostensiblemente a Prusia bajo su manto protector en una visita de estado a Memel en el verano de 1802 que había terminado por establecer una estrecha relación entre el zar y Federico Guillermo y su reina, Luisa María de Mecklenburg-Strelitz, esto no suponía ningún problema, puesto que darle tierra a Prusia solamente podía suponer amenazar a Austria. Pero, ¿cómo iba Francia a imponer sus puntos de vista? Tampoco había problema en esto. En teoría, la reorganización del Sacro Imperio Romano era un asunto de sus propias instituciones y, en febrero de 1801, se convocó al Parlamento imperial a una asamblea, o Dieta, en Ratisbona para ratificar el tratado de Lunéville y negociar un programa de reajustes que éste había hecho necesario. Pero todo esto, sin embargo, terminó en un punto muerto y, más particularmente, se produjo una ruptura a tres bandas entre aquellos que no querían que se produjera ningún tipo de secularización (los poderes eclesiásticos, las ciudades libres y los caballeros imperiales); los que pretendían cierto grado de secularización (Austria y alguno de los estados menores); y los que abogaban por la completa secularización (Prusia, el resto de los estados protestantes del norte y del centro, y los estados católicos más avariciosos del sur). Tras meses de discusiones, finalmente se acordó que solo había un camino, principalmente la creación de una delegación de príncipes del Imperio encabezados por el arzobispo de Mainz y archicanciller imperial —el presidente del consejo de príncipes elegía nominalmente al emperador— Karl von Dalberg, que podía presentar el asunto ante Francia y Rusia y discutir sobre alguna solución para luego regresar e informar a la Dieta.

Actuar de este modo significaba abrirle el paso a Napoleón. Preparándose para este momento altamente predecible, el ministro de Asuntos Exteriores francés llevaba tiempo pergeñando un plan de acción. Viendo el cariz que estaban tomando los acontecimientos, una serie de estados —entre ellos Prusia y Baviera— ya habían llegado a un acuerdo con Francia al respecto de cuáles serían sus ganancias, y el resto se apresuraba, en ese momento, a seguir su ejemplo. Se produjeron escenas de la mayor indignidad: un enjambre de príncipes alemanes y sus representantes se presentaron en París, donde se enzarzaron en una lucha desesperada por anexionarse territorios y, en circunstancias menos afortunadas, sobrevivir. Parece que el soborno se convirtió en una práctica habitual y que Talleyrand, en particular, logró amasar una fortuna gracias a ello. Sin embargo, saber hasta qué punto estos esfuerzos de los príncipes lograron cambiar algo es otra cuestión: cuando finalmente se publicaron los términos del acuerdo franco-ruso a finales de 1802, se vio que éstos coincidían esencialmente con las aspiraciones que Napoleón había albergado durante mucho tiempo, siendo la única disonancia que el primer cónsul fue incapaz de impedir que Prusia obtuviera una compensación en Alemania central y del norte, en lugar de la costa báltica, como había sido su intención. Y por lo que se refiere a la delegación nombrada por la Dieta, era inútil intentar hacer otra cosa que no fuera ratificar los términos de Napoleón y presentarlos a la Dieta en pleno en la denominada *Reichsdeputationhauptschluss*. Por lo que respecta a las propuestas del primer cónsul, éstas eran del todo predecibles. De un golpe, ciento doce de los territorios que formaban el Imperio desaparecieron. También desaparecieron cincuenta y dos ciudades imperiales, además de Hamburgo, Bremen, Lúbeck, Frankfurt, Núremberg y Augsburgo; desaparecieron también los territorios eclesiásticos, además de una unidad especial que se creó para Dalberg, y los estados de los caballeros teutónicos y de la Orden de San Juan. Y por lo que se refiere a dónde fueron todos esos territorios, para los amigos de Napoleón los avances fueron casi literalmente fabulosos. Dar una lista de todos los territorios que cambiaron de manos resultaría extremadamente tedioso pero, en resumen, la compensación negociada en París en casi cada caso superaba ampliamente la extensión de la tierra que se había perdido en la orilla izquierda del Rin. Prusia, por ejemplo, perdió 137.000 habitantes y ganó 600.000; Baviera perdió 580.000 y ganó 854.000; Baden perdió 25.000 y ganó 237.00; y Hesse-Darmstädt perdió 40.000 y ganó 120.000. Las ganancias en dinero, mientras tanto, fueron incluso más evidentes, ya que muchos de los nuevos territorios eran mucho más ricos que los que se habían perdido, mientras que estados que hasta entonces no habían sido más que un mosaico disperso de territorios surgieron entonces como unidades compactas geográficamente y con unas fronteras relativamente sensatas.

Y no podía caber duda al respecto de lo que significaba todo esto. Austria no salió con las manos vacías de esta «lotería alemana». Por el contrario, obtuvo varios obispados en el sur del Tirol, mientras que el de Salzburgo fue entregado al duque de Toscana. Sin embargo, lo que había ocurrido significaba un verdadero desastre. El Sacro Imperio Romano sobrevivió, pero la práctica aniquilación de las ciudades libres y de los príncipes de la Iglesia había acabado con la preponderancia de Austria, sobre todo porque muchos de los electorados vacantes se entregaron a gobernantes protestantes tales como el duque de Württemberg y el landgrave de Hesse-Cassel. Si esto hacía que Austria perdiera el control del colegio de príncipes, en la Dieta las cosas eran aún peor: en su tiempo hubo treinta y cuatro votos eclesiásticos, pero ahora solamente quedaban dos. Por el momento los príncipes alemanes sobrevivían, pero sus días estaban contados, y varios de los gobernantes en cuyos estados estaban situados sus territorios procedieron a hacerse con ellos de cualquier manera. Aunque se las arreglaron para conjurar esta amenaza, en absoluto quedaban compensados por los bastiones que habían perdido. Y si Austria había quedado eclipsada, Francia se encontraba en la cumbre: aunque con su territorio ampliamente aumentado en tamaño, los estados del sur, en particular, siguieron siendo territorio austriaco, y por lo tanto volvieron la vista hacia Napoleón en busca de protección, integrándose en los estados satélites de Francia. Como Cobenzl lamentaba: «Qué lección recibimos aquí considerando el poco prestigio del que gozamos en el extranjero».[36]

Tanto en Alemania como en Italia, Napoleón siguió aumentando su influencia. No es necesario decir que ninguna de sus actividades resultaba del agrado de Gran Bretaña, cuya preocupación aumentaba por las acciones que Napoleón había llevado a cabo en otros lugares. El comercio británico siguió siendo discriminado en favor del de Francia y sus satélites, y la actividad de Francia en el mundo no mostraba en absoluto signos de abatimiento. Habiendo ya enviado una expedición a Australia, le compró la Luisiana a España y restauró la esclavitud en las colonias francesas. Además, el primer cónsul se disponía a extender la hegemonía de Francia en el Mediterráneo por medio de acuerdos con los gobernantes de Túnez y Argelia, dejando abierta la posibilidad de una nueva expedición a Egipto. Intentó restaurar la influencia francesa en la India, envió una fuerza a reconquistar Santo Domingo tras la exitosa revuelta encabezada por Toussaint L'Overture y comenzó un ambicioso programa de construcción naval. Apenas se había firmado la paz y en Londres ya se estaba vislumbrando un panorama de lo más oscuro junto con la expectativa —y en algunos casos la esperanza— de que una nueva guerra era inevitable. Como lord Minto, el antiguo embajador británico en Viena, escribió a su esposa el 26 de noviembre de 1802:

> Estoy convencido de que tanto nuestro gobierno como el francés evitarán la guerra en tanto que sea posible: nuestros ministros porque no podrían enfrentarse a las dificultades que surgirían y porque no se podría confiar en ellos para llevarla a cabo; los franceses porque desean tener la posesión de todo lo que nosotros hemos cedido primero, y sacar adelante sin oposición sus planes de engrandecimiento tanto en Europa como en el extranjero hasta que se sientan lo suficientemente fuertes como para enfrentarse a nosotros. Pero, con estas disposiciones, parece difícil que tarde en producirse el desencuentro ... Nada parece más improbable que Francia llegue a ceder: de acuerdo con esto sigue adelante tan rápido como le es posible sin prestar atención a nuestros enviados. Suiza va a ser primero desarmada, y luego tendrá que albergar una guarnición francesa a la que tendrá que pagar por sus servicios. Ha ocupado los dominios del duque de Parma. En Viena se cree que la Toscana tiene el mismo destino, y que al rey de Etruria no se le permitirá volver de su exilio en España. Todo el mundo aquí se encuentra abatido, y mucha gente está aterrorizada al ver la tormenta que se cierne sobre nosotros.[37]

En la misma línea contamos con una carta escrita por lord Hobart a lord Wellesley el 14 de noviembre de 1802:

> Hemos recibido informes de una persona importante, que nos merece toda confianza, acerca de que Napoleón se muestra especialmente ansioso por hacerse con Goa y que es seguro que intentará por todos los medios intimidar a la corte de Lisboa para que la ceda al gobierno francés. Ya ha amenazado a los portugueses con que sufrirán las consecuencias si no hacen que dimita monsieur d'Almeida [*sic*] de su puesto de ministro de Asuntos Exteriores... Ante tal perentoria demanda los portugueses han reaccionado con una respuesta evasiva, y como Bonaparte ha declarado abiertamente que no está dispuesto a transigir a este respecto, no debería sorprendernos si el sacrificio de este territorio se ve sustituido por el del ministro. Llegado el momento, sin embargo, de que Portugal se involucre en la guerra, solicitará y probablemente recibirá ayuda desde este país.[38]

Pocas de las acciones de Napoleón realmente llegaron a infringir la letra de los preliminares de Londres o del tratado de Amiens aunque, ciertamente, infringieron lo que los británicos consideraban su espíritu, y les dieron razones para pensar que lo peor todavía estaba por llegar. Los problemas en la relación, mientras tanto, empeoraron por las protestas del mandatario francés sobre los planes internos de Gran Bretaña. En justicia hay que decir aquí que Napoleón tenía cierta razón en este punto: en diciembre de 1800 él y Josefina habían escapado por muy poco de morir en un atentado terrorista organizado por monárquicos franceses con el apoyo de los británicos. Por lo tanto, protestar formalmente por la presencia de tales conspiradores en suelo británico no era descabellado. Quizá tampoco estaba fuera de lugar demandar la expulsión de los príncipes Borbones que residían en Gran Bretaña. Siendo Napoleón como era, sin embargo, la representación diplomática se transformó rápidamente en un ultimátum. Y, de este modo, lo razonable llegó a mezclarse con lo descabellado. Mostrarse en contra de que los *emigrés* aparecieran en público haciendo gala de sus viejas condecoraciones borbónicas era ciertamente una nimiedad, pero de mucha más importancia fue el asunto de la prensa. Durante años, una serie de periódicos habían estado demonizando y haciendo sátiras gráficas y escritas sobre el primer cónsul. Parte de este material era realmente difamatorio en extremo, pero, aun así, el mandatario francés debería haber estado mejor aconsejado al respecto, recomendándosele que debía hacer caso omiso a tales ataques. Tal consejo es que le dio su embajador, Andréossy, pero Napoleón era demasiado consciente de que era un advenedizo como para tolerar tal abuso de confianza y, en consecuencia, demandó que se cerraran los periódicos que publicaban tales insidias contra su persona. Como el antiguo jacobino, Bertrand Barère, le dijo a un visitante británico en París: «Vuestros periódicos son una fuente diaria de irritación para la apasionada persona del Primer Cónsul, que es tan ... banal que es capaz de declararos la guerra solamente porque le insultan en los periódicos británicos».[39]

Ante esta situación, la administración Addington decidió mostrar su postura. El embajador enviado a Francia cuando se restablecieron las relaciones diplomáticas en noviembre de 1802, lord Whitworth, era un miembro del viejo partido en favor de la guerra, mientras que Addington ordenó que se retrasara la evacuación de Malta y Egipto. Luego, en enero de 1803, apareció el informe Sebastiani. Un duro y dinámico oficial de infantería que había luchado con Napoleón en Italia y colaborado en el golpe de estado del 18 de Brumario, Horace Sebastiani había zarpado de Tolón en 1802 con órdenes de asegurar el reconocimiento de los gobernantes de la costa norteafricana y averiguar cómo estaba la situación en Egipto y Palestina. Publicado en el diario oficial el *Moniteur* el 30 de enero, el documento sugería que Egipto sería una presa fácil si se intentaba su reconquista, ya que los mamelucos se encontraban totalmente desorganizados y la guarnición británica era débil y estaba mal comandada. Finalmente, como si esto no fuera suficiente, el 18 de febrero de 1803 Whitworth fue testigo de una espectacular diatriba en París:

> En este asunto [una presencia británica continuada en Malta] nada en este mundo podrá convencerme. De los dos preferiría verte en posesión mejor del Faubourg St. Antoine que de Malta ... Mi irritación contra Inglaterra se incrementa cada día porque todos los vientos que soplan de Inglaterra no traen nada más que enemistad hacia mi persona. Si hubiera sentido la más mínima inclinación por tomar Egipto, lo podría haber hecho hace un mes enviando 25.000 hombres a Abukir ... ¿Qué puedo ganar yendo a la guerra? Un descenso a vuestras costas es el único medio de atacaros que poseo ... Estoy completamente al tanto de los riesgos que entraña una empresa como esa, pero me estáis obligando a llevarla a cabo. Arriesgaré mi ejército, mi vida, en el intento ... Hay cientos de posi-

bilidades a mi favor frente a solamente una contra mí, pero estoy determinado a intentarlo, y tal es la disposición de las tropas de los ejércitos que encontraré dispuestos a participar en tal empresa ... Si no hubiera sentido la enemistad del gobierno británico a cada paso desde la firma del tratado de Amiens, no hay nada que no hubiera hecho para demostrar mi deseo de conciliación: participación en las indemnizaciones ... tratados de comercio, en resumen, cualquier cosa que hubiera podido dar fe de mi buena voluntad. Nada, sin embargo, ha sido capaz de vencer la hostilidad del gobierno británico, y de ahí que hayamos llegado ahora al punto en que nos preguntamos: ¿Habrá paz o habrá guerra? ¿Cuál de las dos partes violará el tratado de Amiens? Por lo que a mí se refiere he cumplido todas sus condiciones con escrupulosa fidelidad ... Paz o guerra, esto depende de Malta. No tiene sentido hablar del Piamonte y de Suiza. Son meras bagatelas, y esto ya se debía haber visto cuando el tratado estaba saliendo adelante. A estas alturas no tenéis derecho a hablar de estos territorios ... Malta ... es sin duda de gran importancia [desde] el punto de vista marítimo, pero a mis ojos tiene un valor mucho más grande: toca el honor de Francia. ¿Qué diría el mundo si contempláramos sin hacer nada la violación de un tratado firmado por nosotros mismos? ¿No se dudaría de nuestro poder? Por lo que a mí respecta, yo ya he tomado una decisión: antes os entregaría Montmartre que Malta.[40]

Sin embargo, tanta grandilocuencia terminó siendo contraproducente. En Londres se percibió como la «trampa de un matón corso» y un intento de «asustarnos para someternos, para cegarnos con el miedo».[41] Esto solo no era suficiente para sugerir que la firmeza era la única posibilidad, pero, dejando eso de lado, Gran Bretaña iba a dejar de estar aislada. Alejandro se había dado cuenta con retraso de que Napoleón le había enredado acerca del Sacro Imperio Romano y que, más que aumentar su poder, y, por extensión la influencia de Rusia, lo que había hecho Napoleón era convertir en marionetas a los estados alemanes con los que el zar tenía alguna relación. En su opinión también era alarmante el hecho de que Napoleón hubiera sido nombrado cónsul vitalicio, habiendo comentado el zar que el gobernante francés había «perdido la oportunidad de probar que no había trabajado en su propio interés sino por la felicidad y la gloria de su país» y al final se reveló como simplemente «uno de los más grandes tiranos que la historia ha conocido».[42] Al mismo tiempo, Alejandro, desilusionado con la posibilidad de llevar a cabo reformas internas en su país, se mostraba cada vez menos inclinado a alinearse con esos consejeros que abogaban por una política de ruptura con el resto de Europa. En septiembre de 1802, San Petersburgo vio el nombramiento de un nuevo ministro de Asuntos Exteriores en la persona de Alexander Vorontzov, un anglófilo cuyo hermano era el embajador ruso en Londres y que se movía entre la determinación de no permitir que Rusia quedara marginada en los asuntos internacionales y unas inclinaciones generalmente pacíficas. Más específicamente, se produjeron también dudas crecientes sobre las intenciones de Napoleón en el Mediterráneo y más particularmente en el Imperio Otomano: no solo se sabía que había agentes franceses infiltrándose por los Balcanes, sino que Constantinopla había recibido presiones de París para permitir que los barcos franceses tuvieran acceso sin restricciones al mar Negro. Otro asunto que ocupaba la mente del zar eran los derechos de los estados más pequeños de Europa: Alejandro asumió la defensa de tales sistemas de gobierno como una responsabilidad propia, y se mostraba extremadamente preocupado por la manera en que Napoleón se estaba llevando por delante a estos estados. Nada de esto significaba que Alejandro tuviera deseos de desafiar a Francia —por el contrario, Rusia evitó confrontaciones declarando abiertamente que la independencia de Malta había sido acordada en el tratado de Amiens a cambio de la retirada británica— pero, en fecha tan temprana como 1803, los rusos insinuaron que no tenían nada en contra de que la Union Jack siguiera ondeando en las murallas de La Valetta, e incluso que estaría dispuesta a firmar una alianza defensiva.

Envalentonados con todo esto, los británicos no solamente se mostraron firmes respecto a Malta, sino que convocaron a la milicia y ordenaron que se reclutaran unos 10.000 hombres para la marina de guerra. El primer cónsul nunca había estado tan enfadado, y el 13 de marzo una recepción en palacio se vio interrumpida por una tormentosa escena en la que Whitworth se vio también involucrado. Los testimonios al respecto difieren, pero no hay lugar a dudas de que se trató de una escena de lo más violenta. Tomémos, por ejemplo, la versión de Claire de Rémusat:

> Unos pocos días antes de la declaración de guerra, el cuerpo diplomático se reunió en las Tullerías como era su costumbre. Mientras terminaban de llegar los delegados, fui a los apartamentos de Madame Bonaparte. Yendo a la habitación en la que se hacía la *toilette*, encontré que el

Primer Cónsul estaba sentado en el suelo, jugando alegremente con el pequeño Napoleón, el hijo mayor de su hermano, Luis ... Parecía estar de muy buen humor, y le dije que las cartas enviadas a casa por los embajadores tras esta audiencia no hablarían más que de paz y de concordia. Oyendo esto Bonaparte se rió y continuó jugando con el niño. Poco después llegó un mensaje que convocaba a todo el mundo a una reunión. En ese momento, todo signo de alegría desapareció de su rostro y se puso en pie de un salto. Me sentí intimidada por la severidad de la expresión que adoptó: su piel palideció ... sus labios se contrayeron, y todo esto en menos tiempo de lo que lleva contarlo. Diciendo en voz baja nada más que «vayamos, señoras», salió precipitadamente de la habitación y bajó al salón. Entrando en el salón sin decir nada, se fue directo hacia el embajador británico e inmediatamente se puso a quejarse sobre los procedimientos de su gobierno. Si ira aumentó con cada minuto y pronto alcanzó un punto en el que la totalidad de la gente reunida llegó a asustarse realmente: las palabras más duras, las más violentas amenazas salían unas detrás de otras de sus labios temblorosos. Nadie se atrevía a moverse. Abatidas y completamente mudas, Madame Bonaparte y yo nos mirábamos atónitas la una a la otra ... Ni siquiera la flema británica podía soportar esta situación, y el embajador apenas podía encontrar palabras con las que responder.[43]

Y en cuanto a lo que se decía, parece que Napoleón se pronunció más o menos como sigue:

> Así que estáis determinados a ir a la guerra. Ya hemos estado luchando durante quince años. Supongo que queréis luchar quince ... más. Los ingleses desean la guerra, pero si son los primeros en desenvainar el sable, yo seré el último que lo enfunde ... Si queréis vivir en términos de buen entendimiento con nosotros, debéis respetar los tratados. ¡Pobre de aquel que no los respete![44]

Este ataque de furia, sin embargo, no fue el final de la historia. Todos los que rodeaban al primer cónsul estaban consternados por su comportamiento, y en algunos casos se atrevieron a hacérselo saber, y también el propio Napoleón se dio cuenta de que había cometido un gran error. Durante horas se hicieron considerables esfuerzos para conciliarse con Whitworth, y el caso es que hubo suerte, porque al final el embajador concluyó que lo que había ocurrido no era más que un ataque de furia. Pero la administración Addington no fue aplacada tan fácilmente. Por el contrario, el 3 de abril llegaron nuevas demandas desde Londres: Gran Bretaña tendría que recibir Malta, y Francia evacuar Holanda y Suiza, compensar al rey de Piamonte (cuyos dominios habían quedado reducidos a la isla de Cerdeña) por sus pérdidas en Italia y proporcionar una explicación satisfactoria de sus intenciones sobre Egipto. No se mencionaba el libre comercio y se ofrecían ciertas concesiones reconociendo la adquisición de Elba por Francia, pero ciertamente esto significada un endurecimiento de la postura por parte de Londres. Aunque el embajador francés había mantenido firmemente que Addington y su ministro de Asuntos Exteriores, lord Hawkesbury, todavía no querían la guerra. En esto tenía razón: el primer ministro británico había confiado toda su credibilidad al acuerdo de paz y estaba verdaderamente aterrorizado ante la perspectiva de un nuevo conflicto bélico. Además, Gran Bretaña todavía no estaba preparada para la guerra. Como escribió lord Minto:

> Nadie podía haber imaginado la falta total de preparación, y la total imposibilidad de conseguirla inmediatamente, en la que estaba inmerso el país ... Hasta hace quince días no teníamos un solo buque de línea que pudiera navegar ... Y no podemos tener cinco listos para el mes que viene ... La prensa ha hecho más bien poco ... y hay una carencia de marineros que todavía no sabemos cómo remediar. La rápida y total reducción que había sufrido nuestro potencial militar, como si ya no hubiera nada que temer de Francia, me parece una verdadera inconsciencia.[45]

Pero la perspectiva de una nueva agresión por parte de los franceses en el Mediterráneo parecía tan lejana que el asunto de Malta simplemente no estaba sujeto a negociaciones. Aunque esto, sin lugar a dudas, dependía de la supervivencia del gobierno. Como hemos visto, muchas voces se había levantado contra el tratado de paz entre la clase dirigente británica, mientras que había un considerable odio hacia el jacobinismo que supuestamente representaba el primer cónsul. «El gobierno de Francia, mientras Bonaparte permanezca como Primer Cónsul —escribió lord Malmesbury— es como el de Persia bajo Kauli-Khan: no conoce fronteras, ni morales ni civiles [y] está gobernado por ningún principio, y pretender ... que la ambición de Napoleón se circunscribe, o que, con los medios para hacer todo, no hagamos nada, es hablar de una negligencia criminal.»[46] Lo mismo opinaba Jorge III, que sentía que había sido obligado a firmar la paz porque «fui abandonado por todo el mundo, aliados y demás», y, además que la idea de que «el jacobinismo estaba en sus últimos días» fue «una máxima equivocada y peligrosa», mientras que una conversación entre el duque de Cork y lord Malmesbury vio al primero de los interlocutores «con gran ansiedad y alarma al respecto de la situación y [deplorando] la falta de capacidad y de vigor en la actual administración para oponerse ... a la insolencia de Francia».[47] A favor de la paz en 1801, Pitt se mostraba también ahora inclinado a mostrar una postura más firme, tal y como quedó revelado en una larga conversación que mantuvo con Malmesbury en una fecha tan temprana como el 8 de abril de 1802:

> Encontrándome con Mr. Pitt en Hyde Park ... afirmaba que cuando se firmaron los preliminares había pensado que Bonaparte había satisfecho su insaciable ambición y que se contentaría con el poder y la reputación que había adquirido; que por un momento, por lo tanto, estaba dispuesto a creer que estaba haciéndose más moderado [y] más razonable, y que, habiendo conseguido todo lo que deseaba ... se quedaría tranquilo, y consideraría la restauración de la paz ... como una sabia y saludable medida, no solamente para Francia, sino para el mantenimiento de su puesto y ... popularidad. Sin embargo, todo lo que había ocurrido desde entonces le había convencido de que estaba equivocado, y que ... [Bonaparte] era, y siempre sería, el mismo tipo codicioso, un saqueador insaciable tan poco confiable y con tanta mala fe como siempre ... En consecuencia, él (Mr. Pitt) se vio obligado a volver a su anterior opinión, y declarar que ningún acuerdo ... alcanzado con él podría ser seguro ... Por lo menos no se arrepentía de haber hablado a favor de la paz: había llegado a ser una medida necesaria, un descanso para Inglaterra que, aunque corto, era deseable.[48]

Debería destacarse que Pitt no estaba aconsejando ir a la guerra inmediatamente y que se mostraba opuesto a cualquier intervención a través del Canal o el mar del Norte. Como afirmó en la misma conversación, «el aletargamiento del espíritu público y la torpeza de las cortes europeas pone ... fuera de nuestro alcance contrarrestar los intentos de Bonaparte por ... engrandecerse aún más en el continente, porque, desasistidos como nos veremos por todas las cortes a las que está pisoteando, no... nos veremos capaces de frenarle».[49] Lo que Pitt sugería era más bien limitarse a permanecer firmes en los asuntos relativos a los intereses británicos, prepararse para un nuevo conflicto e ir a la guerra si se los empujaba a ella por medio de un ataque directo. Pero, incluso teniendo esto en cuenta, la inacción resultaba una medida imposible. Tampoco era probable porque dentro del gabinete existía muy poca confianza en Napoleón. Para lord Hawkesbury, «Bonaparte era un jacobino militante con una mente jacobina, principios jacobinos y proyectos jacobinos ... que ha conseguido sus propósitos, alcanzado el poder absoluto y lo está practicando como cualquier jacobino que estuviera en la misma situación».[50] Igualmente, para el ministro del Interior, el conde de Chichester, «Bonaparte no es más que un líder jacobino que ha conseguido sus objetivos ... El ladrón que mientras está entrando en tu casa, emplea medios muy diferentes, y es muy distinto al ladrón que ha ... tomado posesión de ella. Bonaparte saquea Italia, Flandes, Florencia y todos los palacios de Roma., pero adorna y decora Saint Cloud y las Tullerías con un lujo y un dispendio que supera de lejos al que hacía gala Luis XIV.»[51]

Fue de este modo como un gobierno cuya vocación era la paz se vio forzado a embarcarse en una empresa cuyo resultado era muy probable que fuera el opuesto. Y debe afirmarse rotundamente aquí que, aunque bien es cierto que existía un odio visceral hacia Napoleón y la Revolución Francesa tanto entre los partidarios de Pitt como entre los de Grenville y la gente de su clase, estas fuerzas aumentaban su credibilidad y contaban con cierto respiro gracias a París y a sus políticas. Como ejemplo de cómo trabajaba la mente de Addington, lo mejor que tenemos es el diario de lord Malmesbury. El 19 de febrero de 1803, Malmesbury fue convocado a una reunión con el primer ministro en Downing Street. Para su sorpresa, un agotado y preocupado Addington se desahogó con él dándole detalles un tanto embarazosos:

> Tras muchas expresiones llenas de buen humor, consideración y amistad, [Addington] dijo que lo había tenido en consideración durante algún tiempo en el pasado ... para preguntarme mi opinión al respecto de ciertos asuntos sobre los cuales mi opinión ejercería un gran peso .... Tras este prefacio continuó afirmando de manera muy clara el sistema que él había ... seguido desde que Su Majestad le hubiera convocado por primera vez a sus consejos: que él, en ese momento, consideraba la paz como una medida aconsejable e incluso necesaria, dado el estado en el que se encontraba el continente en el momento en el que tomara posesión de su cargo y por el estado del erario público que, no exhausto, pero muy daña-

do, por lo que no existía la posibilidad de infligir ningún daño a Francia y ni tan siquiera de intimidarla un poco; que, por lo tanto, tan pronto como finalizaran las expediciones al Báltico y a Egipto, el establecimiento de la paz se convertiría en el objetivo prioritario. Que la paz era por entonces su más preciado bien, y que nunca había sido tan deseada por nadie como por él en ese momento, pero que nunca esperó haber vivido para ver el día en el que se le acusara de preferir una paz poco gloriosa o dañina para los intereses del país ... Aunque tuvo que soportar ser acusado de tal cosa, y había soportado la acusación en silencio ... porque era consciente de que no lo merecía y porque se sentía completamente convencido de estar haciendo lo correcto ... El tiempo en el que podría manifestar esta justificación estaba cercano ... Su máxima, declaró, desde el momento que asumió el cargo fue primero establecer la paz y luego preservarla, con ciertas reservas en su mente, si Francia elegía, y mientras Francia eligiera, nada más que resistir y soportar todas las protestas y las invectivas internas hasta el momento en el que Francia (y él sabía que esto iba a suceder) alcanzara el punto máximo de su locura y optara por el camino equivocado, no solamente por medio de reiterados actos de insolencia y prepotencia, sino hasta que estos actos se convirtieran, por sus expresiones e inferencias, en claras intenciones hostiles y adversas a nuestro interés particular, en una violación del tratado y en un peligro para Europa ... Meros actos de insolencia e impertinencia, por muy insultantes que fueran, había sido ignorados por él, porque nunca pondría al mismo nivel la tradicional sobriedad y dignidad británicas con la caprichosa y petulante actitud arrogante de Bonaparte. Actos de esa clase perdieron su valor cuando consideramos a qué tipo de personaje nos estábamos enfrentando. Era como si un hombre sobrio tuviera que soportar las impertinencias de un borracho, o como si un caballero tuviera que comprometerse con un carretero ... Fue por esta razón [que], aunque era plenamente consciente de ellos, había recomendado no hacer caso de las artimañas y de los insultos de Bonaparte hacia este país, y ... esperar hasta que la insolencia viniera acompañada de la hostilidad ... Esto se se hizo de manera incuestionable en el informe de Sebastian, y, si Bonaparte había estudiado como cumplir su predicción, no podía haberlo hecho mejor.[52]

Existían también razones para pensar que la misma naturaleza del régimen francés sugería que terminaría doblegándose si se enfrentaba a algún tipo de oposición. Acerca de este asunto, Malbesbury resulta de nuevo muy interesante:

> Viernes, 4 de febrero [1803]: lord Pemborke en Park Place. Había pasado tres meses en París; se había reunido con gente de toda condición, escuchado a todo el mundo; y, como es un excelente observador y un oyente paciente, debemos confiar plenamente en su informe. Dijo que nunca hubiera creído que existía una persona tan universalmente denostada como Bonaparte, sino fuera porque tenía pruebas diarias de ello: esto se debe a su rápido ascenso, su carácter poco moderado y tiránico y al uso evidente que hace de su poder. Este odio, sin embargo, no tiene ninguna consecuencia: su poder sigue siendo el mismo y se le obedece sin reservas. Inglaterra es claramente el objeto de su odio y de su envidia, y todos sus planes, todos sus pensamientos, están ligados a la forma de reducir nuestra influencia o incluso someternos, pero, aunque hay un grado suficiente de inquina hacia nosotros en la sociedad, los franceses resultaron tan vejados y atormentados por la guerra que ese debe ser un motivo más fuerte que el odio nacional hacia nosotros, como para hacer que deseen la paz. Este sentimiento también hace que soporten la opresión y la arrogancia de Bonaparte, que, siendo despreciable como es, es más tolerable que el sistema de terror impuesto en tiempos de Robespierre o la violencia caprichosa y gratuita ejercida por el Directorio. El ejército comparte en cierta medida estos sentimientos, y aunque pudiera ser que muchos oficiales pudieran resultar tentados por la perspectiva del botín, la mayoría de ellos irían a la lucha de mala gana. Los generales, que en el pasado fueron sus camaradas, están celosos de Bonaparte. No puede confiarles un mando y no se atreve a alejarse de París mucho tiempo.[53]

Si estas reflexiones son un tanto oscuras, mucho más clara resulta una conversación que Malmesbury mantuvo quince días más tarde con el secretario de Asuntos Exteriores de Addington, lord Hawkesbury. «lord Hawkesby dijo que él pensaba que el Primer Cónsul, lo mismo que Pablo [el último zar], estaba completamente loco, que su forma de actuar resultaba de lo más extravagante, y que su impopularidad se había transformado en auténtico odio.» «Debe tratarse de locura», afirmó lord Hawkesbury.[54] Pero incluso si Napoleón estaba loco, en términos prácticos eso no cambiaba demasiado las cosas. Citando a lord Hobart:

> Todas las especulaciones al respecto de lo que hará un hombre como Bonaparte bajo cualquier circunstancia terminarán siendo erróneas, puesto que no se puede esperar que actúe en ningún momento siguiendo los razonamientos usuales. Sus intenciones son belicosas, aunque lo que le

> interesa en este momento es la paz, pero como está dominado completamente por su rencor y odio hacia Inglaterra ... la única opción que tenemos es prepararnos para la guerra, y, ciertamente, veo pocas posibilidades de que ésta se pueda evitar a no ser que el sentimiento predominante en Francia, que es indudablemente el del mantenimiento de la paz, se haga patente de tal modo que pueda parecerle a Bonaparte que su persona o su poder están en peligro.[55]

La guerra, entonces, estaba a las puertas. En este punto, sin embargo, Napoleón se vio frenado por los informes relativos al estado del ejército y la armada. El primero, parecía, no estaba en condiciones de ir a la guerra: la caballería carecía de suficiente número de monturas y muchas unidades tenían sus efectivos bajo mínimos. Por lo que respecta a la segunda, las cosas estaban incluso peor: como el programa francés de construcción naval estaba todavía en su primera fase, una reanudación de las hostilidades hubiera resultado un desastre para las colonias y para el comercio, sobre todo teniendo en cuenta que la mayor parte de los navíos que poseía Bonaparte se encontraban en ese momento dispersos en pequeños grupos en el mar Caribe. Dándose cuenta de que la cosa se le estaba yendo de las manos, Bonaparte intentó dar marcha atrás. El agradable y pacífico José Bonaparte fue puesto al frente de las relaciones diplomáticas con Inglaterra: se hicieron promesas garantizando la integridad del Imperio Otomano; y se sugirió que Gran Bretaña se quedara con Corfú y Creta en lugar de con Malta. Pero Gran Bretaña había perdido toda la confianza y su única respuesta fue, o limitar la ocupación de Malta a un periodo de diez años, en el curso de los cuales construiría una base alternativa en la cercana isla de Lampedusa, o garantizar a los caballeros de San Juan el derecho a gobernar la isla bajo los auspicios de una guarnición británica. Además, estos términos debían acordarse en el espacio de siete días. Se sucedieron más esfuerzos encaminados a la conciliación: Gran Bretaña podría conservar Malta durante diez años más, si Francia podía ocupar la costa adriática de Nápoles durante un periodo de tiempo similar; alternativamente, Gran Bretaña podría conservar su guarnición en la isla hasta que se pudiera negociar una garantía internacional de su neutralidad y se la proveyera de una nueva guarnición para sus fortificaciones. Esta última propuesta constituyó una verdadera posibilidad: en el último momento, Alejandro se había arrepentido de algún modo de su creciente postura antifrancesa, y no solamente había ofrecido sus servicios como mediador, sino que también había sugerido que podía proporcionar tropas rusas. Pero era demasiado tarde: el 12 de mayo de 1803 Whitworth abandonó París. Como el pintor Farington expuso en su diario, «lord Whitworth vuelve de París. Por lo tanto, la guerra es inevitable».[56]

Las hostilidades comenzaron seis días después, cuando una fragata británica abrió fuego contra un convoy francés en el canal de la Mancha. En cierto sentido, el simbolismo era de lo más propio: como eran los británicos los que habían iniciado la crisis, eran ellos los que disparaban el primer cañonazo de la guerra. Sin embargo, ni esto, ni el hecho incontestable de que la posesión de la isla de Malta por parte de Gran Bretaña constituía una violación del tratado de Amiens, pueden hacer a este país responsable del final de la paz. Por el contrario, en última instancia era Napoleón el que deseaba la reanudación del conflicto. Para haber evitado las hostilidades, habría tenido que hacer importantes concesiones, y haberse doblegado hubiera dañado su prestigio, que era la base sobre la que se sustentaba su poder. Verdaderamente, uno tiene que preguntarse si los esfuerzos de última hora para evitar la ruptura no eran más que una forma de ganar tiempo o de desacreditar a los británicos. Que éste era el caso —que Napoleón estaba determinado a iniciar la guerra— lo sugieren las memorias de su antigua conocida, Laure Permon, que desde 1800 había sido la esposa de su edecán de confianza, Jean Andoche Junot (que, según se dice, soñaba con una invasión de Inglaterra que le convirtiera en duque de Westminster):

> Sin ninguna duda, Napoleón estaba determinado a romper las relaciones con Gran Bretaña. ¿Quién puede negar esta evidencia? Puede que quisiera posponer la ruptura hasta el momento oportuno, pero el objetivo final estaba claro. Tenía muchas cuentas pendientes con la altiva Gran Bretaña desde hacía mucho tiempo.[57]

Es también importante que consideremos ahora los acontecimientos que se sucedieron en el hemisferio occidental. Como hemos visto, la calma en Europa vino acompañada de un serio intento por parte de Napoleón para recuperar el control de la antigua joya de la corona en en el Caribe francés, Santo Domingo. Esta campaña comenzó con un gran espíritu combativo, lo que dice mucho del temperamento de Napoleón en esa época. Entre quienes le fueron presentados en las Tullerías estaba un emigrante retornado conocido como el conde de Vaublanc. Un oficial del ejército que había nacido en Santo Domingo y servido antes de la Revolución, Vaublanc fue interrogado por el primer cónsul sobre su conocimiento de la isla, y se horrorizó cuando se le dijo que tal expedición estaba prevista. Como recordó después:

> Hice varias objeciones y le dije [a Bonaparte] que el problema de la enfermedad significaba que el éxito de la expedición no podía depender solamente de la victoria militar ... Me escuchó, pero me respondió de forma jocosa. Por lo que se refería a este asunto en particular, estaba poseído por el tan común defecto de negarse a escuchar cuando se trata de asuntos de los que no se sabe nada ... Me sorprendió ver este defecto en una persona de tanta valía como el Primer Cónsul.[58]

Precisamente como predijo Vaublanc, la campaña pronto terminó poniéndose muy difícil. Comandados por el cuñado de Napoleón, el general Victor Emmanuel Leclerc, 35.000 soldados franceses habían invadido la colonia rebelde en febrero de 1802. Un oficial de escasa valía, Leclerc ignoró completamente la opinión de los nativos y condujo la guerra de manera totalmente equivocada. Tras meses de lucha desesperada, Toussaint L'Overture fue persuadido para que firmara un tratado de paz con los franceses que significaba la concesión de la libertad para los negros y la amnistía para todos aquellos que habían luchado contra los franceses; pero al recibir órdenes de París para restaurar la esclavitud, Leclerc renegó del tratado y secuestró a L'Overture, que fue de inmediato deportado a Francia, donde murió en prisión un año después (en circunstancias probablemente auspiciadas por Napoleón, el líder haitiano fue sometido a un terrible cautiverio y abandonado sin atención médica ni alimentación adecuada). Como respuesta, los negros se levantaron de nuevo contra los franceses y se reanudó la guerra. Luchando con la más repugnante crueldad, se llegó a la primavera sin que se produjera el más mínimo signo de una victoria francesa. Leclerc y miles de sus hombres habían sucumbido a la temida fiebre amarilla, y los refuerzos enviados al Caribe perecían al poco tiempo de poner pie a tierra.

Napoleón nunca abandonó esta horrorosa guerra. En abril de 1803, sin embargo, la política francesa en el hemisferio occidental estaba sometida a una actividad febril. A lo largo del invierno de 1802-1803 se preparó una expedición en el puerto holandés de Helvoetsluys con rumbo a Luisiana y con el objetivo de establecer una presencia francesa en el continente americano. No hay razón para creer que Napoleón no estuviera firmemente decidido a restaurar la rama occidental del colonialismo francés. Sin embargo, casi literalmente, la política francesa cambió de la noche a la mañana. Desde que España cediera la Luisiana a Francia, los diplomáticos norteamericanos habían estado trabajando desesperadamente para que Francia vendiera dicho territorio a Estados Unidos, pero hasta ese momento no habían obtenido una respuesta positiva desde París. Pero, de repente, se anunció que Luisiana estaba en venta. Apenas capaces de creer en su suerte, los norteamericanos no dejaron escapar la oportunidad, y el 30 de abril la totalidad del territorio —un área cuatro veces mayor que la superficie de Francia, que se extendía desde el golfo de México hasta la frontera canadiense, que abarcaba los modernos estados de Luisiana, Arkansas, Misuri, Iowa, Oklahoma, Kansas, Nebraska, Minnesota, Dakota del Norte, Dakota del Sur, Colorado y Wyoming— entró a formar parte de la órbita de las Barras y Estrellas al precio de ochenta millones de dólares. De un plumazo, Napoleón había acabado con sus pérdidas en el oeste al tiempo que llenaba su cofre de guerra en Europa y ataba de pies y manos a Gran Bretaña. Quedaba fuera de toda duda que Napoleón había dado un golpe maestro, que además constituye un prueba más de culpabilidad su en los acontecimientos de mayo de 1803. Según madame Junot:

> La venta le resultó muy dolorosa, y esos que se dejan arrastrar tanto por las pasiones y continúan manteniendo una idea errónea y le atacan por lo que ocurrió, deberían recordar que si hubiera sido realmente el tipo de hombre que ellos imaginaban, uno que solo perseguía su propio beneficio, su interés probablemente le habría inclinado a mantener una provincia cuya posesión iba a convertirse en una gran amenaza para los Estados Unidos.[59]

Al final, la evidencia es incontestable. Napoleón puede no haber sido un hombre dependiente en términos psicológicos, pero como gobernante que era dependía totalmente de la consecución de la gloria. En términos políticos, el éxito militar también le resultaba necesario, mientras que la reorganización de Francia estimulaba su sentido de la superioridad y creaba las condiciones en las que la guerra podía proporcionarle nuevas recompensas. Esto no quiere decir que Napoleón buscara deliberadamente una ruptura de los compromisos establecidos en el tratado de Amiens. De hecho, aunque puede que creyera que la guerra con Gran Bretaña y con otras potencias iba a resultar finalmente inevitable, no tenía ningún deseo de que la tregua que había conseguido que se declarara en Europa durara menos de un año. Aunque nunca había dejado de estar al borde de la guerra. Lejos de respetar el balance claramente favorable que había obtenido por medio de los tratados de Lunéville y Amiens, continuó expandiendo la influencia francesa de forma implacable. Esto terminó desestabilizando a la administración Addington, que se vio forzada a no respetar el trato de Amiens y a exigir unas concesiones que el orgulloso primer cónsul nunca sería capaz de asumir. Finalmente lo que pasó es que Napoleón no pudo aceptar el hecho de que se intentara poner freno a su libertad de acción. Al mismo tiempo, sin embargo, Gran Bretaña no podía encontrar la manera de poner freno a Napoleón salvo por medio de la guerra. Con una situación en la que ni Gran Bretaña ni Francia estaban dispuestas a hacer concesiones, al final solo podía haber una salida.

Capítulo 4

HACIA LA TERCERA COALICIÓN

En mayo de 1803, la ballena entró en guerra con el elefante. Poseedora de la flota más poderosa del mundo, Gran Bretaña ejercía su supremacía en el mar, pero, en tierra, solamente era capaz de poner en campaña meras fuerzas expedicionarias compuestas por unos pocos miles de hombres, reclutados entre un ejército que, en la década de 1790, había padecido una extrema pobreza de recursos humanos y materiales. Para Francia, sin embargo, el panorama era más bien el opuesto. Aunque su tan cacareada invencibilidad era una cuestión de leyenda, lo cierto es que el ejército francés era una máquina militar impresionante con muchas victorias en su haber, mientras que la marina francesa se encontraba en un estado verdaderamente lamentable y se veía virtualmente impotente para echarse a la mar. Cómo iba a ser posible que las dos potencias beligerantes terminaran enfrentándose en una batalla, era algo que todavía no estaba claro. Fuera de Europa se llegaron a entablar combates de manera espontánea, pero de esa manera la resolución del conflicto al final terminaría girando en torno a la resolución de combates librados de forma aislada. Para vencer a Francia, Gran Bretaña tenía que apañárselas para lograr reunir una coalición continental lo suficientemente poderosa como para derrocar a Napoleón o, por lo menos, obligarle a sentarse a la mesa de la paz; mientras que, para derrotar a Gran Bretaña, Napoleón tendría que evitar la formación de esa coalición y movilizar a una parte sustancial de Europa contra Londres. Incluso así, la victoria no estaba garantizada para ninguno de los dos contendientes. Pero, como terminarían demostrando los acontecimientos de 1805, tales eran las ventajas de Francia en tierra que incluso la más poderosa de las coaliciones no iba a ser suficiente para derrotarla aunque, a corto plazo, los primeros estadios de la guerra entre Gran Bretaña y Francia giraron más bien en torno a la lucha diplomática por ver quién se hacía con el apoyo de Austria, Rusia y Prusia. Mientras tanto, el hecho de que se produjera tal competencia diplomática ya es, de por sí, significativo. Desde la perspectiva actual, es posible argumentar que esta era una lucha diplomática que los franceses estaban abocados a perder, porque la clave del asunto en esa ocasión no era la irreconciliable fractura que venía sufriendo la diplomacia europea, sino la figura de Napoleón en sí misma. En 1803 Europa no estaba verdaderamente dividida entre los estados del *ancien régime* y Francia, su supuesto nuevo y mortal rival ideológico. Por el contrario, los intereses de la política internacional tradicional habían sobrevivido sin cambios, mientras que las consideraciones abiertamente políticas habían quedado en suspenso, en primer lugar porque, inicialmente, Napoleón parecía más bien un mero jugador en la partida diplomática y, en segundo lugar, porque se hacía evidente que el gobernante francés se alejaba cada vez más de los ideales de la Revolución.

La opinión general sobre la figura de Napoleón en las distintas capitales de Europa ya ha sido examinada. Sin embargo, la ausencia de una verdadera hostilidad ideológica hacia su persona no era la única razón por la que los franceses parecían contar con alguna oportunidad para ganar la carrera de construir una poderosa coalición. Dejando de lado el hecho de que España, la República Bátava, la República Cisalpina, la Confederación Helvética y los estados alemanes del sur eran extremadamente vulnerables a la presión francesa y, en algunos casos, verdaderamente afectos a Francia, hay que decir que los británicos se vieron obstaculizados en su búsqueda de aliados por una amplia serie de factores. La influencia ejercida por la propaganda francesa fue, probablemente, uno de los principales. Incluso antes de que se reanudaran las hostilidades, la opinión tradicional de Francia era que la principal causa de las desdichas de Europa era la codicia y la ambición británicas, así que este mensaje terminó convirtiéndose en el arma principal del esfuerzo de guerra francés. Apenas había comenzado Napoleón su campaña contra Austria en septiembre de 1805 y ya estaba denunciando a la Tercera Coalición como «esta nueva liga reunida por el odio y el oro de Inglaterra», y amenazando con la destrucción del «ejército ruso que el oro de Inglaterra ha transportado desde los confines del mundo».[1] Como recordó madame de Staël: «Las gacetas oficiales recibieron órdenes de insultar a la nación inglesa y a su gobierno. Cada día se repetían sin cesar absurdas descripciones del tipo "pérfidos isleños" y "avariciosos mercaderes"... En algunos artículos, sus autores se referían a Guillermo el Conquistador y describían la batalla de Hastings como una mera escaramuza».[2] Napoleón siguió con esta línea de ataque periodístico porque era plenamente consciente de que en el continente no existía precisamente demasiado aprecio por Gran Bretaña. Una de las principales dificultades a las que tuvo que enfrentarse Londres en 1803 fue su pobre historial de éxitos militares: en tierra, el ejército británico apenas contaba con un solo triunfo, mientras que en el mar sus barcos habían obtenido solamente cuatro grandes victorias; victorias que, para colmo, tenían más que ver con el surgimiento del monopolio comercial británico que con haber infligido una verdadera derrota a la armada francesa. Todavía durante la campaña de Waterloo en 1815 se confiaba poco en la capacidad militar británica, y esto a pesar de las victorias de Wellington en España y Portugal. En 1803, sin embargo, ni siquiera había una victoria como la de Salamanca o Vitoria con la que poder avalar un futuro éxito militar. De hecho, el ejército británico se encontraba en un punto en el que carecía casi totalmente de prestigio a la hora de llevar a cabo una campaña terrestre. Se habían obtenido algunos éxitos menores en la campaña de 1793-1795 en los Países Bajos, y también en la posterior invasión de Holanda de 1799, pero los británicos nunca habían puesto un número suficiente de tropas en campaña como para poder obtener un resultado realmente determinante y, tanto en 1793 como en 1799, todas las operaciones concluyeron con la retirada o la evacuación. Sin embargo, lo que más sacaba de quicio a los observadores extranjeros no era el hecho de que el ejército británico hubiera fracasado a la hora de distinguirse en las campañas europeas en las que había servido, sino que el compromiso de Gran Bretaña con la lucha más allá de las fronteras de Europa parecía que era de una naturaleza completamente diferente. En la campaña librada por los británicos en los Países Bajos no se había producido ningún hecho de armas que se pudiera comparar con, digamos, la deslumbrante victoria en la batalla de Alejandría o, por ejemplo, con la energía y los medios desplegados para hacerse con una colonia tras otra en las Indias Occidentales. Además, las tropas británicas que se enviaban a

Europa eran siempre más bien escasas, pero parecía que siempre estaban disponibles en abundancia cuando se trataba de enviar expediciones a las colonias: durante el año 1793 se emplearon 4.000 casacas rojas en los Países Bajos, mientras que, solamente en septiembre de 1795, se enviaron al Caribe unos 33.000 hombres. Por lo tanto, no debe sorprendernos que existiera el sentimiento generalizado de que Londres no podía ser considerado un aliado fiable, puesto que parecía claro que estaba dispuesto a dejar que en el continente fueran otros los que llevaran todo el peso de la lucha.

Examinemos este problema con más detalle. Ni siquiera una sola de las potencias que había luchado junto a Gran Bretaña en la década de 1790 tenía razones para aplaudir su conducta. Como ejemplo de esto podemos referirnos, en primer lugar, a España. En guerra con Francia entre 1793 y 1795, en 1796 había decidido cambiar de bando. Haciendo esto, retornaba a su política exterior antibritánica, que era la misma que había mantenido durante el siglo XVIII; un cambio de bando nada extraño, por lo tanto. Aunque hay que decir que este cambio de postura, en realidad, estaba relacionado con una serie de reclamaciones más recientes. Por ejemplo, el tratado de Jay con Estados Unidos, firmado el 17 de septiembre de 1794, había amenazado seriamente los intereses españoles en Luisiana, mientras que los británicos habían fracasado a la hora de enviar ayuda económica a España y podían, por lo tanto, ser acusados de haber abandonado a las fuerzas españolas que habían sido enviadas para apoyarles en la defensa de Tolón en 1793. Al mismo tiempo, los británicos habían confiscado bienes enviados a España en buques neutrales —ni siquiera respetaban los almacenes navales pagados por el gobierno español— y llevaban a cabo actividades de contrabando en las costas de España y de sus colonias americanas. En palabras del favorito del rey de España, Manuel Godoy, la política británica se podía interpretar muy fácilmente: «Primero Gran Bretaña, segundo Gran Bretaña, tercero Gran Bretaña y siempre Gran Bretaña. Por lo que se refería a todos los demás, podían quedarse con las migas y con las sobras».[3]

Por otro lado, Austria tenía muchas más razones para quejarse de la actitud británica que España. A lo largo de las guerras de la Primera y la Segunda Coalición, Gran Bretaña había, en efecto, confiado en que Austria luchara, a cambio de nada, en favor de los intereses británicos en los Países Bajos. Nunca se envió ninguna ayuda económica a Viena, ni tampoco se ofrecieron garantías respecto a las ganancias territoriales de Prusia y Rusia en el Este, aparte de que todos los intentos de Francisco por librarse de la problemática Holanda austriaca por medio del conocido como intercambio bávaro fueron sistemáticamente bloqueados. De hecho, no solo es que Austria no obtuviera nada con la coalición, sino que encima se veía obligada a hacer cada vez más esfuerzos por la causa aliada solamente para conseguir que sus poco confiables socios se emplearan con mayor energía en la lucha, mientras que al mismo tiempo se veía forzada a vigilar a Prusia, que contaba con manos libres en Polonia y a la que los británicos entregaban ingentes cantidades de dinero a cambio de casi nada. No fue hasta mayo de 1795 cuando Austria ofreció de manera formal un trato. A cambio de un préstamo de 4,6 millones de libras, cuyas condiciones, por cierto, eran extremadamente duras, estuvo dispuesta a desplegar 170.000 hombres para luchar contra Francia. Se envió un segundo préstamo de 1,6 millones de libras en 1797, pero éste resultaba poco generoso comparado con lo que se le había ofrecido a Prusia, que era un subsidio de 1,6 millones de libras al año más dos millones de libras en bonos dependiendo de los resultados obtenidos y, todo esto, a cambio de poner en campaña un ejército de apenas 62.000 hombres. Además, Viena todavía no había conseguido que Londres reconociera sus intereses en Europa oriental, mientras que los británicos no estaban especialmente interesados en firmar un tratado con Rusia, así que al insulto se sumó una ofensa todavía mayor cuando, en 1796, Pitt entró en conversaciones con Francia sin ni siquiera advertir a los austriacos. Las cosas no mejoraron con el advenimiento de la Segunda Coalición: Austria tampoco recibió ningún subsidio. Se esperaba que comprometiera todas sus fuerzas en la guerra, entregándolo todo por la causa de los aliados para terminar viendo como prusianos y rusos se quedaban finalmente con los trozos más grandes del pastel. Respecto a esto, incluso los observadores relacionados con el gobierno británico se sentían avergonzados. Como William Windham escribió en su diario el 8 de noviembre de 1799: «Mensajero procedente de Viena. Amplio informe relativo a una conversación mantenida con Thugut en la que éste se queja de algunos aspectos relacionados con nuestra conducta ... y no me parece fácil ofrecerle una respuesta convincente. Uno ve ... que gran parte de su actitud deriva de la desconfianza que nos tienen, y que no carece de base por nuestro intento con la ayuda de Rusia *de forcer la main à l'empereur*».[4] Lo que empeoró aún más las cosas fue que la política británica del momento se basó en un error de cálculo respecto de la ayuda que se podía recibir de las potencias del Este. Al final, ni se obtuvo la ayuda de Prusia ni se pudo seguir contando con la de Rusia, así que, hacia 1800, parecía como si Gran Bretaña no tuviera otra opción que volver a echar mano de Austria. A pesar de la derrota austriaca en Marengo, el embajador británico en Viena, lord Minto, firmó un tratado el 23 de junio por medio del cual Gran Bretaña se comprometía a pagar a Austria la cantidad de dos millones de libras. Incluso así, sin embargo, solamente se autorizó el pago inmediato del primer plazo, un tercio de la cantidad total, quedando el resto pendiente de pago en dos plazos fijados en los meses de septiembre y diciembre. No es extraño, por lo tanto, que Thugut respondiera a la noticia del subsidio con «la mayor frialdad posible en el lenguaje y en las maneras».[5]

Detrás de esta actitud se encontraba un hecho al que merece la pena referirse y que está relacionado con la reputación que tenía Gran Bretaña en Europa hacia 1803. La propaganda francesa, como hemos visto, atribuía todos los males sufridos por Europa desde 1792 al «oro de Pitt». Pero, en realidad, la política exterior británica en la década de 1790 no había girado en ningún momento en torno a los subsidios. Es cierto que entre 1793 y 1802 se habían enviado 9.200.989 libras a once estados diferentes, pero esto no es nada comparado con las sumas que se desembolsaron después: en 1812 el total se elevaba hasta los 4.441.963 libras; en 1813 fueron 5.308.679 libras y, en 1814, 10.016,597 libras. Así que lo cierto es que los británicos no concedieron demasiados subsidios durante las guerras de la Revolución, aunque solo fuera porque, hasta que las reformas de Pitt no tuvieron efecto —y eso fue de 1799 en adelante —el gobierno británico simplemente no podía permitirse pagar los masivos sobornos de los que hablaban los franceses. Como la guerra inicialmente se sufragó recurriendo en gran parte al aumento de la deuda pública, era natural que no se quisiera gastar más dinero del necesario; aparte del hecho de que el Banco de Inglaterra estaba convencido de que no se podrían emitir billetes a no ser que su suma total se pudiera cubrir con las reservas de oro del país. Ciertamente, siendo así las cosas, Londres a menudo se enfrentaba a considerables dificultades para poder cumplir con sus compromisos como, por ejemplo, cuando en el año 1800 la crisis financiera en Alemania causó una repentina caída en el valor de las letras de cambio británicas. Si las principales potencias hubieran necesitado el subsidio todas a la vez, es más que probable que el dinero se hubiera acabado. Pero en la época en la que comenzaron las guerras napoleónicas las cosas eran, desde luego, muy diferentes. El incremento de los impuestos establecido por Pitt y la derogación de la ley que exigía que la emisión de papel moneda debía sostenerse con las reservas de oro habían terminado con gran parte de las restricciones que el gobierno había tenido que soportar en la década de 1790. Esto dio pie a un cambio radical en la política del gobierno británico, que, desde ese momento, estaría dispuesto a ofrecer dinero a todo aquel que se comprometiera a luchar contra los franceses. Pero en mayo de 1803 todavía no se había ofrecido nada a los potenciales socios de Gran Bretaña y, tal era la desconfianza que existía hacia Londres, que, como veremos, incluso cuando se hizo patente la generosidad británica, la actitud de las potencias continentales comenzó a cambiar muy lentamente.

Por entonces todavía existían razones suficientes como para cuestionarse cuál sería el compromiso británico respecto la guerra tanto en términos financieros como militares. De hecho, en ese tiempo todavía se creía más en la propaganda francesa que en la británica, y esto sobre todo por el impacto que tuvieron las noticias de las actividades llevadas a cabo por Gran Bretaña en las colonias y en alta mar. Para hombres de estado como Dundas, cada isla azucarera que se birlaba a otro estado, cada barco mercante que era apresado y cada puerto que era bloqueado suponían un ataque contra los intereses franceses y, en particular, contra su capacidad para financiar la guerra. Pero los habitantes del continente que tenían intereses comprometidos en el comercio colonial —y éstos no eran solamente franceses, sino también españoles, portugueses, holandeses, alemanes, daneses y suecos— mantenían un punto de vista muy diferente a este respecto. De todas formas, lo cierto es que el comercio ultramarino nunca se vio interrumpido: los barcos neutrales siguieron surcando las olas y se mantuvo un cierto grado de contacto indirecto con las colonias gracias a una serie de subterfugios. A este respecto, el peor periodo fue el vivido durante las guerras de la Revolución Francesa. La República Bátava constituye un buen ejemplo de esta situación. En ese lugar se sufrió con especial virulencia las consecuencias del bloqueo del comercio marítimo por parte de los británicos. Entre 1785 y 1789 una media de 324 barcos entraron cada año por el río Maas, mientras que en 1799 solamente lo hicieron noventa y cinco navíos. Los puertos estaban casi parados, lo mismo que la gran cantidad de industrias que, de un modo u otro, servían a los intereses marítimos. Por ejemplo, Zaandam Occidental contaba con siete astilleros y noventa aserraderos en la década de 1780, mientras que, en 1800, tenía solamente uno de los primeros y siete de los segundos. La industria de la pesca también sufrió terriblemente: entre 1793 y 1795 las localidades de Middelharnis, Vlaardingen y Maasluis perdieron dos tercios de sus barcos. El resultado inevitable fue el deterioro de las condiciones de vida de la población: hacia octubre de 1800 un tercio de la población de Ámsterdam sobrevivía gracias al auxilio de los pobres, mientras que en Vlaardingen la proporción era de la mitad. Por lo tanto, los problemas de la República Bátava se tornaron particularmente severos: la economía holandesa se desestabilizó no solo por la caída de la actividad naval, sino también por las dificultades existentes para importar materias primas tales como el carbón de Bélgica o la arcilla de Alemania. Por otro lado, ni siquiera los estados neutrales eran inmunes a las dificultades que vivían las costas de Europa. Como el enviado británico a Prusia informó a lord Grenville, por ejemplo, «las ciudades quieren comercio marítimo y fábricas».[6] Toda esta situación era especialmente preocupante para Gran Bretaña, puesto que esta potencia quedaba claramente en evidencia frente a las críticas francesas referentes a que los británicos participaban en la guerra solamente porque ésta empobrecía a sus rivales comerciales, lo que hacía, en consecuencia, que sus puertos estuvieran realmente en alza —entre 1785 y 1800 el valor del comercio de las Indias Occidentales creció en un 150 por 100, mientras que, en los años de guerra, el número de barcos mercantes británicos ascendió de 15.000 a 18.000—. Y, a pesar de haber tenido que ceder en Amiens, el hecho era que el Imperio Británico había obtenido sustanciosas ganancias, sobre todo en la Trinidad española y en la Ceilán holandesa, gracias a las guerras de la década de 1790. No resulta raro, por lo tanto, que los propagandistas franceses que afirmaban que todo lo que le interesaba a los británicos era esclavizar al resto del mundo tuvieran una audiencia fiel en Europa.

Al respecto de esta lucha por la opinión pública hay que decir que los británicos eran, en muchos aspectos, los peores enemigos de sí mismos. A diferencia de la mayoría de los estados de Europa, Gran Bretaña —o, más específicamente, Inglaterra— había desarrollado una fuerte conciencia nacional entre un pueblo que se sentía bastante satisfecho de sí mismo. Inherente a esta conciencia nacional existía un sentido de superioridad que se podría describir como insoportablemente petulante. Viéndose reforzados por las características propias del protestantismo y por una serie de acontecimientos históricos que habían logrado que la conciencia pública estuviera ligada a un estatus mítico —la Reforma, la derrota de la Gran Armada, la guerra civil inglesa, la Revolución Gloriosa y, más recientemente, la derrota total de la causa jacobita —los británicos sentían que eran el pueblo más próspero, más avanzado y más libre de Europa. Mezclado con esto estaba un cierto grado de sentimiento racista, siendo una de sus más claras expresiones las caricaturas de Gillray que mostraban a un John Bull campechano y bonachón desafiando a un Napoleón enclenque y paliducho. Los franceses, los alemanes y otros habitantes del continente no consideraban Gran Bretaña como un lugar confortable para vivir y los británicos eran tan poco populares en el extranjero como lo son hoy en día. He aquí el testimonio de Joseph Sherer, un oficial que sirvió en la guerra peninsular bajo el mando de Wellington y que era marcadamente más reflexivo en sus memorias que la mayoría de sus camaradas:

> Los ingleses ... no se pueden hacer querer. No se contentan con ser grandes; el resto del mundo debe pensar que esto es así y, además, se les debe decir. No se someterán de buen grado a las costumbres de otras naciones, ni tampoco mostrarán condescendencia (y mucho menos expresaran halagos, algo que ni se les ocurre) frente al inocuo amor propio de los extranjeros amistosos. No, adonde quiera que marchen o viajen, mostrarán una actitud altanera producto de su conciencia de ser superiores, pensando que sus costumbres, hábitos y opiniones deben sustituir, o al menos suspender, a los pertenecientes a los países por donde pasan.[7]

Las afirmaciones de Sherer se reflejan claramente en las fuentes primarias. Memoria tras memoria quedan bastante claros los prejuicios que los británicos tenían al respecto de las costumbres y el modo de vida de los extranjeros, y en especial de los extranjeros católicos. Citando unas memorias anónimas de un oficial de la Guardia Real en las que se refiere a los españoles:

> Cuando se sienten llenos de energía, pueden llegar a actuar pero, con frases pomposas y grandilocuentes, el aplazamiento de los problemas, el miedo a enfrentarse a ellos y sus perezosos intelectos terminan predominando. Siempre contestaban «mañana», de tal modo que el «hoy» nunca

> iba con ellos. Aplazarlo todo parecía el súmmum de la inteligencia, y nunca hacer nada que otro pudiera hacer en tu lugar era la destreza más apreciada. Toda su mente parecía estar dedicada a estudiar cómo no hacer nada, y lo cierto es que lo conseguían.[8]

Lo mismo aparece una y otra vez en otros contextos. Esto prevalece especialmente en los testimonios relacionados con la campaña de Waterloo; uno de los soldados británicos escribía: «Si todas las tropas bajo el mando de Wellington hubieran sido británicas, la lucha no habría durado tanto, ni los franceses logrado escapar con tantas tropas intactas. Pero tuvimos que confiar en los belgas y en otros en lugares en los que, desde muy temprano, mostraron las costuras de sus pantalones al enemigo».[9] Tan marcado era este sentimiento de superioridad que se daba una actitud rayana con el mesianismo, una creencia común de que los pobres e ignorantes extranjeros, de una descripción u otra, serían excelentes soldados solo si estuvieran bajo el mando de oficiales británicos.

¿Qué impacto tuvo esta mezcla de burlas, calumnias y condescendencia en las relaciones con los aliados? Es difícil creer que el desdén y el desprecio con el que muchos generales y diplomáticos británicos trataban a los gobernantes, hombres de estado y comandantes con los que se encontraban no fuera percibido en, por lo menos, alguno de los pasillos del poder. He aquí, por ejemplo, la opinión de lord Minto respecto al general ruso Suvorov, contenida en una carta privada dirigida a su esposa y escrita en Praga el 3 de enero de 1800:

> Estoy aquí para hablar de negocios con Suvorov, y me alegro de poder encontrarme con una persona de la que he oído tantas cosas y tan extraordinarias. Verdaderamente resulta imposible decir lo extraordinario que es. Solamente hay una palabra que pueda expresarlo. No se lo digas a nadie bajo ningún concepto, pero es un lunático como no he conocido a ningún otro. Nunca había conocido a nadie tan loco y, me parece, tan despreciable en todos los sentidos. Para que te hagas una ligera idea de cuáles son sus modos, cuando iba a encontrarme por primera vez con él ... tras esperar un buen rato en una antecámara con algunos edecanes, se abrió una puerta y un vieja, arrugada y consumida criatura, vistiendo solamente unos pantalones rojos y una camisa, se dirigió hacia mí, me apretó entre sus brazos y me lanzó una serie interminable de cumplidos para luego terminar besándome en ambas mejillas, y me han dicho que tuve suerte

porque no me besó en la boca. Su camisa ... estaba fabricada en una tela, y con una hechura, y tan limpia y blanca, como la que puede llevar cualquiera de los trabajadores que tenemos en casa.[10]

Y, para citar un segundo ejemplo, contamos con una carta privada escrita el 16 de noviembre del mismo año por William Windham:

> Todo esto no pinta nada bien ... un emperador loco, otro débil y pusilánime; el rey de Prusia gobernado por consejeros egoístas y cortos de entendederas; sin vigor, ni energía, no hay un verdadero plan salvo por parte de los franceses, y es por eso por lo que ellos lo controlan todo. Nada me resulta más claro que solamente una pequeña parte del alma de Mr. Burke ... hubiera salvado al mundo de este destino hace mucho tiempo.[11]

Los representantes británicos en el extranjero eran hombres cultos y de buena cuna que no solían comportarse con abierta descortesía (aunque si debemos creer al descortés confeso lord Holland, William Windham inauguró su carrera como enviado británico a la Toscana «golpeando con una fusta ... a Carletti, el chambelán y el favorito del gran duque»).[12] No resulta menos claro que los británicos no podían ocultar sus prejuicios hacia los productos del «decadente» absolutismo del siglo XVIII. Con el trono británico en ese momento en poder del crecientemente imprevisible Jorge III, y siendo demasiado pronto para que éste pasara al borracho de su hijo mayor, sin embargo, tal arrogancia era difícil de soportar. Como Charles James Fox afirmó respecto los constantes insultos proferidos contra Bonaparte, «no deberían lanzar piedras a las casas construidas de cristal. El "rey demente, el viejo loco Jorge" resultaría igual de educado, y, como dirían las personas malintencionadas: bastante más cabal».[13] El oficial británico que escribió sobre «los soberanos de Rusia, Austria, Prusia, Baviera, Würtemberg y una serie de pequeños estados alemanes» diciendo que se convirtieron en «maravillosamente valientes y entusiásticamente fieles a Inglaterra unas pocas horas después de la batalla de Waterloo» estaba exagerando.[14] Aunque está claro que forjar una gran coalición internacional iba a resultar siempre una dura tarea para los británicos. Y si Gran Bretaña tenía razones para quejarse de la conducta de Austria y de sus otros aliados, del mismo modo que éstos podían quejarse de lo mismo y con respecto a los británicos, solamente podemos decir que esto significa que las cosas no se estaban interpretando bien: tal y como estaba la situación en 1803, realmente parecía que Gran Bretaña necesitaba a Austria, Rusia y Prusia mucho más de lo que estos países la necesitaban a ella. Además, es importante recordar que, cuando se inició de nuevo la guerra, fueron los británicos los que provocaron la crisis, y que Napoleón pudo presentarse a sí mismo como la parte agraviada. La inmediata publicación por parte de París de una copiosa documentación que destacaba la importancia de Malta como un *casus belli* para Gran Bretaña indujo la creencia generalizada de que la guerra se iniciaba por culpa del ansia imperialista de Gran Bretaña. Los puntos de vista del comandante napolitano Roger de Damas estaban bastante extendidos por entonces:

> El único deseo de Inglaterra ... es arrastrar a todo el continente a la lucha. Su gran esperanza es que las conquistas francesas terminen por levantar en armas a todas las potencias principales, y la ruina temporal de Nápoles no significa nada para ella, si como resultado se llega a una conflagración generalizada. Si los franceses invaden el reino de Nápoles, los ingleses se compensarán a sí mismos con Sicilia, la cual no tendrán dificultad para ocupar dada la superioridad de su armada. Consecuentemente, aunque los británicos puede que prefieran que Nápoles sea una monarquía independiente cuando termine la guerra, no les importa en absoluto si durante el periodo de guerra este reino se encuentra en orden o en desorden, ni tampoco si, al final, termina reinando una dinastía u otra.[15]

Tampoco se había podido olvidar lo sucedido en 1800. Como lord Holland afirmó al respecto de la campaña en favor de la paz que Napoleón había iniciado inmediatamente después de los acontecimientos de Brumario: «Ese paso le hizo muy popular en Europa; y, si su oferta no era sincera, nuestro altanero y ofensivo rechazo le dieron todas las ventajas ante el que sospechara de falta de sinceridad. Desde ese momento, su gobierno dejó de ser responsable de la continuación de la guerra, y esta carga fue transferida a Inglaterra.»[16] Particularmente desafortunado para Inglaterra fue el hecho de que Napoleón luchara ostensiblemente hasta el último minuto para mantener la paz en 1803: sus últimas propuestas, verdaderamente, llegaron a Londres el 16 de mayo. Por lo tanto, bien podía Castlereagh lamentarse de que «será difícil convencer al mundo de que no estamos luchando solamente por Malta».[17]

La explicación de cómo todas estas dificultades se resolvieron finalmente a favor de los británicos es algo que vamos a posponer de momento, aunque deberíamos destacar que Pitt, por lo menos, parece que siempre creyó que una guerra entre Gran Bretaña y Francia inevitablemente, mas pronto o más tarde, terminaría por crear una alianza contra esta última. Como Malmesbury escribió en su diario en abril de 1802, el antiguo primer ministro esperaba «que alguna de las grandes potencias continentales pudiera despertar al debido sentido de su honor y de sus intereses, y que en una futura conflagración pudiera derivar ... en ayuda y cooperación que no venían al caso buscar ... en este momento.»[18]

Lo que no se puede posponer, en cambio, es una consideración del balance de fuerzas hacia mayo de 1803, especialmente porque esto no da una idea clara sobre la imperiosa necesidad que tenía Gran Bretaña de contar con aliados. Considerando a Napoleón y a sus aliados en primer lugar, podemos decir que Francia había emergido de la Revolución tremendamente fortalecida. Con más de veintinueve millones de habitantes, solo estaba detrás de Rusia en términos de población y era, con mucho, el estado más avanzado de la Europa continental. Aunque la parálisis política y el malestar generalizado habían contribuido a anular estas ventajas de Francia durante la época del Directorio, Napoleón había puesto fin a los desórdenes y se encontraba en ese momento en una posición inmejorable para sacarle todo el partido a los considerables recursos financieros y demográficos que se encontraban a su disposición. Aprovechándose de los avances militares del *ancien régime* y de la Revolución, se encontraba a punto de reunir un ejército sin parangón en tamaño y calidad, compuesto por 265 batallones de infantería, 322 escuadrones de caballería y 202 baterías de artillería, sumando un total de unos 300.000 hombres. Al mismo tiempo —en contraste con la situación en otros lugares— los reemplazos y los refuerzos no suponían un problema, ya que la totalidad de la población masculina era teóricamente susceptible de ser llamada a filas. Incluso en el mar, aunque la posición de Francia era muy débil —en 1803 Napoleón contaba solamente con treinta y un navíos de línea dispuestos para el servicio—, su potencial para la construcción de barcos igualaba a la de Gran Bretaña, mientras que el diseño de sus navíos era verdaderamente más avanzado. Así que, habiéndose iniciado un programa a gran escala de construcción naval, Napoleón podía albergar serias esperanzas de supremacía naval a largo plazo.

Y, desde luego, Francia no estaba sola. Holanda, Génova y la República Italiana fueron forzadas a entrar inmediatamente en la guerra contra Gran Bretaña y a poner a sus fuerzas armadas a disposición de Francia. El elemento clave aquí era la flota holandesa, que en 1801 contaba con quince navíos de línea, pero también estaba el hecho de que la numerosa población de esos tres estados aliados y la introducción del reclutamiento obligatorio proveerían de gran numero de soldados a los franceses. Como hemos visto, la conscripción se había introducido en la República Italiana en agosto de 1802, así que, hacia 1803, ese estado podía poner en campaña dieciséis batallones de infantería, ocho escuadrones de caballería y trece baterías de artillería. Por el contrario, el reclutamiento obligatorio o conscripción se convirtió en un tema tabú en Holanda, pero incluso así la República Bátava podía poner en campaña veintiocho batallones de infantería, doce escuadrones de caballería y un buen número de baterías de artillería. Por lo que respecta a Génova, su contribución podía ser esencialmente naval: además de poner su pequeña flota a disposición de Francia, la República Ligur tenía que garantizar el reclutamiento de 6.000 marineros. Y eso no puso fin a las exigencias francesas: Holanda tenía que facilitar transportes para 62.000 hombres y 4.000 caballos; Génova tenía que encontrar grandes cantidades de material naval; y la República Italiana tenía pagar una subvención anual de veinte millones de francos. Pero ni siquiera esto terminó con la lista de solicitudes de apoyo fuera de las fronteras de Francia. Permitiéndosele permanecer neutral, Suiza fue, sin embargo, en septiembre de 1803, forzada a mantener varias unidades suizas integradas en el ejército francés —dieciséis batallones de infantería y cuatro baterías de artillería— con una fuerza de 16.000 hombres. España, aunque buscaba por todos los medios no participar en la guerra, podía, en teoría, llamar a filas a 130.000 hombres (153 batallones de infantería, noventa y tres escuadrones de caballería y cuarenta baterías de artillería), ofrecer una marina de treinta y dos navíos de línea y poner a disposición de los franceses los recursos de su imperio latinoamericano. Y, por último, pero no por ello menos importante, todos estos estados se vieron forzados a cerrar sus puertos a los barcos británicos, con lo que se iniciaba el proyecto napoleónico del bloqueo continental. Y aunque no se veían afectados por el embargo comercial, estaban los estados del sur de Alemania. Todos ellos se encontraban en un proceso de construcción del estado que conllevaría un aumento de su efectividad —un desarrollo que también afectaba a los estados oficialmente satélites de Francia— y podía esperarse que prestaran a Francia un considerable apoyo militar en el caso de que estallara la guerra en el continente. En 1805, por ejemplo, Baviera podía poner en campaña veintiocho batallones de infantería, veinticuatro escuadrones de caballería y once baterías de artillería, y Baden nueve batallones de infantería, siete escuadrones de caballería y dos baterías de artillería. Y también deberíamos mencionar aquí a Dinamarca. Insignificante como potencia terrestre —el ejército danés contaba apenas con treinta batallones de infantería y treinta y seis escuadrones de caballería— incluso después de la derrota de Copenhague de 1801, Dinamarca conservó una poderosa flota de veintiséis navíos de línea. Aunque era verdaderamente neutral, sus intereses marítimos la conducirían, más pronto o más tarde, a entrar en guerra con los británicos y a situarse, al menos potencialmente, del lado de los franceses. De los diversos aliados de Francia, pocos estaban preparados para ir a la guerra. De los holandeses, por ejemplo, lord Malmesbury escribió: «Su flota está abandonada, igual que cuando estaban en paz: no se están construyendo barcos nuevos ni se están reparando los viejos».[19] Y por lo que se refiere a los españoles, su flota estaba en una situación desastrosa: con la situación financiera del gobierno al borde del colapso, los astilleros habían cesado su actividad en 1796, al tiempo que una terrible epidemia de fiebre amarilla asolaba la costa mediterránea del país acabando con la vida de muchos hombres con los que se contaba para incrementar las tripulaciones de los barcos. El ejército español no estaba en mejores condiciones: dejado de lado en favor de la marina durante el reinado de Carlos III (1759-1788), había experimentado varios intentos de reforma desde 1796, aunque éstos nunca terminaron de cuajar. «Las medidas para el reclutamiento son, en general, escasas», escribió el diplomático francés Bourgoing. El cuerpo de oficiales tampoco destacaba en absoluto: «la oscura y monótona vida que llevaban, sin la posibilidad de participar en maniobras a gran escala, sin que se les pasara revista, a la larga les vuelve personas inanes o inútiles».[20] Pero a pesar de todas las dificultades por las que atravesaban los aliados de Francia y de la supremacía de Gran Bretaña en el mar, las posibilidades de este reino para hacer frente él solo a la alianza francesa eran prácticamente nulas. En Alemania, Jorge III era elector de Hanover, pero cualquier beneficio que hubiera podido derivar de este cargo se veía anulado por el débil potencial militar de este principado —solamente contaba con veintiséis batallones de infantería, doce escuadrones de caballería y seis baterías de artillería— y por su vulnerabilidad estratégica. Aunque no tenía rival al respecto de la instrucción que recibían sus hombres y del número y la alta moral de los mismos, la Marina Real británica se había visto drásticamente reducida en tamaño desde 1801 (solo treinta cuatro buques de línea estaban verdaderamente en servicio, aunque setenta y siete más estaban en la reserva). Por lo que respecta al ejército, con 130.000 hombres (115 batallones, 140 escuadrones de caballería, y cuatro baterías de artillería) todavía era mucho lo que había que mejorar. No es necesario decir que, con la población aumentando rápidamente y con inmensos recursos financieros, comerciales e industriales, Gran Bretaña podía, en teoría, tanto reclutar un ejército mucho mayor como aumentar la marina enormemente. También jugaban a su favor una serie de reformas que se estaban introduciendo en este momento para mejorar la efectividad táctica del ejército. Sin embargo, con la mayoría de los estados alemanes, cuyas tropas habían sido tradicionalmente alquiladas para aumentar su fuerza militar, ocupados por Francia; siendo la introducción de reclutamiento obligatorio imposible desde el punto de vista político; teniendo la defensa del país como una prioridad absoluta y abocada a transportar sus tropas a través del canal de la Mancha, lo que conllevaba un serio problema logístico, Gran Bretaña no podía hacer nada sin contar con aliados. Podía esperar la ayuda de Portugal y Nápoles, pero ninguno de estos estados era precisamente poderoso militarmente. Portugal podía poner en campaña veintiocho batallones de infantería, cuarenta y ocho escuadrones de caballería y treinta y dos baterías de artillería, pero, hacia 1803, eso significaba contar solamente con unos 30.000 hombres, en lugar de los teóricos 50.000 correspondientes a ese despliegue. Por lo que se refiere a Nápoles, no se han podido localizar datos referidos a la organización del ejército borbónico, pero de sus 24.000 hombres, solo 10.000 podían verdaderamente ser llamados al servicio, aparte de que no se había hecho absolutamente nada para prepararse ante una posible reanudación de las hostilidades. Citando a Damas: «Ni un solo hombre fue empleado, ni un reducto construido, ni una fortaleza reparada».[21] En términos militares, los únicos contendientes posibles frente a la preponderancia francesa eran los grandes ejércitos de Austria, Prusia y Rusia que, con la totalidad de sus efectivos, eran verdaderamente impresionantes. Así que, asumiendo que todas sus unidades estuvieran completas, Austria podía supuestamente poner en campaña más de 300.000 hombres —255 batallones de infantería, 322 escuadrones de caballería y 125 baterías de artillería—. Para Rusia los números era aún mayores, llegando, quizá, a los 400.000 hombres, incluyendo sus cuadrillas de cosacos —jinetes fuera del ejército regular reclutados para colonizar las comunidades de las fronteras oriental y meridional que pagaban por su tierra y su libertad por medio del servicio militar—. Las unidades del ejército regular contaban con 359 batallones de infantería, 341 escuadrones de caballería y 229 baterías de artillería. Entre las potencias del Este de Europa, solamente Rusia era una potencia naval, con flotas en el Báltico y en el mar Negro que, en 1805, contaban con cuarenta y cuatro buques de línea que le permitían vencer algunas de las limitaciones impuestas por su aislamiento geográfico (no es necesario decir que una alianza con los rusos resultaba especialmente atractiva para Napoleón). Y por lo que se refiere a Prusia, sus 175 batallones, 156 escuadrones y cincuenta baterías sumaban un total de unos 254.000 hombres. Si Prusia entraba en la guerra, además, contaba con la posibilidad de verse asistida por las fuerzas de pequeños estados tales como Brunswick y Sajonia que, por su localización geográfica, estaban en la esfera de influencia de Prusia más que de Francia. De todos ellos, Brunswick contaba con cuatro batallones de infantería y cuatro escuadrones de caballería, y Sajonia con treinta y dos batallones de infantería, cuarenta escuadrones de caballería y doce baterías de artillería.

Desde luego, los números no lo eran todo porque, por distintas razones, los ejércitos de las potencias del Este de Europa eran militarmente inferiores a las fuerzas de Napoleón. En muchos libros de historia se afirma que todo esto se debe al simple hecho de que Francia, gracias a la Revolución, había pasado por un proceso que le había permitido transformar su capacidad bélica, y por extensión también se dice que, en términos militares, el antiguo régimen conllevaba el empleo de un ejército antiguo. El sistema táctico empleado por el ejército francés era ciertamente más flexible y más efectivo, pero las fuerzas que se habían enfrentado a las de la Francia revolucionaria habían demostrado que eran capaces de alcanzar la victoria, y además en muchas más ocasiones de las que generalmente se hubiera esperado. Ciertamente, derrotar al Viejo Orden no resultaba pan comido, aunque la leyenda nos cuente lo contrario. Tomemos el ejemplo que ofrece el reformado ejército británico de 1803-1815: en casi todos sus aspectos: organización, tácticas, reclutamiento, se trataba de un ejército clásico del siglo XVIII y, aun así, nunca perdió una sola batalla contra los franceses. Tampoco es realmente posible argumentar que la ideología revolucionaria fuera un factor decisivo en el éxito de las armas francesas: los hombres de Francia bien podían ser ciudadanos, pero eso no les convertía en mejores soldados sobre el campo de batalla. Lo que sí constituyó un factor decisivo fue la adopción del sistema de conscripción: los generales franceses podían iniciar una batalla con menos miramientos que sus oponentes y emplear tácticas que otros ejércitos hubieran considerado suicidas, aparte de que, gracias al reclutamiento obligatorio, la mayoría de las veces los ejércitos franceses superaban en número a sus contendientes. Y lo más importante era que los ejércitos franceses estaban mejor organizados que cualquier otro, puesto que empleaban un sistema de agrupamiento de los soldados en unidades mucho más grandes —brigadas y divisiones y, bajo el mando de Napoleón, cuerpos—, que estaba mucho más desarrollado y que podía, en consecuencia, lanzar ataques mucho más efectivos sobre el campo de batalla.

La calidad y libertad de actuación de los mandos, por supuesto, también eran factores importante a la hora de la consecución de la victoria. Los generales del *ancien régime* no eran, en su mayoría, ni ancianos achacosos ni jóvenes provenientes de la alta aristocracia, sino más bien curtidos profesionales que a menudo contaban con un brillante historial. Muchos, de hecho, eran militares de gran talento, y unos pocos eran verdaderos genios: podemos pensar en Wellington, el archiduque Carlos y, a pesar de todas sus excentricidades, en Suvorov. Pero todos solían verse obligados a actuar con una mano atada a la espalda, ya que se veían abocados a aceptar las imposiciones de los políticos. Por ejemplo, en el verano de 1799 las operaciones de los aliados en Italia, Suiza y el sur de Alemania se vieron interferidas de manera desastrosa desde Londres y Viena. En el lado francés, el control político a menudo se ejercía desde París, pero los generales gozaban de apoyo y eran más proclives, en un momento dado, a oponerse a las órdenes de sus amos políticos. Esto no debería sorprendernos, ya que la Revolución Francesa permitió al ejército francés contar con un cuadro de líderes que se conducían por un conjunto de prioridades totalmente distintas a las que importaban o se imponían a sus oponentes. Pocos de entre estos hombres eran los don nadie de los que nos habla la leyenda napoleónica: lejos de haber ascendido desde la pobreza, la mayoría de ellos eran los vástagos de familias de gran solidez profesional o comercial, u hombres que bien podrían haber llegado a ser oficiales del ejército francés, pero cuya patente de nobleza no iba acompañada de los contactos necesarios para lograr un alto rango. Muchos ya habían sido soldados en 1789: suboficiales veteranos, jóvenes oficiales procedentes de la nobleza local (como Napoleón) y *officiers de fortune* que habían ascendido desde la tropa eran los casos más comunes. Lo que todos estos hombres tenían en común es la seguridad de que bajo el gobierno de Luis XVI era muy poco probable que llegaran a hacerse un nombre y que, en la mayoría de los casos, se hubieran visto condenados a vivir una aburrida vida de anonimato, estando, además, mal pagados. Todo cambió con el advenimiento de la Revolución. De repente todo era posible, y esto despertó el hambre de victoria, aparte de fomentar una agresividad y capacidad de resistencia que era muy poco probable que se diera entre las filas de sus oponentes. De este modo, en Valmy, el duque de Brunswick eligió no luchar para preservar su ejército, mientras que para un Napoleón, un Hoche o un Moreau no era tan imprescindible conservar las vidas de sus soldados, puesto que los caídos siempre podían ser reemplazados por nuevos reclutas, así que no se preocupaban de adoptar ninguna estrategia cuyo fin último no fuera la consecución de la victoria total (en la época de Robespierre y en la del Terror, de hecho, sus vidas dependían literalmente de ello). Igualmente, por lo que se refería a los intereses personales, al duque de Brunswick no le importaba gran cosa si se conquistaba el norte de Francia, si vencía o si era derrotado, ya que, de igual modo, seguiría siendo el señor de grandes estados y mantendría una posición prominente en la sociedad, mientras que para Napoleón su futuro dependía absolutamente de la conquista de Italia. Y, desde luego, con Napoleón al mando, todas estas ventajas se multiplicaban por mil; la misma crueldad, la misma ambición y el mismo objetivo guiaban, no solamente a un ejército de 30.000 hombres, sino a una nación de treinta millones de ciudadanos.

Luchando contra Austria, Rusia y Prusia por separado, Francia tenía grandes oportunidades de alcanzar la victoria. De hecho, aunque estas potencias se coaligaran, tampoco parecían capaces de poder subyugar a Francia. Austria y Prusia habían fracasado estrepitosamente combatiendo a la República en 1792, igual que Austria y Rusia en 1799. Pero incluso así, Francia era perfectamente consciente de cuáles eran los riesgos. En 1803 era el país más populoso de Europa, pero lo cierto es que Francia apenas dominaba el continente en términos demográficos. La población de Austria se estimaba en unos veintisiete millones, la de Prusia en casi nueve y la de la Rusia europea en torno a los treinta y ocho. Si las disensiones diplomáticas que tanto habían minado el esfuerzo de guerra aliado terminaran solucionándose —en otras palabras, si Austria, Rusia y Prusia se unieran a Gran Bretaña a la hora de hacerle la guerra a Francia—, y si se pusieran de acuerdo para subordinarlo todo a la necesidad de acabar con el poder de esta última, además de adoptar los métodos de reclutamiento franceses y de introducir medidas enfocadas a la reforma de sus ejércitos para lograr alcanzar la misma efectividad del ejército francés en campaña y en batalla, entonces Napoleón tendría frente a sí una oscura perspectiva, así que su principal preocupación debía ser evitar que se formara esa coalición.

Pero en 1803 «una gran coalición» parecía una posibilidad muy remota. «No puedo atreverme —escribió lord Hobart— tras todas las decepciones que este país ha sufrido, a meterme en especulaciones al respecto de la política exterior. El poder y la capacidad para la intriga de Francia han sobrepasado todos los cálculos, así que siempre debemos avanzar en pos de una alianza de las grandes potencias ... y que ésta esté calculada para obtener los objetivos más nobles, pero mi mente no es lo suficientemente optimista como para considerar tal posibilidad antes de que ésta se pueda hacer realidad.»[22] Las razones de que esto fuera así las examinaremos pronto, pero un asunto general que se debería destacar ahora es que, por entonces, tanto Austria como Rusia podían ser con empujadas con facilidad a iniciar una guerra con otros oponentes que no fueran los franceses. Por ejemplo, con el Imperio Otomano, que era un ente lo suficientemente débil como para convertirlo en un objetivo apetecible, pero también lo suficientemente fuerte como para oponer cierta resistencia si se veía atacado. Bajo el gobierno del sultán reformista Selim III (1789-1807) este país había aumentado considerablemente su capacidad militar. En posesión de una poderosa y moderna flota, al estilo de las occidentales, de unos veintidós buques de línea, Selim modernizó su artillería y reclutó un nuevo ejército regular con la ayuda de asesores militares franceses. Organizado y entrenado en las fronteras occidentales, hacia 1806 este Nizam-i-Cedid había alcanzado una fuerza de 24.000 hombres. Sin embargo, por muy efectivo que fuera ese nuevo ejército, en realidad no era más que una pequeña parte de una fuerza turca tan grande como poco efectiva. El núcleo del ejército regular estaba formado por los 196 regimientos de jenízaros, con una fuerza de entre 2.000 y 3.000 efectivos, unas unidades bastante mal entrenadas, indisciplinadas e inefectivas para la guerra. Apoyando a esta infantería regular había hordas de caballería ligera compuestas por nobles mercenarios y levas de campesinos pobremente entrenados, pero todas estas unidades eran incluso más ineficaces que los jenízaros y, además, estaba al mando de sátrapas locales que podían no estar dispuestos a acudir a la llamada de Constantinopla. Los ejércitos otomanos no eran, en consecuencia, rival, en una batalla campal, para las fuerzas organizadas y entrenadas al estilo occidental. En palabras de un exiliado polaco que había huido a Constantinopla: «La artillería turca llevó a cabo algunas mejoras, pero ... no se puede hacer nada con la caballería».[23] Sin embargo, la amorfa organización política del Imperio Otomano y su naturaleza descontrolada lo convertían en un enemigo difícil de batir y, de este modo, constituía un elemento importante dentro de las relaciones diplomáticas.

Y no eran solo los otomanos los que podían distraer a Alejandro I. En el otro extremo del continente estaban los enemigos tradicionales de Rusia, los suecos. Contando con entre setenta y ochenta batallones de infantería, sesenta y seis escuadrones de caballería y setenta baterías de artillería, Gustavo IV podía poner en campaña una fuerza considerable. Lo remoto de la situación geográfica de Suecia se veía compensado por su poderosa marina de guerra —doce buques de línea junto a un gran número de galeras artilladas especialmente diseñadas para las operaciones anfibias en las aguas poco profundas del Báltico— además de poseer la importante cabeza de puente que constituía la Pomerania sueca. En el mejor de los casos, Suecia podía ser atraída a formar parte de una coalición contra Francia: considerada una nación solo un poco menos marítima que Dinamarca, se encontraba a salvo de las presiones francesas. Y, según Addington, por lo menos era «la más antifrancesa y proclive a nosotros».[24] En la situación vigente por entonces, sin embargo, una alianza con Suecia era algo poco probable, ya que Rusia y Suecia se habían enzarzado en un ridículo conflicto diplomático a causa de una pequeña isla situada en un río que pasaba por la frontera finesa, y se encontraban al borde de la guerra. Alejandro y una serie de sus más veteranos consejeros visitaron el lugar en persona, mientras que el lenguaje empleado por los rusos fue particularmente severo, en parte quizá porque el gobierno ruso necesitaba una política exterior exitosa tras el desastre alemán de 1802. «No viéndose capaces de derrotar a los fuertes —escribió Czartoryski— el zar atacó a los débiles.»[25]

Incluso aunque se pudiera persuadir a Suecia de unirse a los británicos, la misión de construir una gran alianza parecía imposible, ya que para atacar a los franceses y defender sus propios intereses, Londres tendría que adoptar una serie de medidas que, en el fondo, le facilitaban las cosas a Napoleón. En resumen, a largo plazo, el objetivo era lograr una coalición continental, pero, a corto plazo, esto parecía algo inalcanzable, puesto que de todas formas se podía dejar de lado de momento. Como afirmó lord Castlereag, «creo que no sería inteligente arriesgar lo que continentalmente se puede llamar la última apuesta donde no hay ni fuerza ni acuerdo para oponerse al poder de un enemigo imbatible en casa, y, en mi opinión, imposible de resistir en el extranjero».[26] De hecho, Addington creía que, incluso aunque se pudiera formar una coalición, presionar en pos de tal objetivo resultaría contraproducente: tal y como estaban las cosas, el único resultado hubiera sido ponerle en bandeja unas cuantas victorias fáciles a Napoleón y retrasar, de este modo, el momento en que se pudiera obtener la victoria final. Esto no quiere decir que se rechazara la posibilidad de una coalición diplomática. Por el contrario, se contactó con Dinamarca y Suecia ofreciéndoles concesiones comerciales a cambio de una alianza defensiva, al tiempo que en julio de 1803 se llevaban a cabo acercamientos simultáneos con Austria y con Rusia, atrayendo a la primera por medio de concesiones respecto al pago de los antiguos préstamos británicos y a la segunda con la promesa de un subsidio, por no mencionar un descarado intento de halagar el bien conocido carácter vanidoso de Alejandro:

> El emperador de Rusia se encuentra en una situación que le da la ocasión de prestar importantes servicios a Europa. En consecuencia, su mediación es imprescindible si Europa espera que los gabinetes de Viena y Berlín entierren sus antiguas diferencias ... Su Majestad confía que el

emperador de Rusia ... sea consciente de que las únicas esperanzas de paz que tiene Europa dependen de una alianza de las grandes potencias del continente con Su Majestad Imperial a la cabeza.[27]

Pero, finalmente, no se consiguió nada, y todo lo que fue capaz de hacer Gran Bretaña en Europa fue adoptar una actitud de espera. Por otro lado, impelido por un auténtico sentimiento de frustración y por su ansia de gloria militar, Napoleón terminaría indefectiblemente por intentar cruzar el canal de la Mancha e invadir las islas Británicas. Pero Addington estaba convencido de que se podría repeler la invasión. Desde luego, tendría que reforzar sus defensas, reconstruir la armada y aumentar el número de sus fuerzas terrestres, pero si estas medidas se llevaban a cabo, no había razón para temer que la invasión francesa tuviera éxito. Como expuso en un discurso en la Cámara de los Lores el primer lord del Almirantazgo, lord St. Vincent: «No digo, caballeros, que los franceses no vayan a venir. Lo que digo es que no vendrán por mar».[28] Si Napoleón no tenía éxito en esta invasión, su prestigio sufriría tan duro golpe que puede que las potencias europeas se decidieran a enfrentarse a Francia. Desde luego, siempre existía la posibilidad de que Napoleón terminara renunciando a la invasión, pero aun así su prestigio también resultaría dañado, e incluso podía llegar a ser derrocado. Citando a lord Hobart: «Me siento inclinado a creer en los informes que recibimos de Francia sobre la precaria situación que está viviendo Bonaparte ... Se han reconocido síntomas de insatisfacción en la única institución en la que pueden ser de importancia, el ejército. La invasión de Inglaterra no es tan popular como se podía haber esperado ante la expectativa del pillaje y el botín que se puede llegar a lograr ... y se dice que ... ante la posibilidad de morir ahogados, los soldados no se sienten precisamente cómodos».[29]

En estas circunstancias, la estrategia de gran Bretaña no era mala del todo. Pero si se lograba crear una coalición —y con ella iniciarse las hostilidades en el continente—, los únicos objetivos de ella iban a ser económicos, coloniales o marítimos, precisamente los objetivos que habían hecho a Gran Bretaña tan impopular durante las guerras de la Revolución. Los puertos franceses se vieron bloqueados, algo que pronto se extendió a todos los puertos del continente bajo control francés, y la armada fue puesta en pie de guerra de forma apresurada (tan apresuradamente que las jarcias de los navíos enviados al Mediterráneo al mando de lord Nelson tuvieron que repararse durante la travesía). En seis meses, estaban en misión setenta y cinco navíos de línea y 114 fragatas. Al mismo tiempo, se renovaron las hostilidades en ultramar. Hacia finales de año Santa Lucía, Tobago, Berbice, Demerara y Essequibo cayeron en manos británicas, expulsándose a los restos del ejército del general Leclerc de Santo Domingo, y la Confederación Maratha —el último reducto de aliados nativos de Francia en la India— fue destruida totalmente gracias a una ofensiva llevada a cabo en el Decán gracias a la cual el futuro duque de Wellington obtuvo las victorias de Assaye y Argaum, además de otros éxitos militares en Delhi y Laswari. El porqué de esta ofensiva estaba claro: las colonias capturadas habían sido utilizadas como bases por los corsarios franceses que atacaban los buques comerciales y para atacar islas bajo el dominio de la corona británica; el comercio colonial seguía siendo esencial para la economía británica; y los marathas constituían un serio peligro para la influencia de los británicos en la India. Pero el hecho es irrefutable, no hay nada en todo esto que sugiera que Gran Bretaña mantuviera un verdadero compromiso con Europa, porque parece que ésta seguía luchando las guerras del siglo XVIII.

Aunque incluso en la lejana India, Gran Bretaña estaba haciendo frente a Napoleón. En 1803 la Confederación Maratha era teóricamente el sistema de gobierno más poderoso de todo el subcontinente indio, ocupando una enorme porción de territorio que se extendía desde el Punjab hasta las fronteras del principal aliado de Gran Bretaña, Hyderabad. Pero, en la práctica, la Confederación resultaba mucho más débil de lo que parecía. El gobernante de este imperio era el príncipe heredero del estado de Satar, pero casi no tenía autoridad, ya que, aparentemente, el verdadero poder estaba en manos de un primer ministro conocido como el Peshwa. Aunque parece que el Peshwa tampoco era tan poderoso, puesto que el control lo ejercían realmente un gran número de caciques locales que no eran más que unos ladronzuelos, entre ellos Jeswunt Rao Holkar, el marajá de Indore, Daulat Rao Scindia, el marajá de Gwalio, el rajá de Berah, el Gaikwar de Baroda, que eran inmensamente poderosos. Holkar y Scindia, en particular, poseían no solo unidades de caballería irregular típicas de los ejércitos indios, sino también grandes fuerzas equipadas con artillería moderna e infantería que habían recibido instrucción según los cánones europeos. Scindia, por ejemplo, podía poner en campaña diecisiete batallones de infantería «a la occidental, apodados los «Inmortales del Decán». En consecuencia, la Confederación Maratha constituía apenas un estado unificado. Grandes y pequeños, todos los rajás y los marajás de la Maratha se veían inmersos en interminables luchas intestinas, lo que significaba que no existía nada que pudiera asemejarse a una política común. Deseando avanzar en la consecución de sus propios intereses, muchos de los pequeños gobernantes estaban firmando los conocidos como «tratados para los subsidios» con Gran Bretaña (véase más adelante). Recibiendo estos tratados el apoyo entusiasta de Wellesley, la penetración británica en el subcontinente parecía que iba a continuar sin pausa.

En 1803, sin embargo, el panorama cambió cuando el Peshwa fue derrocado por Holkar y se vio reemplazado por un gobernante títere. Figura imponente reconocida como un audaz y valeroso comandante militar, el nuevo hombre fuerte amenazó con poner bajo su mando a la totalidad de la Confederación Maratha. Para preocupación de Gran Bretaña, en el verano de 1803 tres agentes franceses fueron capturados en Poona en posesión de unos documentos que animaban a Holkar y Scindia a levantarse contra de los británicos y prometían al principal asesor europeo de Scindia, un mercenario llamado Perron, el nombramiento de general en el ejército francés. Mientras tanto, habiendo zarpado desde Europa antes de la reanudación de las hostilidades con Gran Bretaña, una pequeña flota francesa apareció de repente en Pondicherry con una guarnición de relevo para esta antigua posesión colonial francesa. Encontrándose con que los británicos habían ocupado Pondicherry, los franceses se retiraron a Mauricio, pero estaba claro que tenían que responder con alguna acción ofensiva. Para poner fin a esta creciente amenaza, Wellesley de inmediato ofreció a Holkar un tratado para obtener un subsidio, pero el marajá era lo suficientemente poderoso para no querer ver comprometida su independencia. No es sorprendente, por lo tanto, que Wellesley firmara un tratado con el legítimo Peshwa por el que le prometía restaurarle en el poder a cambio de que la Confederación Maratha se convirtiera en un estado satélite. Actuando de este modo, Wellesley no estaba trabajando precisamente como agente del gobierno británico. Aunque el de gobernador general era un cargo político —desde que se aprobara el Acta para India de 1784, la Compañía de las Indias Orientales había, aceptado que la decisión al respecto de quién tenía que ocupar ese puesto debía estar en manos del gobierno británico—, Wellesley no había sido enviado con una agenda imperialista. Y es más, yendo a la guerra contra Holkar y sus aliados, estaba actuando sin el conocimiento de Londres y en contra de los deseos del consejo directivo de la Compañía de las Indias Orientales, que estaba más interesada en la expansión comercial que en obtener el control político directo. Tras el hecho consumado, sus éxitos fueron inicialmente aprobados por el gobierno británico —«Nada puede haber causado mayor sensación que lo que se ha hecho», escribió su hermano, Gerald Wellesley—,[30] pero en gran parte esto se debió simplemente a que Wellesley era un tory, porque la mayoría de las denuncias más agrias contra sus políticas procedían de los whigs y, finalmente, porque en 1803-1804 la prioridad tenía que ser impedir que Napoleón pusiera un pie en la India. Cuando pasó la crisis inmediata, el gobierno retiró su apoyo al gobernador general, y no hizo ningún intento por apoyarle contra la rebelión de los directores de la Compañía de las Indias Orientales, que finalmente provocó su caída en 1805. Si las sucesivas administraciones siguieron sin mostrar interés por la expansión en la India, esto iba a cambiar en el momento en que comenzara la guerra: gracias a la modernización gradual de los ejércitos indios, las guerras de Wellesley habían superado en coste y en escala a las que se habían librado en el pasado. De este modo, en la guerra de Mysore, los británicos habían empleado 10.000 hombres y habían logrado vencer con un desequilibrio de fuerzas de siete a uno, mientras que en el cuarto de tales conflictos —la lucha final contra Tippu Tib— la victoria sobre un enemigo marcadamente más débil había costado 50.000 hombres. Por lo tanto, la carga de la lucha del león británico tenía que llevarla el ejército regular: en Assaye, los 13.500 hombres de Wellesley estaban organizados en solamente dos regimientos de infantería británica y en uno de caballería —unos 2.200 hombres— que tuvo 650 bajas dentro de la cifra total de bajas de 1.600 hombres. Dada la situación en Europa, el obtener nuevos territorios en la India no era solo un objetivo británico. Cuando Wellesley regresó de la India en 1805, el Parlamento no se mostró especialmente agradecido, sus antiguos aliados le recibieron fríamente y se escapó por los pelos de ser acusado por un antiguo enemigo que se había asegurado un asiento en la Cámara de los Comunes.

La «construcción de la India británica» por la que luchó Wellesley fue obra de un poderoso y vigoroso entusiasta, si bien es cierto que contaba con muchos apoyos (el más destacado, lord William Bentinck, que alcanzó el puesto de gobernador de Madrás en 1803). La Acta para la India de 1784 contemplaba de forma inequívoca que las guerras de conquista eran «medidas que repugnaban a los deseos, el honor y la política de esta nación» y prohibía expresamente al gobernador general que llevara a cabo campañas sin que éstas fueran aprobadas por el Parlamento, excepto si se actuaba en defensa propia (una justificación muy poco sólida en el caso de Marathas: dejando de lado su situación de guerra civil, Holkar había mostrado inicialmente un profundo deseo de mantener la paz). Los motivos para esta oposición a las guerras de agresión eran bastante razonables: se creía que las constantes guerras que se habían librado en la India a mediados del siglo XVIII se habían producido por la intervención extranjera y que, ahora que los franceses habían sido expulsados del subcontinente, todo lo que tenían que hacer los británicos era sentarse a esperar que los beneficios del comercio comenzaran a llenar sus cofres. Wellesley rechazó este planteamiento desde el principio. Los gobernantes indios, argumentaba, formaban parte de una casta militar devota de la guerra, por lo que, en primer lugar, una intervención extranjera no desencadenaría por sí misma un conflicto, y, en segundo lugar, la estabilidad prevista en la *India Act* era una quimera que difícilmente iba a hacerse realidad. Lo que se necesitaba es el control británico, puesto que solamente de esta forma se garantizaría verdaderamente el envío de riquezas del imperio. Para apoyar esta política contaba con la fantástica excusa que le ofrecía la presencia residual francesa, mientras que las conquistas relativamente fáciles de la cuarta guerra de Mysore de 1799 estimulaban su ambición por la gloria, que era, de ese modo, casi tan grande como la de Napoleón (notoriamente vanidoso y autoindulgente, Wellesley se ponía furioso cuando un gobierno poco entusiasta le distinguía, no con un título de nobleza inglés, sino irlandés). Pero, a diferencia de Napoleón, la guerra no constituía el centro de su política: Su herramienta favorita era el «tratado para el subsidio», por medio del cual los gobernantes indios aceptaron el patronazgo británico a cambio de protección. Y esto era igual de bueno si se alcanzaba por medio de la diplomacia o de la guerra. Y no admitía que se le llevara la contraria, ya que mostraba una actitud de «o lo tomas o lo dejas» que recordaba mucho a la del primer cónsul. Y también era un genuino imperialista y, en consecuencia, una gran molestia para Europa. Con Wellesley al timón en la India, ¿cómo podía negar Addington que Gran Bretaña llevaba a cabo una política colonialista? Y no era Wellesley el único administrador colonial con una inclinación hacia la agresión. En Ceilán los holandeses se habían limitado a ocupar una serie de puertos de la isla, y dejaron el interior a su suerte bajo el mandato del Reino de Kandy. Pero cuando los británicos tomaron la isla, el gobernador, Frederick North, se ofendió por la actitud independentista de los kandianos y, en febrero de 1803, se lanzó a la conquista del interior de la isla.

Si es difícil atribuir el deseo de expansión en la India al gobierno de Addington, sí que es cierto que esta administración fue responsable de otro aspecto del esfuerzo de guerra británico que terminaría resultando ser igualmente dañino. En cuanto comenzó la guerra surgió la amenaza de una invasión francesa de las islas Británicas. Todos los buques de guerra que los franceses tenían en sus propios puertos estaban en perfecto estado para hacerse a la mar; la escuadra que se había empleado para acabar con la revuelta de Toussaint L'Overture fue enviada de vuelta a casa; se aceleró el programa de construcción naval; se concentraron 160.000 hombres en la costa del canal; se comenzó a reunir una flotilla de lanchas de desembarco; se inició un programa de reformas en Calais y Boulogne; y, finalmente, el propio Napoleón se presentó en la costa del canal para llevar a cabo una ostentosa gira de inspección. En consecuencia, la defensa del país era obviamente una de las principales prioridades. Parte de lo que quedaba por hacer era la construcción de fortificaciones costeras —de ahí el Real Canal Militar de Kent y las torres Martello que todavía se pueden ver en la costa sur británica—, pero Gran Bretaña también necesitaba más soldados. Aunque era difícil imaginarse a algún político británico empleándose en el reclutamiento obligatorio de un ejército regular. La hostilidad tradicional hacia los ejércitos permanentes, la preocupación por las libertades civiles y la profunda impopularidad del servicio militar hacían del reclutamiento obligatorio una opción absolutamente impensable en Gran Bretaña y, en consecuencia, el gobierno reactivó el movimiento a favor del voluntariado que se había empleado en la década de 1790. Como en el pasado, el resultado fue que un gran número de hombres se alistaron en unidades de infantería y caballería extravagantemente uniformadas, que en realidad hubieran resultado de muy poca utilidad si los franceses hubieran terminado por cruzar el canal y que, en todo caso, solo servían para la defensa del país, nunca para emplearlas en una campaña en tierras extranjeras. Mucho más útil fue la decisión de aumentar la milicia de los condados con unos 76.000 hombres (una decisión que era políticamente aceptable a pesar del hecho de que implicaba el reclutamiento obligatorio, puesto que la milicia solo servía en el lugar de origen de los reclutados y, además, se trataba de un reclutamiento a tiempo parcial). Pero ninguna de estas medidas consiguió que aumentaran los efectivos del ejército regular: se esperaba que los hombres reclutados para la milicia terminaran cogiéndole el gusto a la vida militar y optaran por presentarse voluntarios a una unidad del ejército regular, pero el caso es que hubieron de pasar varios años antes de que este sistema comenzara a ofrecer resultados significativos. En general, el ejército tenía que confiar en que los civiles se presentaran voluntarios y esto era, ciertamente, confiar demasiado: entre junio y diciembre de 1803 las 360 partidas de reclutamiento que se enviaron por todo el país consiguieron alistar a 3.481 hombres, es decir, unos diez hombres cada una. Esto no debe resultarnos sorprendente: mientras que el ejército pagaba una cantidad por alistarse, el pago era mucho mayor para aquellos que se enrolaban en la armada o se vendían como sustitutos de los que habían sido reclutados obligatoriamente para la milicia. De este modo, el ejército regular siguió siendo muy pequeño: de hecho, tan pobre era el flujo de reclutas que durante los primeros nueve meses de la guerra disminuyó en unos 13.000 hombres. Además, sin contar con un ejército regular poderoso que pudiera enviar fuerzas sustanciales al continente, las posibilidades de que los potenciales aliados extranjeros se decidieran a unirse a la lucha junto a Gran Bretaña se reducían drásticamente.

Los británicos estaban en un dilema. No había manera de conseguir reunir un ejército poderoso, y tampoco se atisbaba la posibilidad de que cambiara la concepción que la sociedad civil tenía de las fuerzas armadas. Ni la omnipresencia de los grandilocuentes y flamantes voluntarios ni la amenaza de la invasión fueron suficientes para convencer al pueblo de que se necesitaban más hombres para el ejército regular, mientras que el tono ampuloso de la propaganda que inundaba el país apenas lograba cambiar la idea que el inglés común tenía al respecto de que John Bull fuera capaz de acabar con los franceses sin contar con el apoyo de un ejército de ignorantes continentales. Sin embargo, tan necesaria era la ayuda extranjera que la que se sumía cada vez más en su ignorancia era, precisamente, Gran Bretaña. Resultó de alguna ayuda que el 7 de mayo de 1804 Addington fuera sustituido como primer ministro por William Pitt: no solamente era este último un hombre de acción, sino que además era una figura insignificante que, en muchas ocasiones, sufría las burlas de sus compañeros en la Cámara de los Comunes, que le tildaban de cobarde y además le caricaturizaban como un niño pequeño jugando con soldaditos. Pero, al final, el retorno de Pitt no produjo ningún cambio, puesto que la realidad era que, a pesar de sus inmensas cualidades como líder militar, no tenía mucho más que ofrecer que Addington. Citando a William Cobbett: «El sistema del señor Pitt ... está agotado ... lo mismo por lo que se refiere a la gloria militar o a las libertades en el país.»[31]

Al final, lo que salvó a Gran Bretaña fue que se estaba enfrentando a una potencia que, más pronto o más tarde, tendría que terminar entrando en guerra con las otras potencias de Europa. Una vez más nos topamos con la influencia personal ejercida por el primer cónsul, ya que, en 1803, solo Napoleón podía haber hecho que las potencias de Europa entraran en guerra. Comencemos con Austria. En este caso, las posibilidades de una alianza eran cero. Como el embajador austriaco, Starhemberg, le había dicho a Addington: «Somos un gigante, pero un gigante exhausto, y necesitamos tiempo para recuperar fuerzas».[32] En parte, las dificultades eran financieras, y éstas se debían principalmente a la incapacidad de los Habsburgo para aprovecharse de los recursos de Hungría; y es que Austria por sí sola no contaba con medios suficientes para enfrentarse a Francia. Además, Francisco era renuente a aumentar los impuestos por miedo a causar descontento entre sus súbditos. La guerra turca de 1787-1789 había provocado la introducción de papel moneda emitido en la forma de bonos conocidos como *bankozettel*, y en el transcurso de la década de 1790 la suma total que se estaba empleando de esta forma se fue incrementando irremisiblemente: de hecho, entre enero de 1799 y enero de 1801 la cantidad en circulación era realmente el doble. De 1795 en adelante la depreciación se estabilizó, mientras que los precios comenzaron a subir de forma alarmante. También creció la deuda pública, que se elevó de los 390 millones de florines a 613 millones entre 1792 y 1801. Y, finalmente, por culpa del tratado de Lunéville, el gobierno central había perdido una considerable cantidad de renta pública. El dinero, por lo tanto, era escaso, de tal modo que el ministro de Finanzas quería reducir el presupuesto de defensa, pero este no era el único asunto. En las campañas de 1979-1800, el ejército austriaco había sufrido grandes pérdidas, así que reemplazar a los hombres que se habían perdido no iba a ser tarea fácil, especialmente porque gran parte de los territorio del Sacro Imperio Romano ya no estaban bajo el control de los Habsburgo, y no iba a ser posible obtener el gran número de soldados que tradicionalmente estos territorios habían proporcionado a Austria (antes de 1801 es probable que la mitad de los voluntarios procedieran de estos territorios). Existía un sistema de reclutamiento obligatorio, pero éste no regía en los territorios de Francisco: el Tirol y Hungría, por ejemplo, estaban exentos, y, además, donde sí regía tampoco lo hacía de forma verdaderamente efectiva. E incrementar el número de hombres reclutados para el ejército o extender el reclutamiento obligatorio por nuevos territorios solo provocaría descontento social: en el curso de la guerra de la Segunda Coalición por lo menos 27.000 hombres habían huído de sus hogares para evitar ser reclutados, al tiempo que la deserción había alcanzado proporciones épicas. Así, extender el reclutamiento obligatorio a Hungría y el Tirol solamente hubiera servido para provocar una vuelta a los disturbios de 1789-1790 (cuando estas dos provincias estuvieron a punto de declararse en abierta rebeldía).

Como es lógico, esta debilidad financiera y militar se reflejaba en un cambio de atmósfera en Viena. Ya hemos visto que, el régimen de los Habsburgo nunca había sido uno de los oponentes más entusiastas de Francia. Ni Francisco ni su principal comandante militar, el archiduque Carlos, eran unos hombres proclives a la guerra, y los dos eran tendentes a rodearse de consejeros poco dispuestos a llevarles la contraria: el secretario del gabinete más influyente del emperador, Franz von Colloredo, por ejemplo, era un personaje notoriamente tímido e indeciso. Al mismo tiempo, existía un rechazo generalizado hacia la posibilidad de una alianza con Gran Bretaña, y especialmente hacia la figura de William Pitt, que era percibido como una persona áspera y desagradable. Y, finalmente, estaba la creciente desconfianza de Francisco hacia el archiduque Carlos que, en 1801 había sido puesto a la cabeza del nuevo Ministerio de la Guerra y la Marina y que estaba presionando para que se llevara a cabo un ambicioso programa de reformas militares que trajo a la mente del emperador lo que había ocurrido durante la guerra de los Treinta Años, cuando el poder del trono se vio temporalmente eclipsado por poderosos comandantes militares tales como Wallenstein. Hasta ese momento, Austria había seguido su camino gracias al carácter del enérgico Thugut, pero éste ya no estaba, y su sustituto, el conde Ludwig Cobenzl, era mucho más ambiguo respecto a su actitud hacia la lucha. «Sabía muy bien —escribió lord Malmesbury— que Cobenzl era un francés de corazón, que había sido educado para admirar y temer a Francia, y que, ya hubiera un Borbón o un Bonaparte, sus sentimientos y preferencias nunca iban a cambiar.»[33] Este típico ejemplo de desprecio británico por los extranjeros es especialmente radical: el canciller austriaco estaba determinado a restaurar la gloria de los Habsburgo, primero solucionando los problemas internos y, en segundo lugar, enfrentándose a Francia. De hecho, hacia 1804 había discutido con el archiduque Carlos sobre el recalcitrante pesimismo del segundo. Pero es totalmente cierto que Cobenzl estaba muy impresionado por el poderío militar de Francia y por las cualidades personales de Napoleón —había, después de todo, liderado las delegaciones austriacas en Campo Formio y Lunéville—, y que no estaba dispuesto a arriesgarse a entrar en guerra hasta que Austria estuviera lista, algo que, desde su punto de vista, podía tardar otros diez años. Si comenzó a presionar en pos de una alianza con Rusia en 1803, no es porque quisiera llevar a su ejército a las puertas de París, sino porque quería encontrar la manera de evitar que los franceses terminaran marchando por las calles de Viena. Por todos lados se podían encontrar espíritus proclives a la guerra, como por ejemplo el fanático propagandista antifrancés Friedrich von Gentz o el barón Karl von Mack, un oficial vanidoso e incompetente que había sido humillado en el campo de batalla en 1789 y que estaba ansioso porque surgiera una oportunidad de recuperar su buena reputación. Pero, aunque hubiera querido, el canciller no hubiera podido proporcionar el liderazgo necesario para formar un partido proclive a la guerra: «Aunque resultaba brillante en los salones —escribió Metternich— Cobenzl no era un hombre como para liderar un gabinete».[34]

Incluso ante el hecho del asesinato del duque de Enghien (que trataremos más adelante), Cobenzl no haría ningún movimiento. Como el embajador británico en Viena, Arthur Paget, escribió acerca de un infructuoso intento por lograr que Cobenzl aceptara una alianza en abril de 1804:

> El vicecanciller argumentó que tal acuerdo resultaría en una violación directa del sistema de neutralidad del cual el emperador no iba a salirse fácilmente; que lo inteligente era no hablar antes de que existieran

> los medios para llevar a cabo lo que se hablaba; que su país no se encontraba en una situación como para ir a la guerra; que, aunque su situación actual era indudablemente mala ... no era desesperada, y que, intentando por todos los medios mejorarla, quizá solo consiguiera empeorarla; que los franceses tenía 10.000 hombres en Italia, que toda esa fuerza, que estaba en ese momento en la costa, podría enviarse contra su país; que el ejército austriaco estaba en ese momento en estado de paz, etc. ... Estos y otros argumentos similares son los que tuve que soportar oír ... nunca fui testigo de un despliegue tal de ignorancia, de tanta debilidad y pusilanimidad por parte de un individuo que se considera a sí mismo como un hombre de estado.[35]

Esto era, no es necesario decirlo, especialmente grosero hacia Cobenzl. Pero, en 1803, el hecho es que lo único que los británicos podían esperar de Viena era que Austria estuviera preparada para coaligarse con ellos solamente cuando las circunstancias fueran propicias, y esto no parecía probable antes de que pasara mucho tiempo. Francisco II, el archiduque Carlos, Cobenzl y Colloredo, todos ellos, estaban de acuerdo en que no tenía sentido lanzarse a la guerra antes de acometer un largo proceso de reformas internas. La política más obvia sería la de hacer renacer el absolutismo burocrático de José II y erradicar los privilegios de las provincias y los nobles y movilizar los recursos de todos los territorios dominados por Francisco. Pero esto era algo que el emperador, simplemente, no iba a hacer. Sintiendo una profunda aversión a interferir en los derechos de sus súbditos, no iba a arriesgarse a sufrir una repetición de la agitación política que se produjo entre 1789 y 1790. Las reformas, entonces, tendían a ser graduales y poco sistemáticas. Viendo cómo se le negaba la posibilidad de reclutamiento obligatorio en todos los territorios del imperio, el archiduque Carlos tuvo que contentarse con reducir la duración del servicio de los hombres que se presentaban voluntarios, esperando que esta medida se tradujera en un aumento de los reclutas. Del mismo modo, se introdujo una serie de reformas fiscales —se produjo, por ejemplo, un considerable aumento en las tasas de importación— pero las ventajas fiscales de la nobleza no se tocaron para nada. Lejos de revocar los privilegios de los que gozaban provincias tales como Hungría, Francisco se vio forzado a tratarlas con guante blanco. Por medio de su Dieta trienal, Hungría tenía derecho a establecer sus propios niveles al respecto de las cargas fiscales y del reclutamiento obligatorio. En 1796 (la última ocasión en la que se había reunido) la Dieta se había unido a la causa de los Habsburgo y había votado por ofrecer un subsidio de 4,4 millones de florines, el envío de grandes cantidades de suministros y un incremento de 5.000 en el número de soldados enviados por Hungría al ejército regular. Esto último le proporcionó una cuota de más de 52.000 hombres, pero, como los reclutas debían ser voluntarios, esta cifra nunca se llegó a alcanzar en la práctica. En 1802, la Dieta fue llamada a reunirse de nuevo tras la pausa de 1799. Habiéndosele pedido dos millones de florines, los diputados acordaron proporcionar a Viena la mitad de esa cantidad, y ofrecer concesiones limitadas sobre el asunto del reclutamiento. Sería injusto decir que en estos años no se hizo ningún esfuerzo por revivir la gloria de Austria —el archiduque Carlos llevó a cabo una serie de reformas importantes en la administración del imperio—, pero los cambios eran tan lentos que, claramente, los británicos tendrían que esperar mucho tiempo. Incluso en una fecha tan tardía como el 6 de agosto de 1805, Minto escribía en su diario: «Oigo que Austria ha declarado que no formará parte de una confederación contra Francia, y alega su total falta de medios para justificar su conducta. Lo siento mucho, porque una guerra continental es la única forma de terminar con nuestros problemas, aunque incluso esta posibilidad no es especialmente buena. Pero, cuanto más se retrase, peores perspectivas tendremos, ya que el poder de Bonaparte aumentará año tras año, y puede que empecemos a oponer resistencia cuando ya sea demasiado tarde».[36]

Ya hemos hablado suficiente de Austria porque, ¿qué pasaba entonces con Prusia? Una vez más, no se podía esperar gran cosa. Todavía comprometida con el principio de neutralidad, Prusia era profundamente despreciada por el gobierno de Addington. Como Malmesbury confió a su diario el 14 de junio de 1803, «lord Hawkesbury se reúne conmigo a las siete ... Hablando de Prusia, dijo que no había conocido nunca a nadie tan débil y pusilánime como el rey y sus ministros».[37] En sentido general, Hawkesbury no estaba equivocado: la política prusiana al respecto de Napoleón en ese momento no podía haber sido más pacífica. Sin embargo, no se trataba de una cuestión de cobardía. Cuando se había visto completamente obligado, Federico Guillermo no había tenido miedo de actuar: profundamente convencido de que tenía el deber de proteger a Prusia del comercio extranjero, se había mostrado reacio a unirse a la Liga de la Neutralidad Armada en 1801. Pero todos los argumentos que había sostenido el rey tras la guerra de la Segunda Coalición se habían intensificado ostensiblemente a partir de 1800: Prusia se había visto muy favorecida tras la reforma del Sacro Imperio Romano, mientras que el debate sobre la necesidad de llevar a cabo reformas militares estaba más candente que nunca. Y se habían añadido nuevos temas a éste. En primer lugar, había gran admiración por la figura de Napoleón, que se asumía que le estaba restaurando todos sus derechos a Francia. Y, en segundo lugar, aunque existía el temor a Francia a largo plazo —como le dijo al embajador sueco, «seremos los últimos en ser devorados: ése es el límite de la ventaja prusiana»—,[38] a Haugwitz le causaba en ese momento más preocupación Viena que París. Habiendo mostrado los austriacos un intenso deseo de desafiar ciertos aspectos de la nueva organización territorial de Alemania —en agosto de 1802 tropas austriacas había llegado demasiado lejos ocupando temporalmente el distrito de Passau en un intento de negárselo a Baviera—, su objetivo en ese momento era alcanzar una alianza con Francia y con Rusia que hubiera intimidado lo suficiente a Francisco y a sus consejeros, al tiempo que se contenía a Napoleón. Tampoco el ejército parecía demasiado dispuesto a entrar en guerra con Francia. Algunos generales, incluyendo al futuro héroe de Waterloo, Gebhard von Blücher, estaban seriamente preocupados ante el creciente poder de Francia, mientras que muchos oficiales resultaban inútiles para la guerra. Citando al general de estado mayor, Carl von Muffling: «Había en esa época en el ejército prusiano, de los generales a los alféreces, por un lado, un gran número de exaltados, y por otro, estaban esos que adoptaban unas maneras toscas y apasionadas, pensando que eran parte intrínseca de la profesión del militar».[39] Pero, de nuevo, este «gran número de exaltados» tenía otros objetivos distintos a Napoleón: mientras unos se concentraban en una guerra contra Austria, otros, tales como el fundador del recientemente formado estado mayor, Christian von Massenbach, querían aumentar el territorio de Prusia gracias a Polonia y en contra de los intereses de Rusia. Y, precisamente porque tenían otros objetivos, ninguna facción de las poderosas se mostró a favor de la guerra contra Francia, siendo el resultado que no se produjo ningún hecho que pusiera en peligro la neutralidad prusiana. Y más que eso, de hecho, Federico Guillermo se mostró especialmente adulador para asegurarse el favor de Napoleón, y la única medida que tomó para proteger los intereses de Prusia cuando llegó la hora de las hostilidades fue rogarle al primer cónsul que no invadiera Hanover.

Todo esto dejó a Rusia como un posible aliado de los británicos pero, en realidad, este país tampoco parecía muy proclive a esa alianza. Como escribió lord Malmesbury, «el miércoles 27 de abril [1803], me reuní con Vorontsov [el embajador ruso] durante dos horas; me hizo saber el contenido de varios despachos ... Me quedé muy sorprendido porque Rusia era, en ese momento, lo que había sido desde que se hizo ... un hueco entre las grandes potencias de Europa, engatusándolas y haciéndoles la corte a todas pero ciertamente teniendo buen cuidado de no ponerse del lado de ninguna de ellas ... Me temo que hemos confiado demasiado en Rusia: nos dará consejos, pero nunca ayuda».[40] Esto parecía bastante cierto en la época en la que se escribió: aunque el nuevo ministro de Asuntos Exteriores, el conde Alexander Vorontzov —el hermano mayor de Semyon Vorontzov, el embajador en Londres— se mostraba más proclive hacia Gran Bretaña que cualquiera de sus predecesores, no tenía la menor intención de verse involucrado en los problemas de Europa central y quería a toda costa evitar que se abriera una brecha entre Gran Bretaña y Francia. No resultó de mucha ayuda que, a finales del invierno de 1802-1803, Napoleón hiciera un verdadero intento de apaciguar los ánimos de Rusia. Hizo insinuaciones al respecto de la partición del Imperio Otomano, por ejemplo, y además hizo por primera vez mención a una posible compensación por el Reino del Piamonte. Lejos de apoyar a los británicos, justo a punto de comenzar la guerra, el gobierno ruso anunció de repente que, en su lugar, se dedicaría a mediar entre los contendientes y a facilitar una guarnición para Malta. Mientras tanto, los desesperados intentos de Addington y Hawkesbury por asegurar una alianza se encontraron de frente con la respuesta de que Rusia no se movilizaría a no ser que lo hiciera primero Austria, argumentando que no existía otra posibilidad, salvo esa, para que un ejército ruso se enfrentara a los franceses. En cualquier caso, esto no era más que un ofrecimiento tentador. El reinado de Pablo I había causado mucho daño entre los militares, que habían sido dejados de lado por medio de la purga del grupo de esos cuyas preferencias estratégicas se centraban en el Este, y que habían prevalecido durante el reinado de Catalina II, así que, por lo tanto, llevaría algún tiempo alcanzar cierto grado de satisfacción entre sus filas. Y, finalmente, dejando de lado el asunto de lo que podría suceder si se llegaba a iniciar la guerra, el caso es que había un gran número de rusos que odiaban a Gran Bretaña: en París, por ejemplo, el intransigente republicano Bertrand Barère se dio cuenta de que el periódico que había fundado para levantar los ánimos del pueblo contra Gran Bretaña —se llamaba *El Diario Antibritánico*— se leía con profusión entre los oficiales de la embajada rusa.

El final del aislamiento británico estaba, por lo tanto, todavía muy lejos. Al final llegó, pero primero veamos cómo se desarrollaron los acontecimientos; y para eso debemos dar cuenta de un episodio que se produjo en el Mediterráneo y que tuvo gran importancia en el desarrollo de las relaciones internacionales. Los asuntos europeos vieron que, de repente, entraba en liza un nuevo contendiente, que no era otro que los Estados Unidos de América. Hacia 1800 las antiguas colonias británicas eran las segundas detrás de Gran Bretaña por lo que respecta al comercio internacional, y su numerosa flota mercante operaba desde Noruega al cabo de Buena Esperanza. En el Mediterráneo, sin embargo, Estados Unidos, como otras muchas pequeñas potencias, se veía acosado por la presencia de los llamados «corsarios bárbaros». Al mando de rápidas galeras y operando con el apoyo de los señores de las ciudades de Argel, Túnez y Trípoli (todos ellos siendo teóricamente vasallos del Imperio Otomano), estos piratas suponían un constante peligro en las rutas marítimas del Atlántico Este y del Mediterráneo. Las guerras con Francia habían empeorado las cosas significativamente, ya que los británicos, los franceses y los españoles tenían problemas más urgentes que dedicarse a la persecución de los corsarios. Viéndose perjudicados por esta situación, los norteamericanos al principio intentaron negociar el libre paso de sus barcos por medio de una serie de sobornos: en 1795, por ejemplo, se acordó que Argel recibiera una suma de 642.500 dólares, una corbeta y un tributo anual de 21.600 dólares. Sin embargo, los abordajes continuaron y, en febrero de 1801, el presidente Jefferson respondió declarando la guerra a Trípoli y enviando una pequeña fuerza naval al Mediterráneo. No sucedieron demasiadas cosas en los dos años siguientes: la escuadra norteamericana era demasiado pequeña para obtener algún resultado significativo y los recortes en el presupuesto naval hicieron imposible que se viera reforzada. La lucha no se endureció hasta septiembre de 1803, e incluso por entonces se trataba de incursiones esporádicas y bombardeos de las costas que finalmente concluyeron con un compromiso de paz que se firmó el 4 de junio de 1805. En muchos aspectos, por lo tanto, la guerra de los americanos contra Trípoli no fue más que una pequeña campaña militar. Pero, a pesar de esto, lo cierto es que este conflicto tuvo su importancia. Dejando de lado las molestias que causó a Gran Bretaña —Trípoli constituía una fuente importante de alimentos y agua potable para los barcos británicos que operaban en el Mediterráneo—, la guerra hizo ver a Europa que, en el caso de estallar un conflicto, los norteamericanos no adoptarían una política pasiva de defensa, sino que estarían dispuestos a cruzar el Atlántico. Durante mucho tiempo la prioridad fue la defensa, y de hecho la construcción naval se limitó a botar cañoneras que solamente se podían emplear en las bahías y estuarios de las costas sur y oriental. Pero del mismo modo que Gran Bretaña podía esperar que Napoleón, más pronto o más tarde, terminaría provocando que alguna de las potencias se uniera a Gran Bretaña, el gobernante francés podía esperar que, más pronto o más tarde, Estados Unidos entraría en guerra con Gran Bretaña para defender su comercio ultramarino.

Teniendo en cuenta estos factores extraeuropeos, volvamos ahora a centrar nuestra atención en lo acontecido en Europa. Desde el principio, Napoleón había seguido un plan de acción que solamente podía terminar desestabilizando la neutralidad que reinaba al este del Rin. De este modo, prácticamente su primer movimiento en el conflicto había sido saltarse cualquier convencionalismo, acompañando el inicio de la guerra con la captura, no solo de los cargueros y los marineros británicos que se encontraban en los puertos franceses, sino también arrestando a unos 10.000 británicos que en ese momento se encontraban en territorio francés. Y lo que es más grave, determinado como estaba a hacer daño a Gran Bretaña en cualquier lugar, en cuestión de días Napoleón envió sus tropas a Hanover (que capituló sin resistencia, aunque gran parte de su ejército logró huir a Gran Bretaña donde se convirtió en el núcleo de lo que iba a ser la Legión Alemana del Rey). Y, finalmente, para acabar con el comercio británico y, en última instancia, para cumplir sus designios en el Mediterráneo, la costa norte alemana y los puertos napolitanos de Tarento, Otranto y Brindisi —todos ellos situados en la especialmente sensible región de Apulia— fueron ocupados por los soldados franceses. Con las tropas francesas alineadas en el mar del Norte, de Holanda a Dinamarca, Austria, Prusia y Rusia tenían buenas razones para pensar que sus intereses comerciales se iban a ver perjudicados, mientras que Napoleón se las había ingeniado para minar las pretensiones de Prusia en el norte de Alemania; para hacer renacer la amenaza que suponía para los intereses de Rusia en el Mediterráneo oriental y en los Balcanes la invasión de Egipto; y para chocar de frente con la diplomacia de Alejandro I en Alemania. Como reconoció incluso el ministro de Policía de Napoleón, Joseph Fouché, «no había habido nunca, hasta entonces, una ejemplo de violencia tal contra los derechos de las naciones».[41]

Aunque no era Napoleón el único que estaba prendiendo la mecha: otra figura con gran responsabilidad por el inicio de la guerra es el príncipe Adam Czartoryski. Nacido en 1779, Czartoryski era un nombre polaco que procedía de una familia asociada con el movimiento reformista que en la década de 1780 y a principios de la década de 1790 había luchado desesperadamente por lograr reconstruir el estado polaco. En 1795 fue enviado por sus padres a la corte rusa como muestra de su sumisión y buena fe, y allí enseguida se convirtió en buen amigo del futuro Alejandro I. Amistad que se vio reforzada por un interés común de los dos jóvenes por muchas de las ideas de la Ilustración y por un compartido sentimiento de romántica benevolencia. Cuando Alejandro llegó al trono, fue algo natural que Czartoryski se convirtiera en miembro de lo que era conocido como el «comité extraoficial». El príncipe tenía un papel principal en este grupo, pero lo que más nos interesa aquí son sus opiniones al respecto de los asuntos de política exterior. Nombrado asistente primero del ministro de Asuntos Exteriores Vorontzov en septiembre de 1802, sería la persona que más influencia ejercería sobre Alejandro en los siguientes tres años. La mayor cuita de Czartoryski era el logro de la independencia de Polonia: para él el eclipse de Polonia constituía un desastre de primer orden, y lo que más le atormentaba era no haber participado en la desesperada e infructuosa resistencia del pueblo polaco de 1794-1795. Recordándose a sí mismo y a su hermano pequeño escribió: «El amor a la madre patria, su gloria, sus instituciones y sus libertades, nos habían sido inoculados por nuestros estudios y por todo lo que habíamos visto u oído en nuestras vidas. Como se puede imaginar, ese sentimiento, al que aspirábamos con todo nuestro ser, venía acompañado de una completa aversión hacia todos esos que habían contribuido a la ruina de nuestro amado país».[42] Además, odiaba a Napoleón porque lo consideraba un arribista, un déspota y un peligro para la paz y el orden. Como escribió en sus memorias:

> Todos esos que se habían dejado llevar por el entusiasmo en los primeros momentos de la Revolución Francesa habían visto a Bonaparte como el héroe del liberalismo: les parecía que había sido enviado por la providencia para asegurar el triunfo de la causa de la justicia y para vencer gracias a grandes acciones y sorprendentes victorias los innumerables obstáculos que la realidad presentaba frente a los deseos de las naciones oprimidas ... Cualquier esperanza, cualquier creencia se hizo añicos en el momento en que Napoleón tomó las riendas de Francia. Cada palabra y cada acción suyas mostraban que solamente entendía el poder de la bayoneta ... Dejó de ser el campeón de la justicia y la esperanza de los pueblos oprimidos. Abandonando estos ideales —el pilar central de la República, a favor de todo su vicio y su locura— Bonaparte se unió a las filas de los ambiciosos y de los soberanos de Europa, mostrándose como un hombre de enorme talento pero poco respetuoso con los derechos de las personas, ambicionando subordinar todo a su capricho ... Fue como si Hércules hubiera abandonado el camino que le marcaba su deber para usar su propio poder para subyugar al mundo en su propio beneficio ... De este modo, con Bonaparte en el poder, tales eran su ambición e injusticia que éstas habían ensombrecido a cualquier otra ambición o injusticia de las que asolaban a la humanidad y que, vistas a la luz de las siniestras y devoradoras llamas que surgían de su cabeza, las hacían palidecer. [43]

Pero Czartoryski no era más que un *beau sabreur* solamente comprometido con una anhelada revuelta polaca o, por la misma razón, con alguna cruzada romántica contrarrevolucionaria. Si Polonia iba a ser liberada, pensaba, esto solamente ocurriría con el consentimiento de Rusia, y ¿qué mejor forma de obtener ese consentimiento que recurriendo al ingenuo idealismo e interés de Alejandro acerca de las reformas políticas? Polonia, por lo tanto, sería restaurada como un reino soberano con una constitución liberal, pero seguiría ligada a Rusia al ser su monarca el hermano de Alejandro, Constantino. Pero Czartoryski no se detuvo con Polonia. Sinceramente entregado a su propia versión de la causa de la libertad, también se dio cuenta de que Alejandro era más probable que apoyara sus ideales, si éstos se intentaran llevar más allá de Polonia (aunque tomó buen cuidado de mostrar a Polonia como un estado que, por gratitud e interés propio, estaría dispuesto a unirse sin vacilación a la lucha en la defensa de Rusia). Además de la restauración de Polonia, creía que Rusia debía ejercer presión para que se establecieran otros estados libres en Europa. Debía haber un estado griego, uno de los eslavos del sur, uno junto al Danubio (Rumanía) —todos ellos, desde luego, gozando de la protección de Rusia—, mientras que Italia, Alemania, los Países Bajos y Suiza iban a verse todos articulados como federaciones nacionales. Todo esto estaba relacionado con un plan más ambicioso cuyo objetivo era alcanzar el orden y la estabilidad. De acuerdo con los grandiosos designios de Czartoryski, incluso bajo el yugo de Napoleón, Francia no era un enemigo irreconciliable, y mucho menos un país cuya forma de gobierno iba a ser impuesta por la fuerza de las armas de una potencia extranjera. Por el contrario, iba a disfrutar de sus fronteras naturales y a permitir que se gobernarse a su antojo. Pero, una vez dicho esto, recordaba que no se le iba a permitir causar más problemas: liderada por Rusia y Gran Bretaña (potencias a las que Czartoryski veía como aliadas naturales) la «Europa de los pueblos» del príncipe polaco se mantendría firme frente a la agresión francesa. Pero no solo se le iba a impedir a Francia el recurrir a la guerra: como todos los nacionalismos históricos de Europa quedarían satisfechos con lo que les iba a tocar en suerte, ninguno de ellos desearía luchar contra otro. Por la misma razón, como todos los pueblos de Europa iban a ser libres, también terminarían desapareciendo los conflictos políticos, con lo que el jacobinismo internacional ya no tendría excusa para seguir con sus maquinaciones. Tan estrambóticos eran estos planteamientos, que es difícil opinar al respecto, o hablar de sus muchos errores de base o de las dificultades que pondría Austria (el Reino de Hungría no era problema pero el resto del Imperio sí). Al mismo tiempo, los planes del noble polaco conducían directamente a la guerra con Prusia, a la que le pedía con insistencia que renunciara a sus adquisiciones en Pomerania. En términos prácticos, a cambio de garantizar una Polonia independiente, lo que se le iba a ofrecer a Alejandro era la hegemonía en el este de Europa, la destrucción de los principales rivales de Rusia, el control de la parte europea del Imperio Otomano (que Czartoryski creía que estaba claramente condenado) y la oportunidad de jugar el papel de reformador benevolente que se le había negado en sus propios dominios. Y para todo esto la guerra de 1803 ofrecía una oportunidad perfecta: uniéndose a Gran Bretaña en la lucha contra Francia, decía Czartoryski, Alejandro se encontraría con el mundo a sus pies. Sin embargo, con Czartoryski o sin Czartoryski, ni Rusia ni ninguna otra potencia respondió a la actitud agresiva de Napoleón por la vía de las armas. Por el contrario, aunque el embajador ruso en París, Morkov, había, en palabras de lady Holland, durante meses sido «tratado vilmente por Bonaparte, que parece que disfruta ofendiéndole»,[44] Alejandro reaccionó ante el conflicto de una manera extremadamente pacífica, siendo la propuesta de paz que sacó adelante como respuesta a la petición de Napoleón de mediación, en el último minuto, una pequeña variación de la de Amiens. Por lo que se refiere a Austria y a Prusia, la primera se mantuvo sin hacer nada. Y la segunda se limitó a destinar un enviado especial a París con una petición extremadamente cortés solicitando explicaciones al respecto de la ocupación de Hanover. El diplomático que llevó a cabo esta misión, Johann von Lombard, era un ferviente admirador de Napoleón que llevaba mucho tiempo proponiendo una alianza con Francia, así que un trato agradable por parte de los franceses era suficiente para contentarle, aparte de que le endulzaron la píldora con propuestas de una alianza que ofrecía apoyo contra Austria y Prusia. Sin embargo, aunque fueron bien recibidos en Berlín, estos prolegómenos amistosos no eran suficientes para Federico Guillermo. Las buenas relaciones con Francia eran convenientes en sí mismas, pero una alianza con París solamente conllevaría el riesgo de que Prusia se viera forzada a comprometerse con un bando en el caso de producirse una guerra total en Europa, y esto era algo que el rey de Prusia no quería que ocurriera en absoluto. De este modo, surgió un plan por medio del cual Prusia podría aliarse con Francia o con Rusia, pero finalmente se demostró que no existía ninguna posibilidad de que esto se hiciera realidad: Alejandro puede que no quisiera la guerra con Francia en ese momento, pero siempre la iba a ver como un aliado muy poco digno de confianza, mientras que Napoleón no estaba dispuesto a llegar a ningún acuerdo con un estado que tenía suficiente independencia como para haberle forzado a un compromiso de paz. Aun a riesgo de quedarse sola, Prusia hizo lo único que podía hacer y se alineó con Francia; el invierno de 1803-1804 se lo pasó intentando asegurar un acuerdo con Napoleón, incluso aunque eso significara la aceptación de la intervención francesa en la, hasta ese momento, sacrosanta esfera de influencia de Prusia en el norte de Alemania.

Ni siquiera la más agresiva medida de Napoleón hubiera sido suficiente para hacer que las potencias orientales se vieran involucradas en una guerra contra Francia porque, incluso la potencial crisis que surgió tras la ocupación de Hanover y Apulia, parecía haberse diluido. Y esto parece que lo único que hizo fue animar a Napoleón a forzar la situación un poco más. En primer lugar tenemos su reacción ante la llegada de las propuestas de paz rusas en julio de 1803. Poco después del inicio de la guerra, el mandatario francés le había asegurado a Morkov que respondería favorablemente a los intentos de mediación rusos: siempre que Gran Bretaña evacuara Malta y que ésta recibiera una guarnición rusa, permitiría a los británicos quedarse con Lampedusa, evacuaría la República de Batavia, Suiza y Nápoles y le daría al rey del Piamonte el territorio que Rusia quisiera que este monarca tuviera en Italia. Estos términos, de hecho, no diferían demasiado de los que habían sido enviados desde San Petersburgo pero, cuando llegaron, la situación había cambiado ostensiblemente: Napoleón había desafiado con toda impunidad a las cortes de Europa al invadir Hanover y Apulia, y no se sentía obligado a mostrarse conciliador. Tampoco, desde luego, podía mostrarse como tal, ya que haciendo esto dañaba su imagen, de la que era tan dependiente. Los términos de paz propuestos por los rusos fueron, en consecuencia, rechazados, puesto que se los consideraba incluso peores que los propuestos por Gran Bretaña, mientras que, con afán de despistar, el primer cónsul se lanzó a la yugular de Morkov durante una cena oficial en las Tullerías en la que le acusó en los términos más violentos de espionaje y de estar conchabado con los conspiradores monárquicos. No es extraño que se iniciara un duro intercambio de correspondencia cuyo resultado fue que el embajador ruso abandonó París alegando que tenía miedo de ser envenenado. Indignado, Alejandro respondió intentando presionar a Prusia y Austria para unirse en una alianza defensiva y planteando la posibilidad de una alianza con Gran Bretaña. Con rumores circulando sobre una inminente invasión francesa del territorio continental de Grecia o de una revuelta en el Peloponeso apoyada por los franceses, los rusos también fortalecieron su posición en el Mediterráneo oriental reforzando a la pequeña guarnición rusa que habían dejado a cargo de las islas Jónicas y restaurando las buenas relaciones con el principado cristiano independiente de Montenegro, que se había visto asolado durante los últimos dos años por intrigas en la corte de su monarca, que era a la vez príncipe y obispo, Peter Negos. Como dijo Czartoryski: «Por una vez las risas no se oían en el lado del Primer Cónsul».[45]

Hacia finales de 1803, por lo tanto, las relaciones entre Napoleón y la figura principal de cualquier futura coalición habían comenzado a desenmarañarse. Todavía, sin embargo, había pocas trazas de que Rusia estuviera dispuesta a recurrir activamente a las armas: ciertamente, sus acercamientos a Gran Bretaña, Austria y Prusia habían sido todos diseñados para que estas otras potencias se ocuparan de la lucha y para evitar que el ejército ruso sufriera algún daño. Había una profunda división de opiniones en San Petersburgo. Czartoryski y Vorontzov estaban a favor de la guerra, pero Alejandro se oponía a la actitud antiprusiana de la política de los anteriores y desconfiaba de los británicos casi tanto como lo había hecho su padre, mientras que había numerosos observadores que querían que Rusia se mantuviera totalmente al margen de los asuntos de Occidente. Y si bien Czartoryski quería entrar en guerra con Francia y Prusia, por otro lado, no quería que Gran Bretaña adquiriera algún derecho en un futuro reparto del Imperio Otomano. Para empujar a Rusia al borde de una guerra se necesitaba algo más, pero siendo Napoleón como era, era fácil que al final se terminara haciendo ese algo más.

Llegamos de este modo a la conocida como «tragedia de Vincennes». El 20 de marzo de 1804 el duque d'Enguien, un pariente lejano de la familia real francesa, fue secuestrado en Baden, donde se había exiliado, y ejecutado tras un juicio sumarísimo en el que se le había acusado de participación en una conspiración monárquica. De acuerdo con la leyenda mitificadora de Napoleón, ésta fue una medida necesaria propia del arte de gobernar y, por supuesto, en la que Napoleón tuvo un papel menor. «Después de que se ejecutara la sentencia —escribió un joven noble belga, que se convertiría en poco tiempo en oficial de la corte napoleónica—, tan pronto como el emperador tuvo constancia de este hecho en Malmaison, se le vio ciertamente apesadumbrado, preocupado, embebido en sus pensamientos ... paseando arriba y abajo por la sala, con las manos a la espalda y la cabeza inclinada. Y así estuvo durante largo tiempo, absorto en sus meditaciones.»[46] Otros observadores se mostraban menos convencidos de la sincerad de los sentimientos de Napoleón. En ese momento infelizmente casada con Luis Bonaparte, hermano de Napoleón, Hortensia de Beauharnais nos ofrece una imagen muy diferente. «Sigo convencida, a causa del conocimiento que tengo de la personalidad de Napoleón ... de que nunca sintió la necesidad de justificar sus actos. Como la duda no era propia de él, su punto de vista estoy segura era: "Lo hice; por lo tanto tenía derecho a hacerlo".» [47] Al mismo tiempo, como observó ella misma, la ejecución supuso ciertas ventajas políticas para Napoleón: «Desde ese momento todos los que se habían sumado a la Revolución unieron su destino al del Primer Cónsul. "No será un monje —dijeron—, he aquí la prueba. Uno puede contar con él."».[48] Y no cabe duda de que Napoleón era perfectamente consciente de esto. De hecho, según Pasquier, fue precisamente por esta razón por la que el duque fue ejecutado. Como escribió el futuro prefecto de Policía: «Bonaparte ... hagámoslo saber ... lo que quería ... era inspirar a todos esos que habían ligado su destino al suyo con la confianza de que cualquier posibilidad de una reconciliación entre él y la casa de Borbón había desaparecido completamente».[49]

Y no se trataba solamente del arte de gobernar. Para hacer justicia a Napoleón, como revela una serie de arrestos que se produjeron en el invierno de 1803-1804, hay que decir que realmente existió un complot para derrocar al primer cónsul en el que el líder *chouan*, Georges Cadoudal, y el radical recalcitrante, el general Pichegru, que había sido desterrado tras el golpe del 18 Fructidor de 1797, habían estado intentando persuadir al vencedor de Hohenlinden, el general Moreau, para organizar un golpe de estado. Los protagonistas principales de la trama recibieron lo suyo de manera inmediata —Cadoual y Pichegru fueron sentenciados a muerte y Moreau desterrado—, pero durante los interrogatorios que sufrieron surgió el rumor de que un príncipe de la casa de Borbón estaba dispuesto a ponerse al frente de la revuelta. Contando con que el infortunado Enghien vivía justo al otro lado de la frontera, la conclusión era obvia. Como el mismo Napoleón afirmó: «El duque d'Enghien era un conspirador como cualquier otro, y era necesario tratarlo como cualquier otro hubiera sido tratado».[50] Aun así, nos quedamos, sin embargo, con la sensación de que lo que en realidad había motivado a Napoleón en este asunto no era más que el deseo de hacer una demostración de poder. Con la guerra a las puertas, de repente vio una oportunidad para dar un golpe que recordaría a Europa hasta dónde llegaba su poderosa mano. Volviendo a las palabras de Hortensia de Beauharnais, esto se podía hacer, y por eso lo hizo Napoleón. Y está, como siempre, la cuestión de la ambición del primer cónsul, insinuando tanto Bourrienne como Staël que la muerte de Enghien fue planeada para allanar el camino que llevaría a Napoleón al trono. De este modo, «Napoleón no confesaría la causa real de la muerte del duque d'Enghien, pero, inexorablemente, la historia nos contará que fue proclamado emperador tres meses después de cometerse este asesinato».[51] Mucho más inculpatoria fue la forma en la que Napoleón dio cuenta del asunto a Josefina y a Claire de Rémusat: «De vez en cuando conviene demostrar quién es el que manda».[52]

Fueran las que fueran las razones para esta ejecución, de lo que no cabe duda es del impacto que tuvo. En las famosas palabras de Joseph Fouché, «fue peor que un crimen, fue un error».[53] Aunque recibía una pensión de los británicos, Enghien no estaba conspirando en absoluto cuando fue capturado, sino que se encontraban viviendo tranquilamente en un territorio neutral, y nunca tuvo nada que se aproximara a un juicio justo. En casa de Napoleón, incluso, se produjo una gran consternación: la llegada de las noticias de la ejecución dio lugar a una penosa escena entre Josefina y su marido, mientras que Eugenio de Beauharnais escribió después: «Me sentía muy decepcionado en relación con el respeto y la consideración que tenía por el Primer Cónsul: me daba la impresión de que su gloria se había oscurecido».[54] ¿Qué impacto tuvo la ejecución fuera de Francia? Entre la comunidad intelectual, la reputación del primer cónsul como un paladín de la justicia y de las reformas sufrió un duro revés —fue entonces cuando Beethoven tachó la dedicatoria original de su sinfonía *Heroica*—, y es evidente que provocó una consternación generalizada. En palabras de un observador: «El asesinato del desdichado duque d'Enghien demostró, incluso a los admiradores de Napoleón, que la ambición puede llevar a cometer los peores excesos. Toda Europa se estremeció con horror ante ese hecho que suponía la violación de los derechos más sagrados».[55] Relacionado con la casa reinante en Baden por matrimonio, Gustavo IV de Suecia hizo un llamamiento a una cruzada contra Napoleón, y estaba tan indignado con este asunto que terminó obsesionándose con el pensamiento de que el gobernante francés era la bestia del Apocalipsis. Aunque era gobernante de un satélite de Francia, el duque Federico de Württenberg no se privó de acusar a Napoleón de violar las leyes internacionales. Y por lo que respecta a Rusia, en palabras de Czartoryski: «Este suceso afectó en gran medida a Alejandro y al resto de la familia imperial; y, lejos de esconder este sentimiento, éste se expresó sin cortapisas».[56] Actuando en su papel de garante de la constitución del Sacro Imperio Romano, Alejandro I protestó ante la violación de la neutralidad de Baden y exigió una explicación a Napoleón, al tiempo que se unía a la Dieta del Sacro Imperio Romano para dejar constancia de su protesta. La corte declaró el luto y el zar desairó abiertamente al embajador francés, Hédouville, en una audiencia en la corte que se celebró un día después de que la noticia llegara a San Petersburgo. El primer cónsul, sin embargo, se mantuvo firme: ignoró a Suecia; la Dieta del Sacro Imperio Romano fue intimidada hasta que mostró su sumisión; y Alejandro recibió un hiriente despacho en el que Napoleón le preguntaba si el zar no hubiera capturado a los asesinos de su padre si hubiera sabido que estaban escondidos en una ciudad al otro lado de las fronteras de su imperio. El embajador francés en Rusia fue llamado a consultas, se le retiró el pasaporte al embajador ruso en París y las tropas francesas comenzaron a estacionarse en masa en Polonia y Galitzia. Fue un momento clave: aunque la guerra no era inevitable todavía, Alejandro se veía, desde ese mismo momento, obligado a intentar frenar la ambición de Napoleón.

Si Napoleón realmente intentaba evitar una guerra con Rusia, era el momento de adoptar una política moderada. Pero, por el contrario, el 18 de mayo de 1804 se declaró que Francia era, desde ese momento, un imperio hereditario. Para los admiradores del mandatario francés, esta medida tiene una fácil explicación. Napoleón se mostraba ansioso por perpetuar su régimen, al tiempo que el pueblo francés estaba a favor de este cambio e incluso comenzaba a demandarlo. Además, este paso no fue tan grande: después de todo, ¿no se había mantenido el nombre de República para Roma incluso hasta mucho después de que comenzara a ser gobernada por los césares? Pero no se trataba más que de un asunto de casuística: el creciente clamor popular para que el primer cónsul se convirtiera en emperador estaba claramente dirigido por el gobierno —el plebiscito que se celebró para ratificar el establecimiento del imperio en otoño no fue más que una farsa—, mientras que el mero hecho de convertir al régimen en hereditario no era suficiente para acabar con las conspiraciones de los monárquicos porque, a pesar de todo, Napoleón y Josefina todavía tenían que tener un heredero. Una vez más, lo que importaba era la ambición pura y dura: el primer cónsul quería ser un gobernante como los demás, para así poder disfrutar del boato de la realeza y, sobre todo, para vencer otra de las barreras que le cortaban en paso. Citando a Thibaudeau, «cada vez que se discutía la cuestión de asegurar el poder del ejecutivo, salía a la luz la palabra herencia, y durante los últimos seis meses se había estado hablando abiertamente de este tema en los foros públicos. Todos los días la gente se preguntaba cuando el primer cónsul iba a terminar dando estabilidad a su gobierno. El descubrimiento de la conspiración de [Cadoudal] y Pichegru se convirtió en un pretexto excelente para llevar a cabo la ejecución de un plan que se había estado madurando en los últimos tres años».[57] También resulta muy instructiva la propia opinión de Napoleón al respecto del cambio de régimen: «El pueblo y el ejército están conmigo: cualquiera que no sepa cómo hacerse con el trono en una situación como ésta es que es un auténtico idiota».[58]

Siendo Francia una potencia sin rival en ese momento, el impacto de este pronunciamiento no se puede despreciar. Que los Borbones fueran reemplazados por una nueva dinastía no constituía un problema en sí mismo: eran muy pocos los hombres de estado que estaban tan comprometidos con la causa del legitimismo como para aceptar a Luis XVIII o a nadie más. El problema estaba en el título imperial, lo que significaba que el primer cónsul pretendía reclamar el manto de Carlomagno y, con él, el Imperio Romano. Segura en sus dominios del norte, en un área que nunca había estado bajo el dominio ni de los césares ni de Carlomagno, Prusia podía responder al cambio de régimen con ecuanimidad y reconocer el título imperial de Napoleón sin demasiado problema. Pero para Austria y Rusia las cosas eran muy diferentes. Para ambas potencias, la nueva administración amenazaba con excluirlas de Alemania, mientras que ni los Habsburgo ni los Romanov se sentían cómodos con el hecho de tener que compartir sus estatus imperial con los Bonaparte. En consecuencia, Austria dio largas al asunto del reconocimiento de Napoleón como emperador y, a pesar de verse amenazada con la guerra, no dio su visto bueno hasta que obtuvo la promesa de que Francisco iba a ser reconocido como emperador hereditario de Austria y de que el Sacro Imperio Romano tendría garantizada su precedencia sobre Francia. Por lo que respecta a Rusia, se unió a Suecia en su negativa al reconocimiento de Napoleón como emperador al tiempo que presionaba a Turquía para que siguiera su ejemplo. Con distinto grado de entusiasmo, el zar y sus consejeros comenzaron a trabajar en pos de una nueva coalición que pudiera conseguir que Napoleón retrocediera a los límites establecidos en Lunéville y Amiens, obteniendo para este propósito la promesa de un sustancioso subsidio procedente de Gran Bretaña. Mientras tanto, se envió un ultimátum a Napoleón para que evacuara Hanover y Nápoles, y la respuesta negativa del mandatario francés condujo a Rusia a la ruptura definitiva de

1. Napoleón Bonaparte, *c.* 1803. Joven y atractivo, el por entonces primer cónsul cautivaba a personalidades tan dispares como Alejandro I de Rusia o Lüdwig van Beethoven, mientras su ascensión al poder apaciguaba el miedo al «jacobinismo».

2. Rodeado de su Estado Mayor, Napoleón da órdenes a sus tropas en Austerlitz (2 de diciembre de 1805). En la batalla que sería su gran obra maestra, 26.000 austriacos y rusos resultaron muertos o heridos, frente a la pérdida de menos de 10.000 hombres entre las tropas del Emperador.

3. Sarcástico comentario francés sobre Austerlitz: Napoleón solo tiene que colocar la punta de su sable en la balanza para que William Pitt, Francisco II y Alejandro I asciendan a los cielos.

4. Horacio Nelson cae herido de muerte en la cubierta de su buque insignia, el *HMS Victory*, durante la batalla de Trafalgar. El que fuera destacado comandante naval de su época hizo más que nadie por cimentar el control de Gran Bretaña sobre los mares en la era napoleónica.

5. Trafalgar no terminó con la guerra naval: en la batalla de Santo Domingo (6 de febrero de 1806), el almirante sir John Duckworth destrozó a un escuadrón francés que había evitado el bloqueo británico en Brest y navegaba hacia las Indias Occidentales.

6. La conquista de Prusia por Napoleón en 1806 permitió a Francia vengar la catastrófica derrota de sus fuerzas por Federico el Grande en Rossbach en 1757. En este cuadro las tropas francesas echan abajo el monumento erigido para celebrar el triunfo de *der alte Fritz*.

7. La *grande armée* entra en Berlín tras las batallas de Jena y Auerstädt. En una extraordinaria campaña relámpago de tan solo tres semanas, Napoleón acabó totalmente con la capacidad militar de Prusia.

8. Los hermanos Bonaparte se pasean por encima de un mapa de Europa de la época. Con Napoleón como emperador de Francia, José como rey de Nápoles, Luis como monarca de Holanda y Jerónimo reinando en Westfalia, 1807 supuso el apogeo de las «monarquías familiares». Dado que por entonces Luciano Bonaparte ya había perdido el favor del Emperador, la quinta figura puede que represente a su cuñado, Joaquín Murat, que había recibido el título de Gran Duque de Berg.

9. Napoleón, Alejandro I de Rusia y Federico Guillermo III de Prusia en la conferencia de paz de Tilsit en julio de 1807. También representada en la pintura está la esposa de Federico Guillermo, la reina Luisa de Mecklenburg, cuyo apodo de «único hombre de Prusia» no evitó que intentara utilizar sus encantos con Napoleón a la hora de obtener de éste una postura menos dura. También se ve al Ministro de Exteriores francés, Talleyrand.

10. Esta caricatura británica de la época destaca los esfuerzos de Talleyrand por frenar los deseos de Napoleón de acumular conquistas para Francia. En la conferencia de Erfurt, celebrada en septiembre de 1808, se llegó a decir que el ministro de Exteriores francés incluso había instado a Alejandro I a resistir a Napoleón.

11. Apoyados por un puñado de tropas españolas al mando de los capitanes Luis Daoiz y Pedro Velarde, los civiles armados luchan desesperadamente por defender el Parque de Artillería de Madrid durante el levantamiento del 2 de mayo de 1808. Aunque fue un episodio de pánico callejero más que un levantamiento previamente planeado, lo cierto es que el Dos de Mayo condujo a los españoles a la guerra contra Napoleón.

12. Un enfadado Napoleón se mesa los cabellos, da patadas a los muebles y lanza maldiciones a diestro y siniestro en una caricatura española típica de la propaganda surgida a raíz del levantamiento de mayo de 1808.

13. 21 de julio de 1808: Francisco Javier Castaños acepta la rendición del ejército de Pierre Dupont tras la batalla de Bailén, en el sur de España. Para un Emperador acostumbrado a la victoria, fue un momento de humillación sin precedentes.

relaciones diplomáticas en septiembre de 1804. Y, por último, pero no por ello menos importante, Czartorisky moderó su hostilidad hacia Prusia: los territorios de Thorn y Posen serían devueltos a una Polonia controlada por los rusos, ciertamente, pero Potsdam se vería ahora compensada con más territorios en el oeste de Alemania.

Con la consumación de la ruptura entre Francia y Rusia, parecía que el conflicto era inevitable. Sin embargo, incluso ahora, había otras cosas de qué preocuparse. En octubre de 1804, por ejemplo, Gran Bretaña había sorprendido a la opinión pública europea lanzando un ataque sorpresa contra una indefensa flota española con la justificación de que este país había estado colaborando abiertamente con Francia y que, por lo tanto, Napoleón podía forzarlo a entrar en guerra. Premeditado, aparentemente de forma gratuita, para aumentar los problemas yendo a la guerra contra los españoles, Gran Bretaña además irritó a los rusos poniendo dificultades a la hora de apoyarlos contra Francia en el Adriático: un escuadrón naval en apariencia no planteaba problemas, pero reunir incluso tan solo 10.000 hombres llevaría meses. Para más chanza, Gran Bretaña tampoco pagó el dinero que Rusia reclamaba: «El oro de Pitt»; se llegaría, ciertamente, pero solo en cantidades limitadas. Con otros problemas surgiendo a raíz de la cuestión de Malta, que Alejandro estaba decidido a reclamar para sí, habiendo sido su soberanía previamente cedida por los caballeros de San Juan, el año 1804 se cerró con la aparente imposibilidad de una alianza anglo-rusa, y eso a pesar de que Alejandro había nombrado a un enviado especial para Londres en la persona de su amigo y confidente, Nikolai Novosiltsev. Por lo que respecta a los otros socios necesarios —y debemos recordar que Alejandro no estaba dispuesto a enviar tropas a no ser que Austria hiciera lo mismo antes—, solamente Suecia estaba dispuesta a ir a la guerra. A pesar que resultaba evidente que Napoleón estaba planeando la formación de una nueva confederación germánica que finalmente terminaría con el Sacro Imperio Romano, lo único a lo que Austria accedería es a formar parte de una alianza defensiva que se pondría en marcha en el caso de que se produjera una agresión francesa en Egipto, los Balcanes, Italia o Alemania. Por lo que se refiere a Prusia, el temor de que Napoleón lanzara un ataque sorpresa era menor que el que se tenía a uno lanzado por Rusia o Suecia, puesto que lo máximo que Federico Guillermo podía ofrecer era un acuerdo para resistir ante cualquier avance francés lanzado a través de la frontera prusiana, y eso con tal de que se le enviara una fuerza auxiliar rusa de al menos 40.000 hombres.

Dada la política exterior de Czartoryski, el creciente sentimiento de hostilidad hacia Francia en San Petersburgo podría parecer un mero pretexto para la anexión de nuevos territorios en Europa oriental y los Balcanes. A este respecto, Serbia ofrece un caso muy interesante. En febrero de 1804 se produjo un gran levantamiento en la *pashalik* otomana de Belgrado, liderada por un caudillo local de nombre Djordje Petrovic (o empleando el nombre por el que habitualmente se le conoce, Karadjordje). Inicialmente, este levantamiento no se produjo a causa de una convulsión nacionalista. Lo cierto es que el sentimiento nacionalista era muy débil entre el pueblo serbio, o más bien no existía en absoluto, así que gran parte de los participantes en el levantamiento fueron forzados a tomar las armas. El objetivo no era alcanzar la independencia, sino una autonomía del tipo de la que se había concedido a las islas Jónicas (a pesar de autogobernarse, en teoría, reconocían la soberanía del sultán de Constantinopla). De hecho, se mostró la mayor de las lealtades al respecto de la persona de Selim III, ya que el principal objetivo de los insurgentes era quebrar el poder de la clase opresora de los señores turcos —los *chiftliks*— y, además de eso, acabar con las indisciplinadas bandas de merodeadores conocidas como las *yamaks,* en las que se habían convertido las unidades de jenízaros que habían sido enviadas como guarnición a la región. Por lo tanto, no resulta sorprendente que, en el fondo, esta revuelta serbia estuviera intentando reforzar el dominio y la autoridad de Constantinopla, ya que Selim III había estado gobernando desde 1789 y llevando a cabo una serie de reformas durante diez años para que los serbios cambiaran su actitud acerca del dominio otomano. Ahora, sin embargo, las cosas habían cambiado: tras el ataque de Napoleón a Egipto, la imperiosa necesidad del sultán de reclutar hombres hizo que éste flojeara en sus intentos de proteger a los serbios. Mientras tanto, los *yamaks* habían asesinado al gobernador enviado por Selim, el sensato y moderado Hajji Mustafá, y lo habían reemplazado por un hombre de los suyos, al tiempo que se desquitaban de los años en los que se les había impedido ejercer la represión castigando al pueblo serbio y a sus líderes, el clérigo de la Iglesia ortodoxa serbia y los caudillos tribales conocidos como los *knezes*. De ahí la revuelta de 1804: desesperados por salvar el pellejo, los curas y los caudillos se unieron formando bandas y organizando una asamblea en la ciudad de Orasac, mientras que levas de partisanos atacaban a los *yamaks* ejerciendo una terrible venganza.

Tenemos, por lo tanto, una revuelta en los Balcanes, pero ¿tenemos también un caso de imperialismo ruso? Evidentemente no. Antes de 1804 los rusos no tenían casi ningún contacto con los serbios del Imperio Otomano y, de hecho, dieron una respuesta bastante desalentadora y sin ningún afán de compromiso a la delegación que había viajado hasta San Petersburgo para anunciar que se estaba cociendo una revuelta. Cuando estalló la revuelta, además, la postura rusa inicial fue de neutralidad: el comandante de las fuerzas rusas en la costa adriática se negó a facilitar armas a los rebeldes, mientras que el ministro de Asuntos Exteriores declaró que el asunto no interesaba en absoluto a Rusia, definiéndolo como un disturbio más de los que surgían por doquier en el Imperio Otomano. Y todavía resulta más interesante el hecho de que la propuesta de los exiliados serbios, que un siglo antes habían huido a la Voivodina controlada por los Habsburgo para que se formara una unión de los eslavos del sur, fue simplemente ignorada por Czartoryski. Dejando de lado a Czartoryski, ni el paneslavismo ni el imperialismo marcaban la política de Rusia en los Balcanes: el objetivo no era ni conquistar la región, ni repartirla con Francia, sino más bien ayudar a mantener al Imperio Otomano como un estado dependiente que mantendría las fronteras meridionales de Rusia en manos amigas. Desde 1799, de hecho, San Petersburgo había estado aliada con Constantinopla y, alarmados en gran medida por los designios franceses en los Balcanes, los rusos estaban en ese momento intentando fortalecer sus lazos militares con Selim III.

Así las cosas, Napoleón se puso en manos de sus enemigos. La ceremonia de coronación celebrada en París el 2 de diciembre de 1804 incrementó enormemente los miedos que la asunción del título imperial ya había despertado. La corona era de laurel, al estilo de la que usaban los césares, y los ropajes no solamente eran del púrpura de la Roma imperial, sino que además iban blasonados con una abeja, una criatura que mil años atrás había sido el emblema de Carlomagno. Presidiendo la ceremonia estaba el papa Pío VII, cuya presencia fue requerida por Napoleón para legitimar su gobierno, expresando la supremacía del poder temporal y reforzando de este modo su aspiración a heredar el manto de Carlomagno, que había sido coronado por el papa León III hacía más de un milenio. Si Pío fue tratado con poca cortesía por parte de Napoleón, esto no generó ninguna preocupación: Pío había sido elegido en un cónclave celebrado en Venecia en mitad de las victorias aliadas de 1799 y había pasado los primeros meses de su papado como prisionero de facto de los austriacos, que codiciaban grandes zonas de sus dominios y que no eran, para nada, amigos del ultramontanismo. Pero pocos podían ignorar el significado del nuevo gesto del emperador, al tiempo que el símbolo de los nuevos estandartes franceses, que se entregó tras un espectacular desfile en el Campo de Marte, añadía más leña al fuego: en lugar de una punta de lanza, el mástil iba coronado por un águila de bronce parecida a la que portaban las legiones romanas. Y una y otra vez se pisoteaban las leyes internacionales: el 25 de octubre, el ministro británico en Hamburgo, sir George Rumbold, fue arrestado acusado de espionaje por un destacamento de tropas francesas para luego ser tratado de muy mala manera, trasladado a París y encarcelado en la prisión del Temple, donde, como luego le contaría al conde de Malmesbury, su «primera idea ... que le iban a asesinar, y que, para simular un suicidio, falsificarían alguna carta ... para demostrar el estado de abatimiento en el que se encontraba».[59]

«Esta nueva violación del derecho de las naciones —escribió Fouché— puso en pie de guerra a toda Europa.»[60] Aunque, a pesar de todo, a comienzos de 1805 la posibilidad de una coalición antifrancesa todavía quedaba lejos. El 11 de abril Gran Bretaña y Rusia firmaron un tratado de alianza que comprometía a Rusia a entrar en guerra a no ser que Napoleón se sujetara a lo dispuesto en Amiens y Lunéville, y establecía el objetivo de expulsar a Francia de Holanda, Suiza y el norte de Italia. La elaboración de este tratado fue mérito de Novosiltsev, pero cuando sus términos se conocieron en San Petersburgo, se produjeron claros signos de descontento. Obstaculizado en su tarea por la recepción de órdenes contradictorias, el enviado ruso se había visto completamente manipulado. El asunto de Malta quedó sin resolverse; el subsidio propuesto de 1,25 millones de libras al año por cada 100.000 hombres desplegados por los rusos no era en absoluto lo que esperaba Alejandro; no se hacía mención alguna a la libertad de navegación; y se daba a entender que tanto Austria como Prusia recibirían generosas ganancias territoriales como parte de un eventual acuerdo de paz europeo. En consecuencia, el tratado permaneció sin ratificación durante algún tiempo. Pero el descontento de Alejandro no era el único problema. La alianza, se acordó, solamente se haría efectiva si Austria iba a la guerra, y lo que es más, Rusia no tendría que luchar hasta que Viena no hubiera pasado por lo menos cuatro meses en guerra. Pero esto significaba que la totalidad de las negociaciones eran nulas y vacías, ya que Austria no tenía ninguna intención de tomar parte en una guerra ofensiva. Y mucho menos en una en la que claramente le iba a tocar soportar el mayor peso de la lucha. Mientras tanto, por consiguiente, no se firmó ningún tratado, no se produjo ninguna alianza, y ni siquiera una amistad: en pocas ocasiones durante las guerras napoleónicas, de hecho, las relaciones anglo-rusas habían estado en un punto tan bajo. Y aunque a Gustavo IV de Suecia inicialmente no le importaba gran cosa lo que hicieran los rusos, su ardiente deseo de iniciar una cruzada contra Francia se extinguió cuando la Pomerania sueca, el último reducto de lo que otrora fuera la grandeza sueca en las orillas meridionales y orientales del Báltico, se vio amenazada por los rusos. De este modo, Suecia, ciertamente, participaría en la guerra, pero no actuaría sin que Rusia se dispusiera a mover a su ejército lejos de la frontera de Pomerania.

Por lo tanto, resulta difícil imaginar cómo se hubiera podido formar la Tercera Coalición sin la existencia de un personaje llamado Napoleón. A principios de año se había producido algún signo de que el mandatario francés estaba, por lo menos, dispuesto a aparentar cierta moderación. Rumbold fue liberado en cuestión de días gracias a la intercesión de Federico Guillermo III y, el 1 de enero, el nuevo emperador le había enviado otra carta a Jorge III lamentando el continuo estado de guerra entre Gran Bretaña y Francia e invitándole a firmar la paz. Siguiendo la misma pauta que en la carta que le envió en diciembre de 1799, esta misiva —que no ofrecía ninguna concesión— estaba principalmente diseñada para poner a Pitt en una situación incómoda, pero el mero hecho de haber sido escrita sugiere algún reconocimiento de la necesidad de hacer el papel de hombre de paz. En cuestión de meses, sin embargo, se volvió a arrojar el guante. En mayo de 1805 Napoleón se presentó en Milán y se coronó a sí mismo rey de Italia con aún más pompa y ceremonia que en ocasión de la coronación como emperador. Los únicos territorios a los que afectaba esto eran los de la antigua República Italiana, que a partir de ese momento se convertía en el Reino de Italia, y Napoleón no tomó las riendas del gobierno en persona, sino que se las cedió a su hijastro, Eugenio de Beauharnais, como virrey. Pero esto no logró que se calmaran los ánimos, puesto que el nuevo título del mandatario francés implicaba claramente una reclamación sobre la totalidad de la península italiana. Y, por si esto no era suficiente, a principios de junio Napoleón anunció de manera repentina la anexión de Génova —la República Ligur— Parma y Piacenza, y se adueñó de Lucca para concedérsela como principado a su hermana pequeña, Elisa. Esto era demasiado. En respuesta, Gran Bretaña y Rusia resolvieron sus diferencias y ratificaron el tratado del 11 de abril. Esto, por supuesto, dejaba fuera a Austria, pero se contaba con ella, y ahora estaba preparada para iniciar la ofensiva. Ni Francisco II ni el archiduque Carlos podían tolerar que Francia controlara la totalidad del territorio italiano, y en Viena se creía que Napoleón estaba contemplando la idea de un ataque directo contra los Habsburgo. Al mismo tiempo, por fin se ofreció un verdadero apoyo económico por medio de un envío extraordinario de más de 1.666.000 libras, un subsidio anual de cuatro millones y una fuerza expedicionaria rusa de 75.000 hombres (apoyo que probablemente no se iba a ofrecer de manera indefinida: los rusos, en particular, dejaron muy claro que, a no ser que el ejército que estaba estacionado en las fronteras de Galitzia se pusiera en movimiento muy pronto, se tendría que retirar). Las opciones eran o unirse en ese momento a una gran alianza o luchar sola más tarde. Y no era Austria el único nuevo recluta. Habiéndose mostrado indeciso en el asunto de la guerra durante el año anterior, Gustavo IV de Suecia se mostró de acuerdo en enviar 12.000 soldados a cambio de un subsidio de 150.000 libras al año, además de unos pagos extraordinarios que alcanzaban la cifra de 112.500 libras.

¿Por qué actuó Napoleón de esa manera en un momento tan crucial? Dejando de lado su propia explicación, consistente en que como emperador no podía ser presidente de una república, una explicación es que siempre tuvo su vista fija en el Este, y, por lo tanto, estaba deseando encontrar un pretexto para llevar a cabo tal movimiento forzando a las potencias del Este a salir a escena. Una guerra en Europa central era ciertamente una opción que Napoleón consideró en fecha tan temprana como el verano de 1804, algo que le permitió declarar más tarde que Austria había sido siempre su verdadero objetivo. Como escribió Metternich:

> En una de mis largas conversaciones con Napoleón en el viaje a Cambrai, en el que acompañé al emperador en 1810, la conversación derivó

> hacia el tema de los grandes preparativos militares que había llevado a cabo entre los años 1803 y 1805 en Boulogne. Le confesé abiertamente que incluso en esa época no creía que esas medidas ofensivas fueran dirigidas contra Inglaterra. «Tenías razón —contestó el emperador, sonriendo—. Nunca hubiera sido tan estúpido como para invadir Inglaterra, salvo que se hubiera producido una revolución en ese país. El ejército reunido en Boulogne fue siempre un ejército contra Rusia. No podía reunirlo en otro lado sin ofender a nadie y, estando obligado a reunirlo en alguna parte, lo hice en Boulogne, donde al tiempo que lo reunía podía inquietar a Inglaterra. El mismo día en el que se hubiera producido una insurrección en Inglaterra, hubiera enviado un parte de mi ejército a Inglaterra para apoyar el levantamiento, [pero] no hubiera dejado de abalanzarme sobre Austria.»[61]

Pero esto no resulta convincente en absoluto: aparte de todo lo demás, el argumento es simplemente demasiado conveniente para el emperador. Tampoco resulta de gran ayuda para explicar en términos racionales la imposición de un gobierno francés en la República Italiana para llevar a cabo reformas o para ejercer el control político: tan entregados estaban Melzi y sus socios a Francia, que la asunción del trono no implicaba ninguna diferencia. Una vez más, por lo tanto, debemos tener en cuenta la dimensión personal: Napoleón simplemente quería aumentar su gloria y, en particular, reforzar sus lazos con Carlomagno, que se había ceñido la misma corona de hierro con la que se coronó Napoleón en Milán.

Nada de esto significa, sin embargo, que Napoleón estuviera demasiado preocupado ante la perspectiva de una guerra con Austria y Rusia. De este modo, hacia el verano de 1805 no todo iba bien con el «Ejército de Inglaterra». Cruzar el canal siempre había supuesto un gran desafío y, el 20 de julio de 1804, una repentina borrasca que comenzó en mitad de una gran revista de sus barcazas, corbetas y pontones no solamente causó la muerte de 2.000 hombres, sino que convenció a muchos observadores de que el éxito en esa campaña era imposible. Pero Napoleón no opinaba lo mismo: se pasó la mayor parte del año siguiente ingeniando formas y medios para concentrar una gran fuerza naval que llegara hasta el canal para abrir el camino para la invasión. Al principio estos planes se vieron frustrados, pero en marzo de 1805 la flota del almirante Villeneuve, anclada en Tolón, se las arregló para salir del puerto y, tras una larga travesía, alcanzar las Indias Occidentales. Sin embargo, una cita con una pequeña escuadra que había escapado de Rochefort fue mal, mientras que a la flota de Brest del almirante Honoré Ganteaume le resultó imposible salir del puerto. En el momento en que Napoleón estaba en Italia, Villeneuve todavía estaba lejos, y existía una ligera esperanza de que pudiera unirse a la escuadra española en El Ferrol y acudir al levantamiento del bloqueo de Brest. Sin embargo existen dudas al respecto de si el emperador creía que tal escenario era posible: una de las razones por las que Ganteaume nunca pudo escapar de Brest era que había recibido órdenes de Napoleón de no enfrentarse directamente con los barcos británicos que bloqueaban el puerto. Y al mismo tiempo se puede notar una compulsión pura y simple: enfrentándose a la evidencia de que Napoleón pretendía transformar la República Italiana en una monarquía, Austria había respondido indicando que no tenía nada que objetar siempre que el Milanesado, satélite de Francia, permaneciera independiente. Pero aceptar tal limitación hubiera implicado que otras potencias tenían algo que decir sobre lo que Napoleón podía o no podía hacer. Y ante esto solamente existía una respuesta: la Republica Italiana no se convertiría solo en un reino, sino también en un reino gobernado por el emperador y completamente rodeado por territorio francés.

Fueran las que fuesen las razones de Napoleón para actuar de tal modo, no cabe duda de que él solito se las arregló para que se terminara formando la Tercera Coalición. Pero Europa, todavía en estado de choque, no estaba todavía completamente unida contra Napoleón. Oportunista como siempre, Prusia puso en la balanza las ventajas y desventajas que le ofrecían el Imperio y la Coalición, y de hecho tanteó el terreno en ambos bandos. De Rusia no vino más que el ofrecimiento de una triple alianza con Austria y Rusia que garantizaría Alemania contra cualquier intento de injerencia por parte de Francia, ya fuera política o militar, pero la respuesta francesa fue muy diferente: para obtener una alianza con Prusia, Napoleón estaba preparado no solo para prometerle a Federico Guillermo que recibiría Hanover con el advenimiento de la paz, sino también para asegurar la inmediata expulsión de Prusia de ese territorio, al tiempo que garantizaba la integridad de Alemania y Suiza. Con Rusia cada vez mostrándose más amenazante —llegaron noticias no solo de que las tropas rusas se estaban reuniendo masivamente en la frontera, sino que también se estaba cuajando una insurrección en favor de los rusos en la Prusia polaca—, Potsdam se puso del lado de París: si Napoleón se viera involucrado en uno u otro acto de agresión en Alemania o en cualquier otro lado, argumentó el nuevo primer ministro de Guillermo Federico, Karl August von Hardenberg, entonces Prusia debería probablemente unirse a Gran Bretaña y Rusia, pero, hasta que se produjera este hecho, debería mantener su amistad con el emperador.

Otro estado que hacía un doble juego era Nápoles. A primera vista, esto resulta un tanto sorprendente. A diferencia de Federico Guillermo, Fernando IV no mantenía buenas relaciones con Napoleón. Dejando de lado el hecho de que lo consideraba un arribista y un jacobino, recientemente se había tenido que enfrentar a la exigencia francesa para que cesara en su cargo al comandante del ejército napolitano, Roger de Damas, al que se consideraba como un enemigo de Francia o, en otras palabras, un *emigré*. Además, Fernando y María Carolina fueron acusados de estar planeando una nueva guerra. Como solía suceder, Damas no era un *emigré* —había estado al servicio primero de Rusia y luego de Nápoles desde 1786— y la reina había intentado mantener la paz escribiéndole una carta personal a Napoleón en la que buscaba calmar sus miedos. La consecuencia de esto, sin embargo, era totalmente predecible:

> El estilo de la carta de la reina era firme, digno y amistoso, y no tenía duda de que, a menos que Bonaparte estuviera buscando un pretexto para romper la paz, adoptaría un tono más razonable y cordial ... Pero esta esperanza duró poco: la respuesta de Bonaparte ... estaba llena de rencor y arrogancia. Sacó a colación todos los problemas del pasado, y la hizo responsable de todo lo que pudiera suceder, y terminó con. .. algún impertinente consejo paternal en el sentido de que haría bien en mostrarse cuidadosa si no quería caer víctima de sus propias acciones y verse reducida a mendigar ayuda en las cortes de sus parientes ... Éstas fueron sus expresiones finales y menos duras. La reina derramó torrentes de lágrimas cuando leyó esta carta fatal, y si provocó que aumentara su amargura y su odio hacia este hombre, ¿a quién podría sorprenderle?[62]

Para reforzar este mensaje, Napoleón se dispuso a afilar su sable: en mitad de las celebraciones de carnaval de 1805, se recibió un ultimátum del comandante de las fuerzas francesas en Nápoles, el mariscal Gouvion Saint-Cyr, anunciando que marcharía sobre la capital a no ser que Damas y Elliot, el embajador británico, dejaran el país en el plazo de tres días. Al final se terminó negociando un compromiso —a Elliot se le permitió quedarse y Damas fue cesado en el mando del ejército y enviado a Sicilia—, pero para Napoleón estaba claro que el asunto no había quedado zanjado: por ejemplo, un noble napolitano que asistió a las festividades de la coronación del emperador como rey de Italia, fue forzado a lanzar una violenta diatriba «que concluyó con un indecoroso y desenfrenado ataque contra la reina».[63]

Todo esto resultaba extremadamente alarmante, pero lo que estaba por venir no estaba en absoluto claro. Fernando y María temían y odiaban a Napoleón y soñaban con su caída, pero con el país parcialmente ocupado por tropas francesas, podían permitirse hacer un doble juego. Por un lado, se ofreció a Napoleón una promesa de neutralidad si respetaba la independencia de Nápoles, mientras que se hacían intentos secretos de acercamiento a Rusia que, el 10 de septiembre, parece que produjeron lo que parecía un acuerdo para ir a la guerra. A cambio del envío inmediato de una fuerza expedicionaria anglo-rusa, Nápoles opondría resistencia a cualquier aumento de las tropas francesas estacionadas en su territorio o a la expansión de la zona en la que estaban desplegadas. Aunque el engaño continuó: sobre todo, no se dejó claro lo que significaba exactamente «resistencia». Al final la respuesta resultó ser «no demasiada». Casi antes de que diera tiempo a secarse la tinta con la que se escribió el tratado con Rusia, Napoleón decidió reforzar a Saint-Cyr con el envío de 6.000 hombres; la respuesta napolitana no fue ni siquiera una protesta, y mucho menos amenazar con el empleo de la fuerza, sino firmar un tratado de alianza con Francia que comprometía a Nápoles a cerrar sus puertos a los barcos británicos y a defender su territorio frente a cualquier incursión extranjera.

Aunque el gobierno napolitano no había querido dar este paso —los ministros tuvieron que forzar al rey para que firmara el tratado, y éste se apresuró a decirle al embajador ruso que lo consideraba nulo—, había un subtexto. Fernando y María Carolina se sentían amenazados no solamente por Francia, sino también por Gran Bretaña. En mitad de las luchas que acosaban las relaciones anglo-rusas en el verano de 1805, el embajador ruso en Nápoles había informado al rey de que los británicos estaban planeando tomar Sicilia. Hablando estrictamente, esto era verdad: en marzo de 1805 sir James Craig recibió el mando de 8.000 hombres y se le ordenó ocupar Sicilia en el caso de que Nápoles quedara bajo control absoluto de los franceses o se aliara con Napoleón. Pero esta es solo una parte de la historia: Craig fue informado de que la absoluta preferencia del gobierno británico era que ocupara Sicilia con el permiso de Fernando IV. Y, además de eso, se descartaba la posibilidad de que la fuerza expedicionaria británica se viera involucrada en algún tipo de operación en tierra firme en apoyo de los napolitanos y en compañía de las tropas rusas que en ese momento ocupaban las islas Jónicas. Pero con un montón de observadores en la corte napolitana, completamente dispuestos a pensar en lo peor al respecto de Gran Bretaña, el daño no se podría reparar. Dejando de lado el desafortunado impacto que el asunto tuvo en la cooperación anglo-rusa en el Mediterráneo, el gobierno napolitano excluyó a Elliot de las negociaciones que condujeron al pacto de septiembre y desde ese momento en adelante adoptó un aire de sospecha y hostilidad. La enmarañada historia de las relaciones anglo-sicilianas es algo que volveremos a tratar, pero por el momento nos vamos a limitar a citar las memorias de uno de los oficiales de estado mayor de Craig, sir Henry Bunbury. Cuando los británicos finalmente arribaron a Mesina, les mantuvieron esperando en el puerto durante cuatro semanas antes de que se les diera permiso para desembarcar y el gobernador «nos permitió solamente lo que no le podía negar a unos aliados [y] nos puso todas las trabas posibles sin ofendernos abiertamente»; y por lo que respecta a la reina, absolutamente indignada por el abandono de sus posesiones continentales sin haber disparado un solo tiro, es descrita como «iracunda, llena de odio hacia los ... ingleses, a los que tildaba de cobardes empleando los peores insultos».[64]

Prusia y Nápoles aparte, sin embargo, hacia mediados de agosto de 1805 la Tercera Coalición estaba tomando forma. Gran Bretaña, Austria, Rusia y Suecia permanecían juntas, y contaban con ganarse el apoyo de Nápoles y, puede que, aunque en ese momento parecía improbable, también el de Prusia. Con la llegada del otoño, Alejandro buscó también contar con el apoyo de Dinamarca y Turquía. Pero, ¿qué significaba la nueva coalición? Los historiadores británicos generalmente han tendido a aprovecharse de un famoso memorando escrito por William Pitt para el gobierno ruso en enero de 1804. Concebido como un plan para la reconstrucción de Europa, especificaba que lo conveniente era que los franceses evacuaran los Países Bajos, Italia y Alemania y que aceptaran las fronteras basadas en las de 1792 (nunca hubo ninguna sugerencia para que les quitaran los antiguos enclaves papales de Aviñón y Orange). Las Provincias Unidas, Suiza, Toscana, Módena y el Piamonte se volverían a convertir en estados independientes, al tiempo que las Provincias Unidas, el Piamonte, Austria y Rusia recibían importantes nuevos territorios. Las Provincias Unidas recibirían los territorios de Bélgica al norte de una línea que se extendía entre Amberes y Maastricht; el Piamonte recibiría Génova y Lombardía occidental; Austria, las llamadas «legaciones» (por ejemplo el distrito de Bolonia y Ferrara, que constituía la provincia más septentrional de los Estados Pontificios) y el resto de Lombardía; Prusia ganaría la parte sur de la Holanda austriaca, Luxemburgo y la orilla izquierda del Rin. Por lo que se refiere al acuerdo resultante, sería garantizado por Gran Bretaña y Rusia, reafirmado por un nuevo código legal internacional y reforzado por las uniones defensivas de Alemania e Italia, de las cuales los respectivos apoyos serían Prusia y Austria. Aunque a costa de las fronteras de 1789 —ya que muchos estados pequeños serían despojados de parte de su territorio o iliminados—, Francia quedaría cercada por el sur por un expandido Piamonte apoyado por Austria y por el norte por unas Provincias Unidas expandidas y apoyadas por Prusia. Además, lo que era mejor, el plan de Pitt eliminaba la necesidad de la victoria total. Con un cordón sanitario alrededor de sus fronteras, los aliados podían estar tranquilos respecto de lo que se debería hacer en el interior de Francia: mientras Pitt consideraba la restauración de los Borbones como algo deseable y creía que se debería intentar alcanzar este objetivo, paradójicamente no lo veía como un principio fundamental de la política de los aliados y, por extensión, estaba preparado para permitir que Napoleón permaneciera en el trono.

Este punto de vista consistía, en esencia, en una apropiación de la visión vaga, difusa y equivocada que Alejandro I propuso a la coalición como un diseño práctico para el futuro bienestar de Europa. Como quedó expresado en las instrucciones dadas a su emisario especial, Novosiltsev, en el otoño de 1804, los planes del zar estaban abiertos al debate. Aunque existían ciertos aspectos básicos en los que se coincidía —la restauración de las Provincias Unidas, el Piamonte y Suiza, y la evacuación de Alemania e Italia—, Alejandro quería mucho más. Donde Pitt preveía la restauración de una forma modificada del Sacro Imperio Romano, Alejandro quería que la «tercera Alemania» se convirtiera en una federación nacional; donde Pitt tenía poco interés en los detalles sobre de las formas de gobierno que se debían establecer en cada estado, Alejandro pensaba que era esencial intervenir a ese respecto; donde Pitt miraba a los estados que podían formar unidades históricas, Alejandro albergaba sueños de una Europa construida en base a las identidades nacionales y las fronteras naturales; y, finalmente, mientras que Pitt no miraba más allá de un tratado que pudiera garantizar esta nueva administración, Alejandro quería un nuevo sistema de seguridad colectiva y un código legal internacional. Inherente a todo esto estaban ciertas ideas acerca de que los británicos no eran idealistas inofensivos, sino más bien peligrosos y hostiles. De este modo, en la nueva Europa no solamente habría que controlar a Francia, sino también a Gran Bretaña, ya que el zar quería que ésta se comprometiera a garantizar la libertad de navegación y que hiciera concesiones también en otros temas. Pitt eludió todo esto: su memorando no decía nada al respecto del comercio marítimo, nada sobre las ganancias coloniales de Gran Bretaña, nada sobre Malta (cuya rendición no había sido mencionada por Novosiltsev pero, ciertamente, estaba en la mente del zar) y nada sobre el «valiente nuevo mundo» de Alejandro. Por lo que respecta a los Países Bajos, el primer ministro británico también fracasó a la hora de sacar adelante las medidas más lógicas, representadas por la entrega a Prusia de las Provincias Unidas en vez de la Holanda austriaca, y en convertir a este último estado en un estado tapón gobernado por la casa de Orange: haber hecho esto hubiera supuesto arriesgarse a convertir a Prusia en un peligroso rival naval. Para cimentar la alianza, Pitt se vio finalmente forzado a llegar a un acuerdo con Alejandro: Gran Bretaña abandonaría todas sus conquistas coloniales, tras la guerra abriría al debate la cuestión de los derechos de neutralidad, y consideraría evacuar Malta para quedarse con Menorca. Pero el tratado anglo-ruso del 11 de abril de 1805 —el pilar central de la Tercera Coalición— no contemplaba nada de esto; todo a lo que Pitt se había comprometido era a que los pueblos de Suiza y de las Provincias Unidas deberían tener derecho a establecer su propio modo de gobierno, que se aconsejaría al rey del Piamonte dar una constitución a sus súbditos y que las potencias de Europa deberían considerar la posibilidad de establecer algún tipo de «liga de las naciones» cuando se restaurara la paz.

¿Constituían realmente estos planteamientos el marco de un nuevo orden? A duras penas. Había, desde luego, muchas coincidencias superficiales con el acuerdo de Viena de 1815, pero, sobre todo, el tratado del 11 de abril estaba basado en algunos de los planteamientos más extravagantes de Pitt (como por ejemplo el de entregar la mayor parte de Bélgica a Prusia). Pero, en la práctica, la visión de Alejandro de una nueva Europa terminó yéndose por la borda. Si el oeste iba a ser gobernado por un nuevo modelo de organización territorial en el que las consideraciones militares y estratégicas pesaban más que las demandas legitimistas, en el este todo quedó como en el pasado. De este modo, aunque esto se vio enturbiado en algunas ocasiones por el deseo de restaurar un estado polaco, poderosos elementos dentro del gobierno ruso quisieron hacerse con nuevos territorios en Polonia, y esto significaba que Austria y Prusia deberían recibir algún tipo de compensación. Y si había claros intereses en el caso de Rusia, lo mismo sucedía con Gran Bretaña, con la única diferencia que para esta última el objetivo no era obtener una ganancia territorial, sino garantizar su seguridad ante la posibilidad de una invasión y conservar su derecho a ser la dueña de los mares. Esto tampoco significó un final a las desavenencias que marcaron los dos acuerdos. Como Paul Schroeder ha destacado, en esencia, lo que tenemos aquí es el intento de Gran Bretaña y Rusia, primero, simplemente de imponer su propia agenda al resto de Europa y, segundo, de hacerse con apoyos más o menos poderosos —los austriacos, los prusianos, los napolitanos, los suecos y los daneses— que cargaran con el mayor peso de la lucha en su lugar (de los 400.000 hombres que estaban inicialmente dispuestos para la alianza, solo 115.000 eran rusos y, menos de 20.000, británicos). Además, está la creencia de que el tratado del 11 de abril de 1805 no era progresista en absoluto, sino más bien retrógrado y propio del siglo XVIII.

Pero, ¿cómo comenzó realmente la guerra? El 8 de agosto de 1805 Austria finalmente accedió a integrarse en la Tercera Coalición y un mes después ya había enviado un gran ejército al mando del general Mack a través de la frontera de Baviera. La «guerra de la Tercera Coalición» había comenzado. En solamente dos años Napoleón había sido capaz de transformar la guerra entre Gran Bretaña y Francia en un conflicto en el que se iba a ver involucrada toda Europa. En mayo de 1803 Gran Bretaña no estaba únicamente sola, sino que era observada por el resto de Europa con hostilidad y sospecha. Hacia 1805, de las grandes potencias, solamente Rusia quedaba fuera de su manto protector. Lejos de comprar el apoyo extranjero con el «oro de Pitt», Gran Bretaña había tenido poco que ver con el resultado, ya que la principal presión para la formación de la Tercera Coalición vino de Rusia. Del mismo modo que los acontecimientos de 1802-1803 revelaron a Gran Bretaña que no tenía otra opción que resistir con firmeza ante Napoleón, los de 1804-1805 revelaron a Alejandro que también iba a tener que luchar. ¿Y esto por qué? La respuesta es simple: Napoleón, advertido por Fouché de que su conducta solamente podía llevar a una guerra peor, respondió: «Debo tener batallas y triunfos».[65] Fouché también nos cuenta que, «un día, habiéndole advertido que no podía hacerle la guerra a Gran Bretaña y a toda Europa, respondió: "Puede que fracase en el mar, pero no en tierra; además seré capaz de lanzar el golpe definitivo antes de que las viejas máquinas de la coalición estén preparadas. La gente de la vieja escuela no entiende nada, y ... no cuentan ni con iniciativa ni con energía ... no temo a la vieja Europa"».[66] Aparte de esto, existía otro problema. Citando a Claire de Rémusat, una testigo que estaba muy cerca del emperador en esta época: «El mayor error de Bonaparte, un error que derivaba de su carácter, era que no se guiaba por nada más que por la consecución del éxito ... Su orgullo innato no podía soportar la idea de la derrota en ningún aspecto».[67] El emperador no podía aceptar que existían límites, ya fueran militares, políticos, diplomáticos o morales, para lo que podía o no podía hacer, y una y otra vez se olvidaba de tal circunstancia. Se puede objetar que madame de Rémusat era una testigo hostil al emperador y que, por lo tanto, no se puede confiar en su testimonio. Pero precisamente la misma idea la expresa uno de los hombres que admiró a Napoleón hasta la muerte. Comentando las campañas de 1805-1807, Lavallette escribió: «No fueron esos dos años de victoriosas batallas los que le sugirieron a Napoleón la idea de conquistar Europa y convertirse en su amo ... Esta idea surgió de manera natural de su propio genio y carácter, ya que todos estos temibles conquistadores del mundo pertenecen a la misma raza: la de los que prefieren la muerte a dejar de ser los primeros en cualquier circunstancia.»[68]

Capítulo 5

AUSTERLITZ

La pequeña ciudad bávara de Wertingen apenas había tenido protagonismo alguno en la historia alemana. Tratándose de una población aletargada situada al sur del Danubio, a unos cuarenta kilómetros al noroeste de Augsburgo, había permanecido toda su existencia como un lugar tranquilo y atrasado. Durante la guerra de Sucesión española, dos poderosos ejércitos se habían enfrentado unos pocos kilómetros más allá, en la otra orilla del Danubio, en la ciudad de Blenheim, pero los ciudadanos y los campesinos de Wertingen nunca supieron gran cosa sobre este hecho de armas. En agosto de 1796 las tropas francesas del Ejército del Rin y la Moselle, comandado por el general Moreau, habían pasado por la ciudad en su ruta hacia Augsburgo, pero no se produjo ningún combate, así que la ciudad tampoco fue testigo de ninguna acción militar en la campaña de 1800. El 8 de octubre de 1805, sin embargo, Wertingen se vio forzada de repente a ser protagonista de los asuntos de Europa. La noche anterior, sin previo aviso, fue ocupada por unos 5.000 hombres del Ejército Austriaco del Danubio al mando del barón Franz Auffenberg. Enviadas a la zona para comprobar si era cierto el rumor de que el enemigo había cruzado el Danubio al este de la base austriaca, las tropas se encontraban cocinando su almuerzo cuando, de repente, llegaron noticias de que una gran fuerza francesa se aproximaba por el noroeste. Una mezcolanza de unidades que representaba perfectamente al políglota ejército austriaco —alemanes de los regimientos de infantería de Chasteler, Spork y Kaunitz marchaban hombro con hombro con los checos de los regimientos Stuart y Württemberg, los polacos del Reuss-Greitz y los húngaros del Jellacic— constituían las tropas de los Habsburgo, uniformadas con casacas blancas, que se apresuraron a formar, aunque ya era demasiado tarde. Con más de 8.000 soldados de infantería y 4.000 de caballería, comandados por los mariscales Murat y Lannes, los franceses se lanzaron como un huracán sobre el pobre Auffenberg. Luchando gallardamente, los austriacos opusieron una fiera resistencia a las afueras de Wertingen, pero no les sirvió de nada: hacia el final de la tarde más de 3.000 austriacos habían resultado muertos, heridos o hechos prisioneros frente a solamente 200 bajas causadas entre las filas francesas.

Este fue un combate que no tuvo demasiada trascendencia, pero lo cierto es que esta breve acción dejó claro cuál iba a ser el escenario bélico de los dos años siguientes. En una serie de extraordinarias campañas, Napoleón iba a invadir Europa central a la cabeza de su *grande armée* y a infligir derrota tras derrota a los ejércitos del *ancien régime,* que aparentemente no podían oponerse a sus soldados, sus métodos y su genio. Pero los triunfos que durante el resto de la era napoleónica iban a terminar adornando los estandartes de tantos regimientos franceses no fueron solamente el resultado de una superioridad en las tácticas, la organización y el mando. La máquina de guerra francesa era de todo menos perfecta en 1805, del mismo modo que no era perfecto Napoleón que, por entonces, cometió algún error que por poco le costó caro. Por ejemplo, en el momento en que Lannes y Murat cayeron sobre Auffenberg en Wertingen, el emperador pensó que el ejército del general Mack se encontraba al sureste de la *grande armée* cuando, en realidad, estaba muchos más lejos, a su derecha, en Ulm. Igualmente, en 1805 gran parte de la caballería francesa contaba con monturas poco adecuadas y presentaba un aspecto muy pobre frente a la de los austriacos o los rusos. Resulta, por lo tanto, importante recordar que muchos otros factores fueron cruciales para dirimir los dramáticos acontecimientos que se desarrollaron entre 1805 y 1807. Gracias a Napoleón, el estado francés se encontraba mejor preparado para llevar a cabo una guerra ofensiva de lo que había estado nunca en la década de 1790. Pero no debemos olvidar que el contexto diplomático también resultó clave en el transcurso de las guerras de Napoleón. Desde el principio, la Tercera Coalición resultó una aventura mal dirigida y peor coordinada. Además, la resistencia al emperador se veía constantemente socavada por la continuada y equivocada creencia de los hombres de estado europeos de que el «gran juego» de la política convencional del poder del siglo XVIII todavía estaba en marcha. Y, como iban a terminar aprendiendo, nada podía estar más lejos de la realidad.

Como hemos visto, una serie de hombres de estado británicos se habían mostrado poco entusiastas acerca de la búsqueda de aliados en el continente, principalmente por miedo a que, al hacer tal cosa, solamente conseguirían ponerle nuevas victorias en bandeja a Napoleón. Aunque al final la coalición resultó vital para Gran Bretaña, a corto plazo se había demostrado que los que se mostraban cautos al respecto de una alianza tenían razón. Para Napoleón, el final de la espera y la inactividad junto a la costa del canal de la Mancha supuso un verdadero alivio. Parece que albergó intenciones de llevar a cabo la invasión de las islas Británicas hasta el último minuto: no solamente estalló de ira cuando recibió las noticias de que Villeneuve había puesto rumbo a Cádiz en vez de hacia el canal (véase más adelante), sino que las tropas recibieron la orden de levantar los campamentos en mitad de incesantes entrenamientos para el combate anfibio. «Veinte veces —escribió un oficial de artillería, el barón Hulot— en los quince días que siguieron al retorno [del emperador a Boulogne el 3 de agosto de 1805] Me fui hasta ... Calais o Dunquerque para ... supervisar el embarque de la artillería.»[1] Y eso aunque todavía nos enfrentábamos a un montón de problemas sin resolver que Napoleón no podía dejar de ver, aunque no los admitiera en público. A pesar de los enormes gastos que se habían hecho, los puertos cercanos a los lugares de acampada de la *grande armée* todavía eran insuficientes para que se hicieran a la mar, en una única marea, la totalidad de las tropas, mientras que el desastre del 20 de julio de 1804 resultaba de lo menos tranquilizador. En resumen, los franceses no se encontraban preparados para llevar a cabo la invasión, y eso incluso aunque hubieran podido contar con la superioridad naval necesaria. Y Napoleón lo sabía: como le dijo a uno de sus edecanes el 4 de agosto: «Esta invasión no supone de modo alguno una certeza».[2] Pero tampoco se podía mantener durante mucho más tiempo el «campamento de Boulogne». Con el paso de los meses el problema del aburrimiento se hizo más acuciante. Como Raymond de Fezensac, un joven *ci-devant* que se había alistado en el 59.º Regimiento de Infantería de Línea como caballero voluntario en 1804 y que terminaría convirtiéndose en edecán del mariscal Ney, recordaba a los soldados: «Durmiendo ... cantando, contando historias, discutiendo sobre cualquier cosa, leyendo los pocos y malos libros que habían podido conseguir; esta era la vida que llevaban».[3] Y la espera tampoco resultaba agradable para Napoleón. Organizar la invasión era un proyecto que le había llevado años y parecía que sus sueños de dominar el canal podían tardar muchos años más. ¿Cuánto tiempo más habría que esperar para poder disfrutar de una nueva inyección de gloria militar?

La creación de la Tercera Coalición llegó como un maná del cielo, particularmente porque Francia se veía atrapada por una seria crisis económica provocada por una enorme deuda pública y por la manera tan lenta en la que el estado pagaba a los numerosos contratistas que participaban en la construcción de la flotilla de invasión. Y, por si fuera poco, el 23 de agosto llegaron noticias a Boulogne de que se produciría otro gran retraso antes de que la flotilla de invasión pudiera hacerse a la mar. La única esperanza de alcanzar el éxito dependía de que las escuadras francesas y españolas diseminadas por la costa entre Tolón y Brest pudieran de algún modo atravesar el bloqueo británico y, o unirse en las Indias Occidentales forzando a la Royal Navy a dejar el canal sin vigilancia, o unirse para librar una desesperada lucha frente a las costas británicas. Hacia 1805 la primera de las opciones resultaba la más plausible, y hacia finales de marzo, la escuadra de Tolón ya había tenido éxito burlando el bloqueo británico, escapando a través del estrecho de Gibraltar y alcanzando la isla de Martinica. Ningún otro barco logró unírsele allí, sin embargo, y con Nelson acosándole, el comandante francés, el almirante Villeneuve, finalmente decidió poner rumbo a Europa con la esperanza de unirse al resto de las principales escuadras francesas, que estaban atrapadas en los puertos de Brest y Rochefort. Topándose con una escuadra británica frente a Finisterre, Villeneuve terminó retirándose hacia el puerto de El Ferrol. Se podía haber hecho mucho en ese momento —había una fuerte escuadra francesa en El Ferrol al tiempo que los barcos franceses anclados en Rochefort se las habían arreglado para salir del puerto—, pero una mezcla de desilusión, malentendidos y confusión hizo que Villeneuve buscara la seguridad del puerto de Cádiz, aunque fue seguido por la mayor fuerza que los británicos pudieron reunir. Y lo que resultaba más ominoso para los franceses, el mando de esta fuerza fue entregado al héroe de Abukir y Copenhague, Horacio Nelson, un comandante agresivo en extremo y pleno de confianza en sí mismo que inspiraba una absoluta devoción entre sus subordinados, un genio de la táctica que albergaba un odio ultramontano hacia el enemigo.

Todo esto disgustó y enfureció a Napoleón. Como nos cuenta Ségur, incluso la relativamente inocua noticia de que Villeneuve había buscado refugio en El Ferrol provocó una explosión de ira.

> Eran alrededor de las cuatro de la mañana del 13 de agosto cuando la noticia fue entregada al emperador ... Se llamó a Daru y, cuando entró, vio a su jefe en tal estado que se quedó conmocionado. Luego me dijo que el emperador parecía que estaba loco, que tenía el bicornio bajado hasta la altura de los ojos y que su aspecto general resultaba terriblemente inquietante. Tan pronto como vio a Daru se dirigió hacia él y le dijo: «¿Sabes dónde se encuentra ahora ese idiota de Villeneuve? Está en Ferrol. ¿Sabes lo que eso significa? ¿En Ferrol? ¿No lo sabes? Ha sido derrotado; se ha ido a esconder ... Éste es su final: se quedará bloqueado allí. ¡Qué armada! ¡Qué almirante! ¡Qué de sacrificios inútiles!». Y, excitándose cada vez más, paseó arriba y abajo por la habitación durante al menos una hora dando salida a su enfado con un torrente de amargos reproches y tristes reflexiones.[4]

No cabe duda de que lo que afligía a Napoleón era el pensamiento de que se habían perdido dos años. Pero rápidamente se dispuso a sacar lo mejor de un mal trabajo: «Bien —dijo—, si debemos abandonar este asunto, en cualquier caso oiremos la Misa del Gallo en Viena».[5] Tan pronto como había terminado de descargar su ira por la retirada de Villeneuve a Ferrol, se supone que llamó a Daru para dictarle el plan de campaña que, exactamente como había predicho, le llevó a Viena por Navidad. Antes de contar esa historia, debemos por supuesto terminar primero con los asuntos navales.

Con los planes de invasión definitivamente abandonados, Napoleón podía haberse permitido haber dejado que la flota de Villeneuve se quedara en puerto. Sin embargo, preocupado por la expedición de sir James Craig al Mediterráneo, el emperador le ordenó poner rumbo a Nápoles para desembarcar los 4.000 soldados que le habían sido asignados a esta escuadra y para asistir a Saint-Cyr en la tarea de intimidar a Fernando IV. A pesar del hecho de que ni los barcos franceses ni los españoles anclados en Cádiz estaban remotamente preparados para el combate, el almirante francés se dio cuenta de que mostrarse dócil era la única forma de salvar su carrera —Napoleón, de hecho, había enviado a

Rosily para reemplazarlo—, así que el 20 de octubre se hizo a la mar. Junto a él navegaban quince buques españoles comandados por el almirante Federico Gravina. La presencia de estas fuerzas nos ofrece una excelente oportunidad para referirnos a la relación que habían tenido Francia y España tras la reentrada forzada en la guerra de la segunda en noviembre de 1804. En pocas palabras podemos decir que, por entonces, las relaciones franco-españolas eran bastante pobres. Inicialmente, el favorito real y la figura dominante del régimen, Manuel Godoy, había fingido cierto entusiasmo por la guerra. En esto puede que incluso se mostrara sincero: una vez que las hostilidades se hicieron inevitables no hubo, después de todo, ninguna barrera que le impidiera soñar con recuperar Gibraltar o hacerse con una buena parte de Portugal. Pero el hecho es que España no tenía muchas opciones: Gran Bretaña estaba totalmente dispuesta a hacerle la guerra, mientras que Napoleón dejó meridianamente claro al embajador español en París, que no era otro que el almirante Gravina, que cualquier otra respuesta que no fuera unirse a la lucha le causaría un gran disgusto.

El 9 de enero de 1805, por lo tanto, se firmó una convención por medio de la cual los españoles se comprometían a tener preparados escuadrones navales en El Ferrol, Cádiz y Cartagena hacia finales de marzo. Al principio todo fue bastante bien: Napoleón animó a Godoy a creer que se iba a permitir a España iniciar una serie de movimientos contra Portugal y, como respuesta, el favorito se lanzó a la tarea de reconstruir la armada española para la guerra. Hubo muchos logros: seis navíos de línea pudieron unirse a Villeneuve desde Cádiz cuando en abril atravesó el estrecho de Gibraltar hacia el Atlántico tras escapar de Tolón, mientras que vigorosos esfuerzos, también en el plano económico, habían conseguido que por las mismas fechas doce navíos más estuvieran preparados en las otras dos bases navales que se mencionaban en la convención. Naturalmente estos esfuerzos, que se habían llevado a cabo a pesar de la fuerte oposición ejercida por el Ministerio de Marina y sus personajes más importantes, convencieron a Godoy de que se merecía algún tipo de recompensa y, en particular, hacer uso de las fuerzas españolas para perseguir objetivos militares en beneficio de Madrid. Una posibilidad obvia era un ataque contra Gibraltar y otra un asalto a cualquiera de las posesiones de Gran Bretaña en el Caribe. Para Napoleón, sin embargo, tales planes no eran dignos de consideración, y el pobre Godoy se encontró con que lo que se esperaba de él es que dedicara todas sus fuerzas a la invasión de Gran Bretaña. Y lo que era peor, parecía que lo que España había aportado hasta ese momento no era suficiente: Napoleón no sol quería más barcos de los que España había prometido, sino que también demandaba la trasferencia de un número adicional de navíos a la marina francesa.

Finalmente, Napoleón no pudo obligar a los españoles a corresponder a estas exigencias, pero lo cierto es que Godoy tampoco pudo hacer realidad sus sueños de expansión territorial. Por el contrario, éstos fueron ignorados deliberadamente: hubo no menos de tres intentos para hacer que Napoleón se interesara en una campaña contra Portugal, pero nunca hubo respuesta a este respecto. Solamente cuando quedó claro que los portugueses, a pesar de su pretendida neutralidad, permanecían leales a su tradicional amistad con Gran Bretaña, Napoleón mostró interés por una campaña contra el reino luso e incluso entonces las esperanzas de Godoy se disiparon rápidamente. Dada la amenaza de la Tercera Coalición, Napoleón no tenía tropas que dedicar a una campaña contra Portugal, así que comenzó a intentar convencer a los españoles de que enviaran tropas a Italia o incluso a Alemania. Godoy, indignado, comenzó a darle largas al asunto desde Madrid. Era plenamente consciente del penoso estado en que se encontraban muchos de los barcos, de la superioridad táctica de los británicos y de la escasez de hombres verdaderamente adiestrados entre las tripulaciones españolas. En los últimos años este problema se había agravado aún más por las sucesivas epidemias de fiebre amarilla que habían acabado con la vida de miles de personas entre las comunidades costeras de Andalucía: solamente en Málaga hubo 6.343 muertes entre el 22 de agosto y el 1 de octubre de 1804. Cuando llegaron nuevas órdenes estableciendo que la escuadra combinada pusiera rumbo a Nápoles y que se transfirieran los soldados embarcados en los barcos de Villeneuve al ejército de Saint-Cyr, Gravina y sus oficiales se opusieron duramente a abandonar el puerto de Cádiz. Solo acusándoles de cobardía y dándoles la noticia de que Nelson había enviado a parte de su escuadra a reabastecerse de provisiones se pudo convencer a los españoles para que se hicieran a la mar, y cuando lo hicieron, el resultado fue el que se temían, aunque en justicia hay que decir que Villeneuve se temía lo mismo. Aunque se veía ligeramente superado en número por sus oponentes, Nelson reunió sus naves inmediatamente y atacó a los franceses y españoles junto al cabo de Trafalgar. Navegando en dos líneas paralelas, la flota británica hizo que la desordenada escuadra franco-española quedara divida en varios fragmentos, y luego simplemente la hizo trizas. Nelson perdió la vida, pero la flota combinada fue destruida completamente: de sus treinta y tres navíos, se perdieron dieciocho y el resto quedaron totalmente inutilizados.

El grado de trascendencia de la batalla de Trafalgar es todavía motivo de debate. A corto plazo, la trascendencia no fue mucha: Gran Bretaña se había librado de la amenaza de la invasión pero el resultado del combate no afectó para nada al desarrollo de los acontecimientos en Europa central. Tampoco se logró la absoluta preponderancia de Gran Bretaña en los mares, puesto que los barcos franceses fueron capaces durante años de cubrir las pérdidas de Villeneuve y de obligar a los británicos a dedicar ingentes recursos a la lucha en los océanos. Todo lo que se puede afirmar con certeza es que, a pesar de tantas y tantas bravatas, a Napoleón nunca se le volvió a ocurrir intentar lanzar un ataque frontal contra Gran Bretaña: en lo sucesivo, cualquier aspiración a la victoria debía venir acompañada de algún tipo de guerra comercial. En este sentido, se puede afirmar con rotundidad que Trafalgar cambió el curso de la guerra, ya que desde ese momento Napoleón quedaba inmerso en un flujo de acontecimientos que venían acompañados, por lo menos, del riesgo de que Francia terminara viéndose envuelta en una guerra contra el resto del continente. Y, para los que tenían ojos para ver, Trafalgar demostraba claramente que no convenía nada ser socio de Napoleón. Habiéndose visto obligados a entrar en guerra en contra de su voluntad, los españoles se encontraron con que sus intereses estratégicos y sus recursos habían quedado a merced y al servicio de los intereses de Francia. Una gran parte de su fuerza naval —el principal pilar de su imperio colonial— había terminado en el fondo del mar por culpa de un fútil plan para enviar a unos cuantos miles de soldados a intimidar a un estado que no solamente era amigo de España, sino que además estaba situado en un teatro de operaciones secundario. De este modo, Godoy despilfarró los créditos y todos los esfuerzos financieros que habían, literalmente, vaciado las arcas españolas: entre otras medidas, se tuvo que pedir un crédito de diez millones de florines en Holanda para financiar la movilización de la flota.

Pero hablar de Trafalgar de esta manera es probablemente hablar con el beneficio que ofrece una mirada retrospectiva. Porque, para Napoleón, la noticia resultó especialmente irritante: oyendo lo que había ocurrido en esta batalla «se mostró lleno de ira, exclamando: "¡No puedo estar en todas partes!"».[6] Esto es comprensible, ya que Trafalgar suponía un duro golpe a su prestigio. Aunque en su marcha a través del sur de Alemania se mostraba infinitamente más contento de lo que probablemente estaba en realidad. Citemos aquí a Pasquier:

> ¿Qué hubiera sido de [Napoleón] si, habiendo desembarcado en la costa inglesa con la elite de sus fuerzas, solamente hubiera podido mantener el control del mar durante un periodo corto de tiempo? ¿Qué hubiera sido de Francia si el gran ejército comandado por el archiduque Carlos hubiera marchado a través de Baviera y aparecido a orillas del Rin? Dado que no hubiera habido suficientes fuerzas para oponer una resistencia efectiva, probablemente hubieran seguido adelante y Francia hubiera sido invadida ... A la vista de esta situación, la única respuesta hubiera sido la que él mismo le dio a varias personas que se atrevieron a sugerir esta posibilidad delante de él. «Si la invasión hubiera tenido éxito, el entusiasmo en Francia hubiera sido tal que las mujeres y los niños de Estrasburgo hubieran sido capaces ellos solos de rechazar al invasor austriaco.» ¿No es ésa una respuesta la mar de inteligente?[7]

Así que, de este modo, los franceses experimentaron un sentimiento de triunfo más que de tragedia. Por otro lado, los planes de los aliados habían resultado, en principio, ciertamente amenazadores, puesto que el despliegue de enemigos a los que se enfrentaba Francia había crecido una vez más. El tratado de alianza franco-napolitano o hablando con propiedad, de neutralidad, había derivado en consideraciones estratégicas relacionadas con la situación militar en Italia: Masséna se veía ampliamente superado en número de tropas en el norte, mientras que las tropas de Saint-Cyr estaban dispersas por el centro y el sur de la península italiana en una serie de pequeños destacamentos y, en consecuencia, muy expuestas a un ataque. Por lo tanto, reunir estas tropas con la intención de reforzar las fuerzas francesas estacionadas en Lombardía fue una medida necesaria aunque, así las cosas, la única forma de mantener a Nápoles en la órbita francesa era por medio de un acuerdo amistoso. En cuanto se firmó el tratado resultante el 9 de octubre, Saint-Cyr se puso en marcha con su ejército. En esta ocasión, sin embargo, la política francesa fracasó. Viéndose libres de amenazas y represalias, los napolitanos denunciaron el acuerdo al que se había llegado con París, solicitaron la protección de los británicos y los rusos y movilizaron su ejército. De este modo, Francia se veía amenazada ante la posibilidad de quedar rodeada por sus enemigos. Reuniéndose con 53.000 hombres en el Tirol, 90.000 austriacos invadirían el norte de Italia y 140.000 Baviera, al tiempo que 100.000 rusos marchaban en su ayuda. Reuniéndose con un ejército anglo-ruso de 40.000 hombres que estaba concentrando en el Mediterráneo, los napolitanos amenazarían el flanco sur de Francia, mientras que 50.000 británicos, rusos y suecos transportados por mar liberarían Hanover y se lanzarían al asalto de Holanda. Y por último, pero no por ello menos importante, se iban a enviar 50.000 rusos para que los prusianos se involucraran en la lucha y terminaran marchando con ellos victoriosamente a través de Alemania. En resumen, más de 500.000 hombres se unirían en un avance concéntrico contra una fuerza francesa que, incluso sumando las fuerzas de los estados satélites, parecía poco probable que sumara un total por encima de los 350.000 hombres. Y no se descuidaron las operaciones en el mar, ya que hacia finales de agosto una pequeña expedición británica desalojó a los holandeses de su colonia estratégicamente situada en el cabo de Buena Esperanza.

Siendo un despliegue impresionante, las cosas no estaban tan claras como puede parecer. En ocasiones descrito como el mejor ejército que el mundo ha conocido, la *grande armée* también tenía sus propios problemas. Por un lado, tenía tan pocas monturas que algunas de sus unidades de caballería se veían obligadas a actuar como infantería. Por otro, se puede ciertamente cuestionar la efectividad del entrenamiento que sus hombres habían recibido durante todo el tiempo que habían pasado en los campamentos de Boulogne, donde fueron adiestrados e instruidos sin descanso. Algunas memorias nos pueden resultar clarificadoras: «Las tropas reunidas allí —escribió Émile de Saint-Hilaire— estaban ocupadas y eran disciplinadas al estilo de los romanos; cada hora se dedicaba a una labor y los soldados estaban todo el rato cambiando sus fusiles por hachas».[8] Hulot nos cuenta lo que vio en Boulogne: «Por todos lados se veían desfiles, simulacros de ataque y defensa, marchas forzadas y cambios en la localización de los vivaques. Este espectáculo nos impresionó profundamente: ¡pobre de la potencia extranjera que se tenga que enfrentar a este ejército!».[9] Pero no todas las memorias resultan tan optimistas como las de Hulot. Citando a Fezensac, por ejemplo, «el regimiento casi nunca formaba para maniobrar en línea. Había una o dos marchas —simples recorridos que simulaban el camino que se podía recorrer en campaña sin forzar a los hombres en el periodo de un día—, unos cuantos ejercicios de tiro dirigidos con muy poco método, y eso era todo: no había adiestramiento ninguno para los escaramuzadores de la infantería ligera, ningún ejercicio con la bayoneta ... ningún intento para llevar a cabo la construcción de una fortificación sencilla».[10] Si el ejército napoleónico fue alguna vez la máquina perfectamente disciplinada y adiestrada de la que se suele hablar, es todavía motivo de debate. Tampoco su capacidad logística era suficiente para enfrentarse a la ingente tarea de avituallar a las tropas, que no solo sufrían a causa de los rigores propios de la campaña, sino que, en ocasiones, también por la hambruna. Citando las memorias de Fezensac en la parte dedicada a la marcha hacia Alemania:

> Esta breve campaña fue una muestra de las que iban a venir. La extrema fatiga, la falta de suministros, los rigores del tiempo, los estragos causados por los merodeadores, nos faltaba de todo ... las brigadas e incluso los regimientos a menudo estaban dispersos y las órdenes para su traslado llegaban tarde, ya que tenían que pasar por distintas manos. El resultado es que, a menudo, mi regimiento se veía obligado a marchar día y noche, y por primera vez vi a un hombre durmiendo mientras caminaba, que es algo que nunca pensé que fuera posible. De este modo, llegábamos a la posición que se suponía que teníamos que ocupar, pero esto sin haber tenido tiempo ni para comer ni para beber. El mariscal Berthier, el jefe de estado mayor, había escrito que en la guerra de invasión planeada por el emperador no habría almacenes, por lo que los generales tendrían que buscar el avituallamiento para sus hombres en las tierras por las que se pasara. Sin embargo, los generales no tenían ni el tiempo ni los medios ... para alimentar a un ejército tan numeroso. Al final se terminó por autorizar el pillaje y los campesinos sufrieron lo indecible, aunque nosotros no sufrimos de hambre durante el resto de la campaña ... El mal tiempo solamente agudizaba nuestros sufrimientos. Caía una fría lluvia y a veces la nieve nos llegaba a las rodillas, con un viento tan fuerte que nunca éramos capaces de encender una hoguera. El dieciséis de octubre —el día en que M. Phillippe de Ségur invitó por primera vez a Mack a rendirse—, el tiempo era tan malo que nadie estaba en su puesto. No había ni piquetes ni centinelas ... [y] todo el mundo buscaba refugio. En ninguna otra ocasión, salvo en la campaña de Rusia, soporté tantos sufrimientos o vi un ejército en un estado tan lamentable.[11]

Pero a pesar de todos sus problemas, los franceses contaban con muchas ventajas. De Napoleón para abajo, los hombres al frente del ejército representaban lo mejor del generalato de las guerras de la Revolución. Tanto la tropa como los oficiales eran veteranos con años de servicio a sus espaldas; el sistema táctico empleado era mucho más adaptable que el de sus oponentes continentales; y Napoleón había mejorado ostensiblemente el modelo organizativo que había heredado de la República a través de la creación de los cuerpos de ejército y de la concentración de parte de la artillería y la caballería en reservas especiales con gran poder ofensivo. De este modo, el ejército francés era capaz de moverse mucho más rápido, de operar en un amplio frente que facilitaba las maniobras ofensivas y de envolvimiento, de demostrar un alto grado de flexibilidad, de golpear muy duro en el campo de batalla y de contar con una elevadísima moral. Los ánimos crecieron por el simple hecho de que, por fin, el ejército estaba en movimiento. Hulot nos habla de un sentimiento de «sincero regocijo»; recién ascendido al grado de oficial, Fezensac recordó: «Estaba encantado de ir a la guerra»; mientras que Jean-Baptiste Barrès escribió: «Dejamos París bastante contentos por iniciar la campaña ... la guerra era lo que queríamos».[12]

Este espíritu de confianza y entusiasmo en el ejército era el fruto de los mimos que le había dado, ya que, desde 1799, Napoleón había dedicado tiempo y dinero para introducir todo tipo de mejoras. Los desfiles y las revistas eran un espectáculo habitual en las calles; las nuevas banderas que portaban los regimientos estaban bordadas con letras en oro con lemas que hablaban de la relación personal entre el emperador y sus soldados; el masivo empleo de generales y embajadores era una declaración explícita de la íntima conexión que existía entre Napoleón, la política exterior francesa y el ejército; y la gran mayoría de los que recibieron la Legión de Honor —la nueva condecoración creada por Napoleón para premiar los servicios al estado— resultaron ser miembros de las fuerzas armadas. Pero la Legión de Honor no era la única recompensa que podían obtener los seguidores del emperador. Pocos soldados podían aspirar a subir tan alto —solamente veintiséis hombres recibieron el título—, pero las rutilantes figuras de Masséna, Murat, Ney, Lannes, Augereau y otros mariscales del imperio sirvieron como lecciones vivientes de lo que se podía conseguir gracias al coraje y a la devoción. Recompensados con propiedades aquí y a allá, llegaron a hacerse enormemente ricos. Aunque sus mayores hazañas estaban todavía por llevarse a cabo, su presencia causaba verdadera emoción. Citando a Elzéar Blaze:

> Nadie salvo un soldado de esa época puede concebir el hechizo cautivador que emanaba del uniforme. ¡Qué nobles esperanzas bullían en esas cabezas sobre las que ondeaba por primera vez un plumero! Todo soldado francés lleva el bastón de mariscal en su cartuchera; la única cuestión es averiguar cómo sacarlo.[13]

Tampoco era solamente una cuestión de ascender. Con su atuendo de campaña compuesto por el capote gris y el bicornio sin adornos, el emperador parecía el epítome del soldado raso de la Revolución —su apodo, después de todo, era «el pequeño cabo»— y siempre se mostraba afable, sencillo y familiar en el trato, lo que hacía que la tropa le adorara. Por citar solamente una de las historias que se contaban de él por esta época: un soldado, de repente, se adelantó para hacerle una petición a Napoleón, que pasaba montado a caballo por delante de él. Asustada, la montura respingó y Napoleón se puso furioso, golpeando al hombre con la fusta. Casi inmediatamente, el emperador recapacitó y ascendió al soldado a sargento.

De este modo, nos encontramos ante lo que el estudioso norteamericano John Lynn denominó «un ejército de honor»: un ejército cuyos miembros buscaban mejorar sus vidas y solamente se preocupaban por su propio estatus y prestigio. Y a pesar del eclipse de generales republicanos tales como Moreau y Pichegru, que estaban muertos o en el exilio, y del culto a la gloria imperial que tan importante era para el ejército, muchos soldados siguieron convencidos de que estaban luchando, si no por la República, al menos por sus ideales. Y Napoleón les animaba a creer eso mismo. El primer boletín de la campaña se refiere al ejército como «solamente la avanzada del pueblo».[14] Inspirados por ese lenguaje, muchos soldados podían creer, como Charles Parquin, que los objetivos del ejército seguían siendo «los grandes ideales de la Revolución Francesa —los ideales de libertad, de unidad y de futuro—, los cuales, como todo el mundo sabía, eran personificados por el emperador Napoleón».[15] Como prueba de la sinceridad absoluta de estos comentarios no tenemos más que referirnos al profundo odio hacia la Iglesia católica que albergaban muchos soldados. Dondequiera que se enfrentaran a la resistencia popular —en otras palabras, en España,

Portugal, el Tirol y el sur de Italia—, las culpas recayeron sobre la Iglesia, y fue la Iglesia la que pagó el pato. «Los monjes eran los que llevaban el peso de la lucha contra nosotros», escribió un soldado que hizo la guerra en España. «Arrinconamos a cincuenta en una iglesia y los masacramos a bayonetazos.»[16] Debajo de todo esto estaba un sentimiento de superioridad cultural que se hacía más profundo con cada kilómetro que el ejército recorría hacia el este y el sur. Como un oficial de húsares escribió al respecto de España: «Por lo que se refiere al conocimiento y el avance en los hábitos sociales, España estaba por lo menos un siglo por detrás del resto de las naciones del continente».[17]

Volviendo a Parquin, vemos en él no solamente la convicción de que el ejército estaba luchando por la Revolución, sino también la fe depositada en la persona de Napoleón. La confianza en su líder era una de las armas más poderosas del ejército francés y la otra era, por supuesto diligentemente cultivada por el mandatario francés, la constante mención a que compartía las mismas privaciones que los soldados. Pero aunque esto no era cierto, por lo menos Napoleón se preocupaba de dejarse ver entre sus hombres: la escena que tuvo lugar en la víspera de la batalla de Austerlitz es bastante conocida:

> Su ejército era la mitad de poderoso que el de su enemigo. Sus soldados habían resultado siempre victoriosos pero, con una fuerza tan pequeña ... le resultaba vital averiguar si la confianza de las tropas en su propia superioridad ... sería suficiente para compensar su inferioridad numérica. Por lo tanto, se le ocurrió darse un paseo por el campamento, acompañado solo por el mariscal Berthier, y escuchar sin ser visto las conversaciones que los soldados mantenían alrededor de las hogueras. Hacia las once de la noche ya había recorrido una gran distancia antes de ser reconocido. Los soldados, sorprendidos por verle en medio de ellos, y temiendo que se perdiera en el camino de vuelta a su cuartel general ... se apresuraron a desmontar los vivaques que habían construido con ramas y paja para usarlos como antorchas e iluminar el camino de vuelta a casa de su emperador. Un vivaque tras otro sirvió para esta tarea, y en menos de un cuarto de hora 60.000 antorchas iluminaban el campamento, mientras apasionados gritos de «Vive l'empereur!» resonaban por todas partes.[18]

Mezclados con el aura de grandeza, también había algunos toques de experiencias mundanas. Se cuenta que en Ulm se vio que el famoso capote gris de Napoleón se chamuscó en una ocasión en la que se sentó muy cerca del fuego. Escribiendo sobre la misma batalla, un soldado recordó: «Estábamos comiendo mermelada que habíamos elaborado con unos membrillos ... El emperador se rió. "¡Ah! —dijo— Veo que estáis comiendo conservas; no os levantéis. Debéis ponerles pedernales nuevos a las armas; mañana por la mañana las vais a necesitar. ¡Estad preparados!"».[19] Realmente no muchos soldados recibieron la gracia personal de una pregunta o unas palabras de ánimo por parte de su comandante, desde luego, pero eso no es lo que importa; las historias de esos encuentros se exageraron de boca en boca, y de esa forma la tropa se convencía de que alguien cuidaba de ellos. Como escribió François Avril: «Hemos observado con el mayor interés los tiernos cuidados que Su Majestad dispensa para mejorar la suerte de [los] ... guerreros que cargan con el peso de la defensa de la integridad del territorio francés».[20] La cercanía al emperador, por lo tanto, provocaba un verdadero sentimiento de bienestar. Pasando Napoleón revista en un día en que las condiciones climatológicas eran especialmente malas, un soldado raso llamado André Dupont-Ferrier escribió: «No creo que haya tenido nunca tanto frío como ese día, y no sé cómo el emperador puede soportarlo ... pero parecía como si su sola presencia nos diera calor y los repetidos gritos de «Vive l'empereur» deben haberle convencido de lo mucho que lo apreciamos».[21] E igual de importante era el sentimiento de que Napoleón estaba velando por la supervivencia de todos y cada uno de sus soldados. «Vimos pasar al emperador Napoleón ... Iba a caballo; la sencillez de su uniforme verde le hacía destacar entre los generales ricamente vestidos que le acompañaban; saludaba con la mano al pasar a todos los oficiales y parecía que estaba diciendo: "Confío en ti"».[22] Su influencia era enorme. «La presencia del emperador —escribió un veterano de la campaña de Austerlitz— produjo un poderoso influjo sobre el ejército. Todo el mundo confiaba ciegamente en él; todo el mundo sabía, por propia experiencia, que sus planes conducían a la victoria, y por lo tanto ... nuestra fuerza moral se redobló.»[23] Es por ello que Wellington llegó a afirmar: «Su presencia en el campo de batalla valía por 40.000 hombres».[24]

Pero la guerra no es solamente un asunto de batallas, los 40.000 soldados extra a los que Wellington pensaba que equivalía la presencia de Napoleón en el campo de batalla estaban, en 1805, superados por lo menos seis veces en número comparados con el ejército prusiano.

Cuando la *grande armée* atravesó Alemania en su camino hacia el Danubio, su marcha vino marcada por el pillaje sistemático. «Estoy completamente agotado, no me puedo imaginar cómo el cuerpo de ejército puede soportar tamaña fatiga», escribió Thomas Bugeaud. «El hambre es otro tirano. Te puedes imaginar fácilmente que si diez mil hombres entran en un pueblo, lo más fácil es que no encuentren nada para comer. Lo que más me angustia es tener que robarle a los campesinos: sus aves, su tocino, su leña las cogemos por la gracia de la fuerza. Yo no hago esas cosas pero, cuando estoy muy hambriento, las tolero secretamente y me como mi parte de lo robado.»[25] En Baden, Württemberg y Baviera, estados todos que se unieron a Napoleón, el pillaje fue extremadamente grave, pero peor fue que, el 3 de octubre de 1805, el primer cuerpo de ejército del mariscal Bernadotte —una fuerza que ocupaba el flanco más expuesto de la gran rueda que formaba la *grande armée* en su avance desde el Rin hasta el Danubio— violara la neutralidad del pequeño territorio prusiano de Ansbach. Motivada por la única razón de que si no pasaban por Ansbach los hombres de Bernadotte hubieran tenido que caminar unos días más, esta acción por poco condujo al desastre. Hacia comienzos de octubre la guerra entre Prusia y Rusia parecía de todo menos segura, pero el 19 de septiembre Potsdam había sido informada de que Rusia había anunciado que iba a marchar con 100.000 soldados a través de Prusia, Polonia y Silesia. Como hemos visto, la intención era presionar a los prusianos para que se unieran a la Tercera Coalición, pero en su lugar éstos respondieron a este «burdo cortejo» movilizando su ejército y anunciando que se repelería cualquier intento de invasión de su territorio. Llegado el momento, sin embargo, los franceses alcanzaron Ansbach antes que los rusos Silesia. A la vista de esta provocación, ni siquiera Federico Guillermo podía quedarse sin hacer nada. Los emisarios franceses que habían ido a Berlín para ganar a los prusianos para su causa fueron rechazados sin mediar explicaciones y se dieron órdenes para que el ejército tomara Hanover por la fuerza, y a los rusos se les dijo que posiblemente se les permitiría atravesar Silesia. Además, el 3 de noviembre Prusia accedió formalmente a formar parte de la Tercera Coalición por medio del tratado de Potsdam.

Según Paul Schroeder, nada de esto puede resultar suficiente para convencernos de que Prusia estaba realmente intentando mostrarse belicosa. El rey estaba indeciso y se mostraba reacio a recurrir a la guerra. Y por lo que respecta a sus hombres de confianza y a sus consejeros, una gran mayoría de ellos estaba a favor de la paz: probablemente esa fue la razón por la que las discusiones que se referían a la integración de Prusia en la Tercera Coalición no comenzaron hasta que Alejandro, que se había desplazado al oeste para unirse a sus ejércitos, se encontró con Federico Guillermo III en persona. Todo esto, prosigue este autor, se reflejó en el tratado de Potsdam que, en primera instancia, solamente ofrecía la mediación armada y, en segunda, por medio de una cláusula secreta, convertía a Hanover en el precio que había que pagar por entrar a formar parte de forma activa en la lucha. Y, por encima de todo esto, estaba la manera en la que se estaba soportando la presión por parte de Prusia. Las condiciones de paz, que, como se acordó, deberían ser presentadas a Napoleón en persona por el antiguo canciller prusiano, Haugwitz, eran tales que no resulta raro que despertaran sus sospechas y las rechazara: incluían la independencia de Holanda, Suiza, los estados alemanes y la *ci-devant* República Italiana. Pero, al mismo tiempo, resulta imposible no destacar que se dedicaron cuatro semanas a la discusión del tema, y que Haugwitz retrasó deliberadamente su partida camino del cuartel general de Napoleón durante ocho preciosos días. Viéndose en ese momento Napoleón y la *grande armée* con la correa suelta y consiguiendo grandes victorias en Alemania, la conclusión de Schroeder es que Potsdam no constituyó un verdadero avance para formar parte de la coalición, sino más bien representó todo lo contrario.

Incluso suponiendo que los prusianos hubieran finalmente ido a la guerra, no existen garantía de que hubieran intervenido con gran entusiasmo en la campaña. Y esto por la mera razón de que en 1805 no estaban preparados para ella. Cuando surgió la crisis, su ejército se acababa de embarcar en una serie de reformas diseñadas para incrementar el número de soldados prusianos en las distintas unidades —se debe recordar que una considerable proporción de las tropas en esa época estaba constituida por mercenarios extranjeros— y crear una reserva verdaderamente adiestrada, lo que llevó a decantarse por una actitud cauta. La falta de entusiasmo de Potsdam nos la confirma Clemens von Metternich, que por entonces era embajador de Austria en la corte prusiana: «Desde el primer momento el emperador [Alejandro] y yo nos quedamos bloqueados por la mala voluntad de los negociadores prusianos. Con mal disimulado enfado, recurrieron a los pretextos más inimaginables para posponer el acuerdo que, a la vista de las calamitosas circunstancias de la guerra en el Danubio, cada vez se nos hacía más urgente».[26] Y, por último, pero no por ello menos importante, quedaba pendiente la cuestión de Hanover. Poco después de la firma del tratado de Potsdam, había llegado a la corte prusiana un enviado especial desde Londres en la persona de lord Harrowby. Autorizado a ofrecer a los prusianos un subsidio de dos millones y medio de libras si accedían a formar parte de la alianza anglo-rusa, entrar en la guerra con un ejército de 200.000 hombres, comprometerse a no firmar la paz por separado y garantizar la independencia de Holanda y de los estados del norte de Alemania, Harrowby se horrorizó al ver la cláusula que entregaba Hanover a Prusia. Tampoco se puso muy contento Pitt cuando recibió la noticia de manos del enviado especial destinado a Londres por Alejandro, el conde de Oubril. Juzgando que el hecho dejar perder Hanover provocaría la recaída de Jorge III, por entonces mentalmente enfermo, se decidió inaugurar una regencia a cuyo frente quedaría el príncipe de Gales, que mantenía excelentes relaciones con los whigs y, por lo tanto, era perfectamente capaz de expulsar a Pitt y llevar al poder a un gobierno que trabajara en pos de un acuerdo de paz con Napoleón. Siendo entonces una cuestión de elegir entre permanecer firmes o perder la guerra, Pitt amenazó con cancelar todos los subsidios británicos prometidos a no ser que se garantizara la independencia de Hanover.

Volviendo a Prusia, para Napoleón comenzaba una nueva etapa, ya que si Federico Guillermo hubiera mostrado cierto vigor, eso le hubiera causado verdaderos problemas, a la par que existían ciertos elementos en Prusia que estaban presionando para que se entrara en la guerra o, por lo menos, estaban convencidos de que Prusia tenía que actuar. Aunque parece que el emperador sospechaba que, sin embargo, el vigor no era una característica propia de la Tercera Coalición. Dejando aparte a los prusianos, las últimas acciones habían venido marcadas por una absoluta falta de coordinación. Sin estar mejor preparados que los prusianos —bajo el control del general Mack también se habían visto envueltos en una serie de reformas de última hora que todavía no se habían completado—, los austriacos enviaron a sus ejércitos a Baviera sin esperar a los rusos, que llegaron diez días después de la fecha convenida, mientras que los suecos dijeron que no se moverían a no ser que los prusianos hicieran lo mismo. Y las cosas no iban mejor en

Italia. Profundamente pesimista ante la reanudación de las hostilidades con Francia, el archiduque Carlos permitió que le persuadieran de que los franceses le doblaban en número y recibió órdenes desde Viena para que permaneciera a la defensiva. Nápoles, mientras tanto, se limitó a no hacer nada, y las tropas británicas y rusas que habían sido enviadas en su ayuda no fueron desembarcadas hasta el 20 de noviembre, cuando la catástrofe ya se había producido en otros lugares y las esperanzas de una ofensiva se habían desvanecido por completo. Pero aun así, gran parte de los líderes de la coalición se mantenían extraordinariamente optimistas. Tan seguro estaba Czartoryski de la victoria, por ejemplo, que dio la bienvenida a la intransigencia mostrada por Prusia, puesto que estaba convencido de que la guerra con Potsdam que inevitablemente se iba a librar después allanaría el camino para que Alejandro se declarara rey de una reconstituida Polonia en cuanto los rusos entraran en Varsovia. Esto constituye una prueba dramática de la existencia de una serie de intereses que nada tenían que ver con el derrocamiento de Napoleón y que durante años iban a impedir que se construyera una coalición, el único instrumento para poder resistir a la ambición del emperador.

No es necesario decir que el resultado de todo esto fue que la iniciativa quedó completamente del lado de los franceses. Libre de amenaza alguna en su flanco norte, la *grande armée* cruzó el Rin y se dirigió hacia el sureste con el objetivo de derrotar a los invasores de Baviera. Convencido de que no aparecería ninguna fuerza francesa hasta finales de octubre, unas fechas en las que creia que los rusos de Kutuzov ya habrían venido en su ayuda, Mack había avanzado hasta el Danubio, y luego hacia el oeste hasta Ulm. Absolutamente sorprendido, Napoleón, que había creído que su adversario se encontraba mucho más lejos hacia el este, de repente se encontró en la retaguardia de los austriacos, y se apresuró a mover su ejército hacia el oeste para terminar envolviéndolos. En la confusión que sobrevino, a Napoleón se le escaparon algunas presas, pero el 20 de octubre Mack terminó rindiéndose junto a más de 20.000 hombres. Otros destacamentos de sus fuerzas (como esos cogidos en Wertingen) ya habían sido arrollados, mientras que otros iban a terminar desbandados o forzados a rendirse en los siguientes cinco días. En apenas una quincena, no menos de 60.000 de los 75.000 hombres que Mack había conducido a Baviera habían perecido, resultado heridos o hechos prisioneros. Se trataba, sin lugar a dudas, de un golpe demoledor. En Inglaterra Pitt no dio crédito a los primeros informes, pero Malmesbury «claramente percibió que no se creía más por el temor a que fuera verdad que a cualquier otra causa bien fundada» y «percibió claramente el efecto que la [confirmación] tuvo sobre [él]», destacando que «su apariencia y sus maneras no eran las suyas y tuve ... una premonición al respecto de la pérdida con la que se veía amenazado».[27]

En otros lugares, las cosas habían ido bastante mejor para los austriacos —en Italia el archiduque Carlos había rechazado el ataque francés lanzado contra Caldeiro—, pero la situación general era catastrófica. Sobre todo porque los primeros rusos que habían llegado, por fin, a las fronteras de Baviera eran muy pocos y estaban completamente exhaustos. Pero todavía había algo peor: los franceses avanzaban hacia Viena. A marchas forzadas, los rusos y la mayoría de las tropas austriacas que todavía estaban en la zona se dirigieron hacia Bohemia pero, el 12 de noviembre, los franceses ocuparon la capital. La guerra, sin embargo, no había terminado. Gracias a la llegada de más rusos, en ese momento había más de 80.000 soldados aliados en Bohemia. Convencido de que podía obtener una gran victoria, Alejandro I, que ya había llegado a su cuartel general, desestimó la idea de Federico II de proponer un armisticio y ordenó iniciar una ofensiva. Napoleón no estaba preparado para esto —entre otras cosas, sus hombres estaban agotados— y, para ganar tiempo y empujar a Alejandro hacia la trampa que le estaba preparando, solicitó una entrevista con el zar. Como respuesta, el monarca ruso envió a uno de sus consejeros favoritos, el príncipe Peter Dolgoruky, para que se informara sobre los términos en que aquella se pretendía desarrollar. La oferta, evidentemente, no iba en serio, pero sirvió de todas formas, ya que el príncipe, un miembro destacado del partido de la guerra en la corte rusa, optó, en una ostentosa demostración de desprecio, y aparentemente rechazando cualquier opción de paz, por permitir al emperador y a sus apologetas culpar a los aliados por la continuación de la guerra. De este modo se le dio una oportunidad de oro a Napoleón para poder fingirse la víctima inocente. Así, se supone que le dijo a Dolgoruky: «¿Durante cuánto tiempo tenemos que luchar? ¿Qué quieres de mí? ¿Qué desea el emperador Alejandro? Si quiere aumentar su imperio, dejémosle que lo haga a expensas de sus vecinos, Turquía especialmente, y después ya no habrá más disputas con Francia».[28]

Incluso suponiendo que estas palabras fueran sinceras, llegados a ese punto no se podía conseguir ya nada. El 1 de diciembre los dos ejércitos se desplegaron cerca de la ciudad de Austerlitz. Dado que la *grande armée* era numéricamente muy inferior, lo que siguió fue, probablemente, la obra maestra de todas las batallas libradas por el emperador. Incitados a atacar la derecha francesa para cortar las líneas de comunicación de Napoleón con Viena, los aliados dejaron su centro débilmente guardado, y esto permitió que el emperador los pudiera cortar en dos. Atacando de forma totalmente desordenada, los aliados, no obstante, lucharon con gran coraje, pero al final del día —el primer aniversario de la coronación de Napoleón— su izquierda quedó completamente rodeada al tiempo que el resto del ejército se retiraba del campo de batalla en distinto grado de desorden. Las bajas aliadas sumaban unas 25.000, mientras que las francesas fueron solamente unas 8.000. En el campo aliado reinaba la desesperación. Czartoryski fue testigo de lo ocurrido:

> El emperador se encontraba completamente abatido: la fuerte impresión que había experimentado le hizo caer enfermo ... En los pueblos no se oía otra cosa salvo los confusos gritos de la gente que había decidido ahogar su pena en el alcohol ... Si se hubieran enviado unos escuadrones de caballería francesa en persecución nuestra para completar la derrota, no sé lo que hubiera pasado. Entre las fuerzas de la Coalición ya no había ni regimientos ni *corps d'armée*: lo único que se veían era bandas armadas deambulando de un lado a otro en un estado de completo desorden y sumándose a la desolación general en su deambular.[29]

Austerlitz supuso un golpe mortal para la Tercera Coalición, aunque Rusia todavía contaba con muchas tropas y el archiduque Carlos había evacuado Italia y concentrado una poderosa fuerza en las fronteras de Hungría. Pero las noticias de la derrota hicieron que se perdiera toda esperanza de que los prusianos estuvieran dispuestos a ayudar: llegando al cuartel general de Napoleón al amanecer del día siguiente al de la batalla de Austerlitz, Haugwitz ofreció la amistad de Prusia y se comprometió en una alianza ofensiva y defensiva conocida como el tratado de Schönbrunn, que ofrecía Hanover a cambio de una garantía por parte de Francia y sus satélites y de la cesión de una serie de territorios en Alemania (uno de ellos, irónicamente, era Ansbach). Al mismo tiempo, las noticias de la derrota paralizaron las operaciones de los aliados en el norte de Alemania y persuadieron a Austria, cuyo igualmente abatido emperador había sido también testigo de la batalla de Austerlitz, para que se dispusiera a iniciar negociaciones de paz sobre la base de que cualquier resistencia hubiera resultado fatal (el archiduque Carlos, desde luego, estaba advirtiendo a Francisco de que continuar la guerra supondría arriesgarse a provocar una revolución política y la disolución del imperio). Aunque, de todos modos, la paz también resultó fatal. Por el tratado de Pressburg del 26 de diciembre de 1805, Austria fue forzada a ceder Venecia, Dalmacia e Istria al Reino de Italia; Vorarlberg, el Tirol y Trentino a Baviera, y los territorios que tenía en el suroeste de Alemania a Baden y Württemberg. También cedidos a las cortes de Múnich, Baden-Baden y Stuttgart eran los territorios de los caballeros imperiales que tuvieron la mala fortuna de residir dentro de sus fronteras. Además había que reconocer a Napoleón como rey de Italia, y aceptar a Baviera, Württemberg, Baden y Hesse-Darmstädt como estados independientes, aparte de tener que pagar Austria una indemnización de cuarenta millones de francos. Por todo esto, la única compensación consistía en que a Austria se le permitiría recuperar Salzburgo, cuyo gobernante Habsburgo, el antiguo duque de Toscana, fue transferido al Gran Ducado de Würzburg. Por lo que se refiere a los rusos, se vieron forzados a evacuar sus tropas a toda prisa de Alemania y de Bohemia, y comenzaron a considerar la posibilidad de firmar la paz por separado. En Gran Bretaña las noticias de la derrota literalmente acabaron con Pitt. Muy demacrado tras sufrir una serie de dolencias y por el abuso de la bebida, el primer ministro era un hombre enfermo, y no hay duda de que Austerlitz le resultó un golpe fatal. «Enrollen el mapa de Europa —se dice que afirmó—, no lo vamos a necesitar en los próximos diez años.»[30] Con la política británica en ruinas, al amanecer del 23 de enero de 1806 el primer ministro —el peor y más pertinaz enemigo de Napoleón en toda Europa— falleció. Fue un golpe terrible. Citando a lord Auckland: «Nuestra situación es desesperada. No hay nada por lo que mirar».[31] Los ánimos no estaban mucho mejor en Austria. En palabras del propagandista Gentz: «Sin duda, todo está acabado, ya que lo poco que queda nos lo podemos imaginar y, por lo tanto, nos han hurtado hasta el placer de la sorpresa».[32]

Éste fue un momento clave en la historia del imperio napoleónico. Para el emperador, desde luego, era la hora del triunfo. Presente en el cuartel general imperial, Talleyrand escribió después:

Nunca ha habido un hecho de armas tan glorioso. Todavía puedo ver a Napoleón reentrando en Austerlitz tras la batalla. Se alojó en una casa que pertenecía al príncipe von Kaunitz y, allí, en su alcoba, sí, en la mismísima alcoba del príncipe von Kaunitz, se veía cómo llegaban una detrás de otra las banderas austriacas y rusas, los mensajes de los archiduques y del emperador de Austria y los prisioneros con nombres de todas las grandes casas nobiliarias de la monarquía austriaca.[33]

En esta situación, la tentación de infligir un golpe terrible a Austria, hizo que los estados alemanes del sur se convirtieran en aliados útiles, un asunto que constituía una funesta advertencia para el resto de Europa. Tampoco es coincidencia que unos pocos días después de Austerlitz, un aislado enclave bávaro en la orilla derecha del Rin, cuya capital era la ciudad de Dusseldorf, le fuera entregado al cuñado de Napoleón como el Gran Ducado de Berg, ni que, en febrero de 1806, José Bonaparte fuera proclamado rey de Nápoles, lo que deberíamos ver, en otras palabras, como los primeros pasos para constituir lo que se llamarían «monarquías de familia». Por un lado, resulta imposible defender todas estas acciones en base a cuestiones estratégicas: Berg, por ejemplo, resultaba una útil cabeza de puente en el norte de Alemania. Aunque debemos plantearnos seriamente ciertos aspectos relacionados con Presburg y otros tratados con los que está asociado. «El sistema que Napoleón adoptó por entonces ... constituyó la primera acción de las que luego supondrían su caída», escribió Talleyrand, que, acertadamente, también escribió: «poco político y destructivo con este sistema de derrocamiento de gobiernos para crear otros que también terminaría derrocando, y eso en todas las partes de Europa».[34]

Lo que hace que este testimonio resulte de lo más clarividente es que Talleyrand le había ofrecido una alternativa muy clara a Napoleón. Cuando la *grande armée* marchó camino de Alemania en octubre, el ministro de Asuntos Exteriores redactó una largo memorando en el que argumentaba que lo que más convenía a Francia era tener a Austria como aliado. Ésta iba a sufrir importantes pérdidas territoriales, desde luego, pero por lo menos el ministro se daba cuenta de que había que endulzarles la píldora a los austriacos. En consecuencia, Austria no solo no tenía que ser despojada de sus territorios en el oeste, sino que además había que ofrecerle un lugar en la Europa napoleónica por medio de una alianza austriaco-francesa contra Rusia, aparte de garantías de que Viena podría contar con compensaciones territoriales en los Balcanes. Tras lo acontecido en Austerlitz, Talleyrand fue un poco más lejos: Austria, mantenía, «era indispensable para la futura seguridad del mundo civilizado».[35] Esto tenía bastante sentido: dado que había ciertos elementos en la corte de los Habsburgo, incluyendo nada más y nada menos que al archiduque Carlos, que veían las adquisiciones territoriales en los Balcanes como la mejor salida para Viena, no sería raro que se pudiera convencer a Francisco para que dirigiera su mirada hacia el Este. Sin un poderoso estado situado en la parte sur de la Europa oriental-central, la región se convertiría en motivo de disputa permanente, ya que Francia y Rusia competirían la una con la otra por su control. Y, finalmente, se entendía perfectamente que unos acuerdos de paz duraderos necesitaban una clara disposición al compromiso y a dar a todas las partes un papel en el establecimiento de los nuevos acuerdos. Pero Napoleón se mostraba ciego ante todo esto. Campo Formio, Amiens y Lunéville habían sido todos compromisos de paz, y habían, por extensión, puesto límites al poderío francés. Aunque Napoleón había socavado estos tres compromisos a los pocos meses de su firma, tal era la situación militar cuando fueron negociados que no le quedaba más remedio que fingir que estaba de acuerdo con el principio de reciprocidad. Tras lo acontecido en Austerlitz, sin embargo, las cosas eran muy distintas. Por primera vez viéndose dueño absoluto de la situación, Napoleón rechazó la moderación para empeñarse en la completa humillación del enemigo, y haciendo esto lo que terminó consiguiendo es que Austerlitz no fuera tan determinante como podía haber sido.

Mientras tanto, sin embargo, en Europa central los cañones se silenciaron. De hecho, como los suecos permanecían tranquilos en su enclave en Stralsund, solamente se luchaba en el Mediterráneo y en las colonias. En la situación anterior, como hemos visto, Nápoles había sido ocupada por la fuerza expedicionaria anglo-rusa que, junto al ejército napolitano, estaba en ese momento guarneciendo la frontera norte, pero los aliados andaban cortos de suministros y comenzaban a tener sus diferencias. Dándose cuenta de que su posición era insostenible, en enero de 1806 los británicos y los rusos se retiraron a sus respectivos refugios de Sicilia y Corfú. Pisándoles los talones, casi 40.000 soldados franceses atravesaron la frontera, derrotando al ejército napolitano en Campo Tenese y sitiando Gaeta. Sin ninguna otra opción salvo la huida, la familia real se embarcó rumbo a Sicilia, siendo sustituida por José Bonaparte. Al mismo tiempo, Holanda fue convertida en un reino que se entregó a Luis Bonaparte, así que este parece un momento muy conveniente para tratar de dar cuenta del papel jugado por algunos miembros de la familia de Napoleón en la política exterior. Según los numerosos apologetas del emperador, la ascensión de la familia Bonaparte a los tronos de Europa se debió a la devoción que Napoleón sentía por los suyos, o a las exigencias de la larga lucha contra Gran Bretaña. De éstos, el primer argumento, que está particularmente asociado con el historiador francés de fin de siglo, Frédéric Masson, sostiene que fue el sentido de lealtad al clan que tienen los corsos lo que alimentó la ambición de Napoleón, y ese mismo sentido de lealtad al clan lo que le condujo a repartir reinados y principados entre sus hermanos y hermanas. Lo que vemos, por lo tanto, no es a Napoleón el conquistador, sino al Napoleón hombre de familia, al tiempo que dicha teoría también sirve a los admiradores del emperador para disculpar el colapso final del imperio: no se podía culpar a Napoleón, sino a José, Luis, Carolina y al resto, hacia los que Masson mostraba todo su desprecio tildándolos de ingratos ambiciosos que eran tan incompetentes como egoístas. Y al respecto del segundo argumento, su principal valedor es Vincent Cronin, que defiende que la entronización de los hermanos de Napoleón era esencialmente una medida defensiva diseñada para proteger a Francia de un mundo vengativo y asegurar que sus satélites quedaban en buenas manos. Esta última posición fue ciertamente la que adoptó el propio Napoleón para justificar sus acciones. Si José fue colocado en el trono de Nápoles, era porque Fernando IV y María Carolina habían demostrado ser traicioneros, ingratos y poco dignos de confianza: los acuerdos de paz de 1796 y 1801 no les habían costado ningún territorio y, en 1803, se les permitió permanecer en el trono cuando el emperador los podía haber echado con solo levantar un dedo. Como dijo Napoleón en una proclama que anunciaba su caída:

> ¡Soldados! Durante diez años he hecho todo lo que estaba en mi mano para salvar el Reino de Nápoles, mientras que él ha hecho todo lo posible para provocar su caída ... ¿Deberíamos mostrarnos clementes una cuarta vez? ¿Deberíamos por una cuarta vez confiar en una corte sin fe, honor o razón? La dinastía de Nápoles ha dejado de reinar: su existencia es incompatible con la paz de Europa y el honor de mi corona.[36]

El mismo razonamiento se vislumbra en la decisión de transformar la República Bátava en un reino concebido para Luis Bonaparte. Políticamente, Napoleón podía confiar tan poco en los holandeses como en los napolitanos. Esto queda meridianamente claro en lo que le dijo a Talleyrand: «Si ... las tropas francesas evacuaran Holanda, nos veríamos con un gobierno enemigo en nuestras fronteras».[37] Además de todo esto, los holandeses habían estado ofreciendo más bien poco apoyo al esfuerzo requerido por la guerra: dada la orden de que se estableciera un campamento para la invasión de Gran Bretaña en Zeis en 1804, Marmont se quejó de que se habían encontrado con «la mayor oposición por parte de todo el mundo, y que el gobierno holandés veía estos planes como «un gran gasto».[38] Inicialmente se había hecho un intento por encontrar una solución instituyendo una versión de la constitución francesa de 1800, que incluía que el líder político Rutger Han Schimmelpenninck sería considerado como «gran jubilado». Pero Schimmelpenninck no logró nada y el hecho de que estuviera perdiendo la vista rápidamente hizo que se perdiera la confianza depositada en él como un sustituto de Napoleón. En marzo de 1806 se le dio al gobierno holandés a elegir entre la anexión o convertirse en una monarquía, y el 5 de junio Luis Bonaparte fue coronado como rey de Holanda. Luis, desde luego, debía su nueva posición al hecho de que era leal a Napoleón, pero esto conllevaba pagar un alto precio: en cuanto llegó a La Haya, Luis recibió cartas de Napoleón informándole de que no debía esperar recibir dinero alguno del tesoro francés y que, por lo tanto, debía procurarse lo que necesitara por sus propios medios: «Debes convencer de que se olviden de recibir ningún dinero; a menos que hagas esto, no obtendrás los medios que necesitas para afrontar tus propios asuntos».[39] Los Bonaparte, en resumen, no eran solamente sátrapas en los que Napoleón podía confiar para que defendieran el imperio francés; también eran sátrapas que podían proporcionar hombres, dinero y otros recursos útiles con muchas menos reticencias que hombres como Schimmelpenninck. También había otras ventajas —las cortes familiares eran un medio útil para extender el gusto francés por todo el imperio y ganarse así a la vieja aristocracia, al tiempo que eran la prueba palpable de que Napoleón estaba a la cabeza de una dinastía como cualquier otra—, aunque la conclusión es inevitable: las verdaderas razones para la existencia de las monarquías satélite eran, en primer lugar, la explotación al servicio de una política exterior agresiva, y en segundo, la continua glorificación del emperador.

Inherente a esta construcción de una dinastía imperial estaba también la adopción de los métodos tradicionales de la política exterior de una monarquía. De este modo, tras la victoria de Austerlitz, Napoleón se embarcó en una serie de alianzas por medio de matrimonios con los estados del sur de Alemania. En enero de 1806 Eugenio de Beauharnais se casó con Augusta Amalia, la hija del recientemente entronizado Maximiliano José de Baviera (en una historia que suele ser bastante deprimente, es agradable destacar que este matrimonio acordado terminó en una verdadera historia de amor que hizo muy felices a los dos protagonistas). Estefanía de Beauharnais, una prima segunda de Eugenio y Hortensia, fue considerada como una esposa ideal para el príncipe Carlos de Zahringen, heredero del Gran Ducado de Baden; y Jerónimo Bonaparte, que se había casado con una chica norteamericana llamada Elizabeth Patterson a la que había conocido cuando su barco (había sido oficial de la marina) estuvo atracado en Baltimore, fue divorciado sumariamente y, en agosto de 1808, convirtiéndose primero en rey de Westfalia (véase más adelante), fue obligado a casarse con la princesa Catalina de Würtemberg. Además se hicieron diversos intentos de acosar a Luciano para que abandonara a su esposa y se casara de nuevo, pero Luciano se negó absolutamente a colaborar en toda esta farsa, ensanchando de este modo una brecha abierta en el mismo momento en el que Napoleón se había convertido en cónsul vitalicio. Con Luciano o sin Luciano, no obstante, a corto plazo Napoleón vio que esta estrategia había dado buenos frutos, así que se mantuvo como una de las características principales de su política exterior en los años venideros. Gracias a una serie de parientes lejanos de Josefina, Joaquín Murat y el marido de Elisa Bonaparte, Felix Bacciocho, los Bonaparte también forjaron unos lazos un tanto endebles con las casas de Hohenzolllern-Sigmaringen, Arenberg y Salm-Salm.

Pero no eran las alianzas matrimoniales el único objetivo de la política que Napoleón practicaba por entonces. Por razones obvias, la gran área de territorio que Napoleón dominaba en el centro y el sur de Alemania se había convertido en la pieza central de su estrategia y de su política exterior. Esos territorios, constituyendo una gigantesca *place d'armes*, eran también una base de lo más apropiada para la *grande armée*. Capaces de alimentarse con los recursos de una tierra próspera —una tierra, además, cuyos habitantes no era franceses—, las fuerzas de Napoleón podían iniciar una campaña hacia el noreste, el este o el sureste, dependiendo de la oportunidad o las exigencias dictadas por la situación. Ocupando esta posición central, el ejército francés también se encontraba bien posicionado para defender su patria de la venganza de los austriacos, rusos o fuerzas prusianas. Pero la parte central y sur de Alemania no resultaba solamente de gran valor estratégico para el emperador francés y su ejército. Geográficamente hablando, se había convertido en el verdadero corazón del imperio. Por lo tanto, lo que se requería en ese momento no era solamente la ocupación militar o una serie de alianzas dinásticas. Y, de este modo, se llegó a la creación de lo que se iba a conocer como la Rheinbund o la Confederación del Rin. Creada en julio de 1806, consistía en una alianza permanente de dieciséis estados enclavados en Alemania central y del sur: Baviera, Württemberg, Baden, Berg, Hesse-Darmstädt, Nassau, Usingen, Arenberg, Nassau-Weilberg, Hohenzollern-Sigmaringen, Hohenzollern-Hechingen, Salm-Salm, Salm-Kyberg, Isemberg-Birstein, Liechtenstein, Ratisbona-Aschaffenberg (el conjunto artificial de territorios que se le habían concedido a Dalberg) y el feudo imperial de Leyen. Esta confederación se ha considerado como uno de los más grandes y duraderos logros de Napoleón. Al mismo tiempo, se intentaba dar los pasos necesarios para hacerse con el control de los restos del Sacro Imperio Romano —el 7 de mayo el tío de Napoleón, el cardenal Fesch, fue nombrado diputado de Dalberg y sucesor—, al tiempo que el emperador le preparaba un plan al ministro de Asuntos Exteriores francés en el que se detallaba cuál sería la estructura del nuevo estado que habría de venir. Se barajaron distintas opciones pero, al final, más que intentar incorporar la totalidad de Alemania, lo que se decidió fue ofrecer un acuerdo a los gobernantes de los estados anteriormente citados, que constituirían un bloque sólido de territorio que se uniría a la mayor parte de la Alemania meridional en una línea que se extendía desde Dusseldorf a Bayreuth, y que también unía a los aliados alemanes de Napoleón. En resumen, el control francés se estaba estableciendo en la parte de Alemania más dócil a los designios de Napoleón y que además resultaba más necesaria para sus planteamientos estratégicos. Particularmente interesante es el hecho de que la frontera norte de la confederación respetaba, en líneas generales, la esfera de influencia que Prusia había reclamado en el periodo de 1795-1803, infiriéndose que Napoleón estaba intentando evitar una confrontación directa con Federico Guillermo III. De hecho, Prusia fue tratada con guante de seda y animada a formar su propia Confederación Germánica del Norte; y a Murat se le advirtió de que no debía intentar extender sus fronteras a costa de Prusia:

> Estás actuando de una manera descabellada ... Disgustar al rey de Prusia no encaja en mi política: mis objetivos están dirigidos a otra parte. Es esencial que dejes de ser un vecino incómodo ... te recomiendo prudencia y tranquilidad ... Éste es el tipo de cosas en las que deberías pensar antes de ofender a las grandes potencias con planes apresurados y *démarches*.[40]

Y por lo que se refiere a la nueva creación de Napoleón, su organización interna quedaba bastante clara. En ambos casos, colectiva e individualmente, los miembros de la Rheinbund estaban sujetos a una alianza perpetua (tanto ofensiva como defensiva) con Francia. Después acordaron dejar todo lo que se refería a activar la alianza en manos de Napoleón y contribuir con un cierto número de tropas a la causa común (Baviera, por ejemplo, tenía que reunir 30.000 hombres, Würtenberg 12.000 y Berg 5.000). Todos los títulos de caballero del imperio y las ciudades libres supervivientes fueron entregados a uno u otro miembro de los estados, como Nuremberg, por ejemplo, que lo recibió Baviera. Y por lo que se refería a las instituciones comunes, la confederación creó una Dieta compuesta de dos «colegios» —la Casa de los Reyes y la Casa de los Príncipes— bajo la presidencia conjunta de Dahlberg y un «protector» que iba a ser, por supuesto, el propio Napoleón. Al título de protector se le añadió el de mentor, ya que Napoleón tendría la exclusiva para elegir al sucesor de Dahlberg. Por lo que respecta al Sacro Imperio Romano, lo que se hizo no fue mucho más: los estados miembros se declararon a sí mismos secesionados del antiguo estado matriz. Al norte todavía había una considerable franja de territorio que pertenecía al Imperio, pero el abatido Francisco ya no podía desplegar la fuerza necesaria como para reclamar su posesión, y el 6 de agosto declaró que dejaba de ser Francisco II del Sacro Imperio Romano para pasar a ser simplemente Francisco I de Austria (un título que, de hecho, ya había utilizado en septiembre de 1804).

¿Qué significaba esta nueva Alemania? Para los admiradores de Napoleón se trataba de una gran creación e incluso un verdadero acto de liberación. Los especialistas en historia de la Alemania moderna también se han sentido inclinados a ofrecer un punto de vista favorable a estos acontecimientos sobre la base de que los estados de la Confederación del Rin impusieron una serie de reformas cuya característica principal fue la modernización (los ejemplos incluyen Blackhourn, Hughes y Shanahan). Otros especialistas, sin embargo, se han mostrado más reflexivos. Para Blanning la historia de la «tercera Alemania» es la de una explotación absoluta, mientras que Sheehan destaca que las instituciones colectivas que podrían haberle dado un cierto grado de significado nacional nunca llegaron existir. Este último juicio parece bastante atinado: la Confederación del Rin no suponía unidad, sino más bien una división continua. Dejando de lado los pequeños contingentes de los principados menores, que se encontraban combinados en regimientos especiales de la Rheinbund, todos los estados siguieron reclutando su propio ejército y se les permitió desarrollar sus propias normas internas. Napoleón, por lo tanto, no unió Alemania. Pero, ¿por lo menos la reformó? Pues hay que decir que incluso el progreso ofrecido fue un tanto irregular. En los territorios gobernados por franceses —Berg en 1806 y un año después Westfalia— la causa reformista fue ciertamente sostenida con vigor, pero en Alemania, como en cualquier otro lugar, Napoleón vio las reformas como un medio para establecer un sistema más efectivo para el reclutamiento y el cobro de impuestos. Además de esto, era plenamente consciente del valor de la reforma como arma propagandística. Por ejemplo, está la famosa carta enviada por el emperador a Jerónimo Bonaparte cuando este último fue coronado como rey de Westfalia en 1807: «Es necesario que tu pueblo disfrute la libertad ... algo de lo que jamás han oído hablar los habitantes de Alemania ... Tal modo de gobierno será una barrera más fuerte frente a Prusia ... que incluso la protección de Francia. ¿Por qué el pueblo iba a desear volver a estar bajo la arbitraria administración de Prusia cuando pueden gozar de los beneficios que ofrece un gobierno sabio y liberal?».[41] En los estados que permanecían bajo un gobierno alemán, los aspectos relacionados con la estrategia también eran de primordial importancia. Todos los estados de la conocida como «Tercera Alemania» eran conglomerados de territorios pertenecientes a docenas de diferentes regiones. Así las cosas, resultaba esencial que se les sometiera a un rígido programa de racionalización y centralización administrativa, ya que solamente de este modo podrían convertirse en empresas viables. Al no contar con unos sistemas eficientes de reclutamiento e impuestos, estos estados también se verían incapaces de hacer frente a las demandas inherentes al tratado firmado con Napoleón, o de enfrentarse a Austria, si Napoleón sufría una catástrofe o un revés, o llegaba a morir en un campo de batalla. Pero las reformas políticas y sociales eran un asunto muy distinto y, a este respecto, los estados alemanes eran muy dados a andarse con remilgos. Unos pocos —sobre todo Baviera— optaron por el modelo francés con extremo entusiasmo, mientras que la antigua tradición paternalista conocida como «camerralismo» garantizaba que muchos estados mostraran, por lo menos, alguna preocupación por los asuntos relativos a la libertad religiosa, la educación y la salud pública. Pero el grado que alcanzaron los cambios fue muy variable y la totalidad del sistema quedó con un tufillo a dominación y explotación extranjera, como nos muestra el hecho de que los príncipes alemanes, reunidos en un congreso que se celebró para discutir sobre la confederación en julio de 1806, contaron solamente con veinticuatro horas para aceptar los términos que se les ofrecían antes de que se cumpliera la amenaza de la ocupación militar permanente.

Tampoco en Italia quedaba gran cosa por ver, salvo el rostro descubierto del imperialismo francés. Esto se ve meridianamente claro si analizamos las negociaciones de Napoleón con el papado. Las relaciones con el papa Pío VII se habían venido deteriorando desde la coronación de Napoleón en 1804. Ocupadas primero por las tropas austriacas y luego por las francesas desde 1799, las provincias septentrionales de los Estados Pontíficios —las llamadas legaciones de Bolonia, Rávena y Ferrara— no fueron, como esperaba Pío, devueltas a Roma a cambio de su participación en la ceremonia de Notre Dame, sino incorporadas al Reino de Italia. No cabía esperar más concesiones al concordato con la Iglesia católica en Francia, cuyas condiciones habían demostrado ser crecientemente onerosas e inconvenientes, y a Napoleón ni siquiera se le pasó por la cabeza enviar a Roma todos los regalos que le había prometido a Pío en la celebración de la coronación. Hasta cierto punto, Pío había sido capaz de igualar el marcador convirtiendo su retorno de París a la Santa Sede en una mezcla entre marcha triunfal y misión de evangelización, aunque en ese momento no sabía que lo peor todavía estaba por venir. En el verano de 1805, no solamente se produjo de manera unilateral una amplia reorganización de la estructura de la Iglesia en el norte de Italia, sino también el anuncio de que el Código Civil— y con él, por supuesto el divorcio, se iba a legalizar en todos los dominios italianos de Napoleón. Pío no podía permanecer impasible ante tanta afrenta y decidió plantar cara. Se negó a anular el matrimonio de Jerónimo Bonaparte y Elizabeth Patterson mientras Luciano Bonaparte, que había huido a Roma tras las desavenencias con su hermano el emperador, fue tratado con especial favor. Y Roma también hizo caso omiso a las demandas de cerrar sus puertos a los barcos británicos y expulsar a los ciudadanos británicos residentes en sus dominios: Gran Bretaña podía ser protestante —un punto sobre el que Napoleón insistía constantemente— pero los Estados Pontificios eran neutrales y Pío era un hombre de paz que abominaba de la vorágine a la que se estaba viendo abocada Europa y no estaba dispuesto a participar en guerra alguna. Como respuesta, Napoleón ocupó la ciudad papal de Ancona, el principal puerto adriático en Italia central e hizo la sorprendente declaración de que, como sucesor de Carlomagno, era el señor feudal del Papa (sobre la base de que los Estados Pontificios eran originariamente un feudo concedido al papa León II por el soberano franco). Ante esto, Pío también se mostró firme, pero finalmente sufrió las consecuencias: el ejército francés que aupó al poder a José Bonaparte en Nápoles ocupó las Marcas —los Estados Pontificios costeros situados más al este— y Napoleón le dejó muy claro a su embajador en Roma que quería la cabeza del secretario de estado de Pío, el cardenal Consalvi: «Me he sentido muy disgustado al ver que la actuación de Roma no ha sido la que yo esperaba. Mi deseo es que mantengas una buena relación con el secretario de estado y que, si tuvieras alguna razón para quejarte de él, me informes primero a mí mientras sigues manteniendo buenas relaciones con él: ya encontraré yo la manera de librarnos de él».[42]

Aunque el imperialismo napoleónico estaba totalmente en marcha, no era este el único factor determinante de la política europea a comienzos de 1806. En los Balcanes, los acontecimientos siguieron su propio curso. Allí, como hemos visto, los serbios se habían levantado en febrero de 1804. En un año Serbia fue libre, por lo menos en el sentido de que las bandas de soldados que habían estado aterrorizando el *pashalik* de Belgrado durante años habían sido casi totalmente destruidas. Pero la independencia no estaba incluida todavía en la agenda de Serbia. Lo que pretendían, más bien, era una autonomía política y militar dentro del marco del Imperio Otomano y, además, la aceptación por parte de Constantinopla de una garantía para su estatus privilegiado (las provincias de Moldavia y Valaquia habían acordado algo parecido en 1802, lo mismo que las islas Jónicas —la llamada «República de las Siete Islas»— en 1800). Pero los serbios, para asegurarse estos objetivos que ellos consideraban moderados, no confiaron solamente en la generosidad de los turcos; además se envió una delegación formada por tres hombres a San Petersburgo. En Constantinopla las cosas no fueron bien. Bien conscientes de que en las islas Jónicas los rusos habían interpretado «protección» como «ocupación» y, además, de que las concesiones hechas a Corfú y a sus socios habían provocado las aspiraciones de los griegos en el continente, los turcos se mantuvieron firmes y simplemente prometieron un buen gobierno. Sin embargo, su credibilidad quedó fuertemente dañada porque las tropas que se enviaron a restaurar el orden más bien terminaron causando estragos en su avance por las tierras de Serbia. Encontrándose en esta situación, llegaron prometedoras noticias de San Petersburgo. Los rusos todavía no querían postularse a favor del separatismo serbio, y mucho menos deteriorar sus relaciones con Constantinopla, pero vieron con claridad que los problemas en las comunidades cristianas del Imperio Otomano podían resultarles de utilidad. En consecuencia, se facilitó, en secreto, a los serbios cierta ayuda financiera, y el embajador ruso en Constantinopla recibió la orden de persuadir a los turcos para que accedieran a las demandas serbias. Aunque había un asunto que los serbios no alcanzaban a ver. Lo que habían conseguido no era el cheque en blanco que querían. Para obtener un apoyo ruso a gran escala, no era suficiente ser cristiano, ni siquiera eslavo. Los asuntos relacionados con la geopolítica también eran importantes. Como sus tierras ocupaban la ruta directa hacia Constantinopla y los Estrechos, los rumanos y los búlgaros resultaban mucho más importantes para los rusos que los serbios, puesto que estos últimos solamente ocupaban los accesos secundarios al Egeo. Esto no significaba que Serbia no fuera importante, pero en realidad Serbia importaba a los rusos en tanto en cuanto existiera la probabilidad de una agresión austriaca o francesa en los Balcanes, y esto dependía totalmente de cómo se desarrollaran los acontecimientos en Europa. Como precisamente el resultado final del desarrollo de esos acontecimientos podría tener muchas más consecuencias para Rusia que lo que ocurriera en los Balcanes, los serbios se veían abocados a enfrentarse a un futuro más bien precario.

Diseñado para evitar el riesgo de que los serbios volvieran su mirada hacia Francia, extender la influencia rusa en los Balcanes y preservar la integridad del Imperio Otomano, el compromiso podría haber asegurado la consecución de los objetivos de San Petersburgo, si no hubiera sido porque las cosas se terminaron descontrolando sobre el terreno. Entusiasmados ante las noticias llegadas del *pashalik* de Belgrado, los serbios del vecino *pashalik* de Leskovac acabaron también levantándose contra los turcos. Al mismo tiempo, los turcos supieron de la misión serbia en San Petersburgo, que hasta entonces se les había mantenido en secreto. Convencidos de que la totalidad de los Balcanes estaba a punto de sublevarse y de que Rusia estaba actuando de mala fe, los turcos movilizaron un gran ejército en su plaza fuerte de Nis y, a mediados de agosto, iniciaron la marcha hacia Belgrado. Enfrentándose los turcos a los serbios en Ivankovac, los primeros fueron derrotados entre el 18 y el 19 de agosto de 1805. Fue la versión serbia de Valmy. Inmediatamente después de la batalla se convocó una asamblea de notables en Belgrado y se procedió a nombrar un Consejo de Estado permanente formado por doce hombres. Reunido por primera vez en Smeredevo dos meses más tarde, el consejo votó por crear un ejército al estilo occidental, tender la mano a los serbios de los *pashaliks* fronterizos con el de Belgrado y buscar la ayuda de los austriacos y rusos. En teoría, el objetivo era ser autónomos dentro del Imperio Otomano: de hecho, los serbios buscaron la conciliación con Constantinopla. Pero para asegurarse el apoyo ruso —en definitiva lo único que garantizaría la victoria— también tenían que persuadir a San Petersburgo de que resultaban unos aliados viables en los Balcanes y de que un ejército de eslavos del sur podría servir junto a los rusos en una guerra contra los austriacos o los franceses. No es necesario decir que esta postura militarista acabó con cualquier esperanza de paz y sumergió a los Balcanes occidentales en una guerra total. Esta situación, desde luego, no era completamente ajena a los designios de Napoleón. Si las condiciones se habían deteriorado hasta tal punto que en las tierras serbias la población se había visto conducida a la sublevación, se debió en parte a que uno de los efectos secundarios del ataque a Egipto se había llevado a cabo para dificultar los intentos de Selim III por acabar con la tiranía de grupos como los *yamaks*. Igualmente, si los rusos habían apoyado a los serbios, era en parte porque estaban temerosos ante los designios franceses en los Balcanes. Finalmente, como se ha explicado anteriormente, el destino de

Serbia dependía, en gran medida, de lo que aconteciera en Europa central. Pero, en definitiva, esto era una lucha balcánica —bastante literalmente, dado el hecho de que los *yamaks* eran con frecuencia tan eslavos en origen como sus enemigos *hajduk*—. Y aunque Napoleón no hubiera existido, tal era su estado de desgobierno que la presencia de Turquía en Europa siempre hubiera constituido un barril de pólvora.

Por lo que respecta a las guerras de Napoleón, mientras tanto, en el mar y en las colonias Gran Bretaña seguía siendo la dueña y señora: en enero de 1806 se produjo la ocupación de la colonia holandesa del Cabo por parte de los británicos, y al mes siguiente una escuadra que se les había arreglado para salvar el bloqueo y cruzar el Atlántico con el objetivo de ayudar a las guarniciones franceses que habían quedado aisladas en el Caribe fue completamente destruida. Del mismo modo, las tropas evacuadas de Italia por la Marina Real aseguraron la posesión de Sicilia para Fernando IV y María Carolina. A la marina rusa se le permitió mantener su presencia en el Mediterráneo, donde conservó la República de las Siete Islas como una base segura para el ejército del general Anrep. Aparte de eso, sin embargo, las cosas estaban la mar de tranquilas. Prusia había vuelto a su tradicional actitud neutral. Suecia, apoyada por 6.000 soldados británicos que habían desembarcado en la desembocadura del río Weser al mando del general Don y por unos 20.000 rusos, que habían sido enviados por mar a Stralsund, resultaba de poca ayuda; y Austria estaba completamente fuera de combate. En las provincias más meridionales de Nápoles las brutales requisas francesas habían encendido la mecha de la insurrección campesina, pero ésta se vio sofocada pronto. En palabras de sir John Moore, los insurgentes eran una «mafia ... bandidos sin ley, enemigos de cualquier gobierno ... dedicados al saqueo y el asesinato, pero demasiado ruines como para dar la cara ante el enemigo».[43] En Gran Bretaña existían razones para la desesperación y la desconfianza, ya que las pérdidas de Pitt y de Nelson habían supuesto un duro golpe y, en esas circunstancias, resulta sorprendente que los británicos siguieran resistiendo. Rusia había quedado seriamente tocada. El vacilante Alejandro había perdido toda su confianza en Czartoryski, a cuya agresiva política había achacado todas las desgracias sufridas. Para empeorar las cosas, tras lo acaecido en Austerlitz, Alejandro había sido sometido a una dosis de encanto napoleónico como la que ya había probado su padre, Pablo I. Tras un florido intercambio de cortesías, se permitió que los restos del ejército ruso se retiraran sin ser molestados, y muchos prisioneros fueron devueltos a Alejandro. Todo esto fue suficiente para persuadir al zar de que, en el futuro, debía renunciar a llevar a cabo cualquier tipo de operación ofensiva, al tiempo que retiraba las tropas que había enviado a Stralsund y anunciaba su intención de «permanecer completamente inactivo y no moverme hasta que nos veamos atacados en nuestro propio suelo».[44]

Pero Alejandro no tomó la salida inmediata que se le ofrecía. Animado por las protestas surgidas en Berlín entre los partidarios de la guerra en respuesta a la firma del tratado de Schönbrunn por parte de Haugwitz, por no mencionar las repetidas promesas por parte de Federico Guillermo III respecto a que el tratado con Francia no significaba nada y que Prusia no deseaba dañar la amistad que mantenía con Rusia, Alejandro no firmó la paz y se dedicó a reforzar las defensas de Rusia. Hacia finales de enero de 1806 Potsdam recibió una nueva oferta de alianza: a cambio de permanecer neutral en el caso de que Napoleón atacara Rusia, y garantizar la integridad del Imperio Otomano, Prusia recibiría una ayuda masiva de San Petersburgo en el caso de que se viera atacada por Francia. Llevadas a cabo en el mayor de los secretos, estas negociaciones dieron finalmente fruto, y el 1 de julio de 1806 se firmó un tratado por medio del cual Prusia se convertía en aliado de Rusia y de Francia, y eso a pesar de que los dos países estaban en guerra (técnicamente, de hecho, el tratado de Schönbrunn implicaba que Federico Guillermo estaba en guerra con Alejandro).

Sin embargo, el acuerdo ruso-prusiano de julio de 1806 no resultaba de interés solamente para San Petersburgo. La diplomacia que se empleó en Potsdam también merece someterse a cierto examen. Detrás de la conciliación de Prusia con Napoleón estaba Christian von Haugwitz. Ministro de Asuntos Exteriores hasta 1804, cuando fue reemplazado por su gran rival, Karl August von Hardenberg, Haugwitz había sido tratado por este último con profundo desprecio: no es una coincidencia, por ejemplo, que Hardenberg lo eligiera como «el recadero» encargado de llevar los términos de Prusia al cuartel general de Napoleón. Con este acto de pura maldad, sin embargo, Hardenberg no se mostró muy inteligente, ya que metió a su predecesor en el mismo centro de la escena diplomática y le dio la oportunidad de forjar una nueva política e imponerla en Potsdam como un hecho consumado. Al mismo tiempo, Haugwitz quedó rehabilitado a los ojos de Federico Guillermo II, que estaba encantado de haberse librado de tener que luchar con Francia. Hardenberg pagó el precio de sus errores y fue cesado de su cargo como ministro de Asuntos Exteriores en marzo de 1806 para ser reemplazado por Haugwitz pero, habiendo previsto lo que iba a ocurrir a la vista de los acontecimientos, el primero se postuló en el Año Nuevo como el campeón de un acuerdo con Rusia. Aspirando a mantener abiertas todas las puertas, Federico Guillermo era plenamente consciente de los beneficios de obtener un acuerdo como el propuesto por Hardenberg, y por eso lo envió a Rusia para negociar secretamente. Con el tratado firmado, Hardenberg estaba convencido de que recuperaría su puesto de ministro. No era la primera vez que la política exterior del *ancien régime* se veía influenciada por las luchas de poder que se producían en los gabinetes y en las cancillerías.

El acuerdo ruso-prusiano no era la única evidencia de que Rusia no tenía intención alguna de permitir que Napoleón tuviera vía libre. En el Adriático Alejandro también se mostraba combativo. Aunque el sueño místico de Czartoryski de la creación de los estados nacionales para los griegos y los eslavos del sur ya no era digno de consideración, los otomanos fueron amenazados con la ocupación de los principados del Danubio si sucumbían a la presión francesa para establecer una alianza (véase más adelante). Una considerable fuerza rusa se concentró en la frontera moldava al mando del general Ivan Mikhelson, y se alentó a los austriacos para que enviaran armas a los serbios. Para contrarrestar las ganancias territoriales de los franceses en el Adriático, se enviaron tropas a ocupar Cattaro, que era el más meridional de los antiguos enclaves venecianos que habían salpicado la costa de Dalmacia y que habían sido todos cedidos a Francia. Como respuesta, se envió una fuerza francesa para tomar la antigua República de Ragusa, y el 26 de mayo una pequeña fuerza avanzada se hizo con el control de la capital. Unos pocos días más tarde, los mil hombres que habían llevado a cabo esa operación se vieron atacados por las tropas rusas enviadas a la costa desde Cattaro. Las fuerzas rusas fueron apoyadas por un considerable número de irregulares serbios y montenegrinos, como iba a ocurrir en futuros conflictos balcánicos. A pesar del tremendo bombardeo, la pequeña guarnición francesa, que estaba al mando del general Lauriston, resistió con bravura, y el 5 de julio de 1806 llegó el principal cuerpo del ejército de ocupación francés, comandado por Molitor, en auxilio de los sitiados, provocando la retirada de los rusos (sus esperanzas de saqueo se habían diluido los serbios y los montenegrinos ya hacía tiempo que se habían dispersado y vuelto a sus casas). Rusia, por lo tanto, no iba a soportar que Francia penetrara en áreas que consideraba como de su tradicional esfera de influencia. Eso no significaba, sin embargo, que Alejandro se mostrara muy feliz ante la perspectiva de la lucha (el tratado con Prusia, por ejemplo, constituía sobre todo una medida defensiva). A este respecto estaba mucho más influenciado por lo que estaba aconteciendo en Gran Bretaña. Allí, la muerte de Pitt había provocado una renovación total de la administración y no solamente un simple cambio de primer ministro. No había ningún partidario de Pitt que pudiera formar gobierno, y mucho menos uno que pudiera mantenerse en el poder. Todos los hombres que en los últimos años habían jugado un papel principal en la lucha contra Napoleón —figuras tales como lord Wellesley, lord Hawkesbury, lord Castlereagh, Spencer Perceval y George Canning— eran demasiado jóvenes y se les daba poco crédito. Así las cosas, había que buscar en otro lado para poder formar un gobierno. Entre los tories todavía estaba Addington, por entonces conocido como lord Sidmouth que, aunque estaba a favor de la continuación de la guerra y gozaba del favor de Jorge III, tenía poco que ver con los partidarios de Pitt, ya que pensaba que esos eran los hombres que habían provocado su caída (un sentimiento que era recíproco). El rey estaba muy descontento, así que rogó a Hawkesbury, que había estado sirviendo como secretario de estado, que aceptara el puesto de primer ministro. Finalmente no hubo más remedio que formar una coalición que ha pasado a la historia como la de «Todos los Talentos». De este modo, lord Grenville se convirtió en primer ministro y Charles James Fox en ministro de Asuntos Exteriores, aunque Jorge III le consideraba un peligroso radical sospechoso de haber pasado información, primero a los norteamericanos durante la guerra de 1776-1783, y, segundo, a los franceses durante la guerra de 1793-1801. También formaban parte del gabinete William Windham como secretario de Estado para la Guerra y las Colonias y Sidmouth como consejero privado, insistiendo este último en el nombramiento de su leal seguidor, lord Ellenborough. Los whigs hubieran preferido prescindir de Sidmouth, pero su presencia era necesaria para calmar los ánimos de Jorge III. Sidmouth, que odiaba a Grenville y a Fox, aceptó el cargo solamente para no disgustar a Jorge III y para poder vigilar a unos hombres en los que no confiaba en absoluto.

El nuevo gobierno, por lo tanto, no era en absoluto fuerte, al tiempo que se veía abocado a enfrentarse con los excluidos partidarios de Pitt. No se veía tampoco gran entusiasmo entre la prensa y la opinión pública en general. Aunque los sentimientos al respecto de la guerra eran pesimistas, y hay que decir que si algún gobierno podía alcanzar un acuerdo de paz en ese momento ese era el de Grenville. De este modo, puesto que Grenville era una persona introvertida y totalmente carente de carisma, la figura dominante del gabinete fue el generoso, afable y efervescente Fox, un hombre absolutamente contrario a la guerra con Francia. Destacado partidario de la reforma parlamentaria, Fox había acogido la Revolución Francesa con simpatía, equiparándola a la que tuvo lugar en Gran Bretaña en 1688, y durante mucho tiempo siguió mostrando simpatía por ella. Cuando se firmó la paz en 1802 se mostró encantado y viajó a Francia para ver en persona a Napoleón. Sin poder alguno para terminar con la guerra de 1792-1802, no iba a dejar pasar la oportunidad de una reconciliación con el gobernante francés, sobre todo porque no veían opción alguna de vencerle. «Si Bonaparte no intenta la invasión o cualquier otra imprudencia por su parte nos otorga una ventaja, no veo otra manera por la que este país pueda salvarse de su segura e irreparable ruina», le dijo a Grenville. «Ser ministros en un momento en el que el país está en declive y toda Europa se está hundiendo es una situación horrible.»[45]

Muy pronto, por lo tanto, la capital francesa vería la llegada de una misión británica de paz liderada por lord Yarmouth, un acaudalado par de tendencias radicales que había estado en Francia desde 1803. Hay que hacer justicia a Fox diciendo que estos acercamientos a Francia fueron comunicados a los rusos, que temían verse engañados, sobre todo porque Fox trataba al embajador ruso en Londres con tal frialdad que éste pidió ser relevado de su cargo. Y por encima de todo esto estaban las noticias que daban cuenta de que los barcos mercantes rusos estaban siendo otra vez interceptados por la Marina Real británica. Crecientemente preocupado porque Napoleón podía enredarlo en una guerra con Austria y enviar ayuda a Persia, que había estado en guerra con Rusia desde 1804, Alejandro respondió enviando a su propio enviado a París en la persona del conde D'Oubril. Con la misión de vigilar a Yarmouth y, si surgía la ocasión, para concluir un acuerdo con Francia que salvaguardara los intereses rusos, el diplomático ruso finalmente se dejó persuadir para firmar un tratado que reconocía las adquisiciones de Napoleón en Dalmacia (incluyendo Cattaro, que iba a ser evacuada), reconocía a José como rey de Nápoles y ganaba Sicilia a cambio de la evacuación francesa de Alemania y el reconocimiento de la independencia de Ragusa y de las islas Jónicas (concesiones, incidentalmente, que claramente Napoleón no estaba dispuesto a hacer). Para compensar a Fernando y a María Carolina, España se vio forzada a abandonar las islas Baleares (un punto que dice mucho sobre cómo Francia trataba a sus aliados). No está claro por qué D'Oubril firmó este tratado, pero es evidente que no encajaba con los objetivos básicos de Rusia (se le había dicho que consiguiera para la monarquía napolitana no las islas Baleares, sino las posesiones de las que Austria acababa de ser privada en Dalmacia, siendo el objetivo, desde luego, expulsar a los franceses de los Balcanes), además de que era seguro que iba a ser rechazado por Londres. Todo lo que se puede decir en defensa de D'Oubril es que los franceses adoptaron una actitud muy dura en las negociaciones que mantuvieron con él, y que le dejaron con la impresión de que, si no accedía, Rusia se vería abocada a sufrir un ataque a gran escala en los Balcanes. Lo que hacía que el tratado fuera particularmente inaceptable era el hecho de que, en cuanto D'Oubril lo hubiera firmado el 20 de julio, Napoleón se apresuraría a concederse a sí mismo el control permanente de Alemania por medio del establecimiento de la Confederación del Rin. Volviendo a Moscú, su desafortunado progenitor se vio desterrado a sus propiedades en el campo y el 14 de agosto el nuevo ministro de Asuntos Exteriores ruso, Andrei Budberg, una figura mediocre y anodina, que había sustituido al desacreditado Czartoryski a finales de junio, declaró que el tratado quedaba invalidado. Francia podía todavía contar con la paz, pero solamente si renunciaba a cualquier reclamación sobre Sicilia, encontrando compensaciones territoriales para el Reino del Piamonte, restaurando los territorios dálmatas de Austria y garantizando el territorio del Imperio Otomano. Nada de esto iba a ocurrir. De hecho, una carta enviada por Napoleón a José el 21 de julio lo deja bien claro: «Confío en que el vigor que mostrarás en levantar un gran ejército y en reunir una poderosa flota me resultará de gran ayuda a la hora de convertirme en el amo del Mediterráneo, el principal y más constante de mis objetivos ... Debes fletar seis buques de guerra, nueve fragatas y algunas corbetas, y además mantener una fuerza de 40.000 hombres ... Preferiría mantener diez años de guerra a dejar tu reino incompleto o permitir que la cuestión de la posesión de Sicilia quede sin resolverse».[46] Todo esto hizo que las esperanzas de paz de Fox se desvanecieran progresivamente. Aunque existía una creciente fricción entre Gran Bretaña y Rusia —la aparente disposición de San Petersburgo a permitir que Prusia se quedara con Hanover era uno de los principales focos de problemas—, Sicilia no era algo que los británicos estuvieran dispuestos a sacrificar así como así. Gracias a la oferta de Napoleón de forzar a Prusia para que devolviera Hanover (aunque a cambio de concesiones territoriales en algún otro lugar) se llevaron a cabo negociaciones a lo largo del verano. También había resultado de ayuda que Yarmouth se sintiera fácilmente halagado y muy tendente a seguir la línea marcada por los franceses. Pero los miedos crecientes al respecto de Sicilia hicieron que se despachara a un segundo enviado en la persona de lord Lauderdale, un negociador mucho más duro, por lo que el ambiente cambió enormemente a partir de entonces. Talleyrand, por ejemplo, afirma que el nuevo enviado «echó a perder» las negociaciones de paz, y Malmesbury que «actuó bien y con buen espíritu, y demostró lo que yo había determinado en París y Lisle en 1796 y 1797: que, aunque la Francia revolucionaria estuvo alguna vez abierta a una negociación pacífica, eso nunca significó, ni probablemente significará, que estuviera dispuesta a concluir una paz justa y equitativa».[47] Pero, dicho claramente, esto significaba que, a diferencia de Yarmouth, Lauderdale no estaba dispuesto a evitar el tema de Sicilia. Al principio se había insinuado que Francia podría apoyar las reivindicaciones de José Bonaparte, pero pronto quedó claro que Napoleón no había cambiado de idea al respecto, lo que hizo sospechar a Fox que el emperador nunca había actuado de buena fe.

Como los británicos se mostraron más firmes, Napoleón respondió con amenazas. Pero ese intento de intimidación llegaba en el peor momento, puesto que los británicos acababan de recibir buenas noticias. En los oscuros días de enero, es probable que un *coup de main* diplomático por parte del mandatario francés hubiera terminado en un tratado de paz. En ese momento, la situación en Sicilia —la piedra angular de la guerra de Gran Bretaña en esa época— se presentaba muy oscura. Fernando IV era un personaje de opereta y los recursos militares de la isla eran casi inexistentes. Citemos a Henry Bunbury, un oficial británico de estado mayor que servía con la fuerza expedicionaria desembarcada allí:

> Si Fernando hubiera sido un simple noble de Nápoles con un montón de cacerías por delante, un montón de cosas para comer y beber y unos pocos aduladores y bufones sobre los que poder hacer chistes, hubiera pasado por la vida con la fama de ser un tipo entrañable y con buen humor y un gran deportista ... pero, sentado sobre un trono, y acosado por unos tiempos difíciles, su ignorancia, su cortedad de miras, su cobardía y su carácter falso y traicionero terminaron por revelarse de la manera más oscura ... Parecía evidente [también] que el gobierno no tenía ... ni polvorines, ni munición, ni artillería; que incluso las importantes fortalezas de Siracusa y Agosta no tenían prácticamente guarniciones y se habían quedado sin artillería y sin almacenes. El número de soldados era nominalmente 8.000, pero realmente eran 6.000, oficiales y tropa de todo tipo (y de todos los tipos de malos soldados). Y ahí estábamos, 7.000 ingleses y extranjeros pagados por nosotros, con la misión de defender la gran isla de Sicilia frente a Napoleón.[48]

Sin embargo, hacia el verano las cosas eran muy distintas. No se había hecho ningún intento de conquistar Sicilia. En Calabria los franceses estaban distraídos con la revuelta popular que había estallado en cuanto pusieron un pie en la isla. Y, finalmente, un ataque relámpago lanzado sobre el territorio continental por el comandante británico en Sicilia (por entonces ya no tenía este cargo sir James Craig, sino sir John Stuart) proporcionó la sorprendente victoria de Maida el 4 de julio. No podemos decir que fuera una verdadera batalla, pero por lo menos dejó claro que si a los franceses se les ocurría intentar invadir Sicilia, se las iban a tener que ver cara a cara con los británicos. Aliviado por la noticia del rechazo de Rusia a la firma de una paz por su cuenta, hacia septiembre Fox insistía en que la paz no se podía comprar a expensas de la seguridad de Gran Bretaña, la amistad de Rusia o los intereses de los Borbones sicilianos. Como le dijo a su sobrino y devoto admirador, lord Holland:

> Siendo la reina y la corte napolitana tan nefastos como son, el caso es que no podemos hacer nada sin su pleno ... consentimiento, incluso aunque no sea necesario o no sea de gran importancia para Sicilia ... No es tanto el valor del asunto que se está tratando lo que me descorazona, sino la manera en la que los franceses faltan a su palabra ... la descarada insinceridad con la que actúan ... me demuestra que están jugando sucio, y siendo así, sería muy imprudente hacerles concesiones.[49]

El hecho es que Fox se había quedado completamente decepcionado con Napoleón. No importa donde se mirara en los primeros meses de 1806, lo único que se veía eran amenazas, agresiones y mala fe, y estaba bastante claro que ni siquiera la amistad con Francia garantizaba la inmunidad. Si Austria y los Estados Pontificios fueron maltratados, lo mismo le ocurrió a España, Holanda y el Reino de Italia. Es importante destacar que hubo tanto moderación como flexibilidad en la posición británica: no se hizo, por ejemplo, ninguna sugerencia acerca de que Francia abandonara Bélgica, mientras que se hubiera rendido Sicilia si Napoleón hubiera permitido a Fernando y a María Carolina hacerse con el control en Dalmacia. Y tampoco se rechazaron de pleno los términos propuestos por Francia. Pero a esas alturas parece que ya no tenía sentido seguir con las negociaciones, así que Yarmouth y Lauderdale recibieron la orden de regresar a Londres. Justo en ese momento, sin embargo, Fox cayó enfermo y murió. En Santa Elena, Napoleón iba a destacar en gran medida este suceso: «No cabe duda ... la muerte de Fox es una de las grandes fatalidades que han afectado a mi carrera ... si hubiera vivido, las cosas hubieran ido por otros derroteros: la causa del pueblo hubiera salido adelante y hubiéramos establecido un nuevo orden de cosas en Europa».[50] En otra ocasión, las opiniones expresadas fueron de lo más grandioso: «Con Fox, nos hubiéramos entendido perfectamente ... Hubiéramos llegado a un buen acuerdo [y] mantenido la emancipación de los pueblos y el reinado de los príncipes también. En Europa habría habido una sola flota, un solo ejército. Hubiéramos gobernado el mundo, y, ya fuera por la fuerza de las armas o de la persuasión, logrado la prosperidad y la paz para todos».[51] Esto, sin embargo, es una tontería de principio a fin. Ya que está claro que todas las reivindicaciones de Napoleón habían puesto contra las cuerdas a Fox, del mismo modo que había hecho con Addington antes que él, y que, además, aunque se hubiera logrado llegar a algún tipo de acuerdo, hubiera dependido de algo más que de los Talentos el traer la paz a Europa.

Si la lucha continuaba, por lo tanto, no era culpa de Gran Bretaña y Rusia, ya que ambos países hicieron verdaderos esfuerzos por lograr alcanzar la paz. La paz no llegó porque Napoleón se negó a renunciar a sus ambiciones en los Balcanes y porque había comenzado a soñar otra vez con un campaña en Oriente, como ya lo había hecho en 1798. Desde el mismo momento en que se firmó la paz con el Imperio Otomano en 1802, la diplomacia francesa había estado buscando restablecer los fuertes lazos que París había mantenido tradicionalmente con el gobierno otomano. Hacia 1804 esta política había tenido cierto éxito —había ayudado enormemente que Gran Bretaña se mostrara tan lenta a la hora de evacuar Egipto—, pero no hasta el punto que se esperaba. Constantinopla, por ejemplo, rehusó faltar a sus tratados con Londres y San Petersburgo. Con la tensión aumentando con Rusia, Napoleón decidió dar un paso más en su ofensiva diplomática, colmando a Selim III con promesas de amistad y de apoyo por parte de los franceses. Aunque esto no terminó de producir el efecto deseado, ya que los otomanos se negaron a reconocer a Napoleón como emperador, estando dispuestos a reconocerlo solamente como *padishah* (un título que significaba literalmente «gran rey» y que se aplicaba normalmente al soberano más fuerte; en 1804, como durante la mayor parte del siglo anterior, se denominaba así al zar de Rusia, al que los turcos consideraban el monarca más poderoso del mundo cristiano). Tampoco cerraron los estrechos del Bósforo y de Dardanelos al paso de los convoyes cargados de tropas que los rusos enviaban por entonces a las islas Jónicas. Hacia comienzos de 1805, por lo tanto, las relaciones entre París y Constantinopla eran muy pobres: de hecho, el embajador francés, el mariscal Brune, había vuelto a casa completamente asqueado, habiendo dejado al mando de los asuntos franco-turcos a un subordinado. Por lo que se refiere a los turcos, parece que éstos habían terminado gravitando completamente hacia Rusia, ya que, en septiembre de 1805, renovaron la alianza de ocho años que habían firmado con San Petersburgo en 1798.

Sin embargo, Austerlitz cambió todo este panorama. El Imperio Otomano podía ser un socio, pero al mismo tiempo podía ser una presa, y ya no había nada que pudiera impedir que Napoleón lanzara un ataque desde sus cabezas de puente establecidas en el Adriático. Se alentaba a los mamelucos en Egipto, a los wahabitas en Arabia y a otros grupos a levantarse contra Constantinopla, de tal forma que se aumentara la presión sobre Selim III y éste optara por volver a los brazos de Francia. Los franceses también habían sido muy importantes a la hora de crear la República de las Siete Islas, mientras que su adquisición de Dalmacia les había proporcionado un acceso directo a la frontera turca. Entre el pequeño puñado de escritores e intelectuales que habían surgido en los círculos griegos —como Christos Perraivos y Adamanhios Koraes— existía una gran admiración por el emperador. Y, finalmente, no pasó mucho tiempo antes de que un ejército francés invadiera Egipto. En ese momento, Napoleón no pretendía entrar en guerra con Constantinopla, y mucho menos la partición del Imperio Otomano. Pero Selim III no sabía esto, al tiempo que estaba claro que el próximo movimiento de Napoleón se iba a producir en los Balcanes. En realidad, su objetivo era la pro rusa Montenegro, pero existía el miedo de que después siguiera con Bosnia, Serbia, Moldavia y Valaquia para entregarlas a Austria como compensación por sus pérdidas en el oeste; después de todo, tal movimiento no enfrentaría a Viena con San Petersburgo, limitaría cualquier intento de expansionismo ruso en los Balcanes y le daría a Napoleón un pretexto ideal para, digamos, intentar hacerse con el Peloponeso. Selim se mostraba extremadamente preocupado por las actividades rusas en el Mediterráneo —no solamente una gran parte de la flota del Báltico había sido enviada a las islas Jónicas, sino que la presencia francesa allí estaba provocando intranquilidad en la Grecia continental—, así que, en cuanto llegaron las noticias de Austerlitz, el sultán cedió a todas las demandas de Napoleón: el Bósforo y Dardanelos quedaron cerrados para los barcos rusos y el monarca francés fue reconocido como *padishah*.

Con la intransigencia turca en sus últimos estertores, el interés real de Napoleón en los Balcanes quedó al descubierto. Turquía no iba a ser un útil país neutral, sino un socio activo de Francia en la guerra contra Rusia. Los esfuerzos de la diplomacia francesa se redoblaron para conseguir este objetivo. Lejos de apoyar la revuelta serbia, por el contrario, los franceses la denunciaron y acusaron a Rusia de alentarla junto con otras revueltas en Grecia. Además, el general Sebastiani, uno de los mejores conocedores franceses de los asuntos de Oriente, fue enviado a Constantinopla para sustituir a Brune, y los turcos fueron convencidos de que, en el futuro, podrían recuperar la soberanía sobre los principados del Danubio e incluso que Crimea —perdida en favor de los rusos en 1783— les iba a ser devuelta. Los rusos, se le dijo a Constantinopla, no estaban en condiciones de oponer mucha resistencia, mientras que se hicieron todos los esfuerzos para calmar los comprensibles miedos despertados por los avances de Francia en el Adriático. De hecho, Napoleón prometió marcharse de allí: «si alguien me ofreciera tres cuartos de ello, no tomaría nada. Quiero reafirmar y consolidar este gran imperio, y emplearlo como contrapunto a Rusia».[52]

A pesar del miedo que tenían los rusos a ese respecto, Napoleón no pretendía obtener nuevas conquistas en los Balcanes en 1806, sino más bien una esfera de influencia que excluiría a Rusia de la región y que la distraería de oponerse a Francia en Europa central y en el Adriático. El soberano francés se vio alentado a seguir actuando en pos de esta política gracias a los acontecimientos que habían tenido lugar en la distante Persia. En 1801, como hemos visto, se había visto involucrada en una guerra con Rusia por el control de Georgia. Incluso a pesar de la fiera resistencia persa —en abril de 1804 un ejército ruso fue derrotado en Yerevan con la pérdida de 4.000 hombres— poco a poco Georgia fue quedando en manos de los rusos. También se perdió muchos de lo que hoy constituye el moderno Azerbayán. Abandonados por sus principales aliados, los británicos, con miedos crecientes respecto a las intenciones rusas en la India, enviaron una misión diplomática a Persia en 1801 para negociar una alianza militar. Fath Ali mandó un enviado a Francia para solicitar ayuda. Recibiendo esta comunicación a comienzos de 1805, Napoleón envió también una misión diplomática a Persia. El asunto del establecimiento de relaciones diplomáticas no estuvo exento de problemas: uno de los diplomáticos murió a los pocos días de llegar a Teherán, mientras que otro fue secuestrado en la Armenia turca por un pachá local que, probablemente, esperaba obtener un rescate por su liberación. Sin embargo, hacia finales de 1806 los franceses habían conseguido su objetivo. El heredero de Fath Ali, Abbas Mirza, un fiero guerrero que era dado a construir pirámides con las calaveras de los enemigos caídos en combate, se dio a conocer como un gran admirador de Napoleón, y un embajador, Mirza Muhamed Riza Qazvini, se puso pronto en camino hacia París. No fue hasta mayo de 1807 cuando concluyó esta alianza militar, pero por entonces aquello no fue más que una mera formalidad, ya que los persas estaban atacando a los rusos en Georgia, Azerbayán y Daguestán.

Deseosos de mostrarse como buenos aliados, los turcos terminaron por resultar extremadamente útiles. En un movimiento que se había estado considerando durante algún tiempo, el 24 de agosto la Sublime Puerta depuso a los monarcas de Moldavia y Valaquia. Conocidos como los *hospodars*, estos hombres eran los sucesores de una dinastía de príncipes que habían gobernado al pueblo de Rumanía desde la Edad Media. Forzados a prestar fidelidad a los turcos a mediados del siglo XVI, los principados de Moldavia y Valaquia habían tenido más suerte que los estados cristianos que se encontraban más al sur. A cambio de un oneroso tributo se les garantizó la autonomía bajo el gobierno de funcionarios del Imperio Otomano que provenían de un pequeño número de familias griegas pudientes y residentes en Constantinopla. Por culpa de la presión ejercida por Rusia, que desde el tratado de paz de Kuchuk Kainardji de 1774 había reclamado el derecho a intervenir en los asuntos turcos en defensa de los numerosos cristianos que habitaban en el Imperio Otomano, este sistema se modificó en 1802 tras la devastación sufrida en el valle del Danubio por parte de merodeadores jenízaros que estaban al mando del pachá de Vidin, Pasvanoglou. De ahí en adelante, los gobernantes iban a ser nombrados por un máximo de siete años y solamente podían ser elegidos o depuestos con el consentimiento de Rusia; Los cónsules rusos en Bucarest y Jassy también obtuvieron licencia para opinar al respecto de los asuntos de gobierno. No es necesario decir que los hombres designados —Constantine Ypsilanti de Valaquia y Simon Muruzi de Moldavia— eran marcadamente favorables a los rusos, así que si se les intentaba echar de sus cargos, se produciría una importante declaración de intenciones en política internacional. Viéndose amenazados con la guerra por San Petersburgo, donde poderosos elementos en el Ministerio de Asuntos Exteriores estaban a favor de una nueva política en los Balcanes, los turcos solicitaron la mediación extranjera, pero los rusos interpretaron acertadamente esto como una mera estratagema y, de todas formas, enviaron a sus tropas a cruzar la frontera. Haciendo esto, sin embargo, habían cometido un error de cálculo: alentados por el hecho de que la *grande armée* estaba presionando en Polonia (véase más adelante), el 18 de diciembre de 1806 Constantinopla declaró la guerra.

La lucha que siguió es conocida de sobra por todos. Aunque es improbable que encaje con el resto de las guerras napoleónicas si hablamos en términos de salvajismo. Característico de la forma en que se llevó a cabo esta guerra es el destino de la gran comunidad de tártaros musulmanes de las provincias del Danubio. El *emigré* duque de Rochechouart se había alistado en el año 1806 como voluntario en el ejército ruso:

> El ejército ruso de invasión no era lo suficientemente grande para ... defender la gran extensión de territorio que ocupó rápidamente ... Solamente pudiendo contar con las poblaciones cristianas de las provincias de

> Moldavia y Valaquia, el general en jefe debía, por lo tanto, temer a la población musulmana: de hecho, pensaba que en caso de derrota ... la masa de jinetes de los que pudiera disponer ... aumentaría sus problemas. En consecuencia, le pareció prudente tratar ... a la totalidad de la inofensiva población como prisioneros de guerra, y todos ellos viejos y jóvenes, hombres y bestias, fueron sin piedad arrancados de sus casas y ocupaciones ... y enviados a unas 800 millas, en la provincia de Kursk, en las profundidades del invierno. Para escoltar a esta multitud, cuyo aspecto recordaba en pequeña escala al del pueblo judío cuando fue enviado a la esclavitud en Babilonia, eligió tres regimientos de cosacos irregulares. Unas 15.000 almas ... marcharon hacia el noroeste ... Luego oí que solamente dos quintos pudieron alcanzar el exilio, pereciendo el resto en el camino.[53]

A este temprano ejemplo de limpieza étnica, se sumó una interminable campaña de pillaje y de masacres. Todas las partes involucradas en el conflicto hicieron uso de tropas de irregulares entre las cuales el pillaje era algo natural y, en muchos casos, su único medio de subsistencia, mientras que la rivalidad tradicional entre las diferentes etnias y grupos religiosos sirvió para empeorar la situación aún más. Mezclado con todo esto estaba el problema añadido de que entre los turcos y los serbios, en particular, surgieron señores de la guerra cuya lealtad a sus amos era muy inestable. En 1810, por ejemplo, el líder serbio Karadjordje fue casi derrocado por un caudillo rival llamado Milenko Stojkovic. Convertido ya en una forma de vida, el bandidaje era practicado por miles de refugiados desesperados que huían a los bosques y a las montañas. Si consideramos, también, el terrible historial de turcos y rusos, se puede entender fácilmente que el resultado fuera un conflicto de horror indescriptible. Comunidades enteras fueron masacradas de un modo que no se vio, ni siquiera, en los peores momentos de la guerra de la Independencia española; miles de mujeres y niños fueron vendidos como esclavos; y la muerte venía acompañada a menudo por la tortura y la más extrema crueldad. Cuando Belgrado cayó en poder de los turcos en octubre de 1813, por ejemplo, el destino de la ciudad fue terrible: «Los hombres fueron asados vivos, colgados por los pies sobre paja humeante hasta que se asfixiaban, castrados, machacados con piedras y apaleados. Sus mujeres y niños eran violados y algunas veces llevados por la fuerza a los harenes ... Junto a la puerta de Estambul ... siempre estaban a la vista los cuerpos de los serbios empalados, que estaban siendo destrozados por los perros».[54] En respuesta a tales atrocidades, los serbios dieron rienda suelta a una furia que resultó igual de terrible. Esto es lo que sucedió tras una victoria de los insurgentes en Cucuga el 3 de abril de 1806:

> En su huida los turcos arrojaron sus armas y sus uniformes para poder correr más deprisa, pero no tuvieron ninguna opción. Los serbios los alcanzaron y los masacraron, a algunos a sablazos, a algunos con cuchillos y a algunos con dagas, mientras que a otros les abrieron la cabeza con garrotes y cayados ... Dicen que más de 2.800 turcos perecieron y que solamente pudieron escapar aquellos que tenían buenas monturas ... Cuando nuestro ejército se reunió de nuevo en el campo de Ub, vi que muchos de nuestros soldados tenían sus sables empapados de sangre ... y que las culatas de sus fusiles estaban rotas; iban cargados con todo tipo de cosas arrebatadas al enemigo.[55]

Los rusos no eran mucho mejores. Enviados a llevar a cabo una incursión con una fuerza anfibia en la costa circasiana, tan pronto como entraron en la primera ciudad, Rochechouart fue testigo otra vez de terribles escenas:

> Los cosacos salieron corriendo en todas direcciones y prendieron fuego a todas las casas ... en pocos momentos todo lo que nos rodeaba estaba en llamas, y el resultado fue una verdadera escena de desolación en la que los quejidos de los moribundos venían acompañados por los gritos de las mujeres y el mugido de los animales atrapados por el fuego.[56]

El conflicto fue de un salvajismo sin parangón y, además, tuvo cierta importancia dentro del conflicto más general. En Dalmacia, las cosas nunca fueron muy serias: dejando de lado un fracasado ataque ruso sobre Cattaro en octubre de 1806, que condujo a unos feroces combates en Castelnuovo, las fuerzas francesas en Ragusa durante algún tiempo no tuvieron mucho más de que preocuparse que de algunas escaramuzas esporádicas con las bandas de montenegrinos de la frontera. Pero en otros sitios las cosas fueron muy distintas. En Serbia se había estado librando una lucha feroz durante los últimos dos años. El 18 de agosto de 1804, por ejemplo, 15.000 turcos se habían visto forzados a huir en Ivankovac, mientras que, el 22 de agosto de 1806, los insurgentes derrotaron a una fuerza de 60.000 hombres en Deligrado, cerrándose el conflicto aparentemente con la victoria de los serbios cuando Karadjordje asaltó Belgrado a la cabeza de 25.000 hombres el 12 de diciembre. Alentados por esta victoria, los serbios rechazaron los conciliadores términos de paz ofrecidos por los turcos —el resultado, parece, de la presión francesa para que se completara el desmembramiento de Turquía en Europa— y se declararon aliados de Rusia, mientras que, al mismo tiempo, negociaban una alianza con Montenegro y —el 31 de marzo de 1807— declaraban formalmente su independencia. Mientras tanto, con el advenimiento de la guerra ruso-turca, también comenzó una lucha terrible en Valaquia, donde los rusos habían concentrado una fuerza de casi 40.000 hombres bajo el mando del general Mickhelson, que estaba atacando a las fuerzas otomanas atrincheradas en las fortalezas de Ismail, Giurgiu y Bralia. Este ataque ruso fue rechazado, pero, como compensación, el 22 de mayo y luego otra vez el 1 de julio, los intentos de la flota turca por atravesar el estrecho de Dardanelos fueron rechazados por la escuadra rusa del almirante Senyavin, que había establecido una base avanzada en la isla de Tenedos. Además, un intento turco de atacar Bucarest con 40.000 hombres fue rechazado en Obilesti el 14 de junio. Poco después, los cañones se silenciaron durante algunos meses, pero solamente para que ambos bandos pudieran recibir refuerzos: hacia finales de 1807, de hecho, los rusos podían contar con 80.000 soldados más y desplegar una fuerza total de 150.000.

Por lo tanto, la declaración de guerra a Rusia puede considerarse como la consumación de la política exterior en la que Napoleón se había embarcado tras la batalla de Austerlitz. Como tal, esto contradice directamente uno de los argumentos principales defendidos por la leyenda napoleónica —que el tratado de Pressburg marca uno de los puntos en los que a Napoleón le hubiera gustado detener la guerra— que fue el momento, de hecho, en que consumó los principales objetivos de su política exterior en la forma de la frontera del Rin y el control de Holanda, Suiza, el oeste de Alemania y el norte de Italia. Según los admiradores de Napoleón, si el emperador fue a la guerra es porque necesitaba nuevas «seguridades» por parte de unas potencias poco dispuestas a aceptar su triunfo. Esto, sin embargo, no es cierto. En 1806 tanto Rusia como Gran Bretaña se habían mostrado dispuestas a alcanzar la paz y hubieran estado de acuerdo en firmar unos términos que hubieran dejado al imperio napoleónico casi completamente intacto. Y por lo que se refiere a Austria y Prusia, lo único que querían es que las dejaran en paz. Por lo tanto, haber llegado a un acuerdo de paz hubiera sido bastante fácil. Pero Napoleón no estaba dispuesto a hacer concesiones en pos de este objetivo o, por lo menos, no estaba dispuesto a renunciar a parte de su botín, como demuestra, por ejemplo, el rechazo de las demandas rusas que exigían que se le entregara Dalmacia a Fernando IV de Nápoles. De hecho, Rusia iba a ser humillada no solo en Dalmacia, sino también en las provincias del Danubio, para cuya conquista Napoleón perseguía una alianza con el Imperio Otomano. Y mucho menos dispuesto estaba Napoleón a pagar el precio de la paz con Gran Bretaña renunciando a las reclamaciones de José Bonaparte al respecto de Sicilia. Siempre y en todo lugar, la situación era la misma. Dominando en todos los frentes, Napoleón no se mostraba necesariamente agresivo, pero no estaba dispuesto a renunciar a nada, veía la coherción como el único medio de alcanzar un acuerdo e insistía en ocupar una posición geográfica que le permitiera la mayor libertad de acción posible y, sobre todo, le allanara el camino para futuras conquistas. Todo esto iba acompañado de un estilo diplomático que era brutal en extremo y que favorecía las negociaciones bilaterales en las cuales se podía intimidar al interlocutor más que los congresos generales en los que podía ocurrir lo contrario. Y, ¿dónde nos lleva todo esto? Ciertamente, no a una Europa unida contra Napoleón y planeando cómo expulsarle de los Países Bajos, Alemania, Italia y los Balcanes y, mucho menos, buscando la forma de derrocarle. Pero si lo acontecido entre los años 1805 y 1806 había probado algo era que el emperador podía derrotar incluso a la más poderosa coalición de enemigos, si ésta no se comprometía realmente a mantenerse unida a toda costa. Para alcanzar esa unidad todavía había que recorrer un largo y difícil camino, aunque Napoleón, con su extremismo, al mismo tiempo iba a lograr hacerse nuevos enemigos. «Cuando entré en el gobierno imperial en el mes de junio de 1806 —escribió Pasquier— Napoleón había alcanzado la cumbre de su poder y de su gloria. Basada en primera instancia en el dominio ejercido por su genio personal y en el impacto moral que causaban sus antiguas victorias, su autoridad se había visto reforzada aún más por sus triunfos recientes, pero lo cierto es que no había nada que le pudiera proteger de los peligros que acarreaba su excesiva confianza en su buena estrella.»[57]

Capítulo 6

EL CÉNIT DEL IMPERIO

En el verano de 1806 Europa gozaba de un periodo de relativa paz o, por lo menos, experimentaba una fase de «paz fingida». Decimos esto porque, en términos técnicos, Gran Bretaña y Rusia seguían en guerra con Francia, y se estaban librando algunos combates tanto en Italia como en los Balcanes. También en el mar y en las colonias las operaciones militares continuaban con toda su crudeza: la Marina Real británica patrullaba las costas europeas, una fuerza expedicionaria británica se apoderó de Buenos Aires y los corsarios franceses con base en puertos tan distantes como el de Brest y el de isla Mauricio merodeaban por las rutas comerciales obteniendo, en ocasiones, un considerable éxito. No obstante, se estaban llevando a cabo negociaciones de paz y, aunque no duraron mucho, parecía imposible que se volviera a repetir lo ocurrido en la campaña de 1805. Ni la administración controlada por los llamados «Talentos», ni cualquier otra administración británica hubieran podido comprometerse en ese momento a llevar a cabo una gran operación terrestre en el continente sin el apoyo, al menos, de una de las grandes potencias europeas y, tras lo ocurrido en Austerlitz, la posibilidad de una alianza se presentaba muy lejana. Austria había quedado fuera de combate; Prusia se había aliado con los franceses; y Rusia no quería saber nada que no fuera mantenerse en una posición defensiva. Aunque, en una evolución de los acontecimientos que nadie había podido prever, parece que ni siquiera el propio Napoleón, en otoño el continente se iba a ver de nuevo asolado por las campañas militares provocadas por el resurgimiento de la guerra de alianzas. Presionada hasta el límite por el emperador, Prusia declaró la guerra a Francia y, como Austria antes que ella, se aseguró el apoyo de Rusia. Pero los resultados no fueron mucho mejores que los de 1805. En una serie de operaciones que llevaron a la *grande armée* a las mismas fronteras de Rusia, el emperador se llevó por delante a un enemigo tras otro y se convirtió en el verdadero amo de Europa. Nunca antes el poder del imperio francés había sido tan grande, así que el sentimiento de alegría de Napoleón no conocía fronteras. Como proclamó a su ejército el 22 de junio de 1807:

> ¡Franceses! Os habéis mostrado dignos de vosotros mismos y de mí. Volveréis a Francia cubiertos de laureles tras haber obtenido una paz gloriosa que además será duradera. Es hora de que nuestro país viva en paz y se sienta seguro frente a la maligna influencia de Inglaterra.[1]

Como veremos, estas fueron palabras huecas. Incluso antes de que se produjera la reanudación de las hostilidades, Napoleón ya había cometido un grave error al reorganizar los territorios alemanes de una manera que podía resultar hostil a los intereses de Austria o Prusia. Pero mucho más graves fueron los acontecimientos que siguieron en el curso de los siguientes doce meses. No contento con desafiar a los rusos solamente en los Balcanes, Napoleón estableció un estado polaco y, de este modo, acabó hiriendo a Rusia en pleno corazón de sus pretensiones de convertirse en una gran potencia europea. Y, a lo largo y ancho del continente, el emperador obligaba a todos y cada uno de sus habitantes a cumplir con un estricto embargo que buscaba cerrar todos los puertos al comercio británico con la intención de forzar a Londres a rendirse.

Como observa Fouché, Napoleón se había emborrachado con el triunfo: «El delirio provocado por los maravillosos resultados de la campaña prusiana terminaron por embriagar a Francia ... Napoleón se veía a sí mismo como el hijo del destino, llamado a hacer pedazos los cetros. La paz ... era algo en lo que ya no se pensaba ... la idea de acabar con el poder de Inglaterra, el único obstáculo para convertirse en una monarquía universal, se convirtió en toda una obsesión para él».[2]

Las consecuencias a largo plazo de todos estos acontecimientos —que en esencia representaban una garantía para que surgieran nuevos conflictos bélicos— y, más particularmente, de la acción política directa por parte de Francia serán analizadas a su debido tiempo. Lo que nos preocupa ahora es explicar por qué Prusia se decidió de repente a iniciar las hostilidades con Francia cuando, un año antes, podía haber hecho lo mismo pero integrada en una poderosa coalición. En resumen, Federico Guillermo descubrió de repente lo ilimitado de la ambición de Napoleón. Los problemas comenzaron desde el mismo momento de la firma del acuerdo entre Haugwitz y Napoleón en Schönbrunn, unos días después de la batalla de Austerlitz. En primer lugar, estaba el asunto de las obligaciones internacionales de Prusia, ya que, según los términos contenidos en el tratado de Basilea de 1795, Prusia era realmente un garante de la independencia de Hanover. En segundo lugar estaba el tema de la neutralidad de Prusia, estatus cuya restauración era de extrema importancia. Y, en tercer lugar, estaba la incertidumbre ante el futuro: si Hanover iba a ser para Prusia, los subsidios británicos, que un día podrían resultar imprescindibles, dejarían, obviamente, de recibirse. En un clima de cierta crispación, Haugwitz fue enviado a encontrarse de nuevo con Napoleón para sugerirle una serie de rectificaciones al tratado, siendo una de ellas la sugerencia de que no se anexionara Hanover, sino que simplemente se ocupara y mantuviera como moneda de cambio, para que su soberano pudiera recuperarlo al final de la guerra a cambio de otros territorios. Definitivamente, lo de enviar a Haugwitz no fue una buena idea. Por el contrario, los prusianos terminaron teniéndose que enfrentar con unos términos que eran incluso peores que los que se les habían ofrecido anteriormente. Hanover no solamente no sería prusiano, sino que además Potsdam tendría que cerrar sus puertos al comercio británico. Si no se aceptaban esos términos, se amenazó, se iría a la guerra, con una Prusia que no estaba en condiciones de luchar —por falta de presupuesto, el ejército había sido desmovilizado inmediatamente— así que el 9 de marzo Federico Guillermo ratificó el nuevo acuerdo y, de este modo, declaró la guerra a Gran Bretaña.

Las consecuencias de este acto fueron extremadamente serias. Apenas se intercambió un disparo entre los británicos y los prusianos, pero tales fueron las pérdidas en los ingresos provenientes de las aduanas, que las rentas del país disminuyeron en un 25 por 100. Y si esto no era lo suficientemente malo, Prusia también iba a sufrir un periodo de humillación sin precedentes. Así, en julio de 1806 Napoleón organizó la Confederación del Rin sin contar para nada con Prusia. Hurgando aún más en la herida, Napoleón sugirió que Federico Guillermo formara su propia confederación, o incluso su imperio, en el norte de Alemania, mientras que al mismo tiempo o bien incitaba a los estados que podían haber entrado en esa nueva confederación a que rechazaran la idea de pleno (Sajonia y Hesse-Kassel), o bien dejaba claro que no los iba a evacuar (Hamburgo y Lúbeck). Y lo que es peor, por entonces se supo que las frustradas negociaciones con los Talentos habían terminado con el ofrecimiento por parte de Napoleón de devolver Hanover a Gran Bretaña. Para un consternado Federico Guillermo, realmente daba la sensación de que el final de Prusia estaba cerca, sobre todo porque se oían persistentes rumores acerca de movimientos de tropas francesas en el sur y en el oeste. Como le escribió a Alejandro I, «[Napoleón] intenta destruirme».[3] El 9 de agosto, por lo tanto, se movilizó al ejército prusiano, y el 1 de octubre este paso vino seguido por un ultimátum dirigido a Francia para que acordara la retirada de todas sus fuerzas el 8 de octubre o, de lo contrario, tendría que enfrentarse a una nueva guerra. Sin embargo, incluso entonces había dudas al respecto de la honorabilidad de Federico Guillermo. Ciertamente había voces en Prusia que clamaban por la guerra, pero parecía como si el propio rey estuviera jugando de farol. Esta era, por lo menos, la opinión de Ferdinand von Funck, un oficial de caballería que se convirtió en un consejero muy cercano al rey de Sajonia tras la batalla de Jena:

> Todas las circunstancias indican claramente que Federico Guillermo III ... siempre albergó la secreta esperanza de que Napoleón eludiría luchar contra el antiguo prestigio militar de Prusia, y que tan pronto como viera que la cosa se ponía seria, negociaría para recuperar las buenas relaciones con los prusianos o para lograr la reintegración de las provincias francófonas cedidas a cambio de Hanover, o quizá de los territorios de Westfalia vendidos en la Paz de Lunéville, u ofreciendo una parte de Sajonia. Y, de este modo, Federico Guillermo hubiera silenciado a los descontentos de su país por medio del prestigio de un nuevo y asequible engrandecimiento.[4]

En esta ocasión resultan interesantes las memorias del general Muffling. Destinado al estado mayor del duque de Brunswick, Muffling descubrió que el recién nombrado comandante en jefe prusiano mostraba cualquier cosa menos entusiasmo: «Me encontré al duque, como generalísimo, con dudas respecto al tema de las relaciones políticas de

Prusia con Francia e Inglaterra, con dudas al respecto de la posición y la fuerza del cuerpo de ejército francés en Alemania, y sin ningún plan prefijado sobre lo que se debería hacer ... Había aceptado el mando con la misión de evitar la guerra».[5]

En este punto se podía preguntar cuáles eran las intenciones de Napoleón con respecto a Prusia. Acosó a los prusianos de tal modo, que sería lógico asumir que el emperador quería la guerra y que su objetivo era instigarla como fuera. Una nueva campaña terrestre era, de lejos, la forma más fácil de ganarse nuevos laureles, y tal posibilidad era la más tentadora en vista de la presencia de la *grande armée* en el sur de Alemania (tras la campaña de Austerlitz, se había establecido en distintos acantonamientos siguiendo el curso del río Main). Al mismo tiempo estaba el asunto del flirteo de Prusia con la Tercera Coalición, y estos dos asuntos han conducido a ciertos historiadores a pensar que, seguramente, existía un plan previo para atacar a Prusia. Éste, sin embargo, no es ciertamente el caso.

Concentrado en establecer la Confederación del Rin, el monarca francés —por lo menos a corto plazo— no albergaba ningún deseo de desestabilizar la situación en Alemania. Según Talleyrand, tenía, como Federico Guillermo esperaba, miedo de Prusia. «No fue sin una secreta inquietud con la que el emperador midió por primera vez sus fuerzas con [Prusia]. Las glorias pasadas del ejército prusiano le inspiraban un profundo respeto.»[6] Pero esto parece muy poco posible. Mucho más cercano a la realidad parece el hecho de que tenía otros planes en sus mente —la conquista de Sicilia; el envío de un ejército a Portugal para impedir el acceso de los británicos al vital puerto de Lisboa; y cabe la posibilidad de que incluso estuviera planeando intentar de nuevo invadir Inglaterra. Por lo que respecta a Prusia, parece que en ese momento al emperador no le importaba en absoluto. Como no había trazas de ningún tipo de que Prusia tuviera intenciones de volver a la guerra, en consecuencia, el emperador no se preocupó lo más mínimo de demostrar consideración alguna hacia los intereses de ese país. Citando una carta que Napoleón le escribió a Talleyrand el 12 de septiembre de 1806: «La idea de que Prusia podría intentar luchar sola contra mí es demasiado absurda como para merecer ninguna consideración ... Seguirá actuando como ha actuado hasta ahora: armándose hoy, desarmándose mañana, quedándose sin hacer nada, espada en mano, mientras se libra la batalla, para luego llegar a un acuerdo con el vencedor».[7]

Lo que vemos, entonces, es la típica mezcla de desprecio y exceso de confianza. Napoleón no quería iniciar una nueva guerra en 1806 pero, al mismo tiempo, simplemente no sabía qué era lo que hacía falta para mantener la paz. Verdaderamente, este fue uno de los momentos más relevantes de su carrera.

Fueran los que fuesen los motivos de Napoleón, el resultado todavía es tema de debate: al final de la primera semana de septiembre las fuerzas prusianas entraron en Sajonia en su marcha hacia el río Main. Para Federico Guillermo, este fue un acto de desesperación en el que se embarcó con un espíritu absolutamente fatalista. Tal y como escribió su confidente, Lombard:

> El Rey ... por desgracia no había nacido para ser un buen general. Hacía mucho tiempo que era consciente, como cualquiera, de que al final tendría que rendir su espada, tanto si le gustaba como si no, pero él siempre ... se había consolado pensando que alguna catástrofe producida independientemente de sus propias decisiones terminaría resolviendo todos los problemas. Por fin ... se rindió, pero en contra de su voluntad, de lo cual puedo dar fe.[8]

Ya se ha dicho que había muchas voces en Prusia clamando a favor de la guerra. Deseando reemplazar a Haugwitz, Hardenberg se encontraba en primera línea entre estos partidarios del conflicto, lo mismo que la reina, Luisa, una mujer ardiente y joven cuyo odio por Napoleón había ido creciendo en los últimos tiempos. Extrañamente, un consternado Haugwitz también se había unido en privado al partido de la guerra, aunque esperaba posponer la brecha el suficiente tiempo para que el ejército estuviera preparado para entrar en acción y para asegurarse el apoyo de Gran Bretaña y Rusia. Y estaban, también, muchos oficiales del ejército de carácter extremadamente belicoso. «Francia —escribió el general Blücher— no es considerada honesta por ninguna potencia, y mucho menos por Su Majestad ... Ni importa quién intente ofrecerle otra imagen de Francia a Su Real Majestad, quien quiera que aconseje a Su Real Majestad que debe continuar haciendo concesiones y permanecer en paz con esta nación, o es un indolente, [o] es corto de vista, o ha sido comprado con el oro francés ... Cada día que se gane a la hora de declarar la guerra a Francia supone una enorme ventaja para Su Majestad ... Con una sola batalla ganada y aliados, el dinero y los suministros nos llegarán de todos los rincones de Europa.»[9] Tan grande fue la presión ejercida por la oficialidad, que el rey, que contaba con el ejemplo del asesinato de Pablo I de Rusia, pudo muy bien haber temido por su posición. Algunos oficiales —Blücher es un buen ejemplo— creían realmente que se estaban poniendo en juego el prestigio del ejército prusiano y de su estado; otros veían la guerra como una oportunidad para justificar sus argumentos reformistas; y otros simplemente confiaban en contar con un ocasión para alcanzar la gloria tras once años de paz en una era de continuos conflictos militares. Parte de su frustración se ve claramente en una carta escrita por el futuro teórico militar, Carl von Clausewitz: «La guerra es necesaria para mi país. Además cuando se ha dicho y se ha hecho todo, solamente la guerra puede proporcionarme la felicidad».[10]

Gracias a Napoleón, tal vanagloria se pudo camuflar en la forma de patriotismo alemán: el 25 de agosto se produjo un considerable revuelo en Prusia y en otros lugares a causa de la ejecución de un librero de Nuremberg llamado Palm, que había cometido el error de imprimir y distribuir un panfleto anónimo lamentando la postración de Alemania. Y por lo que se refiere a la victoria, todo el mundo creía que ésta era segura. «Cuando llego a una conclusión tras las observaciones que he tenido ocasión de hacer —opinó Clausewitz— siempre se me antoja que somos nosotros los que vamos a ganar la próxima gran batalla.»[11] «Inconsciente del peligro —escribió la condesa de Schwerinm—, el ejército, gloriosamente y en un espectacular desfile, avanzó directamente hacia su destrucción. Inconscientes también parecían mostrarse los líderes, ya que el enemigo nos rodeó y nadie tuvo noticias de él. En Naumberg, estando ya flanqueado nuestro ejército por los franceses, la corte seguía dándose la gran vida de Charlottenburg y Potsdam.»[12] Otro testigo del exceso del confianza del ejército fue el barón de Marbot, un joven oficial de caballería enviado a Berlín portando despachos para la embajada francesa. «Los oficiales a los que conocí ya no se atrevieron más a hablar conmigo o a saludarme; muchos franceses eran insultados por el populacho; los soldados de la Guardia Noble se mostraban arrogantes hasta el punto de afilar las hojas de sus sables en los escalones de piedra de la casa del embajador francés.»[13]

Volviendo a la condesa de Schwerin, sus afirmaciones nos recuerdan lo que se ha venido diciendo al respecto de la recurrente discusión sobre qué es lo que motivó la decisión de Prusia de ir a la guerra en

1806. En ese momento el resultado del conflicto no parecía claro para ninguna de las dos partes. Lo que sí es cierto, de todos modos, es que Prusia no estaba preparada para enfrentarse a Napoleón, puesto que estaba completamente sola. A pesar de su pacto secreto con Rusia, no se había tomado ninguna medida para organizar cómo iba a ser la cooperación militar, y los rusos se mostraban escépticos al respecto de si Prusia realmente estaba dispuesta a combatir. Con Gran Bretaña no se había producido contacto de ningún tipo, y el emisario que Haugwitz envió a negociar el tratado de subsidio tan pronto como la guerra se presentó como un hecho probable no podía esperar obtener gran cosa, ni siquiera aunque hubiera dispuesto de más tiempo. Grenville desconfiaba de Prusia incluso en el mejor de los casos y estaba convencido de que, en esas circunstancias, lo único que iba a hacer era asegurarse algunas compensaciones territoriales más en Alemania, mientras que él no estaba dispuesto a hacer absolutamente nada a no ser que recibiera la garantía de que se iba a restaurar la independencia de Hanover, y veía claramente que Prusia había empleado todos los recursos a su disposición hasta quedar prácticamente extenuada. Según lady Holland, Grenville no era el menos «amante de la guerra», deduciendo, de hecho, que éste se alegró al conocer la noticia de la declaración de guerra por parte de Prusia, pero, en general, la hostilidad hacia Prusia estaba muy extendida en Gran Bretaña.[14] El conde de Malmesbury, por ejemplo, escribió:

> Los seis meses que pasé con el ejército prusiano en 1794 ... fijaron en mi mente la opinión ... de que la defensa militar de Prusia era, como su posición geográfica, un castillo de naipes que se vendría abajo cuando comenzara la acción o tuviera enfrente una fuerza vigorosa. Los dos reyes que sucedieron a Federico [el Grande] se apresuraron a disolver esta estructura sin base. Féderique Guillaume [i.e. Federico Guillermo II] ... era un hombre debilitado por su vida libertina y ... sin ninguna de esas virtudes primordiales para gobernar un reino tan aislado como sobre el que reinaba. Agotó el tesoro público, y ... cada una de las medidas que tomó condujo ... a debilitar la monarquía. Su hijo, también Federico Guillermo, comenzó derramando lágrimas, pero no por la pérdida de su padre, sino por la labor y el trabajo que conllevaba la corona, y esto, no por planteamientos filosóficos, sino a causa de su indolente, dormida, egoísta y torpe mente. Es terco y obstinado, aunque sin método alguno u opinión.[15]

Los estados que podían haber apoyado a Prusia en el norte de Alemania no se mostraban mucho más comunicativos. No fue de gran ayuda que los prusianos comenzaran la campaña con sus soldados entrando en masa en Sajonia. Brunswick, Hesse-Kassel, Oldenburgo, Mecklenburg-Schwerin y Mecklenburg-Strelitz declararon todos su neutralidad, mientras que la corte de Dresde solamente se unió a Prusia porque era o eso o ir a la guerra sin ella (no es que Sajonia fuera un aliado especialmente importante, con un ejército de solo 20.000 hombres). Por lo que respecta a los suecos, Gustavo IV sospechaba, con razón, que Prusia albergaba ambiciones sobre el enclave territorial que Estocolmo todavía conservaba en la costa del norte de Alemania, así que decidieron guardar las distancias.

Todo el peso de la lucha, entonces, iba a recaer sobre los hombros de los soldados prusianos, y esto era, desde luego, pedirles demasiado. Tan precipitadamente fue Prusia a la guerra que no hubo tiempo para contar con las reservas —a diferencia de la mayoría de los ejércitos de Europa, el grueso de los soldados prusianos eran reservistas que eran movilizados solamente en tiempo de guerra—, así que Federico Guillermo se lanzó a la guerra con un ejército de campaña de tan solo 150.000 hombres, cuando su número podía haber alcanzado los 200.000. Por la misma razón, tampoco había polvorines para el ejército, ni provisiones suficientes almacenadas en ninguna de las fortalezas del país. Y por lo que se refiere a la calidad del ejército, los soldados estaban bastante bien entrenados, pero su eficacia se veía limitada —igual que les pasó a los austriacos en 1805— por una serie de reformas militares que, aunque eran bienintencionadas, finalmente no hicieron más que empeorar las cosas. De este modo, el ejército había sido organizado por primera vez en divisiones, al estilo francés, pero éstas eran, por un lado, demasiado grandes y, por otro, muy poco eficaces actuando en conjunto. La caballería estaba mezclada con la infantería, como había ocurrido con el ejército francés en la década de 1790, y cada división recibió demasiada artillería, siendo el resultado, primero, unas formaciones que eran muy difíciles de manejar y, segundo, un considerable debilitamiento del poder de ataque tanto de la artillería como de la caballería. Finalmente, en la lucha cuerpo a cuerpo con los franceses, la infantería, ciertamente, se encontraría en desventaja. Había una serie de batallones especializados de infantería ligera —unos pocos compuestos por rifles y el resto por soldados que eran fusileros armados con una versión más ligera del fusil estándar— entrenados en las tácticas de escaramuza, pero nunca hubo un número suficiente de estas tropas y los intentos por emplear la tercera fila de cada línea de cada batallón como escaramuzadores no sirvieron para nada, ya que estos soldados carecía de la estructura organizativa adecuada. Aunque el sistema táctico básico seguía siendo sólido —las formaciones lineales con las que el ejército prusiano iba a luchar en 1806 eran exactamente las mismas con las que el ejército británico iba a vencer en Waterloo—, el ejército prusiano fue a la guerra con una considerable desventaja.

Y por si todo esto no fuera suficiente, Prusia se lanzó contra Napoleón en un momento de máxima distracción británica. En septiembre de 1806 la atención de Londres no estaba centrada en el este de Europa, sino en el imperio español en América. En 1805 Gran Bretaña había enviado una fuerza expedicionaria a la colonia holandesa de El Cabo. Con la milicia local siendo rápidamente vencida en Blauwberg, el 18 de enero de 1806 el gobernador presentó la rendición. En ese momento, sin embargo, los acontecimientos dieron un giro inesperado. Ambicioso y ávido de botín, el comandante de la escuadra que había transportado las fuerzas británicas a El Cabo, sir Home Popham, de repente se hizo a la mar para atacar Buenos Aires, que en esa época era la capital del Virreinato de la Plata, un enorme territorio que incluía a las actuales Argentina, Chile, Uruguay, Paraguay y Bolivia. Aunque Popham solamente tenía consigo unos pocos soldados —no más de 1.600— el 25 de junio de 1806 la débilmente defendida ciudad, como era de esperar, cayó en manos británicas. Exultante por este éxito, el vencedor puso sus ojos en un botín mucho más importante. Soñando con verse establecido como procónsul de un nuevo imperio colonial, envió a Londres un grandilocuente informe al respecto de las posibilidades que ofrecía Sudamérica junto a una remesa de algo más de un millón de libras que habían sido saqueadas del tesoro de la administración española. Aunque el gobierno sabía lo que estaba ocurriendo desde julio, la opinión pública no se enteró de nada hasta que se recibió el despacho dando cuenta de la victoria de Popham el 13 de septiembre. Llegando como llegó «cuando uno menos se lo espera», el resultado fue un enorme entusiasmo, especialmente cuando los seguidores de Popham hicieron un desfile de la victoria en el que el botín fue llevado ceremonialmente al Banco de Inglaterra en un tren de carromatos. Típico de las charlas que se producían en una sociedad educada fue el comentario que se oyó una tarde en una *soirée* celebrada en la casa del artista Joseph Farington: «[Crauford] Bruce pensaba que la captura de Buenos Aires ... era una gran adquisición para el comercio. Dijo que muchos irían allí, con el efecto beneficioso de diseminar nuestra cultura por todos los rincones de Sudamérica. Ese país, todo el mundo estaba de acuerdo, no puede volver a estar nunca bajo el dominio de España».[16]

Con una multitud de gente exultante inundando las calles, los Talentos hubieran cometido un error si no hubieran respondido de manera positiva, sobre todo porque muchos manufactureros habían estado presionando para que se tomaran medidas que les permitieran el acceso libre al mercado sudamericano. Al mismo tiempo, varios factores hicieron que la intervención se viera como una posibilidad de lo más atractiva en ese momento. Una fuerza sustancial de tropas estaba disponible gracias a los 10.000 hombres que se habían reunido para ser enviados a Lisboa en el caso de que los franceses invadieran Portugal. Un bien conocido descontento venezolano llamado Francisco de Miranda, que había estado buscando la ayuda del gobierno británico desde 1783, y que por entonces estaba intentando incitar a la rebelión en su tierra natal, eligió ese momento para anunciar que toda Sudamérica estaba a punto de liberarse de sus cadenas. Y por lo menos un miembro del gabinete —el egregio William Windham— siempre se había mostrado partidario de provocar una revolución en los dominios españoles. La intervención, por lo tanto, fue siempre probable, y el 9 de octubre 3.000 hombres se embarcaron rumbo a Buenos Aires al mando del general Auchmuty. Un poco por delante de ellos, mientras tanto, estaban otros 2.000 soldados que habían sido enviados desde el cabo de Buena Esperanza por su conquistador, sir David Baird.

En cierto modo, la decisión británica fue muy comprensible. La acción de Popham había sido un acto propio de un aventurero pirata, pero por entonces España era el principal aliado de Francia y el mercado sudamericano un importante objetivo para el comercio británico; de hecho, el bloqueo continental lo convertía en factor de vital importancia. Igualmente, el acceso a los metales preciosos extraídos en Sudamérica habría sido más que bienvenido. Volviendo a asuntos más importantes, mientras tanto, ya desde 1793 la estrategia británica había girado en torno a una política de presión contra Francia en las Indias Occidentales y en cualquier otro lugar, siempre que esto no produjera ningún efecto en Europa. Incluso la idea de levantar a Sudamérica en contra de los españoles, o por lo menos la de atacar ciudades como Buenos Aires no era nueva. Por el contrario, los planes de Miranda habían sido considerados seriamente por William Pitt, y éste había ido tan lejos como para pedirle a sir Arthur Wellesley que preparara un plan para una expedición al río Orinoco. Igualmente, Popham afirmó que había contado con un permiso tácito para atacar Buenos Aires antes de salir de Londres. Si se hubiera enviado un ejército británico a Stralsund o Danzig en febrero de 1807 se podían haber conseguido muchas cosas, pero con la perspectiva que da el tiempo, todo este argumento nos ofrece una visión muy diferente: en septiembre de 1806 Buenos Aires no parecía solamente un lugar propicio en el que derrotar al enemigo, sino también uno de los pocos lugares en los que se le podía derrotar.

Hasta cierto punto, por lo tanto, es imposible simpatizar con los Talentos, mientras que la pequeña fuerza de Auchmuty era tan pequeña que su presencia en Inglaterra no hubiera cambiado en absoluto las cosas. Lo que ocurrió después, sin embargo, despertó dudas al respecto de la credibilidad de la administración Grenville. Había cuestiones importantes que resolver respecto a la honradez de Popham y Miranda. Que no solamente se conocían, sino que además habían estado colaborando desde octubre de 1804 para asegurar la intervención británica en Sudamérica, le debería haber dado al Gabinete una ocasión para reflexionar. Más que eso, debería haber resultado obvio que los dos hombres no eran más que meros aventureros cuyo único objetivo era la obtención de riquezas y de cargos. Iniciar importantes planes de conquista en Sudamérica no era precisamente uno de los intereses que Gran Bretaña tenía en ese momento, ya que eso la dejaba indefensa frente a la acusación de que solo estaba interesada en la expansión de su poder naval y en la dominación comercial y económica en ultramar. De este modo, los británicos no actuaron con la cautela que la situación requería. Actuando de manera independiente, Windham y Grenville diseñaron dos planes diferentes para llevar a cabo nuevas operaciones en el imperio español. Windham no dudó un instante en pedir al general Robert Craufurd que se pusiera el frente de una fuerza de 5.000 hombres, navegara por medio mundo y estableciera un protectorado en el territorio que actualmente conocemos como Chile, y que estableciera contacto con Popham en Buenos Aires. Por lo que respecta a Grenville, lo que quería era que se invadiera el territorio que hoy corresponde a México por una fuerza procedente de Gran Bretaña y otra de la India (en parte compuesta de cipayos nativos, que además se suponía que iba a conquistar las Filipinas). Totalmente desconcertados, los comandantes británicos enviados a Sudamérica también recibieron la orden de que, bajo ninguna circunstancia, tenía que alentar la rebelión de los habitantes de las colonias contra España. Como nos cuenta lord Holland, esta contradicción fue, también, de lo más reveladora:

> El señor Windham, aunque se vanagloriaba de su desprecio por el clamor popular, había estimulado enormemente su imaginación con la perspectiva de conseguir en el Nuevo Mundo las indemnizaciones que nos correspondían por lo que se nos había arrebatado en el Viejo Mundo. lord Simouth, lord Moira y otros, sin olvidar al mismo lord Grenville, se mostraban ansiosos por buscar beneficios económicos ofreciendo nuevas posibilidades a nuestros aventureros, y no eran inconscientes de las censuras que se habían producido al respecto de nuestro sistema defensivo y ofensivo que preveían que iban a aumentar o agravarse si la expedición de sir Home Popham fracasaba por carecer de apoyo desde Inglaterra. Aunque las mismas personas, y especialmente lord Grenville, se mostraban contrarias a cualquier medida que condujera a que Gran Bretaña promoviera la independencia de las colonias de España de su madre patria. Tal empresa, sería, según entendían ellos, un obstáculo insalvable para la paz, e, involucrándonos en un proyecto tan ambicioso, nos veríamos abocados a hacer esfuerzos tales que dejarían aún más exhaustos nuestros ya escasos recursos ... Ninguna división ... surgió entre nosotros, pero la política adoptada asumió las opiniones irresolutas y discordantes del consejo. Deberíamos o haber abandonado todos nuestros planes para la América española o haber considerado la liberación de estas colonias como nuestro principal objetivo en la guerra. No hicimos ni una cosa ni la otra. Enviamos socorros a nuestro ejército en Buenos Aires ... La fuerza no era la más adecuada para ese tipo de operación, y nuestro lenguaje no fue lo suficientemente explícito para inducir a los habitantes a liberarse del yugo español. No resulta sorprendente, por lo tanto, que una política tan irresoluta y mal coordinada como esa no obtuviera ningún éxito.[17]

Tan absurdo fue lo que se quería llevar a cabo que resulta difícil escribir sobre esa campaña en Sudamérica sin llegar a perder los nervios. Dejando aparte las enormes distancias y las dificultades logísticas que esta operación implicaba, los peligros de intentar hacer uso de las tropas indias fuera del Subcontinente ya se habían hecho presentes ese mismo año en un motín que estalló en Vellore. Además, la falta general de realismo de los Talentos quedó demostrada por el hecho de que, el 12 de agosto, las primeras tropas británicas que habían desembarcado en Buenos Aires fueron forzadas a rendirse por una renaciente milicia local. Por lo menos esto tuvo el efecto de persuadir al gobierno de Londres de que debía concentrar todos sus esfuerzos en la zona del Río de la Plata, para lo cual se envió un barco rápido que ordenaría a Craufurd abortar su misión en Chile (el plan de Grenville para un ataque de tenaza sobre México nunca se concretó y, en ese momento, ya ni se consideraba). Arribando a Río de la Plata, los primeros 5.000 hombres que habían sido enviados para auxiliar a Popham tomaron Montevideo, donde se les unieron, primero los 4.800 hombres de Craufurd y, luego, otros 1.600 hombres que habían sido enviados directamente desde Inglaterra. Junto a este gran contingente venía un nuevo comandante, el teniente general John Whitelocke, un oficial que había servido con éxito en las Indias Occidentales en la década de 1790, pero que parece que obtuvo este puesto gracias a las excelentes relaciones que su familia tenía en Whitehall.

En resumen, que en junio de 1807 casi 11.500 hombres se habían concentrado en la Banda Oriental, que es como por entonces se conocía al territorio que hoy constituye Uruguay. ¿Qué se pretendía, sin embargo, que lograra esa fuerza? Las órdenes de Whitelocke incluían tomar Buenos Aires y esto, en teoría, estaba dentro de sus posibilidades: aunque contaba con una poderosa ciudadela, la ciudad carecía de defensas exteriores y su guarnición estaba compuesta solamente por la milicia local. Además de esto, el objetivo del general era, presumiblemente, el de hacerse tan solo con Montevideo y Buenos Aires para emplearlas como puertas de acceso para el comercio británico con Sudamérica y como monedas de cambio en alguna futura conferencia de paz. Pero esta era realmente una misión difícil. En primer lugar, las milicias con las que podían contar los españoles eran numerosas y estaban bien entrenadas. Al mismo tiempo, la derrota infligida a las primeras tropas británicas que habían llegado a Buenos Aires había logrado aumentar la confianza de la milicia, y no estaba en absoluto claro que los británicos fueran a ser capaces de obtener la lealtad de los habitantes locales.

Los comerciantes del litoral podían esperar obtener pingües beneficios de los nuevos lazos establecidos con Londres, Bristol y Liverpool, pero extensas áreas del interior tenían sistemas económicos que preferían mirar hacia el norte y el oeste u otras partes del imperio español, lo mismo que las elites locales, que desconfiaban de la oligarquía comercial que dominaba Buenos Aires y Montevideo. Por lo tanto, se daban una serie de problemas inherentes a esta estrategia, aunque lo cierto es que Whitelocke y sus hombres ni siquiera fueron capaces de sacar adelante la primera parte del plan. Habiendo desembarcado una considerable fuerza en la orilla derecha del Río de la Plata, el 5 de julio de 1807 el general británico ordenó a sus soldados iniciar la marcha hacia Buenos Aires. Al principio no se encontraron con resistencia por parte de los españoles, así que los casacas rojas entraron en la ciudad sin mayores dificultades. Pero habían caído en una trampa. Escondiéndose en las azoteas los defensores abrieron fuego y, en cuestión de segundos, los británicos se vieron atacados por todos los flancos. Incapaces de reaccionar, los hombres de Whitelocke terminaron acorralados y, al final del día, casi 3.000 hombres —la mitad de la fuerza total que participó en el ataque— habían resultado muertos o heridos. Viéndose incapaz de evacuar a los supervivientes, el comandante británico se rindió al día siguiente. Los términos de la negociación no podían ser muy exigentes —a cambio de rendir Montevideo y evacuar Buenos Aires, a los británicos simplemente se les permitiría embarcar sin ser molestados—, pero había sido un fallo estratégico de primer orden y uno que muy bien podría haber acabado con el gobierno de los Talentos si éste no hubiera terminado su legislatura tres meses antes a causa del perenne problema de la emancipación de los católicos. Y el golpe al prestigio y a la moral de los británicos fue sustancial. Como lord Auckland escribió al portavoz de la Cámara de los Comunes, lord Colchester:

> La catástrofe de Buenos Aires es la más enojosa, y sobre todo porque un buen amigo me escribe en confianza y, a favor del gobierno, que solamente la estupidez de Whitelocke podía haber sido la causa de lo sucedido; y esto resulta más mortificante cuando te dicen que en Montevideo nuestra guarnición convivía en los mejores términos con los españoles; que nuestro comercio aumentaba rápidamente; y [que], si hubiéramos elegido jugar el juego de la independencia, podríamos haber puesto de nuestra parte a todas las provincias españolas sin derramamiento de san-

gre o convulsiones revolucionarias. Mi amigo añade: «Muchos proyectos importantes y viables de los que estábamos disfrutando se han venido abajo para siempre».[18]

El impacto que tuvo en Europa esta aventura británica es, obviamente, el siguiente asunto del que tenemos que dar cuenta pero, antes de hacer tal cosa, debemos primero considerar el efecto que tuvo la derrota de Whitelocke en el imperio americano de España. Antes de la intervención británica, el Virreinato de la Plata y sus colonias hermanas apenas habían sido un foco de rebelión: todos los intentos de Miranda por enarbolar la bandera de la independencia habían fracasado estrepitosamente. Aunque bien es cierto que existían muchas tensiones en la sociedad colonial. La población nativa descendiente de europeos, los llamados criollos, no gozaban de muchas oportunidades por parte del gobierno español pero, aun así, un número considerable de ellos se las habían arreglado desde hacía tiempo para convertirse en ricos y poderosos plantadores, comerciantes y hacendados. Hasta mediados del siglo XVIII, de hecho, habían sido las fuerzas dominantes en la vida colonial pero, bajo el reinado de Carlos III (1759-1788), la conocida como «segunda reconquista», se había impuesto un control mucho más estricto en las posesiones españolas en América. El control del gobierno local y militar pasó a los burócratas llegados desde España, al tiempo que la determinación de asegurar que el imperio hiciera más a favor de la metrópoli en términos financieros y económicos hizo que los criollos se vieran presionados por todos los frentes. Otro asunto polémico era el de la Iglesia: la mayoría de los obispos nombrados fueron españoles europeos; la expulsión de los Jesuitas de los dominios de Carlos III constituyó un severo golpe, ya que la Orden había conseguido muchas vocaciones en las colonias americanas; y, más recientemente, algunos movimientos en dirección a la desamortización (véase más adelante) habían causado graves trastornos económicos. Y no se trataba solamente de eso: una serie de cambios en las leyes que regulaban el comercio entre el imperio, España y el resto del mundo dejaron a las industrias locales completamente desprotegidas, minando así la posición de las oligarquías comerciales locales y fracasando a la hora de satisfacer el deseo de plantadores y hacendados de tener un mayor acceso al mercado europeo. De hecho, los manufactureros locales se vieron ciertamente defraudados: el 17 de junio de 1804 lady Holland, que en ese tiempo estaba viviendo en Madrid, confió a su diario que «se había publicado una cédula ordenando que se quemaran o destruyeran todas las máquinas para producir algodón existentes en América».[19] Además, todas estas discriminaciones en el plano económico también venían acompañadas del prejuicio racial: los españoles europeos miraban con desprecio a los criollos y consideraban que se habían visto irremediablemente contaminados por el exuberante ambiente de la colonia, convirtiéndose en personas corruptas desde el punto de vista genético, sexual y moral.

Hacia comienzos de la década de 1800, por lo tanto, existía un profundo descontento hacia el gobierno de España, alimentado por cierto grado de estimulación intelectual e ideológica producto de los escritos de la Ilustración y del ejemplo de la revolución de las colonias británicas en América (el ejemplo francés, en cambio, no tuvo un gran impacto: de Buenos Aires a Ciudad de México parece que solamente evocó un horror universal). Pero el descontento era una cosa y la revolución otra. Los criollos puede que se hubieran concienciado progresivamente de su condición de americanos, pero no existían nada que semejara algún tipo de organización política ni a nivel continental ni protonacional. Los estados modernos que forman América Latina no existían ni en un mapa ni en la imaginación, mientras que las elites nativas se encontraban divididas por la distancia y el interés económico. Los lazos emocionales con la metrópoli todavía eran muy fuertes, y eso a pesar de que se vieran tensionados por lo bajo que había caído España bajo el tutelaje de Carlos IV y de Godoy. Pero, sobre todo, estaba el asunto de la raza. Los criollos puede que fueran mucho más numerosos que los peninsulares, quizá diez veces más, pero se veían mucho más superados en número por los negros, los indios y los mestizos que constituían la gran masa de la población en, por lo menos, una proporción de cinco a uno. Y los blancos tenían mucho miedo. Si Madrid continuaba con esa política que había permitido a muchos pardos y mestizos comprar la condición de blancos puros ¿qué sería de su preeminencia social? Aunque la superioridad social y económica tuvo un terrible precio: en 1781 una gran parte de los Andes centrales había sido devastada por la revuelta india de Tupac Amaru, mientras que el destino de los habitantes europeos de Santo Domingo a manos de los seguidores de Toussaint L'Overture fue una lección magistral de las consecuencias de la desunión política. Podían encontrarse descontentos, pero en el momento en el que sir Home Popham apareció en Buenos Aires la revuelta era impensable.

Sin embargo, en la época en que Whitelocke se rindió, todo esto había cambiado. La intervención británica en el Atlántico Sur había alterado las premisas sobre las que se había basado el dominio español: la oligarquía criolla había descubierto que podía asumir la responsabilidad de su propio destino sin que se produjera el fin del mundo tal y como lo conocían. Si se había resistido a los británicos, no había sido gracias al virrey español: un modelo de falta de determinación, indecisión y cobardía, había sido arrestado y reemplazado por un sustituto elegido de entre la oficialidad más competente de Buenos Aires. Además, la resistencia no había conducido al caos: improvisando un ejército con los cuadros de la milicia que habían sido la única guarnición del Virreinato de la Plata, los criollos no solamente marcharon hacia la victoria, sino que se dieron cuenta de que pardos, mestizos y negros habían respondido todos a su llamada. Por lo tanto, los criollos no habían de luchar necesariamente contra las masas, sino más bien invitarlas a formar parte de un todo, descubriendo además los criollos que formar un ejército era el medio más efectivo para cementar su superioridad social: ¿quiénes eran los oficiales de los regimientos que habían derrotado a los británicos, si no los hijos de la elite local? Incluso en ese momento la revuelta no era algo posible, pero lo cierto es que se había dado un paso muy importante en esa dirección.

¿Y qué estaba pasando mientras tanto en Europa? La campaña que siguió a la decisión de Prusia de ir a la guerra fue ciertamente dramática. Completamente solos, los prusianos hicieron lo imposible por reunir su ejército tras el río Elba pero, exactamente como los austriacos un año antes, eligieron avanzar y marchar hacia el suroeste, en dirección a Turingia. Invadiendo Sajonia, Napoleón los flanqueó por el este logrando que los prusianos vieran amenazadas sus comunicaciones con Berlín. Desesperados por escapar de la trampa, los prusianos huyeron hacia el noreste para terminar dándose de bruces con la *grande armée* a orillas del río Saale. Mientras Napoleón sorprendía a la vanguardia prusiana que había sido enviada a vigilar el paso del río Saale en Jena, el cuerpo de ejército del mariscal Davout, situado lejos, en la derecha francesa, de repente se encontró frente a la principal columna prusiana, comandada por el duque de Brunswick, cerca de Auerstädt. Enfrentándose a un ejército mucho más numeroso que el suyo, Davout llevó a cabo una de las mayores hazañas de las guerras napoleónicas. Distribuyendo a sus tres agotadas divisiones —habían estado marchando toda la noche— en línea, según llegaban, el mariscal primero frenó el avance prusiano para luego lanzar un feroz contraataque que causó que un cada vez más desmoralizado enemigo terminara por desbandarse. En Jena, mientras tanto, Napoleón lo había tenido mucho más fácil. Superando progresivamente a los prusianos según avanzaba el día, primero presionó al enemigo frontalmente y luego lo flanqueó por medio de un gran movimiento por la izquierda que dió paso a una masiva carga de caballería. Un intento de contraataque por parte de las tropas prusianas recién llegadas desde el oeste no tuvo ninguna consecuencia y, al atardecer del 14 de octubre, el ejército prusiano había sido derrotado totalmente. «La lucha fue dura, la resistencia desesperada, sobre todo en los pueblos y en los bosques —escribió un oficial— pero una vez que nuestra caballería llegó hasta el frente y fue capaz de maniobrar, solo quedaba el desastre; la retirada se convirtió en una huida y la desbandada fue general.»[20] Como en Austerlitz, el emperador supo muy bien encontrar el momento de granjearse el cariño de sus tropas y afianzar la leyenda que le mostraba como uno más entre sus soldados. Durante la noche anterior a la batalla, antes de echarse a dormir un rato rodeado por la Guardia Imperial, pasó mucho tiempo supervisando personalmente la construcción de un camino que permitiría a los franceses colocar su artillería en lo alto de la meseta sobre la que se iba a librar la batalla. Todo esto lo recordó el por entonces soldado de la Guardia Imperial Jean Roche Coignet. «El emperador estaba allí, dirigiendo a los ingenieros; no se marchó hasta que se terminó la carretera y la primera pieza de artillería ... había pasado por delante de él ... El emperador se puso en medio de su cuadro, y permitió [a los soldados] que encendieran dos o tres hogueras por compañía ... Veinte de cada compañía fueron enviados en busca de provisiones ... Tuvimos todo lo que necesitábamos ... Y estábamos felices por poder poner al emperador de tan buen humor. Montó en su caballo antes del amanecer y se fue a hacer la ronda.»[21]

En vista del gran debate que produjeron estos acontecimientos, merece la pena destacar que los prusianos no fueron derrotados ni por falta de entusiasmo entre sus soldados ni por la supuesta inferioridad de sus tácticas. El deficiente sistema de organización militar descrito anteriormente no ayudó a que las tropas prusianas se enfrentaran a las francesas en términos de igualdad, ciertamente, pero lo que hizo que Federico Guillermo perdiera la campaña de Jena fue la caótica situación que reinaba en el alto mando. Un mediocre líder, el comandante en jefe, el duque de Brunswick, se vio por un lado obstaculizado por la presencia de Federico Guillermo III y por otro por la hostilidad y el resentimiento con el que era considerado por muchos de sus compañeros generales. Y encima de todo esto, aunque al ejército se le había proporcionado recientemente un estado mayor, este cuerpo había sido dividido en tres secciones paralelas cuyas cabezas —Gerhard von Scharnhorst, Karl von Phull y Christian von Massenbach— se odiaban mutuamente. Tampoco se permitió que el estado mayor terminara de reemplazar completamente al *Oberkriegskollegium* —el cuerpo responsable de la administración militar interna— a la hora de elaborar los planes de campaña. Como resultado, el desafortunado duque de Brunswick se vio inundado con una variedad de planes diferentes. Como individuo débil que era, decidió resolver el problema y diluir su responsabilidad personal convocando una serie de consejos de guerra que reunieron a sus principales generales y consejeros. En algunos aspectos la decisión de avanzar era comprensible: significaba que las tropas podían alimentarse en otro lugar que no fuera el territorio propio y era la mejor forma de demostrar a Gran Bretaña y Rusia que Prusia no iba de farol. Pero la mejor oportunidad de triunfo radicaba en un rápido y contundente ataque sobre la posición francesa en el río Main, un ataque diseñado para obtener ventaja del hecho de que Napoleón no esperaba que Prusia fuera a la guerra. Lamentablemente para los prusianos, los movimientos de su ejército fueron lentos y carentes de determinación.

Solo se adoptaron una serie de planes tras tormentosas reuniones que se prolongaron durante muchas horas, como la que se celebró en Erfurt el 5 de octubre, y éstas apenas servían para fomentar la unidad en el alto mando, sino más bien para todo lo contrario. «Scharnhorst —recordó el oficial de estado mayor, von Muffling— dio gracias al cielo cuando, sobre la medianoche, concluyó la conferencia, puesto que no había manera de llegar a una conclusión en una reunión de esas características. Ninguno de los presentes podía engañarse a sí mismo acerca del tema de la guerra.»[22] Y, si se llegaba a tomar alguna decisión, ésta se modificaba o ignoraba más tarde, o se comunicaba al ejército en un lenguaje tan vago, que permitía a los comandantes contumaces interpretarlas más o menos como les viniera en gana.

El resultado no podía haber sido más catastrófico: las fuerzas de Brunswick no alcanzaron una posición desde la que poder atacar a la *grande armée* hasta los primeros días de octubre, aunque podían haberse lanzado sobre los franceses un mes antes. Pero en octubre era demasiado tarde, ya que las fuerzas de Napoleón estaban ya totalmente movilizadas y en marcha. Una vez que la campaña había comenzado, además, la articulación de las fuerzas prusianas resultó un desastre en todos los sentidos. Al caos se sumó el agotamiento de los suministros: «Durante tres días enteros antes de la batalla de Jena las tropas no tuvieron ... pan —escribió Funck—. Tuvieron que luchar con el estómago vacío».[23] Y por lo que se refiere a las batallas, desde el comienzo incumplieron todos y cada uno de los principios del arte de la guerra. En Jena, Napoleón, que comenzó el día con 46.000 hombres y lo terminó con 50.000 o más, se enfrentaba inicialmente a solo 38.000 prusianos, y no fue hasta que fueron derrotados sin remedio cuando el cuerpo de ejército, formado por 15.000 hombres, al mando del general Rüchel —una fuerza que había comenzado el día solamente a unos kilómetros al oeste de Weimar, pero a la que le había llevado muchas horas ponerse en marcha hacia el sonido de los cañones—, se lanzó al ataque contra los franceses. Y en Auerstädt, los prusianos no llevaron a primera línea a sus mucho más numerosas fuerzas —Brunswick contaba con 50.000 hombres frente a los 26.000 de Davout—, pero lanzaron una serie de ataques poco sistemáticos, empeorando aún más las cosas el tímido Federico Guillermo cuando insistió en mantener una gran reserva cuyo empleo podía haber cambiado las tornas en favor del atribulado Brunswick. Comparemos todo esto con lo que ocurría en el bando francés. Napoleón decidió ir a la guerra hacia el 9 de septiembre, y puso a sus hombres en movimiento el 8 de octubre. Desde el principio, solamente hubo un único plan de acción —una ofensiva lanzada desde aguas arriba del río Main hacia el noreste, en dirección a la ciudad sajona de Leipzig y, después, un ataque contra la fortaleza clave de Magdeburgo, que estaba diseñado para cortar la línea de comunicaciones de los prusianos con Berlín—, y en seis días la *grande armée* había avanzado algo más de 150 kilómetros. En ese momento, Napoleón, es cierto, interpretó la situación de manera completamente errónea y llegó a la conclusión de que los prusianos se encontraban en algún punto al norte de su posición cuando, en realidad, se situaban en su flanco izquierdo; pero cuando la posición del enemigo quedó clara gracias a los exploradores de la caballería ligera, tal fue la efectividad de la *grande armée* que unas órdenes dictadas rápidamente fueron suficientes para que sus cuerpos de ejército cambiaran la dirección de la marcha y comenzaran a avanzar hacia el oeste cruzando el río Saale. Tampoco se olvidaron las cuestiones diplomáticas, enviando el emperador una carta a Federico Guillermo cuyo tono amable sirvió para aumentar la confusión de la torturada mente del rey: «¿Para qué derramar más sangre? ¿Con qué fin? He sido tu amigo durante estos seis años ... ¿Por qué dejas que masacren a tus súbditos?».[24]

Volviendo al asunto de Prusia, si Jena y Auerstädt no fueron de ningún modo una desgracia total, lo que siguió sí que resultó, en todos los sentidos, una verdadera catástrofe. En cuanto se silenciaron los cañones los victoriosos ejércitos franceses se lanzaron a una invasión de Prusia en la que se llevaron por delante todo lo que se encontraba en su camino. Dispersados en varios fragmentos y reducidos a la hambruna, la mayoría de los supervivientes del ejército prusiano fueron rodeados sin apenas luchar, mientras que muchas fortalezas capitularon ante el primer requerimiento (en justicia debemos decir que muy pocas de ellas estaban preparadas para resistir un asedio). Berlín cayó sin oponer resistencia el 24 de octubre, y en todas partes la población se mantuvo tranquila. Como proclamó el gobernador: «El Rey ha perdido una batalla. El primer deber de los ciudadanos es mantenerse tranquilos».[25] Prusia no estaba todavía fuera de la guerra —Federico Guillermo había escapado hacia el este—, mientras que algo del honor prusiano fue salvado por el valiente general Blücher, un combativo general al que se le había caído un caballo encima en Auerstädt y que evitó ser capturado gracias a que se abrió paso entre los franceses a sablazos. Habiéndosele ordenado que tomara el mando de otra división que marchara hacia Prusia Oriental, Blücher se encontró con que el camino estaba bloqueado aunque, a diferencia del resto de los generales prusianos, no perdió la esperanza. Porque quizá podría encontrar refugio en las regiones costeras al norte del río Elba, donde contaría con la posibilidad de reunirse con las fuerzas suecas en Stralsund o incluso con la fuerza expedicionaria británica. Mientras tanto, una fuerza con base en esta área podría, por lo menos, ganar tiempo para permitir al rey llegar hasta Prusia Oriental, reunir tantas fuerzas como pudiera y unirse a los rusos. Pero tales esperanzas no duraron mucho. Acosado durante toda la retirada por la caballería francesa y desesperado ante la falta de comida y munición, Blücher condujo a su cada vez más reducida banda de fugitivos hasta Lúbeck. Allí, sin embargo, fue finalmente rodeado el 6 de noviembre por el mariscal Bernadotte, y tras librar a la desesperada una batalla, finalmente se vio forzado a presentar la rendición. Incluso como reconocieron los propios franceses: había sido un buen intento, pero no alteró en lo más mínimo la imponente condición del triunfo de Napoleón. Por todo ello, Napoleón hubiera hecho muy bien en tomar nota de las reservas que fueron expresadas más tarde por uno de los miembros de su Consejo de Estado:

> En Francia el entusiasmo estaba en su punto culminante: nada podría haber resultado más increíble. Sin embargo, en medio de esta comprensible atmósfera, uno podía darse cuenta de que un sentimiento estaba ganando fuerza, sentimiento que en el futuro no dejó de aumentar, que el conquistador siempre estuvo dispuesto a ignorar y que terminaría explicando las desgracias vividas en los últimos días de su reinado. Francia, más allá de toda duda, estaba orgullosa de sus victorias, pero quería gozar de sus frutos, y para poder permitirse eso, la primera condición era alcanzar de una vez la paz. Solamente la moderación en la victoria podía haber alcanzado este resultado y, generoso como es, el carácter francés quiso creer que la moderación existía. Todo el mundo estaba convencido de que un hombre que había llegado tan alto no iba a carecer de la única cualidad que pudiera asegurar sus conquistas: con cada batalla que se ganaba, con cada ciudad que se tomaba, lo primero que se pensaba es que el nuevo triunfo ofrecía una oportunidad para la paz, que no tardaría mucho en llegar. ¿Resultaba razonable pensar así? Sobre todo, ¿encajaba esto con el carácter que podía imputársele a un hombre que durante diez años se había enfrentado a los más temibles peligros y al que, milagrosamente, siempre le había acompañado la buena fortuna? Uno podía haber tenido dudas al respecto, pero hay que decir que era compresible que la gente mantuviera esta esperanza ... ¡Es natural creer en lo que se desea![26]

Que el pueblo francés anhelaba la paz era algo que Napoleón sabía, ya que así se lo dejó ver una delegación del Senado que viajó a Berlín para felicitarle por sus victorias. Además, también estaba el primer ministro. Como un perspicaz observador alemán que frecuentaba el cuartel general alemán escribió:

> Talleyrand ... deseaba algún tipo de acercamiento político. Lo consideró por primera vez como una posibilidad tras el colapso de Prusia. El

> nuevo ministro inglés todavía se mostraba indeciso al respecto de su política; la nación quería la paz ... Fue solamente a regañadientes, por lo tanto, como Talleyrand redactó el borrador del decreto ... que estaba diseñado para cerrar la costa a los ingleses [véase más adelante] ... Talleyrand se animaba con ... la esperanza de convencer al gabinete inglés, o de inducirlo a reconocer, por medio de la presión ejercida por la opinión pública, que las numerosas ventajas obtenidas a través de la guerra podrían ser compartidas con Inglaterra una vez que se acordara la paz. Pero resultaba esencial que Napoleón dejara de darle al gobierno inglés pretextos, ya fuera por medio de sus discursos o de las medidas tomadas, que solo servían para que la nación apoyara su política con solamente recurrir a la pesadilla que representaba su nombre. El objetivo al que Talleyrand dedicó todos sus esfuerzos y toda su influencia fue persuadir al emperador, incluso en contra de su propia inclinación, para que adoptara una actitud de moderación.[27]

Esto, dicho suavemente, era una esperanza absolutamente vana. Cómodamente instalado en Berlín entre la adulación de sus generales, Napoleón había, después de todo, conjurado al fantasma de Federico el Grande, cuya gran victoria en Rossbach por fin se había vengado. Con la *grande armée* en su mejor momento, todo esto se reflejaba en su disposición: «Habiendo llegado a Berlín, Napoleón no solamente hablaba y actuaba como un vencedor movido por un enfado con pretensiones de superioridad moral, sino que mostraba unas maneras y un lenguaje afectados propios de un soberano que domina a sus súbditos. La lealtad al príncipe que había huido ante él fue considerada rebelión, y, lleno de ira ante el desafío presentado por ciertos nobles que habían permanecido en comunicación con el desafortunado monarca, se le oyó gritar en el palacio de Federico el Grande: "Voy a humillar hasta tal extremo a esos pequeños cortesanos, que van a verse reducidos a tener que mendigar su pan de cada día". Sus proclamas y boletines conjugaban constantemente el insulto y la amenaza, mientras que el infortunio ... no se respetaba ni siquiera cuando lo sufría la Reina de Prusia».[28] Incluso antes de la caída de la capital prusiana, Napoleón había adoptado una línea dura: una solicitud personal de armisticio por parte de Federico Guillermo se vio rechazada de pleno, mientras que el enviado especial a los cuarteles del emperador, el antiguo embajador en París, Lucchesini, solamente obtuvo como respuesta unos términos de paz que resultaban draconianos. Estos términos eran, en líneas generales, los mismos que los prusianos se vieron forzados a aceptar al año siguiente, pero con el añadido de que deberían declarar la guerra a Rusia, si esta última atacaba al Imperio Otomano, algo que en ese momento parecía casi seguro. Tras una larga agonía, Federico Guillermo y sus consejeros terminaron por aceptar estos términos, solamente para descubrir acto seguido que ya no estaban en vigor. Una vez más los prusianos habían llegado tarde. Tras Jena y Auerstädt, el emperador parece que había decidido que Prusia se convirtiera en un estado satélite que podría sellar su frontera este con Rusia, cuya actitud de mantenimiento de la guerra no se podía predecir con certeza. El 1 de noviembre, sin embargo, un gran ejército ruso cruzó la frontera y penetró en la Prusia polaca. Movido por los ruegos de Federico Guillermo y Luisa, a los cuales tenía en alta estima, y determinado a que Prusia no firmara una paz por separado con los franceses, Alejandro había decidido entrar de nuevo en la guerra. Además del asunto de Prusia, estaba el de Alemania: el abortado tratado de D'Oubril había dejado muy claro al zar lo que significaba el coste de la paz sin una victoria y, en consecuencia, estaba firmemente decidido a acabar con la Confederación del Rin. Napoleón podía tener paz, pero los términos en esencia serían los de Lunéville y Amiens. El avance ruso, desde luego, a su vez trajo a colación el asunto de Polonia. Hasta ese momento Napoleón había mostrado más bien poco interés por la cuestión polaca; de hecho, resulta claro que si Rusia hubiera reconocido las ganancias obtenidas por Napoleón desde 1803, podría haber tenido paz, pero el emperador no albergaba deseo alguno de llevar a cabo una campaña de invierno en los confines de Polonia. La constante guerra con Rusia, sin embargo, lo cambió todo, ya que en ese momento Napoleón se veía libre para arroparse bajo el manto del héroe y el libertador. En ausencia de cualquier temor por provocar a Rusia, se podría restaurar un estado polaco, con lo que la *grande armée* podría integrar a los hijos de Polonia entre sus filas. No se dieron garantías concretas a los polacos, ya que existían serios temores acerco de que, si se iba demasiado lejos, Austria se viera obligada a entrar de nuevo en la guerra, pero aun así Napoleón llamó a una serie de exiliados polacos a su presencia y les insinuó que un verdadero esfuerzo militar contra Rusia bien podría significar la libertad de Polonia. Por lo que se refería a Prusia, eso significaba que los términos que se le habían ofrecido, se habían quedado obsoletos, ya que no se podía seguir garantizando el control de las tierras situadas al este del Elba. En vez de un tratado, todo lo que los emisarios de Federico Guillermo pudieron obtener fue una tregua cuyo precio sería la evacuación de Silesia y de todos los territorios obtenidos por Prusia tras la segunda y la tercera partición de Polonia. Pero aceptar tales términos significaba que la paz se iba a alcanzar sin contar con los Hohenzolern, y esto era algo que ni siquiera el abatido Federico Guillermo III podía permitir. Los términos ofrecidos por Napoleón fueron rechazados el 21 de noviembre, y de este modo solamente consiguiendo alargar la agonía de Prusia. Y por lo que respecta al emperador, no dudó ni un instante en recoger el guante lanzado por Alejandro: el 5 de noviembre las primeras tropas francesas entraron en Polonia (es digno de mención que una misión especial fue enviada simultáneamente a Viena para asegurar una declaración de neutralidad por parte de los austriacos). Entre la *grande armée* este movimiento no fue especialmente bienvenido. Mientras se encontraban acantonadas en Berlín o en sus alrededores, las tropas francesas había vivido con relativa tranquilidad y abundancia de suministros —muchas memorias, de hecho, hacen comentarios al respecto del buen trato que recibieron por parte de la población local—, pero en el avance hacia Polonia las cosas fueron muy diferentes:

> Fue ... el comienzo de un invierno de lo más crudo en un país desierto, cubierto de bosques y con unos caminos llenos de arena. No encontramos gente en los pueblos desiertos ... El tiempo era horrible: nieve, lluvia y deshielo. La arena cedía bajo nuestros pies y el agua brotaba de la arena que se hundía. Nos hundimos hasta las rodillas. Nos vimos obligados a atarnos los zapatos alrededor de los tobillos y, cuando sacábamos las piernas de la arena para poder seguir caminando, los zapatos se quedaban pegados al barro. Alguna veces teníamos que agarrarnos una pierna, tirar hacia fuera de ella como si fuera una zanahoria, colocarla hacia delante, y luego hacer lo mismo con la otra, sacarla con ambas manos y lograr que diera un paso hacia delante ... Los hombres más viejos comenzaron a desesperarse; algunos prefirieron suicidarse a seguir soportando tales privaciones por más tiempo.[29]

Una vez más nos encontramos con el típico caso en que Napoleón tensaba demasiado la cuerda. Pero el emperador se mostraba ciego ante los problemas de este tipo. Convencido, como afirmó en su día, de que la palabra «imposible» no existía en el vocabulario de la lengua francesa, su reacción fue el enfado: «El emperador se mostró de muy mal humor ... Lo vimos en Posen ... montado en su caballo y tan lleno de ira que saltó por encima de él y le hizo un corte en la mejilla con el látigo a su mozo de cuadras».[30] En el otoño de 1806 no parecía haber límites para la capacidad de Napoleón de extender el ámbito de sus operaciones. Y esto nos lleva a tener que hablar del tema del bloqueo continental. A pesar de Austerlitz y Jena, Gran Bretaña todavía permanecía con la cabeza bien alta. De ahí el famoso «decreto de Berlín» del 21 de noviembre de 1806. Si dominaba los mares, entonces a Gran Bretaña había que derrotarla por tierra: en todos los territorios gobernados por Francia o en los de sus aliados quedaba totalmente prohibido el comercio con Gran Bretaña y todos los barcos británicos y sus tripulaciones debían ser hechos prisioneros. Tal sería el caos financiero y económico en el que se vería sumida Gran Bretaña, se decía, que más pronto o más tarde este país se vería abocado a la rendición. Había, sin embargo, por lo menos una objeción a este plan. Ningún estado podía estar en paz con Francia a no ser que cumpliera lo estipulado por el bloqueo, y éste resultaba ser muy exigente. Muchos estados podían cumplir con el decreto durante algún tiempo: los británicos llevaban años interfiriendo en la libertad comercial en el continente y su industria estaba avanzando a pasos agigantados, por lo que una medida proteccionista era bienvenida por muchos gobiernos. Pero, al final, no quedó ninguna duda de que los soldados franceses tendrían que cuidar de que el embargo se llevara a cabo, y a forzar a los reacios a aceptar sus dictados. No solamente se trataba de que muchos de los productos suministrados por Gran Bretaña eran de uso diario —particularmente productos de las colonias tales como el azúcar y el tabaco—, sino que los impuestos arancelarios que proporcionaban eran una importante fuente de ingresos. Para muchos países de Europa, además, Gran Bretaña suponía un importante mercado: de España y Portugal llegaban el jerez, el oporto, el brandy, de Prusia el trigo, y de Rusia y Suecia suministros navales de todo tipo. Pero el mero hecho de intentar oponerse al bloqueo resultaba imposible, ya que el éxito de la política de Napoleón dependía totalmente del cierre de todos los puertos de Europa al comercio británico. De este modo, Napoleón había iniciado un camino sin fin ni retorno. Incluso peor fue el hecho de que el bloqueo, en el fondo, llevara en su interior las semillas de la explotación. Las exportaciones directas e indirectas británicas iban a ser excluidas del continente, ciertamente, pero al mismo tiempo no se hizo nunca ningún intento de explotar la situación en beneficio de la totalidad de Europa. Por el contrario, el bloqueo, fue, desde sus comienzos, una parte integral de una política económica diseñada para someter a Europa a las necesidades económicas de Francia. En particular, se iba a proteger la industria francesa y el resto del continente iba a verse transformado literalmente en un mercado cautivo. En resumen, lo que el decreto de Berlín presagiaba no era nada más que una Europa diseñada como un gran «mercado poco común» —un imperio colonial— y un Napoleón convertido en amo universal.

Antes de que terminaran revelándose, por fin, las verdaderas implicaciones del bloqueo continental, sin embargo, Napoleón todavía tenía que ganar una guerra. Protegido por la llegada del invierno, Federico Guillermo se las había arreglado para retirarse hasta Memel, reunir a la guarnición de 20.000 hombres de Prusia Oriental y hacer una serie de esfuerzos desesperados para remediar los defectos del ejército prusiano; mientras tanto, en Pomerania y Silesia los estragos causados al paso de la *grande armée* y la deserción de muchos soldados prusianos dieron lugar a un problema de orden público tan serio que casi se convirtió en una extensión del esfuerzo de guerra prusiano:

> Los merodeadores infestaban el país de Breslau a Kolberg. Éstos hacían la guerra por su cuenta, se dedicaban al robo en los caminos, a interceptar correos y a llevarse el dinero que los pequeños pueblos reunían para cumplir con las exigencias de los franceses ... Los habitantes les tenían más miedo a ellos que a los propios franceses. Pero ellos podrían, si el ejército prusiano les hubiera proporcionado un líder, haber resultado de gran utilidad.[31]

En Stralsund 9.000 soldados suecos estaban listos para la defensa frente a los franceses, mientras que el mismo Gustavo IV permanecía en actitud desafiante. Como lady Holland afirmó con aprobación: «El rey de Suecia, aunque muy obstinado y carente de ... sentido común, tiene alguna noción sobre lo que es el honor ... Bernadotte, tanto en Alona como en Hamburgo, le hizo algunas insinuaciones al ministro sueco ... habló de la vieja alianza entre Francia y Suecia y de la entrega de Noruega. La única obligación que el rey ... tenía a este respecto era ... tener puntualmente informado al gobierno danés».[32] Y, por último, pero no por ello menos importante, gran número de rusos, probablemente unos 120.000 hombres, estaban de camino para unirse a los prusianos. Con ellos estaba un oficial británico, sir Robert Wilson y, según él, tanto oficiales como soldados estaban deseando vengar la humillación que habían sufrido en Austerlitz. Refiriéndose a la posibilidad de que la avanzada rusa cayera sobre Napoleón escribió: «Cuando Bennigsen se retiró de Yankova para unirse a Bonaparte e intentaba evadir al enemigo por medio de marchas forzadas ... el murmullo ruso en la retirada fue tan imponentemente audaz, el clamor por la batalla tan alto y reiterado ... que Bennigsen se vio obligado a ... tranquilizar a sus descontentos asegurándoles que la marcha tenía como objetivo buscar un lugar apropiado para el combate».[33]

Aunque estaba asistido por los nuevos aliados alemanes, sobre todo Sajonia, que se habían cambiado de bando, y Hesse-Kassel, que se había apresurado a abandonar su neutralidad inicial, el emperador se encontraba en una posición difícil, particularmente porque no existía seguridad alguna al respecto de que Austria no intentara atacarle por la retaguardia. Tampoco se podía garantizar que Gran Bretaña no enviara una fuerza expedicionaria al Báltico. Cuando la agotada *grande armée* entró en Varsovia el 28 de noviembre, sus tropas, por lo tanto, tenían pocas esperanzas de poderse retirar a sus cuarteles de invierno.

Pero por lo menos había una cosa por la que Napoleón no tenía por qué preocuparse. Si había un país que no tenía intención alguna de comprometerse en este conflicto, ese era Gran Bretaña. Las noticias de Jena y Auerstädt habían causado poco revuelo en los círculos políticos británicos, donde todo el mundo esperaba ese resultado. Como Joseph Farington confió a su diario: «Me encontré a [James] Boaden yendo de paseo antes de la cena. Hablamos de la derrota de los prusianos. "¿Qué otra cosa? —dijo él— ¿se podía esperar? Los débiles son derrotados por los más fuertes"».[34] Y entre los partidarios de Fox, en particular, reinaba una mezcla de júbilo e indiferencia. «Dejad que esos diablos se castiguen los unos a los otros —escribió sir Phillip Francis—. No me da pena ninguno de ellos. Bonaparte es un demonio vengador enviado con el propósito de flagelar a estas naciones y convertirlas en esclavas e instrumentos de tiranos bárbaros y egoístas que no se diferencian de él en nada, pero que, siendo igualmente malvados, no tienen ni su magnanimidad ni la más mínima porción de sus habilidades.»[35]

Y estos puntos de vista no se veían confinados solamente a las posturas políticas más radicales: siendo él mismo soberano en algunos territorios del norte de Alemania, Jorge III de Inglaterra siempre tuvo buenas razones para temer a Prusia, y se había indignado ante la pérdida de Hanover, mientras existía un sentimiento generalizado entre los hombres como Grenville de que simplemente no se podía confiar en Rusia. A estos prejuicios profundamente arraigados había que añadir la recepción de unos informes de lo más alarmantes. El primer enviado británico a Prusia, lord Morphet, había vuelto a Gran Bretaña tras Jena y Auerstädt, y pasó algún tiempo antes de que llegara su sustituto, lord Hutchinson, al refugio de Federico Guillermo en Memel. Lo que se encontró allí no le pudo ofrecer ninguna confianza. Había pocas tropas, el régimen estaba en bancarrota y la corte completamente desorganizada: un testigo alemán afirma que vio a «la joven y desafortunada reina María Luisa, con los ojos enrojecidos de tanto llorar, deambulando con sus hijos por las calles llenas de barro y mal pavimentadas de esa pequeña ciudad».[36] Todo lo que quedaba eran unas 200.000 libras en vales del tesoro. Es comprensible: confinado en el rincón más remoto y pobre de sus dominios, Federico Guillermo no hubiera sido capaz de hacer gran cosa ni siquiera teniendo a su disposición una gran cantidad de dinero. Aunque, sorprendentemente, ya que Grenville estaba determinado a reducir los gastos de su gobierno, los británicos aplicaron el mismo pensamiento a Rusia. Desesperado por obtener ayuda, Alejandro solicitó el envío de 60.000 fusiles; la garantía de un préstamo de seis millones de libras en el mercado londinense, de las cuales un millón se iba a conceder de forma inmediata y en efectivo, y el envío de una fuerza expedicionaria al oeste de Europa. Todo lo que consiguió fueron los fusiles, 500.000 libras en plata y 80.000 libras de las que fueron confiscadas por Suecia cuando el barco que las transportaba llegó al punto de entrega acordado, en Göteborg, sobre la base de que se le debían por los servicios prestados anteriormente. También se dejó claro que esta ayuda no era el producto de un nuevo acuerdo de subsidio, sino más bien el pago de las deudas que habían quedado pendientes desde el acuerdo de 1805. Y al respecto de la fuerza expedicionaria, el envío de tropas a Sudamérica había acabado con la reserva de fuerzas disponible. Se podían haber reunido algunos hombres, pero esto hubiera implicado la reducción de las guarniciones en las islas Británicas, y este era un riesgo que los Talentos no estaban dispuestos a asumir; además se estaba viviendo una alarmante escasez de transportes. Pero si el asunto de enviar tropas no se podía ni considerar, lo cierto es que sí que había que enviar más dinero, especialmente porque en febrero de 1807 se envió el último contingente de tropas de refuerzo a Buenos Aires. No es fácil de entender por qué no se prometió ningún tipo de ayuda a Austria si ésta se comprometía a entrar en la guerra (de hecho, Rusia la estaba presionando en este sentido). Con la capacidad de ofrecer crédito seriamente mermada en Estocolmo, Memel y San Petersburgo, el episodio no es uno de esos de los que Londres pudiera obtener mucha gloria.

Pero este quizá sea un juicio precipitado. En apariencia, la coalición había realmente resurgido en el este de Europa, pero los observadores en Gran Bretaña tenían buenas razones para desconfiar de Prusia y, con bastante probabilidad, también de los rusos. Napoleón había dejado abierto un resquicio de luz en sus conversaciones con Federico Guillermo III: si Prusia podía prevalecer sobre Gran Bretaña y Rusia para entrar en negociaciones con Napoleón, entonces es posible que no solamente consiguiera un armisticio, sino también unas condiciones de paz favorables. Si Napoleón era sincero a la hora de hacer creer tal cosa a los prusianos es irrelevante: implícita a la idea estaba la probabilidad de celebrar una conferencia internacional de esas que tanto le desagradaban, y es probable que solo tratara de sembrar la confusión entre sus enemigos y ganar tiempo para poder hacerse con el control de Polonia. Tampoco parecían muy prometedores los términos que Napoleón estaba dispuesto a ofrecer, que comprendían el reconocimiento del nuevo orden en Alemania e Italia, la restitución de todas las colonias tomadas por Gran Bretaña a sus legítimos dueños, la libertad de navegación para todos, la restauración del statu quo en Valaquia y Moldavia y una garantía al respecto de la integridad territorial y la independencia del Imperio Otomano. Pero la fugitiva corte prusiana estaba dispuesta a aceptar cualquier cosa que se le ofreciera. Desesperado por escapar de la guerra y restaurar lo que nostálgicamente veía como su antigua sociedad con Napoleón, Federico Guillermo envió a un emisario a San Petersburgo con la vaga esperanza de que Alejandro estuviera de acuerdo en reanudar las negociaciones de paz y convenciera a Gran Bretaña para que hiciera lo mismo. Con este enviado —un edecán del rey llamado Krüsemarck— iba un apasionado llamamiento para que Rusia se esforzara por ver la desesperada situación en la que se encontraba Prusia y expresando que confiaba plenamente en que se pudiera celebrar el congreso planeado.

La respuesta inicial fue, ciertamente, desalentadora. Al final, completamente decepcionado con los británicos, Alejandro estuvo de acuerdo en que se celebrara la reunión, siempre que, primero, Napoleón dejara claros cuáles eran sus términos y, segundo, que ésta tuviera lugar en un punto neutral. Pero al final todo esto se quedó en nada: cuando la respuesta de Alejandro le llegó a Napoleón, enero ya se encontraba muy avanzado. Con la *grande armée* concentrada en Polonia, no había necesidad de fingir por más tiempo. Como Talleyrand le escribió a Napoleón: «las disposiciones de los rusos dependen de los acontecimientos, y los acontecimientos dependen de Su Majestad».[37]

Pero el gesto había resultado de utilidad, ya que contar con un mes extra resultaba algo clave para Napoleón en ese momento. Marchando hacia el este, confiaba en poder contar con más refuerzos. Aunque parece que privadamente Napoleón despreciaba las aspiraciones de los polacos, lo cierto es que muchos de ellos no solamente estaban desesperados por recuperar la independencia para su país, sino que también consideraban a Francia como un salvador potencial. Liberando Polonia, el emperador podría contar con más tropas. Con la *grande armée* reducida en gran número, en cuanto Napoleón entró en Varsovia se estableció una junta de notables para administrar los territorios ocupados por los franceses. No se hicieron promesas específicas respecto al futuro pero parecía que no existía mucha necesidad de hacer tal cosa en un principio: «En Posen ... los grandes de Polonia fueron a homenajear al emperador vestidos con sus trajes orientales».[38] Todavía resentidos por lo que había ocurrido en 1794, cuando un ejército ruso al mando de Suvorov había asediado el suburbio oriental de Praga y masacrado a gran parte de sus habitantes, los polacos «nos recibieron con entusiasmo como hermanos y libertadores».[39] Uno de los principales colaboradores de los franceses fue el príncipe Josef Poniatowski, uno de los aristócratas que había sido un héroe de la guerra de 1794 pero que luego fue cortejado por Federico Guillermo III y nombrado gobernador de la Varsovia ocupada por los prusianos. Pero, a pesar de todo, Napoleón se encontraba disgustado: gran parte de la aristocracia se mostraba hostil y muchos polacos revolucionarios eran jacobinos convencidos. De hecho, el líder de la insurrección de 1794, Tadeusz Kosciuszko, rechazó todas las lisonjas que se le hicieron para que colaborara porque, como el nacionalista de origen noble Oginski afirmó: «Aunque respetara el talento militar de Napoleón, lo veía como un conquistador consumido por la ambición y como un déspota».[40] De hecho, las elites se mostraban más bien escépticas:

> Los amigos de la libertad se preguntaban a sí mismos si uno podía esperar la restauración de la república de Polonia de manos de un hombre que había acabado con la libertad en su propio país, y los más sabios temían que Napoleón considerara la liberación de los polacos como un medio para obtener hombres y subsidios, y así lograr la consecución de ulteriores proyectos.[41]

Por lo que respecta a la gente común, ésta se mostraban indiferente ante la llamada nacionalista (a este respecto podemos decir que de las famosas legiones que habían luchado para los franceses en la década de 1790, solamente un quinto de los hombres que las componían eran de origen polaco). Tal y como se quejaba Marbot: «El emperador ... esperaba que toda la población del país se levantara como un solo hombre al paso de los ejércitos franceses. Pero nadie se movió».[42] Según Marbot, esto fue así porque el soberano francés no habló abiertamente de la restauración de un estado polaco, pero lo cierto es que entre la gran masa de la población del este de Europa el nacionalismo no era una cuestión de verdadero interés. Tampoco podía Napoleón arriesgarse a ampliar el llamamiento de su régimen decretando inmediatamente, por ejemplo, la abolición de feudalismo, ya que haciendo eso hubiera terminado por distanciarse de la nobleza local: si Poniatowski, por ejemplo, se había unido a los franceses, era solamente porque deseaba asegurarse de que el control de los asuntos no cayera en manos de radicales tales como el comandante de las legiones polacas en la década de 1790, el general Dabrowski. Al final, se reclutaron hombres suficientes como para formar tres legiones de 9.000 hombres cada una, aunque lo cierto es que este asunto ha sido objeto de una considerable mitificación. Gran parte de los reclutas se habían integrado en las legiones motivados por la pobreza y la desesperación, así que la «guerra de liberación» polaca de 1807 no fue verdaderamente un guerra nacional, del mismo modo que no lo fue la guerra alemana que se iba a librar más adelante.

Volviendo al asunto de la guerra con Rusia, Napoleón no logró la ocupación de Varsovia tan rápidamente como se podía haber esperado, ya que se necesitó mucho tiempo para que la *grande armée* descansara, se reequipara y reuniera los suministros necesarios para llevar a cabo una campaña en una parte de Europa que era especialmente pobre. A pesar del hecho de que el ejército ruso estaba concentrado en ese momento a tan solo ochenta kilómetros al norte de Varsovia, no fue hasta el 22 de diciembre cuando los franceses se pusieron en marcha de nuevo, con el plan de envolver al ejército ruso en sus posiciones entre los ríos Ukra y Narew. Sin embargo, el avance se vio retrasado por las inclemencias del tiempo, mientras que los rusos ganaron tiempo con una serie de encarnizadas acciones. En unos pocos días, de hecho, quedaba claro que los rusos habían logrado escapar y un frustrado emperador no tuvo otra opción que ordenar a sus agotadas y hambrientas tropas que abandonaran la persecución y retornaran a Varsovia. Lamentablemente para la exhausta *grande armée*, el descanso duró poco tiempo. Tras la conocida como «maniobra sobre el Narew», el ejército ruso había recibido un nuevo y mucho más agresivo comandante en jefe en la persona del general August von Bennigsen, que en menos de un mes inició una ofensiva contra el flanco izquierdo francés. Concentrando rápidamente a sus dispersas fuerzas, el emperador respondió atacando hacia el norte, en dirección a Prusia Oriental. Una vez más, sin embargo, los rusos lograron escapar, y a comienzos de febrero la *grande armée* se estaba limitando a seguirles avanzando hacia el norte, en dirección a Königsberg. Inicialmente, Bennigsen había confiado en poder escapar sin luchar, pero el 7 de febrero Napoleón le alcanzó en Eylau, donde se libró, probablemente, una de las batallas más encarnizadas de todas las guerras napoleónicas. Siempre mostrándose como feroces combatientes que hacían buen uso de la artillería, no solamente estaban los rusos establecidos en una posición defensiva, sino que también esperaban verse reforzados por una fuerza prusiana que venía de camino, estando las fuerzas de ambos bandos bastante equilibradas. Atacando en medio de la ventisca, los franceses comenzaron a sufrir serios problemas. «Varias veces durante el día cayó la nieve durante una hora en tales cantidades que apenas podíamos ver a dos pasos por delante de nosotros, y las tropas en movimiento comenzaron a desorientarse ... El mariscal Augereau fue herido y su cuerpo de ejército, privado de su líder, sufrió horriblemente: su infantería, formada en cuadros, fue completamente aniquilada en su posición.»[43] Viendo cómo sus primeros ataques eran rechazados, no fue hasta el final de la tarde cuando los franceses pudieron hacer algún progreso, e incluso entonces su avance se vio contrarrestado por la oportuna llegada de los prusianos, que en esta ocasión lucharon muy bien. Si hubiera aguantado toda la noche, es posible que Bennigsen hubiera obtenido una notable victoria defensiva, pero en última instancia le fallaron los nervios y se retiró hacia Königsberg. En el campo de batalla, mientras tanto, quedaban 40.000 bajas, de las cuales 25.000 eran francesas. Era una escena terrible. En palabras de un soldado de infantería francés:

> El campo estaba cubierto por una gruesa capa de nieve salpicada aquí y allá con los muertos, los heridos y restos de todo tipo; en todas direcciones la nieve estaba cubierta por grandes manchas de sangre o se había vuelto amarilla por el pisoteo de hombres y caballos. Los puntos en los que habían tenido lugar las cargas de caballería y los ataques a bayoneta calada y donde se habían situado los emplazamientos de la artillería estaban cubiertos con hombres y caballos muertos. Los heridos de ambos bandos se estaban retirando con la ayuda de prisioneros rusos, que aportaban un poco de vida a esta carnicería. Largas líneas de armas, de cadáveres, de hombres heridos, mostraban el lugar donde se había desplegado cada batallón. En resumen, no importaba dónde miraras que lo único que se podía ver eran cadáveres y ... hombres arrastrándose por el suelo; no se oía otra cosa que gritos desgarradores. Me marché de allí completamente horrorizado.[44]

Para Napoleón, sin lugar a dudas, Eylau resultó una experiencia aleccionadora. De pronto, se mostró visiblemente consternado ante el panorama de la carnicería sobre el campo de batalla, y no hizo ningún intento por perseguir a Bennigsen. La propaganda imperial hizo todo lo posible para que esta batalla se calificara como una victoria, pero no fueron pocos los que desconfiaron de que las cosas fueran realmente así. Incluso entonces, de hecho, hubo algunos que consideraron que la batalla librada entre el 7 y el 8 de febrero había sido una derrota; después de todo, un tercio de las tropas francesas había caído. Y si no hubiera sido por ciertos errores cometidos por Bennigsen, que en algunos momentos cruciales fracasó a la hora de explotar las oportunidades tácticas que se le ofrecían, ciertamente hubiera sido una derrota. Es cierto que el mito de la invencibilidad del emperador todavía no se había hecho pedazos: el fracaso a la hora de obtener la victoria podía achacarse, con cierta justicia, al mal tiempo, la falta de buenas carreteras y los errores que cometieron algunos de sus mariscales. Pero se había visto claramente que la *grande armée* también tenía sus límites. Y lo que es peor, había una alarmante escasez de alimentos, mientras que comenzaban a oírse voces de protesta como nunca antes. La guerra en Polonia nunca había resultado popular; incluso había una canción que decía que la *grande armée* había cruzado el Vístula solamente para conseguir un trono a Jerónimo Bonaparte y, para empeorar aún más las cosas, parecía como si el emperador hubiera perdido su toque personal. El tipo de anécdotas que abundan en las memorias sobre Austerlitz y Jena están completamente ausentes en la historia de Eylau. De hecho, a la mañana siguiente de haberse librado la batalla se pudieron oír gritos del tipo «¡larga vida a la paz!» y «¡paz y pan!», mientras que el ejército se mostró desanimado durante meses:

> «Su Majestad se dirige hacia aquí —dijo nuestro coronel en el momento de la revista—. Confío en que no sea recibido como la última vez, y que los soldados gritarán "Vive l'Empereur!". Miren, caballeros: les consideraré responsables si todos los hombres no gritan con ganas.» Volvimos a nuestras compañías, repitiendo a nuestros hombres la advertencia del coronel, y pudimos oír cómo murmuraban en las filas. «Dejadle que me dé la baja y gritaré tan alto como quieran ... No tenemos pan: no puedo gritar con el estómago vacío ... se nos deben seis meses de paga: ¿por qué no nos dan nuestro dinero?» El emperador llegó: el coronel y otros oficiales gritaron casi hasta romperse la garganta; el resto nos mantuvimos en silencio.[45]

En privado, Napoleón se mostraba perfectamente consciente de hasta qué punto se había convertido en desesperada la situación de la *grande armée*. Como le escribió a José Bonaparte:

> Los oficiales de estado mayor, los comandantes de regimiento, los oficiales, nadie se ha quitado el uniforme durante los últimos dos meses, y algunos durante los cuatro últimos (yo mismo estuve quince días sin quitarme las botas), y todo esto en medio de la nieve y el barro. No ha habido pan, ni vino, ni brandy, y hemos vivido a base de patatas y carne. Haciendo grandes marchas y contramarchas sin contar con el menor de los lujos, hemos tenido que luchar frecuentemente a bayoneta calada bajo una lluvia de metralla, mientras que los heridos tenían que ser evacuados en carros abiertos a distancias de más de cincuenta leguas ... Hemos tenido que hacer la guerra con toda su fuerza y todo su vigor.[46]

Tras pasar algunos días haciendo tremendos esfuerzos para poder atender a todos los heridos, Napoleón hizo retroceder a sus hombres y les permitió refugiarse en las ciudades y pueblos situados en una franja de territorio que se extendía hasta el río Vístula, estableciendo su cuartel general en la localidad de Finkenstein. No es sorprendente que se iniciaran conversaciones de paz. Incluso antes de Eylau, los rigores de la campaña invernal en los yermos de Prusia Oriental y Polonia habían convencido al emperador de la necesidad de aislar a Rusia para persuadirla a firmar la paz. El 29 de enero Federico Guillermo recibió una oferta de paz a cambio de una alianza y, en particular, a cambio de garantías al respecto del Imperio Otomano. Sin embargo, esta tentativa fue ignorada —Federico Guillermo podía tolerar la nueva guerra contra Rusia, que implicaba mucho menos que la continua guerra contra Francia— y, tras la batalla de Eylau, el general Bertrand fue enviado a la corte prusiana con la oferta de un inmediato acuerdo de paz. Para asegurarse su objetivo, Napoleón estaba dispuesto a dejar caer la posibilidad de una alianza franco-prusiana pero fue convencido por Handerberg y otros de que una oferta de paz sería, con toda seguridad, una trampa. Federico Guillermo se mantuvo firme, y lo máximo que Bertrand pudo obtener fue una promesa de informar a los rusos de que Napoleón quería la paz. Tras las bambalinas, Federico Guillermo hizo todo lo posible por convencer a Alejandro de que confiara en las palabras del soberano francés, al tiempo que enviaba un emisario a Finkenstein en la persona del general Von Kleist con el pretexto de acordar un intercambio de prisioneros. Tal era el abatimiento y el estado de nervios de Napoleón —en sus discusiones con Von Kleist mostró una considerable agitación y unos constantes cambios de humor— que incluso llegó a resucitar la idea de una conferencia de paz general. El precio de tal conferencia, sin embargo, sería un armisticio, y esto fue suficiente para que Alejandro vetara la idea en cuanto fue informado de ella, puesto que estaba claro que beneficiaría más a los franceses que a los rusos. Aparte de esto, sin embargo, no se produjo ningún otro signo de moderación por parte del emperador: Prusia, parecía, solamente sería restaurada a cambio de la rendición de las conquistas coloniales británicas. Con las tropass rusas todavía fuertes, parecía preferible seguir luchando, dejando al derrotado Federico Guillermo con la única opción de lamerse las heridas solo. Por lo que se refiere a Napoleón, otro Eylau no parecía una buena perspectiva pero, como en 1803, por lo menos podía adoptar una postura de vergonzosa inocencia. En las palabras del septuagésimo octavo boletín de la campaña polaca: «No hay propuesta de paz que el emperador no escuche; no hay proposición a la que el emperador no haya respondido».[47]

Eylau, fuera de toda duda, constituye un momento clave en la carrera de Napoleón. Habiendo sido un golpe directo contra su sistema, fue contrarrestado con una vigorosa propaganda ofensiva e incluso con una búsqueda más vigorosa de un chivo expiatorio. Por varias razones, este papel recayó en el mariscal Bernadotte, que supuestamente fracasó a la hora de cumplir las órdenes que hubieran sumado su cuerpo de ejército a la línea de combate francesa y le hubieran proporcionado a Napoleón la punta de ataque de la que carecía desesperadamente. No había nada especialmente nuevo en esto salvo un aspecto en particular: en una carta dirigida a Fouché tras la batalla, el emperador le dijo que extendiera una serie de falsos informes en los que se dijera que los rusos habían sido completamente batidos y luego, en la misma línea, informó al ministro de Policía de que eran «ciertos». Incluso aunque Bernadotte y otros generales pudieran haber cometido errores, hacer de eso una excusa para lo ocurrido en Eylau era hacer surgir la cuestión de si maniobras tales como las de Ulm y Jena se podían repetir otra vez sin las condiciones logísticas favorables que proporcionaban áreas tales como el oeste y el centro de Alemania. A esta incipiente tendencia de Napoleón para creerse su propia propaganda, se sumaba una creciente falta de capacidad de análisis. Tanto en sus entrevistas con los emisarios extranjeros o con la bella condesa polaca, María Walewska, que fue presentada al emperador como una noble que ansiaba un avance en la cuestión de la independencia polaca, se daban frecuentes brotes de ira y de frustración. Y a todo esto le acompañaba una sorprendente capacidad para olvidarse de los fracasos: cuando Fouché le escribió desde París rogándole que firmara la paz a la menor oportunidad, su respuesta es que necesitaba «una victoria más».[48]

Con el paso de las semanas, la *grande armée* comenzó a recuperar sus fuerzas y las operaciones se reanudaron una vez más. Stralsund se había visto asediada desde finales de enero, y en ese momento los franceses también cercaban las plazas fuertes de Danzig y Kolberg. Y no se esperaba ningún tipo de ayuda por parte de Gran Bretaña, cuyos líderes se veían atados de pies y manos por los perniciosos efectos de la expedición a Buenos Aires y por los informes, lo más pesimistas posibles, que les enviaban sus agentes destacados sobre el terreno. De este modo, el embajador británico ante Prusia, lord Hutchinson, mantuvo un constante discurso derrotista incluso cuando estaba claro que Napoleón estaba pasando por grandes dificultades, mientras que su colega destinado en San Petersburgo, lord Douglas, era un partidario de Fox convencido de que era inútil resistir al poder de Francia. Para empeorar aún más las cosas ambos hombres, carentes de encanto personal, terminaron por ofender a todos aquellos con los que entraron en contacto. No viéndose favorecidos con noticias o confidencias, ambos se hundieron aún más en una especie de paranoia diplomática y comenzaron a ver traidores por todos lados. Se hizo algún esfuerzo para persuadir a Austria para que entrara en la lucha, pero incluso entonces los subsidios estaban condicionados a que Austria se comprometiera realmente con el conflicto. Como lord Holland escribió con bastante falsedad por su parte: «Nos esforzamos por renunciar ... a cualquier medida para inducir a esta última potencia a ir a la guerra bajo el condicionamiento de los subsidios. Nuestra política era socorrer a esos estados que voluntariamente se opusieran al poder de Francia, pero no sobornarlos para que entraran en la guerra ... La lucha debe ser la suya, la causa deber ser la suya, y si no estuvieran, ya fuera por culpa de sus propios errores o por los peligros inherentes, preparados para librar una guerra nacional contra Francia, no nos interesa ni deseamos que participen en la guerra».[49] Con nada que ofrecer desde Inglaterra, el resultado fue el de siempre: la numerosa facción de la corte austriaca que se oponía a la reanudación de las hostilidades impuso su opinión con facilidad. Esto no quiere decir que Viena permaneciera ajena a todo. Por el contrario, Austria tenía un gran interés personal por cortarle las alas al águila napoleónica. Movilizando un ejército de 80.000 hombres en Bohemia para dar peso a su posición, su nuevo canciller, Philipp von Stadion, presionó a Napoleón para que aceptara la mediación austriaca e incluso para que declarara públicamente que no se opondría a un congreso internacional de paz. Aunque esto no significaba absolutamente nada: todo lo que el emperador quería era mantener a Austria tranquila mientras hubiera pocas posibilidades de que aceptara unas propuestas de paz que se tradujeran en una completa victoria para Francia.

En el principal teatro de operaciones, entonces, la influencia de Gran Bretaña fue mínima. Solamente en el Mediterráneo las cosas eran diferentes. Allí había muchos barcos y soldados y se ofrecía la oportunidad de emplearlos de manera segura y efectiva. Y lo que es más, los Talentos incluso contaban con una estrategia. Por medio del empleo del poder marítimo británico, obligarían a los turcos a firmar la paz con Rusia y, de este modo, dejarían libre al ejército del general Ivan Mikhelson para que pudiera unirse a las operaciones de los rusos en Polonia. En una fecha tan temprana como noviembre de 1806 una escuadra británica fue enviada al Bósforo al mando del almirante Duckworth. Pero la lucha no se consideraba como algo probable: los navíos británicos, se asumía alegremente, simplemente debían dejarse ver por el mar de Mármara para que los turcos terminaran cediendo. Pero no ocurrió nada de eso. Una avanzada compuesta por tres buques de línea, una fragata y una corbeta penetraron en los Dardanelos sin resistencia y anclaron frente a Constantinopla. Pero la Puerta no dio señales de ceder: por el contrario, reunió gran cantidad de cañones y los disparó contra los barcos de Duckworth. En un intento de ejercer más presión y de rescatar al primer grupo de barcos, el 19 de febrero de 1807 Duckworth entró en el mar de Mármara. Se opuso algo de resistencia, nada importante, así que las conversaciones se iniciaron rápidamente. Casi de inmediato, sin embargo, quedó claro que los turcos se estaban limitando a ganar tiempo. No habiendo nada que hacer allí salvo recoger los trastos y correr, el 28 de febrero Duckworth puso rumbo hacia los Dardanelos. Muy reforzados, los artilleros turcos estacionados allí cañonearon los barcos británicos a su paso por el estrecho y les infligieron considerables daños y unas 300 bajas. Si la retirada de Duckworth fue vergonzante, lo que siguió fue mucho peor. Para presionar aún más a los turcos, la guarnición de Sicilia recibió la orden de enviar una expedición a Egipto. Muy pronto, 6.000 hombres habían desembarcado en Alejandría, donde se les unieron los barcos de Duckworth. De nuevo se pensó ingenuamente que no iban a encontrar resistencia alguna, y de nuevo esta terminó siendo una vana esperanza. Con un gran número de fuerzas turcas concentrándose por todos lados, se hizo un intento por asegurar los vitales recursos agrícolas del delta del Nilo, pero los dos intentos por tomar el puerto de Rosetta fueron rechazados con numerosas bajas en el lado británico. Durante algunos meses los británicos se aferraron a la seguridad que les ofrecía Alejandría pero, hacia finales de agosto, se vieron asediados, teniendo que evacuar la ciudad el 14 de septiembre. En justicia hay que decir que la ausencia de las tropas británicas no marcó una diferencia sustancial en el discurrir de la campaña, ya que otra incursión del estilo de la de Maida en Italia no hubiera afectado gran cosa a la situación en Polonia, y solamente hubiera servido para privar a Napoleón de unos pocos refuerzos. Pero las consecuencias diplomáticas fueron desastrosas. Concediéndoles permiso para desembarcar en el continente sin apoyo, un intento napolitano de invasión de Calabria fue aplastado en Mileto el 28 de mayo, y los franceses, de este modo, pudieron afirmar que los británicos de nuevo estaban colocando sus propios intereses imperialistas por delante de los de sus aliados.

Pero enviar tropas al continente constituía una operación muy complicada. Siempre que se mantuvieran cerca de la costa fuerzas británicas relativamente pequeñas podían operar con relativa facilidad, aunque, en el norte de Europa, por lo menos, solamente podían contar con sobrevivir si actuaban en conjunción con otros ejércitos de campaña pertenecientes a alguna de las potencias aliadas. Lo que se requería, como para cualquier fuerza de características similares, era una base estratégica segura: un área en la que se pudieran establecer hospitales y almacenes permanentes y contar con suministros de todo tipo, por no olvidar animales de carga y transportes (a diferencia del ejército francés, los británicos no mantenían un tren de bagajes o de artillería permanente, sino que alquilaban los animales y los carromatos necesarios en el lugar en que operaban). Si se podía establecer una base como ésa en territorio enemigo, miel sobre hojuelas pero, en 1807, salvo quizá en el extremo sur de Italia, esto era simplemente impensable. Todo lo que quedaba era territorio perteneciente a estados amigos —Sicilia o, posiblemente, Portugal—, pero esto requería un considerable sacrificio de soberanía por parte del estado que cedía la base y también un alto grado de armonía entre los dos países. En Sicilia esto no iba a ser posible. El rey, la reina y sus principales cortesanos culpaban a los británicos de la pérdida de sus territorios en el continente en 1806, y solo tenían que mirar los ejemplos de Gibraltar, Menorca, Córcega o el más reciente de Malta para darse cuenta de que la presencia británica en el Mediterráneo al final se tornaba permanente. Una fuente de enfado considerable fue la negativa de sir John Stuart de marchar sobre Nápoles tras la batalla de Maida. Citando al comandante del ejército napolitano, Roger de Damas:

> El carácter político y militar de los ingleses ... les hace únicos como nación ... Estaba a su alcance el poder conquistar Nápoles; y todavía lo está. Vencieron todos los obstáculos que hacían esto imposible, y deliberadamente volvieron sobre sus pasos en cuanto esos obstáculos se pasaron sin peligro. Su inexplicable conducta les convierte necesariamente en unos aliados muy peligrosos. Ni uno solo de sus cálculos está influido por consideraciones de superior alcance. Toda su política es una regla de álgebra mercantil. Todavía no hemos podido ver a un general inglés para el que el respeto por sí mismo, el honor o el entusiasmo puedan moverle más allá de las órdenes recibidas ... El general Stuart, parece, vino a Calabria con el único objetivo de levantar patíbulos y preparar torturas, a las que desde ese momento fatal los desafortunados y demasiado crédulos calabreses fueron abandonados ... Sicilia ocupada por los ingleses no es más que un tipo de mantenimiento-subsidio concedido a un sátrapa ... los ingleses son ... unos desvergonzados a la hora de exigir dinero ... y a cada momento surge una nueva fuente de amargura para preocupación de nuestros desafortunados soberanos.[50]

Las quejas británicas sobre el comportamiento de los napolitanos eran muchísimas, y no ayudaba a mejorar las relaciones la percepción de que la administración napolitana no era solamente obstructiva, sino también incompetente y corrupta. lord Holland nos ofrece los argumentos típicos: «En Sicilia el desgobierno de la corte amenazaba constantemente nuestros intereses. La reina, según cumplía años, se mostraba más ingobernable en su venganza y no más moderada en la indulgencia de otras pasiones».[51] Luego están los puntos de vista de sir John Moore, para quien la reina era «violenta, conducida por sus pasiones y pocas veces influenciada por la razón»; el rey Fernando, «un hombre indolente, un asunto odioso»; y el primer ministro, Circello, «un viejo ganso».[52] Esto no quiere decir que los británicos no tuvieran algo de razón. La actitud de la corte hacia sus dominios sicilianos era despectiva en extremo; María Carolina era extravagante en extremo y sentía inclinación por favorecer a una serie de favoritos de dudosa catadura; la corte y la administración estaban dominadas por emigrados procedentes del continente: el reclutamiento del ejército estaba completamente paralizado; y, para empeorar aún más las cosas, se sospechaba que la reina mantenía contactos secretos con los franceses. Todo esto era una inaceptable amenaza para la seguridad de la guarnición, así que la respuesta de los Talentos fue apretar aún más las clavijas: el embajador británico fue autorizado a cancelar el subsidio recibido por el régimen de Fernando y María Carolina al mismo tiempo que exigía la dimisión de ciertos personajes de la corte e incluso el exilio de la reina. De este modo se dispuso el escenario para un largo conflicto que iba a durar más allá de la guerra.

Cómo se resolvió este dilema es algo que debemos dejar para otro capítulo. De momento, lo que importa es que ningún ejército británico desembarcó en el continente. Apaleado y sangrando como estaba, a Napoleón se le permitió recuperar la iniciativa. A pesar del intento de liberar Danzig desde el mar, hacia finales de mayo de 1807 la ciudad había caído en manos francesas, mientras que en Stralsund se negoció una paz en abril que también dio por terminadas las hostilidades allí. En consecuencia, todo lo que le quedaba a los aliados en la costa del Báltico al oeste de Königsberg era Kolberg, donde, en una resistencia desesperada que luego se mitificó en gran medida, Gneisenau se mantuvo fuerte hasta que se alcanzó el fin de las hostilidades en junio. Desde el comienzo del año en adelante también habían estado llegando malas noticias desde Silesia, donde una serie de guarniciones prusianas, de las cuales la más importante era la de Breslau, habían quedado bloqueadas por los franceses desde comienzos de año y se estaban gradualmente rindiendo. Al mismo tiempo, la llegada de considerables refuerzos franceses significaba que los aliados se iban a ver muy pronto grandemente superados en número: frente a los 220.000 soldados franceses, los rusos tenían solamente 115.000 hombres en campaña, mientras que los prusianos solo contaban con unas pocas guarniciones y unidades de segunda fila. Pero Bennigsen todavía resistía, y fue capaz de lanzar una ofensiva a comienzos de junio. Antes de que examinemos esto, sin embargo, debemos primero dedicar unas pocas palabras a las negociaciones de paz que marcaron el relativo parón de las operaciones tras Eylau. Sin embargo, una vez más existía cierta disposición para llegar a algún tipo de acuerdo con Napoleón, lo cual no coincide con la idea de una cruzada general contra su dominio. El 21 de abril Federico Guillermo escribió una carta a Napoleón de parte de Prusia, Rusia y Gran Bretaña proponiendo que se celebrara un congreso en la neutral Copenhague para negociar un acuerdo de paz que no sería solamente estable, sino también honorable para todas las partes. No se establecieron unos términos específicos para este acuerdo, pero las pruebas de la moderación de los aliados se pueden ver en la promesa específica de respetar la integridad del Imperio Otomano y en la insinuación de que Gran Bretaña probablemente estuviera dispuesta a rendir sus ganancias territoriales en las colonias. A todo esto Napoleón respondió que los otomanos, que habían sido excluidos deliberadamente de la conferencia propuesta, también debían ser admitidos. Esta demanda fue aceptada por los aliados, pero todo el mundo comenzó a sospechar de la buena fe de Napoleón. Citemos a Federico Guillermo:

> No se puede esconder que ... solamente por medio de la más vigorosa persecución de la guerra ... podemos tener éxito. Las consecuencias que quizá Napoleón intuya de la base de la propuesta puede que, lejos de facilitar la paz general, más bien la conviertan en algo más lejano, especialmente si se erige como amo de la parte de ... Europa que ahora ocupa y si piensa establecer un sistema de compensación bajo este estado de ocupación ... pero renunciar a la apertura del congreso sería ponerse en manos de Napoleón ... Por lo tanto debemos ... acelerarlo cuanto sea posible ... Pero ... esta determinación de las potencias en guerra con Francia no debía excusar a ninguna de ellas de llevar a cabo vigorosas operaciones en contra del enemigo común.[53]

Si había que lograr una paz duradera, ésta solamente se podía obtener en el campo de batalla, de ahí el avance del ejército de Bennigsen. Luego siguieron casi dos semanas de complicadas maniobras. Pillado a contrapié, Napoleón remedió la situación extendiendo el bulo de que una gran fuerza francesa había flanqueado a los rusos y que estaba a punto de caer sobre su retaguardia. Habiendo inicialmente recorrido muchos kilómetros hacia el sur desde su punto de partida al sur de Königsberg, Benningsen perdió los nervios y retrocedió amablemente sobre sus pasos, dando de este modo tiempo al emperador para reunir sus fuerzas y enviarlas a la acción. Aun estando asustado, el comandante ruso todavía ansiaba la lucha y, el 10 de junio, dejó a los franceses con la nariz sangrando en Heilsberg. Envalentonados con este éxito, el general ruso lanzó un contraataque general en la ciudad de Friedland. Hasta ese momento se había mostrado diestro en la campaña, pero este movimiento era indudablemente un gran error. Bennigsen creía que las tropas francesas que se encontraban frente a él no eran más que una división, pero pronto se encontró rodeado por la totalidad de la *grande armée*. La batalla que siguió acabó de una vez por todas con la Cuarta

Coalición. Para atacar a los franceses, Bennigsen había tenido que mover todo su ejército a través del río Alle, cuyo único paso era el puente de Friedland, tres puentes de pontones y un pequeño vado. Y lo que es peor, sus posiciones estaban dominadas por un terreno elevado y divididas por un arroyo que corría hacia el río justo al norte de la ciudad, al tiempo que su ejército se veía superado en número. En cuanto los franceses atacaron, los rusos se vieron obligados a retirarse. Como se podía haber esperado tras Eylau y Heilsberg, la acción no fue un paseo militar. Lejeune pagó su tributo a los «esfuerzos sobrehumanos» de los defensores; Coignet escribió: «Los rusos lucharon como leones: preferían ahogarse a rendirse». Mientras que, para sir Robert Wilson, «nunca hubo una resolución más heroica ni una paciencia más ejemplar que la que demostraron los rusos».[54] Pero a la caída de la noche todo había terminado: habiendo sufrido por lo menos 20.000 bajas y quedando reducido a un estado de total confusión, el ejército de Bennigsen no podía seguir luchando, mientras que Alejandro se vio forzado a abandonar Königsberg y a solicitar un armisticio. Napoleón estaba exultante. «Friedland —le dijo a una edecán— está a la altura de Austerlitz, Jena y Marengo, cuyo aniversario celebro precisamente hoy.»[55]

Aunque Friedland supuso un golpe demoledor para Alejandro, no fue esta la única razón por la que se decidió a pedir la paz. Sospechaba que los británicos tenían planes al respecto de Egipto, se mostraba resentido por el fracaso de éstos al intentar forzar el paso de los Dardanelos y pensaba que habían puesto más leña en el asador de sus propios intereses que en el de la lucha en Europa. Tales sospechas se vieron confirmadas por el hecho de que en la primavera de 1807 Londres estaba acosando a Alejandro para que renovara un acuerdo comercial extremadamente favorable a los ingleses, que las dos potencias habían firmado hacía unos años y que estaba por entonces a punto de expirar. El 26 de marzo, la vigorosa administración Portland (liderada, como su nombre sugiere, por lord Portland) había sustituido a los Talentos en mitad de las discusiones sobre el incremento sustancial de los subsidios y de la fuerza expedicionaria británica, pero esto no era demasiado importante, sobre todo porque, en cualquier caso, no había tropas que pudieran ser enviadas al Báltico a corto plazo. Menos importante pero igual de irritante, mientras tanto, fueron las acciones de los suecos que, además de pedir las 80.000 libras a las que nos referimos anteriormente, habían fracasado a la hora de proveer a Kolberg y Danzig con todo el apoyo naval que se podía haber esperado. Enviado al cuartel general de Alejandro con la promesa de ayuda, el mensajero británico, Leveson-Gower, tuvo que soportar una auténtica invectiva:

> Fui interrumpido por el emperador, que ... dijo que estaba persuadido de las buenas intenciones del gobierno británico ... pero que tenía que quejarse porque todo el peso de la guerra lo habían tenido que soportar sus ejércitos ... que se había confiado en que se enviara una fuerza expedicionaria británica a ... Alemania —sin embargo, pasaron los meses, y no se había embarcado ni a un solo soldado—, que gracias al valor del ejército ruso se había mantenido viva la lucha y que en cada batalla que se había librado se había obtenido alguna ventaja ... pero que no se debería olvidar que las oportunidades de la guerra eran inciertas, y que este era el último acto del gran drama que había acaparado la atención del mundo durante los últimos quince años.[56]

Si Alejandro se sentía completamente desilusionado hacia el verano de 1807, la irritación no era el único motor de su conducta. Gran parte de la corte y la nobleza rusas se encontraban presionando para que se firmara la paz, algo que no presagiaba nada bueno, dado el destino que tuvo Pablo I. Además, la movilización de gran número de hombres para integrarlos en el ejército regular o en la nueva milicia, la *opolchenye*, había dado lugar a escasez de mano de obra masculina en los campos. Marchando a través de Rusia en ruta hacia un campo en Kaluga, un prisionero de guerra escribió: «Todos los soldados se encontraban lejos con el ejército después de que se hubieran hecho grandes levas para la campaña de 1807 en este inmenso imperio. A menudo, a causa de la escasez de soldados, nos escoltaban mujeres y normalmente eran tan ancianas como era posible ... En esta época del año todo... hombre, mujer y niño lo suficientemente mayor para trabajar estaba ocupado en los campos.»[57]

Y en los Balcanes la primavera de 1807 había producido, si no una serie de reveses para los rusos, sí al menos un periodo de dura lucha que hacía vislumbrar una larga y difícil guerra. Viéndose constreñida en términos del inmediato interés dinástico, los objetivos de la política exterior de Rusia ni siquiera implicaban necesariamente tener que hacer la guerra a Francia. El establecimiento de una esfera de influencia rusa en el este de Europa presuponía la partición de Polonia y del Imperio Otomano, pero no se oponía al control por parte de Francia de

Bélgica, Renania, Alemania o el norte de Italia, y, tampoco a la presencia francesa en los Balcanes. Dado que Francia y Rusia tenían un interés común en combatir las pretensiones de dominio de los mares por parte de los británicos, la paz con Francia podría incluso implicar beneficios. Y por lo que respecta a la política alternativa —la de construir una coalición contra Napoleón y esforzarse por alcanzar un acuerdo general—, en eso los rusos ya tenían experiencia, y no era buena precisamente. En una convención firmada con Prusia en Bartenstein el 26 de abril en la que los firmantes se habían comprometido a no hacer la paz por separado, Alejandro había ofrecido unos términos de paz que consideraba un modelo de moderación y tolerancia. Rusia no obtendría ninguna ganancia territorial tras la guerra; Prusia sería restaurada perdiendo Hanover, pero con unas fronteras que eran mucho más seguras en otros aspectos; Alemania se confederaría en un nuevo cuerpo liderado conjuntamente por Austria y Prusia; Austria recuperaría el Tirol y sus ganancias territoriales en Venecia; y el Imperio Otomano recibiría una garantía sobre sus fronteras y la restauración de su autoridad en Moldavia y Valaquia. Los Bonaparte, en contraste, mantendrían Nápoles, el Piamonte y Holanda, pero solamente si se encontraba una compensación para sus antiguos soberanos. Pero ni Austria, a la que se esperaba de algún modo convencer para que entrara a formar parte de la Cuarta Coalición, ni Gran Bretaña mostraban el más mínimo interés por estos términos: ambos veían la nueva Alemania concebida por medio de la convención del 26 de abril como poco más que un medio oculto para engrandecer a Prusia (y tenían razón, ya que esa parte del acuerdo fue obra en su mayor parte del canciller prusiano Hardenberg). La consecuencia fue una profunda desilusión en la mente del zar (que parece haber estado completamente ciego ante la manera de manipularle que tenían los prusianos) y con ella la convicción de que su motivo de preocupación debería ser solamente Rusia.

Resulta bastante curioso que los movimientos en el bando francés estuvieran en ese mismo momento allanando el camino para tal movimiento. Ahora que Friedland había borrado el mal recuerdo de Eylau, Napoleón se mostraba ansioso por firmar la paz: no solamente la actitud de sus fuerzas seguía mostrando trazas de descontento, sino que Prusia Oriental no era un lugar en el que se pudiera alimentar a la *grande armée*, además de que estaba muy lejos del corazón del imperio, y eso resultaba peligroso si Austria se decidía a ir a la guerra. Pero, aparte de todo esto, está la cuestión de la actitud de Napoleón hacia Rusia. Según un historiador francés del silgo XIX llamado Albert Vandal, en 1807 el emperador francés llegó a la conclusión de que el único medio de asegurar la paz en Europa —lo que para él y Vandal significaba derrotar a Gran Bretaña y asegurar el imperio francés en el continente— era alcanzar una paz duradera con Rusia. La única potencia continental con la que Francia no tenía verdaderamente disputas era Rusia, que da la casualidad que era la única a la que no podía doblegar. Como la experiencia había demostrado que no se podía confiar ni en Austria ni en Prusia, la única posibilidad era llegar a un acuerdo con Alejandro I. De hecho, parece que Napoleón había estado dándole vueltas a esta posibilidad durante meses. Como le había escrito a Talleyrand el 14 de marzo: «Soy de la opinión de que una alianza con Rusia nos resultaría muy provechosa».[58]

En la época en que hizo este comentario, Napoleón veía esta alianza como poco probable, y por lo tanto continuó tejiendo su red para atrapar a Rusia: una de las acciones que llevó a cabo en su cuartel general de Finkenstein fue firmar un tratado de alianza con el emisario que le había sido enviado desde Persia, un tal Mirza Muhamed Riza Qazvini. Pero, tras lo acontecido en Friedland, todo cambió. El 25 de junio Napoleón y Alejandro se encontraron sobre una balsa especialmente construida para la ocasión y anclada en el centro del río Niemen en Tilsit. Como recordó un testigo ruso del encuentro, fue una escena espléndida al tiempo que muy tensa:

> Casi todo el mundo llevaba uniforme de gala. [Alejandro] llevaba el uniforme del regimiento Preobazhensky ... con pantalones blancos y botas bajas. Llevaba el cabello empolvado y un sombrero alto con escarapela y una pluma negra. Un sable en el costado, un fajín enrollado a la cintura y la cinta azul de la orden de San Andrés completaban el vestido de Alejandro ... Mis ojos no se separaron de [él]. Me di cuenta de que disimulaba, con una calma fingida y una actitud relajada, los verdaderos sentimientos que se escondían tras la superficie de su expresión amistosa y benevolente. Estaba a punto de encontrarse con el hombre más grande de su época —líder militar, político, legislador y administrador—, un hombre con un aura deslumbrante producto de su increíble, casi legendaria carrera. Este era también el hombre que había conquistado toda Europa en los últimos dos años y que había derrotado a nuestro ejército por dos veces, y que ahora se encontraba en la misma frontera de Rusia. Iba a

encontrarse cara a cara con un hombre reconocido por su capacidad de cautivar a la gente, dotado de una impresionante capacidad para conocer y cogerle la medida a sus oponentes. Era mucho más que una entrevista; con este encuentro Alejandro tenía que encandilar al que más encandilaba, seducir al más seductor y ser más inteligente que un genio reconocido ... Apenas había pasado una hora cuando alguien entró en la habitación y anunció: «Ya viene, Su Majestad». Una chispa de curiosidad se encendió dentro de todos nosotros. El emperador se levantó con toda tranquilidad y ... salió con un rostro que reflejaba calma y un paso mesurado. Salimos en tropel de la habitación y bajamos a la orilla para ver a Napoleón cabalgando a todo galope entre dos filas de su Vieja Guardia. Su escolta y séquito estaban formados por 400 hombres a caballo. El rugido producido por los saludos entusiastas ... resultaba ensordecedor incluso en la otra orilla del río Niemen.[59]

Aunque el monarca francés le ganó por la mano a Alejandro asegurándole que él llegaría a la balsa primero y que, en consecuencia asumiría el papel de anfitrión, las buenas relaciones se establecieron inmediatamente: Napoleón, en particular, parece que hizo todo lo que estuvo en su mano para ganarse la simpatía del fácilmente impresionable Alejandro. Ayudado quizá por la intimidad en la que se había desarrollado su primera reunión, que en realidad fue una conversación privada en un pabellón que se había levantado en la balsa, parece que llegó a desarrollarse una verdadera empatía entre los dos, en el caso de Alejandro basada en la adoración del héroe, y en el caso de Napoleón basada en algo que se parecía mucho a la atracción física. Alejandro, fuera de toda duda, fue adulado en extremo por Napoleón, y no solo porque le permitió adoptar el papel de salvador de Prusia (Federico Guillermo y Luisa, por el contrario, fueron siempre tratados muy fríamente por Napoleón incluso cuando éste desplegó todos sus encantos).

Pero a pesar de los gestos corteses, las realidades del poder estaban muy claras. Ya fuera por el impresionante despliegue que acompañó a Napoleón hasta las orillas del Niemen, los soldados de la Guardia —una fuerza que apenas había disparado un tiro en la campaña y que en consecuencia estaba en las mejores condiciones— o por los continuos desfiles, maniobras y revistas, el caso es que a Alejandro no le quedó ninguna duda sobre el poder de la máquina de guerra francesa. Aunque, en cierto sentido, esta ostentación era innecesaria. El zar sabía que no tenía otra opción sino aceptar los términos que se le ofrecieran, y se encontró con que, al menos aparentemente, no resultaban demasiado desfavorables. A diferencia de la mayoría de las víctimas de Napoleón, a Rusia no se le pidió que entregara ni dinero ni territorios —de hecho, verdaderamente obtuvo un buen pedazo del pastel de la Prusia polaca—, pero sí tuvo que garantizar manos libres a Napoleón en Europa, reconocer la organización napoleónica de Italia, Alemania, los Países Bajos y Polonia, mostrarse de acuerdo con la ocupación de las islas Jónicas y Cattaro y comprometerse de manera efectiva no solamente con el bloqueo continental y a declarar la guerra a Gran Bretaña, sino también a forzar a Suecia, Dinamarca y Austria a hacer lo mismo. Oculto detrás de todo esto estaba la aquiescencia francesa al respecto de una incursión rusa en la Finlandia sueca, mientras que el deseo de hegemonía rusa se vio alimentado con un acuerdo para enviar un gran ejército contra Persia como primer paso para marchar sobre la India. Y por lo que se refería a la guerra ruso-turca, Napoleón mediaría en el conflicto, y luego iría a la guerra si Constantinopla se mantenía en sus trece (para salvar el obstáculo de la alianza de Francia con Turquía, se dijo que éste había sido el fruto de un acuerdo personal entre Napoleón y Selim III, el cual había sido derrocado en golpe de estado palaciego el 27 de mayo). Aparte de todo esto, no contamos con documentos que dejen constancia de lo que se decidió, pero generalmente se cree que se asumió que la intervención de Francia vendría seguida por la partición de la totalidad de los Balcanes. Si Rusia iba a conseguir a través de todo esto la paz y la seguridad que Alejandro ansiaba es un tema discutible, pero para Gran Bretaña el acuerdo ruso-francés supuso un duro golpe. Citando una misiva privada enviada por el ministro de Asuntos Exteriores, George Canning, al embajador británico en Constantinopla: «La paz con Francia es lo que menos podíamos desear ... Si después de todo Francia es autoritaria, y Bonaparte mantiene en [San] Petersburgo ... toda la influencia que adquirió sobre la mente del emperador en Tilsit, entonces debemos prepararnos para lo peor .... Haz la paz con Turquía en cuanto te sea posible».[60]

Dejando aparte las dificultades de Gran Bretaña, por lo menos en apariencia Rusia salió bastante bien parada de Tilsit y Alejandro llegó a creer que Napoleón era un amigo y un socio. En primer lugar, no solo se había traicionado a Turquía, sino también a la lejana Persia. Como hemos visto, las relaciones entre Napoleón y el sah habían mejorado considerablemente, y el 4 de mayo de 1807 se firmó un tratado en Finkenstein que comprometía a Francia a garantizar la integridad del imperio persa, reconociendo Georgia como una posesión de Persia y forzando a los rusos a retirarse hasta sus fronteras tradicionales. Todo esto, sin embargo, se había ignorado en Tilsit, y la misión francesa enviada a Teherán fue abandonada a su suerte. Aunque recibió instrucciones de mantener las buenas relaciones con los persas con la esperanza de mantener abierto el camino para una futura invasión de la India, su comandante, el general Gardanne, no obtuvo otro apoyo salvo una carta dirigida al sah y que estaba plagada de promesas vacías. En febrero de 1808 fue autorizado a mediar entre el gobierno persa y sus enemigos rusos, y en abril se firmó un armisticio que detuvo las hostilidades temporalmente. Dándose cuenta de la fragilidad de su posición, los persas sacaron todo el partido a las pocas ventajas con las que contaban y advirtieron explícitamente a los franceses de que la consecuencia de abandonarlos sería que estarían mucho más receptivos hacia la influencia británica. Esto, sin embargo, no les sirvió de nada: en Erfurt (véase más adelante) el tema de Persia se evitó de nuevo, mientras que a los rusos se les permitió reanudar las hostilidades. Y por lo que respecta a la misión de Gardanne, en febrero de 1809 inició el camino de vuelta a casa, dejando tras de sí a un enfadado sah dispuesto a firmar un tratado con Gran Bretaña por medio del cual se comprometía a oponerse al paso de tropas francesas a través de su territorio en dirección a la India a cambio del apoyo británico contra Rusia (que no consistía en nada sustancial, ya que en absoluto podía cambiar el hecho de la superioridad militar rusa, aunque no fue hasta 1813 cuando los persas finalmente abandonaron la lucha y renunciaron a cualquier reclamación sobre Georgia). Todo dependía de lo que ocurriera en el futuro pero, incluso así, Alejandro tenía buenas razones para pensar que podría actuar a su gusto al respecto de Persia. Tampoco era este el final de las ventajas ofrecidas por Tilsit. Las negociaciones con Napoleón también ofrecían la victoria en los Balcanes. En Tilsit los rusos habían acordado firmar un armisticio con los turcos y, el 24 de agosto, ese acuerdo se terminó de negociar en Slobosia. Aparentemente confundido por el informe del acuerdo de Tilsit proporcionado por el plenipotenciario turco, Galib Efendi, y que le indujo a pensar que las provincias del Danubio iban a ser devueltas a la Puerta, el general Mikhelson había inicialmente aceptado que Valaquia y Moldavia fueran evacuadas, pero cuando le llegaron las noticias a Alejandro, éste se negó a ratificar los términos del tratado y ordenó a sus tropas permanecer en pie de guerra hasta que se hubiera negociado un tratado formal. Los fuerzas turcas se habían retirado cumpliendo con lo acordado en Slobosia, así que los rusos podían empezar a considerar que tanto Moldavia como Valaquia iban a quedar dentro de su esfera de influencia.

No se podía sentir la misma satisfacción en el bando prusiano. Fue forzado a pagar una cuantiosa indemnización, mantener una gran guarnición francesa, reconocer la Confederación del Rin, que en ese momento incluía territorios de Alemania y Austria, sumarse al bloqueo continental y aceptar la pérdida de la mitad de su territorio. Sus territorios occidentales (excepto, en primera instancia, Hanover) se emplearon para crear Westfalia, un nuevo estado con la capital en Kassel que fue a parar al hermano de Napoleón, Jerónimo, y a aumentar el territorio de Berg y Holanda, los cuales consiguieron pequeños distritos fronterizos. Y la mayor parte de la Prusia polaca se empleó para crear un renacido estado polaco conocido como el Gran Ducado de Varsovia, que quedó bajo el gobierno del rey de Sajonia (como se dijo más arriba, un distrito en el este centrado en Bialystok fue a parar a Rusia). Hasta que se pagara la indemnización, lo que quedaba de Prusia —un territorio completamente indefendible y muy pobre en su mayor parte— iba a ser ocupado por tropas francesas. La suma de la indemnización no se estipuló, sin embargo, así que de este modo Napoleón quedó libre para poner un precio lo suficientemente alto para que Federico Guillermo no pudiera librarse nunca de la *grande armée*. Y por lo que respecta a la influencia prusiana en Alemania, ésta se redujo a nada. Esto quedó meridianamente claro con el tratamiento que se dio a los pocos estados que habían permanecido hasta el final bajo la influencia de Prusia. Oldenburgo, los dos Mecklenburgos y Sajonia obtuvieron su independencia, pero con la condición de que se unieran a la Confederación del Rin, mientras que Hesse-Kassel y Brunswick fueron anexionados por Westfalia. En resumen, el edificio entero del poder de los Hohenzollern se había venido abajo. Bien podía escribir un atribulado Blücher: «Mi corazón se encoge ante el desastre que se ha cernido sobre el estado y sobre mi señor».[61] Y por lo que respecta a Federico Guillermo, éste solamente podía sentir impotencia, describiendo a Napoleón como «ese monstruo surgido del infierno, creado por Belcebú para ser el azote de la Tierra».[62]

Tilsit, por lo tanto, fue el cénit del imperio napoleónico. Napoleón se convirtió en el monarca indiscutible de una Francia mucho más grande; los potentados franceses se habían instalado en los tronos de Holanda, Berg, Westfalia, Nápoles y el Reino de Italia; Alemania y Suiza habían quedado bajo el control de los franceses; y España se había visto reducida al papel de humilde aliado, aunque quizá un poco rebelde. Gran Bretaña todavía podía contar con Suecia, pero su supremacía en el mar le había proporcionado muy poco. No solamente no había tenido ningún tipo de influencia en las campañas llevadas a cabo entre octubre de 1806 y junio de 1807, sino que todas sus fuerzas expedicionarias habían fracasado en sus misiones. Y por lo que respecta a su vigorosa respuesta al bloqueo continental, las *Orders in Council* * que resultaron ni hicieron más que causar nuevos problemas a Gran Bretaña, ya que imponían estrictos controles sobre la navegación neutral. Con Napoleón controlando gran parte de la costa europea, el futuro se presentaba de lo más incierto. Lo que iba a ocurrir era imposible de adivinar. Pero tales eran los apuros que estaba viviendo Gran Bretaña que no hubiera sido raro que terminara viéndose forzada a tenerse que rendir. Afortunadamente para la administración Portland, sin embargo, su oponente no era un racional hombre de estado europeo, sino Napoleón Bonaparte. Si solo hubiera dejado que Rusia creyera que era un aliado de Francia, y no su vasallo, el emperador podía haber ganado la guerra pero, del mismo modo que había ocurrido en 1803, no pudo dejar las cosas como estaban. Si Inglaterra resistía en solitario, estaba claro que no iba a poder hacerlo durante mucho tiempo. Como el embajador británico en Viena le dijo proféticamente a Stadion: «estos nuevos éxitos probablemente conducirán a nuevas pretensiones por parte de Francia», y persuadirán a Napoleón, «para el que ningún proyecto parece ridículo o imposible», «de que puede llevar su ejército hasta el corazón de Rusia e intentar dictar su ley incluso desde San Petersburgo».[63]

* Las *Orders in Council* eran las órdenes que comprometían a la Marina Real británica con el bloqueo de los puertos de Francia y de sus aliados europeos. (*N. del t.*)

Capítulo 7

AL OTRO LADO DE LOS PIRINEOS

Pocos historiadores negarían la importancia que tuvo el periodo inmediatamente posterior a Tilsit para la historia de Napoleón Bonaparte. Fue en este punto en el que el emperador se vio abocado a intervenir en los asuntos de la península Ibérica y, en consecuencia, a encender la mecha de unos acontecimientos que tradicionalmente se ha considerado que tuvieron un papel importante, si no el principal, en la caída del imperio francés. ¿Por qué, entonces, decidió Napoleón intervenir al otro lado de los Pirineos? Las razones que le llevaron a inmiscuirse en los asuntos de España y Portugal no están totalmente claras. Muchos autores han asumido que el emperador siempre albergó deseos de expandir sus territorios hacia el sur, mientras que otros han sugerido que la idea le vino por primera vez a la cabeza en los días de la batalla de Jena. Es posible que se puedan defender ambas opiniones. La primera tiene a su favor el hecho innegable de que hacia 1807 Carlos IV se había convertido en el último representante de la casa de Borbón que se las había arreglado para mantener sus dominios intactos. Como tal, era un recuerdo constante de la necesidad de legitimidad de los advenedizos Bonaparte y, lo que es peor, un potencial símbolo para los nostálgicos de la monarquía en Francia. Más a allá de todo eso se podría también argumentar que, como producto y heredero de la Revolución Francesa, a Napoleón no le quedaba otro remedio que aplastar los símbolos de un sistema que ésta había derrocado. Por lo menos esta era la opinión de Talleyrand: «Napoleón, sentado en uno de los tronos de la casa de Borbón, consideraba a los príncipes que ocupaban los otros dos como sus enemigos naturales, a los que había que derrocar para defender los intereses propios».[1] Otro hombre de confianza del emperador que mantenía la misma opinión era el comandante de la Guardia Imperial, el mariscal Bessières. Como le dijo a uno de sus edecanes: «Mientras Napoleón permanezca en el poder, ningún trono de Europa puede ser ocupado por un Borbón».[2] Aunque otra variante sobre el mismo tema nos la ofreció el conde de Toreno, un veterano de las Cortes de Cádiz que escribió una historia sobre la guerra de España contra Napoleón. Según este autor, la clave estaba en los precedentes históricos y en el ejemplo: los franceses «nunca olvidaron la política exterior de Luis XIV y, en particular, sus intentos por enganchar a la nación española al vagón de su destino».[3] Esto tiene cierto sentido: si la política de Napoleón había sido fiel a la de Luis XIV en los Países Bajos y en Alemania, ¿por qué no iba a ocurrir lo mismo en la península Ibérica?; sobre todo porque Carlomagno —una figura que tuvo mucha más influencia sobre Napoleón que el Rey Sol— también había puesto sus ojos en las tierras que se encontraban al otro lado de los Pirineos. A todo esto se puede añadir el hecho de que en la Francia de 1807, la idea de un ataque a España iba, ciertamente, a resultar especialmente popular. España, se decía, no era solamente una zona natural de influencia para Francia, sino una fruta madura que había que cosechar.

Esto se puede describir como un argumento estructuralista. Pero, ¿qué podemos decir al respecto de la otra opinión, la que podríamos considerar como propia de un punto de vista funcionalista? Resulta igualmente innegable el hecho de que en el otoño de 1806 España había estado a punto de traicionar su alianza con Francia. Para explicar esto se debe decir algo al respecto de las experiencias vividas por España en el periodo comprendido entre 1796 y 1807. Durante todo ese tiempo, Madrid había estado aliado con París y, por la misma razón, normalmente en guerra con Gran Bretaña. Con esto, sin embargo, España no ganó nada: no solo sus intereses diplomáticos se habían visto repetidamente ignorados, sino que se había puesto en peligro su posición como potencia mundial. La pérdida de gran parte de su flota en Trafalgar la dejó con pocos medios para permanecer en contacto con sus lejanos dominios, así que mucho menos iba a tener capacidad para dominarlos. De hecho, para poder mantener algunos beneficios del comercio colonial, de 1796 en adelante el gobierno español se había visto forzado a abandonar la política que había permitido que todo el comercio con las Américas se hiciera en barcos propios y tuvo que autorizar que barcos neutrales participaran en él. El impacto de la guerra contra Gran Bretaña había resultado catastrófico para España. Debido al extendido empleo del papel moneda en la forma de créditos dependientes de la deuda nacional, la inflación que acogotaba desde hacía tiempo al país se había incrementado enormemente. En muchas partes de España la actividad económica estaba paralizada: tanto si hablamos de industrias que dependían de los mercados exteriores, como la producción de brandy y algodón en Cataluña, o de industrias tales como la construcción de barcos y la manufactura de sogas, que se había mantenido gracias a la demanda que exigía el imperio ultramarino, podemos decir que las actividades de la Marina Real británica hicieron que la demanda de sus productos fuera, por lo menos, incierta. Con los ingresos obtenidos gracias a unas colonias cuya economía entraba en caída libre, el estado no podía permitirse llevar a cabo el programa de reformas públicas que había dado empleo regularmente a miles de trabajadores, y ni siquiera pagar a los soldados y a los oficiales. Desesperado por recaudar más dinero, el régimen recurrió a la expropiación de las tierras de la Iglesia, que hacia 1808 ya había perdido un sexto de sus tierras y visto cómo se destruían muchos de los mecanismos de caridad que tradicionalmente habían mantenido al pueblo en tiempos de carestía.

Y como guinda del pastel estaba una extraordinaria sucesión de catástrofes y desastres naturales. Unas condiciones climatológicas especialmente anómalas provocaron la pérdida de una serie de cosechas que redujeron grandes partes del país a la hambruna. La fiebre amarilla mató a miles de personas en Andalucía y el Levante, mientras que un brote de malaria asoló a toda Castilla la Nueva. El 30 de abril de 1802 una presa situada en la cuenca alta del Segura reventó provocando una riada que mató a unas 10.000 personas en Lorca y Murcia; y el 13 de enero de 1804 Granada, Málaga y Cartagena fueron asoladas por un terremoto que tiró los tejados e hizo temblar las lámparas de las casa nobles de allí a Madrid. Para completar este cuadro de desgracias, Segovia sufrió una plaga de langostas. Para dar cuenta de la atmósfera que prevalecía en los salones de la capital, lo mejor que podemos hacer es recurrir al diario de lady Holland que, junto a su marido, el futuro ministro de Asuntos Exteriores, viajó en muchas ocasiones por España en el periodo entre 1802 y 1804, cuando ese país no estaba en guerra con Gran Bretaña:

> Se sucedieron muchas cosechas de cereales fallidas en la península, especialmente en Sevilla y en Portugal. Ayer había solamente 4.000 fanegas de trigo en Madrid, y si no hubiera sido porque esta mañana ha llegado por suerte algo más, se hubieran producido disturbios en la ciudad. El pan resulta extraordinariamente caro; han asaltado muchas panaderías. Las calles están infestadas de ladrones, que ... insultan e incluso despojan de sus ropas a sus víctimas. A consecuencia de esto, numerosas patrullas a caballo salen a las calles poco después del Ángelus ... Estamos muy preocupados porque la epidemia de fiebre amarilla pueda llegar a Madrid: la llevó a Málaga un barco francés que venía de Santo Domingo y de allí se extendió hasta Antequera ... El número de muertes en Málaga asciende a sesenta cada día ... se ha colocado un cordón de tropas en ese distrito ... Se ha extendido la alarma por el rumor que dice que en las prisiones ha surgido un brote especialmente virulento y contagioso ... La fiebre la llevaron unos criminales recientemente encarcelados ... Algunos tienen miedo de los presos ... venidos de La Mancha, donde 48.000 personas sufren hediondas enfermedades a causa de la escasez de alimentos y de combustible para calentarse. Luzuriaga afirma que la hambruna es tan terrible y está tan extendida que la población de España se va a ver reducida drásticamente. En Burgos la gente muere como moscas, [y] los pueblos están desiertos porque los pobres campesinos se han ido a las ciudades para intentar obtener la caridad de los ricos y los píos.[4]

Como si todo esto no fuera suficiente para aumentar el descontento popular hacia el régimen, se avecinaban problemas para su *éminence grise*, Manuel Godoy, provocados por una variedad de causas. Una era la política de defensa que se había seguido al iniciarse la guerra de 1793-1795. En 1795 España había firmado la paz con Francia y en 1796 se había unido a ella en una alianza contra Inglaterra. Godoy sabía que este acuerdo solamente podía ser temporal: tan arrogante y agresivo era el gobierno del Directorio que, más pronto o más tarde, España se vería obligada a ir a la guerra. Y Francia, en su opinión, no era un país aliado: «Por lo que respecta a Francia —le dijo a la reina María Luisa— de lo único que podemos estar seguros es de que los franceses nunca serán amigos de nadie salvo de sus propios intereses».[5] En el mejor de los casos, el tratado de San Ildefonso era un recurso que podía hacer ganar algo de tiempo a España, y conjuraba las depredaciones de los británicos. Desde fecha tan temprana como 1796, el favorito estaba, por lo tanto, preparado para la guerra. Se encargaron informes sobre el estado de las fortificaciones que guardaban la frontera pirenaica, al tiempo que un comité formado por generales veteranos fue comisionado para proponer un programa de reformas militares. Esta última medida quedó frustrada, ya que los intereses de algunos hicieron que se rechazaran los cambios y no se produjera ninguna evolución en el ejército. Pero Godoy no se dio por vencido y sacó adelante una serie de medidas de su propia cosecha. Una especialmente importante, en particular si la consideramos en términos del impacto que iba a tener en el curso de los acontecimientos de 1808, fue la decisión de reducir a la mitad el número de miembros de la Guardia Real, pero, sin duda, la más determinante fue la decisión del favorito de establecer el reclutamiento obligatorio en la totalidad del país, habiendo estado hasta ese momento algunas zonas libres de las cargas que esto suponía. En todas las provincias en las que se hicieron movimientos en esta dirección se obtuvo una furiosa resistencia como respuesta, y tanto en Valencia como en Vizcaya el resultado fueron las protestas y las revueltas. Como escribió lady Holland:

> Hace cosa de una quincena los campesinos de un distrito cercano a Bilbao se reunieron tumultuosamente, fueron a la señoría (la casa donde se reúnen los magistrados) y le exigieron que les entregara el decreto que obligaba a servir en el ejército a los hombres de entre quince y cincuenta años. En cuento lo tuvieron en su poder, lo leyeron en voz alta y mostraron su desprecio por el mismo, lo rompieron en pedazos y lo pisotearon. Amenazaron al corregidor y le exigieron la entrega de doscientos fusiles que habían quedado depositados en la señoría desde la guerra francesa. Insistieron en que había que anular el decreto, algo que no se podía hacer, pero el corregidor prometió que se celebraría una reunión general para considerar este punto. Las últimas noticias dicen que el decreto se ha rescindido y que el corregidor, que es gallego y odiado por los vizcaínos, no resultó asesinado por muy poco.[6]

Sin embargo, las revueltas populares no fueron alimentadas solamente por el asunto de la reforma militar. Siendo un hombre producto de la Ilustración, Godoy se encontraba muy preocupado por el asunto de las corridas de toros. Convencido de que esta práctica suponía una pérdida de tiempo y de recursos económicos, una prueba evidente del atraso de España y una amenaza para el orden público (en base solamente a que hacía que la población se reuniera en grandes multitudes), el favorito tomó la inaudita y nunca repetida medida de prohibir las corridas de toros. No era esta la única medida que se intentó tomar con un pueblo al que la corte y sus consejeros consideraban atrapado por las supersticiones. Estaba, por ejemplo, la épica batalla librada por el régimen para que, de acuerdo con las medidas lógicas de salud pública, los cadáveres dejaran de ser enterrados en las iglesias y, en su lugar, fueran llevados a los cementerios municipales acondicionados a las afueras de pueblos y ciudades; o el intento por prohibir el uso de las capas, portadas tradicionalmente por los hombres en muchas regiones de España, con el argumento de éstas servían a los delincuentes para esconder armas y ocultar sus rasgos. Con hombres jóvenes imitando las modas y maneras francesas e incluso salpicando su discurso con palabras en francés, el resultado para el resto de la población fue el surgimiento de un miedo creciente a que desde arriba se intentara despojar a España de su verdadero espíritu.

La desconfianza popular hacia el régimen aumentaba a causa de la política practicada por la corte. Un problema del que Godoy nunca pudo escapar fue el de sus orígenes. Un hijo de la pequeña nobleza, que había llegado a la corte en 1788 como soldado de un regimiento de la Guardia Real, debía su meteórica carrera —hacia finales de 1793 no era solamente primer ministro, sino también capitán general y grande de España— al favoritismo de los reyes. Ver cómo un personaje tan modesto alcanzaba una posición de tanto privilegio es poco probable que agradara a los aristócratas cuyo pedigrí se remontaba a cientos de años y que estaban hartos de ver que se concedían títulos a un gran número de burócratas de origen modesto. Godoy, por lo tanto, quedó identificado con la hostilidad de la monarquía borbónica hacia los privilegios de la nobleza, y esto implicaba que no iba a pasar mucho tiempo antes de que un grupo de aristócratas comenzara a conspirar para derrocar al favorito o, al menos, frustrar sus planes. Con este grupo, además, se alineaban los elementos más tradicionalistas del clero y, entre los dos, comenzaron una devastadora campaña de desprestigio. Nobles tales como el duque del Infantado y el conde de Montijo enviaron a sus criados a las calles y a las tabernas para que extendieran bulos acerca de la lascivia y la venalidad de Godoy, mientras los curas más recalcitrantes afirmaban en sus sermones que los males que estaba sufriendo España venían motivados por un castigo divino. Seguramente era poco lo que el favorito podía hacer al respecto, pero lo cierto es que tampoco se hizo ningún favor. El clamor popular que afirmaba que era el amante de la reina de España —una más de las historias que extendían sus enemigos— es probablemente un mero bulo, pero lo cierto es que Godoy empleaba el soborno con frecuencia, se aprovechaba de su posición para obtener favores sexuales y disfrutaba de un modo de vida que resultaba opulento en extremo. De ese modo se ganó el desprecio de los partidarios de la Ilustración, que en otras circunstancias se supone que lo habrían apoyado incondicionalmente. Dejando de lado su papel de persona extremadamente voluptuosa, este grupo se dio cuenta pronto de que su capacidad para avanzar en pos de sus objetivos y mantenerlos estaba extremadamente limitada. El momento crucial llegó en 1801, cuando Carlos IV, un tímido monarca al que le faltaban el coraje y la energía necesarios para ser fiel al absolutismo ilustrado practicado por su predecesor, Carlos III, destituyó al ministro reformista Mariano Luis de Urquijo. Como Godoy en ese momento tampoco gozaba precisamente del favor real, no se le podía culpar de este hecho, pero lo cierto es que el ataque al pensamiento reformista continuó incluso después de que lo recuperara unos meses más tarde. El resultado, desde luego, fue que el favorito perdió toda credibilidad. «No solamente está sin partido o partidarios —escribió Lady Holland— sino que ni siquiera tiene un amigo en el que pueda confiar.»[7]

Con tal de que se le hubiera garantizado el apoyo del rey y de la reina, el aislamiento de Godoy bien podía no haber importado gran cosa. Pero, como mostraron de forma tozuda los acontecimientos, éste se podía perder fácilmente incluso en los mejores tiempos. En 1798 las sospechas francesas al respecto del reformismo de Godoy habían conducido a que se ejerciera tanta presión sobre el rey y la reina que había terminado perdiendo su puesto de primer ministro. Y lo que es peor, por entonces Carlos V era un hombre anciano y enfermo: en varias ocasiones, de hecho, había estado al borde de la muerte. Y no solo era este el caso, sino que el heredero al trono, el príncipe Fernando, odiaba al favorito por la manera en que, a sus ojos, le había usurpado el cariño de sus padres. Alrededor del príncipe se había unido un grupo de conspiradores que, de un modo u otro, se sentían despreciados o manipulados por Godoy, siendo los más importantes de entre todos ellos el antiguo tutor del príncipe, el canónigo Juan de Escóiquiz, y los veterenos oficiales de alto rango de la Guardia Real, el duque del Infantado y el conde de Montijo. No resultó de mucha ayuda que la primera esposa del príncipe, María Antonia de Nápoles criticara furibundamente la alianza con los franceses y que, cuando murió tras un corto periodo de matrimonio, no le resultara difícil a Escóiquiz convencer al príncipe —una persona especialmente desconfiada y hosca— de que había sido asesinada. E incluso llegó a convencérsele, por muy absurdo que parezca, de que Godoy intentaría hacerse con el trono a la muerte del rey, lo que proporcionó material nuevo a los conspiradores, que ahora podrían extender por el extranjero la especie de que Fernando, al que naturalmente pintaban como el mejor de los príncipes, iba a ser privado de sus derechos dinásticos. Por la misma razón, desde luego, España iba a verse privada de su salvación: Fernando ya había sido retratado como el rey deseado, el atractivo joven príncipe que devolvería a España todos sus derechos expulsando al odiado Godoy y a sus secuaces.

Todo esto provocó que la actividad diplomática de Godoy tuviera que multiplicarse. Primero, hizo una serie de intentos para librarse de la alianza con Francia, que estaba socavando su posición y que no terminaba de producir ninguno de los beneficios que se esperaban en el momento de su firma. Como se recordará, el favorito había estado luchando frenéticamente para evitar volver a verse inmerso en una guerra contra Gran Bretaña después de 1803, por ejemplo, intentado formar una liga de países neutrales que podrían actuar de forma conjunta en el caso de sufrir algún tipo de coerción. Después, una vez que se reinició la lucha, había hecho todo lo posible por evitar que España se viera involucrada en ella. En el periodo inmediatamente anterior a Trafalgar, los almirantes españoles habían visto obstaculizada su tarea durante meses al no recibir ningún tipo de apoyo desde Madrid. Se dieron multitud de órdenes para que se armara y se aprovisionara a la marina española, pero éstas no vinieron acompañadas de los fondos necesarios y, tras una serie de medidas que casi parecen sabotaje, el 14 de octubre el comandante español en Cádiz, Federico Gravina, fue informado de que no les quedaba nada en los almacenes. «Nuestros gastos —escribió el favorito— han resultado exorbitantes durante algún tiempo ... Así es como estamos, y el resultado no es solo que debamos evitar los desembolsos innecesarios, sino que debemos retrasar los pagos que son absolutamente indispensables durante todo el tiempo que nos sea posible.»[8] Sintiéndose ya bastante desgraciado, Godoy se vio todavía más apenado por el hecho de que en mayo de 1805 una delegación de Estados Unidos, encabezada por James Monroe, no solamente demandaba que España pagara una compensación por todos los barcos americanos que había capturado en el periodo de su alianza con Francia, sino que también amenazara con la posibilidad de tomar Florida, que por entonces todavía pertenecía a la corona española. Aunque la duda y la indecisión habían guiado a Godoy en 1805 ante los intentos de Rusia de que España se integrara en la Tercera Coalición, la absoluta catástrofe de Trafalgar le hizo más proclive a la firma por separado de la paz con Gran Bretaña y, poco después, a llevar a cabo un ataque sobre Francia.

Esta perspectiva, hay que decirlo, resultaba extremadamente atractiva para Godoy. Habiéndosele entregado el mando de las fuerzas españolas enviadas para invadir Portugal en 1801, se había comenzado a sentir fascinado por visiones de gloria militar e incluso llegó a imaginarse a sí mismo como un gran general. Rodeado en ese momento por una patulea de aduladores, Godoy mantuvo una visión demasiado favorable al respecto de sus intentos de reformar el ejército. Ya durante la guerra de las Naranjas, de hecho, le había escrito en estos términos a la reina María Luisa:

> Al diablo con toda esa pila de papeles cuando estoy a punto de hacer entrar en razón al enemigo por medio de mis cañones. En el futuro no sabré vivir sin mis soldados; solamente verlos me llena de alegría, y he nacido para no separarme de ellos. No puedo expresarle a Su Majestad el placer que embarga mi corazón ... No permita que tenga que oír hablar otra vez de intrigas políticas, y ¡déjeme ir con mis soldados a los confines de la Tierra! No quiero dejar nunca de seguir las banderas. ¡Puede Su Majestad permitirme servirle con el sable al menos tanto tiempo como la he servido con la pluma![9]

El único problema, desde luego, es que España no podía esperar enfrentarse a Francia sola. En esas circunstancias, la inesperada guerra de Napoleón con Prusia parecía, por lo tanto, una oportunidad ideal: el ejército prusiano, después de todo, había sido el modelo para las tropas españolas, y se esperaba que prevaleciera sobre el francés. El resultado fue el de una de las más inoportunas llamadas a las armas que jamás se ha producido en la historia militar. Publicada el 5 de octubre, la perorata que incluía este documento rezaba como sigue: «Adelante ... amados compatriotas; adelante y haced vuestros juramentos ante las banderas de los soberanos más caritativos: adelante, y si el Dios de las victorias nos concede la felicidad y la paz duradera que anhelamos, os cubriré con un manto de gratitud».[10]

España y Francia, por lo tanto, se encontraban al borde de la guerra, pero justo una semana más tarde Napoleón aplastó a los prusianos en Jena y Auerstädt. Decir que esta noticia dejó conmocionado a Godoy es poco decir, pero el caso es que logró reaccionar con cierto aplomo: todo lo que había estado intentando hacer, anunció, era galvanizar a la población para que terminara apoyando una guerra contra Inglaterra. Napoleón se dio por satisfecho con esta explicación, pero era perfectamente consciente de lo que Godoy había estado planeando. La eficacia de España como aliada de Francia constituía también un gran problema. Las dificultades a las que había habido que hacer frente para reunir una armada; la inactividad total de los astilleros (la construcción de barcos para la armada española había cesado en 1796); el fracaso de los intentos por impresionar a la Marina Real británica; la necesidad de fondos para el tributo mensual prioritario hacia finales de 1804 que dejó a Madrid fuera de la guerra; y la hambruna y la falta de fondos que asolaban al ejército—, todo ello contribuyó a crear la impresión de que España estaba bajo un régimen que no podía dar a Napoleón el apoyo que requería. Y esto a pesar de que durante siglos España se había visto inundada de metales preciosos y todavía podía presumir de ser el imperio más grande del mundo. Napoleón no estaba dispuesto a tolerar que le diera lo que pedía, al tiempo que la turbación de Godoy se iba a ver incrementada aún más porque Gran Bretaña hizo oídos sordos a los intentos españoles de firmar una paz por separado. De hecho, a partir de ese momento, los puntos de vista de los estructuralistas y de los funcionalistas coincidieron. Si Napoleón había considerado desde siempre la posibilidad de derrocar a los Borbones o no, no se sabe, pero lo cierto es que, desde ese momento, todas sus acciones estuvieron dirigidas a erosionar la independencia de España y su libertad de acción, y últimamente a preparar la maniobra que iba a derrocar la monarquía borbónica en España en 1808.

En apoyo de esta visión existe cierta evidencia circunstancial. Nada, por ejemplo, puede resultar más sugerente que el hecho de que hacia finales de 1806 Napoleón demandó, entre otras cosas —la más notable que España se adhiriera al bloqueo continental— que Madrid le proporcionara un cuerpo de ejército con 14.000 efectivos, incluyendo infantería y caballería, para servir en el norte de Europa. Algunos de esos 6.000 hombres, es verdad, procedían de las fuerzas españolas enviadas como guarnición al Reino de Etruria, donde era consorte una princesa española, pero incluso así, el cuerpo reunía apenas una décima parte de los soldados de los que disponía España. No hay razón para creer que los hombres enviados allí fueran deliberadamente seleccionados para llevarse lejos las mejores tropas del país, pero lo que sí convirtió esta petición en un hecho gravoso para España fue la necesidad de encontrar monturas para los cinco regimientos de caballería, algo que solamente se podía llevar a cabo si muchos de los jinetes del ejército les cedían sus propios caballos. Y luego, por supuesto, está la decisión de Napoleón de intervenir en Portugal en septiembre de 1807, discutida con más detalle más adelante, lo que le permitió enviar un gran número de soldados al otro lado de los Pirineos. Ciertamente, tanto Fouché como Talleyrand afirmaron después que el emperador justificó su decisión en base a su intención de derrocar a los Borbones. De hecho, Talleyrand afirma que fue esta revelación la que provocó su renuncia al puesto de ministro de Asuntos Exteriores en agosto de 1807, puesto que había quedado claro que Napoleón no tenía intención alguna de respetar la política que Talleyrand había practicado después de Austerlitz.

Pero esto no prueba nada. Napoleón y Talleyrand comenzaron a llevarse mal tras Tilsit —un testigo presente en el cuartel general de Napoleón en Polonia habla de un «vago rumor extendiéndose por Varsovia contando que se había producido un violento altercado entre [Talleyrand] y el emperador»—, [11] aunque si el motivo de la discusión era la necesidad de llegar a la paz o no, eso no lo sabemos. Aparte de todo lo demás, el acuerdo franco-ruso se había negociado a espaldas del ministro de Asuntos Exteriores en un momento en que Napoleón le había dado razones para creer que aceptaría la mediación austriaca, a la que Talleyrand aspiraba. Y si hubo realmente un complot para derrocar a los Borbones, nunca estará claro. Pasando por Dresde tras Tilsit, Napoleón observó: «Me honran demasiado si creen que todo lo que he hecho ha sido premeditado. Me he visto forzado a hacer cosas en las que nunca había pensado. Es una debilidad humana el asumir que los planes pueden resultar definitivos en todas partes ... mientras que, en el fondo, todo depende de la oportunidad y la necesidad. No puedo concebir nada más torpe que alabar unos prudentes cálculos que, en realidad, nunca se hicieron».[12] Esto, desde luego, tampoco no prueba nada, pero un análisis detallado de la historia de la intervención francesa en España y Portugal sugiere que no existía un plan prefijado en la mente del emperador; de hecho, a corto plazo no se sintió más que frustración por la situación que se produjo tras la firma del tratado de Tilsit. Siendo éste el caso, merece la pena detenerse a analizar en detalle la curiosa situación en la que se encontraba Europa en ese momento. Por un lado, Napoleón tenía la supremacía en tierra. Todo el mundo coincide en afirmar que el ejército de Napoleón era, en ese momento, el mejor y el más eficiente que Francia nunca puso en campaña en el periodo entre 1792 y 1815. Las potencias europeas habían sido humilladas una tras otra y forzadas a pedir clemencia o a tratar de granjearse la amistad de Francia. Por medio del bloqueo continental, el emperador confiaba en poder causar un considerable daño a Gran Bretaña e incluso forzarla a firmar la paz. Pero Gran Bretaña no parecía dispuesta a ceder. No solamente había sido reemplazado el poco eficiente «ministro de todos los Talentos» por Portland, sino que, hacia junio de 1807, éste parecía verdaderamente dispuesto a luchar. En una importante pero poco conocida decisión, el gabinete aumentó el presupuesto para el alquiler de navíos que eran usados como transporte militar y, de esta forma, el tonelaje del que disponía el gobierno pasó de 150.000 toneladas a 168.000 en apenas cuatro meses. El ejército regular recibió el refuerzo de 25.000 voluntarios procedentes de la milicia, cuyas filas se recompusieron con la autorización para llevar a cabo nuevos sorteos de reclutamiento. La primera división de lo que pretendía ser un ejército de 34.000 hombres fue destinada al enclave sueco de Stralsund; y Prusia y Suecia recibieron la promesa de un sustancial apoyo financiero. El 27 de junio el nuevo ministro de Asuntos Exteriores, George Canning, y el embajador prusiano en Londres firmaron un acuerdo por el que Prusia recibiría un millón de libras en diversos pagos efectuados a lo largo de un año, si, a cambio, movilizaba a todos los hombres disponibles para luchar contra los franceses; del mismo modo, a Suecia se le prometieron 50.000 libras por año. Recibiendo ya un subsidio británico que se había acordado en 1805, Rusia obtuvo también una cantidad considerable de armas como pago extra, además de un embajador que era una figura muy popular en la capital rusa y que tenía mucha experiencia allí. Y, finalmente, se despachó un nuevo enviado a Viena con la promesa de que una declaración de guerra vendría acompañada de un sustancial apoyo británico.

Si se necesita alguna otra prueba del compromiso que la administración Portland había adquirido con la guerra, la podemos encontrar en lo sucedido entre julio y septiembre de 1807. Los británicos recibieron la información de que un gran ejército francés se estaba concentrando en las fronteras de Holstein con la idea de marchar sobre Copenhague y forzar a los daneses a unirse a Napoleón o a rendir su flota. Hicieran lo que hicieran los daneses, el resultado final sería que el poder marítimo de Francia se vería incrementado con la adición de veinte o más barcos de guerra. También era probable que las comunicaciones entre Gran Bretaña y el Báltico se vieran afectadas y, con ello, su principal provisión de suministros navales. Pero esto era algo que Gran Bretaña no podía permitir que ocurriera, así que, inmediatamente, una flota británica puso rumbo a Dinamarca. Embarcados iban unos 18.000 hombres, al tiempo que se dieron órdenes para que los 12.000 hombres que estaban en Stralsund se unieran a los anteriores. El 30 de julio los barcos británicos anclaron en el puerto de Copenhague, y el enviado británico puso pie en tierra con la promesa de una alianza si los daneses dejaban sus barcos bajo la protección británica. Una alianza, sin embargo, no tenía mucho sentido, y los daneses lo sabían: era bastante improbable que 30.000 soldados británicos pudieran evitar la invasión y la conquista de Dinamarca, ya que el día después de la llegada de los británicos el gobierno danés recibió un mensaje de Napoleón que no le dejaba más opciones que unirse a él o enfrentarse a la guerra. Con la frontera a unos pocos días de marcha, el futuro Federico IV —en ese momento era solo el príncipe regente— decidió desafiar a los británicos y luchar, esperando que llegara pronto la ayuda francesa.

Con esta respuesta por parte de los daneses, no se podía hacer otra cosa que iniciar las hostilidades. Invadiendo Zelanda, los británicos bloquearon Copenhague y el 29 de agosto derrotaron de forma aplastante a una columna danesa que venía en auxilio de la capital en Kioge, una acción digna de ser destacada aunque solo sea porque fue la primera de sir Arthur Wellesley desde su retorno de la India. Pero el tiempo apremiaba, y los defensores de la capital danesa no mostraban trazas de querer rendirse. Determinados a no dejar que la flota danesa cayera en manos de los franceses, los británicos decidieron bombardear la ciudad hasta lograr forzar su rendición. Este fue un episodio que mostró la peor cara de Gran Bretaña. Copenhague estaba construida en su mayor parte de madera y la combinación de la bala roja, proyectiles calentados al rojo vivo, y el uso del recientemente inventado cohete Congreve convirtió la ciudad en un infierno. Por lo menos murieron 2.000 civiles, pero los británicos habían conseguido su objetivo más inmediato: con la pérdida de tan solo 250 hombres, la totalidad de la flota danesa había sido neutralizada: quince barcos de guerra y unos cuantos navíos de pequeño calado fueron enviados a Inglaterra, mientras que otros barcos fueron quemados en los muelles. También se capturó una gran cantidad de material naval. Esto, por supuesto, significaba el final del poderío naval danés: en teoría, los barcos capturados iban a ser devueltos a Dinamarca cuando se firmara la paz, pero pocos fueron los que sobrevivieron a la guerra y además, por entonces, no había recursos ni dinero en Dinamarca para reconstruir la flota. De este modo, el Báltico quedó bajo el control absoluto de los británicos: tras esta segunda demostración de fuerza de la Marina Real británica frente a los daneses, Napoleón no tenía ninguna posibilidad de poderse enfrentar a ella.

Pero Copenague también se ganó a un alto precio. En primer lugar, el tratamiento que se había dado a los daneses no encajaba con el discurso ofrecido por los británicos y, con justicia, creó mucha inquietud dentro del país, al tiempo que se le ponía en bandeja a Napoleón una poderosa arma de propaganda. «Vamos —como escribió el general Paget— a ser conocidos por la nación de los sarracenos, en lugar de la nación de los tenderos.»[13]

Dado que Gran Bretaña solamente podía confiar en derrotar a Napoleón por medio de la formación de una poderosa coalición de naciones, este episodio de Copenhague resultó de lo más desafortunado, sobre todo por el contraste entre lo rápido que había encontrado Gran Bretaña los hombres y los barcos necesarios para intervenir en Dinamarca y lo lenta que se había mostrado en otras ocasiones similares respecto. Y, finalmente, incluso a corto plazo, la expedición no había alcanzado todos sus objetivos. La flota danesa estaba en manos británicas, ciertamente, pero el sitio de Copenhague había sido también la respuesta de Canning al acuerdo franco-prusiano al que se había llegado en Tilsit. Deberíamos recordar en este punto que no se sabía con certeza en Londres si ese tratado era un mero acuerdo de paz o una alianza. En primer lugar, vemos una velada amenaza: lo que se había hecho en Copenhague, podría hacerse, inferirían los rusos, en San Petersburgo. Pero se aceptaba que Alejandro podía haber sido coercionado por Napoleón para que se rindiera. Estableciendo una base en Zelanda —ya que las tropas británicas seguían allí porque no se habían marchado con la flota— Canning confiaba en poder persuadir al zar para que volviera a la lucha e incluso enviara tropas a Dinamarca. Pero lo cierto es que Canning no estaba interpretando la situación correctamente. Alejandro siempre se había considerado a sí mismo como el campeón de los pequeños estados de Europa central, y, en cualquier caso, no tenía ninguna intención de arriesgarse a sufrir otro Friedland. Mientras tanto, acababa de nombrar un nuevo ministro de Asuntos Exteriores en la persona del conde Nikolai Rumiantsev, que era el hijo de uno de los grandes héroes de las guerras de Catalina la Grande contra los turcos y que, como tal, estaba convencido de que Rusia no debería enfrentarse a Napoleón, sino marchar sobre Constantinopla. Acérrimamente antibritánico, se había opuesto vehementemente a la Tercera Coalición. En resumen, todo lo que Canning había conseguido con el asunto de Copenhague era empujar aún más a Rusia a los brazos de Napoleón.

La impresión de beligerancia generada por la administración Portland se vio reforzada por los infructuosos esfuerzos de las potencias continentales para que Gran Bretaña firmara la paz. Uno de los principales fue la actividad diplomática desplegada por Rusia a finales de verano y principios de otoño de 1807. En Tilsit, Alejandro I había acordado el 1 de noviembre ir a la guerra contra Gran Bretaña si esta no firmaba la paz, pero, en primera instancia, lo único que se le pidió es que ofreciera una mediación. El zar realmente estaba convencido de que podía tener éxito en este respecto. Sin embargo el hecho de que no se invitara a Rusia a tomar las armas de forma activa hasta, digamos, mayo de 1808, con la excusa del largo invierno en el norte y del deshielo del Báltico, resultaba también tranquilizador. El retraso, después de todo, daría tiempo para que el bloqueo continental surtiera efecto y le permitiría a Alejandro compartir la victoria sin necesariamente tener que pegar un solo tiro. En una fecha tan temprana como agosto, por lo tanto, el nuevo embajador ruso en Londres, Maximiliano Aloepus, presentó al gobierno británico una oferta de mediación rusa. Aunque de hecho esto ya había quedado acordado en Tilsit —esencialmente era que Gran Bretaña podía quedarse con Hanover a cambio de entregar todas sus conquistas en ultramar—, la forma en la que el acuerdo podía cuajar no fue revelada, y Canning respondió, por lo tanto, que Gran Bretaña no abriría negociaciones de paz hasta que hubiera oído las condiciones que se iban a ofrecer; condiciones, además, que esperaba que fueran favorables a Gran Bretaña. Cuando llegó un mensaje suplementario comunicando que Alejandro solamente había llegado a un acuerdo con Napoleón para controlar que no se produjera ningún avance francés en Polonia y en el Báltico, la respuesta que se dio fue mucho menos conciliadora: esta vez Canning demandó no solo las condiciones de la propuesta de mediación rusa, sino una detallada explicación sobre el tratado de Tilsit y sobre las líneas generales de la política rusa.

En un situación en la que Rusia no podía hacer ningún progreso, resultaba poco probable que se pudiera esperar más de Austria o de Prusia. Ambas potencias estaban profundamente interesadas en la paz —los prusianos, en especial, eran profundamente conscientes del probable impacto del bloqueo continental— y ambas tenía buenas razones para granjearse el favor de Napoleón. Aterrorizados ante su aislamiento, los austriacos estaban en ese momento intentado asegurarse una alianza con Francia. Los gobiernos de Francisco y de Federico Guillermo, por lo tanto, dieron instrucciones a sus embajadores en Londres para que sondearan las posibilidades de una paz general. En este sentido, actuaron de muy diversas formas. Temiendo que estaban a punto de ser atacados y no viendo otro medio de propiciarse la voluntad de Napoleón, los austriacos adoptaron un tono autoritario, mientras que los prusianos, que veían una negociación general como el único medio de conseguir un mejor acuerdo que el que habían empleado en Tilsit, se mostraron sumisos y conciliadores. Pero ninguno de los dos acercamientos tuvo ningún efecto. A los prusianos se les dijo que no existía ninguna posibilidad para que se abrieran negociaciones de paz en un futuro próximo, y a los austriacos, que se habían, como los rusos, ofrecido como mediadores, que no se podía llegar a acordar nada hasta que se supiera sobre qué bases se iba a negociar la paz. Como Napoleón no iba a consentir que se diera ningún detalle al respecto, Viena no tuvo mucho más éxito que San Petersburgo. El proceso llevó algún tiempo —el embajador austriaco en Londres, el conde Starhemberg, era mucho más afecto a los británicos que su gobierno y, en consecuencia, se mostraba desesperadamente ansioso por evitar la ruptura de las relaciones—, pero hacia comienzos de enero de 1808 el fin había llegado y Starhemberg solicitó sus pasaportes.

Los británicos permanecieron firmes, lo que no resulta sorprendente. Aunque eran muy diferentes y, en definitiva, rivales acérrimos, las principales figuras de la administración Portland, Canning y el secretario de Estado para la Guerra y las Colonias, lord Castlereagh, estaban absolutamente comprometidas con la lucha contra Napoleón y con una estrategia eurocéntrica basada en prestar auxilio a los aliados continentales. Había diferencias entre ellos en términos de lo que eran sus enfoques y su personalidad: mientras que Canning era agresivo, emotivo, entusiasta y un brillante orador, a Castlereagh no se le daba bien hablar en público y en general era mucho más cauto. Pero ambos coincidían plenamente en su percepción sobre la guerra. No se trataba de lograr la restauración de la monarquía borbónica; de hecho, no importaba gran cosa si Francia era una república, una monarquía o un imperio. Esto no quiere decir que no importaran las consideraciones ideológicas: Canning y Castlereagh se oponían a las reformas políticas dentro de su país, y actuaban con la convicción de que Napoleón era un «jacobino coronado». Pero, en su opinión, el peligro no estaba en las ideas francesas, sino en las bayonetas francesas. Lo que importaba es que Francia respetara las leyes internacionales. Como ningún tratado, frontera o régimen estaban a salvo con Napoleón, Gran Bretaña debía luchar contra él hasta el final, o por lo menos hasta un punto en el que se pudiera imponer un acuerdo de paz que acabara de una vez por todas con su increíble capacidad para perturbar la paz. Junto a esto había, por supuesto, puntos de vista que coincidían plenamente con los intereses británicos: tanto para Canning como para Castlereagh, resultaba esencial que tanto Bélgica como Holanda se mantuvieran fuera del alcance de los franceses y, por la misma razón, que Gran Bretaña dominara los mares. Más que eso, la declaración del bloqueo continental había, a sus ojos, convertido la guerra en algo nuevo, en un conflicto por la supervivencia nacional. Aunque había, también, un sentimiento genuino de necesidad de adquirir un mayor nivel de compromiso con el continente que daba a la guerra un tinte de misión que había que llevar a cabo, sentimiento que se veía reforzado por un horror sincero ante los sufrimientos a los que se estaban viendo sometidos los pueblos de Europa.

Canning y Castlereagh —y también sus colegas y sus aliados políticos— estaban determinados a enfrentarse a Napoleón. En términos prácticos, sin embargo, las circunstancias les resultaban ciertamente desfavorables. En primer lugar, sus únicos aliados eran Suecia y Sicilia, ninguno de los cuales era capaz de llevar a cabo las campañas militares a gran escala que Gran Bretaña necesitaba de un socio en una coalición. Por el contrario, lo que estos países necesitaban era ser defendidos. Y tropas era precisamente lo que le faltaba a Gran Bretaña. Aunque el número de hombres reclutados para el ejército había aumentado, muchos de ellos servían en unidades a las que no se les podía pedir que sirvieran en el extranjero. Y lo que es peor, ni Gran Bretaña ni sus colonias podían ser despojadas de las tropas regulares estacionadas allí. A pesar de los esfuerzos que hicieron los británicos para emplear tropas auxiliares nativas y soldados extranjeros, el resultado fue que no había suficiente número de hombres para poder iniciar la guerra solos. Y reunir a un ejército respetable para emplearlo en campaña no era el único problema: dejando de lado el riesgo de naufragar a causa de una tempestad, transportar incluso la más modesta de las fuerzas expedicionarias implicaba el empleo de barcos especializados, mientras que el mero hecho del embarque y del desembarco era un verdadero problema. Estas dificultades se veían acompañadas de la desafortunada necesidad que tendría entonces Gran Bretaña por volver a métodos de guerra de antaño —sobre todo el bloqueo y el expansionismo colonial—, que podrían hacer pensar a los aliados potenciales que los británicos estaban evitando el tipo de compromiso que se supone que habían adquirido como socios de una coalición. Y los métodos de guerra de los que dependían tampoco eran precisamente baratos. Las ofensivas coloniales resultaban especialmente gravosas en términos de vidas perdidas, mientras que bloquear las costas europeas suponía un gran desgaste para la Marina Real británica. Se produjo alguna mejora al respecto de las demandas británicas de recursos hacia julio de 1807, puesto que los embrollos de Sudamérica y Egipto estaban llegando a su fin por esa época. Pero incluso así los recursos necesarios para llevar a cabo una guerra resultaban claramente muy cotizados. Asumiendo el gobierno en marzo de 1807, la administración Portland se había encontrado con que el máximo de efectivos disponibles para el servicio en el extranjero era de unos 20.000, y que ni siquiera esta pequeña fuerza se podría emplear al mismo tiempo, puesto que se contaba con un número insuficiente de barcos de transporte, siendo este un problema que solo se iba a resolver muy lentamente.

Las bases políticas del esfuerzo de guerra británico no eran mucho más sólidas. La administración Portland puede que estuviera más comprometida con la lucha que su antecesora, pero también era muy vulnerable. Entre los whigs como Richard Sheridan, lord Gray y lord Holland, se pensaba que Napoleón personificaba por entonces la causa del progreso. En el transcurso de la década de 1790, un grupo de whigs —el más famoso fue Edmund Burke, pero también el primer ministro lord Portland— habían apoyado la guerra, pero esta situación se vio contrarrestada por la deserción al partido de la paz de un grupo de tories desilusionados. Mientras tanto, si el fracaso de las negociaciones de 1806 había silenciado temporalmente a la mayoría de quienes se oponían a la guerra, la administración Portland sufrió dificultades por otra serie de factores, no siendo el menor de ellos la personalidad de George Canning. Mientras que nadie tenía la menor duda acerca de su talento, su fuerza y su odio hacia Napoleón, por el contrario, el ministro de Asuntos Exteriores era un hombre con un juicio cuestionable cuya determinación por derrotar a Napoleón le cegaba ante la realidad política y le convertía en una persona impaciente frente a otros colegas más circunspectos. De un temperamento realmente voluble, también era vanidoso y profundamente ambicioso, así que era fácil predecir que, más pronto o más tarde, se terminarían produciendo tensiones en el gabinete. Para empeorar las cosas, siendo de edad avanzada y con poca salud, lord Portland se veía incapaz de proporcionar el liderazgo necesario para frenar los excesos de Canning. Al borde del conflicto interno, el gabinete también se veía amenazado por la posible pérdida del apoyo de la monarquía. En circunstancias normales, esto no hubiera importando demasiado. El rey Jorge III también odiaba a Napoleón y compartía la antipatía que sus ministros sentían por la emancipación de los católicos, que era el asunto interno más importante en aquella época. Pero el rey sufría brotes de porfiria que periódicamente le dejaban incapacitado, por lo que existía la posibilidad de que, más pronto o más tarde, tuviera que verse sustituido por el príncipe de Gales, que era proclive a la política de los whigs, por lo que resultaba probable que en cuanto asumiera la regencia propusiera la destitución de Portland.

Sin embargo, la estabilidad de Gran Bretaña no se puede medir en función de lo que ocurría en Westminster, puesto que el bloqueo continental era lo que realmente importaba entonces. Con un año ya en vigor, esta medida de presión contra Gran Bretaña tomada por Napoleón estaba comenzando a constituir un verdadero problema. La respuesta de los británicos había sido introducir las *Orders in Council*, cuyos principios básicos eran que todos los barcos que zarparan de los puertos franceses o de los de sus aliados y satélites constituían un premio legal, y la imposición de severas limitaciones a la navegación de los barcos neutrales: podían hacerse a la mar, pero con la condición de que arribaran a un puerto británico y pagaran un oneroso impuesto. Para Napoleón esto resultaba inaceptable, y en el transcurso de una visita que hizo al Reino de Italia en noviembre y diciembre de 1807 publicó dos nuevos decretos —los conocidos como decretos de Milán— que declaraban que cualquier barco que se sometiera a las regulaciones británicas podía ser confiscado cuando arribara a puerto o capturado en alta mar por los corsarios franceses. Esto hizo que la administración Portland se viera sometida a mucha más presión que antes. Con el transcurso del tiempo y bajo circunstancias cambiantes, Gran Bretaña salvó el bloqueo creando nuevos mercados y manteniendo un comercio secreto con el continente pero en 1807 no había forma de poder evitar las consecuencias del mismo. Para empeorar aún más las cosas, Estados Unidos, no solamente el principal estado neutral sino también un operador comercial de gran importancia, estaba tan preocupado por la situación que, el 22 de diciembre de 1807, el presidente Jefferson dio paso a una ley que declaraba el embargo a todo el comercio con Gran Bretaña y Francia. Golpeadas por la restricción en las importaciones y por el aumento del precio de las materias primas, muchas industrias británicas se vieron al borde de la quiebra, empeorando aún más la situación por la acciones de los corsarios franceses y por una pobre cosecha. Los telares manuales de Lancashire, en consecuencia, iniciaron una masiva campaña para pedir al Parlamento que bajara los impuestos y muchos comerciantes y manufactureros del norte comenzaron a organizarse para pedirle al gobierno que firmara la paz. Mano a mano con las demandas de todos estos hombres, mientras tanto, iban otras que solicitaban un cambio político: en las elecciones generales de 1807, por ejemplo, Westminster, por entonces el distrito electoral más importante del país, devolvió a los demagogos populares, sir Francis Burdett y lord Cochrane, en una plataforma de reforma electoral. Tales acciones no podían estar desligadas de la oposición a la guerra: Burdett era una referencia en el movimiento pacifista, mientras que la huelga masiva para pedir que se bajaran los impuestos que finalmente llevaron a cabo los tejedores de Lancashire en mayo de 1808 vino acompañada de peticiones para que se acabaran las hostilidades.

Durante ese tiempo no se repitieron los rumores sobre un movimiento insurrecto secreto como los que se habían oído en la época de la que se llegó a conocer como la conspiración del «nudo negro» en Yorkshire pero, a pesar de ello, el país no se encontraba unido ante la posibilidad de la guerra. Entre 1803 y 1805 se había producido un verdadero peligro de invasión, y esto había motivado un decreto de lealtad a la Iglesia y al rey. Pero, hacia 1807, las cosas eran muy diferentes, y había muchos observadores que no podían entender por qué Gran Bretaña debería luchar, y pensaban que era solamente para favorecer a Austria, Rusia y Prusia.

Así las cosas, Napoleón solo tenía que sentarse a esperar la victoria. Esperar, de todas formas, no estaba en su naturaleza, y seguía obsesionado con la constante necesidad de obtener nuevos triunfos y, por lo tanto, de seguir siendo temido. Es también digno de ser citado el hecho de que la salida de Talleyrand del gobierno había tenido como consecuencia que ya no quedara nadie que se atreviera a frenar a Napoleón. Talleyrand puede que no fuera una figura tan bien intencionada como él se pinta en sus memorias, pero su sucesor, Champagny, no era ni de lejos una figura tan independiente como él. De cualquier modo, en cuanto terminaron las conversaciones en Tilsit, Napoleón comenzó a buscarse otro objetivo. La opción más obvia era Portugal, sobre todo porque un ataque a ese reino se había visto abortado por la campaña de Jena y Auerstädt. Los pretextos para justificar el ataque fueron muchos: Portugal hacia caso omiso del bloqueo continental, no había pagado a Francia las indemnizaciones acordadas tras la guerra de las Naranjas de 1801, y había permitido en repetidas ocasiones que los barcos británicos se avituallaran en sus costas. Y había mucho que ganar: Portugal poseía colonias muy ricas y una flota que, aunque no era muy numerosa, no se podía despreciar, siendo además Lisboa una base de operaciones que ofrecía numerosas ventajas para el bando que se hiciera con ella en una guerra. Y, además, la conquista de Portugal no debía suponer demasiados problemas. Su ejército era diminuto y su monarca, el príncipe regente Juan, un débil mental, contando además con que el acuerdo alcanzado con los rusos para evacuar las islas Jónicas y unirse a los franceses significaba que incluso se podría atacar Lisboa desde el mar, ya que el comandante ruso en el Adriático, el almirante Senyavin, tendría que seguir esa ruta para llevar sus barcos de vuelta a San Petersburgo.

Detrás de todo esto queda claramente discernible el asunto de las genuinas necesidades estratégicas. Si cualquier admirador de Napoleón quisiera hacerlo, es posible argumentar que lo que en definitiva importó siempre fue la guerra contra Gran Bretaña. De este modo, sucesivos gabinetes británicos se habían negado a ceder, así que el emperador necesitaba todos los barcos y todas las costas que pudiera obtener. Citando una carta escrita por Napoleón y dirigida a Carlos IV para justificar el ataque a Portugal: «Solamente podemos obtener la paz aislando a Inglaterra del continente y cerrando los puertos británicos al comercio. Cuento con su Majestad para que me ayude en la consecución de este objetivo: si hay que devolver la tranquilidad al mundo, entonces tenemos que forzar a Inglaterra a firmar la paz».[14] No hay que olvidar que Gran Bretaña había atacado Copenhague porque Napoleón estaba a punto de hacerse con el control de la flota danesa. Dejando de lado el asunto de la gran estrategia, está también el argumento de que lo que importaba por encima de todo era la lealtad de Napoleón hacia su familia; que lo que realmente quería era hacerse con el trono de Portugal para entregárselo a algún hermano. Pero lo cierto es que algunos de estos argumentos no son para nada convincentes. La flota portuguesa podía haber sido importante, pero no era en absoluto lo suficientemente grande como para que su posesión fuera decisiva, aparte de que la mayoría de sus barcos eran de segunda clase y en absoluto podrían enfrentarse a los más grandes y bien armados navíos de la Marina Real británica. Con Portugal adquiriendo tan solo el 4 por 100 de las exportaciones británicas, forzar a ese país a cumplir con el bloqueo continental tampoco resultaba un asunto urgente ni de gran importancia. Y finalmente, hacia 1807, la familia de Napoleón estaba surtida de sobra, así que nada hace pensar que alguno de sus miembros estuviera predestinado a convertirse en monarca de Portugal. José era rey de Nápoles; Luis, rey de Holanda; Jerónimo, rey de Westfalia; Murat y Carolina, duque y duquesa de Berg; Elisa, duquesa de Lucca y princesa de Piombino; y Eugenio de Beauharnais, virrey de Italia.

Así que nos queda el asunto del control de Lisboa aunque, por muy importante que fuera este puerto, no parece que mereciera la pena empeñarse en tamaña campaña por su mero control. En consecuencia, el observador honesto se ve forzado a prestar atención al ambiente que reinaba en las Tullerías en ese momento. El retorno de Napoleón a París el 27 de julio de 1807 vino marcado por la celebración de un tedeum en Notre Dame, inmensas demostraciones de lealtad y mucha pompa y ceremonia. El mismo tipo de escenas se repitieron apenas un mes más tarde cuando el hermano de Napoleón, Jerónimo, se casó con la hija del nuevo rey de Württemberg. Como recordó uno de los invitados:

> La ceremonia tuvo lugar en la galería Diana en las Tullerías ... Toda la magnificencia de la corte más suntuosa se mostró para esta ocasión. La cantidad de perlas, diamantes y piedras preciosas de todo tipo que añadían su brillo a los vestidos de las mujeres era realmente prodigiosa, y el efecto era el más asombroso cuando uno recordaba las miserias que se vivieron a finales del siglo pasado: unos pocos años habían sido suficientes para traer de vuelta los comportamientos más excesivos.[15]

Todavía más asombrosas, y al mismo tiempo más militaristas, fueron las celebraciones que acompañaron el retorno de esas pocas tropas —principalmente la Guardia Imperial— que fueron traídas de vuelta a casa desde Polonia. Entre ellas estaba el oficial de Cazadores Jean Baptiste Barrès:

> La ciudad de París había erigido ... un arco triunfal de gran tamaño. Este arco tenía una sola arcada, pero por debajo podían pasar veinte hombres marchando hombro con hombro. Sobre la bóveda ... se veían grandes figuras de renombre ofreciendo coronas de laurel ... Desde primeras horas de la mañana el arco estuvo rodeado por una inmensa multitud ... Al mediodía, habiendo llegado todos los cuerpos, las águilas se pusieron todas juntas al frente de la columna y ... 10.000 hombres en uniforme de gala comenzaron el desfile por debajo del arco triunfal al sonido de los tambores y de las bandas de las distintas unidades, numerosas salvas de artillería, y las aclamaciones de la inmensa masa de gente que se había reunido en ese punto. Desde la barrera hasta el palacio de las Tullerías nos acompañaron las mismas aclamaciones ... Todos los tejados y ventanas ... estaban llenos de público. A nuestro paso se repartían poemas que nos comparaban con los 10.000 inmortales y se cantaban canciones de guerra ... En resumen, el entusiasmo era absoluto, y la fiesta digna de los grandes días de Grecia y Roma.[16]

Dado el carácter de Napoleón, tales escenas solamente podían hacer que espolearle, sobre todo porque a estas alturas estaba muy lejos del héroe romántico de Brumario y el Consulado. Entre quienes nos han legado una descripción personal está un joven noble, el duque de Broglie:

> Pude ver al emperador en su camino hacia Bayona. Se paró a desayunar, como cualquier otro viajero, en la posada ... Ya no era ese joven Primer Cónsul, delgado, despreocupado, con su tez ligeramente oliva y su ceño fruncido, al que había visto por primera vez yendo y viniendo por las Tullerías ... Incluso en su apariencia todo había cambiado, había ensanchado en pecho y hombros, sus pequeñas piernas eran gruesas y rollizas, su tez cetrina, su frente bastante despejada, y sus rasgos recordaban a los de un emperador romano como los que vemos en las monedas. No diré, como el criado de la posada, que en todo lo que hacía se veía que llevaba la corona sobre su cabeza y el cetro en la mano, pero, permaneciendo allí, como otros mirones, apelotonándonos para verlo entrar y salir, me sorprendió darme cuenta que todo en él tenía el aire de un emperador, pero de un emperador de los peores tiempos.[17]

Sea cual fuere la razón, el destino de Lisboa estaba sellado. El 19 de julio de 1807 el emperador envió órdenes a Talleyrand para que solicitara a Portugal el cierre de sus puertos a los barcos británicos, el arresto de todos los súbditos de la misma nacionalidad, la confiscación de todas las mercancías británicas y una declaración de guera. En unos pocos días se dieron órdenes para que una gran fuerza se concentrara en Bayona para iniciar la marcha hacia Lisboa. Tal marcha, desde luego, solamente se podía llevar a cabo atravesando territorio español, pero esto presentaba ciertas dificultades. Habiendo, como veremos, estado durante años solicitándo a Napoleón que interviniera en Portugal, el favorito de los reyes de España, Manuel Godoy, estaba encantado con la noticia. Preocupado por los rumores que decían que Fernando IV de Nápoles iba a ser persuadido para que rindiera Sicilia a José Bonaparte a cambio de las islas Baleares, puede que vieran en la cooperación el modo de propiciarse la voluntad de Napoleón. Las fuerzas de ocupación se movilizaron pronto en Galicia, León y Extremadura, y el embajador español en Lisboa recibió órdenes de secundar a su colega francés en todas las ocasiones. Por lo que se refiere al desafortunado príncipe regente de Portugal, la opción que se le presentaba estaba muy clara. En palabras del Napoleón:

> Concibo la paz que reina en el continente, respecto de la cual he recibido con gran placer las felicitaciones de Su Serena Majestad, como un paso adelante hacia la paz que debería reinar en los mares. Todas las medidas que he tomado han estado dirigidas hacia la consecución de ese

objetivo, y han sido adoptadas por todas las potencias que, como Portugal, tienen un interés directo en que Gran Bretaña respete su independencia y sus derechos. Ninguna medida que no sea de las mías puede tener el mismo éxito o demostrar el mismo compromiso con la causa común.[18]

Amenaza, tanto por Francia como por España, Portugal se encontraba en una situación desesperada. A menudo estigmatizada como un reino decadente y despótico en el que el oscurantismo convivía con la ineficiencia, Portugal había sido, bajo el gobierno del marqués de Pombal, el primer ministro de José I (1750-1777), de hecho, el modelo perfecto del absolutismo ilustrado. Las principales reformas incluyeron la completa reorganización del gobierno del imperio y la metrópoli, una gran limitación al poder ejercido por la Iglesia y la nobleza y la creación de un ejército y un sistema educativo modernos. Se apoyaron las artes y las ciencias, y se hizo todo lo posible para estimular el crecimiento económico. Pombal hacía tiempo que había desaparecido de escena —de hecho, había terminado sus días cayendo en desgracia—, pero su influencia había sobrevivido y esto permitía que el comercio del vino y los productos textiles prosperaran con fuerza. Ni siquiera las guerras de la Revolución o las napoleónicas habían supuesto un problema para el comercio portugués. Se había estado en guerra con Francia entre 1793 y 1797 y sufrido una breve invasión española en 1801, pero las hostilidades habían sido más bien nominales y el comercio había podido seguir desarrollándose sin problemas, mientras que el definitivo tratado de paz solamente le había costado a Portugal la cesión de una pequeña parte del Alentejo y el pago de indemnizaciones a Madrid y París. Pero en ese momento las cosas eran diferentes, porque el repentino ultimátum de Napoleón hacía prever una catástrofe. Durante el siglo XVIII el oro brasileño, el azúcar y el tabaco habían constituido la base del bienestar portugués, pero en la época de las guerras napoleónicas estos recursos comenzaban a agotarse o a tener menor valor en los mercados. De cierto alivio resultó el descubrimiento de diamantes y el cultivo del algodón, pero incluso así la prioridad había cambiado poco a poco hacia los productos y manufacturas elaborados en la metrópoli. Como Gran Bretaña adquiría gran parte del vino, que era la principal exportación portuguesa, que este país se uniera al bloqueo continental era algo impensable, aunque la opción de luchar contra Francia o España tampoco constituía, desde luego, una opción. Se había hecho algún intento de reorganización del ejército desde la paz de 1801, pero no más de 20.000 hombres estaban en activo de una fuerza nominal total de 48.000. En esas circunstancias, por lo tanto, la única esperanza era intentar ganar tiempo hasta que Gran Bretaña pudiera enviar barcos o tropas para defender a su viejo aliado (algo que no resultaba improbable, puesto que ya se habían enviado fuerzas expedicionarias británicas en el siglo XVIII, mientras que en 1806 incluso los mediocres Talentos habían enviado una escuadra a Lisboa en un momento en que se vio amenazada por una invasión). De este modo, aunque a Napoleón se le dijo que Portugal estaba dispuesta a declarar la guerra a Gran Bretaña y cerrar sus puertos a sus barcos, el primer ministro, Antonio de Araujo, pidió ayuda a la administración Portland y le dejó claro que seguía siendo leal a su antigua alianza. «Los franceses insisten en que todos los súbditos británicos sean devueltos a su país y que sus propiedades sean confiscadas», escribió un residente británico en Portugal. «El príncipe regente ha respondido a esto que antes se arriesgaría a perder su reino que actuar de forma tan traicionera con un aliado y amigo como el que había sido Inglaterra para Portugal.»[19]

Napoleón no estaba todavía listo para esta guerra: había que reunir las tropas, que estaban diseminadas en distintos cuarteles por toda Francia y los aliados españoles parecían estar pasando por verdaderas dificultades de tipo logístico. Por lo tanto, lo que se le pidió de momento al gobierno portugués es que retuviera temporalmente a los súbditos británicos y que secuestrara, más que confiscara, sus propiedades, alargando en un mes el plazo para que esto se llevara a cabo, plazo que inicialmente se había fijado para la fecha del 2 de septiembre. Aunque esto no significaba nada. De hecho, tras lo ocurrido en Copenhague, el emperador estaba más inclinado a ofrecer mano dura que nunca. «Por esta época —escribió Fouché— ya se conocía el éxito del ataque inglés a Copenhague, que fue el primer golpe dirigido contra los acuerdos secretos de Tilsit, en virtud de los cuales la marina danesa iba a ponerse a disposición de los franceses. Desde la catástrofe de Pablo I, nunca había visto a Napoleón abandonarse a tales ataques de furia. Lo que más le molestaba de esta vigorosa empresa era la premura de la resolución tomada por el ministro inglés.»[20] De uno de los ataques de furia típicos de Napoleón fue testigo Metternich en Fontainebleau el 16 de octubre: «No toleraré por más tiempo que haya un solo embajador inglés en Europa; declararé la guerra a cualquier potencia que reciba a uno de ellos en su corte pasados dos meses desde hoy. Tengo 300.000 rusos a mi disposición y con un aliado tan poderoso puedo hacer cualquier cosa. Los ingleses declaran que ya no respetarán a los neutrales en el mar; entonces yo nos los respetaré a ellos en tierra».[21]

En Portugal, mientras tanto, se decidió que había que aparcar el heroísmo a favor de otros métodos más prácticos. Aunque se habían recibido noticias de que no se iba a poder contar con la ayuda británica, los informes procedentes de París sugerían que era posible sobornar al entorno de Napoleón para que intentaran convencerle de no llevar a cabo una campaña contra Portugal. A Napoleón se le dijo que el gobierno no iba a ceder ante sus imposiciones pero que, como gesto de buena voluntad, las baterías que protegían Lisboa desde el mar se pondrían en estado de defensa y se enviarían 6.000 soldados a la fortaleza costera de Peniche. Mientras tanto, grandes cantidades de oro y joyas se pusieron a disposición de ciertos agentes secretos destinados en París. Si una respuesta más positiva por parte de Portugal hubiera significado alguna diferencia, es algo que no está claro; pero Napoleón tenía ahora el pretexto que necesitaba, mientras que su fuerza de intervención de 25.000 hombres —el conocido como Primer Cuerpo de Observación de la Gironda— estaba lista para la acción. En cuanto recibió la respuesta portuguesa, Napoleón ordenó a su comandante, el general Junot, que cruzara la frontera española y avanzara a marchas forzadas hacia la capital portuguesa. «Le comunicarás a ... Junot —le dijo el emperador a su ministro de la guerra, el general Clarke— que mi embajador ha dejado Lisboa, y que, por lo tanto, no hay un minuto que perder si tenemos que anticiparnos a los ingleses.»[22]

Mientras sucedía todo esto, el gobierno español no había ocasionado demasiados problemas. Aparte de todo lo demás, el 29 de agosto las tropas francesas habían invadido repentinamente llamado Reino de Etruria. Originalmente denominado Ducado de Toscana, Etruria había sido cedido a los Borbones en 1801, concretamente a la hija mayor de Carlos IV y a su consorte italiano. Sin embargo, Etruria se había convertido en una base para el contrabando y el espionaje, así que Napoleón había decidido anexionarlo a su imperio. Como la única posibilidad de compensar a España por esto era entregarle una parte de Portugal, la cooperación con el emperador se convirtió en lo más importante. Sin embargo, desconfiando absolutamente de Godoy, el emperador decidió que había que comprometer aún más a los españoles con sus planes. El 25 de septiembre se reunió con el representante personal de Godoy en París, Eugenio Izquierdo, y acordó el tratado de Fontainebleau. Este tratado contemplaba la división de Portugal en tres regiones, el norte, que se entregaría al rey y a la reina de Etruria; el centro, que se mantendría bajo ocupación militar francesa hasta el final del conflicto y del que luego se dispondría según las circunstancias; y el sur, que se daría a Godoy. Además, Napoleón acordó respetar los dominios de los Borbones españoles y permitir a Carlos IV utilizar el título de «emperador de las dos Américas». También se resolvió la cuestión de cómo sería realmente ocupada Portugal, consistiendo el plan básico en que 28.000 franceses y 13.000 españoles marcharan sobre Lisboa desde León, mientras que otros 16.000 españoles cruzarían la frontera por Galicia y Extremadura. Unos 40.000 soldados franceses más se reunirían en Bayona para rechazar una posible incursión británica, aunque se acordó que estas tropas no entrarían en España sin el permiso previo de Madrid. Y con todo esto Godoy y sus consejeros se quedaron la mar de satisfechos. Según el antiguo presidente del Comité de Salud Pública, Bertrand de Barère, que había llegado a ser un buen amigo de Izquierdo:

> En la época del viaje a Fontainebleau, el señor Izquierdo ... me llamó y me dijo: «Acabo de concluir el asunto de España, y tengo un tratado firmado por el emperador, pero lo más destacable en relación con este asunto fue la reunión previa a la firma del acuerdo. Yo estaba presente con la corte imperial en el teatro de la corte. El general Duroc fue a buscarme durante la representación y me llevó a un salón donde me dejó solo, rogándome en nombre de su señor que leyera el borrador del tratado que estaba sobre la mesa y que incluyera, sin abandonar el salón y sin comunicarme con nadie, las alteraciones, adiciones o modificaciones que considerara convenientes, y que al mismo tiempo justificara el porqué de esos cambios. No rechacé la propuesta y durante la representación me mantuve ocupado escribiendo en el margen de las hojas del tratado mis correcciones y variaciones. El general Duroc regresó al concluir aquélla, cogió mis notas y me dijo que se las entregaría inmediatamente al emperador. A medianoche fui conducido ante su presencia, y tras unas pocas observaciones sin importancia, el tratado fue redactado de nuevo. Esto se hizo muy rápido, así que el tratado se firmó poco después. De este modo evitamos la guerra y reforzamos nuestra unión con Francia. Si lees el tratado, verás que realmente he velado por los intereses de España».[23]

Pero parece que Barère no estaba de acuerdo con este análisis. Según su propio testimonio, vio claramente que Fontainebleau, como poco, limitaba la libertad de acción de España, pero la suerte ya hacía tiempo que estaba echada. Los esfuerzos de último minuto para negociar por parte de los portugueses habían terminado con las amenazas de que, a menos que se rindieran de inmediato, la casa de Braganza sería derrocada, así que el 18 de octubre las primeras fuerzas francesas comenzaron a cruzar la frontera. Ya antes de que Fontainebleau fuera ratificado formalmente, el 29 de octubre de 1807, las tropas francesas se encontraban en el interior de España. En cabeza marchaba el fiero y ambicioso general Junot, un personaje muy cercano a Napoleón, al que había conocido en el sitio de Tolón en 1793 y que desde entonces había combatido con distinción en Italia, Egipto y Palestina, además de haber servido como embajador en Lisboa. Apodado «la Tempestad», Junot ambicionaba la gloria. Nunca había gozado de un mando independiente en campaña, se había perdido las dramáticas batallas libradas entre 1805 y 1807 y se le había negado el bastón de mariscal que había sido concedido a tantos de sus colegas. Aparte de unos pocos batallones compuestos por mercenarios suizos, o con soldados provenientes de los restos de los antiguos ejércitos hanoveriano y piamontés, los 25.000 hombres que estaban bajo su mando eran todos veteranos franceses. Otra capital europea, por lo tanto, parecía que iba a tener que resistir a la ocupación a manos de los franceses.

Lisboa se encontraba sola ante esta tarea, ya que en Italia se habían seguido precipitando los acontecimientos, así que, de este modo, se reforzaba la impresión de un Napoleón en continuo movimiento, por no mencionar a un Napoléon que no podía resistirse a la menor oportunidad de mostrar el poderío de sus fuerzas armadas. Con el Reino de Etruria de nuevo en manos francesas, el último gobernante independiente de Italia era el papa Pío VII. Las relaciones entre el emperador y el pontífice se habían estado deteriorando desde el mismo momento en que el segundo retornó a casa tras la coronación. Pío y su secretario de Estado, el cardenal Consalvi, se mostraban indignados por las medidas regalistas que el emperador había impuesto a la Iglesia en Francia y en sus territorios italianos. Y, del mismo modo, no podían aceptar sus insinuaciones de que el Papa era un vasallo de Napoleón. La brecha entre Napoleón y el papado se hizo más grande con la ocupación de la ciudad adriática de Ancona por parte de las tropas francesas en otoño de

1805, justificando esta acción por razones estratégicas, lo que empujó al Papa a desafiar al gobernante francés. Se introdujo un nuevo catecismo en Francia para intentar minar el culto a Napoleón, al tiempo que se dudaba del repentino descubrimiento de un tal san Napoleón, cuya festividad no solo coincidía con la fecha de nacimiento de Napoleón, sino también con la fiesta de la Asunción. Asimismo, para obtener un decreto de nulidad para librarse de la esposa norteamericana de Jerónimo Bonaparte, Napoleón se tuvo que enfrentar a tantas dificultades que no le dejaron otra opción que marchar a Roma y amenazar a la jerarquía eclesiástica para que se doblegara a su poder e hicieran lo que quería. Y al respecto de Ancona, Napoleón estaba perfectamente informado que podía rendir la ciudad inmediatamente o enfrentarse a una brecha en las relaciones diplomáticas. El emperador, sin embargo, no se echó atrás, y Pío se vio sometido cada vez a más presión para que accediera al bloqueo continental y convirtiera los Estados Pontificios en aliados de Napoleón. Pero el Papa plantó cara. El papado, argumentó, era neutral y no tenía otra opción que permanecer como tal. Al mismo tiempo, no le daría a Napoleón ni a ningún otro el papel de protector temporal de la Iglesia, y esto significaba que el Papa estaba firmemente determinado a seguir siendo el gobernante de un estado soberano. Como medida conciliatoria, accedería a la demanda francesa para que prescindiera de los servicios del cardenal Consalvi, que terminó dimitiendo en junio de 1806, pero eso fue todo. De hecho, hacia el verano de ese mismo año el gobernante francés se enfrentaba a la excomunión. Esta no era una amenaza gratuita, y Napoleón lo sabía: como ser humano no creía en absoluto en la redención, y mucho menos en el alma inmortal, pero sufrir tamaña pena hubiera supuesto minar la legitimidad que le había concedido el Papa en las sucesivas coronaciones como emperador de Francia y rey de Italia. Por un tiempo, el emperador se moderó —a esto contribuyó el hecho de que Pío hiciera un número de concesiones menores que sugerían que podía estar dispuesto a adoptar los puntos de vista de Napoleón—, pero en noviembre de 1807 se acabó el tiempo para el Papa; las tropas francesas ocuparon las provincias adriáticas de los Estados Pontificios y, cuatro meses más tarde, una gran guarnición se instaló en la fortaleza de Sant'Angelo, en el mismo centro de Roma. El Papa todavía conservaba su trono, pero ahora no le quedaba más remedio que mirar fijamente a la cara al poder de Napoleón.

De vuelta a la península Ibérica, podemos decir que allí la tensión aumentaba cada día. Con la firma del tratado de Fontainebleau, parecía que la salvación estaba al alcance de Godoy, pero de hecho la aparición de los ejércitos franceses coincidió con un dramático deterioro de la situación. Además de manchar la reputación del favorito y de asegurarse de que la maquinaria del poder cayera inmediatamente en sus manos en el caso de que se produjera la muerte de Carlos IV, los conspiradores del partido fernandino habían decidido en 1807 que, para garantizar la herencia de su líder, el príncipe de Asturias, Fernando, resultaba conveniente casarlo con una princesa de la casa Bonaparte (el hecho de que las posibles candidatas fueran muy jóvenes no es algo que les preocupara en absoluto). Se abrieron negociaciones secretas con el embajador francés, en el proceso de las cuales Fernando fue persuadido para que escribiera una carta solicitando abiertamente la protección de Napoleón. Sin embargo, avisados de la conspiración, en una dramática discusión que tuvo lugar en el palacio de El Escorial el 27 de octubre, Carlos y María Luisa confinaron a su hijo en sus aposentos y ordenaron una investigación sobre el asunto. Los papeles de Fernando revelaron poca cosa: odiaba a Godoy, lo quería ver en prisión y había estado de algún modo en contacto con Napoleón. Mucho más sugerentes fueron, quizá, una serie de órdenes que colocaban a los partidarios de Fernando en puestos clave de la administración, pero no parecía que hubiera habido intención en ningún momento de derrocar a Carlos IV; todo lo que pretendía Fernando era asegurarse de que Godoy no impedía su ascensión al trono cuando se produjera la muerte del rey. Pero esto no impidió que los reyes se convencieran de que su hijo había estado tramando su caída. Presionado para que admitiera que este había sido su objetivo, Fernando fue finalmente perdonado, pero a los que denunció como sus colaboradores —Escóiquiz, Infantado, Montijo y otros— fueron arrestados, y tras derrumbarse durante el juicio público, enviados al exilio, aunque dentro del país.

Para Godoy todo esto significó una catástrofe. La idea general y al tiempo equivocada fue que todo el asunto derivaba de un audaz intento para acabar con Fernando y sus partidarios y que se trataba de una monstruosa equivocación por parte de la justicia y de los monarcas. De forma perversa, por lo tanto, Fernado se había hecho, tras estos acontecimientos, mucho más popular que antes. Como rezaba un panfleto:

> Ni un loco, ni una madre desnaturalizada como María Luisa, ni un cobarde carente de talento como Godoy podían poner en cuestión la estima que el pueblo sentía por Fernando. Por el contrario, su primera aparición en público tras su liberación constituyó un verdadero triunfo: todos los habitantes de las ciudades y los pueblos cercanos a El Escorial fueron hasta allí y se concentraron en masa para saludarle: mientras muchos le aclamaban desde la distancia, otros querían saludarle en persona, besando sus manos o sus ropas, al tiempo que le decían que nunca habían creído en su culpabilidad.[24]

Este asunto terminó por convencer a Napoleón de que existía la necesidad, o al menos la posibilidad, de intervenir en los asuntos del trono de España. El emperador sabía que no se podía confiar en Godoy y se mostraba poco satisfecho del compromiso de España como aliada, pero, hasta ese momento, nunca había intentado interferir en sus asuntos internos. Y la posibilidad de que este reino pudiera ser entregado a otro de sus hermanos no parece que disgustara a Napoleón, puesto que se había estado hablando sobre ello desde 1804; además, ansioso por obtener un trono, el gallardo Murat no había dejado de promover esta idea en todo ese tiempo. Fuera cual fuese la realidad del asunto, el caso es que lo que era solo una idea terminaría por hacerse realidad. Acusado por Carlos IV de complicidad en la conjura de Fernando, Napoleón anunció que el príncipe quedaba bajo su protección y prohibió cualquier mención a que Francia estuviera relacionada con el príncipe o sus acólitos, ordenando el 13 de noviembre que los 25.000 hombres que había mantenido en la reserva en Bayona —el Segundo Cuerpo de Observación de la Gironda— cruzaran la frontera española. Mientras tanto, nuevas tropas —el Cuerpo de Observación de las Costas Océanas y la División de Observación de los Pirineos Occidentales— se concentraron en Saint-Jean-Pied-du-Port bajo el mando de los mariscales Moncey y Bessières respectivamente, y se establecieron almacenes en Bayona y Perpiñán, dedicando grandes esfuerzos a recopilar toda la información posible respecto a las fuerzas armadas de España, sus fortalezas, sus carreteras y la situación política. Y, por primera vez, las amenazas se hicieron patentes en la correspondencia de Napoleón dirigida a Carlos IV:

> Es en interés de los pueblos, tanto de Su Majestad como del mío, que llevemos la guerra a Portugal con todo vigor ... Una expedición dirigida

contra Portugal fracasó hace unos años porque, en el mismo momento en que creía que esta gran puerta se iba a cerrar a los ingleses, Su Majestad consideró que había llegado la hora de alcanzar la paz. Tengo mucha confianza depositada en su lealtad y en sus principios políticos para pensar que tal cosa volviera a ocurrir hoy en día. Aunque, sin duda, ciertos argumentos esgrimidos en palacio pueden resultar dolorosos para el corazón sensible de un padre, confío en que no tengan ninguna incidencia sobre la marcha de los acontecimientos.[25]

La conjura de El Escorial, por lo tanto, condujo directamente a la intervención francesa, pero el asunto de si Napoleón pretendía realmente derrocar a los Borbones es harina de otro costal. Sin embargo, el estado español no había hecho gran cosa, a sus ojos, para colaborar con sus planes: como era habitual, la movilización se había llevado a cabo muy lentamente, mientras que las noticias al respecto de que las tropas de Junot acantonadas en la frontera con Portugal estaban pasando hambre le llegaron muy pronto al emperador. Esto no era culpa de los españoles, sino más bien de un repentino cambio de planes por parte de Junot acerca del lugar de reunión de las tropas. Y por lo que se refería a cómo le iba a las tropas españolas en su marcha hacia Portugal, ese asunto tampoco parecía ir muy bien. Según Thiébault, «la división española del general Carrafa perdió entre 1.700 y 1.800 hombres a causa de la inanición, la fatiga, ahogados en torrentes o despeñados por los precipicios».[26] Esto puede parecer una exageración, pero incluso aunque fuera así, lo cierto es que la confusión reinaba por doquier. Un oficial de infantería español recordó: «Parecía imposible que esa marcha tan fácil y corta pudiera haber sido dirigida por soldados. Las unidades se perdían, los soldados se dispersaban, y, en una palabra, el desorden y la confusión llegaron a tal punto que puedo afirmar que nunca he visto nada igual aparte de las más estrepitosas derrotas».[27] Una vez más, España parecía no cumplir con las expectativas que Napoleón tenía al respecto de sus aliados, y éste nunca estaba dispuesto a olvidar estas cosas, sobre todo porque por entonces España estaba adquiriendo cada vez más prominencia dentro de sus planes estratégicos. Con el emperador presionando en pos de la conquista de Sicilia, el apoyo naval español resultaba determinante, y eso aunque la armada española se encontrara realmente en unas condiciones deplorables. Reducida a unos quince buques de guerra que requerían serias reparaciones, sus tripulaciones, suministros y repuestos eran extremadamente escasos. Solo tras grandes dificultades se pudieron hacer a la mar seis barcos que zarparon del puerto de Cartagena con el objetivo de unirse a la escuadra francesa anclada en Tolón. Napoleón no estaba en absoluto contento de cómo se estaban desarrollando los acontecimientos, sobre todo porque nada podía disuadirle de pensar que, gracias a su imperio americano, España estaba inundada de dinero. Y si éste no le lucía al país, la razón era simple: los españoles eran corruptos, ineficientes e incompetentes. Lo que se necesitaba, por lo tanto, era la mano dura de Francia. Sin embargo, a pesar de todo esto, no existe evidencia de que Napoleón estuviera planteándose un cambio dinástico antes de finales de 1807. En enero de 1808, en efecto, el emperador todavía estaba pensando en una alianza matrimonial: reuniéndose con su hermano expatriado en Mantua, intentó persuadirlo por todos los medios para que enviara a su hija Charlotte —la única fémina Bonaparte disponible— a París para desposarse con Fernando. Y en una conversación que mantuvo en Venecia con José Bonaparte, dijo específicamente: «Tengo un montón de duro trabajo ante mí: los problemas en España solo harán que ayudar a los ingleses ... y la pérdida de los recursos que obtengo de ese país».[28]

Si Napoleón no estaba decidido del todo, lo cierto es que mantenía todas las opciones abiertas, mientras que los preparativos se aceleraron todavía más al recibirse la noticia de que 7.000 soldados británicos habían arribado a Gibraltar procedentes de Sicilia. Comandado por el general Pierre Dupont, el Segundo Cuerpo de Observación de la Gironda, con una fuerza de 25.000 hombres, avanzó de Vitoria a Valladolid, desde donde podrían avanzar fácilmente hacia Madrid. Por otro lado, el Cuerpo de Observación de las Costas Océanas y la División de Observación de los Pirineos Occidentales fueron enviados para reemplazar al primero en Navarra y las provincias vascas, y además se creó otra nueva formación —la División de Observación de los Pirineos Orientales— movilizada en Perpiñán. Sin contar las fuerzas de Junot, más de 50.000 soldados franceses estaban en España en ese momento, mientras que muchos más se concentraban en la frontera de los Pirineos. No es de extrañar, por lo tanto, que Godoy comenzara a mostrarse extremadamente preocupado, y no menos que Izquierdo, que a esas alturas informaba al respecto de ciertos rumores que decían que el emperador estaba punto de dar un gran golpe en España. Aunque, más allá de intentar algún gesto conciliador, como la concesión a Napoleón del Toisón de Oro, no había nada que el primer ministro español pudiera hacer.

Antes de dar cuenta de los acontecimientos que siguieron, sin embargo, debemos volver primero a Portugal, donde a comienzos de noviembre Juan y Araujo habían acordado responder inmediatamente a todas las demandas de Napoleón, y estaban pidiendo garantías al respecto de la supervivencia de la dinastía de Braganza en Portugal. Sus esfuerzos no sirvieron de nada. Preocupado porque los británicos pudieran enviar un ejército a Lisboa, Napoleón ordenó a Junot que acelerara la marcha. Sin embargo, la ruta que había elegido era la peor de todas las posibles. Lo que siguió fue un verdadero suplicio; cuando Junot llegó a Lisboa el 30 de noviembre contaba solamente con 1.500 hombres. Ya entonces la mano dura de Francia falló en Portugal. Juan intentó propiciarse el favor de París, pero también tuvo buen cuidado de mantener sus lazos con los británicos, que habían prometido su ayuda para que la familia real pudiera escapar a Brasil. Los preparativos para la huida estaban por entonces en marcha, y el 29 de noviembre, un convoy integrado por ocho buques de guerra, cuatro fragatas y veinticuatro barcos mercantes zarpó de Lisboa para reunirse con una escuadra británica que había sido enviada para bloquear el Tajo unas pocas semanas antes. En este convoy no iba solamente la familia real, sino también la totalidad del tesoro y de los archivos del país, muchas obras de arte y un gran número de miembros de la nobleza lusa, los burócratas, los habitantes más pudientes de Lisboa, y todos ellos llevándose consigo la mitad del dinero circulante del país. También se encontraban a salvo en el convoy la comunidad de comerciantes británicos y todos sus bienes. Como en Copenhague, fue otra demostración de la versatilidad que ofrecía el control de los mares por parte de Inglaterra (y otro trapo rojo para el toro napoleónico). Y, desde luego, había muchos beneficios directos para Gran Bretaña: a cambio de la minúscula pérdida que suponía el mercado que representaba Portugal, obtenía acceso a la totalidad del territorio de Brasil.

Lo que aconteció en Portugal siguió el mismo esquema que lo acontecido en otros lugares: gran parte de su ejército fue enviado a Francia para servir en la *grande armée*, y el país fue sometido al típico programa de reforma napoleónica. Y por lo que respecta a España, todavía había que emprender su regeneración, pero Napoleón tenía ya muy claro cómo iba a proceder. En ese momento podía optar por deponer a Carlos IV y sustituirlo por Fernando, del que sabía que era no solo extremadamente dócil, sino también muy querido por su pueblo. ¿Por qué, entonces, no siguió el camino fácil? La respuesta es simple. España parecía encontrarse en un estado de completa desintegración; su ejército estaba mal preparado para la guerra; y fue informado por varios agentes enviados al otro lado de los Pirineos de que había una predisposición general en el pueblo a aceptar cualquier solución que él quisiera imponer. No se podía confiar en los Borbones españoles, y no había razón para creer que el régimen encabezado por Fernando VII fuera a resultar mejor que el encabezado por Carlos IV. Además resultó que, al final, Luciano no permitió el matrimonio entre su hija Charlotte y el príncipe Fernando. Y por último, contando con un gran número de tropas en España, simplemente no había razón para no tomar medidas drásticas, lo que acrecentaría su prestigio, aseguraría la transformación de España y crearía otro trono para su familia. ¿Quién, después de todo, podría oponerse a sus designios? El ejército español estaba decrépito, y la revuelta popular era, según su experiencia, una amenaza menor que podría ser conjurada con facilidad. Advertido por Fouché de que España no iba resultar un objetivo tan fácil como él creía, el emperador explotó: «¿De qué estás hablando? Todo el mundo con un poco de criterio en España desprecia a su gobierno; el Príncipe de la Paz ... es una sabandija que estaría dispuesto a abrirme las puertas de España. Y la plebe ... unos cuantos disparos de cañón la dispersarán rápidamente».[29] Hasta el último momento Napoleón mantuvo sus opciones abiertas. «Murat me aseguró en 1814 —recordó lord Holland— que no tenía instrucciones ... que no se le había comunicado absolutamente nada acerca del objeto de su expedición.»[30] De hecho, incluso en la famosa conferencia que se iba a celebrar muy pronto en Bayona, existió la posibilidad de alcanzar otra salida. Según Escóiquiz, que había ido a Bayona con Fernando y fue la primera persona en las delegaciones españolas rivales que fue informado de los planes de Napoleón, el emperador le dijo «que no estaba completamente decidido sobre qué hacer al respecto de este asunto».[31] Pero lo que sí sabía con seguridad, sin embargo, es que se avecinaba el fin de la dinastía borbónica: a finales de marzo escribió a su hermano Luis, que era por entonces rey de Holanda, y le ofreció el trono. «El Rey de España ha abdicado ... Desde ese momento la gente me ha estado llamando a gritos. Teniendo por seguro que no seré capaz de lograr una paz sólida con Inglaterra sin darle un gran impulso al continente, he resuelto colocar a un príncipe francés en el trono ... el clima de Holanda no te va bien, y además ese país nunca se sobrepondrá a la ruina en que se encuentra ... Teniendo todo esto en cuenta, he pensado en ti ... Serás el monarca de una nación generosa que cuenta con once millones de habitantes y que tiene importantes colonias. Con buena gestión y trabajo, España podría mantener 60.000 soldados y tener cincuenta buques de guerra en sus puertos.»[32]

La mención de una flota de guerra con cincuenta navíos nos lleva de nuevo al tema de la estrategia. Esto era, obviamente, de considerable importancia en la decisión de instalar a un Bonaparte en el trono de España, pero no solamente a causa de la guerra con Gran Bretaña. Una España regenerada resultaría de gran ayuda en la lucha contra Gran Bretaña aunque en el invierno de 1807-1808 había surgido un asunto más urgente. En este punto nos encontramos con la cuestión de las relaciones entre Francia y Rusia y, más particularmente, del Imperio Otomano, cuya política exterior favorable a los franceses no se había visto afectada por el golpe palaciego que había reemplazado al reformista Selim III por su más joven y maleable primo, Mustafá IV. Para la Puerta, Tilsit había supuesto un fuerte e inesperado golpe. Se habían esperado grandes cosas de una victoria de Francia frente a Rusia —el embajador francés Sebastiani, de hecho, había prometido la devolución de Crimea, el reconocimiento de la completa soberanía en las provincias del Danubio y una garantía para todos los territorios del Imperio— y todo esto se había evaporado. Y lo que es peor, ahora que Francia y Rusia eran aliadas, los otomanos temían el riesgo de sufrir un ataque conjunto.

Pero los meses pasaron y la amenaza no llegó nunca a materializarse. Habiendo logrado el visto bueno de Alejandro en Tilsit, dándole a entender que una sustancial ganancia de territorios estaba disponible en los Balcanes, Napoleón comenzó a dar marcha atrás. Un ataque sobre el Imperio Otomano bien podía conducir a la conquista de los Balcanes, pero el sultán quedaría tan debilitado por tal golpe que era imposible prever cómo iba a ser capaz de ejercer el control sobre el resto del imperio. Pero sin contar con buenas relaciones con Constantinopla, ¿cómo podía esperar Napoleón cerrar las costas de Anatolia, Siria, Palestina y Arabia al comercio británico? ¿Y cómo se podía detener a los británicos si se les ocurría ponerse en movimiento y hacerse con cualquier territorio que les interesara? Cuando 1807 estaba llegando a su final, sin embargo, Alejando se sintió cada vez más irritado. No se encontró ninguna dificultad, por ejemplo, en conseguir tropas francesas para Cattaro y para sustituir a las de las islas Jónicas que habían sido mantenidas por Rusia. Y lo que era peor, Francia reclamaba Silesia como compensación por el control que Rusia ejercía sobre Moldavia y Valaquia, a pesar de haber prometido en Tilsit evacuar esa región. Con Alejandro desesperado por alcanzar un éxito en política exterior que compensara los desastrosos efectos de haberse sumado al bloqueo continental (véase más adelante), el resultado fue que Rusia volvió a presionar en los Balcanes. Como hemos visto, Alejandro se negó a ratificar el armisticio con Turquía, mientras que, al mismo tiempo, ordenaba a sus tropas en Moldavia, Valaquia y la isla de Tenedos (donde los rusos habían establecido una gran base naval) que se estuvieran quietas, intentando convencer a Napoleón de que atacara a los otomanos con la promesa de concederle Albania y Grecia. Dividir el Imperio Otomano no era del gusto de Napoleón pero en ese momento parece que decidió que la partición era inevitable, y que este objetivo en su momento se tornaría en una ventaja para él. En todo esto había dos objetivos obvios, siendo el primero lograr enfrentar a Austria con Rusia y el segundo desafiar a Rusia por su lentitud a la hora de abrir las hostilidades con Inglaterra. En consecuencia, el emperador atrajo a los austriacos y les ofreció en secreto una ancha franja de territorio que se extendía a través de los Balcanes desde Bosnia hasta Bulgaria (un movimiento que también hubiera tenido el feliz resultado de limitar las ganancias territoriales rusas a Moldavia y a Valaquia y que permitiría a Napoleón reclamar Silesia como compensación). Al mismo tiempo proponía a Alejandro que 50.000 franceses, austriacos y rusos avanzaran sobre Constantinopla desde sus respectivas bases en Dalmacia, Croacia y las provincias del Danubio con vistas a dividir el Imperio Otomano y luego marchar hacia la India. Si esta última idea se propuso en serio o no, es un punto discutible; en lo que estaba pensando realmente Napoleón era, casi con toda seguridad, en un escenario en el que se vería recuperando Egipto con la ayuda del poder naval ruso. Pero al final todo esto importaba bien poco: Rusia estaría en guerra con Gran Bretaña, y Alejandro se marcharía no solo con las manos casi vacías, sino también bailando al compás marcado por Napoleón.

Es en este contexto, por lo tanto, en el que se debería considerar la decisión de derrocar a los Borbones. Con una gran guerra cociéndose en el Mediterráneo oriental, España no solamente se convertía en un importante aliado naval, sino también en una base estratégica de vital importancia: si Napoleón pretendía tomar el litoral norteafricano, por ejemplo, los puertos españoles eran los más adecuados como lugar desde el que lanzar esa ofensiva. Que el Imperio Otomano se había convertido en el centro de atención del emperador es algo que queda claro si atendemos a lo que nos sugiere lo que aconteció en Italia. A comienzos de 1808 se estaba organizando cuidadosamente la invasión de Sicilia, pero todo esto quedó cancelado a favor de una expedición naval para reforzar la guarnición que había defendido Corfú en los años en los que existía la hostilidad con Rusia. Si se iba a dividir el Imperio Otomano, Corfú era una base avanzada desde la cual se podría alcanzar Egipto y vigilar todos los movimientos que los británicos podrían hacer; aun siendo importante, Sicilia podía esperar. Luego, en marzo, vino la decisión de fortalecer el dominio del imperio en Italia central anexionándose Toscana —el antiguo Reino de Etruria— Parma, Lucca, Guastalla, Piacenza y el Piombino a Francia (como gobernante de Lucca y Piombino, Elisa Bonaparte fue compensada con lo que se correspondía a un virreinato de los cuatro nuevos departamentos surgidos con las nuevas anexiones), siendo el objetivo ofrecer al emperador un control absoluto de las carreteras que conducían a los vitales puertos de Taranto y Brindisi. Y respecto a la razón por la que se hacía todo esto podemos decir que, desde el 12 de abril, una serie de órdenes hicieron que el ministro de Marina de Napoleón, el almirante Decrès, concentrara la flota de Tolón en Tarento con el objetivo de transportar 30.000 hombres con un destino inicial que en principio era o Túnez o Argel y que finalmente fue Egipto.

Para ser más explícitos, la ciudad que más importaba en el conflicto entre las potencias en 1808 no era Madrid, sino Constantinopla. En cuanto la carta de Napoleón del 2 de febrero llegó a San Petersburgo, comenzó un ardoroso debate al respecto de cómo se iba a dividir exactamente la parte europea del Imperio Otomano. Con Alejandro, Rumiantsev y el embajador ruso Calaincourt como principales protagonistas del drama, una serie de reuniones secretas vieron cómo Rusia y Francia se enfrentaban para salirse con la suya a este respecto. Para complicar aún más las cosas, Rusia ya se había metido en una campaña que, como poco, podría decirse que se estaba librando a favor de Napoleón. Se trataba de la guerra ruso-sueca de 1808-1809. Dado que revela las dificultades bajo las que tenía que trabajar la administración Portland tras Tilsit, este conflicto merece que le dediquemos unas palabras. En Tilsit, Rusia había acordado ejercer presión sobre Suecia para que se sumara al bloqueo continental, pero Suecia era también una vieja enemiga cuyos territorios en Finlandia habían sido objeto del deseo ruso durante mucho tiempo y cuya flota, estando especialmente diseñada para las poco profundas aguas del Báltico, constituía una seria amenaza para las costas rusas. Quedó muy claro desde el principio que un ataque ruso era inminente. En ese momento Suecia contaba con todo el apoyo de Gran Bretaña: Canning estaba deseando mantener a ese país en la guerra y para hacer eso estaba dispuesto a sobornar a su gobierno prometiéndole la colonia holandesa de Surinam y la posible anexión de Noruega (un objetivo preferente de Gustavo IV). Para alcanzar este último objetivo, se sugirió que el ejército sueco ocupara Zelanda y con ella Copenhague, siendo la intención que la isla pudiera ser cambiada por Noruega cuando se restableciera la paz. Y también se ofrecían los 10.000 soldados británicos que habían sido enviados a luchar contra los daneses. Gustavo IV hubiera estado encantado de aceptar todo esto, pero todas las posibilidades de llegar a un acuerdo se vieron frustradas por elementos del gobierno sueco que desconfiaban de los británicos por lo que había ocurrido en Copenhague y por la pérdida de la Pomerania sueca, y que querían revitalizar la tradicional alianza de Suecia con Francia. Pero como Gustavo odiaba en extremo a Napoleón, no existía ninguna posibilidad de que Suecia se uniera a la entente franco-rusa, así que las consecuencias se dejaron ver inmediatamente, con la invasión de Finlandia por parte de un ejército ruso el 22 de febrero de 1808. A finales de ese mismo mes, Dinamarca también declaró la guerra.

Volviendo a la cuestión del Imperio Otomano, no existía ninguna razón en particular por la que Alejandro y Rumiantsev debieran convertir este asunto en un motivo de conflicto en sus discusiones con Caulaincourt: en primera instancia, de hecho, los rusos se llevaron todo por delante. Pero el mero hecho de estar luchando en ese momento contra los suecos hacía a los rusos sentir que Napoleón les debía algo, así que Caulaincourt se dio cuenta de que las negociaciones iban a resultar muy duras. Los rusos exigían el control de las provincias del

Danubio, Bulgaria, la Turquía europea y Constantinopla, mientras que los franceses solamente accedían a darles los dos primeros territorios y reclamaban para sí la totalidad de Albania, Grecia y las islas del Mediterráneo oriental. El único asunto en el que existía un consenso general era que Austria no debía conseguir mucho más que Bosnia (dada la dura actitud adoptada en San Petersburgo, parece que Caulaincourt renunció al plan inicial de entregar Bulgaria a Viena). Después se llegó a un punto muerto, siendo el tema central quién debía hacerse con el control de Constantinopla y los Dardanelos. Para asegurarse el control de esta área, Alejandro estaba, en teoría, dispuesto a ofrecer a Francia lo que fuera. Un planteamiento era que Francia no solamente se hiciera con Albania, las islas del Egeo, Creta, Chipre y la mayor parte de Grecia, sino también con Asia Menor, Siria y Egipto. Pero, siguiendo las instrucciones que había recibido de París, Caulaincourt no iba a renunciar a los Dardanelos, aunque sí estaba dispuesto a ceder Constantinopla. Y así, finalmente, todo lo que se pudo acordar fue que los dos emperadores deberían celebrar otra conferencia como la de Tilsit con la esperanza de poder alcanzar una solución aceptable para ambas partes.

Si Alejandro se mostraba inflexible al respecto de Constantinopla, era en parte debido a la presión que sufría por parte de Inglaterra. En el último minuto, cuando las relaciones diplomáticas entre Rusia y Gran Bretaña estaban a punto de romperse formalmente, el embajador ruso en Londres, Aloepus, fue de repente informado por Canning de que Gran Bretaña entraría en conversaciones de paz con Napoleón sin condiciones impuestas a priori. Actuando de este modo, Canning estaba casi convencido de que el emperador no aceptaría la oferta, por muy generosa que fuera. Aunque Napoleón no podía impedir que Gran Bretaña retuviera sus conquistas coloniales, tampoco había nada que le pudiera impedir a él mantener el control de los Países Bajos y Hanover, por no mencionar las adquisiciones de Francia en Italia. En efecto, Canning estaba advirtiendo a Alejandro de que Gran Bretaña iba a dejar de sentirse comprometida con Europa, retirarse a su imperio marítimo, dejar que Rusia disfrutara de su amistad con Francia y esperar a ver hasta qué punto le iba a gustar la experiencia. Como Alejandro estaba en ese momento mucho menos fascinado con Napoleón de lo que había estado en Tilsit, el efecto que produjo la propuesta de Canning en San Petersburgo fue dramático: en el peor de los casos, Rusia podía terminar viéndose sola enfrentada a Napoleón, así que el asegurarse el control de los Dardanelos se convirtió en una cuestión primordial para los rusos.

Era un momento clave; posiblemente el verdadero momento clave. El acuerdo con San Petersburgo era la única posibilidad para poder derrotar a Gran Bretaña, así que, ¿por qué no le daba Napoleón a Alejandro lo que quería? Por un lado, la respuesta era de cariz económico y estratégico. Si Rusia controlaba los Dardanelos, el zar podría desafiar la presencia comercial francesa en Oriente; restringir, o incluso acabar con el suministro de algodón procedente de Egipto; establecer una presencia naval y militar en el Levante; y bloquear completamente la ruta por tierra hacia la India (y no es que ésta fuera a tener gran valor: la misión francesa enviada a Persia había estado enviando una serie de informes que sugerían que en el mejor de los casos habría que construir una carretera pavimentada con cadáveres). Pero no se trataba solamente de eso. El factor psicológico también era importante. Ofrecer al zar el objetivo principal buscado por todos sus predecesores era, para Napoleón, una concesión extremadamente generosa, aparte de que constituía un gran placer el hecho de negarle a Alejandro lo que era su objeto de deseo. Al final, todo se quedó en agua de borrajas, puesto que unos 4.000 kilómetros al oeste iban a producirse una serie de acontecimientos que acabarían de una vez por todas con el espejismo de Oriente, donde el orgullo y la vanagloria habían triunfado sobre los dictados de la estrategia.

Flotaba, por lo tanto, en el aire la sensación de que se iba a recibir un justo castigo. ¿Qué estaba sucediendo en la península Ibérica? Apoyadas por suficientes refuerzos como para transformarse en verdaderos cuerpos de ejército, entre el 9 y el 12 de febrero las divisiones de los Pirineos Orientales y Occidentales cruzaron la frontera española, se internaron en Navarra y Cataluña, ocuparon Pamplona y Barcelona y se hicieron con el control de las ciudadelas que dominaban estas dos ciudades. Muy alarmado, el gobierno español llevaba algún tiempo pidiéndole explicaciones a Francia por su conducta, al tiempo que se presionaba para que se llevara a cabo la prometida repartición de Portugal y la elección de una princesa Bonaparte para que se desposase con Fernando. A todo esto el emperador había respondido con una mezcla de desprecio y ofuscación, al tiempo que seguía proclamando sus deseos de amistad con España. Enfrentándose al hecho evidente de que los franceses estaban actuando con dobleces, Godoy respondió ordenando la vuelta a casa de las tropas españolas estacionadas en Portugal (la mayoría pudieron regresar, salvo las que estaban en Lisboa, que en su mayor parte fueron desarmadas y hechas prisioneras). Luego se produjo otra conmoción. En un largo memorando de fecha 24 de febrero, Napoleón denunciaba la total anarquía en la que se veía inmersa la casa real, acusaba a España de mala fe y anunciaba que ya no se sentía comprometido por lo estipulado en el tratado de Fontainebleau. A España se le ofrecía ahora la totalidad del territorio portugués, pero a cambio tendría que entregar el territorio situado entre el Ebro y los Pirineos y firmar una alianza permanente con Francia. Actuando de este modo, Napoleon esperaba poder justificar su conducta, al tiempo que provocaba que los españoles opusieran resistencia, lo que constituiría la excusa perfecta para derrocar a la monarquía. Si estas eran sus intenciones, desde luego acertó de pleno: Carlos IV acordó con Godoy y con sus otros consejeros que había llegado la hora de huir a América vía Sevilla. La corte ya se había trasladado al palacio de Aranjuez, al sur de Madrid, así que todo indicaba que se iba a poder llevar a cabo esa empresa sin problemas, mientras que, para ganar tiempo, Godoy ordenó a la Guardia Real que se trasladara allí desde sus cuarteles en la capital, y a una serie de tropas que sostuvieran la línea del Tajo. Las guarniciones estacionadas en la zona de ocupación francesa recibieron la orden de no oponer resistencia y se ofreció una respuesta conciliadora ante las demandas de Napoleón, aunque nada podía ocultar el hecho de que la guerra era inminente. Como un desconsolado Godoy lamentó: «me encuentro en tal estado ... que debería meterme en ... un saco e irme a esconder a un rincón».[33]

Los franceses, mientras tanto, estaban de nuevo en marcha. El 20 de febrero, Joaquín Murat había sido puesto al mando de los 60.000 soldados franceses destinados en España, y el 2 de marzo recibió la orden de establecer su cuartel general en Vitoria, donde recibió el refuerzo de un destacamento de la Guardia Imperial compuesto por 6.000 soldados. El 6 de marzo los franceses ocuparon la fortaleza de San Sebastián, con Murat recibiendo instrucciones al día siguiente para que lanzara a las fuerzas de Dupont y de Moncey hacia sur, en dirección a Madrid, cuya ocupación, se le dijo al lugarteniente del emperador, iba a ser seguida por el envío de un despacho a Godoy y a la familia real en el que se les convocaba a una reunión con el emperador en Burgos o en Bayona. Mientras tanto, aunque todavía se hacía lo posible por convencer a los españoles de que todo iba bien —la razón de la marcha sobre Madrid se explicaba en base a la necesidad de proteger Cádiz de los ingleses, de sitiar Gibraltar o incluso de enviar tropas a África— los franceses estaban empezando a considerar la posibilidad de que estallara el conflicto armado. Como Napoleón le escribió a Murat: «Espero con todo el alma que no haya guerra, y si estoy tomando tantas precauciones es porque es mi costumbre no dejar nada al azar. Pero si hay guerra, tu posición será muy buena».[34]

La trampa estaba a punto de cerrarse, pero iban surgir nuevos acontecimientos que complicarían aún más la situación para los españoles. Para Fernando y sus seguidores, los conocidos como fernandinos, la guerra con Francia era impensable. En primer lugar, seguían convencidos de que el emperador tenía intenciones de entregar el trono a Fernando o, por lo menos, de librarse de Godoy, y en segundo lugar, creían —con bastante razón— que la guerra conduciría a la derrota y al derrocamiento de la dinastía. Aterrorizados por lo que podría llegar a ocurrir, Fernando hizo llamar a su esbirro, Montijo, y le ordenó que organizara una revuelta que terminara con el hecho consumado de un cambio de monarca en España que, por supuesto, se entregaría sin dudarlo a los designios y a la protección del emperador. Provocar una revuelta no iba a resultar demasiado difícil. Por toda España existía la convicción de que las intenciones de los franceses eran las de rescatar a Fernando de las garras de Godoy. «Nuestras tropas —escribió Lejeune— habían recibido una cálida bienvenida en España ... el pueblo leal, que... nos recibió como si fuéramos sus hermanos, esperaba con impaciencia el día en que el emperador ... destituyera al odiado ministro.»[35] Actuando intencionadamente pero también movidos por la ignorancia, los franceses no habían hecho nada por disuadir a los españoles de esta idea: «Los franceses ... no sabían cuál era la naturaleza de su misión, pero, no oyendo otra cosa de los españoles salvo maldiciones contra los causantes de las desgracias de su país, simpatizaban con la indignación popular, y ... repetían que el ejército había venido a España para castigar a un villano».[36] En ese momento Napoleón todavía no era el demonio en persona en el que se convertiría después a los ojos de la mayoría de los españoles. Entre las clases educadas era muy admirado: el mismo emperador recordó después que el régimen «nunca tuvo miedo de él» y «que le consideraban como el defensor de la monarquía».[37] Influenciado por vagas ideas de que el emperador había salvado a la Iglesia de los revolucionarios, la plebe se sentía satisfecha de compartir este aprecio por Napoleón con las clases dominantes. Como un oficial francés, Foy, escribió, «era obvio que el reinado de Napoleón había borrado de un plumazo la tradicional antipatía que la España católica sentía por la nueva Francia».[38] Aunque bajo la superficie de todo esto se estaba larvando la tragedia. «Los soldados —escribió un joven seminarista llamado Robert Brindle a quien la llegada de los franceses le había sorprendido en el seminario escocés en Valladolid— fueron alojados en casas privadas y provocaron la aflicción y la desgracia en cada familia. Su derecho a coger todo lo que les placía no era cuestionado por nadie. Si alguien se quejaba, debía informarse a un oficial francés y el insulto o más agravios eran el resultado habitual.»[39]

En ese momento las únicas tropas que estaban acantonadas en Aranjuez era la Guardia Real, cuyo aristocrático cuerpo de oficiales nunca le había perdonado a Godoy ni sus orígenes plebeyos ni el hecho de que hubiera reducido a la mitad el número de efectivos de la guardia en una de las pocas reformas militares que había llevado a cabo. Mientras tanto, la prosperidad de la población de Aranjuez dependía completamente de la corte, que en ese momento se encontraba repleta de hordas de cortesanos y criados que viajaban con la familia real en sus traslados de un palacio a otro. Al mismo tiempo, daba la casualidad de que muchas de las poblaciones situadas en los alrededores de Madrid eran feudos del partido fernandino, así que se las podía soliviantar fácilmente ofreciendo algo de dinero. Aunque probablemente no fuera necesario recurrir al soborno. A pesar del descontento generalizado, el pueblo todavía conservaba algo de fe en la protección que les podía ofrecer el monarca. Las noticias de que el rey pretendía abandonarles a su suerte causó tanta preocupación como el hecho de que Godoy pudiera librarse de su furia. Disfrazado como un plebeyo, Montijo se las había arreglado para reunir a toda una multitud alrededor del palacio de Aranjuez y exacerbar el odio que la Guardia Real sentía por Godoy. Inicialmente parece que el plan era que la revuelta comenzara en el momento de la marcha de la familia real, pero, gracias a la vacilación de Carlos, esto no sucedió. Al final, sin embargo, no fue necesario recurrir a ninguna situación catalizadora. Como el secretario de Estado, Pedro Ceballos, informó al secretario del Consejo de Castilla: «A eso de la una de la mañana [del 18 de marzo] se produjo un enfrentamiento entre unos húsares y unos Guardias de Corps, y a esto le siguió una reunión en las calles de soldados y civiles que habían oído rumores de que el rey, la reina y la familia real se marchaban».[40] Lo que sucedió después fue un suceso aterrador. Los húsares que habían participado en la reyerta con los guardias de corps eran miembros de la guardia personal que Godoy había seleccionado recientemente para su protección personal —«una tropa de soldados lujosamente uniformados que eran vistos con envidia por sus camaradas del ejército y con odio por el pueblo»—[41] y la violencia con que fueron atacados sirvió de modelo para las escenas que tuvieron lugar en los tres días de tumulto. Y el caos no reinó solamente en Aranjuez. En Madrid, por ejemplo:

> Apenas había caído la noche cuando una multitud furiosa asaltó la casa de don Diego, el hermano pequeño del favorito. Derribaron las puertas y vieron que no había nadie en el edificio. Así que comenzaron a tirar por las ventanas todo el mobiliario ... hasta que levantaron un enorme montón de mesas, camas, armarios y pianos, al que prendieron fuego ... Cuando la plebe terminó de divertirse con esta ... cara hoguera ... se dirigieron a la casa del Príncipe de Branciforte, el cuñado de Godoy. Allí se encontraron una nota clavada en la puerta de entrada ... anunciando que las propiedades del favorito y de sus parientes cercanos habían sido confiscadas ... Esto resultó suficiente para calmar a los alborotadores, que se pasaron el resto de la noche vagando por las calles ... y bebiendo a costa de los taberneros ... [Al día siguiente] toda la guarnición ... fue sacada de los cuarteles por bandas de mujeres cargadas con botas de vino, y ... los soldados, mezclados con la gente, llevaban en las llaves de chispa de sus fusiles ramas de palmera, que se suelen colgar en las ventanas como protección contra los rayos.[42]

En Toledo se colgó un busto de Godoy de una horca; en Sanlúcar de Barrameda se destruyó un jardín botánico inaugurado por él, y en Zaragoza, radicalizados por una reciente normativa que alargaba el curso universitario en tres meses, los estudiantes forzaron a los profesores a encerrarse en el claustro del edificio y hacerse con el retrato del favorito que colgaba en la sala de profesores. Primero colocado en una valla, luego fue arrastrado por las calles hasta el centro de la ciudad. Allí, escribió uno de los líderes de la revuelta estudiantil, «hicimos una hoguera cuyas llamas eran más altas que los tejados, y allí mismo, tras haber sido pateado y escupido, Su Excelencia ... fue arrojado a las llamas.»[43]

De vuelta en Aranjuez, el rey y la reina estaban aterrorizados. Con el grueso de la guardia en estado de rebelión y el favorito escondido en el ático de su palacio, en donde se había refugiado cuando la multitud entró en masa por la puerta principal, a Carlos IV no le quedó más remedio que consentir que se intentara arrestar a Godoy, pero bajo los auspicios de Montijo, los disturbios continuaron con toda su furia. Informado por un comandante de regimiento que las tropas solamente ofrecerían su lealtad a Fernando, Carlos y María se terminaron derrumbando y el 19 de marzo abdicaron en favor de su hijo. Viéndose obligado a abandonar su escondrijo a causa de la sed, Godoy escapó por los pelos de ser linchado, y terminó siendo arrestado. Un oficial que acudió a su rescate siguiendo las órdenes de Godoy, se encontró con un hombre acabado: «A dos leguas de las afueras me encontré con Godoy. Aunque el infeliz estaba cubierto de heridas y de sangre por todo el cuerpo, los guardias que lo escoltaban fueron tan crueles que le encadenaron los pies y las manos y lo ataron a un carro donde fue expuesto a los impenitentes rayos del sol y a miles de moscas que se le echaban encima atraídas por sus heridas, que estaban apenas cubiertas con unos paños bastos. Causaba indignación ver el estado en el que se encontraba».[44]

A pesar de que se quiso camuflar como una revuelta popular, no cabe duda de cuál fue la verdadera naturaleza del motín de Aranjuez. Inspirado por personas ajenas al ejército, una sección de éste —la Guardia Real— había buscado imponer sus puntos de vista por medio de un pronunciamiento contra el régimen. Desafiado por esta llamada a las armas, Godoy y sus patrones reales se dieron cuenta de que contaban con pocos partidarios. El cuerpo de oficiales estaba, en general, descontento y en estado de rebeldía; la mayor parte de los miembros de la alta nobleza y de la Iglesia resultaban hostiles; los círculos reformistas hacía tiempo que habían perdido la fe en las credenciales políticas de Godoy; y el pueblo llano estaba predispuesto a la revuelta. Y por lo que respecta a Fernando, era visto como un salvador, siendo la recepción que recibió al entrar el Madrid el 24 de marzo presenciada por Alcalá Galiano:

> En verdad, en todas las diferentes escenas de entusiasmo popular de las que he podido ser testigo, nada ... puede igualar a estas que describo a continuación. Las aclamaciones eran altas, repetidas y proferidas con ... ojos llenos de lágrimas de placer, se ondeaban pañuelos ... desde los bal-

cones con manos temblorosas de placer ... y en ningún momento la pasión ... o el ensordecedor grito de la jubilosa multitud disminuyeron.[45]

Aunque el rey fuera tan extremadamente popular, su seguridad no estaba garantizada. Murat había ocupado la ciudad justo el día antes y se negó a reconocer a Fernando como rey; y lo que es peor, de hecho se aconsejó a Carlos IV que presentara una protesta contra su abdicación y que solicitara ayuda a Napoleón. Con los dos rivales intentando ganarse su favor, el emperador se encontraba en una situación ideal para reestructurar el reino a su gusto. Carlos, María Luisa y Fernando fueron todos convocados a una conferencia en Bayona mientras que, como concesión al rey y a la reina, Godoy fue liberado y enviado sano y salvo a Francia. Con todos los protagonistas del drama ante su presencia, Napoleón les dijo que los dos reyes rivales debían renunciar al trono y entregárselo. Carlos no opuso resistencia alguna y, el 5 de mayo, tras unos cuantos días de poco edificantes peleas familiares, Fernando se dio cuenta de que no tenía sentido oponerse al emperador y también renunció a cambio de que se garantizara la integridad territorial y religiosa de España.

A los ojos de Napoleón, «la parte más difícil del trabajo» se había completado entonces.[46] Pero incluso aunque los Borbones marcharan a un cómodo exilio —Carlos, María Luisa y Godoy a Italia, y Fernando al castillo de Valençay, propiedad de Talleyrand— España se encontraba en plena ebullición. En verdad, era más que eso, puesto que las llamas de la rebelión se estaban extendiendo por todas partes. ¿Por qué había actuado el emperador de esa forma? Dejemos que sea el propio Napoleón el que responda a la pregunta:

> Los ancianos rey y reina ... habían llegado a ser el objeto del odio y del desprecio de sus súbditos. El Príncipe de Asturias conspiraba contra ellos... y había llegado a ser ... la esperanza de la nación. Al mismo tiempo [España] está preparada para vivir grandes cambios ... y además yo era muy popular allí. Así las cosas ... decidí hacer uso de esta oportunidad única para librarme de una rama de los Borbones, continuar el sistema de Luis XIV en mi propia dinastía, y ligar España al destino de Francia.[47]

La preocupación junto a la *raison d'état* se repite en otras fuentes. Como le dijo a su fiel aliado en el Consejo de Estado, Pierre Louis Roederer:

> España ... deber ser francesa. Es para Francia para quien he conquistado España; es con su sangre, sus armas, su oro. Soy francés con todo mi ser ... Todo lo que hago es por ... amor a Francia. Yo destroné a los Borbones por la única razón de que va en el interés de Francia que se afiance mi dinastía. No tengo otra cosa a la vista que el poderío y la gloria de Francia ... Tengo los derechos de conquista: no importa quién gobierne España ... rey, virrey o gobernador general, España debe ser francesa.[48]

Aunque hay una pizca de verdad en estas afirmaciones, no deberíamos confiar mucho en ellas, pues lo cierto es que la clave es el oportunismo. Napoleón no estaba motivado ni por una deseo altruista de extender los beneficios de la libertad y la Ilustración, ni por una gigantesca combinación estratégica, ni por un insaciable sentimiento de lealtad al clan que convertía la creación de tronos para los miembros de su familia en el eje central de la política francesa. Los factores estratégicos, ideológicos e históricos estaban presentes en su pensamiento, y el factor final que contribuyó a que se tomara la decisión de derrocar a los Borbones españoles se encontraba casi con certeza en la situación cambiante en los Balcanes y en el Mediterráneo oriental. ¿Hubiera el emperador al final actuado de otra manera en una situación en la que parecía que nada se interponía entre él y el golpe más audaz que había llevado nunca a cabo? No hay certeza absoluta a este respecto, pero lo que se puede decir es que la decisión de invadir Portugal —que al final condujo a la invasión de España— no fue el producto de una consideración racional, sino más bien de la constante necesidad del emperador de demostrar su poder, imponer su punto de vista en todos los asuntos y hacer explícito su desprecio por la diplomacia. Al final no fue necesario buscar ningún pretexto estratégico para acabar con la monarquía española. Citando un panfleto que se publicó en la Sevilla insurgente de 1808, «Napoleón ... puede compararse con la vid, una planta que, si no se poda, extiende sus ramas en todas direcciones y termina por cubrirlo todo. Quiere la paz, pero al mismo tiempo gusta de destronar reyes ... crear nuevas monarquías y destruir viejas repúblicas ... deshacer el mismo mundo, y rehacerlo según su voluntad».[49]

Con el emperador ya desde hace tiempo buscando nuevas posibilidades de conquista —en mayo de 1808 se conoció un plan absolutamente visionario para llevar a cabo una invasión de la India desde el cabo de Buena Esperanza— daba la sensación de que la guerra no iba a tener fin. Sin embargo, esta nueva guerra se iba a desarrollar en circunstancias que ni siquiera Napoleón había experimentado nunca antes. Los detalles del asunto de Bayona fueron demasiado escabrosos como para que el emperador pudiera evitar ver dañada su imagen. El hecho de destronar a los Borbones españoles le produjo desasosiego hasta a él mismo, y no se trataba solamente de eso, porque todas sus acciones previas al destronamiento habían estado guiadas por el engaño y la cicatería, lo que constituía un golpe mortal para la reputación de Napoleón. Incluso hombres que en otros asuntos se hubieran mostrado como leales admiradores del emperador hasta la tumba, se mostraron avergonzados por lo que había ocurrido. «Así se consumó —escribió uno de los edecanes de Murat— la expoliación más inicua de cuantas ha visto la historia ... La conducta de Napoleón en este escandaloso asunto no fue propia de un gran hombre. Ofrecerse como mediador entre un padre y un hijo para atraerlos a una trampa y luego robarles lo que les pertenece por derecho es una verdadera atrocidad.»[50] De hecho, incluso Napoleón se mostraba un tanto avergonzado de lo que había llegado a perpetrar: «Sin embargo, puede que haya desdeñado caminos que eran tortuosos y banales: ¡Me sentía tan poderoso! Golpeé desde demasiada altura. Quise actuar del modo en lo hace la Providencia que remedia los males de los mortales por medios que están a su altura, sin embargo violentos, y sin concesiones de ningún tipo al buen juicio. Debo confesar que este asunto lo encaré de muy mala forma en todos sus aspectos: la inmoralidad resultó demasiado patente, la injusticia demasiado cínica, y, porque había caído, todo el asunto se tornó en una completa villanía, y fue presentado al mundo en un estado de espantosa desnudez, despojado de todo lo grande y de los numerosos beneficios que yo pretendía ofrecer».[51] Hubo cierto sentimiento de culpa en esto: con el paso del tiempo Napoleón se dio cuenta de cuánto le había perjudicado el asunto de Bayona: «[Inglaterra] estaba perdida: lo sucedido en Copenhague había provocado inquina contra ella y destrozado su reputación en el continente. Y, por lo que mí respecta, estaba deleitándome ... con unas ventajas que eran lo contrario a lo que estaba viviendo Inglaterra. Y luego vino este desafortunado asunto de España y, de repente, la opinión pública se puso en mi contra al tiempo que Inglaterra quedaba rehabilitada».[52]

Pero, por el contrario, en la época en el que sucedieron dichos acontecimientos el tono de Napoleón era defensivo. Tal como escribió a Alejandro I:

> El desorden en este país ha alcanzado un grado difícil de imaginar. Obligado a intervenir en sus asuntos, he sido empujado por la fuerza irresistible de los acontecimientos a establecer un sistema que garantice tanto la felicidad de España como la tranquilidad en mis propios territorios. En su nueva situación España dependerá mucho menos de mí que antes, y además le proporcionaré una ventaja, puesto que, cuando se encuentre estabilizada, y no tenga nada que temer en tierra, usará todos sus recursos para reconstruir su armada ... Soy consciente de que mis acciones en España crearán una gran polémica. Algunos ... dirán que todo estaba premeditado. Pero, de hecho, si no hubiera pensado en nada más que en los intereses de Francia, habría sido muy simple extender mis fronteras por el sur a expensas del territorio español, ya que todo el mundo sabe que los lazos de sangre no cuentan mucho en los cálculos de la política, y que no sirven para nada una vez pasados veinte años.[53]

Si esta carta fue producto de un cinismo descarado o de un delirio, no importa demasiado, porque fue suficiente para engañar a Alejandro. Y el zar no fue el único engañado: en Viena y en Berlín todavía había quienes creían que era posible vivir en paz y armonía con Napoleón. Pero lo ocurrido en Bayona no se puede olvidar y, como es lógico, le pasó factura a Napoleón con la peor crisis a la que jamás se había enfrentado hasta la fecha.

Capítulo 8

DE MADRID A VIENA

En mayo de 1808 Napoleón Bonaparte se encontraba, ciertamente, en la cumbre del poder. Entre septiembre de 1805 y junio de 1807 sus ejércitos se habían desplegado por toda Europa llevándose por delante a todas las fuerzas que se interpusieron en su camino. Pero en los primeros meses de 1808, la capacidad ofensiva de los franceses había alcanzado niveles nunca vistos. Dos dinastías —los Borbones de Nápoles y los Braganza de Portugal— habían perdido sus tronos y una tercera acababa de ser secuestrada y forzada a ceder sus derechos. No en vano los otomanos le habían dado a Napoleón el título de *padishah*: «rey de reyes». Inherente a esta situación, sin embargo, existía un peligro obvio. En Tilsit Napoleón había sido consciente, o al menos así lo parecía, por un breve instante de la realidad. Conducido por los dictados de la guerra contra Gran Bretaña, había llegado a un acuerdo con Rusia. Este acuerdo conllevaba el reparto de la Europa continental entre dos superpotencias, y esto, a su vez, le ofrecía a Francia la única salida que tenía. Aliada con Rusia, podría realmente confiar en derrotar a Gran Bretaña, al tiempo que la cooperación rusa le aliviaba, en cierta medida, del peso soportado por la guerra y eliminaba el peligro de tener ella sola que forzar a todo el continente a cumplir con el Bloqueo. Al mismo tiempo, atrapadas entre las dos piedras de molino que eran Francia y Rusia, estaban Austria y Prusia, a las que no les quedaba más remedio que seguir el camino de la sumisión. Pero, en realidad, Tilsit no era lo que parecía. Lejos de tratarse un acto de conciliación política, este tratado era un instrumento útil para terminar una campaña que a Napoleón le hubiera costado enormes esfuerzos continuar y que había provocado algunas de las batallas más sangrientas de toda su carrera. Lo que nunca contempló Tilsit es que había ciertos límites que ni siquiera el monarca francés podía cruzar. En primer lugar, el concepto de reparto del poder resultaba completamente ajeno para Napoleón. Como maestro de la manipulación que era, Napoleón había embaucado a Alejandro adoptando el disfraz de amigo y aliado, pero, como ser humano, se mostraba completamente incapaz de trasladar esta farsa a la realidad en la forma requerida por los acuerdos. Por lo tanto, había poca esperanza de que la mezcla de adulación y halagos que habían unido al emperador y al zar en Tilsit terminara por convertirse en una genuina alianza. Ya fuera el tratado de Amiens o el de Lunéville, los acuerdos alcanzados por Francia terminaban siempre chocando con la roca que suponía la ambición de Napoleón, y el caso es que, en ese momento, esa ambición había alcanzado sus cotas más altas. Tilsit estaba finiquitado, y solo quedaba por ver cuánto tiempo iba a pasar antes de que la brecha abierta con Rusia se terminara manifestando.

Según la versión tradicional británica de las guerras napoleónicas, si la hegemonía francesa alcanzada tras Tilsit se había visto finalmente desafiada, era, en gran parte, debido a los sucesos desatados en España y Portugal tras el derrocamiento de Carlos IV y Fernando VII. Si Napoleón había creído que se podía derrocar a los Borbones sin hacer ruido, es que estaba completamente equivocado. Por el contrario, una serie de disturbios acaecidos en España, siendo el más importante el del levantamiento del Dos de Mayo en Madrid, habían iniciado, a comienzos de junio, un levantamiento nacional a gran escala que vino secundado por la rebelión de Portugal. De todos los episodios de las guerras napoleónicas, no hay ninguno que haya sido más malinterpretado que éste. Generalmente, las revueltas han sido consideradas como el producto del patriotismo y de la indignación, pero resulta difícil sostener este punto de vista. Tanto en España como en Portugal, los levantamientos fueron más bien unos asuntos un tanto turbios que reflejaban muchas de las tensiones que acosaban a la clase política. Los distintos levantamientos nacionales —puesto que no se produjo un levantamiento nacional como tal— fueron organizados por una variedad de grupos disidentes para conseguir sus propios propósitos. En España, en particular, los líderes de la insurrección incluían descontentos en busca de un cargo, radicales que deseaban hacer una revolución política, civiles prominentes resentidos por los privilegios de los que gozaba la clase militar, oficiales subalternos que buscaban un ascenso, clérigos conservadores horrorizados por el anticlericalismo de los Borbones y miembros de la aristocracia que se oponían al repulsivo aumento de la autoridad real. Y por lo que respecta a las masas, su motivación era tanto material como ideológica. Existía un profundo sentimiento de lealtad hacia Fernando VII, es cierto, pero éste no era producto tanto de quién era él como de lo que representaba. Como los enemigos de Godoy habían representado deliberadamente a Fernando como un gobernante que podría curar a España de todos sus males casi por arte de magia, el pueblo creía que les rescataría de la terrible situación por la que estaban pasando. Como la amplia mayoría ostentaban cargos políticos y militares y debían su prominencia a Godoy, esto persuadió al pueblo de que la intervención de Napoleón era, de algún modo, obra del favorito. Además estaba la creencia generalizada de que los franceses estaban dispuestos a aniquilar a la población: se creía, por ejemplo, que el Dos de Mayo había sido un ataque injustificado sobre el pueblo de Madrid. De aquí a que se produjera una gran convulsión social había un paso muy corto. Los que ostentaban el poder eran vistos como traidores: apenas ayudaba a su causa que, en la mayoría de los casos, habían recomendado al pueblo que se mantuviera sin hacer nada y que aceptara de buen grado lo que decretara Napoleón. Pero también se trataba de hombres colmados de propiedades y beneficios, y esto hizo que el levantamiento fuera tanto una *jacquerie* como un movimiento contra los franceses.

El marco social y político de la guerra peninsular es un tema que el autor de este libro ha tratado en profundidad en otras obras, así que en esta ocasión me limitaré a dar cuenta de los aspectos militares del conflicto. Las fuerzas que Napoleón había enviado a Portugal fueron expulsadas por un ejército británico al mando de sir Arthur Wellesley tras la batalla de Vimeiro (21 de agosto de 1808); otro contingente de casi 20.000 hombres comandados por el general Dupont fueron forzados a rendirse por un ejército español al mando de Francisco Javier Castaños. Forzados a retirarse a la orilla norte del Ebro, los invasores recibieron numerosos refuerzos y Napoleón fue a España en persona para hacerse cargo de las operaciones. El emperador estaba verdaderamente furioso: Bailén había significado un terrible golpe para su prestigio. Lo que hizo la humillación todavía mayor fue el hecho de que, primero, Dupont era una general de probada experiencia que se había ganado un gran respeto en la campaña de 1805, y segundo, que esta batalla se libró pocos días después de una aplastante derrota sufrida por los españoles en Medina de Rioseco, en Castilla la Vieja, que había creado la expectativa de un final cercano para la guerra. El mismo día en que se estaba luchando en Bailén, Napoleón escribió a José: «No hay nada extraordinario en que tengas que conquistar tu reino. Felipe V y Enrique IV también tuvieron que conquistar el suyo. Alégrate, no permitas que nada te entristezca; y no dudes por un instante que las cosas irán bien y que todo se acabará mucho antes de lo que crees».[1] Unos pocos días después nos encontramos con que el tono de su correspondencia es muy diferente: «Dupont ha rendido nuestras banderas. ¡Qué ineptitud! ¡Qué vileza!».[2]

No es necesario decir que tamaña derrota no se iba a quedar sin vengar, y a comienzos de noviembre una reforzada *armée d'Espagne* se preparó para llevar a cabo esa brutal venganza encabezada por el mismísimo Napoleón. Después vino una campaña relámpago que produjo las grandes derrotas de los españoles en Espinosa de los Monteros, Gamonal, Tudela y Somosierra. Con los ejércitos españoles hechos jirones, y el gobierno provisional, conocido como la Junta Central, que se había formado tras la estela de Bailén, huyendo hacia Sevilla, el 4 de diciembre el emperador recuperó Madrid. Mientras tanto, la situación también se había restablecido en Cataluña, donde el ejército francés de ocupación se había visto acorralado en Barcelona durante los últimos meses.

Así las cosas, parecía perfectamente posible que los franceses terminaran por conquistar la totalidad de la Península y que la guerra acabara de ese modo. Pero cualquier posibilidad de que esto ocurriera, sin embargo, desapareció con la intervención de los británicos en la campaña. Habiendo expulsado a los franceses de Portugal, la fuerza expedicionaria británica había avanzado hacia España bajo el mando de sir John Moore (Wellesley había regresado a Inglaterra tras la controversia surgida a causa de los términos de la rendición acordados tras la batalla de Vimeiro). Por varias razones se había tardado demasiado en tenerlo todo preparado para la marcha, y durante un tiempo pareció como si Moore no tuviera más opción que retirarse hacia Portugal. Finalmente, sin embargo, Moore decidió llevar a cabo una ofensiva sobre las fuerzas francesas que guardaban las comunicaciones de Napoleón en Castilla la Vieja bajo el mando del mariscal Soult. Como esto conllevaba enfrentarse a la gran masa de los ejércitos franceses estacionados en el norte de España y puesto que Moore tan solo contaba con 20.000 hombres, éste se vio forzado a retirarse hacia la costa de Galicia buscando ser rescatado por la Marina Real británica. Pero fueron tantas las tropas que hubo que lanzar en persecución de Moore que los franceses abandonaron sus planes de conquista inmediata del sur de España. Casi todas las unidades al mando de Moore fueron rescatadas tras librar la batalla de La Coruña el 16 de enero de 1809, pero su comandante fue mortalmente herido por una bala de cañón en el mismo momento en que los británicos eran conscientes de su victoria. Aunque esta campaña de Moore tiene muchos aspectos criticables, lo cierto es que el sacrificio no fue en vano. Un cronista francés del conflicto admitió: «El movimiento contra Soult ... forzó a Bonaparte a retrasar la ejecución de sus designios para Andalucía y Portugal. No quedaba ni un soldado para defender los pasos de Sierra Morena, y pocos ingleses quedaron en Portugal».[3]

Para el estudioso de la época napoleónica, hay mucho que considerar en todos estos acontecimientos. El hecho de que muchas de las tropas enviadas a España en el transcurso del invierno de 1807 fueran unidades de segundo orden y de la peor calidad nos dice mucho del exceso de confianza con el que el emperador se embarcó en la empresa de derrocar a los Borbones españoles. Al mismo tiempo, su decisión de lanzar a casi todos los hombres que tenía en persecución de sir John Moore nos sugiere un juicio de otro tipo: las fuerzas británicas estaban tan lejos de Madrid que era casi imposible alcanzarlas, particularmente en una estación tan dura como el invierno castellano. Resultan bastante típicas las experiencias del edecán Lejeune:

> Me encontré con toda la Guardia Imperial en San Rafael ... La tormenta en las montañas había sido tan terrible que muchos hombres y caballos habían caído por los precipicios, donde habían perecido. Los granaderos, completamente exhaustos, dormían sobre el suelo helado cubiertos con gran cantidad de nieve y hielo al lado de las hogueras, que se apagaban pronto por la lluvia y el granizo que caían ... No había ni un metro cuadrado en el que refugiarse ... que no estuviera invadido por soldados durmiendo apilados los unos sobre los otros.[4]

Fueran las que fueran las implicaciones de la conducta de Napoleón, el caso es que la campaña de noviembre de 1808 a enero de 1809 estableció el modelo para las operaciones llevadas a cabo al año siguiente. Los franceses controlaban la mayor parte del centro y del norte de España, además de una zona alrededor de Barcelona, mientras que los ejércitos españoles conservaban el sur de Cataluña, el Levante, Andalucía y Extremadura. Por lo que respecta a Portugal, también estaba en manos aliadas, con una guarnición británica en Lisboa y con las pocas tropas que los portugueses podían proporcionar desplegadas para proteger Elvas, Almeida y Oporto. Obligado a abandonar España por el creciente miedo a que se reanudaran las hostilidades con Austria, Napoleón había dejado instrucciones a sus comandantes —sobre todo a Soult, Ney y Victor— para que aplastaran la resistencia aliada por medio de una serie de poderosas ofensivas, pero este plan se fue a pique rápidamente. Los ejércitos españoles que defendían Andalucía se mostraron extremadamente agresivos; los británicos reforzaron su presencia en Portugal y, de nuevo comandados por el rehabilitado sir Arthur Wellesley, rechazaron una invasión francesa; la provincia de Galicia se levantó en armas; y las ciudades de Zaragoza y Gerona opusieron una desesperada resistencia cuando se vieron sitiadas. Hacia el verano la iniciativa estaba del lado de los aliados, y el resto del año se pasó con dos intentos por recuperar Madrid. De éstos, el primero —una ofensiva anglo-española lanzada desde el oeste y el sur— condujo a un punto muerto, puesto que la gran victoria de Talavera el 28 de julio no produjo ninguna consecuencia importante debido a las desavenencias entre el mando aliado y la llegada fortuita de masivos refuerzos franceses. La segunda ofensiva, sin embargo, terminó en un desastre. Tras Talavera, Wellesley, por entonces ya conocido como lord Wellington, se negó a participar en más operaciones en España y retiró a sus hombres hacia la frontera portuguesa. En consecuencia, la ofensiva quedó solo en manos de los españoles. Operando en líneas exteriores desde el noroeste, el oeste y el sur en una terreno que favorecía de manera clara a la notablemente superior caballería francesa, los españoles no contaban con ninguna posibilidad, y fueron derrotados en las batallas de Ocaña y Alba de Tormes, sufriendo un terrible número de bajas. Para los franceses era, por fin, la hora de la victoria. Según una orden del día remitida por José Bonaparte en el campo de Ocaña:

> Su majestad se apresura a informar al ejército que las fuerzas imperiales ... han obtenido una señalada victoria en Ocaña. El Ejército de La Mancha ... ha sido destruido. La totalidad de su equipaje, artillería y treinta banderas han caído en nuestras manos ... [y] el número de prisioneros, entre los cuales hay tres generales, seis coroneles y 700 oficiales de otros rangos, alcanza el número de 25.000. El terreno está cubierto de muertos, y 40.000 fusiles han quedado abandonados sobre el campo de batalla ... Realmente parece como si no quedara con capacidad combativa ni un solo batallón del [enemigo].[5]

La derrota de los principales ejércitos de campo españoles y la decisión británica de concentrarse en la defensa de Portugal abrió una nueva fase del conflicto. Tan serias habían sido las pérdidas españolas en las campañas de 1809 que no quedaban muchos efectivos para poder recomponer las unidades. Tampoco se podía equipar a los soldados porque, a pesar de la generosidad de los suministros británicos de armas y uniformes, éstos eran insuficientes para equipar en su totalidad a nuevos ejércitos que, además, tampoco eran fáciles de reunir, puesto que la resistencia al reclutamiento entre la población había alcanzado cotas muy altas, no habiendo sido nunca esta guerra la cruzada popular de la que nos habla la leyenda. Mientras tanto, con la nueva guerra en Austria librada y ganada (véase más adelante), Napoleón se podía permitir inundar España con sus soldados, así que, en ese momento, la iniciativa quedó del lado de los franceses. Con los españoles sorprendidos por el estallido de la revolución en sus colonias sudamericanas —en ese momento su principal fuente de ingresos—, los siguientes dos años fueron de triunfos franceses. Ciudad tras ciudad cayó en manos de los invasores mientras que los españoles perdían tropas y más tropas, aparte de los pocos recursos que les quedaban. Hacia finales de 1811 todo lo que quedaba de la España patriótica era Galicia, Levante y la ciudad sitiada de Cádiz, que en 1810 se había convertido en la nueva capital.[6] Acorralados en el interior de Portugal, los británicos, mientras tanto, no podían hacer nada para frenar el ritmo de conquistas de los franceses. Al final, de hecho, queda claro que los comandantes de Napoleón podían haber aplastado completamente la resistencia en España y luego marchar contra Portugal con una fuerza tan superior que ni siquiera Wellington hubiera sido capaz de rechazar, a pesar de su magistral estrategia defensiva cuyos detalles examinaremos dentro de poco. Todo lo que necesitaban las unidades francesas destacadas en la península era recibir un constante flujo de suministros y refuerzos. Debido a la inminente invasión de Rusia, sin embargo, el suministro de hombres se agotó en 1812, aparte de que muchas unidades abandonaron España para participar en esa campaña. Como era de esperar, las fuerzas francesas de repente se encontraron peligrosamente dispersas, sobre todo porque Napoleón había insistido en que se continuara con la ofensiva contra Valencia iniciada en el otoño de 1811. Como el general Suchet, comandante de las fuerzas francesas en Aragón y Cataluña, escribió. «El emperador era todo impaciencia en París».[7]

Los acontecimientos del otoño de 1811 merecen un momento de consideración en el contexto de un análisis de las relaciones internacionales de la Europa napoleónica. En ese momento estaba claro que los franceses estaban ganando la guerra en España y Portugal. Como se iba tomando fortaleza tras fortaleza y desbandando a un ejército tras otro, se hizo incluso más claro que, más pronto o más tarde, la resistencia española terminaría por colapsarse. En grandes zonas del país, las famosas guerrillas —en realidad una mezcla de grupos de bandidos, bandas de soldados, voluntarios, desertores y prisioneros de guerra liberados, organizados en unas unidades cuasi regulares por una serie de oficiales del ejército y carismáticos aventureros civiles, así como columnas volantes de tropas regulares— continuaron acosando a los franceses, pero de ningún modo se podía pensar que estos grupos hubieran podido sobrevivir indefinidamente a la persecución de los franceses. En 1811 y 1812 sucesivos avances a través de la frontera portuguesa forzaron a los franceses a concentrar sus fuerzas y permitieron a las guerrillas hacer estragos, pero durante 1811 Wellington se vio incapaz de avanzar hacia el interior de España. Con los derrotados ejércitos españoles también incapaces de conseguir una gran victoria, los invasores dedicaron muchos recursos a la guerra que se libraba en el interior, ya que las experiencias del sur de Italia sugerían que eran perfectamente capaces de acabar con la insurrección popular. Como ya hemos visto, tras la invasión francesa de Nápoles en 1806, se produjo una importante revuelta en la provincia de Calabria. Bajo el liderazgo de una serie de caudillos locales, bandas de irregulares se habían refugiado en las colinas. Lo que siguió fue una salvaje y sangrienta guerra, pero los insurgentes calabreses no estaban tan mediatizados por sentimientos ideológicos y nacionalistas como los españoles, al tiempo que no disfrutaban del mismo grado de apoyo regular como el que disfrutaban los españoles gracias a los británicos: puntuales desembarcos al estilo del de Maida no se podían comparar con el apoyo que ofrecía la presencia constante en la península Ibérica de un ejército aliado. Por eso no debe sorprendernos que hacia 1810 la guerra en Calabria terminara con la victoria de los franceses, dejando totalmente clara la habilidad de su ejército para desarrollar estrategias de lucha anti-guerrillera.

Pero a diferencia de lo ocurrido en Calabria, resultaba completamente imposible que Napoleón pudiera ganar la guerra en la península Ibérica. La última fuerza española podía ser derrotada, la última fortaleza española tomada, y la última guerrilla española capturada. A pesar de eso, quedaría Portugal, pero no había seguridades al respecto de si Wellington iba a ser capaz de sostener la guerra él solo y, aunque pudiera, estaba el asunto del apoyo a la guerra en Gran Bretaña. Era, quizá, inevitable, que la retirada de sir John Moore, la incapacidad de traducir la victoria en Talavera en verdaderas ventajas y la retirada a Portugal produjeran brotes de lo que Wellington denominada «graznidos» por parte de los whigs. Durante mucho tiempo figuras como Grey y Grenville rechazaron categóricamente aceptar que existiera ni una sola oportunidad de victoria en la guerra que se libraba en la península y la condenaron como una lucha inútil. Además, los más radicales de los conocidos como «amigos de la paz» se mostraban furiosos por lo que percibían como la continuación del dominio de la Iglesia y de la aristocracia sobre España. Para ellos, desde luego, la guerra no era solamente inútil, sino insostenible: resistir a Napoleón cuando éste estaba pensando en invadir las islas Británicas era una cosa, pero lo acaecido en Copenhague y en las expediciones británicas a Sudamérica sugería que la lucha se había transformado en un asunto de agresión y expansionismo. Mientras las cosas fueran relativamente bien, los líderes de la oposición tenían pocas posibilidades de contar con el apoyo de los independientes, que era la clave para obtener la victoria en la Cámara de los Comunes. En la primera mitad de 1810, de hecho, los repetidos intentos por derrocar al gobierno fueron aplastados firmemente. No resulta sorprendente, puesto que los whigs no tenían nada creíble que ofrecer para sostener su discurso de oposición a la guerra. En 1808 los whigs se habían unido temporalmente a la causa de la resistencia, ya que Gran Bretaña, aparentemente, ya no estaba luchando como el aliado del despotismo, sino más bien como un pueblo unido por su determinación de defender su independencia en el extranjero y de asegurar su libertad en casa. Aunque en España, incluso los comandantes británicos que eran partidarios de los whigs, tales como sir John Moore, descubrieron que la cruzada en la que observadores como Sheridan o lord Holland se regodearon tanto era una quimera, mientras que todos los intentos por criticar a Wellington estaban fundados en el desagradable hecho de que no se podía confiar en los españoles. Pero incapaces en la práctica de encontrar una alternativa a la prosecución de la guerra, en casi todos los debates en la Cámara de los Comunes en los que se trataba el tema, los whigs terminaban humillados y desacreditados.

Aunque el colapso de la causa española hubiera, casi con toda seguridad, cambiado las tornas a este respecto. No solo hubiera motivado una nueva ofensiva política de aquellos que se oponían a la guerra, sino que también existían límites a lo que el gobierno, en ese momento encabezado por Spencer Perceval, podía aceptar. Hacia finales de 1810 la capacidad británica para seguir soportando el coste de la guerra estaba disminuyendo considerablemente, y fue solo con gran dificultad como Wellington logró persuadir a su gobierno para que le proporcionara los recursos necesarios para llevar a cabo la ofensiva de la primavera de 1811. De hecho, tales eran las preocupaciones financieras de Londres que se hicieron propuestas serias para reducir el número de tropas. Si se hubieran perdido las esperanzas de victoria, el ejército anglo-portugués no podía haber librado la guerra solo, ya que, probablemente, la administración Perceval hubiera abandonado su compromiso de defender Portugal.

Dejando de lado las deficiencias del gobierno —en la superficie era un organismo apenas digno de admiración—, lo que resultaba clave para poder mantener el esfuerzo de guerra en la península era el contexto económico. Tras dos años de renovada confianza y crecimiento, en parte debidos al acceso que tuvo Gran Bretaña al mercado sudamericano, en 1811 se produjo una aguda crisis económica. Las causas fueron complejas, pero lo esencial fue que una pobre cosecha coincidió con un cambio en la estrategia del bloqueo continental, que legalizó la importación de bienes británicos y dañó gravemente a los muchos especuladores que se habían estado beneficiando del contrabando a gran escala que había florecido desde 1806. Con esto, además, se produjo una oleada de bancarrotas y un significativo aumento del desempleo. Puede que también sea significativo que 1811 viera el culmen del movimiento de acotamiento de las fincas y, por extensión, un incremento de la emigración a las ciudades, justo en el momento en que la construcción de casas —uno de los sectores más adecuados para emplear a un gran número de trabajadores sin cualificación— se encontraba de capa caída debido al efecto acumulativo tras años de incremento de los impuestos. Las penurias que se pasaban eran grandes y su expresión asumió formas que eran mucho más aterradoras que la «solicitud de paz» de 1807. El descontento generalizado y los disturbios se extendieron por todas las áreas industriales del país; esto vino acompañado de duras críticas contra la guerra y, en particular, contra las *Orders in Council*, a las que, de manera completamente equivocada, se las hacía responsables de la crisis económica. No eran estas medidas odiadas solamente por los tejedores, que constituían el centro de la masa descontenta. Por el contrario, hacia 1811 las *Orders in Council* se habían convertido en el objetivo de una ruidosa campaña en contra por parte de los muchos que tenían intereses comerciales a los que esta ley perjudicaba. Tan grande era la presión que en junio de 1812 el gobierno, que el mes anterior había sido asumido por lord Liverpool, se vio forzado a capitular, mientras que 1813 fue testigo de un movimiento más hacia el libre mercado con la publicación de las revisiones de los estatutos de la Compañía de las Indias Orientales. Y, finalmente, estaba el asunto de la reforma política. Estimulada en primer lugar por el gran escándalo surgido en 1809 en torno a la concesión de ascensos en el ejército por parte de la amante del duque de York a cambio de sobornos y, más tarde, por el torpe intento del gobierno para acallar la polémica relacionada con la expedición enviada a Holanda en 1809, se presentaron varias mociones en la Cámara de los Comunes solicitando la reforma del Parlamento, y aunque éstas fueron rechazadas, el número de votos que recibieron fue numeroso. Incluso considerando todo esto en su conjunto, parece claro que no se estaba al borde de una crisis revolucionaria, pero el colapso de la resistencia en España habría provocado tal tormenta que ni Perceval ni Liverpool hubieran sido capaces de calmar. De hecho, ¿hubieran estado dispuestos al menos a internarlo? El principal entusiasta de la continuación a toda costa de la guerra peninsular era el hermano de Wellington, el ministro de Asuntos Exteriores, lord Wellesley, pero este personaje era notoriamente perezoso y extremadamente arrogante y apenas contaba con la confianza de sus colegas.

El compromiso británico con la península no fue, por lo tanto, un dato conocido, pero durante ese tiempo el ejército de Wellington siguió luchando. De hecho, sus logros fueron considerables. Debemos prestar particular atención a la defensa de Portugal llevada a cabo por Wellington entre los años 1810 y 1811. En concordancia con la reanudación de la ofensiva en la península por parte de Francia, el verano de ese mismo año vio como 65.000 hombres al mando del mariscal Masséna atravesaban la frontera portuguesa y asediaban la fortaleza de Almeida. Ésta cayó muy pronto debido a la explosión de su principal almacén de municiones, y los franceses avanzaron hacia Lisboa. Wellington, anticipando este movimiento, se había empeñado en un complejo plan de defensa. Desde el principio, los campos que se encontraban en el camino del invasor fueron devastados y las fuerzas francesas acosadas por una fuerza irregular de defensa nacional conocida como la *ordenança*. Si era posible, se obligaría a los franceses a entablar combate y se les forzaría a retirarse, a cuyo objeto el ejército portugués había sido completamente reformado bajo la batuta de sir William Beresford, mientras que las principales rutas hacia Lisboa se encontraban bloqueadas por fortines construidos en posiciones defensivas clave. Si lo anterior no funcionaba, los campos se seguirían devastando, al tiempo que el ejército anglo-portugués se retiraba hacia Lisboa junto al grueso de la población civil. Esperándoles estaría la que era, probablemente, la mayor obra de ingeniería llevada a cabo en toda la era napoleónica, las conocidas como líneas de Torres Vedras, una línea impenetrable de fortificaciones que se extendían desde un extremo de la península de Lisboa hasta el otro. No está claro que este plan hubiera bastado para rechazar a los franceses en el caso de que éstos hubieran desatado la ofensiva a gran escala que hubiera seguido a la conquista total de España —Wellington, ciertamente, tenía sus dudas—, pero contra los 65.000 hombres traídos por Masséna en ese momento, las líneas eran más que suficientes para rechazarlos. A pesar de que los defensores obtuvieron un completo éxito en la batalla de Buçaco, ese intento por rechazar a los franceses en las cercanías de Coimbra fracasó debido a que el mariscal descubrió un camino que flanqueaba por el norte la posición de Wellington. Pero cuando los franceses alcanzaron las líneas de Torres Vedras se encontraron con que ya no podían seguir adelante. En esta situación Masséna hizo todo lo que pudo, pero, dada la política de tierra quemada practicada por Wellington, sus recursos se agotaron en marzo de 1811, por lo que se vio forzado a abandonar su cuartel general en Santarem y retirarse hacia la frontera española. Tras de sí dejó escenas que estaban entre las más horripilantes ofrecidas por las guerras napoleónicas. Citando a un oficial británico:

> La División Ligera entró en Santarem, donde permaneció durante una hora. Qué diferente parecía en ese momento esa ciudad ... Las casas están destrozadas y en estado ruinoso, y los pocos desgraciados que quedan parecen esqueletos andantes; las calles están llenas de todo tipo de muebles, medio quemados y hechos trizas, y por muchas ... no se puede pasar de tanta porquería y basura que hay almacenada, además del olor pestilente que invade el aire y que está producido por algún hombre, mula o burro muerto que se está descomponiendo ... En una casa en la que entré había dos chicas jóvenes que habían sido brutalmente violadas y que eran incapaces de levantarse de un colchón de paja sobre el que estaban tiradas ... Kincaid y yo entramos en una casa donde estaba sentado un anciano: había quedado lisiado de las piernas durante muchos años. Un soldado francés ... le había dado dos profundos sablazos en la cabeza y otro en el brazo ... Es de todo punto inhumano como estos salvajes europeos han tratado a los pobres portugueses. Casi cada hombre que se cruzó con ellos fue asesinado. No puedo describir lo que le hicieron a las mujeres, pues serían escenas de extrema brutalidad. Incluso les han cortado el cuello a los niños. Las ciudades están casi en su totalidad en llamas; en resumen, son culpables de todo tipo de crueldades. He visto cosas que me han horrorizado y que realmente nunca hubiera creído si me las hubieran contado y no las hubiera visto yo mismo con mis propios ojos.[8]

Sin embargo, expulsar a Masséna de Portugal era una cosa e invadir España otra muy distinta. Durante todo el año de 1811, de hecho, la situación en la frontera portuguesa alcanzó un punto muerto. Autorizado por el gobierno británico a entrar en España una vez más, Wellington pronto se dio cuenta de que esto era más fácil de decir que de hacer. Las importantes fortalezas fronterizas de Ciudad Rodrigo y Badajoz habían sido reforzadas a conciencia por los franceses, y cada intento que llevó a cabo por asediarlas se terminó con una masiva contraofensiva por parte de los franceses, siendo las principales las de La Albuera y Fuentes de Oñoro. Repelido en ambas ocasiones, le costaron a Wellington un gran números de bajas y le disuadieron de intentar penetrar demasiado lejos en territorio español, sobre todo porque, en ese momento, no contaba con la artillería de sitio necesaria para llevar a cabo operaciones contra las fortalezas fronterizas. Desde luego, los franceses no se encontraban en condiciones mucho mejores. Dos veces, de hecho, rehusaron la batalla antes de atacar a Wellington desplegado en una poderosa posición defensiva en el interior de Portugal, mientras que intentar sitiar Elvas o Almeida (en ese momento de nuevo en manos aliadas) ni siquiera era algo que se plantearan. Aunque hasta finales de 1811 los británicos siguieron siendo solamente capaces de ejercer una influencia relativa en los asuntos de la guerra en España, la única cosa que cambió esta situación fue la insistencia de Napoleón en que se siguiera atacando en la Península al mismo tiempo que estaba reuniendo un enorme ejército para llevar a cabo la invasión de Rusia. De esta forma debilitó a sus ejércitos en España, lo que desestabilizó completamente la situación en la frontera portuguesa. Viendo la oportunidad, Wellington cruzó la raya y capturó las fortalezas de Ciudad Rodrigo y Badajoz, obtuvo una gran victoria en Salamanca y liberó Madrid. Debido a una serie de problemas, de entre los cuales el más importante fue el colapso del gobierno y de la sociedad en España, en noviembre de 1812 Wellington se vio forzado a retirarse de nuevo a Portugal. Pero los franceses nunca pudieron recuperarse totalmente, debilitándose aún más con la retirada de más tropas a comienzos de 1813. Asistido por los continuos intentos de los franceses por conquistar más territorio del que luego eran capaces de proteger y conservar, en mayo de 1813 Wellington se vio capaz de lanzar una nueva ofensiva, que condujo a la derrota del principal ejército del rey José en Vitoria el 21 de junio. La lucha continuó con gran dureza en los Pirineos, con los franceses intentando auxiliar en vano las fortalezas de San Sebastián y Pamplona, que habían quedado sitiadas por los aliados. Además, las contraofensivas francesas fracasaron en Sorauren y San Marcial, por lo que Wellington terminó invadiendo Francia y, tras duras batallas, estableció una inexpugnable posición al sur de Bayona. Aunque algunas tropas francesas permanecieron en Cataluña hasta el final de las hostilidades en abril del año siguiente, a todos los efectos la guerra peninsular había llegado a su fin.

En consecuencia, podemos decir que el triunfo británico en España y Portugal se debió tanto a Wellington y a su ejército anglo-portugués como a Napoleón. Para retornar al punto crucial en el otoño de 1811, cuando la marcha de la conquista francesa terminó descarrilándose por culpa del propio emperador, podemos decir que todo ese episodio recuerda a las actitudes que estaban en ese momento socavando el imperio francés, y que de hecho habían amenazado su supervivencia desde el primer momento de su existencia. En resumen, Napoleón se negó categóricamente durante mucho tiempo a prestar la atención debida a la amenaza que suponían las fuerzas de Wellington, y en consecuencia, dio prioridad a otros asuntos. En la primavera de 1810, por ejemplo, en vez de retornar a la Península, como todo el mundo esperaba, permaneció en Francia obsesionado por la necesidad de engendrar un heredero. En parte, el problema era psicológico: el mero hecho de que los británicos pudieran mantener un ejército en el continente europeo era una constante fuente de irritación, y su instinto solo iba a empeorar las cosas. Como Madame de Rémusat escribió:

> Al emperador no le gustaba el asunto de España; de hecho, le aburría. Reconociendo que había comenzado mal, lo condujo de la manera más tonta, y, menospreciando las dificultades que entrañaba y la importancia que tenía, no le echaba mucha cuenta para no dejar que este asunto le humillara ... Siendo un improvisador nato, solía correr un tupido velo sobre aquello que le disgustaba, y renovaba su fortuna y su reputación comenzando de cero.[9]

Pero en último término lo que ocurría es que Napoleón despreciaba al «general cipayo» y a sus hombres. Wellington, el emperador estaba convencido de ello, era un general cauto que no estaba dispuesto a llevar a cabo una campaña hacia el interior de España y que era poco probable que ganara batallas ofensivas. Al final terminó minusvalorando el número de hombres de los que disponía Wellington y consideró a las fuerzas portuguesas, que constituían una parte importante del ejército aliado, como poco más que una chusma sin orden ni concierto, cuando, de hecho, Beresford las había convertido, como el mismo Wellington decía, en los «gallos de pelea del ejército».[10] No habiéndose enfrentado nunca a un ejército británico en una batalla, Napoleón no podía ser realmente consciente de la superioridad de las tácticas de la infantería británica, o de los efectos que causaban los certeros rifles Baker británicos y los proyectiles con metralla. Las noticias de lo ocurrido en la batalla de Salamanca, que recibió en Rusia, en la víspera de la batalla de Borodino, supusieron un terrible golpe, pero aun así vio la parte positiva de la situación: «Los ingleses tienen las manos llenas allí: no pueden abandonar España e ir a causarme problemas a Francia o Alemania —le dijo al general Calaincourt—. Eso es lo que importa.»[11]

Todo esto es un perfecto ejemplo de cómo había ido evolucionando la mente del soberano francés, pero había otros detalles que dejaban ver que no todo iba bien. Una y otra vez envió órdenes a la Península que estaban completamente caducadas o que simplemente eran imposibles de cumplir. Tomemos, por ejemplo, su plan para tomar Lisboa en 1809. Entre mediados de enero y el 10 de febrero de 1809, el mariscal Soult, cuyas tropas se encontraban exhaustas tras la persecución de sir John Moore, debía, siguiendo las órdenes del emperador, ocupar toda Galicia, abrirse camino a través de no una, sino dos fortalezas fronterizas, y capturar la ciudad de Oporto para luego presentarse frente a las murallas de Lisboa. Incluso aunque no se hubiera producido ningún tipo de resistencia, hubiera sido muy difícil llevar a cabo este plan: Galicia y el norte de Portugal eran regiones pobres carentes de carreteras, comida y transportes y, en invierno, constantemente azotadas por la lluvia y la nieve. En esas circunstancias, Soult cumplió muy bien tomando Oporto el 29 de marzo. «Napoleón ... vivía en un mundo de fantasía, creado por su propia imaginación», se quejó el mariscal Marmont. «Construía castillos en el aire; pensaba que sus deseos eran la realidad; y daba órdenes sin conocer exactamente cuál era el estado de las cosas.»[12] Reacio a viajar a España, también se negó a nombrar a un comandante en jefe competente para que actuara en su lugar antes de que fuera demasiado tarde, para luego elegir a José Bonaparte, y eso a pesar de que no tuviera ningún tipo de experiencia como comandante de campo, aparte de que, precisamente por culpa de Napoleón, el rey era completamente despreciado por los mariscales y otros generales a los que se suponía que tenía que mandar. En parte, todo esto fue fruto del mismo exceso de confianza del que acabamos de hablar, aunque también había algo más: obsesionado por mantener el poder en sus manos, el emperador odiaba incluso que parte de éste pasara a manos de quienes eran sus más cercanos y devotos subordinados.

La guerra peninsular revela muchas cosas sobre el carácter de Napoleón. Al mismo tiempo, sin embargo, también da cuenta de las dificultades que Gran Bretaña tuvo para construir y mantener el tipo de coalición continental que constituía su única posibilidad de conducir la guerra a un final conveniente a sus intereses. Este problema se agravaba con potencias tales como Austria y Rusia, pero con otros estados más pequeños o débiles, que se sentían totalmente dependientes de Gran Bretaña para su supervivencia, era incluso peor. Esto quedó demostrado con lo ocurrido con Sicilia en los meses precedentes al estallido de la guerra peninsular. Desde los primeros meses de 1806 Fernando IV de Nápoles y su esposa, María Carolina, habían estado viviendo en Palermo bajo la protección de una guarnición británica. Aunque las relaciones entre el rey, la reina y sus protectores no eran precisamente buenas. Las primeras tensiones aumentaron a causa de las negociaciones de paz de 1806, que habían despertado sospechas al respecto de que Sicilia —en realidad el Reino de las Dos Sicilias— pudiera ser regalada para obtener beneficios más importantes. Una torpe propuesta diplomática británica —la sugerencia de que se mantuviera la presencia constante de una guarnición inglesa en la isla incluso en tiempo de paz— también despertó sospechas al respecto de que existía un plan para conquistar la isla o al menos para asegurarse una ciudad costera con el objetivo de emplearla como un nuevo Gibraltar. Y, como siempre, existía una fuerte presión comercial. Gran Bretaña quería que sus productos y sus exportaciones gozaran de libre acceso a todos los puertos sicilianos y sugirió que los comerciantes británicos residentes en la isla debían contar con privilegios especiales. Finalmente, con algunas dificultades, se logró negociar un tratado de alianza, pero surgieron profundas disputas sobre la cantidad exacta de dinero que Gran Bretaña debía pagar a Sicilia. Se produjeron constantes enfrentamientos al respecto de la estrategia: María Carolina, especialmente, estaba a favor del envío de fuerzas expedicionarias al continente y apoyaba la causa de una revuelta popular, mientras que los observadores británicos creían que no existía ninguna posibilidad de recuperar Nápoles por la fuerza y que los insurgentes calabreses no eran más que bandidos que lo único que podían conseguir era atraer la ira de los franceses sobre sus desafortunados paisanos.

Además de todo esto estaba la dimensión política. En primer lugar, Sicilia era extremadamente pobre, y la miseria del pueblo provocaba una considerable tensión social: hacia 1807, de hecho, se produjo un verdadero riesgo de hambruna. En segundo lugar, la nobleza local se mostraba extremadamente celosa al respecto de la conservación de sus privilegios feudales, y observaba la llegada de la corte a Palermo con considerable preocupación, ya que desde la década de 1780 la monarquía había estado intentando erosionar su poder. Y, en tercer lugar, existía un fuerte sentimiento entre las clases educadas de que Sicilia estaba siendo despreciada y explotada. Por ejemplo, el rey y la reina insistían en conceder los puestos principales en la corte y en las fuerzas armadas a los nobles que habían huido con ellos desde Nápoles. El número de estos nobles que era de origen francés no ayudaba tampoco gran cosa: aunque todos eran monárquicos emigrados u hombres que habían estado al servicio de Nápoles durante muchos años, se comenzó a decir que algunos de ellos eran agentes al servicio de los franceses. Dispuestos a asegurar la estabilidad, los británicos se inclinaban por presionar a Fernando y María Carolina para que llevaran a cabo reformas, especialmente dada la incapacidad de Sicilia para sostener durante mucho tiempo el esfuerzo de la guerra. Los arraigados privilegios de la nobleza, encapsulados por la supervivencia del Parlamento al estilo medieval que existía en la isla, se aseguraron de que las cargas fiscales no fueran muchas; las defensas de las ciudades estaban en su mayoría en estado de completa ruina; y no existía nada parecido a un verdadero ejército o una milicia, y había pocas esperanzas de poder reclutar nuevos soldados. Las demandas exigiendo que se tenía que hacer algo para remediar esta situación, sin embargo, solamente condujeron a acusaciones de que los británicos estaban mostrándose poco razonables y, mientras, María Carolina acompañaba el enfado resultante con intentos periódicos de encontrar alguna alternativa a la alianza británica. Como una posibilidad era acordar con Napoleón que devolviera a Fernando su antiguo trono a cambio de conseguir que los británicos se retiraran de Sicilia, los peores rumores terminaron por tener cierta base. La reina, se decía, quería bloquear las reformas para provocar una revuelta a favor de los franceses. Igualmente, si estaba constantemente presionando a los británicos para que invadieran Nápoles, era para provocar su destrucción y librarse del control que ejercían sobre los Borbones. No es de extrañar, entonces, que hacia 1808 hubiera algunos en Gran Bretaña que pensaran que la única opción que quedaba con Sicilia era someter la isla a control directo, mantener al margen al rey y a la reina e iniciar un programa de reformas desde el exterior.

Las cosas no fueron mucho mejor en lo concerniente a Suecia. Como hemos visto, en febrero de 1808 Rusia había invadido Finlandia. Con una guarnición muy débil, la mayor parte del sur del país se ocupó con mucha facilidad junto con Gotland y el archipiélago Aland. Mientras tanto, Suecia se vio amenazada también con la invasión desde Dinamarca, que se había subido al carro de la guerra y que inmediatamente recibió asistencia de un considerable destacamento de la *grande armeé*, incluyendo una división española comandada por el marqués de La Romana. En consecuencia, en abril una fuerza expedicionaria británica fue enviada a Goteburgo al mando de sir John Moore. La razón para el envío de esta fuerza venía dictada por la necesidad de cementar la credibilidad de Gran Bretaña como aliada pero, cuando los soldados británicos arribaron a la costa sueca, esta necesidad había derivado hacia una de tipo militar. En resumen, gracias en gran parte al odio provocado por Gustavo IV entre la nobleza a causa de su continuo apoyo a las políticas del absolutismo ilustrado asociado con su padre, Gustavo III, muchos oficiales se opusieron a la guerra con Rusia o la vieron como una oportunidad para desacreditar a Gustavo. La resistencia había sido esporádica, en el mejor de los casos y, el 7 de mayo, la supuestamente inexpugnable fortaleza de Sveaborg —una impresionante fortaleza situada en una isla justo frente a la costa donde se sitúa lo que hoy es Helsinki (por entonces llamada Helsingfors)— se rindió sin disparar un solo tiro. La llegada de Moore, por lo tanto, fue como un regalo caído del cielo para el acosado rey, aunque al final las relaciones entre los británicos y Gustavo IV terminaron siendo turbulentas. Parte del problema fue resultado de un simple lío: Moore creía que el mando de sus fuerzas recaía solamente sobre su persona, mientras que los suecos pensaban que el control de la fuerza expedicionaria pertenecía a Gustavo. Al mismo tiempo, Gustavo IV se mostraba ansioso por llevar a cabo una guerra ofensiva, mientras que Moore optaba más bien por situarse a la defensiva. De hecho, el rey insistió diciendo que la división de Moore había sido enviada con el expreso propósito de lanzar ataques sobre las posiciones enemigas que rodeaban el Báltico, y les negó el permiso para desembarcar. Por supuesto, Moore expresó sus cuitas al respecto:

El Rey ... es un hombre de mente recta y honorable, pero sin ninguna capacidad, y a cada momento propone medidas que dan pruebas de su

> locura o de la mayor debilidad mental. No tiene primer ministro, así que gobierna él mismo, careciendo de los hábitos y el talento necesarios. Suecia es ... un país sin gobierno, o ... uno que está solamente gobernado por las estrellas o el capricho. El Rey es un absoluto déspota: todo lo que ordena se debe hacer, y, desafortunadamente, cuando da órdenes depende enteramente ... de sus propias impresiones, las cuales toma como hechos ciertos. No se da cuenta de la peligrosa situación en la que se encuentra, y nadie se atreve a abrirle los ojos. Especula sobre conquistas cuando ya ha perdido una provincia, y no tiene medios para defender las que le quedan. En resumen, su situación es tal que es casi imposible que pueda mantenerse en el trono ... Nuestras tropas ... podrían contener a sus enemigos hasta que ... el Rey tuvieran tiempo de hacer que su pueblo se levantara contra el enemigo ... pero no es el tipo de príncipe que sepa cómo arengar al pueblo o dirigir los esfuerzos del mismo con habilidad. La consecuencia natural ... es que su pueblo es indiferente a todo, y muchos se muestran contrarios a su Rey ... En tal estado de cosas no le podemos prestar mucha ayuda: no hará caso de nuestros consejos, y nuestra fuerza sola no es suficiente.[13]

Dejando de lado la distracción provocada por la insurrección española —Gustavo IV parece que llegó a sospechar que Moore estaba buscando un pretexto para retirar sus tropas y poder hacerse con algo de gloria en la península— en juego había dos problemas fundamentales. En primer lugar, tras la intransigencia sueca estaba el miedo a las intenciones subyacentes de Gran Bretaña. Si se instalaba una guarnición británica en Goteburgo, ¿qué podía garantizar que esta ciudad no se iba a convertir en un Gibraltar en el Báltico? Y, en segundo lugar, Gustavo presentaba una serie de demandas que, Gran Bretaña, simplemente, no podía satisfacer. Para el acosado monarca sueco, los recursos de Gran Bretaña parecían infinitos —en 1807 se le había ofrecido, después de todo, uno de los más generosos subsidios nunca entregados en todo el periodo napoleónico—, pero Moore era plenamente consciente de que los 12.000 hombres bajo su mando representaban una parte sustancial de los recursos humanos disponibles para Gran Bretaña. En consecuencia, había que emplearlos de forma prudente, pero la insistencia del comandante británico en este hecho condujo a la ruptura de relaciones que terminó con Moore puesto bajo arresto en Estocolmo. Logrando escapar disfrazado, Moore huyó a Goteburgo, y en cuestión de horas sus tropas estaban embarcadas de vuelta a Inglaterra.

Los suecos terminaron luchando asistidos por una escuadra británica que también había sido enviada al Báltico, pero las relaciones entre los dos aliados nunca volvieron a ser buenas. De hecho, en el invierno de 1808-1809 se iba a producir una nueva crisis. Enfrentándose a la necesidad de renovar el tratado de subsidio con Gran Bretaña, Gustavo IV recurrió a tácticas de lo más agresivas. El desafortunado embajador británico se vio enfrentado de repente al anuncio de que a menos que el subsidio de 1809 se aumentara hasta la cifra de dos millones de libras —cuando la cantidad que entregaba en ese momento era de un millón doscientas mil libras— y se le entregaran inmediatamente 300.000 libras, Gustavo cortaría todo el comercio con Gran Bretaña. Algo intimidado, el embajador cedió, y le entregó las 300.000 libras, al tiempo que informaba a sus superiores sobre el asunto del subsidio. El gobierno en Londres, sin embargo, estaba hecho de pasta más dura que el embajador, y un enfurecido Canning vetó el aumento del subsidio. Desesperado por conseguir dinero para continuar la guerra, el rey terminó cediendo, pero lo hizo de la manera menos cortés. En esto es por lo menos discutible que Gustavo tuviera algo de razón. Dado el apoyo británico, es posible que la invasión de una Noruega controlada por los daneses pudiera haber tenido éxito, encontrándose los defensores tan desorganizados que hubieran sido forzados fácilmente a negociar un armisticio, mientras que la generosa ayuda enviada a Portugal y España hacía sentir a Gustavo que había sido abandonado. Y, en cierto sentido, así era. El enredo del Báltico se había convertido en una pesadilla para Gran Bretaña, sobre todo porque Canning estaba convencido de que, si éste no se hubiera producido, Rusia haría tiempo que estaría reconciliada con Gran Bretaña. Pocas lágrimas, entonces, se derramaron cuando Gustavo fue derrocado por un golpe militar a los doce días de que hubiera aceptado un nuevo acuerdo de subsidio, y eso incluso aunque el régimen que lo sustituyó, a cuya cabeza estaba el tío de Gustavo, el anciano sin hijos Carlos XIII, firmó la paz, aceptando los términos del bloqueo continental y entregando Finlandia y las islas Aland a Rusia.

Volviendo a la península Ibérica, desde el principio la alianza con los españoles conllevó inmensos problemas. En parte, la causa estaba en la difícil situación en que la alianza se produjo en junio de 1808.

A pesar de que algunos afirman que William Pitt y otros predijeron lo que iba a ocurrir, lo cierto es que las noticias de la insurrección española llegaron a Inglaterra como un acontecimiento completamente inesperado. Nada se sabía al respecto hasta que dos mensajeros que habían sido enviados desde Asturiass llegaron a Londres el 8 de junio de 1808 (en consecuencia, el gobernador británico de Gibraltar, sir Hew Dalrymple, había sido contactado acerca de un potencial levantamiento unos pocos días después del Dos de Mayo, pero sus primeros informes de lo que estaba pasando llegaron a Londres casi al mismo tiempo que la delegación asturiana). Con la causa francesa claramente en su momento más favorable, el resultado fue que se produjo un enorme entusiasmo. Para los whigs, la Península se convertía en una causa con la que se podían identificar —de un pueblo que intentaba librarse del despotismo— y un medio de librar una guerra que no solamente podría suponer alcanzar la victoria, sino también liberar a Gran Bretaña de su vínculo con las autocracias del Este de Europa. Y para los tories también se presentaba como una noble empresa, puesto que se trataba de un pueblo luchando heroicamente, no para hacer una revolución, sino para defender el orden social tradicional y las instituciones políticas y religiosas que lo sustentaban. Lo que no dudaba ninguna de las dos partes es que los españoles estaban luchando heroicamente, y que esta era una causa a la que tenía que sumarse Gran Bretaña.

En unos pocos días, el principio básico de la alianza había quedado resuelto: Gran Bretaña apoyaría el levantamiento español hasta el máximo de sus posibilidades. Pero lo que esto significaba para la administración Portland era una cosa, y lo que significaba para los españoles era otra muy distinta. Del mismo modo que había hecho Gustavo IV, los españoles asumieron que los recursos británicos eran mucho mayores de lo que realmente eran. Al principio, los españoles no consideraron necesario el envío de tropas —de hecho, cuando intentaron desembarcar en España por primera vez, a sir Arthur Wellesley se le aconsejó poner rumbo a Portugal y desembarcar allí a sus hombres—, pero no se reprimieron a la hora de pedir armas, equipo y dinero. A esto se añadía una complicación más en la que se había metido Gran Bretaña al embarcarse en la guerra peninsular, en el sentido de que se creía que se acudía al rescate de la «pequeña y valiente España», mientras que los españoles pensaban que era más bien España la que estaba rescatando a Gran Bretaña. No es de extrañar que el buen entendimiento del verano del 1808 no sobreviviera durante mucho tiempo. Como hemos visto, el levantamiento español fue un fenómeno extremadamente complejo que tenía muy poco que ver con la gran cruzada popular que solamente estaba en la imaginación de los británicos: el entusiasmo por combatir a los franceses era limitado, y el gobierno provisional que se formó en Aranjuez en septiembre de 1808 era un asunto muy difícil de manejar que a duras penas podía imponer su autoridad. El reclutamiento obligatorio, por lo tanto, no fue bien, al tiempo que los voluntarios fueron más bien escasos. Incluso llevar a los ejércitos españoles al frente era muy difícil, por no hablar de coordinar sus operaciones o acabar con las enemistades que dividían al alto mando. Mostrándose muy cauto a la hora de llevar su ejército a España, y mucho menos a la línea del Ebro, Moore se indignó cuando vio el panorama, y concluyó, junto con muchos de sus hombres, que la guerra española era una mera farsa, y que tanto él como el gobierno británico habían sido engañados. Un asunto muy grave, la retirada a La Coruña, se dio por supuesto que había sido culpa de los españoles, al tiempo que se extendían historias de su supuesta crueldad, ingratitud, cobardía e incompetencia. Aunque también debemos considerar el punto de vista de los españoles, desde luego. El ejército de Moore tardó mucho en entrar en España; el comportamiento de muchas de las unidades británicas fue casi tan malo como el de los soldados franceses contra los que se suponía que habían venido a luchar; y los británicos habían fracasado a la hora de oponer resistencia incluso cuando alcanzaron el refugio que les ofrecían las perfectamente defendibles fronteras de Galicia.

La campaña de sir John Moore marcó la pauta de lo que terminaría siendo una alianza extremadamente difícil. Con el transcurso de los años de conflicto, surgieron nuevas recriminaciones al respecto de cómo se estaban conduciendo las operaciones. Tras la batalla de Talavera los británicos se quejaron de que los españoles habían fallado a la hora de proporcionarles el avituallamiento adecuado, y los españoles se quejaban de que Wellington había saboteado deliberadamente sus operaciones. Tras la batalla de Ocaña los españoles mantuvieron que se había producido la derrota porque el comandante británico se había negado a ofrecerles apoyo a su ofensiva. Tras el primer sitio de Ciudad Rodrigo, el gobernador español caído prisionero acusó a Wellington de haberles abandonado a su propio destino cuando sus fuerzas estaban apenas a un día de marcha hacia el oeste. Tras la batalla de Barrosa los británicos, comandados allí por sir Thomas Graham, acusaron a los españoles de haberles traicionado. Tras la batalla de La Albuera se produjeron quejas al respecto de que el excesivo número de bajas anglo-portuguesas había sido producto de la incapacidad de los españoles para maniobrar, y que a los británicos siempre les tocaba llevar todo el peso de la lucha. Y el sitio de Burgos y la trágica retirada invernal que le siguió fue un terrible revés del que Wellington culpaba a los españoles, sugiriendo que sus maltrechos ejércitos regulares habían fracasado a la hora de atacar a los ejércitos franceses a los que tuvo que hacer frente. Para estos fracasos, ambas partes tenían sus propias explicaciones. Una y otra vez todo lo que los españoles veían eran las espaldas de los británicos desapareciendo cuando huían hacia la seguridad de sus cuarteles en Portugal, argumentando que su prioridad era la defensa de ese reino. Esto les hacía pensar que sus aliados no estaban comprometidos con la lucha o que, por lo menos, se daban por contentos viendo cómo España llevaba el peso de la lucha, ya que hubo largos periodos, por ejemplo entre agosto de 1809 y julio de 1810, en que las fuerzas de Wellington apenas dispararon un solo tiro. La decepción de los españoles se vio también incrementada por la influencia de la demasiado optimista, por no decir irresponsable, prensa, que solía sobrestimar el número de fuerzas disponibles para la acción. Encontrándose con un grupo de soldados españoles en la frontera portuguesa en 1810, un oficial británico escribió:

> Saben muy poco ... de la práctica regular de la guerra; solamente saben que no han disparado un solo tiro desde la batalla de Talavera, que nuestros camaradas al mando de sir John Moore habían huido sin luchar a través de las agrestes montañas de Galicia dos años antes, y su aspecto enfadado y desdeñoso nos transmitía claramente que nosotros íbamos a hacer los mismo y que nos retiraríamos hacia Portugal ... con la misma precipitación.[14]

Y para los británicos, los españoles eran, o al menos parecían, incompetentes, cobardes y poco dignos de confianza, un juicio que se veía apoyado porque sus ejércitos habían sido desbandados en casi todas las ocasiones en las que se habían batido. Los británicos veían todo esto a través de los ojos de la «leyenda negra»: por culpa de los siglos de catolicismo oscurantista, España era un país atrasado, sus líderes corruptos y sus gentes se encontraban acobardadas y apáticas. Irritación y decepción, por lo tanto, reafirmaban el ya de por sí fuerte sentimiento británico de superioridad cultural, y esto expresaba en sí mismo, en su mejor parte, su altanería y su arrogancia, y en el lado más oscuro, los episodios de salvajismo que sufrieron varias ciudades liberadas —sobre todo Ciudad Rodrigo, Badajoz y San Sebastián— que fueron brutalmente saqueadas. Ni siquiera Wellington era inmune a este sentimiento general de superioridad cultural. «El español —escribió a su edecán, lord Burghersh— es un salvaje indisciplinado que no obedece a ninguna ley, desprecia toda autoridad, no siente ningún tipo de gratitud por los beneficios que se le confieren o por los favores que recibe y siempre tiene el cuchillo o la llave de chispa preparados para cometer un asesinato.»[15] Tras la retirada de Burgos, en particular, su ira no conocía fronteras:

> Nunca he visto que el ejército español haya hecho nada, y mucho menos que lo haya hecho bien ... Unos cuantos granujas llamados guerrillas atacan a unidades cuatro veces menos numerosas que ellos y unas veces tienen éxito y otras no, pero por lo que se refiere a una operación regular, nunca he oído que se haya llevado a cabo, y menos con éxito, en todo el transcurso de la guerra.[16]

Tales actitudes engendraron un alto grado de sospecha y resentimiento entre los españoles, aumentando las probabilidades de que no se llegara nunca a cooperar con honestidad con los británicos. Al mismo tiempo, gracias a una serie de maniobras, de las cuales la más importante y artera fue el nombramiento de Wellington como comandante en jefe de los ejércitos españoles en septiembre de 1812 (véase más adelante), los españoles buscaron asegurarse el control de las operaciones del ejército anglo-portugués y mantenerlo comprometido con la guerra que se libraba en España; aunque estas maniobras causaron mucha más indignación en el cuartel general de Wellington, y condujeron a airadas acusaciones al considerar que se estaba intentando interferir políticamente. Era un círculo vicioso, y la incomprensión mutua que marcó la relación entre las fuerzas armadas rivales continuó enconándose hasta el final de la guerra.

A la decepción en el campo de batalla se le añadía una serie de problemas políticos y diplomáticos. Entre todos ellos los principales eran la creciente controversia que rodeaba los asuntos de los subsidios británicos, la reforma política, el libre comercio y las revoluciones en Sudamérica. Cuando España fue a la guerra contra Napoleón, las autoridades patrióticas ya habían bombardeado al gobierno de Portland con una serie de peticiones de ayuda que no tenían en cuenta la verdadera capacidad de Gran Bretaña para cumplir con las expectativas de los españoles. En abril de 1809, por ejemplo, los representantes españoles en Londres solicitaron un préstamo de por lo menos diez millones de libras, y esto en un momento en que Gran Bretaña estaba intentando proporcionar ayuda a los austriacos (que estaban, como veremos, una vez más en guerra con Francia). Todavía más extremo era el borrador de un tratado, presentado al gobierno británico en agosto, en el cual los principales términos eran que Gran Bretaña debía proporcionar una fuerza auxiliar de 30.000 hombres para emplearla o en España o en América, fusiles para 500.000 hombres y un préstamo de 40 millones de reales (aproximadamente unas 450.000 libras) al mes. No es necesario decir que Canning se indignó, afirmando que la propuesta era «tan absolutamente extravagante que era inútil comenzar una negociación sobre ella».[17]

Al mismo tiempo, no se le ofreció ningún tratado de subsidio a los españoles, prefiriendo la administración Portland usar el dinero que se podía enviar a España como arma diplomática, en incluso entonces advirtiendo a los españoles que la ayuda financiera que podía ofrecer Gran Bretaña iba a ser, necesariamente, muy limitada.

El enfado de Canning es comprensible. En el transcurso de 1808, Gran Bretaña había enviado a España a cambio de nada un millón cien mil libras, junto a unos 200.000 fusiles y grandes cantidades de otros pertrechos militares. A Portugal había llegado más ayuda, desde luego, y cuando el viejo amigo y aliado de Canning, John Hookham Frere, había sido nombrado embajador para la España patriota, concedió 650.000 libras más, sumadas a otras 214.000 proporcionadas en junio de 1809 como valores del tesoro. Y finalmente había que sumar los costes que suponía mantener al ejército expedicionario, que para el año 1810 se calcularon en, por lo menos, un millón setecientas mil libras. A cambio de todo esto, lo que se había recibido por parte de los españoles era más bien poco. Éstos no habían mostrado capacidad política o militar como para corresponder a la generosidad británica, y tampoco se habían dejado aconsejar al respecto de cómo conducir la guerra. A pesar de la presión británica, nunca se había logrado nombrar a un único comandante en jefe de los ejércitos españoles. En Portugal, en cambio, ocurrió lo contrario. En ese país los británicos habían logrado un gran éxito contando con una influencia que jamás se había podido ejercer al otro lado de la frontera. En parte, las razones para que esto fuera así eran fortuitas. Cuando llegaron a Londres las noticias de la insurrección portuguesa, que se produjo algo después que la de los españoles, se había comprometido tanto dinero con España que para Portugal solamente quedaron 60.000 libras. Desde el principio, entonces, los británicos tenían más influencia en Portugal de la que tenían en España, al tiempo que otra serie de factores también contribuyeron, incluyendo la ausencia de la mayor parte de la elite política portuguesa, que estaba refugiada en Brasil, o los tradicionales lazos de amistad con Gran Bretaña (que por contraste había sido el tradicional enemigo de España). Desde el principio, entonces, se pudo contar con muchas concesiones futuras. Ya en enero de 1808 una donación de 100.000 libras, mitad en especie y mitad en créditos, hizo que el gobierno portugués exiliado en Brasil declarara que no iba a haber ningún tipo de restricciones para el comercio extranjero en la colonia. Aunque esto no cubría totalmente las expectativas de Canning —lo que él quería era un acuerdo que le proporcionara a Gran Bretaña el estatus de «nación más favorecida» por medio de una tarifa preferente—, era realmente un buen comienzo. Y todavía quedaba más por venir. A cambio de un acuerdo para cubrir los costes de mantenimiento de parte del ejército portugués adscrito a las fuerzas británicas en Portugal y la garantía de un préstamo de 600.000 libras en el mercado londinense, el príncipe Juan puso su ejército bajo el control directo de Wellington, nombró a Beresford comandante en jefe y acordó que los oficiales británicos —una herramienta esencial para la construcción del nuevo ejército— pudieran tener rango en las fuerzas armadas lusas. La llegada masiva de provisiones y la promesa de pagos regulares a cargo de la caja de Wellington finalmente aseguraron un puesto para el embajador británico en Lisboa en el consejo de regencia establecido para gobernar el país en ausencia de Juan.

Pero todo esto no significa que la relación con Portugal estuviera libre de problemas. Por el contrario, Wellington bombardeó a la administración lusa con demandas de medidas tales como un préstamo forzoso, un incremento en los impuestos sobre la propiedad, la introducción gradual de un impuesto sobre la renta, el refuerzo del gobierno local y una purga en el cuerpo de intendencia solamente para ver cómo eran ignoradas una tras otra. Tampoco el control ejercido por los ingleses era muy popular: la poderosa familia Sousa se erigió como portavoz de la protesta, provocando serios problemas en muchas ocasiones. Pero, aunque crecía en proporción inversa a la reducción de la amenaza de la invasión francesa, esa voz disonante se vio limitada y la situación, en general, fue mucho más favorable que en España. Hacia mediados de 1809 simplemente no quedaban reservas de efectivo suficientes para satisfacer las demandas de los españoles. Siguiendo el ejemplo portugués, Canning comenzó a apretarle los tornillos al bando patriota. En fecha tan temprana como el verano de 1808 se había amenazado con dejar de enviar ayuda económica a no ser que se encontrara alguna fórmula para nombrar un gobierno central, al tiempo que se presionaba también a favor del nombramiento de un comandante en jefe. Contrariado por el fracaso de la campaña de Talavera de 1809, del cual culpó enteramente a la desorganización de los españoles, lord Wellesley, por entonces embajador en la capital patriota de Sevilla, fue todavía más lejos y aludió públicamente a la necesidad de una reforma política, administrativa y social:

> Resulta evidente que la independencia de una nación debe descansar sobre la base de su propia fuerza interna y espíritu público, y que ningún país puede alcanzar o preservar la felicidad y la gloria por medio de la dependencia de la ayuda extranjera. Para lograr estos nobles objetivos, yo vería con la mayor satisfacción cualquier atención regular y sistemática al incremento y la organización de los recursos militares de España, y al aumento, composición, disciplina y efectividad de los ejércitos españoles ... Pero la fuente de toda mejora debe ser la eficiencia del poder ejecutivo, que nunca puede poseer suficiente fuerza o actividad sin la asistencia directa de la sabiduría colectiva de la nación, y sin la asistencia de ese espíritu que debe surgir del apoyo inmediato del pueblo animado por sentimientos tanto de lealtad como de libertad.[18]

Las ideas contenidas en esta nota fueron desarrolladas más tarde en una serie de conversaciones privadas con el secretario general de la Junta Central, Martín de Garay. Lo que Wellesley requería era cambiar la Junta Central, que contaba con más de treinta miembros con todos sus puestos ocupados, por un consejo de regencia, la elección de una

Asamblea Nacional o Cortes, un desagravio general con respecto al gobierno y un sistema de régimen tributario tanto para la España metropolitana como para sus dominios en ultramar, así como la incorporación en la nueva España de las colonias americanas a través de un sistema justo de representación política. Pero la expresión de tales puntos de vista resultó extremadamente descortés. Estaba bien sugerir que la América española estaba al borde de la rebelión, pero en 1809 había pocas señales que indicaran que una convulsión general fuera a sacudir las posesiones de España en América. Aunque se produjo una pequeña rebelión en el Alto Perú (el territorio que actualmente comprende Bolivia) en el verano de 1809, ésta se reprimió muy fácilmente y además parece que estaba tan dirigida contra el gobierno de Buenos Aires como lo estaba contra el de España. Menos de dos años antes, las tropas británicas habían invadido los territorios que hoy comprenden Uruguay y Argentina, y no se debería olvidar que una fuerza británica había estado disponible para el servicio en la Península a las pocas semanas del alzamiento porque la administración Portland había desestimado la idea de una aventura americana.

Enfrentándose a la posible conquista de España por parte de los franceses, la respuesta inicial británica había sido la de enviar una división a lo que hoy es Venezuela para apoyar al aventurero Francisco de Miranda, y provocar así una insurrección que, si se extendía, pondría las riquezas de las Indias de una vez por todas lejos del alcance de Napoleón. Concentradas con este propósito en Cork, las tropas seleccionadas había sido puestas bajo el mando de sir Arthur Wellesley que, en consecuencia, se convirtió en el arquetipo del hombre correcto, en el lugar correcto y en el momento correcto. Y, finalmente, el hecho de que Gran Bretaña hubiera estado luchando del lado de España en la guerra de 1793-1795 no le había impedido participar en una serie de acciones que habían perjudicado los intereses españoles. Con Gran Bretaña continuamente amenazando las posesiones francesas y holandesas por todo el mundo —en el periodo entre 1809-1811 se capturaron Martinica, Guadalupe, Reunión, Mauricio, Dakar y Batavia—, no resulta sorprendente que esas figuras veteranas de la junta local declararan «que la mayor de las circunspecciones es necesaria para tratar con Inglaterra, cuyos puntos de vista eran peligrosos y que, a pesar de su aparente esfuerzo en España, que había que temer su política».[19]

Dejando las referencias de Wellesley a la América española aparte, la principal fuente de sospecha para los españoles antes de 1810 era la ciudad portuaria de Cádiz. El interés de los británicos por Cádiz era tan fuerte que casi se podía hablar de una obsesión. En junio de 1808 y otra vez en febrero de 1809 se habían producido ofertas para proporcionar a la ciudad la protección de una guarnición británica y, tras Talavera, se volvió a plantear la cuestión. Canning propuso que la Junta Central fuera informada de que la admisión de fuerzas británicas en Cádiz vendría como complemento a cualquier avance británico hacia el interior de España. El pretexto para esto, desde luego, era que la poca fiabilidad política y militar española era tal, que no se podía enviar a un ejército británico al interior de España a menos que contara con un refugio seguro en la costa. Pero la lógica militar que se ocultaba tras la propuesta era cuestionable, y el papel de Cádiz como centro del comercio colonial hizo que en el bando patriota surgieran nuevas sospechas, especialmente teniendo en cuenta la continua presencia británica en Gibraltar y su control de Menorca (que estuvo en manos británicas desde 1708 a 1756, de 1763 a 1782 y de 1798 a 1802).

Durante los primeros dos años de la guerra, Cádiz siguió siendo el principal punto de fricción entre los británicos y los españoles. Gradualmente, sin embargo, el asunto de la América española comenzó a sustituir al anterior. Inicialmente, había dos problemas básicos: el comercio libre y los pagos en metálico. Desde el mismo comienzo de la guerra, Canning había mantenido que, a causa de la escasez de dinero en metálico que acosaba a Gran Bretaña, su capacidad para auxiliar a los españoles dependería de la posibilidad de contar con el libre acceso a la plata americana. Su respuesta a las demandas españolas de ayuda fue solicitar el permiso de la Junta Central para exportar plata directamente de las colonias españolas, o por lo menos concederle a Gran Bretaña una participación en las vastas cantidades de metales preciosos que llegaban a Cádiz. El imperio español era visto por el gobierno británico como un medio para romper el bloqueo continental y para asegurarse los ingresos necesarios para poder continuar la guerra, mientras que, al mismo tiempo, era consciente de que la explotación del mercado representado por las colonias españolas era una buena forma de mitigar las penurias de la comunidad comercial provocadas por las *Orders in Council*. No pasó mucho tiempo antes de que el ministro de Asuntos Exteriores ordenara a sus representantes en España que discutieran el acceso al hasta entonces exclusivo comercio colonial y, todavía más importante, al producto de las minas de plata del imperio. Sin embargo solo se produjo un tímido avance en este sentido. Los españoles autorizaron una pocas transacciones de metales preciosos, pero en cuanto a las demandas de concesiones comerciales, los españoles tenían tan solo una que ofrecer. Reconociendo que renunciar al monopolio comercial de España en el imperio significaría cortar uno de los lazos más importantes que mantenían unida a la metrópoli con las colonias, la Junta Central se negó a hacer concesión comercial alguna excepto a cambio de un subsidio garantizado (debe destacarse que los británicos ya estaban practicando el contrabando con las colonias españolas a través de enclaves como Jamaica). No era la ansiedad de la Junta producto del egoísmo, porque el caso es que los envíos de metales preciosos que estaban llegando a Cádiz se estaban haciendo más importantes que nunca al tiempo que se extendía por toda España la marea conquistadora francesa. Pero los británicos se negaron a hacerse cargo de la situación y continuaron presionando a los españoles, afirmando que la incapacidad de España para aprovisionar a sus colonias estaba provocando una situación revolucionaria.

Y durante un tiempo el asunto se quedó estancado. Pero en los primeros meses de 1810 la situación cambió totalmente. La conquista francesa de Andalucía a comienzos de año condujo a la disolución de la Junta Central, y la capital patriota de España se trasladó de Sevilla a Cádiz. A cierto nivel esto resultaba útil, puesto que la Regencia que se formó parecía menos hostil a Gran Bretaña: no solamente por fin salió adelante la elección de una nueva asamblea nacional, sino que además se admitió la presencia de unas guarniciones británicas en Cádiz y en Ceuta. Pero, a otro nivel, estos hechos resultaron menos satisfactorios, ya que el traslado de la capital hizo que el régimen patriótico se afianzara firmemente en el bolsillo de la poderosa comunidad de comerciantes de Cádiz, del mismo modo que la pérdida de Andalucía —en términos financieros el bastión central de la resistencia española— aumentó la dependencia de España de América. Y, finalmente, en abril de 1810 se produjo un levantamiento en Venezuela, un ejemplo que pronto se imitó en Buenos Aires, Chile y México. En todos los casos el catalizador fue la caída de la Junta Central, un acontecimiento que parecía presagiar el colapso total de España y con ello la necesidad de las elites locales para hacerse responsables de su propio destino. En muchas partes del imperio español había habido, desde luego, un creciente descontento con el gobierno de la metrópoli, pero en pocos casos éste había llegado a un nivel como para producir una verdadera rebelión; de hecho, en 1808 todas las colonias se apresuraron a mostrar su apoyo a la causa de la metrópoli. Hacia finales de año, las únicas áreas de las Américas que permanecían leales —principalmente Perú y Cuba— eran aquellas en las que las tensiones raciales eran tan serias que las elites locales no se atrevieron a poner en riesgo su posición provocando una guerra. Esto no fue más que el principio de una larga historia: en México y Venezuela el descontento social condujo a la deserción en masa de los criollos y a la restauración del statu quo; en Bolivia, Ecuador y Chile, fuerzas expedicionarias peruanas terminaron por aplastar a los rebeldes; en Uruguay, las tropas brasileñas avanzaron y establecieron un protectorado portugués; y en Colombia, disensiones serias en el campo insurgente permitieron resistir a los leales a la metrópoli. Sin embargo, Argentina y Paraguay permanecieron independientes, mientras que fueron tales los trastornos que causó la lucha que el apoyo financiero del que gozaba España se redujo enormemente. De este modo, los 860 millones de reales recibidos a través del Atlántico en 1809 se vieron reducidos a solo 225,5 millones de reales al año siguiente. Como los ingresos totales en la metrópoli en 1810 fueron solamente de 182,2 millones de reales, la Regencia se enfrentaba a serios problemas. El comandante de la fuerza expedicionaria británica que fue enviada a Cádiz, sir Thomas Graham, escribió en abril de 1811: «El gobierno está en bancarrota».[20]

Todo esto complicó la situación tremendamente. En España, y especialmente en Cádiz, las revueltas americanas fueron recibidas con extrema hostilidad. No importaban cuáles fueran las ideas políticas —y lo cierto es que había profundas divisiones a este respecto—, los diputados españoles asistentes a las primeras Cortes de Cádiz, celebradas en septiembre de 1810, repudiaron unánimemente la insurrección (había un grupo de diputados sudamericanos, pero a las colonias se les había concedido intencionadamente un menor nivel de representación que el de la metrópoli y, por lo tanto, se vieron impotentes). En el mejor de los casos, los insurgentes eran considerados como degenerados egoístas —existía la percepción general de que el clima americano había propiciado la promiscuidad sexual y minado la fibra moral e intelectual de los criollos— que habían embaucado a las masas salvajes e incivilizadas para que les siguieran en su locura. Además de tener que luchar contra los franceses, las sucesivas regencias se encontraron comprometidas con un segundo frente, que además resultaba especialmente caro, y que hacia 1814 había empleado a más de 20.000 soldados. Aunque las Cortes se enfrentaron a todas las iniciativas de reforma, incluso a la igualdad política que fue concedida a las colonias en octubre de 1810, esta guerra contra las colonias estaba sujeta a tantos condicionantes que, en realidad, iba a resultar inútil.

No es necesario decir que todo esto supuso un enorme problema para el gobierno británico. La administración Perceval no podía apoyar abiertamente un levantamiento contra su aliado más importante, pero temía que los rebeldes fueran empujados a los brazos de los franceses, así que quería mantener buenas relaciones con ellos, al tiempo que albergaba enormes deseos de verlos conseguir su independencia. La administración se encontraba, además, presionada por una opinión pública profundamente favorable a la causa de los habitantes de las colonias americanas. El resultado fue un compromiso de lo más desafortunado. A los representantes británicos en el Caribe y en todos los demás lugares se les prohibió asistir a los rebeldes, pero emisarios insurgentes fueron recibidos en Londres. En vez de atender a las demandas españolas de ayuda para aplastar el levantamiento, el gobierno británico se ofreció a mediar entre las dos partes con la esperanza de llegar a alcanzar unos acuerdos —entre ellos, no hace falta decirlo, la liberalización del comercio— que restablecerían los vínculos con la metrópoli. Para los españoles esto era totalmente inaceptable, ya que inherente al concepto de mediación estaba la idea de que tendrían que terminar otorgando sustanciales concesiones. Mientras tanto, sabían perfectamente que los rebeldes estaban recibiendo una considerable cantidad de ayuda británica y, por muy extraoficial que ésta fuera, no se les podía convencer de que el gobierno de Londres no estaba detrás de esto. Del mismo modo, tampoco se podía convencer a los españoles de que la fuerza de invasión enviada al territorio que actualmente conocemos como Uruguay actuaba bajo los dictados del príncipe regente portugués y de su esposa española María Carlota de Borbón. A sus ojos resultaba evidente que la llegada de tropas brasileñas a Montevideo no era más que un intento encubierto por parte de los británicos para compensar el resultado de las campañas de 1806-1807. Por lo tanto, la Regencia solamente podía aceptar la mediación si los británicos prometían colaborar con ella en la represión del levantamiento, en el caso de que las negociaciones fracasaran. Esto, desde luego, significaba que los británicos eran considerados con más hostilidad que nunca. Escribiendo desde La Coruña, sir Howard Douglas notó una preocupante tendencia a «atribuir todas nuestras acciones a una política egoísta», mientras que Henry Wellesley, que había sustituido a su hermano, lord Wellesley, fue tan lejos como para afirmar que las revueltas americanas «han sido la causa principal de todos los problemas y vejaciones que he tenido que sufrir en mis distintas entrevistas con el gobierno».[21] De hecho, incluso Wellington se mostraba tendente a admitir que los españoles tenían su punto de razón:

> Espero que la Regencia se muestre firme ante las demandas de libre comercio con las colonias; creo que sería de gran ayuda para éstas y que podría funcionar hasta cierto punto y estar conectado con medidas de financiación que probablemente le reportarían unos grandes ingresos. Pero no tenemos derecho y sería una gran imprudencia el demandarlo. Gran Bretaña ha arruinado a Portugal por culpa del libre comercio con Brasil: no solamente se han perdido los [impuestos] aduaneros de Portugal, sino que las fortunas de numerosas personas que vivían del comercio se han volatilizado, y Cádiz sufrirá del mismo modo si al final accede a esta demanda. Portugal estaría en una situación muy diferente como aliado si nuestro comercio con Brasil todavía se hiciera a través de Lisboa, y solamente me preguntaría si es lo propio y lo justo el destruir su poder y sus recursos y arruinar completamente a nuestros aliados para poner en los bolsillos de nuestros comerciantes el dinero que antes iba a sus tesoros y que podía ser empleado en el mantenimiento de sus ejércitos para luchar contra el enemigo común.[22]

Hacia 1812, por lo tanto, las relaciones entre Londres y Cádiz eran muy malas, pero todavía las cosas podían empeorar más. Hasta ese momento los españoles se habían negado a aceptar, para irritación de muchos observadores británicos, la idea de que alguna de sus tropas quedara bajo control directo de los británicos. El 22 de septiembre de 1812, sin embargo, las Cortes votaron a favor de ofrecerle a Wellington nada más y nada menos que el cargo de comandante en jefe de los ejércitos españoles. Esta concesión se hizo tras la gran victoria lograda por Wellington en Salamanca (22 de julio de 1812) y Henry Wellesley suponía que la decisión de las Cortes era producto de las capacidades militares del comandante británico. Pero, de hecho, era producto de cualquier cosa menos de eso. Un pequeño número de diputados pudo estar actuando de buena fe pero en el fondo de la cuestión estaba el hecho de que se habían creado dos facciones políticas rivales en la política española. Por un lado estaban los liberales, un grupo progresista profundamente comprometido con un programa de reforma política radical que abarcaba principios tales como la igualdad ante la ley, la libertad de opinión, la libertad de ocupación, la soberanía del pueblo y una monarquía constitucional. Y por otro, estaban los serviles, un grupo mucho más numeroso que era, a su modo, también reformista, pero que más bien esperaba devolver a España a una mítica edad de oro medieval en que la nobleza y la Iglesia tendrían la supremacía y la monarquía quedaría relegada al papel de una mera figura decorativa. El enfrentamiento entre las dos facciones se había enconado progresivamente, y en el verano de 1812 la situación se puso muy difícil para los liberales. Desde 1810 el gobierno de España había estado en manos de un Consejo de Regencia, y durante dos años éste había estado dominado por figuras que eran, de un modo u otro, favorables a los liberales o demasiado débiles como para interponerse en su camino. En enero de 1812 se estableció un gobierno mucho más conservador, y hacia agosto nuevos cambios habían eliminado la única figura en sus filas que se creía que tenía ideas progresistas. En esta situación, los liberales creían que su programa de reformas se iba a ver, por lo menos, bloqueado, y decidieron intentar poner en marcha otra regencia. Para hacer esto, sin embargo, necesitaban contar con el apoyo británico, y en esta situación, ofrecer el puesto de generalísimo les pareció el soborno más efectivo. Pero, comprometidos como estaban con el principio de la soberanía popular, los liberales no tenían ninguna intención de concederle ningún poder real a Wellington, al tiempo que veían la oferta como un potencial «caballo de Troya» que les garantizaría el control del ejército anglo-portugués. Todo giraba en torno a lo que significaba realmente el título de «generalísimo». Wellington iba a recibir el mando de los ejércitos españoles, ciertamente, pero de lo que no se daban cuenta los británicos es que eso no significaba que iban a estar bajo su control. Por el contrario, la responsabilidad política del ejército, y con ella el control de su organización y estructura, continuó, como quedaba establecido en la constitución, en manos de la Regencia y las Cortes. En el futuro, en resumen, Wellington tendría que hacer lo que se le dijera.

Al principio esta realidad se les ocultó a los británicos elaborando un decreto que ofrecía el mando a Wellington con un lenguaje de gran complejidad. De hecho, es probable que ni él ni Henry Wellesley, ni nadie en el nuevo gobierno británico de lord Liverpool (en mayo de 1812 Perceval había sido asesinado por un lunático), llegara a entender realmente la maniobra española. Pero luego esto no importó gran cosa. Para horror de los liberales, Wellington expuso una serie de condiciones que dejaban claro que contaría con el poder necesario para purgar el cuerpo de oficiales de todos aquellos elementos indeseables y que llevaría el control del presupuesto militar. Nada de esto, desde luego, había podido ser anticipado por los defensores del decreto, mientras que la situación política y militar había cambiado drásticamente a esas alturas: en noviembre de 1812, como hemos visto, Wellington se vio forzado a retirarse a la frontera portuguesa, mientras que el peligro que suponía la Regencia conservadora que se había establecido en enero se había evaporado en gran medida. Durante todo 1813, los liberales y sus partidarios hicieron todo lo posible para minar la autoridad del nuevo comandante en jefe, saboteando sus órdenes y dejando a una parte de su ejército fuera de su control. Wellington, mientras tanto, se encontró luchando contra unas condiciones que eran casi imposibles de superar. Tan caótica era la situación en España en ese momento que era imposible reunir los recursos en hombres, alimentos, transportes y dinero que se hubieran necesitado para convertir el ejército en una fuerza apta para combatir. Algo del sentimiento de frustración que prevalecía en su cuartel general se percibe en el diario del magistrado militar Francis Larpent:

> El gobierno español y lord Wellington no se han llevado bien a pesar de las apariencias. En el momento en que algún general se muestra cordial con nosotros ... se encuentra alguna justificación para su traslado. Estos ridículos celos españoles serían soportables si se sostuvieran con su esfuerzo, y eso nos permitiera dejarlos a su suerte, pero en este momento estamos alimentando y vistiendo a sus casi famélicos soldados en el frente y ellos están haciendo más bien poco en la retaguardia para conseguir reclutar más hombres. En resumen, cinco años de sufrimiento no les han convertido en seres racionales, ni convertido a unos héroes románticos en soldados con sentido común y en políticos con sentido práctico.[23]

No fue hasta el otoño cuando se incorporaron a la lucha un número significativo de tropas españolas, y su disciplina resultó ser tan laxa que la mayoría de ellas fueron enviadas a retaguardia casi inmediatamente. Profundamente frustrado, Wellington se vio abocado a presentar su dimisión (que fue finalmente rechazada por las Cortes), al tiempo que hubo momentos en los que consideró seriamente derrocar al gobierno. Tan harto estaba de España, de hecho, que en noviembre de 1813 incluso llegó a proponer condicionar el empleo de las tropas británicas en España a que se le concediera permiso para establecer una guarnición británica en la recientemente recuperada fortaleza fronteriza de San Sebastián. Esto, afirmó, cortaría el nudo gordiano: «Puedes confiar en que, si sigues una línea firme y decidida, y muestras tu determinación de seguir adelante, tendrás a la nación española contigo, harás entrar en razón al gobierno y pondrás fin de una vez por todas a las conspiraciones de poca monta y a las trabas que existen en este momento».[24] En todo caso, no es una historia feliz, pero al final el compromiso conjunto del régimen patriótico y la administración Liverpool sumado al esfuerzo de guerra, la dedicación y el sentido común empleados por Wellington salvarán a la alianza anglo-española del colapso.

Considerada en su conjunto, la supervivencia de la alianza anglo-española puede considerarse un milagro menor. Es importante destacar, sin embargo, que este tipo de problemas no surgían solamente en España. Al mismo tiempo que Wellington experimentaba tales dificultades en la península, Gran Bretaña también se encontraba sometida a gran presión en Sicilia. En el transcurso de 1809 continuaron las disputas entre la corte y el comandante de la guarnición británica —el mismo John Stuart que había ganado la batalla de Maida en 1806— al respecto de la dirección que debían seguir las operaciones militares. Como antes, la reina, en particular, se mostraba favorable a una invasión de la península italiana, pero, por el contrario, había muchas dificultades para persuadir a Stuart para que lanzara la más sencilla de las operaciones. Finalmente, la solicitud de auxilio por parte de los austriacos en 1809 le persuadió para llevar a cabo un incursión sobre dos flancos, Calabria y la ciudad de Nápoles, pero las noticias de la derrota de los austriacos en Wagram provocó su cancelación. En consecuencia, María Carolina y sus seguidores se mostraron incluso más contrariados que antes, especialmente porque Stuart había acordado, atendiendo a una petición del comandante de la flota del Mediterráneo, enviar una fuerza para arrebatar las islas Jónicas a los franceses, una misión que se llevó a cabo sin demasiadas dificultades, aunque no se pudo tomar Corfú. Este enfado con los británicos estaba, en parte, justificado, ya que Stuart no era un general especialmente brillante y puede que fuera verdad que hubiera perdido buenas oportunidades en ese tiempo. Pero los británicos tenían también razones para quejarse de la incapacidad del régimen siciliano para reunir una fuerza de combate útil, al tiempo que sus aliados no les concedían la autoridad que les hubiera permitido, como en Portugal, reunir un verdadero ejército con los nativos de la isla. Como los británicos estaban convencidos de que gran parte del subsidio entregado a Sicilia se estaba gastando para sufragar los gastos de la corte, y estaban impacientes por mandar algunas de las tropas que tenían en Sicilia a España, se produjo un creciente descontento y se llegó a la convicción de que la única solución era provocar un cambio de régimen. En esto se vieron apoyados por sus contactos con los nobles y los comerciantes de la isla: deseosos de librarse del control de la corte, las elites locales veían a los británicos como su salvación y buscaban asegurarse su patronazgo mostrando gran admiración por el modelo constitucionalista británico.

La conjunción de una crisis política y militar en 1810 precipitó un cambio drastico. Corto de dinero, como siempre, en enero de ese año Fernando exigió un subsidio mucho mayor de lo acostumbrado a las propiedades, siendo la respuesta de los barones el intentar persuadir a sus compañeros de cámara para que se unieran a ellos en la decisión de reducir a la mitad la cifra exigida y para proponer una reforma radical del sistema fiscal: de ahí en adelante solamente habría un pago único del 5 por 100 del valor de todas las propiedades, independientemente de la propiedad. Como el derecho de la nobleza a determinar el nivel de los impuestos que pagaban era algo inherente al feudalismo siciliano, esto resultó una amenaza para el estamento noble de Sicilia, así que debemos hacer algunos comentarios al respecto de los motivos de los barones. Existía cierto acuerdo acerca de que el esfuerzo de guerra requería una financiación a adecuada, pero el movimiento de los barones también vino motivado por un inteligente cálculo económico. El feudalismo siciliano estaba convirtiéndose rápidamente en un motivo de dificultades para muchos de sus beneficiarios. Gracias en gran parte a la presencia británica, Sicilia estaba experimentando un fuerte crecimiento económico. Permanentemente en deuda, los barones estaban ansiosos por beneficiarse de la nueva situación, pero el própio sistema feudal terminó impidiéndoselo. Estando vinculadas al feudo, las fincas no podían ser vendidas o reconvertidas: los derechos mineros a menudo se compartían con la corona o eran restringidos por ella; no existía el libre mercado para los cereales; y el campesinado disfrutaba de una serie de irritantes derechos al respecto del pasto y de los cursos de agua. Finalmente, cuestiones económicas aparte, el feudalismo también conllevó grandes desventajas en lo concerniente a las relaciones de los barones con la corona, ya que, como feudos, todas las fincas pasaban a ser propiedad de la corona en el caso de que una casa noble no tuviera herederos y terminara extinguiéndose. Proponiendo lo que propusieron, entonces, la oposición liderada por los barones estaba tanto defendiendo sus intereses económicos como identificándose a sí misma con la causa nacional. Enfrentándose a la rebelión, el rey, al principio, se mostró dispuesto a ceder, llevando a cabo algunos acertados cambios entre los miembros del gobierno y prometiendo renunciar al incremento de impuestos que había demandado. Estos cambios se quedaron en nada cuando la oposición fue derrotada en una segunda sesión del Parlamento en agosto de 1810. Pero con esto no se dio por cerrado el asunto. Todavía desesperado por ingresar más dinero, en febrero de 1811 a Fernando se le ocurrió, aunque era inconstitucional, crear una lotería nacional, imponiendo un 1 por 100 de impuesto para todas las transacciones comerciales, y expropiando y poniendo a la venta una considerable cantidad de tierras pertenecientes a la Iglesia y a los ayuntamientos. El resultado fue una protesta airada, y las medidas encontraron una gran resistencia. Pero el régimen permaneció firme, presionando a la diputación encargada con la defensa de la constitución para que declarara que Fernando contaba con la ley de su lado y enviando a prisión a cinco de los más importantes líderes de la oposición. El triunfo del rey no duró mucho, sin embargo. Al mismo tiempo que indignado a los barones, la corte también había perdido el apoyo de los británicos.

En septiembre de 1810 Murat había intentado llevar a cabo una incursión sobre Sicilia a través del estrecho de Mesina. Al final salió mal, pero lo cierto es que la respuesta por parte de los sicilianos fue más bien de apatía. También quedó claro que María Carolina estaba en contacto tanto con Napoleón como con Murat. Indignados, y temiendo que, al ser la corte tan impopular en ese momento, se terminara produciendo un levantamiento a favor de los franceses, los británicos decidieron intervenir. Los objetivos del gobierno de Londres eran tres. El primero de todos consistía en quitar de en medio a María Carolina, que era una amenaza para la alianza; el segundo, restaurar las buenas relaciones entre el pueblo y la corte mediante un programa de reformas internas; y el tercero provocar un levantamiento contra los franceses en Italia gracias al ejemplo ofrecido por una administración moderna y progresista en Sicilia. Londres seleccionó a un valeroso soldado y un administrador de ideas liberales, lord William Bentinck, como instrumento para esta política, cuyo corolario obvio consistía en un cambio de gobierno en Palermo. Arribando a Sicilia como embajador y comandante militar en julio de 1811, Bentinck al principio lo intentó por medio de la persuasión, solamente para encontrarse con una falta de disposición absoluta para cooperar. Recibiendo constantemente el apoyo de Londres, Bentinck consideró que había que ejercer más presión, amenazando con retirar el subsidio británico a menos que se remodelara la administración incluyendo una respetable proporción de sicilianos prominentes, que se liberara a los barones encarcelados, que la corte y el gobierno fueran purgados de todos los traidores y que el embajador británico fuera nombrado comandante en jefe del ejército siciliano. Enfrentándose a tales demandas, la corte resistió inicialmente para terminar cediendo cuando Bentinck ordenó la ocupación militar de Palermo. Fernando accedió a renunciar al gobierno en favor de su hijo Francisco, que actuaría como príncipe regente. Pero María Carolina se mostró desafiante hasta el último momento. «¡Esto es una repetición de Bayona! —gritó al general británico encargado de custodiar su persona—.¡Bonaparte no trató a la familia real española peor de lo que Bentinck nos ha tratado a nosotros! ¿Es para esto por lo que escapé de las hachas, conspiraciones y traiciones de los jacobinos napolitanos? ¿Es para esto por lo que ayudé a Nelson a ganar la batalla del Nilo? ¿Para esto trajisteis a vuestro ejército a Sicilia? General, ¿es este vuestro honor inglés?»[25]

Como Francisco liberó inmediatamente a los barones y rescindió las medidas anticonstitucionales tomadas por su padre, el camino parecía ahora expedito para la reforma, pero Fernando y María Carolina no tenían ninguna intención de permitir actuar libremente a su hijo, e intentaron por todos los medios evitar que se llevara a cabo cualquier tipo de reforma. Sus relaciones con Bentinck estuvieron, por lo tanto, en permanente crisis: finalmente, se vio obligado a deportar a la reina, que marchó al exilio primero a Constantinopla, y más tarde a Viena, donde falleció en 1814. Aunque, paso a paso, se fueron alcanzando las reformas en Sicilia. En marzo de 1812 se formó un nuevo gobierno que incluyó a los líderes reformistas Belmonte y Castelnuovo. En mayo se convocaron nuevas elecciones; y el 20 de julio la asamblea acordó las bases para una nueva constitución. Este documento era una copia exacta de la organización política británica. Iba a haber una Cámara de los Lores y una Cámara de los Comunes: el Parlamento se iba a reunir anualmente y tendría poder legislativo: los ministros iban a ser nombrados por el rey pero tendrían que responder ante el Parlamento; todas las medidas fiscales serían decididas en la Cámara de los Comunes; la monarquía perdía sus tierras a favor de los civiles; y Sicilia iba a disfrutar el principio del gobierno de la ley y del juicio con jurado. El feudalismo quedó abolido específicamente: la jurisdicción de los barones desapareció, las antiguas tasas se retiraron y las propiedades de la nobleza pasaron a tener arrendamientos limitados *freeholdings.* Y por último, pero no por ello menos importante, Sicilia alcanzó su completa autonomía de Nápoles. Todo esto fue autorizado entusiásticamente por Bentinck, un personaje un tanto vanidoso muy influenciado por los conceptos de imperialismo liberal, que había conocido en el transcurso de sus años de servicio en la India junto a lord Wellesley.

A pesar de que todo lo ocurrido fue ensalzado por Bentinck como una victoria para el patriotismo siciliano, este asunto parece más bien un golpe de estado por parte de una facción de la nobleza que estaba deseosa de quebrantar el poder de la monarquía en favor de sus propios intereses económicos. La abolición del feudalismo en Sicilia, como en cualquier otra parte, no significaba absolutamente nada en términos sociales. Los campesinos fueron desposeídos de sus vitales y tradicionales derechos, privados de acceder a un puesto en la Cámara de los Comunes y acosados con más cargas fiscales que antes (aunque todos los pagos propios del feudalismo fueron, en teoría, abolidos, la decisión sobre de lo que era un pago de ese tipo se dejó abierta a litigio). En contraste, la nobleza se beneficiaba enormemente al desaparecer el control que antes se ejercía sobre sus propiedades, y también debía recibir una compensación por lo que había perdido, estimando los tribunales las cantidades a tal efecto. Además, aunque se creó un mercado libre de la tierra, los vínculos nunca terminaron de desaparecer del todo, quedando entonces garantizada la propiedad por parte de la nobleza. Aunque el dominio de los

Aunque el dominio de los barones terminó por resultar desastroso para la causa del constitucionalismo, la crisis política de 1810-1812 había terminado sacando a la luz las profundas divisiones existentes en la sociedad siciliana. Económicamente, la nobleza se había visto desafiada desde finales del siglo XVIII por una oligarquía no noble que había obtenido considerables ingresos a través de la usura, el préstamo a los barones o la administración de las fincas, y esta amenaza había aumentado con las nuevas fortunas adquiridas en tiempo de guerra. Junto a esta rivalidad económica también había una tensión entre la alta nobleza y la baja nobleza, entre las diferentes regiones del país, e incluso entre las ciudades. En protesta por el sectarismo de los constitucionalistas, emergió un movimiento radical inspirado en la Revolución Francesa y en las Cortes de Cádiz. Un rápido proceso de desintegración comenzó a afectar al partido de los barones a causa de las diferencias mantenidas entre Belmonte y Castelnuovo y de las diferentes opiniones al respecto de si la abolición del feudalismo era conveniente o no. Al final esto terminó con los radicales haciéndose con el control de la asamblea. Exigiendo el sufragio universal, una cámara única y la abolición de los vínculos feudales procedieron a bloquear todo tipo de abastecimiento, siendo el resultado que el gobierno parlamentario pronto se vio abocado a dimitir. El desorden social aumentó, y se produjeron disturbios a causa de la falta de pan en Palermo y otras revueltas contra los nobles en otras partes del país, y hacia octubre de 1813 a Bentinck no le quedó más alternativa que disolver el Parlamento y proclamar la ley marcial.

Lo que hace que el ejemplo siciliano sea particularmente interesante es que da cuenta claramente de los límites que sufrían los británicos al respecto de sus aliados más pequeños. Suecia, Portugal, España y Sicilia fueron todos origen de problemas similares: eran países relativamente pobres y subdesarrollados; eran estados en los que el absolutismo ilustrado solamente había logrado un éxito limitado en su lucha contra el dominio las clases privilegiadas; estaban gobernados por personas cuya capacidad era bastante escasa; sufrían una tremenda presión militar y en ningún caso estaban preparados para llevar a cabo el tipo de guerra que los británicos querían. Pero todo esto, sin embargo, generó respuestas distintas. En Suecia los británicos levantaron la mano asqueados, mientras que en Portugal y España los compromisos alcanzados proporcionaron a los británicos gran parte de lo que querían, y eso les hizo abstenerse de llevar las cosas mucho más lejos. Pero, en Sicilia, una combinación de circunstancias condujo a Bentinck a tomar medidas drásticas. En esto, sin embargo, se mostró tan imprudente como Napoleón lo había sido con España. No solo se logró más bien poco a la hora de colocar a Sicilia en una posición en la que pudiera valerse por sí misma, sino que la «nación» a la que había apelado Bentinck al final demostró no ser nación alguna, sino más bien una colección de grupos antagonistas que era incapaces de cooperar unos con otros en una causa común. En 1812, gran parte de la guarnición británica fue trasladada al levante español, donde se transformaron en una fuerza expedicionaria con base en Alicante, uniéndose Bentinck a ella en 1813 durante unos meses en los que llevó a cabo una serie de operaciones que le llevaron a las puertas de Barcelona. Y esto sucedió no tanto porque los franceses no mantuvieran un sistema de defensa adecuado en la península, sino más bien a causa del creciente desinterés del mariscal Murat, que había reemplazado a José Bonaparte como rey de Nápoles, por jugar un papel activo en la guerra. Mientras tanto, Gran Bretaña se encontró haciendo el mismo papel que Francia había representado en Bayona y teniendo que justificar las mismas cosas que en el pasado había condenado. Hacia 1813 daba la impresión de que la única razón de la presencia británica en Sicilia había sido la de procurarse la anexión de la isla. Estratégicamente, la presencia británica en Sicilia había cumplido sus objetivos —mientras Sicilia y Malta estuvieran en manos británicas, Gran Bretaña podía contar con oponer resistencia a una invasión francesa de Egipto e intervenir en el Imperio Otomano en el caso de que fuera necesario—, pero políticamente, esta operación había resultado un desastre.

Estados como España y Sicilia dependían en gran medida de Gran Bretaña para su supervivencia, aunque en cada caso sustanciales elementos del cuerpo político demostraron ser profundamente reacios a aceptar el tutelaje británico. Unas veces sí y otras no, los deseos británicos eran ignorados y sus representantes desairados abiertamente. Algunas de las razones que explicaban esta actitud, tales como la oposición a las reformas que querían imponer los británicos y el miedo al carácter imperialista de ese país, ya las hemos examinado. Sin embargo, también era objeto de enfrentamiento la capacidad de los británicos para sostener a sus aliados. Una y otra vez las expectativas fallaban al albur de lo ocurrido en cualquier otra parte: en 1807 Sicilia se encontró con que las tropas estacionadas allí fueron enviadas a Egipto, en 1808 Suecia vio que la atención de los británicos se desviaba ante la insurrección de Portugal; en 1809 España y Portugal vieron como un gran número de tropas, que de otro modo podían haber luchado en la península, fueron destinadas a Walcheren (véase más adelante); y de 1810 en adelante las tropas británicas de Sicilia estuvieron luchando en España. Además había otra cosa. Con unas tropas británicas tan poco numerosas, tanto Moore como Wellington eran perfectamente conscientes de que había que evitar la derrota a toda costa y, por lo tanto, tendieron a adoptar una actitud extremadamente cauta que, una vez más no encajaba con los deseos o necesidades de sus aliados. Faltándoles el apoyo de los británicos, los españoles murieron por miles y esto solo podía aumentar aún más la hoguera de la anglofobia. Pero si la anglofobia estaba muy arraigada incluso en esos estados que recibieron una generosa ayuda británica, lo estaba todavía más en países como Austria, Prusia y Rusia, que tenían todos buenas razones para quejarse de lo tardío, inadecuado y descaradamente mísero que había sido el apoyo británico en el pasado y que veían la guerra peninsular, en el mejor de los casos, como una campaña totalmente secundaria. En resumen, las turbulentas relaciones de Gran Bretaña con sus aliados mediterráneos y bálticos nos sugieren una realidad más profunda: que ni la administración Portland, ni la Perceval, ni la Liverpool, podían haber sido nunca capaces de orquestar una gran coalición contra Napoleón. Ya fuera por celos a la vista de la prosperidad de los británicos, de sospechas al respecto de sus verdaderas intenciones, de enfados por ciertas acciones británicas o de resentimiento ante el chovinismo británico, lo cierto es que había demasiados obstáculos en el camino.

Como hemos hecho a menudo, por lo tanto, debemos volver de nuevo la vista hacia la figura de Napoleón Bonaparte. Metido en una guerra cada vez más amarga en España y Portugal, que había causado más daño a su prestigio que nada de lo acontecido antes, lo sensato hubiera sido mantener relaciones amistosas con el resto del continente, y especialmente con Rusia. Pero el emperador no era una persona precisamente conciliadora. Analicemos primero el caso de Prusia. En Tilsit el desafortunado Federico Guillermo III se había visto forzado a aceptar unos términos de paz bastante desventajosos para él, pero, un año después, se veía aún más presionado por parte de Napoleón. En teoría, gracias a una convención firmada por separado en Königsberg el 12 de julio de 1807, Francia había accedido a evacuar Prusia hacia el 1 de octubre de 1807, siempre con la condición de que la primera pagara una cantidad acordada en concepto de reparación de daños de guerra. Aparentemente, esto parecía bastante razonable, pero cuando llegó el momento de pagar la cuenta, ésta ascendía a casi 155 millones de francos, a lo que había que añadir los treinta millones de francos que se calculaba que el estado prusiano debía a acreedores de diferente tipo en las tierras cedidas a Francia. Había que reunir 100 millones de francos en el plazo de un año para poder cumplir con este acuerdo, pero esto era imposible: el ejército francés que ocupaba Prusia estaba compuesto por 150.000 hombres; lo que se había saqueado durante la guerra estaba específicamente excluido de la indemnización; y gran parte del Este estaba en un estado casi total de ruina y miseria: «En los pueblos ... no se veía un solo animal que no perteneciera al ejército. Las casas no tenían tejado y la mayoría de sus partes de madera estaba quemada. Muchos paisanos habían muerto literalmente de hambre o habían sido obligados a marcharse e instalarse en otro sitio».[26]

Con Prusia enfrentándose a la ruina total, su nuevo primer ministro, el barón Heinrich von Stein, reaccionó con gran vigor. Se redujo drásticamente el presupuesto bajando las pensiones, los salarios y los gastos de la corte, y se dieron los primeros pasos para sacar adelante un importante programa de reformas que revivificaría al estado prusiano. En el frente internacional, mientras tanto, se hicieron vigorosos intentos para contar con los buenos oficios de Rusia y convencer a los franceses de que se podía cumplir con el pago exigido: tan desesperado estaba Federico Guillermo que le ofreció a Napoleón una alianza defensiva y ofensiva y la garantía de poner a su disposición más de 40.000 hombres, si él estaba dispuesto a ofrecer mejores condiciones. Pero el emperador permaneció sordo a todo esto, y el cada vez más desesperado Stein concluyó que la única salida posible era una nueva guerra en conjunción con Austria. Con esto en mente, despachó a un enviado especial a Viena al tiempo que estudiaba la posibilidad de poder alentar algún tipo de insurrección contra los franceses en Alemania. Desafortunadamente para él, los franceses interceptaron parte de su correspondencia, y de inmediato impusieron nuevas condiciones que empeoraron aún más las cosas: Prusia quedaría liberada de tropas francesas salvo en las guarniciones de Magdeburgo, Glogau, Küstrin y Stettin y necesitaría pagar solamente 140 millones de francos en concepto de reparaciones, pero a cambio de esto se vería desprovista de gran parte de sus ingresos, condenada a mantener un ejército de tan solo 42.000 hombres, comprometida con una alianza militar contra Austria y privada de Stein, a quien Federico Guillermo tenía la obligación de echar de su cargo y enviar al exilio. Incluso para lo que solían ser las condiciones impuestas por Napoleón, éstas eran especialmente abusivas. Privada no solamente de gran parte de su territorio y de su población, e incapaz además de cobrar impuestos en los territorios que todavía quedaban dentro de sus fronteras, Prusia estaba económicamente acabada. Lo que es peor, parecía haber quedado infinitamente en poder de Napoleón: con sus principales fortalezas en manos de los franceses, su ejército siendo una mera sombra de lo que era y Federico Guillermo completamente opuesto a hacer ningún movimiento que desairara al emperador, no existía ninguna posibilidad de que se produjera el levantamiento nacional con el que soñaban algunos de los oficiales más intransigentes, y, desde luego, no había garantías de que Prusia siguiera existiendo, salvo la voluntad del propio Napoleón.

Al adoptar una línea dura, Napoleón estaba actuando en la dirección opuesta a la que le aconsejaban sus asesores, entre ellos el embajador en Rusia, Armand de Calaincourt, quien le dijo a la cara al emperador que su conducta estaba creando un clima de miedo en Europa, y le urgió retirar sus tropas de Prusia, salvo una pequeña guarnición en una única fortaleza. Esto, afirmó, «sería de gran utilidad para levantar un ejército con 100.000 hombres y diez plazas fuertes en el Oder, y para... dejar todas sus fuerzas disponibles para cubrir España y poner un fin honorable a lo que está sucediendo en ese país».[27] Pero Napoleón no quería oír hablar de tal cosa. Simplemente se reía de esos miedos ante su supuesto intento de establecer una monarquía universal: «¡Francia es muy grande! ¿Qué más puedo querer? ¿No tengo suficiente con los asuntos de España, con la guerra contra Inglaterra?».[28] Y los planes de Calaincourt para la evacuación de Alemania los despreciaba considerándolos «un sistema de debilidad».

El embajador continuaba: «él objetó que se perdería el fruto de tantos sacrificios como había hecho para lograr doblegar Inglaterra, y que era esencial cerrar todos los puertos al comercio de ese país para obligarle a reconocer la independencia de otras banderas ... El emperador a menudo me escuchaba con un aire genial, pero algunas veces también con impaciencia. Más de una vez me dijo, aunque en tono de broma, que yo no entendía nada de esos asuntos».[29]

Volviendo a Rusia, se había acordado que el emperador y el zar se reunieran para acabar con las diferencias que habían surgido al respecto del Imperio Otomano. El 28 de septiembre de 1808 los dos monarcas se encontraron en la pequeña ciudad sajona de Erfurt, equidistante entre las fronteras de Rusia y Francia. El zar fue saludado no solo por Napoleón, sino también por un gran número de príncipes alemanes, y el emperador en persona lo guió a los suntuosos aposentos —decorados con piezas traídas de París para la ocasión— que habían sido seleccionadas para él mientras sonaban las campanas de las iglesias y las salvas de artillería. A la adulación se sumó el deseo de deslumbrar al invitado: como en Tilsit, la Guardia Imperial ofreció un impresionante despliegue de pompa militar; a los príncipes alemanes se les invitó a asistir para reforzar la imagen de Napoleón como un *padishah*; y a Alejandro se le recordó la superioridad de la cultura francesa por medio de actores de la Comédie Française. Como Napoleón le dijo a Talleyrand antes de la conferencia: «Deseo que mi viaje sea brillante ... deseo impresionar a Alemania con mi esplendor y ... ojalá el emperador de Rusia quede deslumbrado por mi poder».[30] Tal y como esto sugiere, Alejandro no iba a ser el único monarca que quedaría impresionado e intimidado. Erfurt se planeó como una reafirmación del control de Napoleón sobre la Confederación del Rin y como un recordatorio a sus gobernantes de su absoluta superioridad. «Dudo que los príncipes que asistieron a la recepción quedaran satisfechos —escribió Calaincourt—. Su presencia allí era, sin duda, halagadora para ellos, pero ... estos soberanos se sintieron tratados del mismo modo que Austria había tratado a sus príncipes electores, y bien pueden haber descubierto que, aunque su nuevo título les ha liberado de sus anteriores funciones, de ningún modo ha alterado su posición al respecto de su protector.»[31] Sin embargo, el principal objeto de atención fue siempre Rusia. Curiosamente, sin embargo, Napoleón no mostró el mismo encanto y consideración que había mostrado en julio de 1807. Al mando de la Vieja Guardia se encontraba el mariscal Oudinot, que nos cuenta una anécdota menor pero muy clarificadora:

> Un día estábamos montando a caballo por el campo, los dos emperadores cabalgando hombro con hombro. En un momento dado, el nuestro, embebido en sus pensamientos, se puso por delante, silbando y dando la

sensación de que olvidaba a los que estaba dejando detrás. Siempre recordaré a Alejandro volviéndose hacía quien iba a su lado y preguntando, «¿Le seguimos?»[32]

Y no fue este el único incidente. En general, de hecho, «el emperador se puso al frente del ceremonial de la reunión como un soberano en su capital».[33] Detrás de las sonrisas, los cumplidos y los abrazos, por lo tanto, hubo siempre una atmósfera de tensión en Erfurt. No pasó mucho tiempo, por ejemplo, antes de que Talleyrand, que había sido invitado específicamente a la reunión para ocuparse de Alejandro, notara que éste se mostraba «preocupado».[34] La reunión fue un fracaso en todos los sentidos. El monarca ruso había venido a Erfurt para asegurarse el apoyo francés en la partición del Imperio Otomano, y creyendo que Napoleón ya estaba convencido de apoyarle en este asunto. Todo lo que quedaba por hacer era acordar los pequeños detalles de la reorganización territorial. Alejandro pensaba que tenía todo el derecho del mundo a contar con el apoyo de Napoleón en este asunto: uniéndose al bloqueo continental y yendo a la guerra contra Suecia, Rusia había cumplido de sobra con lo acordado en Tilsit. El zar en ningún momento imaginó que se podía encontrar en Erfurt con una actitud hostil por parte de Napoleón. Prusia, es cierto, constituía un problema, pero Alejandro creía que Napoleón renunciaría a sus aspiraciones de anexionarse Silesia y que estaría dispuesto a evacuar lo que quedaba de Prusia y reducir la carga que se le había impuesto a este reino. No tenía ninguna queja al respecto de cómo había sido tratada Prusia en primera instancia. Una serie de figuras de la corte habían expresado sus miedos de que Napoleón pudiera, de algún modo, perpetrar un segundo Bayona y secuestrar al zar, pero Alejandro se mofó de una actitud tan alarmista. También se negó a escuchar las denuncias al respecto de la política francesa que le llegaban de los embajadores destinados en París y Madrid, los cuales estaban convencidos de que el monarca francés estaba obsesionado con dominar el mundo. Napoleón era su amigo, y lo que había sucedido en España no era tan importante. «Rusia —escribió Calaincourt— no opinaba nada al respecto de los asuntos de España, de los cuales el zar evitó hablar para no irritar a su aliado ... No le disgustaba que el ardor guerrero del emperador se empleara en la península ... El interés que Inglaterra tenía por mantener ese país bajo su influencia y por salvar a Portugal era, a sus ojos, una poderosa herramienta para inducirla a aceptar la paz. Desde este punto de vista el curso de los acontecimientos favorecía en todo a los intereses de Rusia, del mismo modo que a los nuestros.»[35]

A Alejandro, por lo tanto, no le importaba en absoluto lo que ocurriera en España, pero, en el verano de 1808, y más especialmente tras la batalla de Bailén, lo acontecido en ese país se convertiría en una gran preocupación para Napoleón. Y entonces surgió una nueva amenaza a la que había que enfrentarse. Derrotada estrepitosamente en 1805 y sometida a constantes humillaciones, Austria se había mantenido sin hacer ruido hasta 1808. Bajo el liderazgo del archiduque Carlos, el ejército se vio reforzado gracias a una serie de reformas militares, pero el propio Carlos pensaba que Viena debía reducir sus pérdidas en Alemania e Italia, abandonar cualquier idea de derrotar a Napoleón y buscar una compensación territorial en los Balcanes. Y por lo que respecta al emperador Francisco —desde el 6 de agosto de 1806 conocido como Francisco I de Austria más que por Francisco II del, por entonces, ya extinto Sacro Imperio Romano— seguía tan cauto como siempre, sobre todo porque parecía que Rusia se había convertido en un enemigo potencial. Durante un tiempo, en Austria incluso se pensó que había que buscar una alianza con Napoleón. Pero pronto quedó claro que el emperador no tenía el más mínimo interés en hacer realidad esa posibilidad. Y lo que es peor, su derrocamiento de los Borbones españoles no hizo más que provocar temores de que estuviera dispuesto a hacer lo mismo con los Habsburgo. Una serie de personajes de la corte austriaca siempre se habían mostrado favorables a una nueva guerra. La esposa de Francisco III, María Ludovica de Habsburgo-Este, tenía muy mal recuerdo de la agresión francesa en el norte de Italia; el canciller, Phillip von Stadion, sentía una gran nostalgia por el Sacro Imperio Romano (en el que había disfrutado del título de caballero imperial); y el hermano pequeño del emperador, el archiduque Juan, era un romántico obsesionado con la idea de que el Tirol —perdido en favor de Baviera en 1805— era la cuna de la nación germana y, como tal, solamente podía pertenecer a Austria. Tras lo ocurrido en Bayona, tales personajes alcanzaron un grado de credibilidad del que nunca habían disfrutado antes, y a ellos se les unieron otros, como por ejemplo Metternich. En su opinión, por lo menos, no había otra opción: «Austria se encontraba en una posición en la que no podría mantenerse por sí misma ... No solamente, entonces, estaba la renovación [de las hostilidades] en la naturaleza de las cosas, sino que era, para nuestro Imperio, una cuestión de supervivencia».[36] Aunque, con suerte, todavía se podía evitar la guerra, ya que Francisco permitió a Carlos acelerar la reforma del ejército, que debía contar con todos los efectivos disponibles, y a regañadientes permitió que Stadion organizara una campaña de propaganda diseñada para agitar el nacionalismo alemán y provocar una insurrección.

Si el objetivo era asegurarse un mejor trato por parte de Napoleón, sin embargo, el esfuerzo fue en vano. Por el contrario, el 25 de julio Napoleón envió una serie de cartas a los príncipes de la Confederación del Rin advirtiéndoles de que Austria estaba dispuesta a librar una guerra de venganza —un asunto especialmente sensible para estados como Baden, Württemberg y Baviera— y que deberían prepararse para la guerra: «Si Austria se arma, debemos armarnos también nosotros ... Si hay una forma de evitar la guerra, es mostrándole a Austria que hemos recogido el guante y que estamos preparados».[37] Y, el 15 de agosto, Metternich recibió una advertencia clara y pública de la que podía ser la respuesta francesa en una recepción formal celebrada en el palacio de Saint Cloud:

> Napoleón se acercó a mí con gran solemnidad. Se paró a un par de pies delante de mí, y se dirigió a mí en voz alta y con un tono pomposo: «Bien, señor embajador, ¿qué quiere tu amo el emperador? ¿Pretende que tenga que volver a Viena?»[38]

Con Austria preparándose para la guerra y con muchos miles de soldados franceses empeñados en la guerra en España, el ataque francés contra el Imperio Otomano tuvo que ser pospuesto. Alejandro, por lo tanto, se llevó una buena decepción en Erfurt. Más que discutir sobre los detalles de un ataque conjunto contra Turquía, el zar se encontró con que le pidieron que amenazara a Austria con usar la fuerza contra ella. De este modo, las instrucciones que Napoleón le dio a Talleyrand, a quien trajo de su retiro para que actuara como negociador principal, fueron precisas al tiempo que cínicas:

> Ahora debo ir a Erfurt. Ojalá cuando vuelva, pueda ser libre de hacer lo que quiera en España. Ojalá pueda lograr que Austria se asuste y se eche para atrás, y no deseo comprometerme de manera concreta con Ru-

14. Mientras sus ejércitos marchaban cruzando Europa, Napoleón continuaba intentando recomponer la armada en sus esfuerzos por vencer a los británicos en el mar. Aquí vemos la botadura del buque de línea *Friedland*.

15. Después de Trafalgar, gran parte de la lucha en el mar consistió en escaramuzas a pequeña escala entre las fragatas británicas y los barcos corsarios franceses. En este grabado, un grupo formado por marineros e infantes de marina británicos intenta abordar un buque enemigo. Aunque nunca recibieron la atención prestada a Aboukir o Trafalgar, acciones como éstas mantenían la seguridad marítima para el comercio británico.

16. El fenómeno napoleónico alcanzó todos los rincones de Europa. Puede distinguirse aquí a tropas noruegas equipadas con esquís abalanzándose sobre una columna sueca en una acción del conflicto en el Báltico en 1808-1809.

17. Entre 1804 y 1813 los Balcanes fueron escenario de violentas luchas. Bajo el poder de Djordje Petrovic, o Karadjordje, como se le conocía, Serbia consiguió, por un breve periodo, su independencia del Imperio Otomano, para ser sometida de nuevo por los turcos tras la invasión de Rusia por Napoleón.

18. Conocido como el Porte, el gobierno del Imperio Otomano jugó un papel importante en la diplomacia de la época napoleónica; sirva como muestra esta recepción diplomática en la corte de Selim III.

19. La batalla de Aspern-Essling, librada los días 21 y 22 de mayo de 1809, supuso la primera derrota de Napoleón en el campo de batalla. Aquí se distingue al comandante austriaco, el Archiduque Carlos, en el fragor de la lucha. Carlos, un individuo algo histriónico que sufría de epilepsia y brotes de depresión, pero no falto de valor, en un momento de la contienda capturó una bandera regimental y lideró un contraataque.

20. Durante gran parte del periodo comprendido entre 1809 y 1812 el escenario principal de la guerra fue la península Ibérica, donde el británico lord Wellington lideró un pequeño ejército anglo-portugués con la misión principal de defender Portugal. Entre sus victorias se encuentra Fuentes de Oñoro (3-5 de mayo de 1811).

21. Wellington no estaba solo en esta guerra en España. Gran parte del tiempo el grueso de la lucha lo asumieron los españoles. Mal equipados y entrenados, a menudo fueron presa de los ejércitos franceses, como en esta acción de Castalla, batalla librada el 21 de julio de 1812.

22. El general ruso Uvarov en la batalla de Borodino. Librada el 7 de septiembre de 1812 durante la marcha hacia Moscú, fue una de las más sangrientas de la época napoleónica.

La batalla de Smolensko fue un episodio terrible que causó 10.000 bajas entre los
ses; resultó una victoria inútil para Napoleón y le animó a marchar mucho más lejos en dirección a Moscú.

24. Bajó un cielo encapotado, el ejército francés en retirada se afana por cruzar el río Berezina en la oscuridad del invierno ruso. Solo el más desesperado heroísmo salvó a la *grande armée* de un completo desastre.

25. Un regocijante comentario británico sobre los sucesos de 1812: Napoleón huye de Rusia perseguido por una multitud de cosacos.

26. Completamente derrotado en Leipzig en octubre de 1813, el ejército francés se retiró cruzando Alemania. Pero su espíritu de lucha permaneció intacto, y el intento bávaro de atrapar a Napoleón en Hanau fracasó.

27. Esta vista del campo de Waterloo explica de forma muy gráfica lo que supuso la batalla n
destructiva y con mayor coste de vidas de las libradas en la historia de Europa con anterioridad
Primera Guerra Mundial. Con lágrimas en los ojos ante lo que veía mientras cabalgaba por
campo de batalla, el duque de Wellington pronunció su famosa frase: «Le pido a Dios que ésta
mi última batalla… Después de una batalla perdida, la mayor tragedia es una batalla ganada

> sia por lo que se refiere a los asuntos en Oriente ... Insistirás mucho en esto último, puesto que el conde Rumiantsev es muy optimista al respecto de la cuestión de Oriente. Dirás que no se puede hacer nada sin contar con la opinión pública y que es necesario que, sin estar asustada por nuestro poder combinado, Europa contemple con placer el logro de la gran empresa que pretendemos. La seguridad de las potencias vecinas, el legítimo interés del continente, siete millones de griegos recuperando su independencia: todo esto constituye un bonito campo para la filantropía. Te daré carta blanca para esto. Eso sí, ojalá sea solamente una filantropía lejana en el tiempo.[39]

De hecho, cada vez parecía más evidente que el principal objetivo de la política francesa era mantener a Viena tranquila. Esto era vital para Napoleón en esa época. Tras doce años de matrimonio, todavía no tenía hijos, y, además, en cada batalla que luchaba se arriesgaba a morir o a ser herido de gravedad. En consecuencia, estaba desesperado por tener un heredero y eso a su vez significaba que necesitaba un periodo de paz durante el cual pudiera reemplazar a Josefina por una nueva esposa —algo que ya se estaba discutiendo en la corte francesa— y pasar algo de tiempo con la princesa que fuera elegida para esa tarea. Pero a Alejandro no le gustó que sus intereses se vieran relegados a los reinos de la «lejana filantropía». Y sobre el acuerdo que se ofrecía, era simplemente inaceptable. Si la posibilidad de casarse con la hermana pequeña del zar, Ana, se sacó a colación en Erfurt, parece probable que fuera solamente para comprobar cómo era recibida la idea.

Se iban a ofrecer conversaciones de paz a Gran Bretaña —algo que el zar ansiaba cada vez más— pero solo en términos que probablemente no dieran fruto, en los que se solicitaría a Londres que reconociera la nueva organización territorial de Europa y que forzara a la España patriótica y a la América española a reconocer a José Bonaparte como su legítimo monarca. Y a cambio de presionar a Austria, a Rusia se le ofreció poco o nada. En teoría, podía obtener Finlandia y las provincias del Danubio, pero no se mencionó nada al respecto de una ayuda militar francesa con este fin, aparte de que se sugirió que estas anexiones no se verían reconocidas a no ser que se firmara la paz con Gran Bretaña. Y por lo que respecta al resto del Imperio Otomano, se confiaba en que Rusia respetara su independencia y su integridad. Contra todo esto, las vagas insinuaciones de que en el futuro las cosas podían ser diferentes contaban muy poco, mientras que puede que Talleyrand mismo animara al zar, ya que a esas alturas, según su propias memorias, estaba cada vez más convencido de que había que parar al emperador. El deber de Alejandro, se supone que le dijo, debía ser plantar cara a Napoleón, que por entonces se había convertido en una amenaza no solamente para la paz de Europa, sino también para su estabilidad.

Tanta fue la decepción de Alejandro al descubrir el cambio de posición de Napoleón acerca del Imperio Otomano que la intervención de Talleyrand apenas fue necesaria. En todos los sentidos, las conversaciones entre los dos emperadores no se desarrollaron sin complicaciones. «El Zar era inquebrantable —escribió Calaincourt—. Nada podía alterar su resolución. Se negaba a ver en los argumentos e insistencia de su aliado nada que no fuera una prueba de sus intenciones hostiles o planes de venganza ... Alejandro demostró ser un hombre con carácter ... En una ocasión, por ejemplo, Napoleón ... intentó mostrarse iracundo y, perdiendo el control de sí mismo, tiró su sombrero ... al suelo y lo pisoteó ... Alejandro no se inmutó ... y mirándole con una sonrisa, dijo, cuando se había calmado un poco: "Cuando tú te vuelves violento, yo simplemente me vuelvo cabezota. Conmigo el enfado no sirve de nada. Discutamos y seamos razonables, o me marcho".»[40] Al final todo lo que Napoleón pudo obtener fue la promesa de que Rusia le apoyaría en una guerra contra Austria, siempre que fuera esta última la que atacara primero. Además de esto se acordó que se le debería hacer una oferta conjunta de paz a Gran Bretaña, y que Francia debería quedarse con España y Portugal y mantener la ocupación de Silesia, al tiempo que Rusia se quedaba con las provincias del Danubio y Finlandia. Por lo que respecta al Imperio Otomano, se garantizó por ambas partes, aunque a Rusia se le permitiría derogar su armisticio con los turcos y retomar las operaciones militares hacia el 1 de enero de 1809, si en las negociaciones con los turcos no se producía ningún progreso. Todo esto quedó consignado en un documento que se firmó el 12 de octubre de 1808, y los monarcas se despidieron entre las mayores muestras de amistad. Esto, sin embargo, no significaba nada. Lo que contaba es que Alejandro volvía a casa con la firme convicción de que no se podía confiar en Napoleón y, en particular, de que no se le podía permitir que extendiera su poder hacia el este de Europa. La guerra entre Francia y Rusia no era ni inevitable ni cercana, puesto que el ministro de Asuntos Exteriores ruso, Rumiantsev, era un firme defensor de la alianza con los franceses, pero de repente había vuelto a ser posible.

Ninguna paz surgió de Erfurt. Las conversaciones ofrecidas a Gran Bretaña fueron rechazadas de plano y no se logró disuadir a Austria de seguir el camino que había emprendido. De hecho, dada la actitud beligerante de Napoleón, era evidente que éste se vería abocado a tener que luchar una nueva guerra. Entre gran parte de la clase dirigente austriaca no había especial entusiasmo por reanudar la lucha, pero el 23 de diciembre, un resignado y déspota Francisco optó por la guerra. No es necesario decir que los austriacos intentaron contar con la ayuda de Rusia, Prusia y Gran Bretaña, pero la primera no estaba dispuesta a romper sus relaciones con Napoleón cuando todavía estaba mezclada en un conflicto en Suecia y los Balcanes; la segunda se encontraba acobardada y bajo ocupación militar, y la tercera mostró claramente su poco interés por el asunto. Dada la habitual cantinela francesa de que las coaliciones continentales eran el fruto del oro británico, este asunto merece cierta consideración. Con la guerra en ciernes, en octubre de 1808 Viena había contactado con Londres para solicitarle ayuda económica, pero la cifra solicitada, 7,5 millones de libras, estaba muy por encima de lo que Gran Bretaña podía permitirse en ese momento —desde luego superaba cualquier otro pago que se hubiera hecho antes— y quedó claro que, para que se concediera una ayuda así, primero Austria tenía que demostrar que iba en serio con el asunto de plantar cara a Napoleón. Una segunda y de algún modo más moderada solicitud tuvo una respuesta más alentadora, pero no fue hasta abril de 1809 cuando finalmente se acordó que se enviarían 250.000 libras en plata a Austria y un millón de libras más depositadas en Malta para que Viena dispusiera de ellas a su conveniencia. Nada de esto resulta sorprendente. No solamente no se confiaba gran cosa en la capacidad del ejército austriaco, sino que justo hasta el último momento se temió que Viena fuera de farol. Y al respecto de los informes que decían que se estaba preparando una gran insurrección popular en Alemania, se concluyó que no se les podía dar mucha credibilidad. En resumen, que el asunto no es que el «oro de Pitt» comprara un ataque contra Napoleón, sino más bien que las potencias europeas solicitaban un pago por enfrentarse a Francia.

Cuando los ejércitos austriacos cruzaron la frontera de Baviera y del Reino de Italia el 9 de abril de 1809, lo hicieron sin esperar ninguna ayuda. Solamente en el Tirol se hizo un ofrecimiento a este respecto. Aquí la población estaba resentida con el dominio ejercido por los bávaros, que se habían mostrados destructivos con los privilegios provinciales y extremadamente anticlericales, al tiempo que existía una larga tradición de lucha partisana, con el resultado de que, bajo el liderazgo del posadero Andreas Hofer, los rumores de insurrección al final terminaron convirtiéndose en realidad. Al principio, sin embargo, el éxito austriaco fue considerablemente grande. Con la mayor parte de la *grande armée* sirviendo en España, Napoleón contaba tan solo con 80.000 soldados disponibles para la lucha en Alemania, en contraste con los 180.000 que se habían enfrentado a los prusianos en 1806. Tampoco ayudó el hecho de que la política dictaba que los austriacos deberían ser vistos como los agresores: las fuerzas francesas en Alemania se mantuvieron lejos de la frontera, mientras que Napoleón permanecía en París y le daba al mariscal Berthier, normalmente su jefe de estado mayor, el mando del deliberadamente mal llamado «Ejército del Rin». Además, el deshielo primaveral hacía que los ríos de Baviera corrieran muy crecidos, con el resultado de que la *grande armée* no podía concentrarse con la rapidez habitual. Limitado también por las inundaciones, el archiduque Carlos invadió la mayor parte del este de Baviera. Y las cosas no iban mucho mejor para Napoleón en otros lugares. El ejército del Gran Ducado de Varsovia apenas pudo reunir 20.000 hombres; el Reino de Italia estaba defendido en su mayor parte por reclutas inexpertos; y el Tirol lo conservaban solo 3.000 bávaros. Mientras Carlos avanzaba por Baviera, otros ejércitos austriacos entraban en Varsovia y obtenían victorias en Italia y en el Tirol, donde los insurgentes locales habían eliminado a las guarniciones bávaras. Y, finalmente, el Reino de Italia se vio asolado por una oleada de revueltas campesinas. Durante un corto tiempo, de hecho, el ambiente fue de pánico, como nos cuenta este relato sobre la situación tras la derrota sufrida por Eugenio de Beauharnais en Sacile:

> Finalmente pude alcanzar Verona. Todo era confusión. Los heridos llegaban en gran número, [y] los fugitivos, las monturas sin jinete, los carros, los carromatos de equipajes, [y] los carruajes se quedaban cruzados ... bloqueando las calles y llenando las plazas; en resumen, todos los horrores de una derrota ... Las autoridades no tenían noticias y se arremolinaban en torno a mí para obtener alguna ... El Virrey ... envió a varios edecanes a ... pedirme que fuera directamente a su presencia ... Estaba mucho más preocupado por lo que diría y escribiría el emperador que por

la derrota en sí misma. «He sido derrotado —dijo— en mi primer intento por actuar como comandante en jefe, y también en un mal lugar. El emperador se pondrá furioso; conoce su Italia muy bien.»[41]

Sin embargo, las victorias de Austria fueron efímeras. A pesar de los valientes intentos de dos oficiales prusianos llamados Schill y Dornberg por inducir revueltas en Westfalia y Prusia, Alemania permaneció tranquila, así que Napoleón pudo lanzarse sobre Carlos con todos los hombres de los que disponía. Totalmente aterrorizado, el comandante austriaco decidió replegarse hacia Viena, que terminó por abandonar a los franceses. Viéndose amenazadas con la posibilidad de quedar atrapadas, las fuerzas austriacas en el Tirol y en el norte de Italia también terminaron replegándose, mientras que en el este los polacos compensaron la pérdida de Varsovia con una invasión de Galitzia. Entre el 21 y el 22 de mayo, un intento de Napoleón por cruzar el Danubio fue rechazado por Carlos en Aspern-Essling con grandes pérdidas, pero en Italia los austriacos fueron derrotados en el río Piave y se vieron forzados a replegarse hacia Hungría, donde fueron derrotados por segunda vez en Raab. Mientras tanto, respondiendo a la solicitud de ayuda por parte de Napoleón, un ejército ruso invadió Galitzia y ocupó Cracovia. El *coup de grâce*, sin embargo, llegó en la batalla de Wagram. Librada justo a las afueras de Viena entre el 5 y el 6 de julio, fue una lucha titánica que terminó con una apretada victoria para Napoleón. En ese momento muy superado en número, Carlos sabía que sus fuerzas no serían capaces de resistir otra batalla, y se encontraba muy alarmado por la proclama que Napoleón había lanzado el 15 de mayo en la que incitaba a los magiares a levantarse contra los austriacos y les prometía un estado independiente. En un primer momento, a pesar de la victoria francesa, los austriacos no reaccionaron, pero cuando los franceses capturaron a Carlos en Znaim, el archiduque solicitó un armisticio inmediatamente. Pero en Wagram los casacas blancas austriacos combatieron con dureza. No se había perseguido al ejército derrotado, y para los veteranos de las campañas de Napoleón estaba claro que algo no iba bien. Citando al oficial de infantería Elzéar Blaze:

> Wagram no tuvo grandes consecuencias. Eso quiere decir que no se cogió al enemigo en una bolsa como en Ulm, Jena y Ratisbona. Apenas

> se hicieron prisioneros. Capturamos a los austriacos nueve piezas de artillería, y perdimos catorce ... En general, tras una batalla nos llegaba una orden del día en la que se nos informaba de lo que se había logrado ... En su proclamación al ejército, que escribió el propio Napoleón, nos dijo ... que estaba satisfecho consigo mismo, que había superado sus propias expectativas, que había volado con la velocidad de un águila; luego detalló todos nuestros logros, el número de soldados, cañones y carromatos que habíamos capturado. Exageró, pero sonaba muy bien y tuvo un gran efecto. Después de Wagram no tuvimos ninguna proclama, ni la menor orden del día... Durante más de tres semanas ni siquiera supimos qué nombre iba a tener esta batalla en la historia.[42]

El colapso austriaco no fue el final de este episodio, y puede que lo que quede por contar supusiera una lectura deprimente para los enemigos de Napoleón. En la época de la batalla de Wagram, Suecia había quedado de manera efectiva fuera de la guerra: tras una serie de reveses, el 13 de marzo Gustavo IV había sido derrocado por una facción aristocrática harta de ver lo mal que el rey manejaba el esfuerzo de guerra y determinada a acabar con el absolutismo ilustrado y restaurar la tradicional alianza de Suecia con Francia. Por lo que respecta a los británicos, 1809 vino marcado por un eposodio que resultó virtualmente épico en su inutilidad. Conducida no tanto por un deseo de ayudar a Austria, sino más bien por el deseo de asestar otro golpe más al poder naval francés y borrar el daño causado a su prestigio por lo que parecía su fracaso en España, la administración Portland decidió desembarcar un gran ejército en la desembocadura del río Scheldt y tomar Amberes. Tras mucho tiempo se logró reunir un ejército como es debido y, el 30 de julio, las primeras tropas británicas pusieron pie a tierra. Vlissingen fue asediada y tomada, pero el avance británico era tan lento que dio tiempo a reforzar las defensas de Amberes hasta tal punto que hubo que abandonar la idea de tomar esta ciudad. Se intentó mantener el control de la isla de Walcheren, pero su clima provocó una epidemia de malaria tan terrible que tuvo que ser finalmente evacuada. Solamente en Alemania (donde una columna volante conocida como el Cuerpo Negro de Brunswick había optado por luchar a pesar de lo ocurrido en Wagram), el Tirol y Calabria continuaban las hostilidades, pero aquí los franceses y sus aliados tenían todas las de ganar. Los *brunswickers* se vieron forzados a ser evacuados a Inglaterra, los tiroleses fueron cazados poco a poco y los *banditti* calabreses, como hemos visto, se vieron sometidos a mucha más presión. Contra esto, la ocupación británica de la mayoría de las islas Jónicas significaba más bien poco. Casi en todas partes reinaba la supremacía de las armas francesas.

Todo lo que queda por decir de la campaña de 1809 es algo relativo a los ajustes territoriales que provocó. No es necesario decir que la principal perjudicada fue Austria. En el campo de batalla de Wagram Francisco I había respondido a las noticias de la derrota con una lacónica respuesta: «Tendremos mucho que recuperar».[43] Raramente se le oyó decir una verdad más grande. Ya muy tocados en 1805, los Habsburgo iban a verse mucho más castigados en 1809. Carintia, Carniola y el territorio de Croacia al sur de río Sava fueron anexionados y unidos a los territorios perdidos en Istria y Dalmacia en 1805; y la ciudad estado de Ragusa, ocupada por los franceses en 1807, se anexionó a las provincias Ilirias bajo control francés. Galitzia occidental, la porción de Polonia central conquistada por Austria en 1795, fue dividida entre Rusia y el Gran Ducado de Varsovia; y Salzburgo y otros distritos fronterizos fueron cedidos a Baviera, que también obtuvo la devolución del Tirol (menos la zona mayoritariamente de habla italiana del Trentino que fue incorporada al Reino de Italia). Austria tuvo que pagar una indemnización de ochenta y cinco millones de francos, reducir su ejército a unos 150.000 soldados y unirse al bloqueo continental. José Bonaparte fue reconocido como rey de España y Joaquín Murat como rey de Nápoles. Todavía quedaba el asunto de Hungría: aunque no se había obtenido nada tras la proclamación del 15 de mayo, Napoleón no quiso garantizar a Francisco I que iba a conservar su posesión y siguió animando a sus representantes para inducir un levantamiento de los magiares. Con Austria en completa bancarrota, no tenía sentido intentar resistir, y se buscó la salvación uniéndose a Francia. El principal símbolo de esta unión sería el matrimonio de la archiduquesa María Luisa con Napoleón, que se había divorciado de la emperatriz Josefina alegando que no le había podido proporcionar un heredero. Habiendo renunciado Stadion a su puesto de primer ministro tras la batalla de Wagram, la política exterior austriaca quedó en manos de Metternich, que no se hacía ilusiones al respecto de la situación de Austria. Como le escribió a Francisco el 10 de agosto de 1809:

> Sean cuales sean las condiciones de paz ... solamente encontraremos

> nuestra seguridad acomodándonos al triunfal sistema de Francia. Que este sistema ... no es adecuado para nosotros, no es necesario que se lo repita a Su Majestad. Mis principios son inmutables, pero debemos ceder ante la necesidad. Si la presente guerra, con medios extraordinarios, ha sido un fracaso, intentarlo otra vez con menos fuerzas contra un adversario más poderoso sería un acto de locura. Desde el día en que se firme la paz, debemos confinar nuestro sistema a virar, girar y halagar. Solamente así tendremos posibilidades de preservar nuestra existencia hasta el día de la liberación general ... A nosotros solo nos queda una cosa por hacer: incrementar nuestra fuerza para cuando vengan tiempos mejores, conseguir nuestra preservación de manera tranquila, sin mirar nunca hacia atrás.[44]

Pero no fue solamente la retirada de escena de Austria el único daño que se produjo a la causa de la resistencia contra Napoleón. En Alemania había muchos patriotas que estaban dispuestos a atribuir el fracaso a la falta de apoyo británico. Citando las palabras de un oficial que luchaba en el ejército británico formando parte de la Legión Alemana del Rey:

> De estos heroicos y leales esfuerzos de Schill y Dornberg, y de insurrecciones como la organizada en nombre del duque de Brunswick ... se puede ver claramente que, si una fuerza inglesa de solamente 4.000 hombres hubiera desembarcado en las riberas del Elba, y unos 10.000 en Friesland oriental, toda Westfalia y Hanover hubieran tomado las armas para proteger su país y recobrar su libertad. Un general hanoveriano, con suficiente provisión de dinero y armas, ciertamente hubiera podido reunir en un corto espacio de tiempo 80.000 hombres. Y el fracaso de todas las insurrecciones hay que achacarlo a la necesidad de autoridad y autorización por parte de Inglaterra.[45]

Igual de mala, quizá, fue la manera en que Napoleón se había hecho pasar por el defensor de los estados del sur de Alemania contra la agresión austriaca. Antes de una batalla, por ejemplo, el gobernante francés reunió a los comandantes de las tropas bávaras adscritas a sus fuerzas y les lanzó una conmovedora arenga:

> ¡Soldados bávaros! Me presento ante vosotros no como emperador de Francia, sino como protector de vuestro país y del *Rheinbund*. ¡Bávaros! Hoy lucháis solos contra los austriacos. Ni un solo francés está en primera línea ... Tengo una fe absoluta en vuestro valor. Ya he expandido

las fronteras de vuestra tierra: ahora veo que no he ido lo suficientemente lejos. Os haré tan grandes que no necesitaréis mi protección en una futura guerra contra Austria... ¡Marcharemos sobre Viena, donde castigaremos a Austria por todo el mal que a causado a vuestra madre patria![46]

Solamente había un motivo para la esperanza. El ejército austriaco de 1809 no era, claramente, el mismo que el de 1805, y esta vez había infligido un severo castigo a los franceses. En Aspern-Essling y en Wagram las pérdidas de los imperiales ascendieron a más de 50.000 hombres. La razón de esto no era que los soldados del imperio Habsburgo habían sido inspirados por la llamada al nacionalismo alemán que había acompañado la campaña, sino más bien que el archiduque Carlos había adoptado el sistema de organización en cuerpos de ejército. Hasta ese momento solo empleado por los franceses, esta había sido una de las claves en sus numerosas victorias. Los ejércitos organizados de ese modo podían operar sobre un ancho frente y, por lo tanto, podían envolver a sus oponentes, al tiempo que eran infinitamente más flexibles sobre el campo de batalla en términos de su capacidad para concentrar una gran fuerza sobre una sección de la línea enemiga o para responder a los ataques que pudieran sufrir contra sus líneas. Divididos en las autosuficientes (y extremadamente sustanciales) secciones representadas por los *corps d'armée*, eran mucho más difíciles de vencer: un cuerpo u otro podía verse desbandado, pero el resto del ejército podía seguir luchando sin verse afectado. En consecuencia, las batallas entre dos ejércitos organizados de esta forma eran susceptibles de convertirse en largas luchas de desgaste de las que ningún bando saldría triunfante, a no ser que pudieran maniobrar hacia una posición desde la cual pudieran atacar al enemigo por todos los flancos, algo que con este sistema iba a resultar mucho más difícil. Significativamente, en 1806 Prusia no empleaba el sistema de cuerpos de ejército, mientras que en 1807 Rusia estaba solo avanzando a tientas hacia el mismo. Cuando se enfrentó de nuevo a ellas, sin embargo, Napoleón se dio cuenta de que ambos ejércitos, como el de los austriacos, habían evolucionado: de ahí el hecho de que la guerra de 1809 fuera el último conflicto en el que salió victorioso.

Por lo tanto, la balanza del conflicto se estaba inclinando del lado de los enemigos de Napoleón, pero esto también es cierto en otro sentido. Cuatro años de incesantes campañas le habían costado a Francia y a sus aliados cientos de miles de bajas. Los muertos solamente en Austerlitz, Jena, Auerstädt, Eylau, Friedland, Aspern-Essling y Wagram alcanzaban un mínimo de unos 120.000 hombres, y a esta cifra hay que añadir las bajas sufridas en muchas otras acciones, junto con el incontable número de hombres que habían perecido a causa de distintas enfermedades. Las bajas totales fácilmente alcanzarían los 210.000 hombres, un equivalente al número de efectivos que tuvo la *grande armée* original de 1805. El cuerpo de oficiales había sufrido especialmente —cuarenta generales, incluyendo el brillante líder de la caballería, Lasalle, que había caído en Wagram junto a 1.822 hombres del rango de coronel para abajo—, mientras que en Aspern-Essling se había producido la muerte del mariscal Lannes, que a menudo ha sido considerado el mejor de los generales de Napoleón. Compensar estas pérdidas no era fácil. Aunque un observador de toda confianza, el edecán Marbot, se muestra especialmente agudo al respecto:

> Al atardecer, tras la batalla, el emperador recompensó los servicios de Macdonald, Oudinot y Marmont entregándoles el bastón de mariscal. No estaba, sin embargo, en su mano entregarles el talento que se requería para mandar un ejército: valientes y buenos generales divisionarios cuando luchaban al lado del emperador, se volvían torpes cuando éste no estaba con ellos ya fuera organizando un plan de campaña, ejecutándolo, o modificándolo según fueran las circunstancias. Se decía en el ejército que el emperador, no siendo capaz de reemplazar a Lannes, se iba a tener que conformar con lo que le quedaba. [47]

Pero no se trataba solamente de los oficiales. Los muertos o los lisiados se contaban a miles entre los sargentos veteranos, los cabos y los soldados rasos, que podían haberse convertido en buenos oficiales o proporcionado los cuadros junto a los cuales el gran número de reclutas que venían de Francia se podían haber fogueado. De ahí en adelante, por lo tanto, los ejércitos franceses fueron mucho menos sofisticados que antes. En lugar del altamente flexible sistema de tácticas de infantería con el que las tropas de Napoleón habían ido a la guerra en 1803, de 1809 en adelante, las batallas vinieron determinadas por el empleo de formaciones que eran poco más que «cachiporras» y, lo que es peor, que acababan la batalla con un número escalofriante de bajas. Una característica también propia de las batallas libradas después de 1809 fueron los cañones de pequeño calibre asignados en pares a los regimientos de infantería como apoyo, que en la práctica eran más una molestia que una ayuda. Y como resultado de estos cambios, las posibilidades de lograr victorias decisivas en el campo de batalla se redujeron todavía más, especialmente cuando la campaña de 1809 también había revelado los primeros signos de fatiga mental y física en Napoleón: muchas de sus órdenes habían sido bastante imprecisas, y tras Aspern-Essling y Wagram se le vio realmente al borde de la extenuación.

Esto también tuvo implicaciones en la política interior. Por todo el imperio napoleónico los años 1808 y 1809 fueron tiempos de un masivo incremento en la demanda del estado para conseguir reclutas. Donde ya existían sistemas de reclutamiento obligatorio, las presiones fueron incluso mayores. En Francia, 1808 fue testigo de la movilización de tres levas de 80.000 hombres, incluyendo muchos sujetos que se supone que no tenían que ser movilizados hasta 1809 y 1810. En el Reino de Italia, los 12.000 hombres reclutados anualmente a partir de 1806, tuvieron que verse suplementados por una leva adicional de 9.000 hombres en 1809. En Baden, el ejército de 8.000 efectivos tenía órdenes de encontrar 6.000 hombres más para prepararse para la guerra contra Austria. Y donde no existía un sistema de reclutamiento al estilo del francés, se terminó introduciendo: en Nápoles, por ejemplo, los sorteos comenzaron en el verano de 1809. No obstante, la cuantía de este «impuesto de sangre» no debería exagerarse: incluso en el Reino de Italia, donde el reclutamiento obligatorio ha sido tradicionalmente considerado como de los más severos, no más del 7 por 100 de los hombres disponibles fue reclutado en alguna leva, mientras que la expansión de las fronteras del estado significaba que realmente se llegaba a producir un pequeño declive en la proporción de población masculina que se requería. Pero que se produjera este bajo nivel de reclutamiento obligatorio no significaba que el pueblo no se mostrara contrario a este procedimiento, puesto que en la mayoría de las regiones del imperio se produjo un nivel considerable de resistencia en la forma de deserciones o evasión de la prestación del servicio militar. Todo esto produjo mucho bandidaje, disturbios periódicos y revueltas ocasionales que podrían haber conducido a una insurrección total. En Francia, por lo menos, una política de reclutamiento renovada y un endurecimiento de las penas contribuyeron en gran medida a reducir el problema. Pero, en el fondo, los límites de lo que podía llegar a soportar el pueblo se estaban sobrepasando constantemente, sobre todo teniendo en cuenta que a partir de 1809 la guerra iba a ser distinta. Mientras la campaña austriaca de 1805-1807 fue un asunto relativamente civilizado dirimido dentro de lo que se conocían como «las reglas de la guerra», la lucha en España y Portugal había asumido, por lo menos según la leyenda popular, un carácter muy distinto. Los hombres enviados a la península no morían solamente en batalla: a menudo eran asesinados o sometidos a las más terribles torturas. En resumen, la confianza en el Imperio se estaba perdiendo incluso en Francia, mientras que en Alemania e Italia se extinguió incluso antes de poder tener alguna oportunidad real de cuajar entre la población. Todavía no se iba a producir una revolución, ni nada que se le asemejara remotamente, pero de 1809 en adelante resulta difícil ver al imperio francés como otra cosa que no sea un castillo de naipes.

Para concluir, baste decir que en el otoño de 1809 Napoleón aparentemente se mostraba tan intratable como siempre. Austria y Suecia se encontraban tan acogotadas que, de hecho, se habían cambiado de bando; Prusia se encontraba indefensa; Gran Bretaña solamente podía obtener beneficios limitados de sus escasos aliados y aparentemente se veía impotente para poder establecer nuevas alianzas; la causa de la insurrección en Alemania había perdido toda su credibilidad; y Rusia todavía estaba aliada con Francia. Mientras tanto, si la guerra peninsular continuaba con toda su furia, parecía probable que los franceses pudieran finalmente aplastar la resistencia española y después la portuguesa sin que nada ni nadie pudiera impedirlo, mientras que la pacificación interna iba haciendo progresos en Italia. A pesar del mal comienzo para los franceses, no había nada de lo que avergonzarse respecto a la campaña de 1809: el control francés de Europa se había confirmado, se había superado un momento de gran peligro y las tropas auxiliares polacas, alemanas e italianas de Napoleón demostraron ser soldados con un gran potencial. Aunque resulta difícil no quedarse con la sensación de que la dirección del viento estaba cambiando. La victoria en Wagram había tenido un alto coste, uno como jamás antes el imperio francés había tenido que pagar, siendo además un triunfo que se consiguió tras sufrir considerables dificultades. Todo parecía indicar que sí era posible derrotar a los ejércitos franceses. E incluso se había demostrado que hasta Napoleón podía cometer errores. Todo esto nos lleva de vuelta a Tilsit. En definitiva, lo que había atraído a

Alejandro al campo francés había sido no tanto el carisma personal del soberano francés sino el respeto reverencial que despertaba. Esta aura, sin embargo, a esas alturas había desaparecido, al tiempo que en Erfurt el zar había descubierto que no se podía confiar en Napoleón. Los intereses de Rusia, en ese momento ya estaba claro, solamente obtendrían el apoyo de Francia si no entraban en conflicto con los de ésta, mientras que los intereses franceses tenían que verse apoyados desde Rusia sin importar los costes que esto tuviera para ese país. Todavía no había llegado el momento en que Tilsit iba a convertirse en papel mojado, pero ya se podía atisbar perfectamente lo que iba a acontecer.

Capítulo 9

LA ALIANZA QUE FRACASÓ

«Una gran prueba de locura —se supone que dijo una vez Napoleón— es la desproporción entre los designios de uno y los medios disponibles.» Si esto es así, entonces el emperador se condenó a sí mismo con sus propias palabras. Entre 1809 y 1812 las demandas del bloqueo continental, junto con su propia impaciencia, su *folie de grandeur* y su desprecio por el resto de la humanidad condujeron al monarca francés a una política que era demasiado exigente incluso para los recursos de *la grande nation*. Hasta entonces conformándose con gobernar sus dominios a través de estados satélites, Napoleón fue progresivamente buscando solucionar sus problemas a través de la imposición del gobierno directo desde París. Aunque esto no sirvió para hacer que el bloqueo —un arma a la que, en cualquier caso, en ese momento ya casi estaba renunciando— fuera más efectivo, ya que Napoleón simplemente no disponía de los recursos administrativos y financieros necesarios para sustituir a los funcionarios y gendarmes locales en los que había confiado previamente. Además, con esa nueva política también terminaría desestabilizando su dominio de Europa. Sintiéndose ya engañado por Napoleón a respecto a sus intereses en los Balcanes, Alejandro I comenzó a recordar su papel de defensor de los derechos de los pequeños estados de Europa. Todos sus pensamientos de asociarse con Francia se desvanecieron e incluso comenzó a temer que Rusia pudiera ser víctima de un ataque por parte de Francia. Con el bloqueo perjudicando a Rusia más que a cualquier otro estado, el zar terminó por cortar los lazos que le unían a Napoleón, e incluso consideró la posibilidad de enviar a sus ejércitos a Alemania, precipitando una guerra que, de todas formas, le parecía que era inevitable. Al final, este ataque preventivo nunca llegó a producirse, pero el monarca francés no pudo soportar un desafío tan descarado a su supremacía, sobre todo porque la larga guerra de España y Portugal ya estaba consiguiendo socavar su prestigio. Había que dar una lección a Alejandro, así que en los primeros meses de 1812 un gran número de soldados imperiales se concentró en las fronteras de Prusia Oriental preparándose para llevar a cabo la invasión de Rusia. Las consecuencias de esta decisión se tratarán en el próximo capítulo, así que, por el momento, baste decir que Napoleón de nuevo calculó mal los recursos que tenía a su disposición, y que una vez más puso su ansia de engrandecimiento personal por delante del cálculo estratégico. Terminó siendo un error fatal que acarreó consecuencias realmente dramáticas.

La brecha que la impaciencia de Napoleón terminó abriendo en las relaciones con Rusia tuvo su origen en el periodo comprendido entre 1809 y 1812. En una fecha tan tardía como la del inicio de la guerra con Austria en mayo de 1809, Alejandro todavía estaba dispuesto a cooperar con el emperador. Erfurt puede que hubiera resultado ser una gran decepción, pero, aun así, el zar prometió apoyar a Napoleón frente a Francisco I, si este último finalmente optaba por la guerra; y Rumiantsev seguía creyendo que la alianza con Francia todavía era la opción más conveniente para Rusia. Preparándose para la guerra, 60.000 soldados rusos estaban listos para la acción en las fronteras de la región austriaca de Galitzia, gobernada por el príncipe Dimitri Golitsyn. Pero en San Petersburgo no reinaba el entusiasmo precisamente. En situación desfavorable, Napoleón estaba desesperado por poder contar con el apoyo ruso, así que a lo largo de marzo envió no menos de ocho mensajes a Alejandro para rogarle que interviniera. Y, como siempre, Napoleón no tuvo en cuenta en absoluto los intereses de su aliado. No fue suficiente que los rusos amenazaran las fronteras orientales de Austria. Al contrario, también tuvieron que enviar tropas a lugares tan lejanos como Dresde, una ciudad situada a cientos de kilómetros de la frontera rusa que estaba expuesta a los ataques tanto de Austria como de Prusia, y además retirar parte de las tropas que habían sido enviadas a las provincias del Danubio para trasladarlas hacia el norte, con destino a Transilvania. En términos de la pasada situación militar en los Balcanes, esta última exigencia francesa constituyó un duro golpe para las aspiraciones diplomáticas rusas, ya que reducía sus posibilidades de enviar ayuda a Serbia, que se había ido convirtiendo, progresivamente, en un protectorado del estilo del de Polonia en fechas previas a 1791. Y, además, todo parecía ser culpa de Rusia: «Señor Champagny: se debe enviar un correo a San Petersburgo. Informará al señor Rumiantsev ... de que sigo convencido de que, si se hubiera adoptado un tono amenazador en Erfurt, Austria se hubiera desarmado y este problema se hubiera acabado por entonces».[1]

La mención al frente de los Balcanes fue especialmente inoportuna. Aunque se habían producido esporádicas luchas en las fronteras de Serbia, ya desde el otoño de 1807 el conflicto se había mantenido con un perfil relativamente bajo (no obstante, se llevó a cabo una campaña en el este, y en la primavera de 1808 los rusos derrotaron a un ejército de 30.000 turcos cerca de Kars). El armisticio acordado en Slobosia hacía tiempo que había expirado, pero los rusos habían logrado alcanzar sus objetivos iniciales y no parecían dispuestos a avanzar hacia el sur a no ser que contaran con el apoyo francés. Mientras, los serbios estaban centrados en la tarea de reunir un nuevo ejército regular y, bajo la influencia del enviado ruso, Rodofinikin, de adoptar un nuevo sistema de gobierno. Y por lo que respecta a los turcos, estaban completamente embebidos en sus asuntos internos. El golpe que había derrocado a Selim III en julio de 1807 condujo a un largo periodo de inestabilidad política. El depuesto sultán fue reemplazado por un primo, que se convertiría en Mustafá IV, pero la revuelta constituyó un duro golpe para el estado, ya que tuvo su origen en el odio que los tradicionalistas jenízaros sentían por el nuevo ejército de corte occidental que Selim había estado construyendo al tiempo que masacraba a muchos miembros de ese grupo. Horrorizados por las implicaciones de este desastre, un grupo de oficiales prominentes y de líderes militares se unieron para organizar un golpe de estado que devolviera a Selim al trono y condujera al imperio hacia el camino de las reformas. En julio de 1808 se inició la crisis: el general otomano al mando en la región del Danubio, Bayrakdar Mustafa Pasha, marchó sobre Constantinopla con la mayor parte de sus tropas. El resultado fue más caos. Se confiaba en poder rescatar a Selim, pero la torpeza de los conspiradores dio tiempo a Mustafa para acabar con la vida de su prisionero. Esto, sin embargo, no salvó a Mustafá. Los conspiradores contaban con otro candidato, al que entronizaron inmediatamente como Mehmet II. Pero los jenízaros no habían dicho su última palabra, y lucharon en una serie de batallas campales que estremecieron Constantinopla. Entre los muertos estaba Bayrakdar: viéndose atrapado en el interior de un polvorín con los jenízaros rodeándole, decidió volarse por los aires antes que dejarse atrapar por sus enemigos. La situación no se calmó finalmente hasta el invierno, y por entonces los otomanos no estaban en condiciones de emprender nuevas operaciones, así que prefirieron un acuerdo seguro y negociado con Rusia, que creían que podía estar dispuesta a entregar Moldavia y Valaquia a cambio de concesiones de tipo político. Pero nada de esto ocurrió. Por el contrario, Alejandro deseaba una victoria militar y la completa anexión de las provincias del Danubio. Los rusos estaban planeando una serie de ofensivas a lo largo del Danubio diseñadas para tomar la larga línea de fortalezas turcas, mientras que, en Serbia, Karadjordje confiaba en expulsar a los turcos de sus fronteras oriental y meridional y liberar así ciudades como Nis. Por lo tanto, pedirle al zar que, literalmente, diera la espalda a los Balcanes, era otra prueba de que Alejandro nunca iba a ser tratado por Napoleón como un socio en igualdad de condiciones.

No es este el lugar en el que corresponde dar una descripción detallada de las operaciones militares que se iban a llevar a cabo en los Balcanes, pero deberíamos al menos contar que siguieron constituyendo una fuente de problemas para las relaciones franco-rusas. Los sueños de partición de la Turquía europea que podrían haber resultado del apoyo activo que Francia prometió en su día se vieron, en ese momento, reemplazados por la realidad de una guerra salvaje en la que las bajas eran muy numerosas y los progresos limitados. La ofensiva lanzada en abril de 1809 no condujo a ninguna victoria. Los rusos terminaron enredándose en el asedio de las fortalezas turcas que guardaban la línea del Danubio, siendo las más importantes Nicópolis, Giurgiu, Rustchuk, Silistria, Galatz, Braila e Izmail. No fue hasta julio cuando se produjo algún avance gracias a la rendición de Braila, y por entonces los serbios se enfrentaban a graves problemas tras haber sido derrotados estrepitosamente en Nis. A lo largo del verano sufrieron más pérdidas, especialmente en Deligrado, mientras que las cosas empeoraban cada vez más por el hecho de que los rusos poco podían hacer para ayudarlos. Tan mal se vio Karadjordje, que solicitó ayuda a Napoleón y a Francisco I. Pero la crisis terminó pasando: los serbios contuvieron la ofensiva otomana en el río Morava; el enérgico príncipe Bagration se lanzó a través del Danubio desde la cabeza de puente rusa emplazada en Braila y conquistó toda Dobrudja en una campaña que expulsó a gran parte de las tropas enemigas de Serbia; y los serbios rechazaron las ofertas austriacas de mediación que no solamente hubieran sacado a Serbia de la guerra, sino que también hubieran significado su incorporación al imperio de los Habsburgo. Alejandro, por lo tanto, se había visto libre de serios problemas, pero aun así el año 1809 no le había ido bien. Si bien los rusos habían ocupado la Dobrudja, a finales de año se vieron forzados a abandonar un intento de cruzar el Danubio en el frente central. Y 1810 no fue mucho mejor. Por entonces había unos 100.000 soldados rusos en el Danubio pero las esperanzas de terminar esa guerra se habían perdido totalmente. Auxiliados por una pequeña fuerza expedicionaria rusa, los serbios fueron capaces de recuperar gran parte del terreno que habían perdido el año anterior, pero les llevó un año entero tomar la última fortaleza turca a orillas del Danubio. No solo seguían luchando los turcos, sino que de paso los rusos comenzaban a experimentar una serie de humillantes reveses. Una columna rusa al mando de Sabaniev perdió la mitad de sus hombres en Razgrad, por ejemplo, mientras que los prematuros ataques sobre Shumla y Rustchuk fueron rechazados tras sufrir un terrible número de bajas. Y para empeorar aún más las cosas, con un nervioso Karadjordje no quedaba más remedio que comprometer más tropas en la defensa de Serbia.

Y todo esto tuvo consecuencias en el futuro, aunque el impacto del embrollo balcánico ya se pudo apreciar durante la campaña de 1809. Ninguna unidad fue retirada del Danubio, los austriacos fueron secretamente informados de que las hostilidades se restringirían hasta el punto de ser meramente formales, y no fue hasta el 3 de junio cuando las tropas entraron en Galitzia. Incluso entonces los rusos tampoco hicieron gran cosa, y los polacos no recibieron ninguna ayuda por parte de las nuevas unidades recién llegadas, que al principio se movieron lentamente y con gran precaución. En Sandomir, por ejemplo, el 15 de junio dos divisiones rusas ignoraron todas las peticiones de ayuda y se mantuvieron sin hacer nada a unos pocos kilómetros al norte de la ciudad donde una pequeña guarnición polaca intentaba rechazar los asaltos de 10.000 austriacos. Al final, lo que prácticamente era un pacto de no agresión se terminó negociando con las fuerzas austriacas desplegadas en la región, y Golitsyn acordaba que no iba a sobrepasar la línea del Vístula y de su afluente, el Visloka. Al final esta promesa terminó rompiéndose, ya que, como hemos visto, el 14 de julio una fuerza rusa tomaba Cracovia, pero esto no fue el resultado de una decisión repentina de Golitsyn, sino más bien de un movimiento defensivo diseñado para enfrentarse a la creciente amenaza del nacionalismo polaco. En resumen, en cuanto comenzó la guerra, los austriacos se lanzaron a la invasión del Gran Ducado de Varsovia con la esperanza de neutralizar a los polacos y de incrementar la influencia diplomática frente a los prusianos por medio de la conquista de algunos de los antiguos territorios de Potsdam en Pomerania.

Al principio todo había ido bien: los austriacos habían derrotado a los polacos en Raszyn y tomado Varsovia. Sin embargo, llegando a Thorn, los invasores se vieron rechazados. Pero en vez de retirarse tras haber perdido su capital, los polacos habían iniciado una ofensiva e invadido Galitzia, donde procedieron a promover una insurrección contra el dominio austriaco. En esto su comandante, el general Poniatowski, tuvo mucho éxito. «El celo que anima a los habitantes de Galitzia ... no ha disminuido en absoluto —escribió Poniatowski—. En este momento hay formados cuatro regimientos de infantería y cuatro de caballería, todos uniformados y equipados a costa de los ciudadanos que se ofrecieron voluntarios para formar parte de ellos ... Varios batallones podrían ponerse en movimiento dentro de cinco días, y la falta total de armas, que paraliza todos los esfuerzos de los hijos de Galitzia, es el único límite para el entusiasmo que demuestran a la hora de unirse a la defensa de la causa común.»[2] Con las grandes ciudades de Lemberg y Lublin pronto en manos polacas, la única opción parecía ser establecer una presencia rusa mucho antes de lo que se había pretendido: de ahí la decisión de tomar Cracovia, considerando los rusos que esta era la única manera de evitar que las cosas se les terminaran yendo de las manos. Fue también por esta razón por la que en esas áreas que ocupaban se mantenía la administración austriaca y, donde era necesario, se perseguía a los representantes del Gran Ducado de Varsovia. Aunque la confrontación tampoco era una opción, puesto que esto solo hubiera hecho más que inflamar el sentimiento patriótico polaco, y fue con gran alivio como los rusos recibieron el armisticio de Znaim, ya que esto por lo menos significaba que Poniatowski no tendría más oportunidades de jugar a ser un libertador.

Dado lo que había ocurrido en la campaña de 1809, las consecuencias territoriales son apenas sorprendentes. Mientras que los rusos casi no habían disparado un solo tiro, los polacos se habían establecido como aliados dependientes de Francia. Con la excepción de su extremo más oriental —el distrito de Tarnopol—, el Gran Ducado de Varsovia obtuvo el premio de la Galitzia occidental. Pero, obrando así, Napoleón no hacia más que ofender a Alejandro. Le había dicho en repetidas ocasiones al zar que no tenía intención alguna de demandar más territorios para los polacos en el futuro o de resucitar el nombre «Polonia». Y sin embargo el territorio de su satélite polaco había pasado de tener una extensión de 56.300 kilómetros cuadrados a 80.500 y a contar con una población que se había doblado con creces: con unos dos millones de habitantes en 1807, por entonces había aumentado hasta casi los cuatro millones y medio. Esto no era todavía el viejo Reino de Polonia, pero sí que podía considerarse un estado polaco. El ejército adoptó el tradicional chacó de cuatro picos y el emblema del águila blanca, y en sus banderas se podía leer «Wojsko Polskie» («Ejército polaco»); la constitución del Gran Ducado hizo uso de muchos términos heredados de la historia y la tradición polaca y; la administración comenzó a operar usando la lengua polaca, y la capital fue Varsovia. Y en cuanto al del movimiento de Poniatowski de incitar a la rebelión en Galitzia, estaba bastante claro que había contado con la aprobación de Napoleón desde el principio. En palabras de una orden del día redactada por Poniatowski el 2 de julio de 1809:

> El príncipe y comandante en jefe ha recibido órdenes de ocupar provisionalmente Galitzia en nombre de Su Majestad el emperador y Rey, para reemplazar las águilas austriacas por las águilas francesas. Dad la orden a todos los tribunales de que impartan justicia en nombre del emperador de Francia y reciban el juramento de todas las autoridades a su soberano ... Además, informad al ejército de que Su Majestad el emperador ha ordenado que se organice un ejército de Galitzia siguiendo el modelo francés.[3]

Lo que había resultado censurable en 1807 era, en ese momento, un escollo intolerable. Viendo de qué manera era probable que respondiera Napoleón a la cuestión de Galitzia, Alejandro había cargado toda la responsabilidad del asunto sobre él, desentendiéndose de las negociaciones de paz que siguieron al armisticio de Znaim, y de este modo se había asegurado de que el monarca francés quedara atrapado en un movimiento abiertamente hostil hacia Rusia. Sin embargo, ese pequeño éxito no supuso ningún consuelo, así que Alejandro siguió presionando: Francia debería unirse con Austria, Prusia y Rusia para garantizar las fronteras del Gran Ducado de Varsovia por medio de un tratado (lo que significaría, desde luego, que no podría haber más anexiones), y además, acordando que nunca podría recibir el nombre de «reino». En el transcurso del invierno, Caulaincourt, que deseaba estar en paz con Rusia, estuvo negociando en San Petersburgo la celebración de esa cumbre, pero en cuanto Napoleón tuvo noticias de ella la rechazó categóricamente. Algún otro estado podría restaurar algún día un Reino de Polonia, argumentó Napoleón, y en ese caso él podría verse comprometido en una guerra en la que no tenía parte alguna. Esto era bastante cierto, pero la posibilidad de que Napoleón previera algo era altamente improbable. La verdadera razón era que el emperador ponía objeciones a una potencial situación en la que se le acusara de extender la guerra (y que esta era una verdadera posibilidad estaba bastante claro: en el transcurso de 1810 el emperador ordenó que se enviaran grandes cantidades de armas al Gran Ducado de Varsovia por si se daba el caso de que su ya sustancial ejército necesitara de repente aumentar su número de efectivos).

Una vez más volvemos a la cuestión del prestigio personal: un Napoleón limitado era un Napoleón frustrado, de hecho, un Napoleón empequeñecido. De lo que era incapaz, sin embargo, era de legar a darse cuenta de que un Napoleón que no conocía límites constituía una amenaza para los intereses del resto de los estados de Europa. A este respecto la mera existencia del Gran Ducado de Varsovia era una fuente de preocupación constante para Alejandro. Justo al otro lado de la frontera había cientos de miles de polacos y lituanos. Muchos de ellos, desde luego, eran campesinos ignorantes que no tenían ningún tipo de sentimiento nacionalista, pero los componentes de la burguesía y de la pequeña nobleza habían quedado amargamente decepcionados cuando Napoleón fracasó a la hora de liberarlos en 1807 y se mostraban furiosos ante la imposición del gobierno ruso. Como demuestra una conversación que el zar mantuvo con el noble polaco Michal Oginski en junio de 1810, todo este tema afectaba en grado sumo al primero:

> Cuando estaba saliendo del despacho del emperador, éste me paró para enseñarme un periódico parisino que contenía un artículo cuyo autor

era el príncipe Adam Czartoryski padre y que le había supuesto un gran disgusto. Creía haber descubierto las verdaderas intenciones de Napoleón en el contenido de este escrito. De este modo, favoreciendo a los polacos con la esperanza del restablecimiento de la totalidad de su reino, estaba buscando que la brecha entre ellos y Rusia se hiciera cada vez más grande. Hablando con completa sinceridad y mucha emoción, el emperador se quejó amargamente de la ingenuidad de sus súbditos polacos. Ellos odiaban a los rusos y no se sentían nada unidos a él, pero él no había tenido nada que ver en el asunto de la partición de Polonia, y en su corazón siempre la había condenado; y por lo que respecta a los rusos de hoy, no tienen culpa de los males que han sufrido los polacos en estos tiempos. Aprovechándome de su candor, le dije que se olvidaba de que yo mismo era polaco [y] que había luchado por mi patria en la insurrección de 1794 ... «No lo he olvidado —me respondió—. Sé lo que has hecho y te tengo en alta estima por ello ... Napoleón necesita ganarse a los polacos, y por eso los adula ofreciéndoles deslumbrantes sueños, mientras que yo, en cambio, siempre he respetado vuestra nación y espero poderte dar pruebas de ello algún día.»[4]

Si bien Polonia y los Balcanes eran las preocupaciones más perentorias de Alejandro, también había otra serie de asuntos que provocaban su distanciamiento de Napoleón. Uno era el tema del segundo matrimonio del emperador. En Erfurt se había dejado caer la posibilidad de pedir en matrimonio a la segunda hermana de Alejandro, la gran duquesa Ana, que por entonces tenía dieciséis años. Por entonces, Napoleón había descubierto que era padre de un hijo fruto de su relación con la polaca María Walewska (en otras palabras, que la dificultad para tener un hijo no era culpa suya sino de Josefina), así que el 22 de noviembre de 1809, Caulaincourt recibió instrucciones de ejercer cierta presión en la corte rusa con objeto de arreglar el matrimonio. Esto, sin embargo, no produjo el resultado esperado. Aunque Napoleón hizo una serie de gestos con los que pretendía allanar el camino para su propuesta —el más famoso fue una promesa verbal de borrar la palabra «Polonia» de la historia—, la respuesta de San Petersburgo fue la de dar largas. Aparte del zar, al que no le agradaba lo más mínimo este matrimonio, también estaban la emperatriz madre, que se oponía frontalmente, y los numerosos grandes magnates que pensaban que había que evitar por todos los medios establecer más lazos con Francia. Enfrentándose a la demanda de una respuesta definitiva en febrero de

1810, Alejandro le pidió a Napoleón posponer el asunto durante dos años argumentando que Ana era todavía demasiado joven para el matrimonio. Esto puso furioso a Napoleón: dada la urgencia del caso, la respuesta de Alejandro equivalía a un rechazo categórico.

Pero no pasó mucho tiempo antes de que Rusia también tuviera motivos para el enfado. La gran duquesa Ana no era la única princesa casadera en Europa, y Austria contaba con una alternativa en la persona de la archiduquesa María Luisa, que tenía dieciocho años y era la hija mayor de Francisco I. Desesperado por establecer lazos con Francia, Metternich había sugerido la posibilidad de un matrimonio en una fecha tan temprana como agosto de 1809 y el asunto había sido discutido de manera extraoficial en Viena en el transcurso del invierno. En cuanto las noticias del «no» definitivo de Alejandro llegaron a París, Napoleón no perdió el tiempo. El mismo correo que iba a llevar la carta del emperador a Alejandro dando acuse de recibo del rechazo de Ana, también iba a llevar otra carta anunciando su compromiso con María Luisa. Por una vez Napoleón no había actuado con dobleces: en todo momento la gran duquesa rusa había sido su opción favorita. Pero, para salvar la cara, se hizo creer que Napoleón había elegido entre las dos en igualdad de condiciones, y que al final se había decidido que era María Luisa la candidata que más convenía a Francia. En San Petersburgo, sin embargo, el compromiso fue interpretado de manera muy distinta. Napoleón, se concluyó, había estado jugando un doble juego diseñado para humillar a Rusia. E incluso en Viena, donde el compromiso se había presentado como un hecho consumado, se produjo un gran descontento por la manera en que el emperador se había saltado las normas propias del protocolo, por no decir que no había mostrado la más mínima cortesía. En su correspondencia con Metternich, Francisco se mostraba triste y resentido:

> Mi consentimiento a este matrimonio le garantizará al imperio algunos años de paz en los que podré dedicarme a curarlo de sus heridas. Todos mis poderes están empeñados en el bienestar de mi pueblo, así que no puedo dudar ante esta oferta. Envía un correo a París y dile que accedo a concederle la mano de mi hija, pero con la reserva expresa de que ninguno de los dos lados intentará imponer ningún tipo de condiciones asociadas a este enlace: hay sacrificios que no deben mancharse con nada que se parezca a un trato.[5]

No parece necesario que debamos dedicar más tiempo a la cuestión del matrimonio austriaco. Tras casarse con Napoleón el 11 de marzo, a toda prisa y por poderes en Viena, María Luisa fue llevada a Francia entre esplendorosas celebraciones. Llegando al castillo preparado a propósito para su recepción en Compiègne, fue recibida literalmente con los brazos abiertos por Napoleón, y se casó formalmente con él en París en una serie de fastuosas ceremonias celebradas el 1 de abril. A un nivel personal, el matrimonio fue un éxito: muy pronto los recién casados se encapricharon el uno con el otro y no pasó mucho tiempo antes de que naciera un hijo sano que fue bautizado como Napoleón Francisco Carlos José, que de inmediato fue consagrado como rey de Roma. Política y diplomáticamente, sin embargo, el asunto no tuvo casi ninguna repercusión. En Francia, se supone que la decisión de casarse con una archiduquesa austriaca dañó el prestigio de Napoleón ya que, de este modo, rompía los últimos lazos que le unían a la Revolución. Además, Josefina, que tenía un encanto personal del que carecía su sustituta, todavía era muy querida entre las filas del ejército. Puede que se produjera cierto descontento —incluso verdadera indignación—, pero el radicalismo no era una fuerza que cupiera en el imperio, y no hay razones para creer que la eventual caída de éste pudiera tener que ver con explicaciones de corte ideológico: lo que realmente resultó clave en este sentido fue el desgaste provocado por la guerra y la resistencia al reclutamiento obligatorio, y en este contexto el matrimonio con María Luisa no era nada comparado con, digamos, por ejemplo, la guerra en España.

De hecho, la boda tampoco tuvo gran eco en el escenario internacional. Napoleón confiaba en que este enlace le sirviera para ser aceptado por las monarquías de Europa, mientras que el hecho de que muchos detalles de los festejos celebrados en Francia se parecieran a los de la recepción de María Antonieta —la bisabuela tía de María Luisa— por Luis XVI en 1770 es un ejemplo más del deseo de Napoleón de revestirse con el manto real de los Borbones. Y, no es necesario decirlo, la misma ceremonia nupcial supuso una oportunidad más para mostrar el poder y la grandeza del imperio napoleónico: la nueva emperatriz fue acompañada al altar por cuatro reinas, una virreina y tres grandes duquesas, todas ellas miembros de la gran familia Bonaparte. Pero que algo de esto tuviera el más mínimo impacto en las cortes y en los ministerios de Asuntos Exteriores de Europa resulta cuanto menos dudoso. Tomando los casos más particulares de Austria y Rusia, por ejemplo, todo lo que hizo la nueva alianza matrimonial fue confirmar lo que ya se sabía: las relaciones de Rusia con Napoleón ya se estaban deteriorando mucho antes de febrero de 1810, justo cuando Austria ya se había mostrado dispuesta a colaborar. Sin embargo María Luisa no vino como el heraldo de este cambio, sino más bien como un catalizador del mismo, pero el caso es que los precedentes no resultaban precisamente alentadores. Antes de la Revolución, Austria había sido el principal socio de Francia, pero la primera le había prestado muy poca ayuda a la segunda y, encima, resultó poco de fiar. Además, la potencia a la que Napoleón se había unido ya no era ni siquiera la relativamente orgullosa Austria de 1789; sino más bien la derrotada, en bancarrota y reducida en su territorio Austria de 1810. Comparada con la alianza que se podía haber obtenido con Rusia, esa con Viena no podía ofrecer gran cosa; incluso aunque fuera verdad, como decía Talleyrand, que la llegada de María Luisa garantizaba que Viena deseaba «asociarse con la fortuna de la dinastía imperial que gobierna hoy Francia, y que ha reconocido la iniquidad y necedad del sistema contrario que ha defendido durante los últimos diez años, y que, habiendo tomado esta resolución, Viena se mantendría en ella, permitiendo al emperador Napoleón ... legar a sus descendientes todas las ventajas de la unión que se ha acordado hoy».[6]

Había, sin embargo, una serie problemas ocultos. ¿Podría la presencia de María Luisa en Francia evitar que Austria fuera a la guerra en cualquier circunstancia? Igualmente, ¿qué pasaría si Napoleón no trataba a los austriacos con la cortesía y generosidad con la que Talleyrand, un veterano defensor de una alianza con Viena, esperaba que correspondiera? Talleyrand no tenía respuestas para estas preguntas, pero tenía una ingenua teoría al respecto de por qué se podía confiar más en Austria que en Rusia. En Viena, la política exterior era producto de un sistema, más que de un individuo: cuando Francisco muriera, su sucesor en realidad no tendría más opción que llevar los asuntos del imperio como se habían llevado en el pasado. En San Petersburgo, sin embargo, las cosas eran muy diferentes: «En Rusia todo depende de la voluntad de un hombre: no hay política salvo la suya propia. En consecuencia, la duración del reino es la duración de todo lo demás: en cuanto un nuevo monarca sube al trono, todo adquiere un nuevo aspecto. Supongamos, entonces, que el emperador Napoleón se ha casado con la Gran Duquesa [Ana], y que en cuestión de un año ... se abre la puerta y entra un correo anunciándonos la muerte del emperador Alejandro. Con su muerte, todo sería diferente: no habría garantías de una alianza con San Petersburgo... y todas las ventajas obtenidas a través del matrimonio desaparecerían».[7] Aunque lo cierto es que todo esto es mucho suponer, puesto que no se podía asumir de ningún modo que los austriacos iban a estar comprometidos con la continuidad en igual medida que los rusos iban a estar sujetos al capricho. Nada podía resultar cierto, pero es verdad que comenzó a surgir el sentimiento de que la política francesa comenzaba a ir por mal camino. Como dijo el mariscal Murat:

> Una alianza familiar siempre ha sido motivo de graves consecuencias para Francia. Se verá obligada a soportar todos los errores de ese gobierno, y a compartir las cargas más pesadas y peligrosas. La posición en la que se encuentra Austria es la única razón por la que se ha decidido a establecer esta alianza que, en el fondo, con su actitud orgullosa, debe detestar secretamente. Austria, más que otra nación, ha hecho una máxima política de la idea de que «los soberanos no tienen parientes». Francia se verá obligada a apoyarla con grandes costes en todas sus políticas, que normalmente son torpes y traicioneras, y en sus campañas, tan mal dirigidas, y cuando la necesitemos como aliados no encontraremos en ella ni la energía ni la lealtad necesarias. Una alianza con Rusia no supondría ninguno de estos peligros.[8]

En resumen, los esfuerzos de Napoleón para que pareciera que había podido elegir entre Ana y María Luisa, al final para lo único que sirvieron fue para sembrar la duda y el desánimo entre sus seguidores. Como el antiguo segundo cónsul, Jean Jacques Cambacérès, le dijo a Pasquier: «Estoy profundamente convencido de que al cabo de dos años estaremos en guerra con sea cual sea la potencia cuya princesa no sea elegida por Napoleón. Bien, una guerra con Austria no me preocupa en absoluto, pero tiemblo ante la idea de una guerra con Rusia: las consecuencias no se pueden prever».[9]

Antes de tratar otros asuntos que provocaron la guerra a la que Cambacérès temía tanto, hay otros temas de los que deberíamos dar cuenta. Uno es el asunto de la salud de Napoleón y sus actitudes para el negocio. Un problema que se destaca a menudo es el hecho de que Napoleón se negara a volver a España en 1810, afirmándose que la llegada de María Luisa le quitó de la cabeza durante algún tiempo las ansias de participar en una campaña militar. Sin embargo, esto no fue así: no es verdad que Napoleón fuera absolutamente necesario en la península en ese momento, mientras que la idea de un Napoleón viviendo un romance idílico y despreciando los asuntos públicos resulta realmente poco creíble. El monarca francés estuvo en todo momento al tanto de los acontecimientos y, como prueba de ello, apenas acabó de casarse cuando se marchó en un viaje de un mes a inspeccionar Bélgica, Holanda y el norte de Francia. Esto no fue en realidad una luna de miel —María Luisa, de hecho, se quejó amargamente de este viaje— y algo de la atmósfera que prevaleció la podemos revivir gracias a las memorias de la marquesa de la Tour du Pin, que, como esposa del prefecto del departamento de Dyle, entretuvo a la pareja real cuando ésta llegó a Bruselas. En la cena la marquesa se sentó a la izquierda del emperador. «Estuvo todo el rato charlando conmigo sobre los artesanos, los encajes, los costes diarios, la vida de los tejedores de encajes; luego de los monumentos, las antigüedades, las instituciones de caridad, las maneras de la gente, los *béguines*. Afortunadamente, yo estaba bien informada al respecto de todos estos asuntos.»[10] No era ésta una charla de compromiso alrededor de una mesa. En ese momento, como veremos, el imperio estaba experimentando una severa depresión económica. Con el encaje como producto principal de la industria textil local, María Luisa, en consecuencia, se encontró «visitando instalaciones manufactureras ... y comprando una cantidad considerable de encajes, algo que había sugerido el emperador para que las fábricas que estaban pasando por malos momentos pudieran conseguir nuevos contratos».[11]

Dicho esto, sin embargo, parece que se hubiera producido un cambio en el comportamiento y en los hábitos de trabajo del emperador. Cacerías, bailes, cenas, *soirées* y recepciones comenzaban a ocuparle mucho más tiempo que antes, y en unas cuantas ocasiones, el emperador llegó tarde a las reuniones del Consejo de Estado. Una vez que nació el hijo que le dio María Luisa, el 20 de marzo de 1811, también se tomó su tiempo para dedicarlo a su familia. Este cambio no se debería exagerar —lo que uno ve es un pequeño grado de relajación en un tiempo en el que no se estaba produciendo ninguna gran crisis militar que requiriera la atención del emperador— pero, ¿qué podemos decir de las controvertidas cuestiones al respecto de la salud del emperador? El Napoleón que conoció a María Luisa en 1809 era casi el mismo hombre que conquistó Italia, aunque en ese momento estaba un poco rellenito, y, en conjunto, era una persona sana y de gustos sencillos. Citando a su secretario, el barón Fain:

> Para describir la persona de Napoleón me retrotraigo a la época de su segundo matrimonio ... su altura era de un metro con cincuenta y siete centímetros. Era bajo pero bien formado; sin embargo, su cuello era un poco corto y quizá tuviera algo de tripa. Su piel era suave y la glándula linfática gruesa ... Nunca le vi reposar en cama a causa de una enfermedad ... La única dolencia que le conocía era un problema de vejiga que a veces le hacía sentir incómodo ... Era mesurado, vivía frugalmente y comía rápidamente ... Además, la naturaleza le había concedido una gracia muy poco común, y es que no era capaz de comer de más, incluso aunque quisiera. «Si sobrepaso mi capacidad de comer —decía—, mi estómago devuelve el exceso.»[12]

Esto cambió pronto. Siendo una mujer joven y rolliza que amaba la comida —algunos testigos se quejan de que no sabía hablar de otra cosa—, la nueva emperatriz inoculó el mismo gusto a su marido. Por primera vez Napoleón empezaba a pasar el tiempo en la mesa y a permitirse ricos platos del tipo que antes hubiera despreciado, así que, inevitablemente, empezó a sufrir sobrepeso. El escritor francés Charles-Paul de Kock, que lo vio en 1811 escribió, por ejemplo, que parecía «amarillo, obeso [e] hinchado, con la cabeza demasiado hundida en los hombros».[13] Cuando el monarca francés fue a la guerra en 1812, era un hombre cambiado: «Acompaño al emperador cuando éste sale a montar a caballo —escribió uno de sus edecanes—. Vamos todo el camino de paseo. Su Majestad cabalga más despacio últimamente: ha cogido bastante peso, y monta a caballo con más dificultades que antes. El Secretario Privado tiene que ayudarle a montar. Cuando el emperador viaja, hace la mayor parte del camino en carruaje».[14]

Y no solo es que Napoleón estuviera gordo. El día después de Borodino, Philippe de Ségur mantuvo una inquietante conversación con el mariscal Murat:

> Murat ... recordó haber visto como el emperador el día antes ... se paró varias veces, desmontó y, con la cabeza apoyada en un cañón, permanecía allí durante algún tiempo en actitud sufriente. Él sabía la mala noche que había pasado y que una violenta e incesante tos le había debili-

> tado y que, en ese momento, la acción de su genio estaba, en cierto sentido, lastrada por su cuerpo, que se había hundido bajo la triple carga de la fatiga, la fiebre y la enfermedad, que, probablemente más que ninguna otra, mina la moral y la fuerza física de sus víctimas.[15]

Estas líneas tienen un tono ligeramente siniestro, y se ha sugerido que esa obesidad repentina era un síntoma de un desorden conocido como el síndrome de Froehlich, que está relacionado con problemas producidos por una glándula situada en el cerebro. También se ha hablado de algún tipo de enfermedad venérea y tales ideas pueden explicar algunas de las rarezas que comenzaron a adornar el comportamiento del emperador, como por ejemplo el aparente trance en el que se sumió durante una recepción en 1811. Sin embargo la mayoría de los defensores de Napoleón están de acuerdo en que, aparte del problema de vejiga mencionado por Fain (un problema conocido como disuria, una especie de cistitis) y un desorden epitelial que puede que fuera soriasis, el emperador todavía no sufría problemas serios de salud. Lo que el periodo 1810-1812 trajo, por lo tanto, no fue tanto un cambio en su estado de salud, sino más bien el gusto por la vida fácil y una primera actitud propia de cuando se llega a la mediana edad. El endiablado ritmo de vida que Napoleón había llevado en las primeras campañas, ya no lo podía soportar por entonces, así que en los momentos clave tales como Borodino, la enfermedad le atacaba y dejaba al que en otro tiempo fue un súper hombre en el penoso estado descrito por Ségur. Y en momentos de franqueza, el propio Napoleón hablaba del cambio sufrido:

> Incluso cuando paseaba o hablaba, el emperador mostraba signos de fatiga: se paraba, y, echándose sobre la mesa de billar, empujaba las bolas con la mano y parecía que se iba a quedar dormido. Vio que me daba cuenta. «Es curioso —dijo— como cambia la constitución cuando uno envejece sin que se produzca un declive de las fuerzas o un deterioro en la salud. Nuestras capacidades cambian y nuestros planes están sujetos a este cambio. En otro tiempo solía decirle a Montesquieu varias veces al día, "Montesquieu, tráeme un vaso de limonada". Ahora es una taza de café o un vaso de vino de Madeira lo que necesito y lo que pido. Créame, señor Molé, después de los treinta y uno, uno comienza a sentirse menos capacitado para entrar en campaña. Alejandro murió antes de notar este declive.»[16]

Pero, aunque es cierto que se estaban mostrando los primeros signos de que Napoleón era un ser mortal, no hay evidencias de que esto tuviera ningún impacto real en ese momento ni en el arte de gobernar ni en el de la diplomacia. Y si era *folie*, era simplemente *folie de grandeur* más que una verdadera enfermedad mental porque, en el periodo comprendido entre los años 1809 y 1811, Napoleón se embarcó en una serie de acciones dentro de las fronteras de su imperio que traslucían su aspiración a llegar a regir una monarquía universal. Antes de tratar esto, sin embargo, debemos examinar el extraño caso del mariscal Bernadotte. Un sargento mayor del ejército borbónico que se había distinguido en las guerras de la Revolución y alcanzado el grado de general, Jean Baptiste Bernadotte era también el cuñado de José Bonaparte. Este vínculo familiar, sin embargo, no le impedía odiar a Napoleón, de cuya fama y ascensión al Consulado había sentido tremendos celos. El jacobinismo que Bernadotte tan solo pretendía ejercer no era determinante para ese odio, puesto que todas las evidencias sugieren que no era más que una pose que le venía bien adoptar en la Francia de 1798-1799. Propuesto para el mariscalato cuando éste se creó en 1804 como una combinación de lealtad familiar y *realpolitik*, Bernadotte había luchado en las campañas de Austerlitz, Jena, Eylau y Wagram, pero no había logrado destacarse en ellas. Es posible, de hecho, que su verdadera intención hubiera sido provocar la humillación de varios rivales e incluso asegurarse la caída de Napoleón. En todo caso, en el invierno de 1809 ya no contaba en absoluto con el favor de Napoleón, lo que le llevó a asociarse con algunos de los personajes más críticos con el imperio. Resulta, por lo tanto, irónico, que las circunstancias le convirtieran en lo que Alejandro I reconocería como un agente especial del emperador. Contándo su caso de forma resumida, diremos que el derrocamiento del rey Gustavo IV había sumido a Suecia en el caos. Como medida temporal, el trono fue entregado a un anciano tío del depuesto monarca, pero el nuevo rey —Carlos XIII— no tenía hijos, así que comenzó la búsqueda de un príncipe heredero. Inicialmente la elección recayó en Christian August de Augustenburg, que estaba conectado con la familia real danesa. Sin embargo, el nuevo príncipe murió de un ataque al corazón en cuestión de meses, la búsqueda tuvo que reanudarse. Dentro del régimen sueco siempre hubo un número sustancial de elementos que defendían el establecimiento de lazos diplomáticos con Francia, así que una variedad de factores garantizaron, esa vez, la victoria del partido francés. Las crecientes diferencias de Napoleón con Rusia indujeron a los suecos a pensar que éstas podrían explotarse para recuperar Finlandia que, junto con las islas Aland y una franja de territorio en el lejano norte, se había cedido a Rusia por medio del tratado firmado en Frederikshamn el 17 de septiembre de 1809. Los progresistas confiaban en que un gobernante francés favorecería la enmienda de la extremadamente aristocrática constitución que Suecia había adquirido tras el derrocamiento de Gustavo IV. Y, por último, muchos oficiales del ejército simplemente estaban encaprichados con las glorias de las armas francesas. La primera opción para el cargo era Eugenio de Beauharnais, pero éste no mostró interés por el mismo, así que las miradas se volvieron hacia Bernadotte, por la mera razón de que había dispensado un trato muy humano a los prisioneros suecos que había capturado a lo largo de la campaña de 1806-1807. Con un Bernadotte encantado de aceptar la invitación, todo se resolvió muy pronto y, como estaba previsto, en octubre de 1810 llegó a Estocolmo como el futuro rey Carlos Juan.

No está claro si Napoleón se guió por razones estratégicas a la hora de permitir a Bernadotte marchar a Suecia. Sabía muy bien que no podía confiar en el mariscal y, como veremos, poco a poco se iba convenciendo de que había que buscar un sistema mejor que el de las monarquías satélites. Pero por lo que concernía a Alejandro, Bernadotte había sido enviado al Báltico para actuar como agente de Francia. Ciertamente existían sobradas evidencias de que los suecos se estaban preparando para la guerra y también entrando cada vez más en la órbita francesa. Se tomaron medidas inmediatas para reformar el ejército sueco e introducir el sistema francés de reclutamiento forzoso; Suecia finalmente también adoptó el bloqueo continental y, en noviembre de 1810, declaró formalmente la guerra a Gran Bretaña. Para Napoleón, sin embargo, lo que le preocupara a Rusia no era importante. De hecho, de Erfurt en adelante no hubo apenas una acción del emperador que no condujera, de una forma u otra, a ofender a San Petersburgo. En el fondo, como siempre, estaba la creencia de Napoleón de que debía permitírsele hacer lo que le viniera en gana sin contar con los sentimientos, intereses o el amor propio de los otros soberanos. El zar siempre se había visto a sí mismo como el protector de los pequeños estados de Europa y había establecido una relación especialmente cordial con Federico Guillermo III de Prusia. En Erfurt, de hecho, Alejandro había hablado en nombre de Prusia y obtenido la promesa verbal de que la mayoría de las tropas francesas se retirarían de ese país. Apenas había vuelto a casa, sin embargo, cuando estas vagas nociones de paternalismo se vieron desafiadas frontalmente por la destitución del primer ministro prusiano Stein. Que Napoleón hubiera estado deseando librarse de Stein resulta totalmente comprensible —éste era, después de todo, un oponente empedernido a la dominación francesa—, pero incluso así el mensaje quedaba muy claro: a pesar del patronazgo ruso, no se iba a permitir a Federico Guillermo III ser el amo en su propia casa, ni siquiera de lo poco que le quedaba de ella. Enfadado y frustrado, todo lo que Alejandro podía hacer era una declaración pública de su desaprobación recibiendo a Federico Guillermo y a Luisa con gran boato en San Petersburgo, cuando éstos visitaron la ciudad en enero de 1809. «En esta ocasión —escribió Sophie Tisenhaus— exhibió una grandeza, una magnificencia y una generosa hospitalidad como la mostrada por Luis XIV cuando recibió al desafortunado Jacobo II y a su familia tras ser expulsados de Inglaterra. Suntuosos equipajes y valiosas pieles se prepararon para sus Majestades ... y les esperaron en la frontera del país. El rey y la reina hicieron su entrada en San Petersburgo en un carruaje oficial. A pesar del frío intenso las tropas estaban formadas desde antes de las cinco de la mañana. Los más ilustres y distinguidos personajes de San Petersburgo esperaban a los viajeros reales en la corte.»[17]

Si Alejandro se sentía desairado por el tratamiento despótico que Napoleón daba a Prusia, también se mostraba preocupado al respecto de Italia. En Tilsit Alejandro creyó que, a cambio de reconocer a José Bonaparte como rey de Nápoles y de renunciar a sus demandas de compensación por el Reino del Piamonte, había asegurado el fin del expansionismo francés y, por extensión, una promesa no expresa de que se iba a permitir al Papa seguir al frente de los Estados Pontificios. En 1808 Napoleón había tensionado esta cuerda ocupando Roma, aunque Pío VII permaneció en el sillón de San Pedro y así se mantuvo la apariencia de respeto por su posición. Sin embargo, la realidad era que la administración papal se iba a quedar en poco tiempo prácticamente sin poder: muchos funcionarios importantes fueron arrestados o relevados de sus cargos; el ejército fue desarmado, la prensa gubernamental cerrada; la curia purgada de la mayoría de sus miembros y los sucesores de Consalvi como secretario de Estado sucesivamente relevados del puesto. Instalado en el palacio del Quirinal, sin embargo, el Papa permanecía desafiante, rechazando todas y cada una de las peticiones que le hacían para unirse al bloqueo continental y, de ese modo, convertirse en aliado de Francia, mientras que el gobernador francés, el general Miollis, se veía a cada paso desafiado por una serie de actos de resistencia pasiva más o menos sutiles. Con la tensión aumentando cada día, no se pudo evitar una crisis diplomática, que finalmente llegó el día 6 de septiembre de 1808: cuando los oficiales fueron enviados a arrestar al por entonces secretario de Estado, el cardenal Pacca, Pío ordenó a la los emisarios de Miolli que se marcharan y que le dijeran al gobernador a ver si se atrevía a arrestarle a él también. La respuesta fue brutal: en mayo de 1808 las provincias adriáticas de los Estados Pontificios se habían convertido en las conocidas como «legaciones» —Bolonia y Ferrara— al ser anexionadas al Reino de Italia, y el 17 de mayo de 1809 Napoléon anunció la anexión del último fragmento superviviente de lo que había sido el territorio del Papa, incluyendo la misma ciudad de Roma. Enfrentándose a la completa pérdida de su poder territorial, Pío respondió inmediatamente excomulgando a Napoleón, y al mismo tiempo ordenando a seglares y sacerdotes que se negaran a obedecer las órdenes de la nueva administración. El resultado fue la indignidad final: en la noche del 6 de julio las tropas francesas entraron en el palacio del Quirinal y arrestaron a Pío y a Pacca. Si Napoleón pretendía que esto sucediera no está claro (el oficial al mando tenía órdenes de arrestar solamente a Pacca) pero, sea como fuere, el caso es que el emperador no se echó atrás. Tras vivir una considerable odisea, Pío fue retenido en el palacio episcopal de Savona. Durante su exilio fue tratado con respeto y cortesía, pero nada podía cambiar ya los hechos, especialmente cuando Pío los hizo doblemente obvios al rechazar cooperar con los intentos de sus carceleros para que estableciera el boato propio de una corte.

No es necesario dar cuenta de la larga lucha que siguió entre el Papa y el emperador (en poco tiempo, Pío iba a ser privado de todos sus poderes y enviado a Fontainebleau, donde permanecería prisionero hasta enero de 1814). Romántico y sentimental como era, Alejandro probablemente sintió el impulso de imitar la dignidad y el coraje exhibidos por Pío VII, aunque ésta no era la primera vez que los papas habían sido usados por los monarcas que ostentaban el poder temporal. Quizá a Alejandro le afectó más la violencia ejercida contra esos acuerdos internacionales de los que él había formado parte. De hecho, entre 1808 y 1810 gran parte de la estructura política y territorial que Alejandro había acordado en Tilsit se había desechado completamente. Primero estaban los efectos causados por el bloqueo continental. A pesar del desarrollo que se había producido en unas pocas áreas donde se habían establecido nuevos centros industriales, lo cierto es que en la mayor parte de Europa las consecuencias provocadas por el bloqueo fueron desastrosas. Mientras que el contrabando a gran escala y la alianza con España y Portugal habían permitido a los británicos evitar sus peores consecuencias, para el resto no había escapatoria alguna. Cuando un estado tras otro fueron obligados a unirse al bloqueo, la depresión económica, que había sido una característica propia de las costas de Francia desde el comienzo de la guerra con Gran Bretaña de 1793, se extendió gradualmente por las costas del mar del Norte, el Mediterráneo y el Báltico. Por lo tanto no resulta sorprendente que Holanda, un estado completamente dependiente del mar, sufriera especialmente las consecuencias del bloqueo, aunque hay que decir que el declive económico no era la única consecuencia de la incorporación al imperio francés. Como ocurrió en todos sus satélites, Napoleón exigió a Holanda que le proporcionara unas sustanciales fuerzas armadas. En una carta hablaba de 50.000 hombres y veinte buques de línea. Los hombres, como veremos, no eran reclutados de forma obligatoria, pero su reclutamiento y equipamiento costaban ingentes cantidades de dinero: cinco millones de florines solo en la segunda mitad de 1806 con un presupuesto nacional para el mismo periodo de tan solo catorce millones. Siendo las apariencias tan importantes como la fuerza armada, la corte de Luis Bonaparte suponía otro gran lastre económico: en 1806 sus costes se estimaban en un millón y medio de de florines. Mucho más dinero se empeñó en el auxilio a los pobres, en la constante lucha para mantener los diques de Holanda en buen estado, en cubrir la ascendente deuda nacional, en las reformas sociales inspiradas por Luis Bonaparte y sus principales consejeros y en ayudar a las víctimas de accidentes y desastres naturales: el 12 de enero de 1807 una gabarra cargada con pólvora se incendió en el centro de Leiden y explotó causando la destrucción de, al menos, quinientas casas; y en enero de 1808 y luego otra vez en enero de 1809 se produjeron graves inundaciones en la costa y a lo largo del Rin. Bajo el gobierno de Luis Bonaparte, por lo tanto, aunque una serie de reformas aseguraban que la carga se repartiera mucho mejor que antes, la experiencia holandesa fue la de la progresivamente creciente presión fiscal. No es raro que, con la economía hecha trizas, los holandeses respondieran de la única forma que podían: ayudados por la proximidad de Holanda a los numerosos estuarios, ríos y otros cursos de agua de Inglaterra, el contrabando se convirtió en una de las actividades principales del país.

Se esperaba que Luis Bonaparte, como rey de Holanda, produjera resultados concretos en una situación extremadamente desfavorable. Además, también se le encomendó la tarea de remodelar Holanda según los usos y costumbres napoleónicos y de introducir los sistemas legislativo y administrativo de Francia: como le escribió Napoleón: «Los romanos les dieron sus leyes a sus aliados: ¿por qué no puede Francia hacer que las suyas se adopten en Holanda? Es necesario también que adoptes el sistema monetario francés ... Tener las mismas leyes civiles y la misma acuñación de moneda estrechará los lazos entre las naciones».[18] En este punto, sin embargo, nos encontramos con un serio error de cálculo por parte de Napoleón. El monarca francés había instalado a sus hermanos y hermanas en sus tronos principalmente para que actuaran como agentes de control y de la política francesa. Como le había dicho a Luis a la cara: «no olvides que eres, primero y sobre todo, un príncipe francés. Te puse en el trono de Holanda para que sirvieras solamente a los intereses de Francia y me ayudaras en todo lo que estoy haciendo por ella».[19] Pero en el mismo momento en que Luis y el resto de sus hermanos entraban en sus nuevos palacios, comenzaban a interesarse por cosas que, en muchos casos, no eran precisamente las que interesaban a su amo. Aun siendo el hambre de riqueza y poder de los Bonaparte completamente insaciable, por encima de todo eso lo que querían era sobrevivir, y esto significaba que debían encontrar el equilibrio entre la necesidad imperiosa de obedecer a su hermano y la igualmente perentoria necesidad de llegar a alcanzar alguna forma de convivencia pacífica con sus nuevos súbditos. A esto hay que añadir que muchos de ellos sentían tremendos celos del emperador, y se hace evidente que la relación con París nunca pudo ser demasiado buena.

Y así era con todos los hermanos, aunque en el caso de Luis hubo otros factores que empeoraron aún más la situación. No habiendo sido nunca el de carácter más alegre o abierto del clan de los Bonaparte, en 1802 se había casado contra su voluntad con la hija de Josefina, Hortensia de Beauharnais. El matrimonio fue un desastre, así que Luis marchó a Holanda con un considerable grado de resentimiento hacia Napoleón. Según su desgraciada reina, la única razón por la que aceptó el puesto fue porque, de este modo, podía intimidarla más libremente y poner fin a la tiranía que suponía vivir la presión diaria del emperador: «Estaba claramente deleitándose con el placer que suponía convertirse en su propio amo ... Ya no tenía que preocuparse por más tiempo de aparentar que me respetaba como esposa. Viéndose independiente de su amo, ya no tenía que temer por su posición».[20]

Desesperado por ganarse la aceptación entre sus nuevos súbditos y abrumado por su tragedia personal —además de un matrimonio desgraciado, también sufría sífilis y artritis reumatoide—, era el que más conciencia tenía de todo el clan Bonaparte. Finalmente pensó que los representantes de la República de Batavia en París podían rogar que lo hicieran rey. Por lo que a él concernía, era una gobernante holandés comprometido con su pueblo. Aprendió holandés rápidamente y llenó su corte de notables locales, además de crear dos órdenes nobiliarias y tomarse la constitución muy en serio. La Asamblea Nacional holandesa se reunía regularmente y se le permitía un considerable grado de independencia. Luis mostró un gran celo por informarse del estado en el que se encontraba el reino. Así las cosas, no es raro que terminara por intentar defender Holanda de las constantes demandas de hombres y dinero y de la imposición del Código Civil napoleónico. Si había que mantener a raya a Holanda, razonaba, entonces se debe hacer un verdadero esfuerzo por respetar sus tradiciones y su sentido de identidad.

Si hay algo que echa por tierra la imagen de un Napoleón preocupado por el bienestar de los pueblos de Europa, es su respuesta a Luis Bonaparte. Si Luis necesitaba dinero, por ejemplo, era Holanda la que tenía que proveerlo, aunque la única sugerencia de Napoleón a este respecto era —aparte de la de subir los impuestos— que Luis diera el imposible paso político de repudiar la siempre creciente deuda nacional. Y por lo que se refería a los holandeses, éstos debían ser tratados exactamente con el mismo puño de hierro con el que se trataba a otros pueblos. Hacia 1807 Napoleón ya estaba exigiendo la imposición del reclutamiento obligatorio, aunque se suponía que Holanda estaba exenta según el tratado que se firmó cuando Luis accedió al trono. Como el emperador le dijo a Luis: «Te empeñas demasiado en ser popular en Holanda. Más vale que en vez de intentar ser amable, intentes ser amo y señor».[21] Un pensamiento similar se aplicó al Código Civil. Lo que importaba era la absoluta uniformidad: «Si enmiendas el Código Napoleón, dejará de ser el Código Napoleón».[22] Cuanto más presionaba Napoleón sobre estos asuntos, más largas daba Luis. El reclutamiento obligatorio nunca llegó a imponerse y la deuda nacional nunca se repudió, mientras que no fue hasta la primavera de 1809 cuando se introdujo el Código Civil, e incluso entonces se hizo con muchas enmiendas. Si los problemas solo hubieran sido estos, probablemente Luis hubiera permanecido en el trono: Napoleón todavía confiaba lo suficientemente en él como para considerarle la primera opción para el trono de España. Pero Holanda no estaba produciendo el beneficio que se supone que debería producir un aliado: la armada seguía moribunda; el ejército no se distinguió ni en la campaña de 1806 ni en la de 1809; y finalmente, Holanda era una de las piezas más débiles del bloqueo continental. Napoleón dejó bien claro que esto era totalmente inaceptable:

> Todas mis esperanzas se han visto decepcionadas. En el momento en el que Su Majestad accedió al trono de Holanda se olvidó de que era francés; desde entonces, ha ... ido demasiado lejos en su intento por persuadirse de que es un holandés ... ha roto todos los tratados que firmó conmigo. Ha desarmado su flota, licenciado a sus marineros y desorganizado sus ejércitos, así que Holanda se encuentra sin fuerzas armadas, ni navales ni terrestres ... Su Majestad encontrará en mí un hermano, si yo encuentro en vos un francés. Pero si olvida los sentimientos que nos unen a nuestra patria, no debe culparme si yo también olvido esos por medio de los cuales la naturaleza nos ha unido a nosotros dos.[23]

Frente a la ira de Napoleón, a Luis no tenía otra alternativa salvo iniciar algún tipo de acción, aunque lo cierto es que no le quedaba mucha capacidad de movimiento, y por ello, hacia finales de 1809, el emperador mostró su determinación de arreglar el asunto a su manera. Así fue como Walcheren y una serie de islas vecinas fueron anexionadas a Francia, mientras las tropas francesas enviadas a Holanda para ayudar a repeler la incursión británica fueron reforzadas al tiempo que se recibían órdenes para ocupar alguna ciudades en el sur del país. Y a Luis, que recibió un trato entre intimidatorio y humillante, se le dijo que luego vendría la completa anexión de Holanda a no ser que se aviniera a obedecer las órdenes procedentes de París al pie de la letra. Dándose cuenta de que la única salida que le quedaba era ofrecer el máximo de concesiones, el rey buscó frenéticamente salvar por lo menos algo del naufragio, y por eso el 16 de marzo de 1810 firmó una convención por medio de la cual entregaba los territorios holandeses situados al sur del río Waal a Francia y acordaba que las tropas francesas se ocuparan de la vigilancia del cumplimiento del bloqueo en su reino. Pero ni siquiera esto fue suficiente, puesto que Napoleón, en ese momento, ya estaba firmemente decidido a derrocar a su propio hermano. Luis ganó algo de tiempo ofreciéndose como mediador con Gran Bretaña: concretamente, una banquero holandés con conexiones familiares en Londres fue enviado a advertir a la administración Perceval que Holanda estaba a punto de ser anexionada, con la esperanza de que esto provocara una oferta de negociación por parte de Gran Bretaña. Pero lo cierto es que la independencia de Holanda resultaba en ese momento un asunto tan insignificante para Perceval y sus colegas de gabinete que éstos no hicieron absolutamente nada y, con su rechazo de la misión holandesa, Napoleón finalmente cayó sobre su hermano con ánimo vengativo. Hasta ese momento Holanda había permanecido libre de ocupación por parte de tropas francesas, pero tras un altercado callejero en el que se atacó al cochero del embajador francés, el 29 de junio los soldados de Napoleón se presentaron ante las puertas de la ciudad exigiendo que se les dejara entrar. Presionado hasta el límite, Luis estaba dispuesto a luchar, pero sus generales y ministros se mostraron mucho más realistas: la capital, argumentaban, no podía ser defendida aunque el ejército holandés hubiera estado en mejores condiciones de las que estaba. Así, no habiendo otra salida, el 2 de julio Luis abdicó y marchó al exilio a Bohemia, dejando que su país adoptivo terminara anexionándose en su totalidad a Francia.

La historia de «Lodewijk el Bueno», como se le llegó a llamar en Holanda, es la demostración palpable de que Napoleón no fue nunca otra cosa que un señor de la guerra o un conquistador. Luis había hecho verdaderos esfuerzos para conseguir que Holanda aceptara su lugar en el imperio francés intentándola convencer de que tenía un lugar en ese imperio —y que el control francés no significaba la pérdida de la independencia o el completo descuido de sus intereses—. El emperador, sin embargo, respondió con una mezcla de incomprensión y hostilidad, y, al final, terminó acusando abiertamente a Luis de traición: según Napoleón, Holanda se había convertido en una colonia británica. El hecho era que Luis actuó ingenua y tontamente. Nadie era consciente de esto salvo su desdichada reina, Hortensia:

> No pude nunca entender ... como el rey se imaginaba que iba a poder gobernar como un soberano independiente y actuar de acuerdo con lo que él entendía que era el bienestar de la gente a la que había sido llamado a gobernar... Ciertamente era un sentimiento noble, pero ¿cómo iba él a ser diferente cuando todos los soberanos de Europa ... se habían visto forzados a adoptar el sistema impuesto por el conquistador? Le dije un día a uno de sus ministros que se me vino a quejar de la severidad del emperador que ... me parecía que mi marido estaba muy mal aconsejado. Si hubiera poseído la fuerza necesaria para oponerse al emperador, puede que hubiera sido capaz de separar los intereses de Holanda de los de Francia, si pensaba que esto era lo que debía hacer, pero, sin esa fuerza, la única opción que había era marchar hombro con hombro con ese país. De este modo, Holanda, aunque al coste de unos cuantos sacrificios más, se hubiera terminado beneficiando un día de los beneficios del engrandecimiento territorial y del apoyo constante de un poderoso aliado, mientras que la política contraria solamente irritaría al emperador y le conduciría a anexionarse un país que se había negado a obedecer sus órdenes.[24]

Esto resume a la perfección el dilema al que se enfrentaron los hermanos de Napoleón y otros gobernantes de estados satélites. Podían elegir entre el camino de la resistencia o doblegarse ante la autoridad del emperador y desistir de cualquier intento de representar los intereses de sus súbditos. Por decirlo de otro modo, el poder del emperador no conocía límites.

Que éste era el caso continuó demostrándose en el transcurso de 1810. En parte esto fue el resultado de una crisis creciente que no solamente afectaba al bloqueo continental, sino también a la totalidad de la economía europea. Antes de la imposición del bloqueo, grandes áreas de Europa central y del este habían sido fuertemente dependientes de la exportación de materias primas y de productos agrícolas a Gran Bretaña. Esta actividad comercial, sin embargo, estaba completamente parada por entonces. Mientras tanto, Francia tampoco podía importar productos fácilmente o ser autosuficiente, así que los precios de los productos agrícolas subieron, y con ello entró en declive el poder adquisitivo, que ya había resultado muy dañado por unas crecientes cargas fiscales (en

Francia solo las cargas fiscales indirectas se multiplicaron por cuatro entre 1806 y 1812). Sin embargo, debido a las deficiencias técnicas de la industria francesa y a la cada vez mayor dependencia francesa del transporte terrestre, las importaciones francesas resultaban desproporcionadamente caras. Si la producción francesa crecía (como naturalmente lo hizo), entonces se iría irremediablemente hacia una crisis de sobreproducción. El asunto terminó explotando cuando se forzó aún más la imposición del bloqueo. Hacia 1810 estaba claro que Napoleón no iba a ser nunca capaz de blindar las costas europeas a los productos británicos y, además, que la expansión de la industria francesa se veía constantemente limitada por el alto precio de las materias primas procedentes de las colonias. Por otro lado, los intentos que los corsarios franceses llevaban haciendo desde 1803 por cortar las rutas del comercio británico no habían tenido prácticamente ningún efecto, sobre todo porque, a esas alturas, los británicos ya habían capturado la mayoría de las bases navales francesas en el extranjero. En respuesta, el emperador decidió que la única solución pasaba por establecer lazos directos con Gran Bretaña, publicando una serie de decretos —los de Trianon y Fontainebleau— que por un lado autorizaban la importación de bienes coloniales y por otro restringían este comercio solamente a Francia. Esto vino acompañado de medidas drásticas contra los ingentes almacenes repletos de productos de contrabando que había en muchas ciudades alemanas, holandesas e italianas.

Promulgando los decretos de 1810, Napoleón estaba, desde luego, despreciando los intereses de Europa entera, pero hay que decir que sus acciones también terminaron por tener un efecto negativo en Francia. Habiéndose extendido la especulación en las importaciones coloniales, el resultado general fue la ruina, con los comerciantes franceses teniéndose que enfrentar a los precios más bajos de las nuevas importaciones, y con los comerciantes extranjeros privados de sus existencias. Dentro y fuera de Francia se produjo una oleada de bancarrotas y una restricción crediticia que terminó por extender la crisis a la industria e indujo una severa depresión económica. Y por si todo esto no fuera suficiente, el periodo comprendido entre 1809 y 1811 vino marcado por unas condiciones climatológicas desastrosas que provocaron una subida del más del 100 por 100 en el precio de los alimentos y de los productos industriales. En términos de relaciones internacionales, los resultados fueron los peores que se podían esperar. Incluso antes de los decretos de Fontainebleau, el bloqueo continental fue difícil de imponer y menos de mantener más allá de las fronteras de Francia. Como acabamos de ver, este factor tuvo un papel muy importante en la caída de Luis Bonaparte, pero también tuvo su papel en la destrucción del Reino de Etruria y de los Estados Pontificios. Con los nuevos términos del bloqueo, la presión se redobló. Antes de octubre de 1810 la situación ya había sido bastante mala, pero por lo menos el dinero que se ganaba burlando el bloqueo iba a parar a los bolsillos de los comerciantes y empresarios locales emprendedores. En ese momento, sin embargo, esos beneficios iban a terminar derivándose hacia Francia, y lo que es peor, hacia una Francia protegida por unas abusivas barreras arancelarias que parecían diseñadas para acabar con la actividad industrial en el resto de Europa. En estas circunstancias parecía que el bloqueo estaba condenado a ser todavía más poroso que antes, así que poco tiempo después se llevó a cabo una nueva ampliación de las fronteras de la *grande nation*. El 10 de diciembre de 1810 se declaró la anexión de las ciudades libres de Hamburgo, Bremen y Lúbeck —todas ellas importantes puertos o enclaves comerciales— y el independiente Ducado de Oldenburgo se vio forzado a entregar a Francia el control de la totalidad de la costa del mar del Norte desde Holanda hasta Dinamarca (de hecho, con Lúbeck en manos francesas, las fronteras de Napoleón casi se extendían hasta las orillas del Báltico).

Como todavía había huecos en el bloqueo, el emperador en varias ocasiones amenazó con ir incluso más lejos, considerando en un momento u otro que quizá habría que proceder a la anexión de la Pomerania sueca y Nápoles. Pero no era solamente el bloqueo continental lo que estaba avivando la llama del expansionismo francés. También estaba el convencimiento por parte de Napoleón de que, aunque no eran una renegados, los Bonaparte sí que eran unos agentes muy poco eficientes dentro del imperio napoleónico. En ningún otro lugar era esto más cierto que en España y en Westfalia, reinos que sufrieron grandes cambios territoriales por esta época. Comenzando por España, desde 1808 José Bonaparte había, desde luego, estado librando una larga guerra para lograr imponer su autoridad y derrotar a las fuerzas que se le oponían. En esto hizo algunos progresos, pero la victoria todavía quedaba lejos y hacia 1810 Napoleón ya se mostraba totalmente escéptico al respecto de su competencia. El problema no eran tanto las capacidades militares de José, aunque éstas fueran claramente limitadas.

La dirección de la guerra no estaba realmente en sus manos, sino en las de los distintos comandantes de ejército. Además también estaba la evidente debilidad de carácter de José. Como Luis en Holanda, el rey intruso se mostraba comprometido con la idea de hacer el bien, mientras pensaba que su mejor baza para ganar la guerra era convencer a los españoles del benevolente carácter de su reinado y de que una política similar había funcionado cuando había sido rey de Nápoles. Se invirtió, entonces, una gran energía en una política de conciliación y de clemencia. La corte y la administración contaban con numerosos nobles que habían servido con anterioridad al régimen borbónico, y se reclutó masivamente a prisioneros españoles para que se integraran en el ejército josefino. Pero esta política estaba claramente condenada al fracaso, así que la resistencia de los patriotas españoles continuó. En opinión de José, esto se debía a la inmensa brutalidad y a las abusivas requisas que caracterizaron la ocupación francesa. Según el emperador, sin embargo, la culpa era de José. Desconfiando de su hermano mayor —ya se había, de hecho, mostrado crítico con su actuación en Nápoles— el monarca francés se sintió aún más decepcionado ante las quejas que le llegaban desde España. Típicos eran los puntos de vista de Lagarde, un oficial veterano del Ministerio General de Policía que fue enviado a España en 1809: «Casi todo se le oculta al rey ... Nunca se castiga ni la más desenfrenada licencia. A cada medida rigurosa, se le opone la constitución, como si estuviéramos viviendo en un tiempo de profunda paz. Su Majestad comprobará a través de la gaceta oficial... este sistema de conciliación y poco políticas concesiones hechas a hombres que se muestran cada vez más insolentes».[25] Y no se quedó tranquilo Lagarde cuando José invadió Andalucía en enero de 1810:

> El espíritu de la expedición, parece, es menos militar que conciliatorio. A pesar de todos los errores que se han cometido a este respeto ... el cortejo del rey le ha convencido de que solamente tiene que presentarse ante el pueblo para que éste le caiga rendido a sus pies y que, a pesar de la furia de sus líderes, la gente está preparada para arrepentirse ... Y ha sido esa manía ... la que desde el mismo momento de vuestra partida ... ha hecho que se descarten todas las medidas eficaces, y ha hecho tan difícil suprimir los feroces hábitos de desobediencia, bandidaje y asesinato favorecidos por ... las montañas y las pobres comunicaciones [de España] ... Me parece que, en lugar de continuar con las concesiones y las palabras

> dulces, que solamente sirven para envalentonar a los rebeldes, mejor sería que acompañáramos nuestra reanudación de las operaciones ofensivas con el tipo de código de conquista que demostraría a cada ciudad y pueblo lo que les espera ... Me atrevo a afirmar, incluso ... que cualquier otro sistema que no sea el del gobierno militar y la severidad perpetuará los problemas en España en lugar de solucionarlos. Por lo que respecta a todo esto, no hay otra salida que Su Majestad ... lo proclame: ya que junto al rey no hay nadie, ni francés ni español, que esté dispuesto darle un consejo enérgico.[26]

Napoleón, desde luego, no necesitaba informadores que le indispusieran con su hermano. Desde el principio le había insistido en que debía seguir una línea dura: «Es necesario mostrarse severo con los españoles. Arresté a quince de los más rebeldes aquí [Valladolid] y los he fusilado. Coge a treinta o así en Madrid ... Cuando uno trata a la chusma de esta clase con amabilidad, se piensan que son invulnerables, pero cuando cuelgas a unos cuantos, se cansan del juego y se convierten en personas sumisas y humildes».[27] Igualmente: «Evita quedarte corto de dinero. Si es necesario pide préstamos a las ciudades, corporaciones y provincias. Hay mucho dinero en España: ¡lo supimos muy pronto, cuando quería rebelarse!».[28] En diciembre de 1808, de hecho, habiendo reconquistado Madrid para su hermano, Napoleón había hecho de su capa un sayo y, sin ni siquiera informar a José, publicó una serie de decretos que abolían el feudalismo, acababan con la Inquisición y abrían el camino para la disolución de numerosas órdenes religiosas. Luego fue incluso mucho más lejos: en febrero de 1810, Cataluña, Aragón, Vascongadas y Navarra fueron arrebatadas de las manos de José y colocadas bajo la autoridad de gobernadores militares que respondían solamente ante París. Dos meses más tarde, se crearon dos gobiernos militares más en Burgos y Valladolid. Y después, el 14 de julio, Napoleón entregó Andalucía al mariscal Soult, que actuaría como un virrey: «el rey Nicolás», como llegó a conocérsele, también fue puesto al mando de casi todas las tropas francesas destinadas en España. En efecto, España estaba siendo desmembrada. José, como no podía ser de otra manera, se mostraba horrorizado. Incluso antes de que le llegaran las noticias del decreto, había mostrado su disgusto porque no podía creer que el emperador quisiera realmente verle «humillado a cada instante por órdenes que le llegaban de generales que imponen contribuciones, publican proclamaciones, promulgan leyes y me dejan en ridículo delante de mis nuevos súbditos».[29] Como vio claramente, sin embargo, la creación de los gobiernos militares hacía su posición insostenible. Citando una carta que escribió a su esposa, que se había quedado en París:

> Tengo necesidad imperiosa de saber cuáles son las verdaderas intenciones del emperador respecto a mi persona ... ¿Qué quiere de mí y de España? Si solamente me hiciera saber cuál es su voluntad: entonces ya no estaría atrapado entre lo que parece que soy y lo que realmente soy: rey de un país donde las provincias conquistadas son entregadas al gobierno de unos generales que imponen los impuestos que les vienen en gana y cuyas órdenes son no hacerme caso a mí.[30]

Atrapado en una situación imposible, José consideró la abdicación como una posibilidad, pero, avaricioso y fácil de complacer, el «rey intruso» no era Luis. En lugar de cumplir sus repetidas amenazas, más bien buscó negociar con Napoleón enviando emisarios especiales a París o, finalmente, viajando él mismo hasta la capital. Pensando que se había asegurado unas pocas concesiones, permaneció en el trono solamente para ser humillado de nuevo cuando Napoleón anunció que Cataluña se anexionaría a Francia al final de la contienda. Pero José hizo como si no le importara todo eso y todavía estaba en el trono cuando Wellington alcanzó a los franceses en Vitoria en junio de 1813, siendo el último servicio que le hizo a su hermano como rey de España el de actuar de cabeza de turco en la derrota final. En España se fracasó política, militar y financieramente. Lo mismo ocurrió en Westfalia, pero por lo menos José Bonaparte era concienzudo y no estaba falto ni de talento ni de buenas intenciones. Con Jerónimo Bonaparte, por el contrario, Westfalia contaba con un rey carente de esas virtudes. Jerónimo era un personaje singularmente irresponsable; el más pequeño de los hermanos Bonaparte —cuando fue ascendido al trono de Westfalia en 1807 tan solo contaba con veintitrés años— había contado más que nadie con la indulgencia de su hermano Napoleón, que le había tolerado todos sus caprichos. Extravagante, derrochador y fanfarrón no era una figura que inspirara gran cosa: «El señor Coussens ... cenó con nosotros —escribió lady Holland, por ejemplo—. Ha llegado de Filadelfia ... En Filadelfia vio a Jerónimo Bonaparte, que se encontraban disfrutando del lujo, estado y profusión de un joven príncipe; lo describe como bastante inteligente con un claro disgusto por la profesión que su hermano a elegido para él, y solamente amante de los caballos, los ropajes, etc.».[31] Otro testigo fue el oficial alemán Ferdinand von Funck:

> Como hermano pequeño de Napoleón no había compartido en absoluto su fortuna más allá de su repentina ascensión de individuo desconocido al rango de príncipe imperial. Era de naturaleza bondadosa pero frívolo e irresponsable ... [y] no tenía el firme sentido de la justicia de su hermano Luis, ni la cultura de José, ni mucho menos las virtudes de Luciano y Napoleón. Su meteórico ascenso había terminado en una mezcla de la confianza en uno mismo que sienten los que nacen envueltos en la púrpura con el carácter exaltado de un joven rico e indisciplinado. Como había sido educado para ser el hermano del monarca más poderoso del mundo, consideraba que nada era imposible: todo tenía, en su opinión, que dejar paso a sus meros deseos ... e incluso había que permitirle cualquier travesura que no supusiera verdadero daño. Era, por lo tanto, capaz de cometer actos de gran dureza e injusticia, no porque fuera malintencionado, sino porque era profundamente irresponsable. Los seres humanos no contaban para él. Estaban allí solo para someterse a los deseos de la familia Bonaparte, llamada por el destino a gobernarlos.[32]

Este, entonces, era el monarca que Napoleón había puesto al frente del populoso, estratégicamente importante y potencialmente rico estado de Westfalia, un estado, además, que el emperador quería que sirviera como ejemplo de los beneficios de la incorporación al imperio francés. Como le escribió a Jerónimo: «Es necesario que tu pueblo disfrute de una libertad ... nunca vivida por los habitantes de Alemania ... Tal estilo de gobierno será una barrera defensiva frente a Prusia más fuerte que ... la misma protección de Francia. ¿Por qué querría el pueblo volver a estar bajo la arbitraria administración prusiana si pueden disfrutar los beneficios de un gobierno sabio y liberal?».[33] Como cabía esperar, las cosas no terminaron saliendo bien. Desde el principio la corte de Westfalia fue vulgar incluso para los estándares de los Bonaparte. Dejando aparte las inmensas sumas de dinero despilfarradas en las residencias reales de Napoleonshöhe y Catharinenthal y en la extravagantemente uniformada Guardia Real, lo más escandaloso fue la apertura de la legislatura westfaliana el 2 de julio de 1808, apareciendo Jerónimo en esta ocasión vestido con un traje de seda blanca, una capa púrpura y un turbante decorado con una pluma y con diamantes. Mientras tanto, en la corte se vivía en una fiesta constante en la que Jerónimo tomaba parte al tiempo que satisfacía su libido con todo un desfile de amantes. Este, desde luego, no es el ambiente ideal para atraer a hombres de gran talento, y, mientras, Jerónimo no era capaz de obtener un número razonable de sirvientes leales y competentes, siendo varias de las figuras principales de la corte aventureros de dudosa reputación. Citando al embajador holandés:

> La condesa de Truchsee, que nació como princesa de Hohenzollern, llegó a ser una figura prominente de la corte, donde ejercía una considerable influencia sobre [Jerónimo] ... Facciosa, egoísta y llena de ambición, se las arregló para cautivar al joven monarca y pasar por una persona honesta y de buena voluntad ... El general Morio, el primer ministro de la Guerra, era un hombre de poco talento que no entendía ni la administración ni la organización ... Una disputa entre el joven conde de Westfalia y un secretario privado del rey ... privó al reino de los servicios de uno de los mejor nacidos y ricos de sus habitantes, pero el hecho de que una vez había sido secretario de estado de Prusia no impidió que el conde Schulenburg ... se deshonrara a sí mismo viniendo a rendir homenaje a Jerónimo y a intrigar para que le diera un puesto.[34]

Quizá hayamos ido demasiado lejos con este tema. Lo cierto es que se han hecho grandes esfuerzos por defender a Jerónimo y existen pruebas de sobra que sugieren que su administración hizo todo lo que puedo para satisfacer las demandas de Napoleón. Tampoco carecía Jerónimo de mérito alguno: aunque no era un gran general, por lo menos mostró coraje y energía enfrentándose a una revuelta interna en 1809. A diferencia de Luis, también hizo verdaderos esfuerzos por que el bloqueo se cumpliera en sus dominios, que, aunque estaban rodeados de tierra por todas partes, controlaban algunas de las rutas principales a través de las cuales el contrabando procedente de las islas Británicas se introducía en el continente. E incluso aunque Jerónimo formara una ampulosa guardia real, lo cierto es que el ejército westfaliano no era, ni mucho menos, un desastre. El reclutamiento obligatorio se impuso con grandes dificultades, pero hacia 1812 el ejército había evolucionado hasta convertirse en una eficiente fuerza de combate. Sin embargo, no hay duda de que los excesos de la corte aumentaron aún más las cargas económicas a las que tuvo que enfrentarse Westfalia, que debía mantener un ejército de 12.500 hombres, pagar por el mantenimiento de 12.500 soldados franceses, asumir la responsabilidad tanto de las deudas de los antiguos gobernantes de la región como de los costes de la ocupación francesa de 1806-1807, pagar una «contribución de guerra» de veintiséis millones de francos y entregar la mitad de los estados del elector de Hesse y sus socios a Napoleón en concepto de donación. A pesar de la creciente carga fiscal, hacia finales de 1809 el estado se encontraba en bancarrota —la deuda nacional de cuarenta y siete millones de francos de 1808 había aumentado en un solo año hasta los noventa y tres millones— y fue con un alivio considerable con el que Jerónimo recibió la noticia de que Napoleón había decidido incorporar Hanover, que desde 1807 había estado bajo ocupación francesa, a Westfalia. Además, el emperador recortó la deuda de veintiséis millones de francos que tenía Westfalia y la dejó en apenas dieciséis millones. Sin embargo, las perspectivas que se le presentaban a Jerónimo eran totalmente desoladoras. En los últimos dos años, Napoleón se había mostrado crecientemente irritado con las noticias recibidas de Kassel, y hacia el verano de 1808 su tono fue característicamente frío:

> Debes la apabullante cifra de dos millones, y has dejado muchas cuentas sin pagar: esta no es la forma de obrar de un hombre de honor. No aguantaré que nadie me falle en ningún aspecto. Vende tus diamantes ... y deja ese estúpido derroche que te está convirtiendo en el hazmerreír de Europa y que terminará por provocar la indignación de tu pueblo. Vende tus muebles, tus caballos y tus joyas, y paga tus deudas: el honor está por encima de todo. Si no haces lo que te digo, demostrarás la peor posible de las gracias cuando se la compare con los regalos que ofreces y con el lujo sin precedentes que caracteriza a tu corte ... Te recomiendo tres cosas: respeto por y reconocimiento de la existencia de un vínculo con mi persona y con el pueblo francés, al que le debes todo; una economía de lo más austera ... y finalmente el empleo de tu tiempo en aprender de las cosas que no entiendes.[35]

Incluso más asombrosa resulta la carta que le escribió a Jerónimo tras la batalla de Wagram, después de que Napoleón recibiera la noticia de que su hermano no había sido capaz de cumplir la tarea encomendada de expulsar la pequeña fuerza austriaca que había invadido Sajonia al comienzo de la campaña de 1809:

He visto una orden del día tuya que te convertirá en el hazmerreír Alemania, Austria e Italia. ¿No tienes un amigo entre tu séquito que sea capaz de decirte unas cuantas verdades? Eres un rey y un hermano del emperador, pero estas cosas no cuentan para nada en la guerra. Uno debe ser un soldado, un soldado y nada más que un soldado; fuera gabinete de ministros, cuerpo diplomático y corte; vivaquea con la guardia avanzada cada noche; permanece a caballo día y noche ... Haces la guerra como un sátrapa ... Tienes mucha ambición, pero el espíritu y las buenas cualidades que posees se ven minados por tu comportamiento necio y por tu extrema presunción, por no mencionar que no tienes ni idea de lo que es la guerra.[36]

A la vista de estos comentarios, resulta difícil entender por qué Napoleón debería entregar Hanover a Westfalia en 1809. Dejando aparte las meteduras de pata de Jerónimo, el ejército westfaliano no se había distinguido en modo alguno en su primera actuación sobre el campo de batalla: muchos de los soldados desertaron o se entregaron al pillaje, mientras que los favoritos de la corte que habían recibido un mando demostraron tener más bien escaso talento. De todas formas, se hicieron intentos desesperados por no perder el regalo. Tras los términos del acuerdo preliminar firmado el 14 de enero de 1810 se escondían una serie de cláusulas que servían para reducir considerablemente el valor financiero del nuevo territorio, mientras que habría que esperar aún tres meses más antes de que los términos finales de la transferencia de poder se llevaran a efecto, e incluso entonces Napoleón se negó a ratificar el «Acta de Cesión» que resultó. No obstante, enviados a Hanover, los representantes de Jerónimo se encontraron con que todas sus acciones fueron minadas por las autoridades civiles y militares francesas y que les despojaban de las rentas de Hanover delante de sus propias narices. Antes de finalizar el año la situación empeoró aún más. Oldenburgo y los Estados Hanseáticos no formaban un bloque continuo de territorio, así que cuando Napoleón se hizo con ellos en diciembre de 1810, redondeó el asunto haciéndose con un corredor a expensas de la mitad norte de Hanover. Para Jerónimo esto resultó un golpe catastrófico —esa parte de Hanover era la zona más próspera de todo el reino— pareciendo además el anuncio de que el destino de Westfalia terminaría siendo como el de Holanda. Pero la cosa no acabó ahí: irritado por la incapacidad de Baviera para sofocar la revuelta del Tirol en 1809, Napoleón entregó el Trentino al Reino de Italia, mientras que el distrito fronterizo de Valais (desde la reorganización que hizo Napoleón de Suiza convertido en una república independiente) fue anexionado por Francia argumentando razones estratégicas.

Volviendo a Alejandro I, por muy enfadado que pudiera estar por la constante presión ejercida por Napoleón, lo cierto es que las tribulaciones de los hermanos Bonaparte no le preocupaban gran cosa (deberíamos, sin embargo, decir, que la anexión de Holanda lo único que podía causar en San Petersburgo era una gran sorpresa: Tilsit tenía entre sus objetivos atraer a Gran Bretaña a la mesa de negociación, pero, anexionándose Holanda, Napoleón estaba actuando en contra de esta política conciliatoria). Pero a Alejandro sí que le podía preocupar lo que ocurriera en los territorios del gran duque Pedro de Oldenburgo. Pequeño, y hasta la fecha sin ninguna importancia, Oldenburgo estaba situado en la costa del mar del Norte al oeste de Hamburgo. Como tal, era un objetivo prioritario de la política expansionista francesa pero, así las cosas, Napoleón de nuevo se comportaba como si estuviera gobernando en el vacío. Por razones que no vienen ahora al caso, la familia Holstein-Eutens, la reinante en Oldenburgo, habían tenido conexiones con la dinastía Romanov durante muchos años —el gran duque Pedro, de hecho, era el tío de Alejandro— y en 1809 la hermana favorita del zar, la gran duquesa Catalina, se había casado con el heredero del gran duque. Para Alejandro, por lo tanto, Oldenburgo era un territorio afín a Rusia. Como había negociado específicamente una garantía de la independencia del Gran Ducado en Tilsit, no pudo por menos que indignarse cuando recibió la noticia de que Napoleón había decidido hacerse con este territorio. Con el zar ya enfadado por la muerte repentina en julio de 1810 de la reina Luisa de Prusia —que atribuía a las presiones que sufrió a causa de una nueva crisis en las relaciones franco-prusianas en la que el emperador demandaba el pago inmediato de la deuda total que Prusia tenía contraída con Francia y sugería que ésta se financiara, o reduciendo el ejército a una guardia real organizada en una sola brigada, o rindiendo Silesia—, su respuesta solamente podía ser violenta. Aunque las relaciones diplomáticas no se rompieron del todo, se envió a París una agria protesta. Todo esto logró, sin embargo, empeorar aún más las cosas, puesto que la única compensación que se le ofreció al gran duque fue un minúsculo territorio centrado en Erfurt que no se podía comparar ni siquiera con el pequeño territorio de Oldenburgo.

Más importante incluso que Oldenburgo era el ambiente que se respiraba en la corte rusa. Como Alejandro nunca pudo olvidar, Pablo I y su abuelo, Pedro III, habían ejercido el poder absoluto hasta el último extremo y habían terminado asesinados en medio de una revuelta palaciega. Ese mismo destino parece que en ese momento también podía cebarse con él: de 1807 en adelante, de hecho, había habido historias de complots en su contra, mientras que, ciertamente, existían sobradas razones para la conspiración. En los Balcanes, las pretensiones rusas de ser los defensores de los cristianos de la región estaban perdiendo credibilidad. Como el veterano comandante ruso, el almirante Chichagov, escribió:

> Los habitantes de la orilla derecha [del Danubio] —todos ellos cristianos— fueron víctimas de todos los horrores imaginables ... Por donde pasaba el ejército, todas sus ciudades y pueblos eran reducidas a cenizas. Mientras tanto, ya fuera por medio de la fuerza o de la persuasión, miles de personas se vieron forzadas a cruzar a la orilla izquierda; aunque se les prometió comida y cobijo, la mayoría murió por el hambre y las condiciones extremas. De este modo, la esperanza de un pueblo que había confiado en nuestros ejércitos para su liberación de los males provocados por las luchas intestinas ... que habían asolado Rumelia durante más de veinte años, terminó disipándose. Y por lo que respecta a la administración del país que ocupamos, se había sumido en tal caos que hasta surgió la hambruna en Valaquia, que es, seguramente, una de las provincias más fértiles de toda Europa. Luego vino un brote de enfermedad contagiosa, y muy pronto la tasa de mortalidad llegó a ser extrema. Según las cifras oficiales que pude consultar, entre el 1 de mayo de 1809 y el 1 de mayo de 1810 más de 100.000 personas fueron ingresadas en nuestros hospitales ... En el transcurso de mi viaje por Moldavia y Valaquia hasta Bucarest, noté que muchas casas habían sido abandonadas, y luego se me dijo que los propietarios habían dejado el campo para evitar las constantes requisas por parte de las autoridades y las continuas vejaciones por parte de la soldadesca, y ... que vivían como vagabundos en los bosques. De hecho, la disciplina se había relajado hasta tal extremo que el pillaje estaba a la orden del día.[37]

Dejando aparte los sufrimientos vividos en los Balcanes, con la victoria aún muy lejana, Rusia no podía contar con ningún tipo de compensación territorial en el Danubio, y mucho menos con marchar victoriosa sobre Constantinopla. Sus únicas ganancias territoriales en firme hasta la fecha eran Georgia, Bialystok, Finlandia y Tarnopol, y esto no era nada en comparación con las conquistas que se hicieron bajo el reinado de Catalina la Grande.

En el extranjero, por lo tanto, el prestigio de Rusia estaba de capa caída. Y las cosas no iban mucho mejor en casa. En primer lugar, el hecho de que el zar empleara a Mijail Speranski, una persona de clase baja, como primer ministro, causó malestar entre la administración y la nobleza. Algunos de los planes de Speranski —sobre todo, la introducción de una constitución— resultaban muy atractivos tras haber tenido que soportar el carácter caprichoso de Pablo I, pero, por otro lado, también resultaban bastante amenazadores. Por ejemplo, Speranski era conocido por su lucha en favor de la emancipación de los siervos, entre los cuales se había extendido una vaga idea al respecto de que Napoleón era el Anticristo y con ella un estado de conmoción milenarista. Igualmente, con su insistencia en seguir modelos que eran casi napoleónicos, el primer ministro resultaba demasiado proclive a hacer cosas como en Occidente, lo que le dejaban abiertamente expuesto a sufrir acusaciones de traición a la Madre Rusia. Pero no era solamente Speranski el que provocaba animadversión. En el ejército estaba el empeño del zar por emplear al odiado Alexei Arakcheiev en una serie de cargos importantes. Como Arakacheev había sido uno de los principales colaboradores de Pedro I en su búsqueda de la eficiencia, éste se mostraba inclinado a usar métodos propios de los peores días de ese monarca, afirmando que la Iglesia ortodoxa rusa se oponía a que Rusia se aliara con un monarca al que se veía como un enemigo de todas las religiones.

Pero lo más problemático de todo era, desde luego, el impacto producido por el bloqueo continental. Entre 1806 y 1812 las exportaciones cayeron aproximadamente en dos quintos; los ingresos por aranceles pasaron de ser nueve millones de rublos en 1805 a menos de tres millones en 1808; el valor del papel moneda que había llegado a ser progresivamente estable en el pasado cayó en un punto y medio entre 1808 y 1811; y el precio de productos coloniales tales como el azúcar y el café se quintuplicó entre 1802 y 1811. Y por lo que respecta al comercio con Francia, hacia 1811 el balance entre las exportaciones y las importaciones llegó a la increíble cifra de uno frente a 170; para empeorar aún más las cosas, mientras tanto, el algodón que tan necesario resultaba para Rusia se veía sustituido por productos de alto coste tales como el perfume. También se puede encontrar algún buen dato entre tanto desastre —entre 1804 y 1811 el número de rusos empleados en las fábricas y talleres pasó de ser 95.000 a casi 138.000, por ejemplo— pero la situación general llegó a ser terrible, particularmente porque Alejandro siempre había promovido que se establecieran lazos entre el comercio ruso y ultramar. Al mismo tiempo, también comenzaba a dudar de las posibilidades de éxito del bloqueo. «Resultaba ... imposible que Alejandro mantuviera los ojos cerrados por más tiempo ante las penosas condiciones a las que se había visto reducido el imperio por el absoluto declive del comercio», escribió la condesa lituana Sophie Tisenhaus. «¿Qué límite, además, podría uno asignar a este sistema, incluso más opresivo para los que lo han adoptado que para aquellos que se supone que tenían que ser sus víctimas?»[38] Como los problemas de Alejandro crecían por momentos, la oposición a su gobierno se hizo incluso más evidente, llegando a criticarle incluso miembros de su propia familia tales como la emperatriz viuda y la gran duquesa Catalina; prominentes miembros de las fuerzas armadas como el almirante Alexei Shishkov y el que fuera durante un tiempo ministro de Asuntos Exteriores de Pablo I, Nicolai Rostopchin; el destacado escritor Basil Karamzin, y el ministro de Justicia Georgi Derzhavin. En diciembre de 1810, por lo tanto, Alejandro decidió actuar. Como primer paso, aunque la prohibición de acceso a los puertos a los barcos neutrales ya se había relajado, publicó un decreto imperial anunciando que las tarifas aplicadas a las importaciones que llegaban a Rusia por tierra se aumentarían masivamente en relación con las pagables en bienes que venían por mar. Ni Gran Bretaña ni Francia fueron mencionadas expresamente, pero, dadas las circunstancias, nada podía resultar más claro: se iba a permitir la entrada a los productos coloniales de la primera y prohibir la entrada al vino y a las manufacturas de la segunda. En realidad, Rusia no se retiraba del bloqueo continental —los barcos británicos siguieron siendo capturados en gran número hasta 1812—, pero resultaba demasiado obvio que ya no se podía contar con que Alejandro lo reforzara y aún más claro todavía que el intento por parte de Napoleón de transformar a la totalidad de Europa en un mercado cautivo nunca podría extenderse hacia el este más allá de Varsovia.

La *ukase* del zar de diciembre de 1810 era un ataque directo contra Napoleón y, por lo tanto, éste debería habérselo tomado muy en serio. Pero la actitud del emperador hacia la creciente crisis queda muy clara en la entrevista que mantuvo con el embajador Caulaincourt cuando éste fue llamado a consultas a Francia a comienzos del verano de 1811. Llegando a París el 5 de junio, Caulaincourt se presentó inmediatamente en la corte:

> Su majestad me recibió fríamente, y en seguida comenzó enumerar acaloradamente sus ... quejas contra el zar Alejandro ... Habló de la *ukase* que prohibía las importaciones extranjeras, y de la admisión de barcos neutrales en los puertos rusos, lo que, dijo, constituía una violación del Sistema Continental. Continuó diciendo que el zar era traicionero, que se estaba rearmando para hacer la guerra a Francia, que las tropas de Moldavia ya estaban en marcha hacia el Dvina.[39]

Ante esta diatriba, Caulaincourt se mantuvo firme. Los rusos, dijo, tenían quejas económicas legítimas y Napoleón no podía mostrarse sorprendido porque éstos siguieran el precedente establecido por medio de los decretos de Trianon y de Fontainebleau. Añadió que Alejandro siempre había actuado de buena fe; que los movimientos de tropas detectados no eran más que medidas defensivas completamente comprensibles tal y como estaban las cosas; y que casi cada medida tomada por Napoleón desde el verano de 1809 había significado un perjuicio para los intereses rusos. Alejandro, insistió Caulaincourt, no quería la guerra, y todo se resolvería si Napoleón le daba las necesarias garantías al respecto del Gran Ducado de Varsovia y retiraba sus tropas de Prusia. «Finalmente, me dirigí al emperador con franqueza y le dije que, si quería una guerra, su gobierno estaba haciendo todo lo posible para provocarla; de hecho parecía que estaban clamando por ella desde los tejados, y que si consideraba que merecía la pena mantener la alianza con Rusia, entonces era incapaz de comprender qué quería conseguir pinchando a Rusia de esa manera.»[40]

Como cabía esperar, la respuesta de Napoleón fue extremadamente fría. «El emperador se enfadó mucho conmigo, y me dijo que me había dejado embaucar por ... los rusos, y que no entendía lo que estaba pasando.»[41] Este arranque de furia vino seguido por una serie de intentos por su parte de mostrarse como la víctima inocente en todo este asunto. Su conducta hacia Rusia había sido justa y moderada; no quería la guerra con Alejandro; solamente quería que Rusia cumpliera las obligaciones contraídas en el tratado y que se comportara como una amiga y aliada; que no podía retirar su guarnición de Prusia sin que eso supusiera una humillación pública. Pero, aun así, Caulaincourt no se rindió. Ir a la guerra contra Rusia, dijo, sería difícil y peligroso: ¿Qué pasaría, por ejemplo, si los rusos evitaran la batalla y se retiraran hacia el interior? Napoleón, sin embargo, no se mostró menos cabezota. Los rusos serían derrotados («una buena batalla —dijo— acabará de una vez por todas con ... la resolución de Alejandro»)[42] y, una vez tratado ese tema, volvió a insistir en que Rusia quería la guerra, desechando cualquier posibilidad de llegar a un compromiso con ella, y alegando que los lituanos llevaban tiempo pidiéndole su liberación. Tras cinco horas de discusión, la entrevista concluyó, dejando a un agotado Caulaincourt con una única esperanza de mantener la paz con Rusia: que la guerra en España evitara que Napoleón volviera su mirada hacia el este.

Antes de que abandonara Rusia, Alejandro le dijo a Caulaincourt en repetidas ocasiones que no quería la guerra. Pero esto era falso. En la primera mitad de 1811 el zar estaba ciertamente considerando llevar a cabo una política muy diferente. Tras el tratado de paz firmado con Suecia en 1809, Finlandia, se recordará, había sido anexionada a Rusia. Sin embargo, no fue simplemente absorbida por el imperio ruso, sino que más bien se le dio el estatus de gran ducado, incluso aunque su gran duque fuera para siempre el zar de Rusia. Y no solamente esto, sino que a Finlandia se le concedió una constitución, aunque una un tanto anticuada: la asamblea finesa, por ejemplo, no se sentaba en una sola cámara, sino que había cuatro estados diferentes. De esta manera se mantenía un fino hilo de autogobierno sin que éste amenazara el control ejercido por parte de los rusos: siempre virtualmente sin poder, la asamblea se reunió en una única sesión en 1809 para no volverse a reunir hasta 1863. La importancia de estos acontecimientos para lo que nos ocupa es que ofrecían una solución para el problema polaco, y, en particular, restauraban el control de Polonia que Rusia había disfrutado en el siglo XVIII. Ya muy favorecida por Czartoryski, esta no era, desde luego, una idea nueva, pero la existencia del recién estrenado Gran Ducado de Finlandia le otorgaba una credibilidad de la que probablemente hubiera carecido antes. Y convencidos de que la dominación rusa era la mejor vía para mantener sus privilegios, muchos nobles polacos se mostraron interesados por esta opción. En el transcurso de la campaña de 1809, de hecho, una diputación de nobles polacos había visitado el cuartel general de Golitsyn y le habían prometido el apoyo de todos los polacos si Alejandro reconstruía el viejo estado polaco con él como soberano. ¿Por qué no, entonces, darle la vuelta a la situación ofreciendo a los polacos un arreglo como el de Finlandia que uniría el Gran Ducado de Varsovia con esas vastas franjas de territorio polaco que estaban controladas por los rusos?

Animado aún más por el hecho de que esa política le permitiría cumplir su sueño de ser un libertador, en enero de 1811 Alejandro se comprometió a restaurar el Reino de Polonia con las fronteras que tenía antes de la primera partición en 1772 (incluidos en esto, por supuesto, no solo estaban los territorios tomados por Rusia y el Gran Ducado de Varsovia, sino también la Galitzia austriaca y la Pomerania prusiana). Por lo que respecta a las bases políticas del nuevo estado, éstas consistirían en la constitución radical de 1791, que había reducido enormemente el poder de la nobleza y creado un gobierno central fuerte. Con toda probabilidad Alejandro hubiera preferido la mucho más débil constitución que había gobernado Polonia en el siglo XVIII, pero al final fue persuadido por Czartoryski —todavía su principal consejero por lo que se refería a Polonia— de que no había otra opción si se quería que el nuevo estado fuera una entidad creíble. En prueba de las buenas intenciones de Alejandro, mientras tanto, se habló mucho de una constitución para Lituania, que estaba formada por la mitad norte de los territorios tomados a Polonia en la partición de 1772.

Implícita a la idea de la Polonia rusa estaba, desde luego, una guerra contra Napoleón. Tampoco resultaba esto sorprendente, desde luego. Como al desafío se respondía con el desafío y al desaire con el desaire, Alejandro llegó a convencerse de que Napoleón estaba planeando un ataque contra Rusia. «Napoleón nunca hará una tontería —le dijo a Czartoryski—. Es algo que resulta inconcebible, y esos que lo creen no le conocen en absoluto. Es alguien capaz de mantener la cabeza fría incluso ante el mayor caos. Todos sus arranques de ira no son más que para intimidar quienes le rodean ... No hace nada sin haber pensado antes todo con detalle y sin haber previsto las consecuencias. Las más violentas o audaces de sus acciones están fríamente calculadas.»[43] Y si Napoleón estaba listo para la guerra, la única cosa que quedaba por hacer era elegir el momento en que Rusia debería luchar y hacerlo en las mejores condiciones posibles. Así que por lo que se refería a Alejandro, además, el momento para la acción había llegado. Napoleón tenía el terrible embrollo de la guerra en la península, pero tales eran los éxitos que estaban alcanzando sus ejércitos en ese momento allí que no se podía garantizar que esa distracción durara mucho tiempo. A los polacos, de hecho, no solamente se les ofrecía su histórico reino, sino que también se les llamaba a la rebelión. Y no iban a ser los únicos aliados de Alejandro. El 13 de febrero de 1811 Alejandro escribió a Francisco I para pedirle el apoyo austriaco y para prometerle Moldavia y Valaquia si a cambio cedía Galitzia al restaurado Reino de Polonia, mientras que también se propuso entrar en la guerra a Prusia y a Suecia. Todo esto vino acompañado de movimientos de las tropas rusas y de otros preparativos bélicos: la producción de armas aumentó, y una fuerza de 200.000 hombres, incluyendo cinco divisiones traídas del frente balcánico, se reunió en la Rusia Blanca junto con una red de polvorines y campamentos atrincherados.

Aunque, en cuestión de semanas, todos los planes se fueron al traste, siendo una de las principales causas de este fracaso el que los polacos, finalmente, no se mostraran dispuestos a colaborar. Ciertamente, para ellos, en primer lugar, lo que probablemente iba a acarrear la guerra era la devastación total, ya que por fuerza el grueso de la lucha tendría lugar en suelo polaco. Y en segundo lugar, si bien es verdad que había algunos nobles que temían las reformas sociales iniciadas por el Gran Ducado de Varsovia, no es menos cierto que había muchos otros que estaban dispuestos a dejar esos miedos de lado, y que simplemente veían a Napoleón como una apuesta más segura. Citando a Oginski:

> Casi todo lo que sucedió en ese tiempo alentó nuestras esperanzas. Napoleón reconoció libremente el valor de los polacos, y parecía disfrutar manteniendo su alianza con ellos. Había aumentado los efectivos de las viejas legiones [polacas] y había formado otras que habían luchado con distinción en la campaña de 1809. Había organizado una unidad de lanceros polacos a los que profesaba un gran afecto, y a los que incluyó en su guardia. Y no solo había dado el título de Gran Ducado de Varsovia a esa parte de Polonia que le había arrebatado al Rey de Prusia, el nuevo estado contaba con un ejército ... un sistema fiscal, un senado, ministerios para cada rama de la administración y una legislación que recordaba a la del antiguo reino. Como todo esto existía a una escala que sobrepasaba de lejos los límites de su población y sus fronteras, uno llegaba a suponer que el emperador ... todavía se guardaba en el bolsillo proyectos que eran mucho más grandiosos e incluso más ventajosos para los intereses de los polacos.[44]

Czartoryski, por lo tanto, no solamente no fue capaz de proveer el apoyo que Alejandro esperaba, sino que le dio la espalda a la idea de la guerra, pidiéndole en su lugar al zar que considerara solucionar el asunto de Polonia y otras diferencias que mantenía con Napoleón por medio de la negociación.

Sin embargo, aunque hubiera resultado muy útil, el apoyo polaco no era lo más esencial en las circunstancias que se vivían entonces: con Austria, Prusia y Suecia de su lado, Alejandro podría haber ido a la guerra con garantías. Pero no había ninguna posibilidad de poder contar con estos países para la guerra. En Austria el intento ruso por iniciar una reacercamiento, por no hablar de una alianza militar, fue abortado por Metternich, que abandonó la misión que por iniciativa propia había iniciado en París y se apresuró a volver a Viena para mantener a Francisco por el camino de la paz y de la amistad con Francia:

> Todo parece indicar que el emperador Napoleón está en este momento poco dispuesto a iniciar una guerra con Rusia. Pero no es menos verdad que el emperador Alejandro se ha entregado, *nolens volens*, al partido de la guerra, y que la iniciará porque se aproxima rápidamente el momento en que no podrá por más tiempo frenar ni la reacción del partido de la guerra en los asuntos internos de su imperio ni el ímpetu de su ejército ... Rusia intentó hace tiempo comprometernos para que lucháramos a su lado ... Me pareció necesario que, para responder a estas demandas de Rusia, algunas veces aparentes, otras ocultas, se debía hacer una declaración verbal ... que Su Majestad está firmemente decidida a dedicarse al mantenimiento de la paz; que, en el caso de que se iniciara una guerra, Su Majestad asumiría una posición neutral e independiente ... [y] que, como la misma Rusia debe ver, cualquier acción nuestra en su favor es totalmente imposible en una momento en que Su Majestad debe mantener relaciones de amistad con el gobierno francés, del que no tenemos queja alguna en este momento.[45]

En Prusia quizá el panorama era algo más esperanzador, ya que esos miembros del ejército que formaban parte del partido reformista estaban deseando entrar en guerra. Dirigidos por Geisenau, clamaban a voces por una revuelta masiva contra los franceses. Este movimiento, afirmaban, era el único camino para restaurar el honor y el alma de Prusia. Pocos, salvo los oficiales más sedientos de sangre, harían un solo movimiento sin contar con el apoyo de Rusia, y Federico Guillermo se mostraba tan evasivo como de costumbre. Al final, asustado, quizá porque se temía que ni siquiera la absoluta sumisión a los franceses le garantizaría la conservación de los pocos dominios que le quedaban, el rey cedió, y en el verano el jefe del nuevo estado mayor, el general Scharnhorst, fue enviado a San Petersburgo a negociar un tratado. Se celebró tal y como estaba previsto una convención militar, pero por entonces era demasiado tarde: en el momento en que se había necesitado, los prusianos no habían ido a la guerra; y en Suecia, Bernadotte solamente iría a la guerra a cambio de que se le concediera la Noruega controlada por los daneses, pero en 1810 Alejandro todavía no había llegado al punto en que estaría dispuesto a sacrificar Dinamarca para complacer a Suecia, así que en este caso tampoco se pudo llegar a un acuerdo.

Completamente descorazonado por el fracaso a la hora de encontrar alianzas, Alejandro decidió evitar el conflicto. De hecho, la idea de un ataque preventivo fue olvidada, ya que Caulaincourt tenía toda la razón cuando informó en junio de que Rusia no dispararía el primer tiro en una guerra contra Francia. En ese momento, la pelota estaba en el tejado de Napoleón, que se decidió por una política de confrontación de la que hay sobradas evidencias. Caulaincourt fue reemplazado por el más maleable Lauriston, un general que tenía una larga historia como uno de los lacayos más dignos de confianza de Napoleón, y el mediocre ministro de asuntos exteriores, Champagny, fue reemplazado por el completamente fiel editor de *Le Moniteur*, Hugues Maret. Se contactó con Prusia, Suecia, Turquía y Austria para ofrecerles una alianza. Se comenzaron a concentrar tropas en Polonia con propósitos que eran ostensiblemente «defensivos». Y, como siempre cuando las hostilidades se hacían inminentes, se utilizaba una recepción formal en la corte para comunicar los propósitos imperiales. En la recepción ofrecida para celebrar el cumpleaños de Napoleón el 15 de agosto de 1811, el embajador ruso Kurakin se vio sometido a una invectiva pública de treinta minutos en la que se acusaba a Alejandro de mala fe y de belicismo. «No soy tan estúpido como para creer que es Oldenburgo lo que os preocupa —dijo enfurecido el emperador—. Creo que Polonia es la clave del asunto. Creéis que tengo planes para Polonia, sin embargo empiezo a pensar que queréis quedárosla para vosotros. ¡No!, aunque tu ejército estuviera acampado en las mismas colinas de Montmartre, no cedería ni un centímetro de tierra de Varsovia, ni un pueblo, ni un molino. ¿Contáis con tener aliados? ¿Dónde están? ¡Me parece que sois como liebres a las que disparan y se quedan desorientadas, sin saber hacia dónde correr!»[46] Para completar el panorama, el embajador polaco, el conde Dzialynski también tuvo una conversación pública en la que Napoleón le hacía preguntas, «hablando en voz alta para que todo el mundo supiera la importancia que concedía a los intereses de ... el Gran Ducado».[47]

Pero todavía no había llegado el momento de la ruptura definitiva: Kurakin permaneció en París, y a él se le unieron dos enviados especiales, Chernichev y el futuro ministro de asuntos exteriores, Karl von Nesselrode. Tampoco, Napoleón lanzó un ultimátum a Alejandro ni anunció cual era el objetivo de la gran movilización que en ese momento paralizaba el imperio. Pero el emperador estaba dispuesto a romper con Rusia de una vez por todas. En todas las ocasiones todos los intentos por evitar los enfados de Napoleón fueron vanos. El general holandés, Dedem de Gelder, por ejemplo, fue llevado aparte por Nesselrode, que le dijo que Alejandro quería realmente vivir en paz con Napoleón y que su única queja estaba relacionada con el Sistema Continental. «Ni ustedes ni nosotros necesitamos una nueva guerra —dijo Nesselrode—. Si ustedes tienen su cáncer en España, nosotros lo tenemos en Turquía: la guerra que estamos librando allí es tan impopular y desastrosa como la que ustedes están librado en la península.»[48] Dedem pensó que era su deber informar de esta conversación a Maret, pero la respuesta de este último fue demoledora: «Rusia solamente cuenta con una opción: debe seguir nuestro sistema al pie de la letra, y para que podamos comprobarlo, debe permitirnos enviar funcionarios franceses de aduanas incluso a Reval o Kronstädt».[49]

Tanto entre los soldados como entre los hombres de estado o civiles, solamente había una convicción: la guerra con Rusia estaba próxima. La perspectiva, sin embargo, no resultaba muy popular precisamente. «La popularidad de Napoleón estaba comenzando a declinar —escribió un estudiante de medicina—. Las tropas se reclutaban sin parar para la campaña rusa aunque, a esas alturas, ya todas las familias lloraban por un marido o por un hijo, así que lo que más temían todos era otro baño de sangre. El emperador supervisó todos los preparativos de la expedición en persona. La mayoría de los regimientos que iban a tomar parte en ella se concentraron en París y fueron pasados revista puntualmente por él mismo. Las tropas estaban ansiosas por luchar. La sola presencia del Napoleón electrizaba a los soldados. Pero se veían más barbilampiños en las filas que barbudos. La guerra en España ... nos había arrebatado a nuestros soldados más experimentados ... La constante necesidad de soldados había reducido la edad de reclutamiento de veinte a diecinueve y, luego, a dieciocho. Eran solo niños, y muchos de ellos eran totalmente incapaces de soportar las penalidades de la campaña.»[50] Pero para todo esto Napoleón solamente tenía una respuesta. En palabras de Hortensia de Beauharnais: «Incapaz de comprender por qué era necesario, toda Francia se quejaba de una guerra que no deseaba. El emperador siguió considerándola como el último esfuerzo que pondría fin a todos nuestros sacrificios. Pensaba que no había nada imposible para el coraje francés, y no dejaba que nada le detuviera».[51]

Pero establecer los hechos es una cosa, y establecer un motivo para las acciones de Napoleón es otra muy distinta. A pesar de cada argumento contrario —y de que hasta el último momento Caulaincourt intentó desesperadamente persuadirle de que Alejandro todavía quería la paz y que esa guerra con Rusia solo conduciría al desastre—, Napoleón respondió que él mismo también quería la paz, que Alejandro estaba predispuesto a la guerra y que, por lo tanto, estaba iniciando una campaña defensiva. Además afirmaba que era una guerra para la liberación de Polonia e incluso que su objetivo era la defensa de la civilización occidental frente a la amenaza del Este. Como le dijo a Caulaincourt (que fue forzado a formar parte del cuartel general del emperador como consejero diplomático) cuando la *grande armée* llegó a Vilna:

> He venido a acabar, de una vez por todas, con el coloso de los bárbaros del norte. Deben ser devueltos a la nieve y al hielo para que durante por lo menos un cuarto de siglo no puedan interferir en la Europa civilizada. Incluso en los días de Catalina los rusos contaban bien poco en la política europea. Fue la partición de Polonia lo que les puso en contacto con la civilización. Ha llegado la hora en la que Polonia debe librarse de ellos ... Debemos aprovechar esta oportunidad y enseñar a los rusos una desagradable lección sobre sus dictados al respecto de lo que sucede en Alemania ... Desde Erfurt Alejandro se ha vuelto muy altanero. La adquisición de Polonia le ha trastornado. Si quiere obtener victorias, dejémosle que derrote a los persas, pero no le permitamos mediar en los asuntos de Europa.[52]

No se debería prestar mucha atención a estos argumentos. La idea de una cruzada en defensa de la civilización occidental había estado ausente del discurso de Napoleón hasta ese momento, mientras que el verdadero lugar que Polonia ocupaba en sus pensamientos lo sugiere una conversación mantenida con Oginski, que fue advertido por el gran maestre de palacio, el general Duroc —siempre un confidente cercano al emperador— que «el restablecimiento de una Polonia independiente no podía ser considerado otra cosa que un proyecto quimérico y que era un sueño que jamás se haría realidad; que, de todas formas, Polonia nunca había sido realmente independiente; que había estado sumida en un estado de anarquía durante muchos años; que la libertad de la que estaba hecha no consistía más que en los vehementes discursos que los nobles tenían derecho a pronunciar en las reuniones de la Dieta; que la actitud servil de los campesinos siempre había sido un impedimento para el establecimiento de un buen gobierno; y, finalmente, que los polacos tenían opiniones demasiado divergentes y que los nobles se mostraban demasiado celosos de sus privilegios como para que algún día Polonia pudiera unirse de nuevo a las potencias de Europa».[53] Dentro del régimen, por lo tanto, se hacían pocas ilusiones. «La idea se ha mantenido en su cabeza durante más de un año», dijo un miembro del Consejo de Estado a un viejo amigo que había venido a París en una misión oficial en otoño de 1811. «Los asuntos de la península le atormentan de la mañana a la noche: el conflicto es como un gusano que le come por dentro. Quiere lanzar una gran ofensiva que pondrá el Norte [i.e. Rusia] de rodillas, y se ha persuadido de que debe terminar no solo con ella, sino también con España y Portugal. Eso, por lo menos, es lo que yo he deducido ... de las medidas que ha implementado una tras otra ... Y por encima de todo eso, te diré lo que me sugiere mi instinto. Puede que me equivoque, pero, ¿no será que vuelve la manía de acumular conquista tras conquista, ya da igual que sea en tiempo de paz que en tiempo de guerra? ¿No será que Francia siempre le parece demasiado pequeña, incluso ahora que se extiende entre Roma y Hamburgo?»[54]

Si esta es la opinión de los hombres todavía leales a Napoleón, no tiene mucho sentido que intentemos encontrar una mejor entre quienes se le oponían. Uno de ellos era el antiguo ministro de Policía, Joseph Fouché, que culpaba de todo a «la extravagante ambición del jefe del estado». Ansioso por alcanzar la paz, Fouché esperaba al emperador armado con un largo informe en el que le advertía de los peligros de la guerra, solo para encontrarse con el mismo muro de piedra con el que había chocado Caulaincourt:

> No hay crisis. La presente guerra es puramente política. No puedes juzgar mi posición, ni el aspecto general de Europa. Desde mi matrimonio se ha pensado que el león ha estado dormido: ya veremos si lo está o no. España caerá tan pronto como haya acabado con la influencia inglesa en San Petersburgo. Quería 800.000 hombres y los tengo. Toda Europa sigue mi camino, y Europa es una vieja puta podrida con la que puedo hacer lo que me venga en gana ... ¿No fuiste tú el que me dijo en el pasado que el genio consistía en no encontrar nada imposible? Bien, en seis u ocho meses verás lo que las cosas a gran escala pueden conseguir cuando se las combina con un poder que puede ejecutarlas. Me guío por la opinión del pueblo y del ejército, más que por el vuestro, caballeros que sois demasiado ricos y que solamente teméis por mí porque mi caída puede implicar vuestra propia caída. Estad tranquilos: considerad la guerra con Rusia como dictada por el buen sentido y por una consideración justa de los intereses, el reposo y la tranquilidad de todos. Además, ¿cómo podré ayudar al mundo si un exceso de poder me conduce a asumir la dictadura universal? No habiendo tú contribuido, ni muchos otros que ahora me culpan, y que harían un rey *débonnaire* de mí. Mi destino no se ha cumplido todavía: debo terminar lo que todavía es un mero plan. Debemos tener un código europeo, una corte de apelación europea, la misma moneda, los mismos pesos y medidas, las mismas leyes: debo amalgamar a todos los pueblos de Europa en uno, y París debe ser la capital del mundo. Ese... es el único final que encaja con mis planteamientos.[55]

Fouché no es una de las fuentes más fiables, pero no cabe duda de que, incluso aunque esta jactancia al respecto de la monarquía no sea más que una pura invención, que Napoleón se mostraba exultante en los meses previos a la guerra con Rusia. No solo la vida en la corte fue particularmente brillante en esa época —«nunca fueron los entretenimientos ofrecidos, las recepciones, los banquetes y los bailes más numerosos que los del invierno de 1811-1812»—,[56] también el propio emperador se mostraba de muy buen humor. «Las miradas ansiosas de los cortesanos me parecía que contrastaban con la confianza mostrada por el emperador. Nunca había gozado de tan buena salud. Nunca había visto sus facciones ... iluminadas con ese brillo de vigor mental, o con mayor confianza en sí mismo, fundada en la profunda convicción de su prodigioso poder.»[57] El hecho era que, animado por personajes como Maret, Napoleón estaba convencido de que podría obtener una gran victoria en Rusia, y por lo tanto no veía razón alguna para tener que evitar la confrontación con Alejandro. El ejército ruso, estaba seguro, sería alcanzado y derrotado, dejándole libre para imponer su voluntad sobre sus oponentes. Y por lo que se refería a las dificultades de la guerra en el interior de Rusia, en ese momento ni siquiera pensaba en iniciar la ofensiva. «Napoleón estaba convencido de que el ejército ruso iniciaría la campaña cruzando las fronteras de su país —escribió Metternich—. Ante mi convicción de que el emperador Alejandro esperaría el ataque del ejército francés y que intentaría desconcertarlo por medio de una retirada, Napoleón se opuso aduciendo razones estratégicas y relacionadas con el carácter y la manera de pensar de Alejandro, al que él creía que conocía perfectamente.»[58]

La campaña de 1812, por lo tanto, no se prejuzgó tan equivocadamente como podía considerarse a primera vista, quizá porque puede que no se haya considerado lo que la imperativa voluntad del emperador sobre Rusia significaba. Habría habido, sin duda, una Polonia más grande, mientras que Rusia se hubiera visto forzada a someterse una vez más al bloqueo continental y a pagar una cuantiosa indemnización. Pero eso todavía dejaba abierto el asunto de cómo una herida y llena de amargura San Petersburgo quedaría integrada en el imperio napoleónico, y eso si acaso permitía la presencia de los oficiales de aduanas franceses de los que habló Maret. ¿Iba Rusia, como Prusia, a aceptar la presencia permanente de una guarnición francesa? Hacer tales preguntas significa, desde luego, asumir que Napoleón era un ser racional. Según algunos de sus biógrafos, tan irracional fue la decisión de ir a la guerra contra Rusia que solamente se puede explicar como consecuencia de la crisis de la «mediana edad» en la que el emperador, acuciado por el advenimiento de esa etapa de su vida, respondió a los fracasos que sufría en España metiéndose en una búsqueda desesperada por la gloria y el dominio supremos. Resulta imposible sostener tales argumentos, pero el algún modo menos atrevido argumento de que Napoleón necesitaba una nueva guerra para dar más lustre a su prestigio no parece descabellado. E incluso aunque esto no hubiera sido así, lo que sí es cierto es que el emperador seguía siendo prisionero de su propio exceso de confianza y de su vanagloria. Como escribió Molé:

> Resulta curioso que Napoleón ... nunca descubriera dónde está el punto donde comienza lo imposible. Cuanto más lo conocía, más grande era mi convicción de que ... solamente pensaba en satisfacer sus propios deseos y en aumentar incesantemente su propia gloria y grandeza. El menor obstáculo hacía que se encolerizara: sacrificaba cualquier cosa para vencerlo, y se sentía satisfecho al comprobar que, siempre que se producía un contratiempo, nada podía resistirse a su poder y a su voluntad; cuando había que elegir entre el presente y el futuro él prefería el presente como lo más cierto y más sujeto a sus designios. En una palabra, pensaba menos en dejar ... una dinastía tras de sí que un nombre que no tuviera rival y una gloria que nunca pudiera ser superada. Incluso más extravagante que fantástico en sus ideas, su tratamiento de España y de la cabeza del mundo católico había mostrado que la acción inmoral o el abuso de poder no significaban nada para él si con ello conseguía sus objetivos. Pero más que todo eso era su expedición a Rusia un plan para un bloqueo continental dejando claro a todo el mundo ... que solo la muerte podría poner límites a sus planes o freno a su ambición.[59]

Lo que hace la tesis de la «gloria» más creíble es que por esta misma época resurgió el conocido como «espejismo oriental», la idea de que Napoleón podría establecer un imperio oriental siguiendo el modelo de Alejandro Magno mientras que, al mismo tiempo, asestaba un duro golpe a los británicos expulsándolos de la India. Este proyecto fue objeto de muchas conversaciones en palacio, y se llegó a pensar que su consecución era el verdadero objetivo de la nueva guerra. Como un general le preguntó a Ana Potocka, una noble polaca que había viajado a París en el séquito de María Luisa. «¿Qué quieres que te traiga de la India?»[60] Dejando aparte tales intercambios, otro factor que debemos considerar aquí es el lugar que ocupaba Persia en los planes del emperador. El colapso de la misión de Gardanne no había puesto fin a las ambiciones de Napoleón al respecto de ese estado, habiéndose hecho repetidos intentos por restaurar la presencia francesa en Teherán. ¿Vamos, entonces, a tomarnos en sentido literal las observaciones que Napoleón se supone que le hizo a su edecán, Narbonne?

> Este largo camino es el camino a la India. Alejandro salió de un lugar que estaba tan lejos como Moscú para llegar hasta el Ganges. Pero el pirata inglés y el monárquico francés, los cuales dirigieron juntos el fuego de los turcos, junto con la plaga me forzaron a abandonar el sitio. Des-

pués de San Juan de Acre habría conquistado media Asia y tomado Europa por la espalda en mi intento de asegurar los tronos de Francia e Italia. Bien, hoy estaré marchando por los confines de Europa para tomar Asia por la espalda y atacar a los británicos. Tú conoces ... las misiones de Gardanne y Jaubert a Persia. Nada se ha conseguido con ellas, pero conozco lo suficiente la geografía y las condiciones de la población para llegar a... India a través de Erivan y Tiflis ... Imagina que tomemos Moscú, que Rusia sea derrotada, [y] el zar sea derrocado o asesinado en un complot palaciego ... y dime que es imposible para un gran ejército de franceses y auxiliares que partan de Tiflis alcanzar el Ganges, donde el mero toque de una sable francés será suficiente para acabar con la base de la grandeza mercantil [de Gran Bretaña] por toda la India.[61]

Aquí uno vuelve a la idea de que la guerra rusa era un paso necesario en la guerra con Inglaterra, pero usar esta idea para justificar las acciones de Napoleón en este punto puede resultar contraproducente. Dado que la brecha que representaba Rusia en el marco del bloqueo continental era insignificante, ¿blindarla al comercio lograría los resultados que se suponían? ¿Era una expedición a la India, incluso con la cooperación de los rusos, una posibilidad razonable? E incluso conquistando la India, ¿se conseguiría dejar a Inglatera fuera de combate? Como Narbonne dijo después: «¡Qué hombre! ¡Qué ideas! ¡Qué sueños! ¿Dónde está el sostén de este genio? Es apenas creíble. Uno no sabe si está en Bedlan o en el Panteón».[62]

Fueran las que fuesen las razones para las acciones de Napoleón, Europa se encontraba inmersa en una actividad diplomática frenética. Dándose cuenta de que la convención que Scharnhorst había firmado con Rusia ofrecía pocas esperanzas —más que los rusos enviaran tropas a Prusia, se esperaba que los prusianos abandonaran su reino y se unieran a los rusos en Polonia—, en noviembre Federico Guillermo III cedió a la presión francesa y estuvo de acuerdo en establecer una alianza. Firmada en febrero siguiente, el tratado resultante no solamente proporcionó a Napoleón una fuerza auxiliar de 20.000 hombres, sino que también garantizaba a la *grande armée* todo el abastecimiento requerido. En Viena, al mes siguiente, Metternich seguía el ejemplo: Austria, se acordó, enviaría 30.000 tropas para unirse a Napoleón, y además entregaría el resto de sus territorios situados en Galitzia al Gran Ducado de Varsovia, confiando en que esto provocaría la devolución de las provincias Ilirias, el Tirol y posiblemente hasta de Silesia (hasta la década de 1740 en poder de los austriacos) y la oferta de una garantía francesa de las fronteras del Imperio Otomano. Tanto en Austria como en Prusia se hicieron esfuerzos secretos para convencer a Alejandro de que las alianzas con Francia se habían firmado solamente para guardar las formas, pero esto no eran más que zalamerías porque, a no ser que Napoleón sufriera una catastrófica derrota, ambas potencias seguirían del lado de los franceses. Por otro lado Francia también quería quedar como la agredida y no como la agresora, así que en abril de 1812 se enviaron nuevas propuestas de paz a Londres. España recuperaría sus fronteras de 1808 y, junto con Portugal, la existencia de estos estados sería garantizada tanto por Gran Bretaña como por Francia; Nápoles quedaría en manos de Murat y Sicilia sería para Fernando IV y María Carolina. Como concesión extra, los Braganza podrían volver a Lisboa, pero José iba a permanecer como rey de España, aunque tendría que aceptar la constitución promulgada por las Cortes de Cádiz en 1810, mientras que Gran Bretaña tendría que retirar todas sus fuerzas del continente. Esta propuesta, sin embargo, fue rechazada de plano: de este modo, igual que se hizo en 1803, Napoleón podía argumentar que los responsables de la continuación de la guerra eran los británicos.

Sin embargo la guerra diplomática no era, de ningún modo, unilateral. Tanto en los Balcanes como en el Báltico el emperador fue cogido desprevenido y sin unas alianzas que él había dado por seguras. En los Balcanes los rusos habían comenzado otra vez a ganar batallas. El año 1811 había comenzado con ellos a la defensiva y buscando un acuerdo de paz, pero Constantinopla rechazó cualquier tipo de acercamiento, y en el verano comenzó una gran contraofensiva en el sector central del frente del Danubio. El principal objetivo era el puesto avanzado ruso de Rustchuk. Tras soportar un asalto a gran escala el 4 de julio, la ciudad fue evacuada y en septiembre los turcos se pusieron manos a la obra para poder conseguir que su ejército cruzara el Danubio. El progreso fue lento y a comienzos de octubre todavía las fuerzas turcas estaban divididas en dos por el río. Por entonces comandaba las fuerzas rusas el inmensamente capacitado y experimentado general Kutuzov. Asistido por algunas tropas procedentes de Polonia, el 13 de octubre lanzó una audaz maniobra que llevó a gran parte de su ejército a través del río hacia el oeste de la cabeza de puente turca. Al día siguiente los turcos se vieron atacados simultáneamente en ambas orillas del río. Demasiado fuertes y protegidos por masivas obras defensivas, los 36.000 hombres de la orilla norte se las arreglaron para resistir pero al otro lado del río sus camaradas sufrieron un gran descalabro. Completamente rodeados, carentes de alimentos, refugio y leña, privados de cualquier esperanza de ayuda y sufriendo un severo bombardeo, las tropas en la cabeza de puente se negaron a rendirse y, con gran valor, resistieron hasta el 8 de diciembre, cuando ya apenas quedaban 12.000 hombres.

En una guerra como esta, principalmente caracterizada por la frustración, esta operación fue un gran éxito. En el frente oriental la posición rusa mejoró aún más gracias a la captura de la fortaleza de Akhalkali en el sur de Georgia. Viéndose reforzados por la esperanza de que la incipiente guerra entre Rusia y Francia les salvaría, los turcos permanecieron firmes en las conversaciones de paz que Kutuzov inauguró en Budapest; los rusos todavía estaban a esas alturas demandando la entrega de Moldavia y Valaquia. A la vista de todo eso, los rusos consideraron seriamente llevar a cabo un desembarco anfibio en Bulgaria, seguido por un asalto a Constantinopla. Al final, sin embargo, prevaleció la cordura. Gobernados por la necesidad de alcanzar como fuera un acuerdo inmediato, eventualmente se decidió ofrecer a los turcos unos términos generosos. Los rusos conservarían la provincia fronteriza de Besarabia, pero al mismo tiempo devolverían a Constantinopla todos los territorios que habían ocupado a cambio de una garantía de autonomía para las provincias del Danubio. Deseando establecer una alianza con Turquía, el embajador francés, Latour-Maubourg, iba cargado con promesas de devolución de la costa del mar Negro y de Crimea. En este sentido, sin embargo, Napoleón pagó el precio de su antigua deslealtad. En 1807 los turcos fueron traicionados por Napoleón en Tilsit, así que decidieron pone rse de acuerdo con los rusos mientras tuvieran la oportunidad de hacerlo. El 28 de mayo de 1812 se firmó finalmente la paz, dejando a un atónito Napoleón completamente flanqueado. Porque los 50.000 rusos que todavía estaban en el Danubio, en ese momento comandados por el almirante Chichagov, se dirigieron a marchas forzadas hacia Bielorrusia. De hecho, si las cosas hubieran ido como Chichagov había planeado, Rusia se podía haber beneficiado aún más de la situación. ¿Por qué no, argumentaba, hacemos que los turcos se alíen con los rusos y que invadan las provincias Ilirias al mismo tiempo que atacan a Austria por su retaguardia? O, como alternativa, si no se logra un acuerdo con los turcos, ¿por qué no enviamos tropas rusas a Bosnia para provocar una gran insurrección nacionalista entre los serbios, los croatas, los eslovenos del imperio austriaco y las provincias Ilirias? Aunque los dos planes gustaron a Alejandro, al final no salieron adelante: los turcos no estaban interesados en librar una guerra ofensiva, mientras que la idea de la guerra de liberación de los eslavos del sur fue abandonada cuando un atribulado Metternich prometió que mantendría la participación austriaca en la guerra bajo mínimos. Por lo tanto, no iba a haber un frente balcánico en la incipiente guerra pero, aun así, el resultado del embrollo ruso-turco supuso un duro golpe para Napoleón, como nos demuestra la furia con la que reaccionó ante las noticias del acuerdo de paz.

En el Báltico, Napoleón también tenía motivos para lamentarse. Por lo que se refería a Suecia, simplemente parece que había asumido que Bernadotte se uniría a él. Aunque por qué pensaba que debería haberlo hecho no está claro. El bloqueo continental había causado tanto daño en Suecia como en Rusia y, como Alejandro, Bernadotte sabía que había fuerzas en la corte y el ejército que le podían deponer o incluso asesinar muy fácilmente si no satisfacía sus deseos. Además, el nuevo príncipe coronado todavía odiaba a Napoleón, y se había irritado en extremo por el hecho de que un desdeñoso emperador no mostrara interés alguno por entregarle Noruega a Suecia y le dijera que, si quería obtener ganancias territoriales, tendría que luchar por ellas en Finlandia, una región que Bernadotte estaba convencido que no se podía mantener por mucho tiempo. Gran Bretaña, por el contrario, había demostrado estar más dispuesta a colaborar: en octubre de 1811 el antiguo embajador británico había visitado Estocolmo en secreto y prometido a Bernadotte que sería muy bien recompensado si alguna vez entraba en guerra con Napoleón. Suecia, por lo tanto, estaba todavía pendiente de un hilo cuando el emperador cometió un acto de sorprendente torpeza. Movido puramente por la consideración de que la Pomerania sueca podía ser la escena de un desembarco anfibio británico, ordenó su ocupación por tropas francesas. Es verdad que existía ese riesgo, pero lo cierto es que desde 1799 el éxito de Gran Bretaña en ese tipo de operaciones había sido más bien relativo, aparte de que se hace difícil de entender por qué la captura de Stralsund era un motivo de tanta preocupación para Napoleón. Sin embargo, en enero de 1812 las tropas francesas entraron en el enclave sueco. No hubo resistencia, pero

Bernadotte se enfureció e inmediatamente apeló a Londres y a San Petersburgo para pedir ayuda. Los británicos ofrecieron armas, suministros (pero no todavía dinero) y una isla de las Islas Occidentales, mientras que los rusos ofrecieron la promesa de apoyo militar y diplomático en el tema de la anexión de Noruega. Napoleón cayó en la cuenta de su error en el último momento y se apresuró a ofrecer todo tipo de sobornos, aunque ya era demasiado tarde: el 5 de abril de 1812 el gobierno sueco firmó una tratado de alianza con Rusia. El único consuelo para Napoleón fue que el acuerdo sueco-ruso no suponía, en realidad, una verdadera amenaza: desesperado por ganarse a Bernadotte, un cada vez más preocupado Alejandro aceptó que no había necesidad de que las tropas suecas desembarcaran en Alemania hasta que Noruega hubiera sido ocupada, e incluso prometió a Bernadotte la ayuda de 15.000 soldados para asegurarse este objetivo.

Como ambos bandos buscaban desesperadamente encontrar aliados y evitar tener enemigos en otros frentes, los franceses también se prepararon para la guerra. Se recibieron órdenes para que se llevara a cabo la construcción de enormes almacenes de suministros en varias ciudades del este —una carta nos habla de reunir suficiente galleta, arroz y forraje en Danzig para aprovisionar un ejército de 400.000 hombres y 50.000 caballos durante cincuenta días—; la requisa de miles de carros, carretas, caballos y animales de tiro; la adquisición de mapas actualizados y de información topográfica; el establecimiento de un nuevo cuerpo de ejército, y el ajuste de miles de pequeños detalles propios de la organización de una campaña militar. También se necesitaba, por supuesto, reclutar a más soldados: el 20 de diciembre de 1811 se decretó en Francia una leva de 120.000 nuevos reclutas, y los gobernantes de los estados satélites supervivientes, los príncipes de la Confederación del Rin y los dispares gobernadores y virreyes afectos a los franceses recibieron órdenes de completar el reclutamiento de sus fuerzas e iniciar su movilización. Típica fue la carta enviada al mariscal Davout, que en ese momento estaba sirviendo como gobernador general en el Gran Ducado de Varsovia: «Observo ... que los regimientos de infantería quinto, décimo y undécimo, que deberían contar unos 3.500 hombres entre los tres, solamente tienen 2.500 o 2.600 ... Observo que el noveno regimiento de caballería solamente cuenta con 400 hombres: ¿qué problema hay para alistar 1.000 jinetes? Asegúrate de que todas las unidades completan su número de efectivos. No deberían faltar soldados, ya que el Ducado tiene cuatro millones de habitantes, lo que significa que puede proporcionar 70.000 hombres ... Los polacos están manteniendo 42.000 hombres, solamente 10.000 hombres por cada millón de habitantes ... Escribe al príncipe Poniatowski y hazle saber que estas cifras me parecen ridículas».[63]

Todavía Napoleón no había dejado claro cuál era el objetivo de la nueva guerra, puesto que la mayor parte de la correspondencia está escrita en términos de defender el Gran Ducado de Varsovia y la Confederación del Rin de un ataque, pero lo que sí queda claro es que tenía mucha prisa por que todo estuviera preparado. El 27 de enero de 1812, por ejemplo, Jerónimo Bonaparte recibió la siguiente comunicación: «El contingente de Su Majestad estará reunido y listo para la marcha hacia el 15 de febrero. Le pido que me haga saber su fuerza en términos de generales, oficiales de estado mayor, infantería, caballería y artillería, junto con un informe sobre el número y estado de sus carros de municiones y otros transportes».[64] Y, por último, pero no por ello menos importante, 27.000 hombres —dos divisiones de la Joven Guardia, algo de caballería y artillería de la guardia y una fuerza voluntaria polaca conocida como la Legión del Vístula— fueron retirados de España donde varias regiones del país quedaron peligrosamente desguarnecidas. Toda esta fuerza estaba, en febrero de 1812, preparada para iniciar la campaña. En marzo la nueva *grande armée* comenzó su larga marcha hacia el este y el 9 de mayo Napoleón dejó París tras una gran muestra de apoyo popular. Pero antes de ir a la guerra le quedaba una cosa por hacer. La primera parada no fue el cuartel general de la *grande armée*, sino una gran conferencia que reunió a todos los príncipes alemanes en Dresde. Un acto dramático de teatro político que fue diseñado para dar cuenta de la certeza del éxito de la campaña y para amedrentar a todo aquel gobernante que fuera lo suficientemente estúpido como para pensar que podía haber otra alternativa salvo la de la colaboración incondicional. Si hay que creer a los apologetas de Napoleón, también estaba la esperanza de que, a la vista de este espectáculo, todos aquellos que habían mostrado su apoyo a Alejandro lo terminaran retirando. Al final, la reunión, que fue amenizada con bailes, desfiles, recepciones, banquetes, revistas y fuegos artificiales, resultó un espectáculo fantástico. Citando a Dominique Dufour de Pradt, un miembro de la jerarquía católica que había sido nombrado como «embajador extraordinario» ante el Gran Ducado de Varsovia:

> Cualquiera que quiera hacerse una idea cierta del poder que ejercía Napoleón sobre Europa ... debería transportarse con su imaginación a Dresde para poderlo contemplar en el periodo de su mayor gloria ... Su recepción comenzó, como de costumbre, a las nueve en punto, y solamente estando allí puede uno imaginarse la completa sumisión con la que una multitud de príncipes, mezclados con los cortesanos, los cuales en su mayoría no les prestaban casi atención, esperaban el momento de su aparición ... En efecto, Napoleón era el dios de Dresde, el soberano de todos los soberanos que estaban ante él, el rey de reyes. Todas las miradas se dirigían hacia él: era ... alrededor de él donde se reunían los augustos invitados que abarrotaban el palacio del Rey de Sajonia. El sorprendente número de extranjeros, militares y cortesanos; la manera en la que los correos entraban y salían constantemente hacia todas las direcciones; la manera en que la multitud se movía a toda prisa hacia el palacio al menor movimiento del emperador, siguiendo sus pasos y mirándole con una mezcla de admiración y encantamiento; la expectación que se reflejaba en cada cara ... ofrecía el ... más imposible monumento que nunca se ha levantado dedicado al poder de Napoleón. Era, sin duda, el cénit de su gloria: mientras pudiera mantenerla, porque superarla parecía imposible.[65]

Bien podía Napoleón celebrar lo que quisiera. Reuniéndose en Polonia y Prusia Oriental estaba el ejército más grande jamás reunido en la historia. En primera línea estaban unos 490.000 hombres, y tras éstos marchaban otros 121.000. Solamente 200.000 soldados eran franceses, sin embargo, el resto —sin contar los contingentes prusianos y austriacos— eran alemanes, polacos, italianos, belgas, holandeses, croatas, suizos, españoles y portugueses. Si estos hombres iban a ser capaces de luchar de manera eficiente es algo que no estaba claro, aparte de que muchos de ellos no eran más que muchachos de dieciocho años. Tampoco la moral era alta: existía un creciente pesimismo al respecto de esta campaña. Sin embargo cuando la renovada *grande armée* de Napoleón se presentó ante la frontera rusa, aquello fue un espectáculo deslumbrante. Con el cuartel general de Napoleón estaba el pintor Lejeune:

> Todos los hombres más apuestos, con sus uniformes más hermosos y marciales, montados en los mejores caballos que se podían encontrar en Europa, todos ricamente engualdrapados, estaban reunidos en el grupo central del que formábamos parte. Los rayos de sol brillaban sobre los

cañones de bronce que estaban preparados para escupir un fuego destructor, y se reflejaban sobre los ... dorados, plateados y bruñidos cascos, corazas, armas e insignias de los soldados y oficiales. Las brillantes bayonetas de las masas de batallones que cubrían la planicie parecían desde la distancia los centelleantes movimientos de las aguas de un lago bajo la luz del sol ... cuando la brisa las agita. El sonido de miles de trompetas y tambores se mezclaron con los gritos entusiastas de una vasta multitud cuando el emperador hizo su aparición, y el espectáculo ofrecido por la devoción que se le tenía ... nos produjo un sentimiento de invencibilidad, de una fuerza de elementos unida en la obediencia a un único caudillo. Nuestra confianza en que ese caudillo era más fuerte que nunca ... y cuando mirábamos alrededor y veíamos todas las fuerzas que su poder había reunido, nuestros corazones se llenaron de alegría y de un orgullo exultante.[66]

También, en Rusia, desde luego, los preparativos para la guerra se estaban haciendo desde hacía meses. Bajo la batuta del extremadamente capacitado ministro de la Guerra, Mijail Barclay de Tolly, se habían sacado adelante un serie de reformas en el ejército con la esperanza de que aumentara su eficiencia administrativa, a la vez que se incrementaba su flexibilidad operativa y se mejoraba su entrenamiento, mientras que la embajada rusa en París había sido explotada hasta el máximo para que proveyera a Moscú con toda la información posible. La presión policial sobre todo aquel sospechoso de disidencia política se intensificó y, desde 1810, el pueblo ruso sufrió tres levas sucesivas de reclutas que, en teoría, deberían haber proporcionado 350.000 nuevos soldados (en 1805, en comparación, el número de soldados reclutados para luchar en la guerra de la Tercera Coalición había alcanzado solamente los 110.000 hombres). En total, el ejército contaba con 490.000 hombres, y este total se veía incrementado por una milicia que se había organizado en 1807 compuesta por siervos que en tiempo de paz vivían en las fincas de sus propietarios (si esta fuerza servía para algo es harina de otro costal, describiéndolas un testigo como «multitudes de hombres ... reclutados sin tener en cuenta la edad, pobremente vestidos y casi sin armas»).[67] Durante el transcurso de 1811 y de los primeros meses de 1812, se enviaron 220.000 hombres a Lituania y a Bielorrusia, donde se desplegaron en tres ejércitos diferentes, comandados por Barclay de Tolly, Bagration y Tormasov, de los cuales los dos primeros era, probablemente, los mejores generales de toda Rusia. Y el 21 de abril de 1812 Alejandro se puso en camino hacia Vilna para colocarse a la cabeza de sus tropas y asegurarse la lealtad de la aristocracia local. Allí se encontró con una región que ya daba una idea de los rigores que iban a caracterizar el esfuerzo de guerra ruso. Citando a un habitante de Vilna: «Me quedé horrorizado al comprobar la miseria en la que vive la gente en el campo, cuya privación de las cosas más imprescindibles para la vida a causa de la interrupción del comercio, las malas cosechas del año anterior y el continuo paso de tropas y transportes las había arruinado totalmente ... El mal, como suele ocurrir, se ensañó aún más con los pobres. Los campesinos perdieron sus caballos e incluso su ganado».[68] La historia no suele dar cuenta de los sufrimientos de la gente común pero entre los soldados, o por lo menos entre sus oficiales, había predisposición a hablar de sí mismos. Como un noble de origen estonio, llamado Boris von Uxkull, escribió en su diario: «Qué vista, es tan novedoso e impresionante ver a tantos soldados reunidos, conducidos por la decisión de un individuo, gobernados por la disciplina, e inspirados por el mismo coraje, y por el mismo sentimiento. El aspecto de ... la infantería, especialmente, es magnífico. Muy pronto, quizá, una batalla decidirá nuestros destinos ... El todopoderoso garantizará nuestra victoria, ya que la razón está de nuestro lado.»[69]

Que Alejandro iba en serio con esta guerra no cabe duda. Pero las buenas intenciones no eran suficientes; también se necesitaba un plan de campaña realmente funcional y un cierto grado de consenso en el cuartel general, y lo cierto es que no se veían trazas de ninguna de las dos cosas. Aunque era bastante valiente y decidido, Alejandro no era un verdadero general, y además tendía a desconfiar de los rusos a favor de otros hombres que eran producto de la civilización occidental. Entre los muchos extranjeros que habían huido a la corte rusa estaba el oficial prusiano de estado mayor Ernst von Pfuhl, un hombre que no hizo más que pifiarla en la campaña de Jena pero que se las arregló después para darse un aire de gran genio militar. Muy impresionable, Alejandro se dejó convencer de que Pfuhl tenía el secreto para derrotar a Napoleón. Como el oficial alemán vaticinó correctamente: la idea de Alejandro era hacer una campaña defensiva que se aprovecharía al máximo de las dificultades a las que la *grande armée* tendría que enfrentarse en Rusia. «Si el emperador Napoleón me hace la guerra —dijo Alejandro a Caulaincourt— es posible, incluso probable, que seamos derrotados, asumiendo que luchemos. Pero eso no significará que vaya a poder firmar la paz ... No nos arriesgaremos. Tenemos mucho espacio ... Nuestro clima, nuestro invierno, lucharán de nuestro lado.»[70] Consciente de que estos eran los puntos de vista del emperador, Pfuhl se presentó con un plan que encajaba perfectamente con estos puntos de vista, con el objetivo principal de alimentar la vanidad del emperador. En resumen, se iba a construir un gran campamento fortificado en Drissa, a orillas del río Dvina. Muy en el interior del territorio ruso —Drissa está a unos 400 kilómetros de la frontera—, pretendía cumplir el mismo papel que las líneas de Torres Vedras habían cumplido en Portugal y su guarnición iba a formarse con el ejército de Barclay de Tolly. Además, mientras los cosacos devastaban el campo y privaban a los franceses de comida y refugio, Bagration maniobraría hacia sus líneas de comunicaciones y les dejaría aislados.

Pero, como afirmaban muchos de los generales rusos de Alejandro, este plan no era más que una locura: Drissa no era Torres Vedras, mientras que mantener a Barclay de Tolly y Bagration luchando independientes el uno del otro era darle a Napoleón todas las ventajas para que ocupara una posición central y derrotara a uno y luego a otro, sobre todo teniendo en cuenta que ambos generales se odiaban mutuamente. No fue de mucha ayuda tampoco que las murallas y los reductos construidos junto al Dvina estuvieran mal planeados y construidos. «Habiendo observado el campamento —escribió el general Yermolev—, el comandante en jefe descubrió que había sido construido para una fuerza mucho mayor que la que estaba desplegada aquí ... y notó que muchas fortificaciones no contaban con las comunicaciones adecuadas con el resto del recinto defensivo, lo que las hacía muy vulnerables, mientras que el enemigo contaba con una aproximación muy fácil a algunas de ellas ... Incluso estos defectos no podría describir todos los errores cometidos en este campamento, deficiencias que resultaban obvias para cualquiera que supiera algo de los asuntos militares.»[71] Pfuhl, entonces, ya no fue tenido en cuenta, pero muchos de sus colegas rusos no eran mucho más competentes que él, creyendo ingenuamente que las fuerzas de Alejandro podrían invadir Polonia y derrotar a Napoleón, cuando esto no es que fuera lo más improbable, sino que además dependía solo de la decisión del emperador. Pero Alejandro no era lo suficientemente fuerte como para seguir ese plan, y hasta el último momento mantuvo las dudas al respecto de lo que debía hacer. Mientras que una retirada tenía sentido, no podía olvidar el destino de su padre y, por lo tanto, no estaba dispuesto a abandonar la frontera occidental sin presentar batalla. Su refugio, entonces, fue la falta de decisión: no se celebró ningún consejo de guerra, mientras que los días pasaban en Vilna entre bailes y recepciones sin fin. Al final, de hecho, solo una vez que los franceses cruzaron realmente la frontera, se dieron órdenes para implementar el plan del Drissa, e incluso entonces esto fue, en palabras de sir Robert Wilson, que estaba presente en el cuartel general del zar, «un anuncio de la gran mortificación de Alejandro».[72]

Volviendo a la situación diplomática, incluso a esas alturas todavía no se había producido una ruptura formal de las relaciones franco-rusas: ambos emperadores afirmaban que simplemente estaban llevando a cabo unas operaciones de inspección. Pero la tensión era máxima y llegó un momento en que se hizo insostenible. Antes de la partida de Napoleón hacia el este, Kurakin le presentó los términos definitivos propuestos por Rusia: Napoleón debía retirarse completamente de Prusia, evacuar la Pomerania sueca y aceptar el derecho de Rusia a establecer un sistema de licencias comerciales que Napoleón había permitido en la Francia metropolitana, consistiendo el *quid pro quo* en que Alejandro cumpliría el resto de demandas impuestas por el bloqueo continental. No resultará sorprendente si decimos que esta nota fue ignorada y que Kurakin anunció que se volvía a Rusia. Esto, sin embargo, no le gustó nada a Napoleón; haber permitido que los rusos tuvieran la última palabra en los intercambios diplomáticos que precedían a las hostilidades hubiera significado ser retratado como el agresor. Kurakin, por lo tanto, fue retenido en París con el pretexto de que Napoleón quería hacer un último intento de contactar con Alejandro, y de este modo se extendió la noticia de que Napoleón quería llegar a un acuerdo pacífico. Para completar esta ficción, uno de los edecanes de Napoleón, el conde Narbonne, fue enviado a Vilna para solicitar una audiencia con el zar. Sin embargo, Alejandro no dio su brazo a torcer:

> No seré el primero en desenvainar el sable. No tengo intención alguna de que Europa entera me responsabilice de la sangre que se va a derramar en esta guerra. He sido amenazado durante dieciocho meses. El ejército francés se encuentra a trescientas leguas de su casa y a las puertas de mi país, mientras que yo me encuentro dentro de mi territorio ... El emperador Napoleón ... está incitando a Austria, Alemania, Prusia y a toda Europa contra nosotros ... Soy consciente de la realidad. Conozco perfectamente su talento para la guerra como para no haber calculado los ries-

> gos que puede suponer este enfrentamiento para nosotros, pero, habiendo hecho todo lo que estaba en nuestras manos para ... sostener un sistema político que pudiera conducir a la paz universal, no haré nada para mancillar el honor de la nación que gobierno ... ¿Puede el emperador Napoleón, de buena fe, pedir explicaciones, cuando, en tiempo de paz invade el norte de Alemania, cuando no cumple con los compromisos de la alianza y lleva a cabo los principios de su Sistema Continental? ¿No es él el que debería explicar sus motivos?[73]

Desde ese momento, la suerte estaba echada. El 16 de junio Kurakin pudo finalmente abandonar París, y ocho días después las primeras tropas francesas cruzaban el río Niemen. Bajo los dictados de Rumiantsev, que hasta el final se había opuesto a la guerra, Alejandro envió varios días un emisario especial a Napoleón exigiéndole que se retirara de inmediato, ofreciéndole una promesa de negociación cuya base serían las condiciones que le había presentado Kurakin en abril. Encontrándose Napoleón en Vilna, el enviado fue tratado con total desprecio —«Alejandro se está riendo de mí. ¿Cómo se puede imaginar que he venido hasta Vilna para negociar tratados de paz?»—[74] y de este modo, las guerras de Napoleón entraron en su fase última y más trascendental.

En el este, todo estaba preparado para un nuevo conflicto. Pero, sin embargo, esta vez se limitaría al este de Europa. Aparte de las promesas informales que le había hecho a Bernadotte, Gran Bretaña no se había involucrado en los acontecimientos y casi ni había mantenido contactos con San Petersburgo. De hecho, hasta el comienzo de las hostilidades todavía estaba formalmente en guerra tanto con Rusia como con Suecia. Deseando dar más lustre a sus credenciales de libertador, mientras tanto, Napoleón incluso bautizó a la guerra como «la segunda guerra polaca» (la primera fue la campaña de 1807), viéndose apoyado en esto por la entusiasta respuesta de los elementos nacionalistas del Gran Ducado de Varsovia. Un oficial de la Legión del Vístula nos ha legado esta descripción de la recepción que Napoleón tuvo cuando pasó por Posen:

> [El emperador] llegó a las nueve de la noche, escoltado por un destacamento de guardias franceses y polacos. Fue una bienvenida tan entusiasta como la que recibió en 1806. Había arcos de triunfo, iluminaciones y fuegos artificiales por todos lados, marcando las esperanzas de un pueblo lleno de confianza en el futuro ... Una gran multitud invadía las calles,

> que estaban tan iluminadas como si hubiera luz del día. La población de los pueblos y granjas se había reunido para tomar parte en las celebraciones y estaban acampados en las plazas de la ciudad.[75]

Aunque los intentos de Napoleón por dar un lustre favorable a sus acciones hay que observarlos con escepticismo, el carácter específicamente oriental del conflicto no debería dejar de tenerse en cuenta. Si Polonia se iba a restaurar algún día, si el Imperio Otomano iba alguna vez a recuperar el territorio que había perdido a manos de Rusia, si Suecia iba a recuperar su posición de predominio en el Báltico, si alguna vez se iba a poder poner coto al expansionismo ruso en el oeste y en el sur, este era el momento adecuado para conseguir todo eso. Incluidos en la guerra de 1812, en resumen, había ciertos asuntos importantes pertenecientes a la historia de las relaciones europeas internacionales que eran más antiguos y que trascendían la historia de Napoleón Bonaparte.

Sin embargo, los intentos por encontrar una explicación estructural a la guerra de 1812 no deberían ir demasiado lejos. Si los asuntos de Polonia, el control turco de Ucrania y el control sueco del Báltico tenían que ser reabiertos, era solo por la influencia de Napoleón, mientras que el ataque a Rusia estaba relacionado íntimamente con la guerra con Gran Bretaña. Pero aceptar esto, sin embargo, no es lo mismo que aceptar que Napoleón se vio, de algún modo, forzado a ir a la guerra por la continua resistencia presentada por Gran Bretaña. Alejandro y sus consejeros seguían siendo profundamente contrarios a los británicos e incluso en 1812 los aborrecían más que a los franceses. Y por lo que se refiere a la idea de una expedición a la India, si es que alguna vez Napoleón se planteó tal cosa en serio —y hay pocas evidencias de que así lo hiciera—, entonces deberemos plantearnos unas cuantas cuestiones relacionadas con su estado de salud mental. Y la defensa propia no es, desde luego, una explicación: no importa lo que pudiera haber dicho el emperador, no hay ninguna evidencia de que Alejandro estuviera planteándose llevar a cabo una guerra ofensiva. Uno se queda, entonces, con una explicación, y una explicación única: frustrado por la larga guerra librada en España y Portugal, y por el fracaso del bloqueo continental como estrategia para doblegar a los británicos, Napoleón quería simplemente evaluar su capacidad militar y ganar nueva gloria. Aquí está el veredicto de uno de los muchos soldados sobre la experiencia de los horrores vividos en la campaña de Rusia:

El tratado de [Schönbrunn] ... fue el cénit de la prosperidad del afortunado Napoleón ... ya que aseguró para siempre la dinastía de un hombre, que [había] ascendido desde las más humildes capas de la sociedad. Ese periodo debería haberse considerado como el más feliz en la vida de Napoleón. ¿Qué más podía desear la más extrema de las ambiciones? De ser un individuo desconocido se vio elevado al primer trono del mundo; su reino había sido una serie continuada de victorias; y para completar su felicidad, un hijo, el objeto de sus más ardientes deseos nació para sucederle. El pueblo, aunque oprimido bajo su gobierno, se acostumbró a ello. Todos los príncipes extranjeros que estaban sometidos a su poder eran sus vasallos ... ¡Nada se escatimaba para hacerle feliz! Nada, si es que acaso puede ser feliz una persona que no aprecia en nada la justicia. Este concepto siempre resultó muy lejano para Napoleón y, en consecuencia, nunca conoció el emperador el disfrute o el reposo. Agitado por su espíritu temerario y atormentado por una ambición ingobernable, el mismo exceso de su fortuna supuso su misma ruina ... Continuamente atormentado por la cólera y la melancolía, la menor de las contradicciones le irritaba ... y envenenaba los momentos más felices de su gloria ... Déspota con su pueblo ... y aun esclavo de sus pasiones ingobernables, él ... adoptó una línea falsa de política, y transformó ... al más útil y poderoso de sus aliados en un enemigo peligroso.[76]

Capítulo 10

LA CAÍDA

El mariscal de campo Montgomery dijo una vez que la primera norma de la guerra consiste en no intentar nunca tomar Moscú. Cuando la *grande armée* llegó al río Niemen el 24 de junio de 1812, sin embargo, no había planes de adentrarse tanto en Rusia; se pretendía una campaña totalmente diferente que proporcionara a Napoleón nuevos aliados en Europa del Este y obligara a Alejandro a mostrarse sumiso. Para sorpresa de la mayoría de los contemporáneos, este plan no funcionó y, en el proceso, un conflicto esencialmente centrado en el este fue subsumido en la amplia historia de las guerras napoleónicas, provocando una revuelta general en Francia como no se había visto desde la crisis de 1793. La terrible catástrofe humana que supuso la marcha hacia Moscú iba a jugar su papel, pero debería recordarse que, al final, ni siquiera la derrota en Rusia fue suficiente para provocar el levantamiento general contra el imperio napoleónico que sería finalmente la causa de su caída. La retirada de Moscú no afectó al poder que el emperador ostentaba en Francia, Italia o Alemania, e incluso en los oscuros días de 1813 este poder podría haber salido indemne. El hecho de que Napoleón fuera un caso especial tiene que ver no tanto con la intransigencia del *ancien régime* como con su propia falta de realismo y un fallo de percepción, por no mencionar su aceptación tácita de que debía ser un caudillo glorioso o no ser nada. Como él mismo dijo: «La muerte no es nada, pero vivir derrotado y sin gloria es morir día a día». Al ser el resultado de todo esto un rechazo a comprometerse incluso en las situaciones en las que lo tenía todo en su contra, crecieron tanto las filas de sus enemigos que ni siquiera Napoleón pudo conservar sus propias filas para utilizarlas contra ellos y, al intentarlo, sometió a tanta tensión las lealtades de Francia que ésta le terminó volviendo la espalda. Una vez más, entonces, la dimensión personal fue crucial. Napoleón afirmó hasta el final que estaba luchando por Francia y que no podía aceptar una paz que no era honorable para su país. Pero si realmente creía estos argumentos, la identificación sistemática de sus propios intereses con los de Francia es solo un ejemplo más del modo en que el emperador se engañó no solo a sí mismo, sino también a los que le rodeaban. Tampoco le ayudó mucho el modo en que insistía constantemente, incluso tras la derrota en Rusia, que no había desafío que él y sus tropas no pudieran superar. La letanía era constante: «La victoria pertenece al que más persevera»; «Lo moral es a lo físico como tres es a uno»; «¿Cuántas cosas aparentemente imposibles han sido sin embargo llevadas a cabo por hombres decididos que no tenían otra alternativa que la muerte?»; «Imposible es una palabra que solo se encuentra en el diccionario de los tontos»; «Los grandes hombres rara vez fracasan en sus más peligrosas empresas»; «La palabra imposible no está en mi diccionario». En resumen, del mismo modo que Napoleón no había entendido la realidad de su fuerza en la victoria, tampoco entendió en la derrota la realidad de su debilidad, convirtiéndose toda su bravura en poco más que una buena disposición para jugarse Francia en una serie de lanzamientos de dados. Sin embargo, quedaba una esperanza: que la coalición enemiga se separara y le restauraran a la posición que había sido capaz de explotar tan bien antes de 1812. Con cada día que pasaba, sin embargo, la conducta de Napoleón alejaba más esta posibilidad, y al final tuvo enfrente una coalición tal que ni las guerras de la Revolución ni las napoleónicas habían visto nunca. En 1812, sin embargo, todo esto quedaba muy lejos. De hecho, como explicó a Metternich en Dresde, este plan de campaña era relativamente racional:

> La mía es una de esas empresas cuya solución está en la paciencia ... Abriré la campaña cruzando el Niemen. Concluirá en Smolensko o Minsk. Allí pararé. Fortificaré estos dos puntos y me ocuparé yo mismo, en Vilnius, donde estarán los cuarteles generales durante el próximo invierno, de la organización de Lituania, que arde de impaciencia por ser liberada del yugo de Rusia. Esperaré y veré cuál de nosotros se cansa antes: yo de

alimentar mi ejército a expensas de Rusia o Alejandro de mantener mi ejército a expensas de su país.[1]

Al ser Napoleón gran partidario del concepto de batalla decisiva, resulta algo extraño encontrarle hablando de la campaña en términos de ocupación del territorio. No obstante, la batalla nunca dejó de ser uno de los principales objetivos del emperador. Si los rusos avanzaban, como él esperaba, los enviaría, desde el norte y el oeste, a algún lugar en la región del río Narev: «Si el enemigo toma la ofensiva en la margen derecha del río Narev .... presentará este flanco al virrey [i.e. príncipe Eugenio], que caerá sobre su derecha. Si lo hace entre el Narev y el Bug, el V Cuerpo y el VIII Cuerpo podrán moverse hacia Ostrolenka y Pultusk y lograr el mismo efecto».[2] Y si no se movían, sin embargo, el día del ajuste de cuentas llegaría, sencillamente, en cualquier otro lugar. Napoleón cruzaría el Niemen por Kovno con la mayoría de sus fuerzas y marcharía directamente hacia Vilna, apoyado en su retaguardia por dos cuerpos de ejército bajo el mando de Eugenio de Beauharnais y con los cuatro cuerpos que formaban su flanco derecho, que sorprendentemente estaban al mando de Jerónimo Bonaparte, viéndose las caras con el Segundo Ejército del Oeste del General Bagration. Atacando hacia el sur y atravesando las infranqueables marismas del Pripyat, Napoleón cortaría las comunicaciones de Bagration y aplastaría sus fuerzas y las del centro y la izquierda, al mando de Barclay, o al menos así esperaba que ocurriera.

Y todo esto asumiendo que los rusos lucharan por Vilna. Como Napoleón reconoció, incluso un limitado avance en Rusia planteaba muchos problemas. El que él reconociera claramente este hecho se sugiere en una conversación que tuvo con Pasquier en la víspera de su partida de París, en la que se refirió a la campaña que se avecinaba como «la más grande y difícil empresa que jamás he acometido».[3] En consecuencia, se había hecho todo lo posible para facilitar el avance de la *grande armée*. Además del establecimiento de inmensos depósitos de suministros en Königsberg y otras ciudades, el número de batallones de transporte creció de catorce a veintitrés, de los cuales quince sirvieron en Rusia, habiéndose incrementado también el tamaño de las unidades individuales. En los miles de carros de estos batallones y en las mochilas de la tropa había suficientes raciones para veinticuatro días, un margen bastante más generoso que en muchas campañas anteriores. Y más suministros cerraban la marcha. Si se decidió que Kovno y Vilna fueran los puntos principales para penetrar en Rusia era en parte porque el río Niemen era navegable hasta esta última ciudad. Sin embargo, en un corto periodo de tiempo se vio claro que incluso cerca de la frontera, los franceses se enfrentaban a inmensos problemas. Antes de que comenzara la invasión ya había informes sobre estas dificultades. El 20 de junio, por ejemplo, Poniatowski informó desde Novogrodek de que sus hombres iban a comenzar a tener dificultades: «Debido a la falta de recursos en el país ... la cuestión de los suministros está siendo cada día más difícil, y solo con grandes esfuerzos ha sido posible distribuir las raciones adecuadas. De hecho, me he visto obligado a ordenar que se reduzcan a la mitad hasta que hayamos conseguido otra vía de abastecimiento».[4]

Una vez cruzada la frontera, las cosas fueron todavía peor. Las fuerzas lideradas por el mismo Napoleón fueron inmediatamente golpeadas por violentas tormentas eléctricas e incluso insólitas tormentas de nieve, que causaron gran confusión. Con la Guardia Imperial iba el capitán Coignet: «Estaba medio muerto de frío; como no era capaz de aguantar más, abrí uno de mis carros y me deslicé dentro. A la mañana siguiente se presentó ante nuestros ojos una imagen desgarradora: en el campamento de caballería cercano, la tierra estaba cubierta de cadáveres de caballos, que habían muerto congelados».[5] Dado que las espantosas carreteras se habían convertido rápidamente en cenagales, los convoyes de bagajes no podían seguir el mismo ritmo de marcha que las tropas. Y las tropas solo tenían galleta suficiente para cuatro días. Con el contingente de Württemberg iba un soldado de infantería de veinticuatro años llamado Jacob Walter:

> Nosotros ... creíamos que una vez en Rusia no necesitaríamos nada sino forraje, lo que, sin embargo, resultó ser una ilusión. La ciudad de Poniemon ya estaba desmantelada antes de que pudiéramos entrar, como el resto de poblaciones. De vez en cuando aparecía algún cerdo corriendo, al que se golpeaba con palos y se cortaba con los sables, y a menudo estando los animales aún vivos, se cortaban y se hacían pedazos. Varias veces conseguí cortar algo de carne, pero tuve que masticarla y comerla sin cocinar, porque tenía tanta hambre que no podía aguantar hasta tener la oportunidad de cocerla ... Entretanto, llovió sin cesar muchos días seguidos, y era una lluvia fría. Era de lo más desagradable, porque nada se

secaba ... La tercera noche nos detuvimos en un campo que se había convertido en una ciénaga ... Pueden imaginar en qué situación estábamos todos allí de pie, medio entumecidos ... No podíamos hacer nada excepto apilar los fusiles en forma de pirámide y mantenernos activos para no congelarnos.[6]

Las cosas no estaban mucho mejor en cualquier otra unidad, y las carreteras pronto se plagaron de cadáveres de hombres y caballos. La disentería diezmó muchas unidades, y un gran número de caballos —10.000 solo en el ejército principal, según Caulaincourt— literalmente cayeron muertos por exceso de trabajo y por desnutrición. Desesperados por avanzar, los comandantes franceses exigieron demasiado a sus hombres. La vanguardia del ejército principal, por ejemplo, cubrió los casi cien kilómetros que separaban Kovno y Vilna en tan solo dos días. Pero esto solo consiguió empeorar las cosas, y en el momento de tomar la capital de Lituania el número de muertos y desaparecidos podía ascender ya a 25.000 hombres. Y, finalmente, a pesar de las marchas forzadas de la *grande armée*, Barclay de Tolly y Bagration habían conseguido evadir las puntas de lanza de la vanguardia francesa y escaparse hacia el interior: de hecho, apenas se había disparado un solo tiro.

Podría pensarse que tales dificultades habrían sido suficientes para persuadir a Napoleón de que un acuerdo político era esencial, particularmente si consideramos que fue en Vilnius donde recibió las noticias del acuerdo de paz de Rusia con Turquía. Sin embargo, las propuestas de paz de última hora hechas por Alejandro fueron, como hemos visto, simplemente despreciadas, y esto a pesar de que uno de los pilares de la estrategia de Napoleón estaba desmoronándose a las mismas puertas de su cuartel general. Llegamos aquí al tema de la relación de los invasores con la población local. La guerra había sido anunciada como una liberación, y la intención de Napoleón era, al menos, asentar alguna forma de base política para sus operaciones en Lituania. No obstante, ganarse a la población local no estaba entre las preferencias de la agenda de la *grande armée*. El mayor Faber du Faur, oficial de artillería, que era, al igual que Walter, miembro de la división Württemberg, escribió:

Nunca ha habido una campaña en la que las tropas hayan confiado tanto en vivir de la tierra, pero el modo en que se hizo en Rusia fue lo que causó tanto sufrimiento general, tanto para los soldados como para los

> habitantes. Debido a las rápidas marchas y a su enorme tamaño, el ejército se enfrentó a la escasez de todo, y era imposible conseguir lo estrictamente necesario. Más o menos cuando llegamos a Ewe es el momento en el que podemos fijar el comienzo de esta fatal requisa y la destrucción de los campos en derredor, todo lo cual, naturalmente, tuvo devastadoras consecuencias. Cada día, cuando levantabamos el campamento, veíamos montones de merodeadores ... que salían corriendo en todas direcciones ... para encontrar algún producto básico. Solían volver al campamento por la noche cargados con su botín. Inevitablemente, este tipo de comportamiento dio una desafortunada impresión a los lituanos, que, aunque habían estado mucho tiempo bajo el yugo de Rusia y, a pesar de cualquier beneficio que trajera esta nueva alianza, solo vieron la opresión causada por sus nuevos aliados.[7]

El impacto de todo esto sobre la población local fue grave. Entre los que esperaban la venida del emperador estaba la joven Sophie Tisenhaus, cuyo padre era uno de los más firmes adeptos en Vilnius de la restauración de Polonia:

> El ejército francés, cuando entró en Vilnius, llevaba tres días sin comer pan. Se empleó inmediatamente a todos los panaderos de la ciudad al servicio de las tropas, y ... los habitantes de Vilnius sintieron cruelmente la escasez ... La parte del país por la que había pasado el ejército francés había sido devastada y saqueada, y el maíz se había cortado verde para la caballería; no se podía, por tanto, cubrir las necesidades de la capital, y las gente no se atrevía a exponer sus convoyes por los caminos, que estaban infestados de merodeadores. Además, el comportamiento desordenado del ejército era consecuencia de los sentimientos de su jefe, ya que, una vez cruzado el Niemen, Napoleón ... dijo a sus tropas que estaban a punto de poner pie en territorio ruso ... Como consecuencia de este comentario, se trató a Lituania como a un país hostil, mientras sus habitantes, animados por un entusiasmo patriótico, se lanzaron a recibir a los franceses. No tardarían en ser saqueados y ultrajados por aquellos a quienes veían como el instrumento de liberación de su país, y se vieron obligados a abandonar sus casas y propiedades al pillaje. Muchos buscaron refugio en la profundidad de los bosques ... Cada día traía una nueva sarta de nuevos excesos cometidos por los soldados franceses en el país ... Mientras tanto, la arrogancia francesa ... esperaba que desaparecieran todos los obstáculos y dificultades ... «No hay patriotismo entre vosotros —decían los franceses— ni energía, ni vigor.»[8]

Pero el pillaje no fue el único desastre que provocaron los invasores en el campo de las relaciones públicas. Así, Napoleón no solo no hizo ningún anuncio sobre la incorporación de Lituania al Gran Ducado de Varsovia, sino que hizo comentarios despectivos en público sobre la nobleza local y, sin pelos en la lengua, informó a una delegación que llegó de la capital polaca de que no haría nada para perturbar las relaciones con el emperador de Austria: que Polonia, en resumen, nunca sería restaurada en su plenitud anterior a 1772. Se estableció una administración provisional en Vilnius, pero sin ningún entusiasmo. «Los habitantes parecían poco dispuestos a responder a las apelaciones a su patriotismo —escribió Caulaincourt—. El pillaje y los desórdenes de todo tipo en los que había caído el ejército habían hecho huir a todos los campesinos. En las ciudades, la gente más respetable se encerraba en casa. Fuera cual fuera el celo de los polacos que venían con el ejército, el emperador tenía que mandar a buscar a cualquiera de las personas responsables de Vilnius que necesitara, porque nadie se presentaba espontáneamente ante él ni le ofrecía sus servicios.»[9]

Con gran esfuerzo, se formó finalmente un ejército lituano, pero éste nunca superó los 10.000 hombres, fue más bien producto del hambre que del entusiasmo y apenas entró en acción antes de desintegrarse en medio del horror de la retirada de Moscú. De hecho, incluso la nobleza local se mostró lenta a la hora de ofrecerse: en junio de 1812 todo el distrito de Vilnius «no pudo proveer al ejército con más de veinte hombres para la guardia de honor de Napoleón».[10]

Si la política de Napoleón en Vilnius estaba plagada de contradicciones, lo mismo sucedía en Varsovia. Se habían depositado grandes esperanzas entre los nacionalistas polacos en el periodo previo a la guerra, y se había despertado mucho entusiasmo. «Tan pronto como se extendió la noticia de que había estallado la guerra —escribía la condesa Potocka—, los jóvenes se alzaron en armas por todos lados, y eso antes de que nadie les incitara a que lo hicieran. Ni las amenazas de Rusia, ni la prudencia ... de sus padres, pudieron frenar su espíritu patriótico ... Los niños escuchaban con febril curiosidad las historias de los más viejos y así se encendía su ardor guerrero ... El que no tenía uniforme no se atrevía a dejarse ver por la calle por miedo a que se burlaran de él los pilluelos.»[11]

Pero Napoleón, menos entusiasmado con los polacos y su causa de lo que intentaba hacer ver, se dio cuenta de que llevar la cuestión polaca demasiado lejos era una locura, ya que su ataque sobre Rusia necesitaba la cooperación activa de Prusia y Austria. Cumplir su retórica sobre la liberación era, por lo tanto, imposible. Su ayuda de campo, Lejeune, escribió:

> Delegaciones de nobles polacos llegaban en rápida sucesión, deseosos de persuadirle para decretar la restauración del Reino de Polonia y prometiéndole... la leal cooperación de toda la nación polaca ... Hay pocas dudas de que Napoleón hubiera cumplido inmediatamente y con agrado sus deseos, ya que una Polonia independiente habría sido un firme aliado de Francia, y nos habría protegido de una invasión desde el norte ... Debe recordarse, sin embargo, que el emperador estaba terriblemente obstaculizado en cualquier decisión concerniente a Polonia por el hecho de que no solo tendría que disponer de esa porción del reino todavía en manos de Rusia, sino también de las provincias ... asignadas por el tratado de Prusia y Austria respectivamente. Ahora los batallones prusianos y austriacos marchaban junto a nosotros ... pero no había duda de que a la menor insinuación sobre las intenciones del emperador de tomar de los príncipes la parte [que queda] de los botines del viejo Reino de Polonia, cada austriaco y prusiano habría dejado nuestras filas para unirse a las rusas. Napoleón ..., por consiguiente, ... necesitaba todas sus habilidades diplomáticas ... para evitar destruir las esperanzas de los polacos o hacerles cualquier promesa definitiva.[12]

Para lidiar con el problema, una Dieta extraordinaria de la nobleza polaca se reunió en Varsovia bajo la presidencia nada menos que del padre del príncipe Adam Czartoryski, permitiéndosele proclamarse como la «confederación general de la nación polaca». Abriendo las deliberaciones de este «cuerpo», mientras tanto, Dufour de Pradt, «embajador extraordinario» de Napoleón, hacía vagas promesas de libertad, para al final descubrir que los asistentes expresaban reivindicaciones más allá de cualquier idea que su señor estuviera dispuesto a contemplar. Tan solo tres días después se disolvió la Dieta y se reemplazó por un pequeño consejo administrativo. Pero este no era el más político de los movimientos. En Tilsit, los polacos habían visto al emperador rendir los intereses de Polonia a su necesidad de una alianza con Rusia y ahora, con 75.000 hombres en la *grande armée* y una economía arruinada por el bloqueo continental, el Gran Ducado de Varsovia se encontraba en un estado de bancarrota total. Para más inri, Polonia, como Prusia Oriental, se encontraba en ese momento devastada por culpa de la presencia de la *grande armée*. «La depredación del ejército y sus agentes —escribía Pradt— no había cesado ni por un instante. Recuerdo las palabras de un pequeño judío a quien adelanté en el camino hacia Varsovia al preguntarle si había noticias. "¿Noticias? —replicó irónicamente—. No hay nada que llevarse a la boca".»[13] A toro pasado, se vio que todo el esfuerzo polaco no había servido para nada, que lo único que había cambiado era que el emperador estaba sacrificando los intereses de Polonia en favor de Austria y Prusia en lugar de a favor de Rusia. Esto se tradujo, como es obvio, en un sentimiento de desilusión en el ejército —sobre Napoleón, un oficial de caballería decía: «los polacos nunca han sido más que un instrumento de conveniencia»—[14] y la apatía entre la población civil. «Las clases privilegiadas, algunos elementos de la baja nobleza y las llamadas profesiones liberales estaban entusiasmados... pero la gran masa de la nación volvío la espalda al movimiento... Los polacos podían querer la restauración de su patria, pero no a costa de su devastación y ruina absoluta.»[15] Y si Polonia se mostraba apática, Prusia era claramente hostil. Sumida en la penuria tras sufrir el paso de la *grande armée*, sus habitantes se mostraban huraños y resentidos. Jean Noel, a cargo de un depósito de caballos de reemplazo para la artillería, se quejaba: «Todos, especialmente los que tenían algún poder, hicieron todo lo que pudieron para perjudicar a nuestro ejército. Nuestro trato con ellos fue de lo más desagradable».[16]

A medida que se desarrollaba la campaña, por un momento pareció que podría llevarse a buen fin una versión reducida del plan maestro de Napoleón. El ejército de Barclay se había escapado hacia el este y el noreste, pero las fuerzas de Bagration, aunque en repliegue, todavía estaban al alcance. Desde Vilnius, el I Cuerpo del mariscal Davout se había desplazado apresuradamente hacia el sur y se habían dado órdenes a Jerónimo para que abandonara la actitud defensiva que había presentado hasta ese momento y presionara en dirección noreste a toda velocidad. Pero, como es sabido, el plan no funcionó: las fuerzas de Jerónimo no llegaron a tiempo y Bagration escapó. Se ha culpado de este error al rey de Westfalia, una opinión compartida por Napoleón, que reprendió duramente a su hermano y le puso a las órdenes de Davout (como Davout y Jerónimo eran viejos enemigos, el rey se sintió ofendido y se marchó a su casa en Kassel). Sin embargo, la balanza de la opinión dice ahora que Jerónimo fue tratado injustamente. Como comandante era indudablemente mediocre, pero la situación a la que se enfrentaba era bastante dificíl. Sus hombres fueron desplegados mucho más atrás en la retaguardia que cualquier otra unidad de la *grande armée*: al comienzo de la campaña, de hecho, estaban a más de trescientos kilómetros de la frontera. Era deseo de Napoleón mantener atrás su derecha para atraer al centro y la izquierda rusos hacia una trampa, y esto no pudo deshacerse fácilmente cuando a Jerónimo le llegaron las órdenes de avanzar. Para alcanzar su primer objetivo —la ciudad de Grodno— las tropas debían seguir un camino por el que apenas cabía un carro y que serpenteaba kilómetro tras kilómetro atravesando bosques impenetrables bajo una lluvia torrencial. No alcanzaron Grodno hasta el 30 de junio, y para entonces las tropas estaban tan exhaustas que Jerónimo les dio dos días de descanso. Ya había perdido una sexta parte de sus hombres. El 4 de julio siguió adelante soportando un calor achicharrante, pero era demasiado tarde: todavía faltaban más de 150 kilómetros que recorrer, y cuando llegaron a su destino hacía tiempo que Bagration se había ido.

En unos pocos días, por tanto, muchos factores habían quedado claros. Los problemas físicos de operar en el interior de Rusia eran enormes, si no insalvables. Los franceses no podían contar con el apoyo de la población local, aunque no fuera rusa. Hombres y caballos estaban en serio riesgo de muerte debido al hambre o la enfermedad. La *grande armée* era tan voluminosa, y las distancias en Rusia tan enormes, que iba a demostrarse que era casi imposible llevar a cabo el tipo de batalla de envolvimiento soñada por Napoleón. Y, finalmente, el emperador ya no podía ejercer el tipo de control personal que había sido tan importante en las campañas anteriores. En este punto, en términos militares, lo mejor que Napoleón podía haber hecho era abandonar las operaciones ofensivas, reducir sus tropas, consolidar la lealtad de polacos y lituanos y esperar a que Alejandro negociara o bien lanzase una contraofensiva. Pero el emperador rechazó hacer tal cosa incluso aunque encajaba perfectamente con el plan general de operaciones que había esbozado ante Metternich en Dresde. Era tal la imagen que había creado de sí mismo que ahora era prisionero de ella. «Napoleón no dudó —escribía Segur—. No había sido capaz de parar en París, ¿se replegaría en Vilnius? ¿Qué pensaría Europa de él? ¿Qué resultado podía ofrecer al ejército francés y al aliado que compensara por tantas fatigas, tan largos desplazamientos, tan enormes gastos individuales y nacionales? Era el momento para reconocer de una vez que había sido derrotado.»[17] Citando a otro testigo de la escena en Vilnius: «El terrible genio de Napoleón le empujaba hacia delante y, de esta forma, de ilusión en ilusión, se precipitó hacia su ruina, rechazando la verdad como quien reniega de una aparición cuya presencia no puede soportar».[18]

El 9 de junio, Napoleón dejó Vilnius en busca de una victoria que cada día se hacía más apremiante. Pero, por supuesto, no iba a encontrarla. Al eludir otro intento de envolvimiento francés en Vitebsk, los rusos concentraron con éxito sus fuerzas en Smolensko, dejando que los invasores siguieran avanzando penosamente. Porque, a medida que Napoleón avanzaba, sus fuerzas se desintegraban. En primer lugar, los soldados debían caminar con dificultad en medio de un calor asfixiante. En segundo lugar, la ya caótica situación logística se colapsó, puesto que las tropas dejaban atrás los carros de suministros y además veían que las pobres y escasamente pobladas zonas fronterizas no podían cubrir sus necesidades, y a todo eso se añadía el hecho de que las tierras que encontraban en su camino habían sido, por supuesto, devastadas por los rusos en retirada. La comida era escasísima, y en algunos lugares ni siquiera se podía obtener agua. Como escribió Walter: «los hombres estaban cada día más débiles y las compañías iban disminuyendo de tamaño ... un hombre tras otro caía a tierra medio muerto, y la mayoría de ellos morían unas horas después ... La causa principal era la sed, porque en la mayor parte de los distritos no había agua potable y los hombres tenían que beber de acequias en las que había hombres y caballos muertos. A menudo me alejé varias horas de las columnas en busca de agua, pero rara vez pude volver con algo ... Todas las ciudades estaban no solo completamente desmanteladas, sino también medio quemadas».[19] Como admitió Caulaincourt, la situación era catastrófica:

> Había esperanzas de obtener suministros en Vitebsk, pero el lugar estaba prácticamente desierto. Además, las capitales de estas enormes provincias rusas eran de menos utilidad que los pueblos más pequeños de Alemania. Demasiado acostumbrados a confiar en los recursos de cada país, contábamos con que en Rusia pudiéramos hacer lo mismo ... La falta de orden, la indisciplina de las tropas e incluso de la Guardia, nos privaron de los pocos medios que todavía teníamos a nuestra disposición. La situación nunca había sido más deplorable ... para los que podían pensar y a quienes no les había deslumbrado el falso glamour de la gloria y la ambición ... Los innumerables carros, la enorme cantidad de suministros

> de todo tipo que se habían recogido durante dos años, con el gasto que esto implicaba, habían desaparecido por robo o pérdida, o debido a la falta de medios para hacerles avanzar. La rapidez de las marchas forzadas, la escasez de arneses y piezas de repuesto, la falta de provisiones y de cuidados, todo había contribuido a la muerte de los caballos ... El desorden reinaba por doquier: tanto en las ciudades como en los campos de alrededor, todos vivían en la miseria.[20]

Con la pérdida de decenas de miles de caballos y hombres, gran parte de sus tropas esparcidas por todo el país en busca de comida y un gran número de soldados indiferentes a la hora de cuidar su línea de comunicaciones y protegerse del insoportable calor... incluso Napoleón parece haber considerado rendirse. Confesaba en la intimidad: «He ido demasiado lejos».[21] Y para emporar aun más este negativo estado de ánimo vino otra batalla perdida: creyendo que Bagration estaba a punto de unirse a él, el 26 de junio, Barclay de Tolly ordenó media vuelta a su ejército en Vitebsk y se preparó para entablar combate. Si Napoleón hubiera sido capaz de atacar inmediatamente, podría haber dado el golpe que tanto anhelaba, pero sus tropas no eran capaces de acercarse lo suficientemente rápido y, al oír que Bagration se retrasaba, Barclay pudo escabullirse de nuevo. El 28 de julio los franceses entraron en Vitebsk, con lo que tomaron la ciudad más oriental de la Polonia anterior a 1772. Toda Lituania, por lo tanto, había sido conquistada. Además, los ríos Dvina y Dniéper permitían a los franceses contar con una línea defensiva viable, especialmente mientras todavía había esperanzas de que la columna de flanqueo que el mariscal Mcdonald había estado guiando hacia el Báltico tomara pronto la fortaleza de Riga, asegurando así el flanco izquierdo de la *grande armée*. «Aquí me detengo —exclamó Napoleón—. Debo mirar a mi alrededor, restaurar mi ejército y organizar Polonia. La campaña de 1812 ha finalizado.»[22]

Pero esta resolución no duró mucho. Después de unos cuantos días, comenzaron a llegar los rezagados del ejército y las tropas pudieron descansar y alimentarse algo más. Mientras tanto, Napoleón había estado esperando a que los rusos lanzaran un contraataque para tener la oportunidad de un dar un golpe definitivo que forzara a Alejandro a pedir la paz. Sin embargo, tal ofensiva no llegó a materializarse, y muy pronto la determinación del emperador comenzó a flaquear:

> Cuando se sintió descansado tras el reposo, al no aparecer ningún enviado de Alejandro y tras ver completadas sus primeras disposiciones, fue presa de la impaciencia. Se le veía inquieto. Quizá era que la inactividad le molestaba ... o que prefería el peligro a la tensión de estar a la expectativa, o que estaba inquieto por ese deseo de obtener algo que, para la mayoría de los hombres, tiene más influencia que el placer de conservar algo o el miedo de perderlo ... Se le vio andar arriba y abajo por sus estancias como perseguido por alguna peligrosa tentación. Nada podía mantener su atención. Comenzaba una tarea, la abandonaba y la reanudaba continuamente. Caminaba sin rumbo, preguntaba la hora y hacía observaciones sobre el tiempo. Completamente absorto, se detuvo, comenzó a tararear una canción con aire ausente y siguió andando. En medio de su perplejidad, de vez en cuando se dirigía a la gente que encontraba con frases como: «Bien, ¿qué vamos a hacer? ¿Debemos quedarnos donde estamos o avanzar? ¿Cómo se puede parar en seco de esta forma en medio de tan gloriosa carrera?». No esperaba respuesta, sino que seguía deambulando como a la espera de alguien o algo para acabar con su indecisión.[23]

La lógica militar dictaba solamente una cosa, y en el cuartel general de Napoleón no eran pocos los que estaban desesperados por que el emperador reconociera la realidad de la situación. Caulaincourt, el mariscal Berthier —que estaba, como siempre, al servicio de Napoleón como jefe de estado mayor—, los edecanes del emperador, Narbonne, Lebrun y Mouton y el intendente general Daru, todos buscaban persuadir a su señor para permanecer a la defensiva. Pero fueron contrarrestados por la postura de Joaquín Murat, quien, aunque contento por el hecho de que las tropas hubieran parado temporalmente para descansar, pedía con insistencia que avanzaran. A la vez, la idea era una perspectiva tentadora. Entre las tropas francesas en particular, la moral no estaba ni mucho menos por los suelos: muchos deseaban entrar en combate, y convencidos de que Napoleón era el único que les podía salvar, le vitoreaban cada vez que se dejaba ver. Al este de Vitebsk, la tierra era más fértil y estaba cultivada con más intensidad que en las zonas pantanosas y boscosas de la frontera oeste y, como las fuerzas de Bagration y Barclay de Tolly habían conseguido concentrarse, por fin, en Smolensko, prácticamente todo el peso del poder militar de Rusia estaba a poco mas de unos cientos de kilómetros al este. A pesar del hecho de que los ejércitos rusos habían conseguido reunirse con éxito, no eran más de 120.000 hombres. En resumen, un golpe certero todavía habría sido decisivo, porque perdiendo el grueso del ejército ruso, Alejandro habría tenido, al menos, que considerar sus opciones.

Veamos cual fue la respuesta popular rusa a la contienda. Aunque sería demasiado complicado tratar ese tema aquí con cierto detalle, sí que podemos decir que hay evidencias notables que sugieren que los campesinos se mostraban igualmente hostiles tanto ante la servidumbre como ante el reclutamiento. La famosa política de «tierra quemada» que hacía sufrir tanto a los franceses no era una tarea del pueblo, sino de las fuerzas del estado. Y si algo estaba ocurriendo en la región de Vitebsk, de hecho, es que los siervos estaban al borde de la revuelta. «Los campesinos de los alrededores —escribió el edecán de Berthier, el duque de Fézensac—, al no oír más que hablar de libertad e independencia, consideraron que estaba justificado que se levantaran contra sus señores y que se comportaran de forma totalmente descontrolada.»[24] Este sentimiento no había sido fomentado deliberadamente por Napoleón, que se había negado a tolerar tal comportamiento y había sofocado los tumultos. Pero, obviamente, los disturbios por parte de los campesinos harían mucho más difícil que Alejandro llamara a filas a nuevas tropas, y al emperador se le ofrecían, por extensión, motivos para la esperanza. Esto resultó ser fatal: «Al ver a sus soldados mostrarse entusiasmados a su paso, las revistas, los desfiles y, sobre todo, al recibir los informes del rey de Nápoles y de otros generales, no precisamente imparciales, se volvió loco ... Estaba, una vez más, obsesionado por sus ilusiones y volviendo a considerar sus gigantescos proyectos».[25] Para justificar sus ideas, Napoleón usó todo tipo de argumentos engañosos —un ejemplo de ello era su afirmación sobre la maquinaria militar francesa, que para él era un instrumento más adecuado para el ataque que para la defensa—, pero los que le conocían no se dejaron engañar. Como escribió Segur: «¿Qué pensaría la gente si supiera que un tercio de su ejército ... ya no existe? Era indispensable, por tanto, deslumbrar al mundo rápidamente con el brillo de una gran victoria y esconder todo ese sufrimiento humano bajo un motón de laureles».[26]

Muy relacionado con esto estaba la idea de que la *grande armée* podría dictar la paz con Alejandro desde Moscú. Napoleón había mencionado vagamente esta perspectiva varias veces, pero fue en Vitebsk donde la idea de llegar a esa ciudad se hizo más evidente. El emperador estaba ilusionado con la idea, pero no había una decisión clara de marchar hacia Moscú. Cuando los 182.000 hombres que Napoleón tenía a su disposición en los alrededores de Vitebsk reiniciaron la marcha el 12 de agosto, el objetivo de la *grande armée* era la derrota del ejército ruso. Rumbo al sur, hacia el Dniéper, Napoleón ordenó a sus hombres cruzar el río y luego girar al este hacia Smolensko. Una vez más, el objetivo era atrapar a Bagration y Barclay, cuyas tropas estaban en gran parte desperdigadas hacia el oeste y el noroeste de la ciudad, pero un aguerrido ataque por parte de una división rusa aislada en Krasnoye levantó el cerco, mientras Napoleón perdía un tiempo precioso en una gran revista celebrada en su honor por su cumpleaños, el 15 de agosto. Hata el 17 de agosto la *grande armée* no lanzó un ataque a gran escala, y para entonces los dos generales rusos habían logrado concentrar todas sus tropas alrededor de la ciudad. Además, lo que resultó más torpe por parte de los franceses —y por parte de Napoleón especialmente— es que dejaron escapar a los rusos de nuevo después de dos días de combate. Con ellos se iba, probablemente, la última oportunidad de victoria para el emperador. Ante esto, se mostró visiblemente enfadado: «Alrededor de las cinco de la tarde [del 19 de agosto] vimos al emperador cabalgando por la carretera de Moscú. Parecía muy contrariado y pasó a galope por delante de sus soldados sin, al parecer, ser consciente de sus aclamaciones».[27]

Recordemos que Smolensko había sido el punto más lejano hasta el que Napoleón había considerado avanzar al comienzo de la campaña, así que incluso en ese momento tenía abierto el camino para volver a la estrategia defensiva que se había considerado en Vitebsk: con respecto a este hecho, la captura del bastión fortificado que representaba Smolensko se consideró un importante triunfo. La marcha sobre Smolensko, mientras tanto, se había visto acompañada por las mismas dificultades que antes. «En este momento —escribía François, un oficial— el ejército estaba muy mermado ... por la disentería, que atacó a muchos de los soldados. Esta enfermedad era consecuencia de la escasez de pan, que obligaba a los soldados a vivir principalmente a base de carne ... El agua estancada de los pantanos que bebíamos también contribuyó a expandir la enfermedad. Pocos hombres, ni siquiera los generales, se libraron de ella. Los hospitales estaban llenos de enfermos, que recibían poca ayuda médica, ya que las ambulancias y las medicinas estaban en la retaguardia.»[28] Tras una breve pausa y ya dejado atrás Vitebsk, el calor era de nuevo, tal como decía Napoleón, «horroroso».[29]

Con respecto a Smolensko, había sido un terrible combate, y las visiones y sonidos del campo de batalla parecen haber dado, incluso a Napoleón, una razón para detenerse. Tampoco ayudó el hecho de que las comunicaciones de la *grande armée* y las partidas de forrajeadores se comenzaran a ver acosadas por grupos de campesinos desesperados que, aunque movidos por el hambre y un deseo visceral de venganza, eran una fuente de preocupaciones importante. Como recordaba Yermolev: «Antes habíamos atravesado Lituania, donde la nobleza, que mantenía la esperanza de restaurar Polonia, agitaba las débiles mentes de los campesinos en nuestra contra. En Bielorrusia, también, la opresiva autoridad de los terratenientes forzó a los campesinos a desear un cambio. Sin embargo, aquí, en los alrededores de Smolensko, la gente estaba predispuesta a vernos como sus salvadores. Era imposible expresar más odio contra el enemigo, o un deseo más ferviente de ayudarnos ... Los campesinos venían a preguntarme si podían levantarse en armas contra los enemigos sin que el estado les hiciera responsables por ello».[30] Enfrentándose a la incertidumbre de atrapar o no a los rusos, Napoleón habló con Caulaincourt de detener el avance e incluso de enviar a un oficial ruso que había sido hecho prisionero con un ofrecimiento de condiciones de paz. A la vez, se acalló una absurda exigencia por parte de Poniatowski para que se le permitiera liderar al grueso de las fuerzas polacas en una marcha sobre los antiguos territorios polacos en Ucrania.

Al final, sin embargo, la prudencia no condujo a nada. Entusiasmado por falsos informes que decían que los rusos estaban oponiendo resistencia en el río Ouja, Napoleón volvió a espolear a sus hombres. Se veía de antemano que era una apuesta arriesgada, sin embargo, y pronto fue obvio que la suerte del emperador se había agotado:

> El ejército marchaba en tres columnas ... Era imposible alcanzar a la infantería del enemigo. Nuestra vanguardia solo tenía que enfrentarse a su caballería ligera, que se defendían solo lo suficiente como para dar tiempo a que el cuerpo principal del ejército persiguiera su retirada sin problemas ... El emperador, que cada día esperaba que los rusos dejaran de recular y entablaran combate, dejó que le llevaran hacia Moscú sin pensar ni por un momento en el cansancio que sufrían sus tropas, y sin tener en cuenta que ya no estaba en comunicación con el resto de su ejército.[31]

La marcha, de hecho, fue una pesadilla:

> Cuanto más avanzábamos, más desolado era el terreno. Todos los pueblos habían ardido, y en las casas ya no quedaban ni las pajas utilizadas como techumbre para dárselas de comer a los caballos. Todo lo que se podía destruir estaba reducido a cenizas. Y el sufrimiento que soportaban los hombres no era menor que el de los animales: el calor era intenso, y la arena se levantaba y se convertía en un polvo blanco a medida que las columnas avanzaban, haciendo que nos asfixiáramos y completando nuestro agotamiento. Nuestra miseria se intensificó con la falta de agua en aquellas llanuras sin fin.[32]

Pero aun así, no llegó una petición de armisticio, ni ninguna sugerencia sobre conversaciones de paz. Todo lo que la *grande armée* podía hacer, entonces, era andar penosamente kilómetro tras kilómetro. Aunque cada paso reducía la asombrosa fuerza que la caracterizaba y que era su única esperanza de victoria. Se habían perdido 20.000 hombres en Smolensko y 16.000 más destinados a su guarnición, y la carretera estaba plagada de miles de cadáveres. Marchando tras las vanguardias principales iba la división Württemberg: «Desde Dorogobuzh hacia delante nos encontramos con muchos, a veces muchísimos, soldados que se habían dejado caer en las cunetas de pura extenuación y que habían muerto en el mismo lugar donde habían caído, por falta de ayuda... Y los caballos no estaban en una situación mucho mejor que los hombres... Los encontramos tirados en las cunetas en manadas».[33] A principios de septiembre, Napoleón tenía con él no más de 130.000 hombres, pero de repente llegaron noticias de que el enemigo había dado media vuelta y se había detenido. Con la *grande armée* a menos de 130 kilómetros al oeste de Moscú parecía que, finalmente, las vicisitudes de la guerra habían cambiado. «El 5 de septiembre —escribió Chlapowski— ...llegamos ante una ... posición fortificada con atrincheramientos: los rusos por fin aceptaban entrar en batalla.»[34]

¿Qué había sucedido? En breve, Alejandro se iba a enfrentar a un duro golpe. A menudo se asume que Napoleón siempre tuvo en mente marchar sobre Moscú, así que se da por sentado que Alejandro, por su parte, tenía en mente llevar a Napoleón hasta las profundidades de Rusia y dejar que el clima, la geografía y los cosacos causaran estragos en su ejército. Pero esto no era realmente así. Alejandro nunca pretendió replegarse más allá del Drissa, y los rusos se habían retirado hasta el punto en que estaban debido al aplastante número de franceses que se les echaban encima. De hecho, durante semanas, el único objetivo concreto había sido evitar el desastre. Pero para Alejandro, tanto como para Napoleón, era la credibilidad lo que estaba en juego. Rendir todo lo ganado por Rusia en Polonia era bastante malo, pero ser expulsados de Smolensko —uno de los lugares más sagrados de la Iglesia ortodoxa— significaba dejar desprotegidas las propiedades de algunas de las más destacadas familias de la nobleza rusa. Para complicar aún más las cosas, frustrada y humillada, la oficialidad se mostraba descontenta e incluso rebelde. «Si persistimos en el modelo de retirada elegido por Barclay de Tolly ... Moscú caerá, se firmará la paz allí, y a todos nos enviarán a la India a luchar por los franceses ... Si tengo que morir, prefiero que sea aquí», bramaba un oficial de caballería.[35] Igual de enfadado estaba Boris von Uxkull:

> Corremos como conejos. El pánico se ha apoderado de todos. Nuestra valentía está machacada, nuestro avance parece una procesión funeraria. Me pesa el corazón. Estamos dejando nuestra rica y fructífera tierra a la furia de un enemigo de una crueldad tal que no perdona, se dice... que están quemando y profanando las iglesias, que el sexo débil...está siendo sacrificado a su brutalidad y a la satisfacción de sus diabólicos deseos. Niños, ancianos —les da lo mismo— todos perecen bajo sus golpes.[36]

Y, finalmente, «los del Este», una vez vencido Speranski —ya que habían convencido al zar para que le mandara al exilio interno como radical peligroso en mayo de 1812— habían estado desde el comienzo de la campaña conspirando en la corte y buscando el modo de deshacerse de Barclay que, siendo extremadamente competente, no dejaba de ser visto como un extranjero. Además de esto, estaban los esfuerzos conscientes del régimen por fomentar un estado de ánimo de nacionalismo militante de la «Gran Rusia». Durante semanas hubo insinuaciones de cobardía y traición, y tras la caída de Smolensko, Alejandro finalmente se vino abajo. Tras haber viajado a Moscú recientemente y haber prometido, entre escenas de gran entusiasmo patriótico, que la ciudad nunca sería tomada por los franceses, se enfrentaba en ese momento a una situación cada vez más peligrosa.

> El ánimo del ejército estaba afectado por una sensación de mortificación, y en todas las filas se oían enérgicas y descaradas quejas: el descontento era general y se había relajado la disciplina. Los nobles, los comerciantes y la población en general se mostraban indignados al ver que se abandonaba una ciudad tras otra, un gobierno (i.e. una provincia) tras otro, hasta que los fusiles del enemigo casi se oían en Moscú.[37]

El 20 de julio, el zar dio el único paso posible y nombró comandante en jefe al soldado de orígenes rusos más destacado del ejército en la persona del héroe de Rustchuk, Mijail Kutuzov, dando a entender Alejandro con ello que adoptaría una actitud más agresiva.

Pero extrañamente, a Kutuzov, a quien Alejandro nunca había perdonado por Austerlitz, nunca se le dio ninguna orden formal para que atacara a los franceses. De todas formas, dadas las circunstancias, Kutuzov no tenía muchas opciones, así que , desplegó su ejército cruzando la carretera de Moscú, en Borodino, en una sólida posición defensiva. Cuando le alcanzaron los franceses, el ejército de Napoleón no ascendía a más de 130.000 hombres. Sin embargo, todavía superaban en número a los rusos, que contaban con 121.000 y, por un momento, una aplastante victoria parecía estar al alcance del emperador: Kutuzov no solo había desplegado su ejército en una posición en la que existía un serio peligro de ser flanqueado y atrapado, sino que dispuso sus órdenes de tal forma que solo podrían describirse como extrañas. Afortunadamente para él, cuando comenzó la batalla principal el 7 de septiembre, el generalato de Napoleón estaba todavía peor posicionado. Sin dar razones, el emperador rechazó la idea del movimiento envolvente, y la sustituyó por una serie de asaltos frontales masivos que solo podían tener como resultado un gran número de bajas. Con este plan de batalla, la única esperanza de victoria era que el ejército ruso se desbandara a causa del pánico, pero, de hecho, los franceses se enfrentaban a la más obstinada resistencia. Gradualmente, sin embargo, los rusos terminaron cediendo, y a última hora de la tarde estaba claro que a Napoleón solo le quedaba lanzar a los 18.000 hombres de la Guardia Imperial, que constituían su última reserva, para alcanzar la victoria ese día. Pero el emperador estaba cansado y enfermo, y quizá debido a ello no actuó como era habitual en él. Todo lo que se consiguió en el combate, por lo tanto, fue que ambos bandos quedaran postrados en igual medida, permitiendo a los rusos escapar de nuevo. Había sido un día terrible. Caulaincourt lo recordaba así:

> Nunca una batalla se había cobrado tantos generales y oficiales ... Había muy pocos prisioneros. Los rusos mostraron gran tenacidad: abandonaron sin desórdenes sus campos de labor y las tierras que les obligaban a ceder. Sus filas no se rompieron: golpeados por la artillería, sableados por la caballería, forzados a volver atrás por la infantería y a punta de bayoneta, sus algo lentas masas encontraron valientemente la muerte y solo cayeron lentamente ante la furia de nuestros ataques. Nunca se había atacado una tierra con más furia y destreza, ni se había defendido con tal tesón.[38]

Al final, las bajas de la batalla del 7 de septiembre de 1812 ascendieron a 30.000 franceses y 44.000 rusos. Con tamañas pérdidas se fue también la última oportunidad de victoria para los franceses porque, aunque sus tropas terminaran entrando en Moscú sin que se les opusiera resistencia, Napoleón no podía hacer más. «La paz espera en Moscú», había dicho el emperador tras Borodino. «Cuando los grandes nobles de Rusia vean que somos los dueños de la capital, se lo pensarán dos veces antes de seguir combatiendo. Si yo liberase a los siervos, esto acabaría con todas esas grandes fortunas. La batalla abrirá los ojos de mi hermano, Alejandro, y la captura de Moscú abrirá los ojos de sus nobles ... Se han cruzado las espadas, se ha satisfecho el honor a los ojos del mundo y los rusos han sufrido tantos daños que no puedo pedirles otra satisfacción. Ya no estarán más ansiosos por que les haga una segunda visita que yo lo estaré por volver a Borodino.»[39] Pero desde San Petersburgo solo se respondió con el silencio. Enfermo físicamente y sometido a un gran estrés, Alejandro no respondió a las cada vez más desesperadas comunicaciones de Napoleón. Borodino, al fin y al cabo, se había «vendido» como una victoria rusa y el zar había recibido tales críticas por parte de su hermana la gran duquesa Catalina —una figura influyente en la corte, y muy asociada al tradicionalismo ruso— por perder Moscú que no era difícil imaginarse cuál sería su destino si tan solo se le pasaba por la cabeza la posibilidad de rendirse. Por otro lado, con menos de 100.000 hombres en sus filas, a esas alturas Napoleón ya no podía hacer su voluntad. Moscú había sido incendiado por agentes rusos; la actividad partisana iba en aumento; se había producido una desesperada escasez de suministros; el ejército de Kutuzov estaba situado a tan solo un centenar de kilómetros al sur; había un gran número de nuevos reclutas llegando a Rusia y sólidas fuerzas regulares amenazando las líneas de comunicación francesas, débilmente protegidas; la disciplina y la moral de la *grande armée* estaban a punto de quebrarse. Con este panorama, la situación era claramente desesperada. Una vez que fue obvio que Alejandro no haría las paces, la retirada se convirtió en algo inevitable. Para Napoleón, una de las decisiones más duras de su carrera estaba más allá de toda duda:

> Vencido en su lucha de obstinación, [Napoleón] aplazaba de un día para otro la declaración de su derrota. En medio de la terrible tormenta de hombres y elementos que se estaba formando a su alrededor, sus ministros y edecanes le veían pasar días enteros hablando sobre los méritos de los nuevos versos que había recibido ... Solía pasarse horas enteras, medio reclinado, como inerte ... Al mostrar este carácter obstinado e inflexible a la hora de luchar contra lo imposible, sus oficiales comentaban entre ellos que, al haber llegado al punto álgido de su gloria, sin duda preveía que desde su primer paso atrás ya estaba fijada su caída, [y] que debido a esta razón permanecía inmóvil, alargando ese momento en el que aún se veía en la cumbre y aferrándose a él.[40]

El 19 de octubre de 1812 comenzó la retirada de Moscú. Tras haber perdido mucho tiempo en una batalla sin sentido en Maloyaroslavets, la *grande armée* pronto se vio duramente acosada por la nieve y el frío. Mientras tanto, Kutuzov cortó repetidamente en dos la columna francesa, provocando así una serie de combates desesperados que retrasaron aún más su marcha. Con el ejército cargado con inmensas caravanas de equipaje y con una mayoría de soldados que no podían combatir, con escasez de comida, ropa y calzado y con las tropas exhaustas por la interminable retirada, una formación tras otra perdían su cohesión, mientras los hombres morían a cientos o se unían a la creciente multitud de rezagados. Tras escapar a duras penas de la completa destrucción cuando fueron atacados por todos lados en el río Berezina, los supervivientes, tambaleantes, se reunieron bajo el mando del mariscal Ney (Napoleón siguió el viaje en trineo el 5 de diciembre), pero se vieron obligados a abandonar casi todos los fusiles y el equipaje que les quedaban y al final quedaron reducidos a apenas 20.000 hombres. Tras su paso, el camino quedaba esparcido de imágenes que movían a la compasión incluso a los rusos que veían pasar las columnas de soldados imperiales. «No puedo omitir una descripción de la escena sobre el Berezina ...

Los puentes estaban colapsados en algunos lugares, y los fusiles y varios transportes pesados habían caído al río. Multitud de personas, muchas de ellas mujeres con bebés y niños más mayores habían bajado hasta las orillas cubiertas de hielo. Nadie había escapado al rigor del frío ... El destino, nuestro vengador, se nos presentaba con todo tipo de escenas de desesperación y muerte. El río estaba cubierto de hielo transparente como el cristal: podían verse muchos cadáveres bajo su superficie, en toda su anchura.»[41] Fue una experiencia que quedó grabada de forma indeleble en la memoria de todos los que lo presenciaron. Entre ellos, Franz Roeder, un oficial de la guardia del gran duque de Hesse, que hizo todo el camino de Moscú a Vilnius antes de ser hecho prisionero por los rusos:

> Hay una confusión en mi mente como si todo se estuviera desmoronando ... Me encuentro ahora mismo en un estado que no comprendo, inexplicable ... ¡Dios! Qué sufrimiento tan atroz ... Qué cantidad de gente ha perecido en esta retirada ... Parece que me va a estallar la cabeza, todo gira a mi alrededor y se me saltan las lágrimas cuando intento recordar lo que he pasado ... Torpe e insensible, preocupado solo por mí mismo, [he] caminado sobre hombres vivos, sobre hermanos que quizá podrían haberse salvado con un poco de ayuda, con un bocado de comida, con una mano que les ayudara a salir de la tierra resbaladiza en la que habían caído ... ¡Cómo debo de haber sufrido para quedar reducido a esto! ¿Estoy destinado a aguantar lo mismo que ellos antes de dejar esta tierra?[42]

Las pérdidas francesas aumentaron hasta quizá el medio millón de hombres. Pero los desastres de 1812 no se limitaron solo a los horrores que habían ocurrido en el este. En España, como hemos visto, la guerra rusa también les había llevado a la catástrofe: una vez capturadas las fortalezas de Ciudad Rodrigo y Badajoz, derrotados estrepitósamente los franceses en Salamanca y viéndose obligados a evacuar Andalucía, Wellington disfrutó de la iniciativa estratégica en la frontera portuguesa mientras, particularmente en Navarra y Aragón, la mayoría del territorio que estaba teóricamente bajo el control francés había sido tomado por las guerrillas. Y aunque el triunfo aliado de 1812 se había terminado echando por la borda por culpa de las disputas entre británicos y españoles, estaba claro que habían acabado los días de victoria para los franceses. En términos diplomáticos, también, la situación era ahora muy diferente. Una conferencia entre Alejandro y Bernadotte en Åbo, Finlandia, en agosto, no había convencido a los suecos para que se unieran a la lucha: con su país casi en bancarrota, el príncipe coronado todavía insistía en permanecer neutral hasta que Rusia hubiera enviado tropas para ayudarle a conquistar Noruega. Sin embargo, las insinuaciones por parte de Alejandro sobre la posibilidad de que a Bernadotte se le diera el trono de Francia en caso de que Napoleón fuera derrocado ahora cobraban más fuerza. Además, los combates contra Napoleón en el este y en el oeste se habían unido en julio de 1812. Los franceses acababan de invadir Rusia, e inmediatamente después, primero Suecia y luego Rusia firmaron tratados de paz con Gran Bretaña. Todavía no había alianzas formales entre los tres —la única potencia que iba a firmar un pacto con Rusia era España— ni mucho menos ningún acuerdo sobre los subsidios, pero la Marina Real británica proporcionó toda la ayuda que pudo en el Báltico, mientras se enviaban a Rusia 100.000 fusiles y 20.000 más a Suecia, que también recibió 200.000 libras como adelanto de lo que conseguiría en el futuro.

En medio de todo esto, los franceses solo tenían una buena noticia. Precisamente en el momento en el que habría sido más útil tener una fuerza expedicionaria importante para prestar servicio en las orillas del Báltico o el mar del Norte, la atención de los británicos estaba de nuevo distraída por los sucesos al otro lado del Atlántico. La guerra entre Gran Bretaña y Estados Unidos, conocida como la «guerra de 1812» había estado en perspectiva durante algún tiempo. Hacia 1800 Estados Unidos había emergido como una gran potencia comercial, y había provocado molestias considerables tanto por el bloqueo continental como por la respuesta británica a este bloqueo. Entre 1808 y 1812 las exportaciones norteamericanas cayeron hasta un 40 por 100, y con ello los precios del algodón y el tabaco (y, por extensión, de la tierra). En 1798, los corsarios franceses habían causado tal atrocidad en Washington que el estado era de guerra no declarada con Francia, y con la llegada de Napoleón al poder habían vuelto a surgir tensiones similares. Pero era con Gran Bretaña con quien los problemas eran más graves. Al contrario que sus enemigos, los británicos tenían la habilidad de imponer su voluntad en alta mar. Los franceses podían incautar los escasos barcos que llegaban a sus puertos infringiendo los tratados de Berlín y Milán, e igualmente podían capturar unos cuantos barcos norteamericanos en el Atlántico y el Caribe. Pero como la Marina Real británica tenía el control de facto de las principales rutas marítimas, era más probable que los británicos, y no los franceses, pararan los barcos norteamericanos. Además estaba el problema añadido del reclutamiento forzoso de marineros. Constantemente necesitando hombres para su Marina Real, los británicos alegaron que tenían derecho a capturarlos dondequiera que los encontraran, y los barcos norteamericanos se convirtieron en un objetivo principal. No solo constituían un refugio para los hombres que habían desertado de la marina británica, sino que desde ese momento el gobierno de Londres se negaba a reconocer otra nacionalidad que no fuera la de británico a cualquiera nacido en el Reino Unido. Incluso aquellos hombres a los que se les había llevado a Estados Unidos siendo niños seguían siendo británicos y si eran marinos, entonces eran susceptibles de ser enrolados de inmediato. Se han hecho varias estimaciones sobre el número de hombres conseguidos de este modo a lo largo de años, y parece que podría ascender a 9.000. A corto plazo, el gobierno norteamericano no podía hacer otra cosa que protestar, pero no cabía duda de que era un tema que preocupaba a la opinión pública (de gran peso en Estados Unidos). De hecho, en junio de 1807, la desafortunada decisión por parte del capitán del buque británico *Leopard* de parar la fragata norteamericana *Chesapeake* para buscar compatriotas británicos a bordo de la misma produjo una reacción general de enfado y se llegó incluso a exigir la guerra. La administración de Thomas Jefferson no estaba preparada para contemplar tal posibilidad, pero el tema de las restricciones impuestas sobre los navíos norteamericanos era otro problema. En un intento de hacer presión en ambos lados (pero en particular en el británico), en abril de 1806 se aprobó una ley que prohibía la importación de determinados artículos que el gobierno consideraba que no eran necesarios en Estados Unidos o que podían producirse allí, y el 17 de diciembre de 1807 esta medida se complementó con otra más radical que prohibía la exportación de cualquier artículo desde los puertos norteamericanos.

El embargo comercial, sin embargo, no se dio. En este momento, los británicos estaban adquiriendo nuevos mercados y fuentes de materias primas en Latinoamérica. Con la economía en declive, aumentó la presión para el uso de la fuerza. Combatir a los británicos en el mar era imposible, ya que la pequeña flota norteamericana no incluía nada mayor que una fragata. Otro objetivo claro, sin embargo, era Canadá, cuyo inmenso territorio se encontraba protegido por menos de 5.000

hombres. Este «plato» era doblemente apetecible. Incluso desde la guerra de la Independencia americana, los colonos habían ido avanzando hacia el oeste, hacia el territorio que hoy comprende Ohio, Indiana y Michigan, y estos hombres y mujeres inevitablemente tuvieron su incidencia en las tierras que habían pertenecido ancestralmente a distintas tribus indias. Plenamente conscientes del valor de una alianza con los indios, los agentes británicos habían estado durante años alentando su resistencia contra el avance de los estadounidenses. Y justo en ese momento encontraron un poderoso aliado en el gran líder indio, Tecumseh. De orígenes shawnee y creek, Tecumseh odiaba a la América blanca y pensaba que ante los indios solo se presentaban dos escenarios posibles: resistir o ser exterminados. En 1795 un grupo de jefes se habían visto forzados a firmar la entrega de la mayor parte del estado de Ohio tras su derrota en la guerra de Miami, y en 1809 otro grupo fue manipulado para que cediera todavía más tierras en Indiana. Desde la década de 1780 Tecumseh había estado argumentando que la única salida posible era la de crear una gran confederación nativa y, ayudado por su hermano, el chamán Tenskwatawa —más conocido como El Profeta— comenzó a viajar por la frontera predicando la necesidad de crear esa confederación. Fuera de su tierra fracasó estrepitosamente, pero dentro (las actuales Indiana y Ohio) su mensaje de rechazo a los modos de vida del hombre blanco y de aferrarse a las tradiciones nativas y de vivir una vida de purificación personal se ganó muchos adeptos. Menos importante, pero también muy seria, era la cuestión de la Florida gobernada por los españoles, que en esa época abarcaba no solamente su territorio actual, sino también lo que por entonces se conocía como «Florida Occidental», la mitad sur de los actuales estados de Alabama y Mississippi. Dispuestos a causar problemas, los españoles habían estado, como los británicos, proporcionando ayuda y socorro a los nativos, y muchos esclavos fugados habían encontrado refugio en sus tierras. Plenamente consciente de la importancia que tenía esa área, el gobierno había estado intentando hacerse con el control de, por lo menos, Florida Occidental, pero la diplomacia había fracasado y, como con Canadá, parecía probable que solo una guerra pudiera poner fin al problema. Con España en ese momento aliada de Gran Bretaña, la oportunidad parecía demasiado buena como para perderla. Tanto en el sur como en el noroeste, entonces, comenzó a incrementarse la presión para que se iniciara una guerra de agresión, viéndose el apetito de los llamados «halcones de la guerra» todavía más estimulado cuando en 1810 los colonos españoles que se habían establecido en Florida occidental se rebelaron contra España y solicitaron la anexión (un asunto que condujo a España a la concesión de todas las tierras situadas al oeste del río Pearl).

No se debería dar por sentado que en Estados Unidos todos estaban predispuestos a ir a la guerra con Gran Bretaña. Jefferson puede que fuera un ardiente defensor de la idea de librarse de los indios y del expansionismo hacia el oeste pero sabía perfectamente que su ejército, por culpa de los recortes que él mismo había impuesto en 1802, solo contaba con 3.000 hombres en 1807. Hacia el final de su mandato confiaba en que los medios económicos fueran suficientes para forzar a los británicos a ceder. Asimismo, mientras los armadores y los comerciantes de Nueva Inglaterra odiaban el control que los británicos ejercían sobre el mar, preferían tener la oportunidad de obtener beneficios bajo las *Orders in Council* a perder completamente sus ingresos bajo el embargo. Sin embargo, la presión para que se recurriera a la acción era constante. De hecho se incrementó sustancialmente. Sometido a gran presión a causa de los intereses comerciales, en marzo de 1809 Jefferson reemplazó el embargo por una nueva «Ley de Prohibición de Relaciones Comerciales» que permitió el comercio con Gran Bretaña y Francia a través de terceros países. Con Gran Bretaña manteniendo su postura arbitraria, como halcones tales como Henry Clay de Kentucky estaban encantados de dejar claro, parecía que Estados Unidos hubiera sido derrotado. Cuando se reunió de nuevo el Congreso en 1811, en él participó un buen número de hombres partidarios de la guerra, incrementándose la indignación generalizada al recibirse las noticias de la represión de una nueva revuelta de los estadounidenses en Florida y de una gran batalla librada con los seguidores de Tecumseh en Tippecanoe, donde una columna de la milicia que marchaba a destruir su cuartel general sufrió una emboscada a manos de indios armados con fusiles británicos.

Desde ese momento, la guerra con Gran Bretaña se convirtió en una posibilidad muy cercana. Hombres como Clay siguieron clamando los males del control británico de los mares y anunciando que los estadounidenses podrían conquistar Canadá con mucha facilidad. El nuevo presidente, James Madison, echó más leña al fuego autorizando que el ejército triplicara sus fuerzas y afirmando que los agentes británicos habían estado conspirando para asegurar la secesión de Nueva Inglaterra. El hecho de que Estados Unidos tuvieran problemas, no solamente con Gran Bretaña, sino también con Francia hizo que Madison redactara un tratado por medio del cual Napoleón se comprometía a que todos los barcos estadounidenses pudieran ir y venir como les viniera en gana a cambio de que Estados Unidos volviera a la disciplina del embargo contra Gran Bretaña. En la práctica, la situación siguió siendo mucho menos de color rosa de como la pintaba Napoleón —los barcos estadounidenses siguieron sufriendo acoso— pero la concesión fue suficiente como para no tener que preocuparse de los franceses y poder prepararse para la guerra con Gran Bretaña. El 11 de enero de 1812 se sancionó la formación de trece nuevos regimientos y la construcción de doce buques de línea y veinticuatro fragatas. Al mes siguiente los estados obtuvieron permiso para reclutar 50.000 voluntarios y finalmente, en abril, también pudieron reclutar 100.000 hombres para la milicia. La financiación necesaria se consiguió gracias a un aumento de la presión fiscal (aunque se acordó que no se debía aumentar hasta que realmente estallara la guerra). Se hicieron planes para la invasión de Canadá y todos los barcos fueron confinados a los puertos, y finalmente, a pesar del hecho de que Estados Unidos no estaba ni mucho menos preparado para el conflicto —había solo 7.000 hombres en el ejército regular—, el 1 de junio Madison propuso al Congreso que se declarara la guerra.

La lucha que siguió a menudo se ha pintado como consecuencia de la torpeza y la intransigencia británicas. Esto, sin embargo, no es justo. Es verdad que hasta 1811 Gran Bretaña se había mostrado inflexible ante las protestas de los estadounidenses en contra de las políticas marítimas, y además de eso, aunque surgieron protestas en Inglaterra que condujeron a una campaña parlamentaria en contra de las *Orders in Council* que finalmente terminó con su abolición el 13 de junio de 1812, el movimiento llegó demasiado tarde para aplacar los ánimos de Estados Unidos. Pero todo sugiere que muchos estadounidenses estaban predispuestos para la guerra pasara lo que pasara, que la guerra, de hecho, no tenía sus raíces en el Atlántico, sino en los Grandes Lagos. En las sucesivas votaciones en el Congreso que finalmente dieron vía libre a la guerra, los representantes de Nueva Inglaterra —la región que más perjudicada podía sentirse por el control que los británicos ejercían en los mares— se abstuvieron o votaron en contra, mientras que los del sur —la región que podía verse más afectada en segunda instancia— estaban divididos, y los de Kentucky, Ohio y Tennessee se mostraron unánimemente a favor. La guerra de 1812 fue, por lo tanto, una guerra librada a causa del deseo expansionista de los estadounidenses, y no resulta una coincidencia ni que el número de voluntarios para luchar fuera mayor en la frontera oeste ni que los primeros ataques estadounidenses se produjeran, no en las cercanías de Quebec o Montreal, sino de Niágara y Detroit.

La historia que sigue no debería detenernos en nuestro discurso, salvo para decir que a pesar de los esfuerzos para que acabara —animados por la abolición de las *Orders in Council*, los británicos ofrecieron conversaciones de paz en una fecha tan temprana como julio de 1812, mientras que en septiembre Rusia se ofreció como mediadora—, la guerra todavía se estaba librando cuando Napoleón abdicó en abril de 1814: de hecho, los último disparos se hicieron en la vergonzante derrota sufrida por los británicos en Nueva Orleans el 8 de enero de 1815. Lo que importa es que, fuera quien fuera el culpable del inicio de la guerra, muchas tropas británicas y, sobre todo, muchos barcos británicos, se vieron comprometidos en una difícil guerra librada al otro lado del Atlántico. Gracias al empleo de tropas auxiliares locales, no hubo que enviar muchas tropas antes de 1814: el total, parte de los cupos de nuevos reclutas para las unidades que ya estaban en el escenario de guerra, parece ser que fue de once batallones de infantería, una batería de artillería y un regimiento de caballería. Aunque el impacto, aun así, resultó bastante sustancial: sin la guerra con Estados Unidos, los británicos podían haber enviado una fuerza expedicionaria mucho más poderosa a Alemania en 1813, lo que hubiera aumentado considerablemente la capacidad de intervención de la diplomacia británica. La guerra apenas supuso un verdadero triunfo para Estados Unidos: sus fuerzas ganaron pocas batallas contra los británicos. Washington fue ocupada y la Casa Blanca reducida a cenizas, y la marina no había podido impedir el bloqueo de los británicos. Sin embargo supuso un gran hito en su historia. En el curso de la lucha los principales bastiones de la resistencia india al este del Mississippi terminaron rindiéndose: Tecumseh murió en la batalla de Thames del 5 de octubre de 1813, y el 27 de marzo de 1814 Andrew Jackson aplastó a la poderosa confederación de indios Creek en Horseshoe Bend. Y fue al final de la guerra cuando los estadounidenses cosecharon verdaderos éxitos. Incluso antes del descalabro británico en Nueva Orleans, los estadounidenses habían rechazado una invasión del estado de Nueva York desde Canadá y un ataque sobre Baltimore, así que los británicos se vieron obligados a ofrecer generosos términos de paz. A pesar de todos los planes y todos los intentos, los británicos finalmente renunciaron a cualquier intento de penetrar por el sur o el oeste de los Grandes Lagos. Desde ese momento los caudillos indios, como Tecumseh, ya no podían contar con ningún tipo de ayuda desde el exterior. Con la confianza de los Estados Unidos elevada hasta los cielos, toda la América que se extendía desde Indiana hasta el Pacífico quedaba libre para que Washington la tomara.

Antes de concluir esta sección, merece la pena decir algo sobre las consecuencias que esta guerra tuvo en Canadá. Durante el conflicto su independencia no se planteó en ningún momento, pero lo cierto es que emergió del conflicto como, por lo menos, una nación embrionaria. En 1812 casi la mitad de la población de Canadá era de origen francés, y Napoleón había enviado a una serie de agentes para que soliviantaran a la población en contra del dominio británico. Sin embargo, a pesar de fuentes obvias de tensión —las instituciones parlamentarias creadas en Canadá en 1791, por ejemplo, no concedieron a los habitantes de Quebec el peso representativo que les correspondía por su número—, estos esfuerzos por provocar la subversión fracasaron estrepitosamente. La jerarquía católica local había mostrado su repulsa por la Revolución Francesa desde el principio, y esto, unido a la política de conciliación seguida por el gobernador británico, garantizó que la población francesa se mantuviera leal. Incluso entre la población del norte de Canadá, que en gran parte estaba formada por colonos procedentes de Estados Unidos, no se produjeron grandes problemas, y una vez que comenzó la guerra, la milicia que constituía el grueso de las fuerzas defensivas se presentó para cumplir con su deber sin oponer casi resistencia. Viéndose amenazados desde el exterior, en resumen, todas las secciones de la población se unieron, a pesar de que haciendo eso se estaban definiendo a sí mismos más como lo que eran que como lo que fueron.

Pero, ¿qué pasaba mientras tanto en Europa? Allí el principal efecto que tuvo el inicio de la guerra entre Gran Bretaña y Estados Unidos había sido el del renovar las esperanzas de Napoleón. Y esto era algo que necesitaba realmente. Hacia finales de 1812 el prestigio del emperador se encontraba terriblemente dañado. Dejando aparte la destrucción de la *grande armée* y los éxitos de Wellington en España, en Francia la capacidad del régimen para mantener su autoridad se había puesto en cuestión por el extraordinario caso Malet, en el que un desconocido oficial de simpatías jacobinas, llamado Claude François Malet, casi derroca al emperador anunciando que éste había muerto en Rusia. No resulta sorprendente el hecho de que el resultado fuera una conmoción social que hubiera sido impensable unos meses antes. Incluso menos sorprendente que la podredumbre que comenzó a generarse en Prusia. De todos los estados a los que Napoleón había vencido, Prusia era el que había salido peor parado. Privada de gran parte de su ejército, territorio y población, y sujeta no solamente a abusivas compensaciones sino también al bloqueo continental y a la semipermanente ocupación francesa, Prusia había tenido que pagar un alto precio por su temprano oportunismo, mientras que, como hemos visto, habría dado cobijo desde 1807 a un movimiento reformista que muchos vieron como el posible promotor de una guerra de venganza e incluso de un levantamiento pangermánico. Y, finalmente, la concentración de la *grande armée* en Prusia Oriental en los primeros seis meses de 1812 había resultado una experiencia aún más traumática que las campañas de 1806-1807. En la última, la experiencia de la lucha para los prusianos fue más bien breve: la campaña de Jena y Auerstädt había acabado en cuestión de semanas y luego el grueso de las fuerzas francesas se trasladó a un territorio que había sido polaco hasta 1795. Las batallas tanto de Eylau como de Friedland se habían librado en Prusia Oriental, pero una vez más las incursiones de los franceses duraron relativamente poco tiempo. En 1812, sin embargo, todo había sido muy diferente. Con el campo completamente inundado de tropas, sabemos que, incluso antes de que hubiera cruzado la frontera, la *grande armée* «dejó tras de sí una estela de pillaje y destrucción».[43] Un comandante de división, Dedem del Gelder escribió más tarde con gran candor al respecto de lo que había ocurrido: «Habíamos pasado por Prusia, no como se hace por una país aliado, sino como por uno conquistado. Nos llevamos noventa mil caballos con la falsa promesa de que los devolveríamos. Y hubo una orden del día que decía que debíamos reunir provisiones para diez días, lo que solo podía significar una incitación al pillaje y a la violencia».[44]

Cuando los supervivientes de la *grande armée* marchaban tambaleantes a través del Niemen en dirección hacia Prusia Oriental, se tuvieron que enfrentar al odio que se había generado en la población.

«La actitud de los habitantes no me dejó duda alguna sobre su hostilidad hacia nosotros —escribió el teniente coronel de artillería Noël—. Estaba seguro de que, si hubieran sabido que no nos seguían más tropas, nos habrían atacado. A nuestra llegada a un pueblo donde no había refugio alguno, llamé al burgomaestre y le dije que ... ante la menor amenaza ... la respuesta sería reducir el pueblo a cenizas ... Para desafiarnos, los campesinos cantaban canciones ofensivas hacia nosotros. Nos explicaron el estribillo de una de ellas: "Cinco franceses por un prusiano: no es demasiado".»[45] Pero nada de esto fue suficiente para provocar una insurrección popular en el invierno de 1812-1813. No obstante, particularmente en el ejército, muchos oficiales se mostraron especialmente preocupados por hasta qué punto había sido humillada Prusia, y algunos de ellos renunciaron a sus mandos, se pasaron a los rusos e intentaron organizar una «legión ruso-germana» con los desertores y prisioneros de guerra alemanes. Tras la retirada francesa este sentimiento se acrecentó enormemente. Federico Guillermo no tenía ninguna intención de faltar a su alianza con Napoleón, pero el 30 de diciembre de 1812 el general Yorck con Wartenburg, el comandante de las fuerzas prusianas enviadas a Rusia, firmó por separado una convención con los rusos en Tauroggen y condujo a sus tropas de vuelta hacia Prusia Oriental. Lo que hubiera sucedido después si los rusos se hubieran quedado en la frontera es algo que no está claro, pero al final siguieron avanzando y los restos de la *grande armée* no tuvieron otra opción que huir en busca de la seguridad que les ofrecía, primero el Vístula y luego el Oder (sin embargo, se dejaron guarniciones en Danzig y en otros lugares). Había un gran número de tropas de refresco y grandes almacenes en el Gran Ducado de Varsovia y en Prusia Oriental, pero el comandante interino de las fuerzas francesas, el mariscal Murat, se encontraba exhausto y desmoralizado y sabía que no podía confiar en sus tropas. «El hurra de los cosacos —dijo éste— resonaba en todos los oídos, y ... la mitad hubiera desertado la primera noche pensado en esos vivaques en los que no se podían encender fuegos por miedo a que éstos sirvieran de guía a esos horripilantes alaridos.»[46]

La decisión rusa de avanzar fue, fuera de toda duda, uno de los momentos clave en la historia internacional de las guerras napoleónicas, y en gran parte también resultó un hecho sorprendente. La invasión de Rusia no había acabado con los años de aversión de los rusos hacia los británicos. La paz de había firmado con Gran Bretaña en julio pero no fue hasta septiembre cuando se levantó la prohibición de intercambio comercial entre los dos países, e incluso entonces las importaciones británicas siguieron pagando unos aranceles muy altos. No se firmó ningún tratado de alianza entre los dos países. Muchos rusos, incluyendo a Alejandro, Rumiantsev y Kutuzov, siguieron sospechando de los británicos y había un intenso sentimiento entre «los del Este» de que Rusia no necesitaba involucrarse en las penurias de Europa central y Occidental, sino que se debería concentrar en sus tradicionales objetivos de la política internacional. Rusia podía, por ejemplo, llevarse un pedazo más de Polonia como precio para la paz —se mencionó el Vístula como una posible nueva frontera—, pero sus tropas no deberían marchar más allá. Siguiendo esta línea, «los del Este» se vieron reforzados por una serie de consideraciones prácticas: el reclutamiento en masa provocado por la guerra había sometido a gran tensión al campo y en algunos lugares se habían producido incidentes de cierta consideración. Rusia estaba pasando por dificultades económicas; y en el verano de 1812 Ucrania se había visto afectada por un severo brote de peste, «no solamente arruinando el comercio de [Odesa], sino también reduciendo la mano de obra drásticamente».[47] Siendo él mismo uno de «los del Este», Kutuzov pudo añadir también una serie de consideraciones de tipo militar. El ejército bajo su mando había sufrido enormemente durante la persecución de los franceses. Contando con unos 110.000 soldados cuando dejó su campamento en Tarutino en octubre, en ese momento tan solo contaba con 28.000 hombres, y se le había dicho que tenía poco tiempo para descansar, recomponer las filas de su ejército y reabastecerse.

¿Por qué razón, entonces, debería continuar la guerra? Para responder a esto, debemos retornar a la figura de Alejandro I, que de nuevo se encontraba en el oeste, en Vilna. La invasión causó tal impacto sobre él que solamente se puede describir como tremenda. Sometido a gran presión, había buscado refugio en la Biblia y encontrado en sus páginas tanto ayuda como inspiración. El Señor le sostendría y le enviaría su justicia y por la misma razón liberaría a Rusia. Y Alejandro, como siervo del Señor, derrotaría al anticristo napoleónico y traería la paz y la libertad a Europa entera. Detenerse en la frontera, por lo tanto, era oponerse a los planes del Señor, pero, incluso aunque éste no hubiera sido el caso, a los ojos de Alejandro no continuar era simplemente una estupidez. Como le dijo a su séquito personal: «Después de una campaña tan desastrosa en Rusia, y de los grandes reveses que Francia ha sufrido en España, ésta debe encontrarse totalmente carente de hombres y de dinero ... Hemos tenido la precaución ... de imprimir panfletos que se han repartido por toda Francia y por todos los puertos para curar a ese país de la ceguera que sufre, y en el que se hacen todos los esfuerzos para que no se reponga nunca de ésta. Sabemos, además, que la conspiración de Malet todavía colea, y que hay muchos descontentos en Francia. Debemos esperar que todos estos acontecimientos se unan para conseguir el resultado deseado: una paz sólida en Europa».[48] Con un montón de tropas de refresco en camino, era por lo tanto muy improbable que el zar decidiera detenerse, sobre todo porque entre su séquito se encontraban algunos de los personajes más beligerantes de la corte. Uno de ellos era el antiguo primer ministro de Prusia, Heinrich vom Stein, que había sido invitado a Rusia como asesor no oficial de Alejandro y que había estado presionando desde el momento de su llegada para que se luchara a favor de la liberación de Alemania. Otro era Rumiantsev, ayudante de facto del ministro de Asuntos Exteriores, Karl von Nesselrode. Experimentado diplomático que mantenía firmes lazos con las cortes de Prusia y de Rusia, hacia 1812 Nesselrode había ocupado el lugar del anciano Rumiantsev, aunque éste seguía como titular del departamento. Un hombre de estado completamente occidental —su padre era alemán y su madre inglesa— no tenía tiempo que perder ni con el tradicionalismo ni con el aislacionismo ruso, y creía firmemente que lo que le interesaba a Rusia era ser una potencia en Occidente, y no en Oriente. Y lo que más le urgía en ese momento era restaurar el orden en Europa derrotando a Napoleón y trabajando en pos de un acuerdo general de paz, algo que en su mente estaba estrechamente ligado al principio de legitimidad. Pero al final lo que importaba no eran ni Stein ni Nesselrode, sino el zar y, lo que es más, el zar inoculado de confianza en sí mismo, ambición y vanidad, por no mencionar su determinación para vengarse de Napoleón y reemplazarlo como gran héroe de su tiempo.

La visión que Alejandro tenía de sí mismo como siervo de Dios y libertador de Europa no debería, desde luego, tomarse demasiado en serio. Por lo que se refería a Alemania, por ejemplo, quería asegurarse de que la libertad no interfería con los intereses de sus numerosos parientes, como demuestra el hecho de que enfureció a Stein insistiéndole que el duque de Oldenburg y sus dos hijos debería ser incluidos en lo que se conocía como el «comité alemán» —el cuerpo constituido en San Petersburgo en 1812 para tratar los asuntos de Alemania y, tal como esperaba Stein, organizar un levantamiento contra Napoleón—. De mayor interés y urgencia, sin embargo, era el asunto de Polonia. Gracias a Czartoryski, este tema estaba de nuevo en boga. Para Czartoryski, la participación del Gran Ducado de Varsovia en la guerra contra Alejandro I era una tragedia personal, y se había desentendido de la lucha exiliándose en la Galitzia austriaca. Pero con los rusos a la ofensiva, una salida a este dilema se abría ante él y, por lo tanto, en diciembre escribió al zar rogándole que adoptara el viejo plan de una Polonia restaurada controlada por un monarca ruso (pero ya no sería Alejandro: Czartoryski en ese momento quería que el trono se le entregara al hermano pequeño del zar, el gran duque Miguel). No era Czartoryski el único polaco que se sumergía en estos sueños. El gobierno del Gran Ducado de Varsovia, por ejemplo, se había alienado profundamente por las incesantes demandas de guerra y por la completa ruina a la que se enfrentaban los nobles. «De las 600.000 libras en rentas que tenía en Lituania —se quejaba una condesa— no queda nada salvo la tierra y el cielo: todo lo demás ha desaparecido. No puedo esperar ninguna renta proveniente de mi fortuna en los próximos veinte años.»[49] En Varsovia, entonces, Alejandro supo que se encontraría con muchas personas más o menos dispuestas a colaborar, y esto le animó aún más, sobre todo porque la adquisición de la totalidad del viejo reino de Polonia no era incompatible con su retórica libertadora. Pero si los rusos aparecían por Polonia, lo iban a hacer con sus propias condiciones por delante. Como Alejandro escribió a Czartoryski el 13 de enero de 1813:

> Los éxitos con los que la providencia ha decidido bendecir mis esfuerzos y mi perseverancia no han cambiado en absoluto ni mis sentimientos ni mis intenciones al respecto de Polonia. Tus compatriotas, entonces, no deben tener miedo: la venganza es un sentimiento que no conozco y mi mayor placer es devolver bien por bien ... Déjame que te hable con absoluta franqueza: para llevar a cabo mis planes favoritos relacionados con Polonia, primero tengo que vencer una serie de dificultades ... La primera de todas es el estado de opinión en Rusia, la manera en la que el ejército polaco se condujo, el saqueo de Smolensko y de Moscú, y la devastación sufrida por todo el país y que despertó viejos odios. En

> segundo lugar, hacer públicas mis intenciones al respecto de Polonia sería empujar a Austria directamente a los brazos de Francia ... Venceré estas dificultades con sagacidad y prudencia. Sin embargo, es necesario que vosotros me ayudéis a hacer que el pueblo ruso se muestre receptivo a mis planes y que comprendan la predilección que todo el mundo sabe que tengo por los polacos ... Debo aconsejarte, sin embargo, que la idea de mi hermano Miguel [la de ser rey] no puede ser digna de consideración. No olvides que Lituania, Podolia y Volhynia son consideradas aquí como provincias rusas y que nada convencerá a Rusia de que deben ser gobernadas por otro monarca que no sea el que se sienta sobre su trono.[50]

Este mensaje apenas resultaba tranquilizador para los polacos, pero en ese momento su destino estaba sellado. El 12 de enero de 1813 las fuerzas rusas cruzaron el Niemen y marcharon hacia el interior de Prusia y el Gran Ducado de Varsovia. ¿Y qué hacía Napoleón mientras tanto? Lejos de actuar con la mesura que requerían las circunstancias, por el contrario, se mostró desafiante. Pasando por Varsovia en su ruta hacia París tras abandonar a la *grande armée*, le lanzó una diatriba a Dufour de Pradt que nos da una idea muy clara de cuál era su estado de ánimo:

> Recluta a 10.000 cosacos polacos —todo lo que se necesita es una lanza y un caballo por hombre— y pararemos a los rusos ... El ejército es soberbio: tengo 120.000 hombres. Y siempre he derrotado a los rusos. No se atreverán a hacer nada. Ya no son los soldados de Friedland y Eylau. Se quedarán en los alrededores de Vilna mientras me marcho y recluto 300.000 hombres. Luego el éxito les volverá audaces, pero los derrotaré en dos o tres batallas en el Oder, y en seis meses estaré de nuevo en el Niemen ... Todo lo ocurrido no es nada: es un mero contratiempo, el resultado del clima. El enemigo no es nada: lo he derrotado en todos lados. Trataron de dejarme cortado en el Berezina, pero hice que ese imbécil almirante [i.e. Chichagov] quedara como un tonto ... Tengo buenas tropas y buena artillería, mientras que mi posición, que estaba protegida por un río y un pantano de 1.500 brazas, era soberbia ... En Marengo fui derrotado a las seis de la tarde, pero a la mañana siguiente era el amo de Italia ... Y por lo que respecta a Rusia, yo no pude evitar que se helara ... Nuestros caballos normandos son más débiles que los rusos: no pueden sobrevivir a nueve grados bajo cero. Lo mismo les ocurre a nuestros soldados. Mira a los bávaros: ¡no ha quedado ni uno vivo![51]

Igual de engañosas resultan las observaciones que le hizo a Caulaincourt en mitad de la retirada. «La guerra contra Rusia —dijo— es una guerra que está relacionada totalmente con los intereses ... de la vieja Europa y de la civilización. El emperador austriaco y el señor Metternich se dan perfectamente cuenta de esto, ya que me hablaron en repetidas ocasiones de ello en Dresde ... El gobierno vienés entiende perfectamente que, aparte de su contacto con Austria a lo largo de una extensa frontera, y de todos los intereses divergentes que surgen de una situación como esa, los designios de Rusia sobre Turquía la hacen doblemente peligrosa. Los reveses que Francia acaba de sufrir pondrán fin a todos los celos y calmarán todas las ansiedades provocadas por su poder e influencia. Europa debería concentrarse en un solo enemigo. Y ese enemigo es el coloso ruso.»[52] Atrapado hora tras hora al lado de Napoleón, primero en trineo y luego en carruaje en el apresurado viaje de vuelta a casa, Caulaincourt tuvo que soportar un torrente constante de palabras que pintaban un escenario completamente imaginario. La falta de entusiasmo de los polacos había sido el resultado de la incompetencia de Dufour de Pradt. La *grande armée* se había colapsado tras la marcha del emperador a causa de la incompetencia del mariscal Murat. Los monarcas y los pueblos de Europa verían que estaba luchando no solamente contra la amenaza rusa, sino también contra el egoísmo y la dominación comercial de Gran Bretaña, y se unirían a esa lucha sin dudarlo. Wellington sería empujado hasta el mar en la Península y luego se acabaría con la resistencia de los españoles. Los guerrilleros españoles eran meros bandidos. Los británicos estaban al borde de la bancarrota y era improbable que pudieran organizar una nueva coalición contra su imperio; comprometido en la Península, además, su ejército no podría intervenir en ningún otro lugar del continente. Estados Unidos triunfaría en su guerra contra Gran Bretaña y saldría de ese conflicto no solamente más reforzados, sino también como un firme aliado de Francia. El pueblo seguía confiando en él. Francia nunca había sido más próspera o mejor gobernada, todavía le necesitaba, y todo el mundo le apoyaría a su vuelta a París. La marina francesa estaba construyendo muchos barcos nuevos y muy pronto podría desafiar de nuevo a los británicos en el mar. El comandante del cuerpo de ejército austriaco, Schwarzenberger, era un hombre de honor y no le traicionaría. Alejandro era un irresoluto sin remedio y demasiado democrático en sus gustos para ser capaz de gobernar a Rusia de forma efectiva o para durar mucho tiempo en el trono.

La guerra, entonces, continuaría y Napoleón la ganaría, de hecho, tenía que ganarla. «Dios me ha dado la fuerza y el brío necesarios para llevar a cabo grandes proyectos —dijo—. No debo dejar las cosas a medias.» [53]

Hasta qué punto el optimismo de Napoleón era un sentimiento real tras la retirada de Moscú es algo que nos podemos cuestionar. Anunciado en el famoso «Boletín Vigesimonoveno», que se publicó en la mañana del mismo día que Napoleón llegó a París, las noticias de Rusia extendieron la pena y la desesperación por todos lados. «Toda Francia había estado en Rusia —escribió Hortensia de Beauharnais—. Nuestros deseos, nuestros miedos, nuestras esperanzas, todo había estado allí ... Y ahora ese imperio ... no les devolvía nada más que los restos de su naufragio ... Nada igualaba nuestros desastres salvo nuestro dolor por ellos. Todo estaba envuelto en la pena.»[54] Pero el emperador no se iba a desanimar. Como Molé recordaba, mostró «una actividad frenética que quizá sobrepasó a todo lo que había revelado hasta ese momento».[55] Gracias a distintas iniciativas se logró crear una nueva *grande armée*. En septiembre de 1812, se había llamado a filas a 150.000 hombres que pertenecían al reemplazo de 1813, y muchos de estos hombres estaban en ese momento preparados para entrar en acción. A éstos se podían sumar los del reemplazo de 1814 y 100.000 hombres más que se habían librado de los reemplazos de 1809, 1810, 1811 y 1812, además de que se podía movilizar a los 100.000 hombres de la Guardia Nacional (aunque a éstos se les prometió inicialmente que no lucharían fuera de las fronteras de Francia). De España llegaron 15.000 hombres; de Italia tres divisiones y una tanda de reclutas todos ellos del ejército de Eugenio de Beauharnais; y de la marina y la gendarmería se extrajeron artilleros y soldados de caballería. Y todo esto vino apoyado por una masiva campaña de propaganda:

> Secundado por sus íntimos consejeros, Napoleón empleó cada artificio calculado para paliar nuestros desastres y ocultarnos las verdaderas consecuencias. Reunió a toda su falange de aduladores, que en ese momento eran los órganos de su voluntad ... y todos, a una sola voz, atribuyeron la pérdida de nuestro ejército ... solamente al rigor de los elementos. Valiéndose de engaños de todo tipo, tuvieron éxito a la hora de hacer creer que todo se podía solucionar si la nación mostraba su grandeza y su generosidad, y que todos los sacrificios que se hicieran merecerían la pena porque se harían a favor de la independencia y de la gloria.[56]

Con la administración encargada del reclutamiento obligatorio todavía intacta, los soldados fueron llegando en buen número, al tiempo que los arsenales y los talleres de Francia también podían proporcionar gran cantidad de fusiles y cañones, además de un remedo de uniforme. Todavía leal en ese momento, la Confederación del Rin también proporcionó un buen número de tropas. De esta forma, por lo tanto, a los cuatro meses de la llegada de Napoleón a París, se había logrado reunir a 170.000 hombres a orillas del río Main, al sur de Alemania. Con su nueva *grande armée*, el emperador mostraba su determinación de no doblegarse ante Rusia. Pero la ingente masa de hombres a la que comandaba le impedía ver los problemas existentes. Muchos de estos soldados eran reclutas carentes de experiencia y sin la suficiente fuerza física para soportar los rigores de la vida en campaña. Faltaban oficiales y suboficiales con experiencia, y resultaba muy difícil encontrar las monturas adecuadas para la caballería. Y en Francia, la llamada a filas de 250.000 hombres, además de los 150.000 llamados en septiembre de 1812 y los 120.000 de diciembre de 1811, había hecho que la población ya no se mostrara tan dispuesta a cooperar. Intentar reclutar más hombres podía provocar un desastre. Entre las clases pobres, escribió Marbot, «había cierto descontento, especialmente en el sur y en el oeste, pero estaban tan acostumbrados a obedecer que casi todo el contingente se integró en las filas del ejército». El verdadero problema, sin embargo, venía de las capas sociales con más recursos:

> Tras haber obligado a servir en el ejército a los hombres que habían quedado exentos por sorteo, luego reclutaron a aquellos que en su día habían pagado para que otro hombre les sustituyera. Muchas familias habían sufrido vergüenza o incluso se habían arruinado para mantener a sus hijos en casa, ya que un sustituto costaba entre 12.000 y 20.000 francos por esa época, y esto había que pagarlo. Había hombres jóvenes que habían conseguido hasta tres sustitutos, y esos también tuvieron que ingresar en el ejército igualmente; se dio el caso de que muchos hombres servían en el mismo batallón donde estaba destinado el hombre al que habían pagado para que ocupara su lugar.[57]

El compromiso del pueblo, por lo tanto, tenía sus límites. Como dice Fouché, «la razón por la que Francia estuvo dispuesta a hacer los mayores sacrificios para apoyar a un hombre cuyo máximo éxito había sido pisar las cenizas de Moscú» era que el populacho pensaba que «su jefe, escarmentado por el infortunio, estaría dispuesto a aprovechar la primera oportunidad que surgiera para firmar la paz».[58]

Resultaba difícil exprimir aún más la capacidad de sacrificio de los franceses: no era fácil que se pudiera forzar otra leva como la de enero de 1813, especialmente porque las fuerzas de seguridad del país se habían quedado muy mermadas al enviar a muchos de sus hombres a la nueva *grande armée*. El hecho era que toda la campaña era un juego desesperado y, lo que es peor, un juego en el que las posibilidades en contra de Napoleón se acrecentaban a causa de su propio orgullo y exceso de confianza. Incluso aunque sus fuerzas evacuaran Prusia Oriental y el Gran Ducado de Varsovia, éstas tendrían que ser destinadas a formar parte de las guarniciones de todas las fortalezas de la región. Al final, hubo que emplear unos 50.000 hombres en esta tarea, y puesto que se enfrentaban a un número muy superior de tropas enemigas, quizá hubiera sido mejor que se hubieran empleado en los campos de batalla de Lützen, Bautzen, Dresde y Leipzig. Pero haber evacuado Danzig, Thorn y el resto de plazas fortificadas, sin embargo, hubiera sido reconocer que el imperio se encogía, y el emperador no estaba dispuesto a que tal cosa ocurriera. Mejor iba a derrotar al enemigo en Sajonia y Silesia, y luego reclamaría que le devolvieran los territorios orientales. Las guarniciones, por lo tanto, tendrían que valerse por sí mismas, y de este modo crearían problemas ante cualquier intento de contener la contraofensiva francesa. Pero, con su debilitada caballería, ¿podría la *grande armée* realmente asegurarse el tipo de victoria decisiva que la estrategia de Napoleón requería? A esta pregunta el emperador solamente tenía una respuesta: «Enumeraba de forma complaciente todos los medios que tendría a su disposición en tres meses, calculando que podría contar con hasta 800.000 soldados ... el resto dependía de su genio, estaba realmente convencido de que recuperaría el imperio del mundo».[59]

Cuando llegó el momento de evaluar la situación, quizá no fuera de gran ayuda que Napoleón estuviera en París. En Francia había todavía, a pesar de todo, un cierto grado de apoyo y entusiasmo por el emperador. Pero no solamente contaba Francia. En 1812 Napoleón había invadido Rusia a la cabeza de una fuerza de la cual solo la mitad de sus hombres provenía de territorios que eran nominalmente franceses. Para que el imperio pudiera sobrevivir, lo que ocurría en Milán o en Kassel era tan importante como lo que ocurría en Marsella o Clermont Ferrand.

Y en todos los sitios la evidencia era que Napoleón estaba pasando por verdaderas dificultades. Todos los estados satélites y aliados habían sufrido catastróficas pérdidas en Rusia, y en ese momento debían hacer tremendos esfuerzos para lograr reunir nuevas tropas. En el Reino de Italia, aunque Napoleón había enviado de vuelta a las dos divisiones de ese estado que habían estado sirviendo en España, el contingente anual de 15.000 hombres se vio aumentado con una solicitud de 9.000 más. El reclutamiento obligatorio nunca había alcanzado en los dominios de Eugenio de Beauharnais el mismo grado de aceptación que en Francia, y se produjo mucha resistencia desde el primer momento: aumentó el número de aquellos que eludían el reclutamiento; en muchos pueblos los sorteos se vieron interrumpidos por disturbios; y cientos de hombres desertaban y se dedicaban al bandidaje. Y no se trataba solamente de una cuestión de números. Había la misma escasez de oficiales y suboficiales que en Francia; solamente había 1.500 caballos para la artillería y la caballería; y no había suficientes fusiles, uniformes, chacós y otras piezas del equipo necesario. En otros lugares la situación era incluso peor. En el Reino de Italia no faltaba el dinero, el tesoro había sido gestionado de manera muy efectiva por el ministro de Finanzas Giuseppe Prina (aunque la eficiencia de su sistema fiscal no estimulaba precisamente el entusiasmo entre el pueblo). En Westfalia, sin embargo, a comienzos de 1813 el régimen de Jerónimo Bonaparte se encontraba colapsado. De los 16.000 hombres que habían luchado en Rusia solamente habían regresado 2.000; la deuda nacional ascendía en ese momento a los 200 millones de francos; la economía estaba arruinada; y los impuestos por la posesión de la tierra aumentaron en tal medida que, en ese momento, muchas pequeñas propiedades o grandes fincas habían dejado de cultivarse. La resistencia activa todavía era algo escasa —Westfalia no tenía las cadenas montañosas del Reino de Italia— y se pudo reunir un nuevo ejército, pero estaba claro que el apoyo popular hacia el régimen era prácticamente inexistente. De hecho, Jerónimo vivía con el miedo constante de ser víctima de una insurrección, así que siempre tenía un carruaje y un cochero listos para que le pusieran a salvo ante el primer signo de problemas.

Napoleón no prestaba mucha atención a todo esto, y tampoco hizo un verdadero esfuerzo por evitar el conflicto que se avecinaba por la vía diplomática. De nuevo se sugirió que debía aceptar que los Braganza gobernaran Portugal y los Borbones Sicilia, mientras que un nuevo concordato, que en apariencia incluía numerosas concesiones, se negoció con el Papa con la esperanza de que esto satisficiera a la opinión pública en casa y en el exterior. Aunque la cuestión más importante, presentada por Austria, no se prestaba precisamente a la flexibilidad. A pesar de la creciente evidencia del nerviosismo de Viena, puesto que el cuerpo de ejército del general Schwarzenberg se había retirado a toda prisa de Galitzia sin hacer el menor intento de presentar batalla, Napoleón seguía convencido de que los austriacos lucharían de su lado. Y lo que es peor, por una serie de razones —entre ellas las cartas enviadas por María Luisa a su padre— a Viena se le recordaba constantemente el poder del ejército francés y lo lejos que éste podía llegar. Finalmente, el correo familiar se vio interrumpido por el despacho de un emisario especial a Viena en la persona del conde de Narbonne. Siendo una figura del *ancien régime*, Narbonne fue una elección inteligente, y, de hecho, una de lo más conciliadora, pero sus instrucciones dejaban las cosas muy claras:

> El oro británico compra a todos aquellos para quienes el odio o el miedo no son suficientes para marcar su propio camino ... Recurran a las conexiones familiares. El emperador, mi suegro, es inteligente, moderado y sensato: ya ha sentido el peso de una invasión francesa, y no me cabe ninguna duda de que todavía desea continuar siéndome fiel y mantener su adhesión a mi persona. Sin embargo, las intrigas de la corte, las vanidades de salón, las belicosas fantasías de ciertas grandes señoras, todas están funcionando de la manera habitual ... Los que tienen la mente clara saben que esas escenas deben terminarse. No sería difícil para vos convencer al emperador Francisco de la necesidad de permanecer fiel a una alianza que es al mismo tiempo natural y más segura para él que la alternativa incluso aunque sea una que es al mismo tiempo, de algún modo, superficialmente más débil.[60]

Como si las sugerencias amenazantes no fueran suficientes, también había momentos de profunda recriminación. Enviado a París a ver a Napoleón, por ejemplo, Schwarsenberg fue abordado por Murat que «le provocó hasta el extremo en el curso de una conversación privada refiriéndose a Austria como un país falto de fe e incluso poco honorable».[61] Pero ver a Austria como una potencia inclinada a la guerra, o, por lo menos, obsesionada con frenar el poder de Francia, a la que simplemente había que reducir a la sumisión, era un error. Francisco I seguía siendo tan pacifista como siempre; su ejército estaba mal equipado y diezmado; incluso la limitada intervención en la campaña de Rusia había aumentado los efectos de la devaluación masiva que se había decretado en 1811 del papel moneda del que había dependido Austria desde la década de 1780; y las relaciones con Hungría eran muy tensas. Y Metternich quería poner freno a la expansión rusa y aislar a Gran Bretaña, siendo el medio obvio para conseguir estos objetivos que se diseñara un posible acuerdo de paz entre Francia y sus oponentes continentales. Que Napoleón hubiera tenido que hacer concesiones en Alemania y en otras áreas es bastante cierto, pero el canciller austriaco no pretendía ni derrocar a Napoleón ni recuperar todos los territorios perdidos por Austria. En sus memorias Metternich habla de asestar «un golpe decisivo» a Napoleón cuando las circunstancias fueran las apropiadas para establecer «una verdadera paz, no una mera tregua como todos los antiguos tratados de paz firmados con la República Francesa y con Napoleón», siendo esto algo que «solamente se podría hacer restringiendo el poder de Francia a unos límites que ... establecieran un equilibrio de poder entre los principales estados».[62] Esto resume la política de Metternich bastante bien, pero no hay nada que sugiera que él creyera que tales objetivos se podían alcanzar solamente por la vía militar, y eso a pesar del hecho de que hacia la primavera de 1813 se estaba preparando al ejército para entrar en acción. La movilización resultaba esencial a la hora de apoyar a la diplomacia austriaca pero el objetivo todavía era la mediación, no la guerra; todavía un compromiso de paz antes que una victoria total. De hecho, el conflicto armado era algo que en absoluto se deseaba y que carecía totalmente de apoyo:

> El decidido sentimiento de los diferentes pueblos de los estados imperiales austriacos es la preservación de la paz. Austria había cargado con el peso de todas las guerras anteriores salvo la de 1806, que había terminado de manera tan desafortunada para Prusia; la fuerza principal del imperio parecía estar agotada, y el pueblo ya no confiaba en conseguir recuperar lo perdido por la fuerza de las armas. En Austria ... la expresión «sentimiento alemán» no tenía más significado que un mito ... Un grupo poco numeroso aunque importante exhibió la pancarta a favor de la guerra en nuestro país ... [pero] sus voces se difuminaron en el espacio, y sus esfuerzos nunca consiguieron influenciar la mente del emperador

> Francisco, o la voz de mi conciencia política. El monarca no estaba dispuesto a sufrir una repetición de las tribulaciones por las que había pasado el Imperio tras las campañas de 1805 y 1809, y aunque hubiera estado dispuesto, yo no le hubiera seguido.[63]

Al mismo tiempo, volviendo a lo que ya hemos dicho anteriormente. Metternich no albergaba intención alguna de derrocar a Napoleón. Lo que él quería no era solamente una paz basada en un acuerdo territorial que mantendría a raya a Francia, sino más bien el final de todos los conflictos bélicos en Europa. Esto, creía él, requería un arreglo por medio del cual los dos principales focos de la vida diplomática —una poderosa Francia y una poderosa Rusia— fueran mantenidos físicamente separados por un bloque neutral capaz de conjurar las amenazas provenientes tanto del este como del oeste. Pero si había que mantener separadas a Francia y a Rusia, también debían ser fuertes, ya que, si alguna vez se dejaba que una de ellas pensara que era más fuerte que la otra, entonces, sin duda, ésta se lanzaría en pos de la hegemonía y nada podría pararla. Tras lo ocurrido en 1812, el poder de Rusia era claramente enorme, y esto, por lo tanto, requería que Francia también fuera un poder enorme, y en consecuencia, eso estaba garantizado con Napoleón al frente de ese país.

Incluso en ese momento, Austria no era una potencia enemiga, y no cabe duda de que, con algo de diplomacia constructiva, Napoleón podía haber salvado muchas cosas a pesar del desastre ruso. Y en todo caso, se hubiera mostrado inteligente manteniendo unas buenas relaciones con Viena, porque a las pocas semanas de haber cruzado la frontera, a Alejandro se le había unido Federico Guillermo de Prusia. El monarca prusiano se había visto empujado hacia una situación imposible de soportar. A pesar de la derrota de Napoleón en Rusia, su instinto le hizo permanecer fiel a la alianza de 1812, y por lo tanto había ordenado que se arrestara a Yorck y que se le formara consejo de guerra. Además los territorios más orientales de Prusia estaban en ese momento en plena revuelta. Tras Tauroggen, Yorck había declarado neutrales sus fuerzas, estableciendo un área liberada alrededor de Königsberg. Allí, mientras tanto, se le unió Stein, que había sido nombrado por Alejandro I como su comisionado en la Prusia ocupada, decretando el primero la formación de una milicia popular o *Landwehr*. Aterrorizado por Napoleón, desconfiando de Rusia, y profundamente hostil a la radical reforma militar que se estaba llevando a cabo en ese momento en Prusia Oriental, Federico Guillermo intentó mantener las buenas relaciones con los franceses al tiempo que decretaba una movilización general y aceptaba medidas tales como la formación de unidades de voluntarios y la abolición de todas las exenciones del reclutamiento. Sin embargo, como la derrota de Napoleón había causado una gran agitación entre las clases educadas, los reformadores acosaron al rey con advertencias al respecto de que podía producirse una inminente revolución, mientras que también le dejaban claro que, si no se rompía con los franceses, eso muy bien podría llegar a provocar que los rusos quisieran castigar a Prusia. Acosado por todos lados, y con muchas de sus dudas resueltas cuando los rusos le garantizaron que Prusia recuperaría su configuración de 1806, Federico Guillermo finalmente dio su consentimiento a una alianza con Rusia.

Con las fuerza francesas, menos aquellas que permanecían en las guarniciones de las plazas fortificadas, atravesando el Elba, el 16 de marzo Prusia declaró la guerra a Napoleón. Con unas fuerzas de apenas 65.000 hombres —la guerra con Rusia había hecho que Napoleón le permitiera reclutar 20.000 soldados más—, Federico Guillermo no tenía otra opción que adoptar por completo el programa de reformas del ejército. Junto a una grandilocuente llamada a las armas, el 18 de marzo decretó la formación de una *Landwehr* con todos los hombres de entre diecisiete y cuarenta años que no hubieran sido requeridos para el ejército, y el 21 de abril decretó que el resto de los hombres de Prusia sirvieran en la *Landsturm*, una milicia local encargada de la lucha partisana en los territorios ocupados por los franceses. Decir que todo esto ha dado lugar a una gran cantidad de tonterías en la historiografía de las guerras napoleónicas es quedarse corto. En cosa de tres meses, el número de prusianos reclutados ascendió a la cifra de 270.000 hombres, mientras que los pocos entusiastas del nacionalismo germano que se podían encontrar se habían entregado muy pronto a un frenético entusiasmo patriótico. Dicho eso, el hecho es que pocos alemanes estaban realmente dispuestos a luchar contra los franceses —los voluntarios eran pocos; el reclutamiento obligatorio, impopular, y la deserción, habitual— y los monarcas aliados se mostraban reacios a fomentar un levantamiento, y lo máximo que estaban dispuestos a hacer era emplear columnas volantes de voluntarios, regulares y cosacos para hostigar a los franceses. En un golpe especialmente espectacular, una de esas columnas a caballo llegó hasta Hamburgo a mediados de marzo y a las autoridades locales no se les dejó otra opción que declarar la guerra a Napoleón y organizar una milicia rebelde. Esto, sin embargo, no fue más que un incidente aislado y que tuvo pocas consecuencias: recuperada por el mariscal Davout sin dificultad en mayo, la ciudad estuvo bajo su poder hasta el final de la guerra tras sufrir un largo sitio.

A pesar de la inexistencia de un levantamiento popular en Alemania, la defección de Prusia (y con ella la de Mecklenburg-Strelitz, que los franceses había evacuado al mismo tiempo) dio lugar, sin embargo, a un panorama completamente diferente. A Napoleón se le oponían entonces no una, sino dos coaliciones. En un extremo de Europa estaban Rusia, Prusia, Suecia y Mecklenburg, y en el otro Gran Bretaña, España, Portugal y Sicilia. Y entre las dos estaba Francia, Holanda, Dinamarca (cuyo gobierno no había olvidado la destrucción de Copenhague), el grueso de la Confederación del Rin, el Reino de Italia y Nápoles. Austria, desde luego, era en ese momento neutral y el Gran Ducado de Varsovia había sucumbido bajo la ocupación rusa, aunque su ejército se había retirado hacia el oeste y estaba todavía luchando con la *grande armée*. Sorprendentemente, no fue hasta junio cuando las dos ligas antinapoleónicas se unieron. En marzo, Gran Bretaña firmó una alianza con Suecia —una decisión que por fin llevó a una fuerza expedicionaria sueca a la otra orilla del Báltico—, pero solo tras una gran disputa: Gran Bretaña reconocía el derecho de Suecia sobre Noruega, pero Bernadotte no estaba contento con el millón de libras que se le ofreció el resto del año, así que finalmente se acordó que se le pagaría un millón antes del 1 de octubre, fecha tras la cual habría que negociar un nuevo acuerdo. Y el número de suecos destinados a Alemania terminó siendo tan solo de 30.000 efectivos.

Llegar a un acuerdo con Prusia y Rusia no resultó más fácil. Las relaciones diplomáticas con Prusia se reanudaron tan pronto como ésta declaró la guerra a Napoleón, y no fue hasta finales de abril cuando un nuevo embajador —el hermano pequeño de lord Castlereagh, sir Charles Stewart— se presentó al gobierno prusiano, que por entonces había establecido su cuartel general en Dresde. En el ínterin, ya estaban en marcha serias negociaciones con Rusia gracias a los buenos oficios del embajador británico, lord Cathcart, pero el progreso había sido muy lento, y se llegó a la conclusión muy pronto de que las conversaciones que por entonces también se habían iniciado con los prusianos tampoco iban a ser fáciles. Ambas potencias del Este querían que los subsidios se pagaran con moneda europea, mientras que los británicos querían hacer los pagos en Londres. Por lo que se discutía, está claro, era por las comisiones generadas por el cambio de divisa, y fue solamente con gran dificultad como los británicos consiguieron salirse con la suya. Otro punto de discusión era el número de tropas que se mantendrían en campaña: Castlereagh quería que hubiera 200.000 rusos, pero Alejandro mantenía que solo podía proporcionar 150.000; los prusianos, que, comprensiblemente, se mostraba ansiosos por tener el máximo impacto posible, querían que Gran Bretaña enviara 100.000 hombres, mientras que Castlereagh, del que se sospechaba que llevaba a la batalla meras levas de muchedumbre medio equipada, solamente aportó 80.000 soldados. Y, por último, la cantidad inicial solicitada por Alejandro para 1813 era de cuatro millones de libras, mientras que los británicos tan solo ofrecieron la mitad de esa suma. Al final todo se resolvió de manera bastante amistosa —Gran Bretaña consiguió 240.000 hombres (160.000 rusos y 80.000 prusianos) en vez de 280.000 a cambio solo se le pidieron los dos millones de libras que se habían ofertado inicialmente—, pero los tratados finales, que en ambos casos incorporaban la promesa de no acordar la paz por separado, no se firmaron hasta el 14 y el 15 de junio. Por lo tanto, la ayuda británica fue masiva: ayuda en la forma, o de dinero contante y sonante, o de pagos realizados con lo que se denominaba el plan de «papel federativo» que se había acordado en otoño. Hacia 1814 Prusia había recibido 2.088.682 libras, Austria 1.639.523 libras, Rusia 3.366.334 libras y Suecia 2.334.992, mientras que una pequeña fuerza expedicionaria británica estuvo lista muy pronto para servir en el norte de Alemania. Aunque hay que decir que, por el momento, todavía no existía realmente una Sexta Coalición como tal. Gran Bretaña mantenía lazos con Rusia, Prusia, Suecia, España y Portugal por medio de tratados independientes, mientras que Rusia tenía firmados acuerdos con Prusia y con España.

Dados los problemas a los que se tendrían que enfrentar los aliados antes de derrotar a Napoleón, la ayuda británica resultaba esencial. Sostenido por su *grande armée*, Napoleón fácilmente podría resistir frente al número de soldados rusos y prusianos que estaban en campaña en ese momento. Avanzando hacia el este y entrando en Sajonia (cuyo monarca había huido al exilio en Praga antes que unirse a los aliados como había hecho Prusia), el emperador rebasó a los rusos y prusianos, que avanzaban hacia el oeste casi en paralelo siguiendo los planes desarrollados por el jefe de estado mayor ruso, Gerhard von Scharnhorst, y que implicaban una marcha hacia el Rin para provocar el levantamiento de los pueblos de Alemania y forzar a los príncipes a cambiar de bando. Descubriendo que había tropas francesas en las cercanías, las fuerzas aliadas en cabeza se volvieron contra ellas en Lützen no solamente para darse cuenta de que había más fuerzas enemigas de las que creían, sino de que el principal cuerpo de ejército de Napoleón estaba perfectamente posicionado para caer sobre su flanco. Al final del día se habían producido unas 12.000 bajas aliadas, incluyendo Scharnhorst, que resultó mortalmente herido, ya que los rusos y prusianos se habían visto fatalmente rodeados. Pero Lützen no fue la batalla decisiva que Napoleón andaba buscando. La falta de caballería impedía a la *grande armée* asestar los golpes decisivos del pasado, así que sus enemigos, aun derrotados estrepitosamente, podían retirarse en buen orden. Y lo que era peor, las bajas francesas sumaron 20.000 hombres, porque la experiencia y el entrenamiento eran tan escasos entre las nuevas tropas que no tenían más opción que operar de una manera torpe y poco sofisticada y, en consecuencia, sufrían muchas más bajas que antes.

Tampoco mejoraron las cosas con el desarrollo de la campaña. Tras la batalla de Lützen los aliados abandonaron la ofensiva y se retiraron a una fuerte posición defensiva en Bautzen. Allí fueron atacados por Napoleón el 20 de mayo. Aunque sus tropas estaban muy bien protegidas —la línea del frente se extendía a lo largo de una sucesión de colinas salpicadas de atrincheramientos y reductos—, resultaban vulnerables a un ataque desde el norte, ya que su flanco derecho estaba expuesto a quedar envuelto. La frontera austriaca se encontraba a pocos kilómetros al sur y deliberadamente el avance aliado hacia el oeste se hacía pegado a la frontera norte de Moravia para asegurarse de que Napoleón no podría interponerse entre los prusianos y los rusos por un lado y los austriacos por otro, y así disuadir a estos últimos de que participaran en la guerra. Napoleón, por lo tanto, se vio capaz de formular un plan que muy bien podía haber conducido a sus hombres a la victoria. Tras Lützen, la *grande armée* se había movido hacia el este en dos columnas. Conducidas por el emperador en persona, la columna situada más al sur se dirigió hacia Bautzen y atacó al enemigo más o menos de frente. La segunda columna, que estaba comandada por el mariscal Ney, había avanzado sin embargo siguiendo un eje orientado más hacia el norte, así que recibió órdenes de cambiar la dirección de su marcha hacia el sur y atacar al enemigo por el flanco y la retaguardia. La única línea de retirada que le quedaba a esta segunda columna se dirigía hacia la frontera austriaca, así que se enfrentaban a la rendición o a la violación de la neutralidad austriaca, de modo que —al menos así se esperaba— forzarían a Viena a salir en apoyo de Napoleón. Una vez más, sin embargo, las cosas no fueron bien. Llegando al campo de batalla el segundo día de lucha, Ney no comprendió bien las órdenes y envió a sus tropas al ataque en la dirección equivocada, con el resultado de que los aliados, que una vez más habían luchado con gran determinación, lograron escapar, siendo la caballería francesa incapaz de romper sus líneas o de causarles algún daño importante durante la retirada. Y, como en Lützen, los franceses sufrieron 20.000 bajas, aunque en esta ocasión por lo menos infligieron más o menos el mismo número de pérdidas a los aliados.

Tras la batalla de Bautzen, el despliegue ruso-prusiano siguió en retirada, pero estaban de nuevo, por las mismas razones que antes, siguiendo cuidadosamente la línea de la frontera austriaca. Si la retirada se hubiera hecho hacia el noreste, en dirección a Breslau, hubiera sido mucho más conveniente para los franceses, ya que los aliados hubieran quedado separados de Austria. Tan lejos de su territorio, puede que incluso se hubiera podido forzar la rendición de los prusianos. Sin embargo, aunque Alejandro y Federico Guillermo sufrieron una fuerte presión hasta casi provocar el colapso de sus ejércitos, la *grande armée* fue incapaz en ese momento de aprovecharse de sus éxitos: sin una fuerza de caballería decente, no se podía imponer su voluntad a los aliados, y además los inexpertos reclutas que habían sido llamados para rellenar las líneas no eran capaces de soportar las marchas forzadas que hubiera sido necesario llevar a cabo. Una última batalla quizá pudiera obrar el milagro. Tanto el zar como el rey se quedaron impresionados ante la gran capacidad de recuperación de Napoleón; las levas prusianas desertaban en masa; y el ejército ruso se encontraba en tal mal estado que su nuevo comandante en jefe, Barclay de Tolly (Kutuzov había muerto el 28 de abril a causa de una neumonía) pedía desesperadamente que se le concediera permiso para retirarse hacia Polonia. En Silesia, de hecho, había no menos de 80.000 prusianos y rusos.

El Napoleón de 1805 quizá hubiera podido resistir hasta ganar la guerra, pero, a pesar de todo su coraje, este no era el Napoleón de 1805. La campaña, parece, le había dejado agotado físicamente, y la euforia que había mostrado tras Lützen, que había sido considerada como una gran victoria, se había visto reemplazada por un estado de profunda depresión. El día después de la batalla de Bautzen uno de sus confidentes más cercanos, el general Duroc, había resultado mortalmente herido mientras observaba la retirada de los prusianos. Muy afectado, Napoleón ordenó que se detuviera la persecución:

> El emperador ordenó a la Guardia que se detuviera. Las tiendas del cuartel general imperial se levantaron en un campo en el lado derecho de la carretera. Napoleón ... pasó el resto de la tarde sentado en un taburete frente a su tienda, con las manos juntas y la cabeza gacha ... Nadie se atrevió a acercársele: todos nos quedamos alrededor con la cabeza baja.[64]

En ese estado, hasta Napoleón era capaz de reconocer que no todo iba bien en su ejército. Aparte de las 40.000 bajas en batalla, 90.000 hombres estaban enfermos o extraviados, y los hombres que permanecían con sus unidades se encontraban agotados y desanimados. Ni siquiera los oficiales veteranos mantenían su buen espíritu habitual. «Hemos hecho bastante para salvar el honor de nuestras armas tras las terribles desgracias de la campaña anterior —escribió el mariscal Macdonald—. Francia y el ejército deseaban sinceramente la paz.»[65] Unos días después de que se librara la batalla de Bautzen, se envió un emisario al cuartel general aliado solicitando un alto el fuego. La propuesta fue rechazada —los prusianos se mostraron profundamente hostiles— pero el 2 de junio llegó un mensaje a los cuarteles generales de ambos ejércitos proponiendo una tregua, para lo que Austria ofrecía sus servicios como mediadora. Citando a Metternich: «El emperador me dejó que decidiera en qué momento sería más conveniente anunciar a las potencias beligerantes que Austria había abandonado su neutralidad, e invitarlas a reconocer su mediación armada ... Las victorias de Napoleón en Lützen y Bautzen eran los signos que me anunciaban que la hora había llegado ... Si Austria mostraba signos de no querer participar en la guerra contra Napoleón, esto le daría al monarca ruso la excusa para ... concluir la guerra».[66]

Con ambos bandos mostrándose ansiosos por un receso en la lucha, se llegó a alcanzar el cese temporal de las hostilidades por medio del armisticio de Pläswitz (4 de junio-13 de agosto de 1813). Este fue el punto de inflexión de la campaña. Por razones obvias, el jugador clave era Austria. Con la campaña de Lützen y Bautzen, Napoleón confiaba en poder provocar un cambio de actitud en Viena. «Él pensaba —como dijo Caulaincourt— que una victoria pondría a Austria de su lado.»[67] A pesar de haber roto con Napoleón, el canciller austriaco, Metternich, se mostraba desesperado por lograr un equilibrio de fuerzas entre Francia y Rusia, creyendo que una victoria clara para cualquiera de esos dos países significaría un desastre para los Habsburgo. Mientras tanto, no se mostraba lo más mínimamente entusiasta por la guerra, temiendo la efervescencia nacionalista que Stein y sus adláteres estaban intentando extender por toda Europa central: en marzo, de hecho, había ordenado arrestar a un grupo de conspiradores que habían estado intentando organizar una nueva insurrección en el Tirol. Para lograr sus objetivos, a Metternich le hubiera gustado organizar una conferencia internacional de paz, pero al final se vio abocado a establecer negociaciones cara a cara, primero con Alejandro y luego con Napoleón.

Ratificado en la convención de Reichenbach del 27 de junio, el resultado de estas discusiones con los aliados fue un plan que hubiera satisfecho la mayor parte de sus aspiraciones. En resumen, a no ser que Napoleón entregara las provincias Ilirias a Austria, reconociera la independencia de los estados de la Confederación del Rin, evacuara Alemania e Italia, abandonara el Gran Ducado de Varsovia y dejara a los aliados organizar a su gusto la nueva Europa al finalizar el conflicto, Austria entraría en la guerra. Y cara al futuro, se especificó que los Estados Pontificios, el Piamonte y las posesiones alemanas de la casa de Orange se debían devolver a sus anteriores propietarios; Hesse-Kassel, Hanover, Hamburgo y Lúbeck se restaurarían como estados independientes; y Prusia volvería a sus fronteras de 1806. Enfrentándose a este plan en Dresde, Napoleón rechazó los intentos de Metternich de presentarlo bajo una luz favorable y juró que seguiría luchando. Su conversación es uno de los más famosos retablos de toda la historia de las guerras napoleónicas. «Guerra y paz —dijo Metternich— están en manos de Su Majestad ... Hoy todavía se puede alcanzar la paz. Mañana quizá sea demasiado tarde.»[68] A este desafío Napoleón respondió con un torrente de insultos que concluyeron con el emperador lanzando su bicornio a un rincón de la habitación:

> Así que tú también quieres la guerra; bien, la tendrás. He aniquilado al ejército prusiano en Lützen; he batido a los rusos en Bautzen; ahora quieres que llegue vuestro turno. Que así sea: la cita es en Viena. Los hombres son incorregibles: no aprenden de la experiencia. Tres veces he repuesto al emperador Francisco en su trono ... Entonces me decía a mí mismo: «Estás haciendo una tontería». Pero se hizo, y hoy me arrepiento de ello ... ¿Quieren que me humille? ¡Nunca! Sabré cómo morir, pero no cederé ni un palmo de terreno. Vuestros soberanos nacidos para el trono puede que sean derrotados veinte veces, y aun así vuelven a sus palacios; eso no puede pasar conmigo, el hijo de la fortuna: mi reino no sobrevivirá al día que yo deje de ser fuerte, y por lo tanto temido ... Queréis conquistarlo con una coalición ... Pero, ¿cuántos aliados sois?, ¿cuatro, cinco, seis, veinte? Cuantos más seáis, mejor para mí. Acepto el desafío. Puedo asegurarte que el ... próximo octubre nos encontraremos en Viena; entonces veremos qué ha pasado con vuestros buenos amigos, los rusos y los prusianos. ¿Cuentas con Alemania? ¡Mira lo que hizo en 1809! Mis soldados son suficientes para controlar al pueblo allí y, por lo que respecta a sus príncipes, mi garantía es el miedo que os tienen.[69]

A todo esto se añadió una serie de observaciones de esas que había soportado Caulaincourt durante el largo viaje de vuelta a casa que había compartido con Napoleón en diciembre. La invasión de Rusia había fracasado solamente por culpa del «General Invierno»; Francisco I nunca le haría la guerra a su propia hija y a su nieto; el pueblo francés le era totalmente leal; los austriacos no podrían reunir más de 75.000 hombres; el soldado de la *grande armée* le seguía siendo devoto. Napoleón, por lo tanto, seguía mostrándose desafiante. A la vista de esta actitud un decepcionado Metternich solamente pudo decir lo obvio:

> En todo eso que Su Majestad acaba de decirme veo una nueva prueba de que Europa y Su Majestad no podrán nunca llegar a entenderse. Su paz no es nunca más que una mera tregua. Tanto el fracaso como el éxito le conducen a la guerra. Ha llegado el momento del desafío entre vos y Europa; vos aceptaréis ese desafío, y no será Europa la derrotada ... Estáis perdido, Sire, tenía ese presentimiento mientras venía hacia aquí; ahora que me marcho, tengo la absoluta certeza.[70]

Los primeros esfuerzos de Metternich por negociar un acuerdo, por lo tanto, habían fallado. Resulta, sin embargo, altamente improbable que nunca hubiera podido alcanzar sus objetivos. A los ojos de todos los que le observaban, había serias dudas al respecto de que el emperador estuviera alguna vez dispuesto a ceder. Como escribió el oficial de artillería Nöel:

> Todo el mundo quería la paz pero, ¿la deseaba el emperador? Uno habría pensado así. ¡Cómo, de otro modo, se podía haber acordado un armisticio cuando, habiendo salido victorioso en dos grandes batallas, había forzado al enemigo a retirarse a través del Oder y se encontraba a las puertas de ... la provincia más rica de Prusia? Sin embargo, cuando comenzaron las negociaciones y el emperador, tan impaciente cuando deseaba algo, estaba ocupado solamente con la preparación de una nueva campaña, comenzaron a surgir las dudas. Las obras defensivas cubrían la orilla izquierda del Elba desde Bohemia hasta el mar. Se reconstruyeron las murallas de Dresde ... y se concluyó la fortificación de Torgau ... Se establecieron grandes hospitales en Dresde, Torgau y Magdeburgo, enormes almacenes se llenaron con suministros de todo tipo ... El emperador lo supervisaba todo ... Cuerpos de ejército al completo se nos unieron por entonces ... compuestos por jóvenes soldados llenos de entusiasmo y de buena voluntad ... Solamente podía haber una razón para todos esos preparativos y despliegue de fuerzas; era para impresionar al enemigo y obtener las mejores condiciones en la paz, o, si la guerra se hacía inevitable, para lanzar un golpe tal que la lucha se acabara inmediatamente. Aunque conocíamos de sobra al emperador para saber que, una vez que se veía al frente de un ejército tan enorme, sería imposible que cediera un ápice. Aun estando tan ocupado como estaba ... no era completamente sordo a las quejas y recriminaciones que oía a mi alrededor al respecto del carácter inflexible de Napoleón.[71]

En esas circunstancias no parece creíble que la tregua fuera nunca algo más para Napoleón que un mero intento de ganar tiempo para descansar y poder reclutar más soldados. Sin embargo, el emperador accedió a participar en una conferencia de paz en Praga e incluso accedió de manera informal al principio de la mediación austriaca. Pero no se llegó a acordar nada. Incluso aunque Metternich le ofreció eliminar la cláusula en la que Austria reclamaba las provincias Ilirias, que probablemente hubieran quedado con el estatus de principado independiente, pronto se vio claro que Napoleón no tenía la más mínima intención de ceder. Al final, se negó a creer que los austriacos hubieran podido movilizar a tantos soldados como decían. Caulaincourt fue enviado a Praga para representar a Napoleón en las conversaciones de paz, pero su amo no le dio las credenciales necesarias y, en consecuencia, sintiéndose halagada por la elección de Schwarzenberg como comandante en jefe aliado, el 12 de agosto Austria entró por fin en la guerra. Ese mismo día, las credenciales perdidas de Caulaincourt finalmente aparecieron, pero Metternich vio con claridad que esto no era más que otro intento de Napoleón para que los aliados aparecieran como los culpables del inicio de las hostilidades. Le mostró a Caulaincourt y a Narbonne la puerta. «Le dije que ya no podría volver a usar las cartas: las apuestas se han hecho y el destino de Europa depende una vez más de las armas.»[72] Todavía no había abandonado completamente la esperanza de que Napoleón al final aceptara un acuerdo de paz. El joven oficial que fue a ver a Metternich para establecer los acuerdos para la partida de la delegación francesa de Praga se vio expuesto a una explicación de una hora sobre la posición austriaca que, aunque constituye una inverosímil representación de teatro diplomático, no fue menos intensa en sus súplicas:

> Sería incorrecto decir que charlamos, ya que el que habló fue casi exclusivamente él. Tenía los ojos llorosos, las manos le temblaban, y la frente la tenía cubierta de sudor. Me explicó en detalle los planes que había concebido y los esfuerzos que había hecho por mantener la paz desde el primer momento de nuestros desastres, por mantener la alianza entre Austria y Francia y por reconciliar los intereses de su propio país con la legítima independencia de Alemania y con el orgullo y los intereses de Francia. Me recordó los ataques que había tenido que soportar, los reproches que había sufrido, y los esfuerzos que había hecho, convirtiéndome, en cierta medida, en testigo de los extremos a los que se había visto reducido. Luego me enumeró con detalle la composición de la fuerza militar que se había reunido contra nosotros ... los preparativos que se habían hecho para la evacuación de Viena, y las disposiciones que se habían tomado para continuar la lucha incluso aunque, se produjera un nuevo Austerlitz ... Era la efusión de un espíritu pletórico de patriotismo y de angustia personal, que no pudo evitar expresar sus sentimientos más profundos.[73]

Los admiradores de Napoleón han considerado tradicionalmente los términos de paz que se le ofrecieron en Dresde como intolerables. Aunque en realidad no eran tan malos. No se decía nada de Suiza, el Reino de Italia, Nápoles, Holanda, Bélgica y España, así que Napoleón hubiera seguido al frente de una Francia solamente un poco menos grande que antes y un poco menos apoyada por una serie de estados satélites. Y este acuerdo también conllevaba implícita una derrota para Londres. Los enviados británicos fueron excluidos de las negociaciones mantenidas en Reichenbach, y los términos de paz dejaban sin solucionar la mayoría de las reclamaciones británicas. Todo lo que los británicos podían hacer era unirse a las propuestas con la esperanza de que Napoleón las rechazara, o de que Prusia y Rusia, —que no estaban obligadas a concluir la guerra incluso aunque Napoleón aceptara el acuerdo— pudieran ser persuadidas para que siguieran luchando. No había ninguna intención de incumplir los tratados que se habían firmado recientemente con las potencias del Este, pero a los socios de Gran Bretaña les quedó claro que lo acordado en Reichenbach no era en absoluto aceptable para Londres. El 5 de julio, lord Castlereagh escribió un largo despacho a Cathcart y Stewart en el que les informaba de que nunca se abandonaría ni a España ni a Sicilia, que Holanda se iba a quedar para Francia, y, finalmente, o por lo menos así se deducía, que el Reino de Italia sería devuelto a sus antiguos propietarios. Y al respecto del tipo de Europa por la que los británicos querían que lucharan los aliados, esto quedaba meridianamente claro en el plan concebido por William Pitt en 1805 y que en ese momento Castlereagh envió a Rusia: Francia iba a verse contenida por medio de una reforzada Holanda y un reconstituido Piamonte, apoyado por Prusia por un lado y por Austria por otro. Mientras llevaba a cabo esta misión, Castlereagh se vio enormemente reforzado por las noticias de la victoria de Wellington en Vitoria, lo que permitió a los británicos sostener que la restauración de Fernando VII en el trono ya no era un tema a discutir y que era posible llevar a cabo una invasión de Francia sorprendiendo a Napoleón por la retaguardia.

Con los subsidios británicos llenando las arcas de los tesoros de las potencias del Este, la influencia británica creció enormemente. Pero incluso ofreciendo este generoso apoyo económico, no estaba claro si los británicos iban a poder alcanzar sus objetivos. Alejandro, en particular, seguía mostrándose hostil a Gran Bretaña. En septiembre de

1812 había dado sobradas muestras de ello cuando ofreció la mediación rusa para acabar con el conflicto entre Gran Bretaña y Estados Unidos, así que no parecía probable que estuviera de acuerdo con que se le arrebataran a Francia los territorios de Holanda y Bélgica. Y si algunos generales prusianos deseaban la guerra, por el contrario Federico Guillermo y Hardenberg se mostraban mucho menos entusiastas a este respecto. Como un diplomático británico del equipo de Stewart se quejaba:

> Si Bonaparte cedía ante alguno de los puntos establecidos por Austria, entonces las cosas se hubieran puesto en nuestra contra, ya que durante todo el proceso del armisticio se habían estado llevando a cabo una serie de maniobras políticas para impedir que Austria siga intentando evitar la reanudación de la guerra. Hardenberg no goza de buena salud, y se ve sobrepasado con la cantidad de asuntos que tiene que tratar. Él ... a veces, lo sé, nos considera más como una espina clavada y un obstáculo para que se llegue a un acuerdo de paz entre las tres potencias, que como un aliado que está haciendo los mayores esfuerzos y sacrificios para colaborar en la restauración de una paz permanente en Europa. El Rey [i.e. Federico Guillermo III] se muestra tan reservado como siempre, e igual de apático; es tan amante del retiro, amenizado con unas pocas actividades tranquilas, como antes ... lo mismo que sus ataques de humor cuando las cosas no van bien. A veces se muestra indignado por el modo de actuación de Bonaparte, y se anima a compartir un poco ... el sentimiento de su pueblo hacia su opresor. Pero estos sentimientos duran poco, ya que el Rey no confía en sí mismo y en raras ocasiones mantiene ese espíritu el tiempo suficiente como para pasar a la acción. Su Majestad, por lo tanto, se enfría rápidamente, y se hunde en la misma amable inanidad en la que suele estar, gobernado por esos que le rodean, sobre todo por esos cuya influencia se ejerce de tal modo que él puede permitirse seguir llevando la vida tranquila y con serenidad de espíritu que tanto le deleita.[74]

Pero no deberíamos hacer mucho caso de este punto de vista británico. No existen evidencias de que Alejandro o Federico Guillermo estuvieran considerando seriamente la posibilidad de la paz en ese momento y, de hecho, se enfadaron enormemente cuando Metternich amplió el plazo del armisticio en vez de ir a la guerra directamente tras el rechazo por parte de Napoleón de los términos ofrecidos en Dresde. Hasta tal punto desconfiaba el zar de Metternich, que había enviado a su hermana, la gran duquesa Catalina, con una combinación de soborno y astucia para ganarle para la causa aliada, mientras que al mismo tiempo intentaba colocarle como comandante en jefe en lugar del austriaco Schwarzenberg. Pero luchar hasta que Napoleón fuera derrotado no tenía nada que ver con insistir en su derrocamiento. La serie de acuerdos firmados en Teplits el 9 de septiembre por Austria, Prusia y Rusia para cementar la gran alianza no decían nada en absoluto al respecto del futuro político de Francia. En su lugar, comprometían a los aliados a restablecer las fronteras de Austria y Prusia de 1805, a mantener ejércitos de 150.000 hombres cada una, a asegurar la independencia de los estados de Alemania y a decidir entre ellos el destino de Polonia cuando la guerra llegara a su fin. Y, de todas formas, la idea de derrocar a Napoleón, no era algo que en realidad interesara a los líderes aliados, salvo a Bernadotte, y a éste por motivos de venganza y ambición personal. «Bonaparte es un granuja —le dijo a un enviado ruso—. Debe ser asesinado. Mientras viva, será el azote del mundo. Francia no debería tener un emperador. Este no es un título francés. Lo que Francia necesita es un rey, pero éste debe ser un rey soldado. La raza borbónica está podrida y nunca debería permitírsele volver al trono.» Y es cierto que él era el hombre adecuado para este trabajo —«¿Qué hombre sería más adecuado que yo para los franceses?»—, pero detrás de la bravata estaba la prudencia: «En mi posición se requiere una buena dosis de prudencia. ¡Es tan delicada, tan difícil! Dejando aparte la repugnancia natural que siento ante la perspectiva de derramar sangre francesa, tengo una buena reputación que debo mantener. A este respecto no me dejo engañar. Mi destino depende de una única batalla. Si la pierdo, podría pedir seis francos de Europa, y ni una sola persona me daría nada».[75]

Estando incluso Gran Bretaña dispuesta a firmar un acuerdo de paz que mantuviera a Napoleón, lo único que tenía que hacer éste era tender la mano. Era una solución que mantenía su dinastía y que dejaba a Francia considerables ganancias territoriales. Según los apologetas del emperador, aceptar la reducción del poder de Francia que estaba implícita en las propuestas de Metternich era algo que el pueblo francés no hubiera aceptado nunca. Pero esto es pura tontería: la paz hubiera parecido barata a ese precio. Y tampoco existía el riesgo de un golpe militar: la rendición podría haber significado que muchos comandantes se enfrentaran a la pérdida de estados prósperos en Alemania, Italia y Polonia, pero seguir luchando significaba arriesgar mucho más. La posibilidad de la paz con honor estaba sobre la mesa y solamente había que cogerla.

Entonces, ¿Por qué razón continuó la guerra? La respuesta es devastadoramente simple. Antes que aceptar un compromiso de paz, Napoleón había optado por apostar por una victoria. Sin embargo, antes de que demos cuenta de las campañas que siguieron, debemos considerar algunos cabos sueltos que hemos dejado pendientes. Al mismo tiempo que los cañones se silenciaban en Silesia, las cosas habían evolucionado en otros dos teatros de guerra, principalmente los Balcanes y Transilvania. En los Balcanes, el abandono por parte de los rusos de la lucha contra Turquía había dejado a los serbios completamente a expensas de un contraataque turco, aparte de que el intento de Kardjordje por establecer un estado centralizado había ofendido a los principales caudillos serbios. Y lo que es peor, el pueblo estaba absolutamente cansado de la guerra. En el tratado de Bucarest los otomanos se habían visto forzados tanto a conceder una amnistía general como a garantizar la autonomía si los serbios, a cambio, firmaban la paz y reconocían el protectorado de Constantinopla. Pero los detalles de lo que significaba concretamente la palabra autonomía se habían tratado muy vagamente y se dejó a los serbios que se las arreglaran como mejor pudieran. Esto, no hace falta decirlo, se convirtió en una considerable fuente de problemas. Temiéndose lo peor, Karadjordje intento desesperadamente ganar tiempo mientras pedía ayuda en secreto a los rusos. Esa ayuda no llegó nunca y Constantinopla se impacientó cada vez más. Después de todo, si el asunto estaba todavía sin resolver cuando los rusos firmaran la paz con Napoleón, entonces existiría el peligro potencial de un ataque por parte de los rusos. A finales de julio, entonces, tres ejércitos otomanos entraron en Serbia. Solamente unos cuantos lugares ofrecieron verdadera resistencia, y hacia finales de octubre todo había acabado, siendo lo único positivo para los serbios tras la horripilante carnicería que Karadjordje se las arregló para huir a Hungría.

Mientras tanto, en el Transcáucaso, aunque había cesado la lucha entre los rusos y los otomanos, permitiendo a los primeros el control de una pequeña cantidad de territorio adicional, todavía se estaba en conflicto con los persas. Como se recordará, Rusia se había visto envuelta en una guerra contra Persia por el control del protectorado de Georgia desde 1804. Una combinación de distancia y terreno permitió a los persas mantener la lucha durante un tiempo considerable, pero en octubre de 1812 fueron estrepitosamente derrotados en Aslanduz, junto al río Araks, mientras que una segunda derrota, esta vez en Lenkoran, dos meses más tarde, les persuadió de la necesidad de firmar la paz. El resultado fue el tratado de Golestán. Firmado el 12 de octubre de 1813, no solamente confirmaba la propiedad rusa de Georgia, sino que también se les entregaba a los rusos el territorio que hoy constituye Azerbayán, además de los derechos exclusivos de navegación por el mar Caspio.

En términos de la expansión rusa por Asia central, el tratado de Golestán fue de suma importancia, ya que abrió el camino hacia los kanatos independientes que constituyen hoy en día el territorio de Kajastán. En cierto modo, se puede decir que este tratado tuvo unos efectos geopolíticos a largo plazo que no ha tenido nunca un tratado en Europa occidental. En 1813, sin embargo, resultaba algo totalmente secundario. Volviendo a Napoleón, lo cierto es que con todo lo que se le venía encima, incluso al emperador le hubiera resultado difícil sobrevivir. Contando las tropas de los aliados que le quedaban, solo podría emplear 335.000 hombres, a pesar del hecho de que el Reino de Sajonia había vuelto al redil y movilizado su ejército. Frente a él había un mínimo de 515.000 soldados aliados. Como era de prever, tanto Alejandro como Federico Guillermo habían aprovechado la tregua para conseguir refuerzos, aparte de que en ese momento se sumaban a la lucha contra Napoleón 40.000 suecos y 127.000 austriacos. Dividiendo sus fuerzas de tal modo que pudiera atacar en distintas direcciones a la vez, Napoleón logró evitar durante un tiempo el desastre. Aunque los generales de Francia estaban tan acostumbrados a dejarse guiar por Napoleón que pocos de ellos se veían capaces de ostentar un mando independiente y algunos fueron derrotados estrepitosamente. Mientras tanto, los convoyes de suministros y las comunicaciones de los franceses se veían hostigadas por partidas de caballería ligera y de cosacos. Desesperadamente hambrientas, las tropas también carecían a esas alturas de calzado y de ropa, y todo esto empeoró con la llegada de un otoño especialmente lluvioso. La confianza se comenzó a perder en el lado francés: «La fiesta del emperador era el 15 de agosto ... Esta fue la última vez que el ejército francés celebraba su cumpleaños. Hubo poco entusiasmo, ya que incluso el oficial con menos visión de futuro se daba cuenta de que se estaba al borde de sufrir grandes cambios, y sus premoniciones se reflejaban en las mentes de los subalternos ... Nuestros aliados de la Confederación del Rin estaban flaqueando y el general sajón Thielmann se había pasado a los prusianos con toda su brigada. Así que había mucha intranquilidad y poca confianza entre nuestras tropas».[76] Como se puede imaginar, la esperanza se iba diluyendo rápidamente:.

> En las seis semanas que [Napoleón] pasó en Dresde, perdió un montón de hombres. Esto se debió a la falta de suministros y a que la deserción y la enfermedad se habían comenzado a sentir como una batalla más. Los hospitales estaban abarrotados. Nuestros soldados yacían muertos en las carreteras a causa del hambre, el frío y las penurias ... Tras el desafortunado asunto del río Bober, se produjo una violenta escena entre el mariscal Macdonald y el emperador. Yendo directo al campamento del mariscal, el emperador se dirigió a él a grito pelado: «Señor mariscal, ¿qué has hecho con el ejército que te di?». A esto, un indignado Macdonald replicó: «Ya no tienes ejército: no queda nada salvo unos pocos desgraciados que se mueren de hambre. Ve y echa un vistazo en las montañas: encontrarás un montón de soldados allí, pero todos están muertos por las miserias que han sufrido. Lo has perdido todo: tu única esperanza es la paz».[77]

Tal era la relación mística que existía entre Napoleón y su ejército que los soldados franceses del emperador continuaron mostrando niveles extraordinarios de devoción, pero los de otras nacionalidades comenzaron a desertar en masa, mientras que en la *grande armée* la moral estaba claramente muy baja. Cuando Ney fue derrotado en Dennewitz el 6 de septiembre, por ejemplo, el día terminó con una huida en desbandada que acabó con la desintegración de formaciones que estaban todavía intactas. Además, se estaban produciendo movimientos tras las líneas. Tras meses de indecisión, el 8 de octubre, Baviera, viéndose amenazada por una invasión por parte de los austriacos, firmó una alianza con Viena que la comprometía a unir sus fuerzas con las de los aliados. Con los ejércitos aliados muy cerca, la única solución eran las negociaciones de buena fe o la retirada hacia el Rin, pero ninguna de estas opciones resultaba aceptable para Napoleón:

> Una mañana el emperador envió a uno de sus ordenanzas a que me preguntara de mi opinión sobre la situación, y al respecto de lo se debía hacer. Estábamos en octubre [y] sin raciones, excepto esas que podía-

> mos conseguir por la fuerza ... Le dije claramente al oficial que, a no ser que el emperador iniciara una ofensiva —y eso si es que veía alguna posibilidad de éxito, lo cual, en mi opinión, resultaba bastante improbable, ya que hasta ese momento había fracasado a la hora de forzar nuestra entrada en Bohemia—, nos expondríamos a sufrir graves catástrofes: el ejército cada día era más débil a causa de las enfermedades y de las pérdidas usuales en la guerra; que si perdíamos una batalla terminaríamos estando mucho más débiles, y emplearíamos ... municiones que luego no podríamos reemplazar; que los polvorines estaban vacíos [y] que el campo estaba arruinado; [y] que lo prudente sería retirarse ... y evacuar esos lugares a orillas del Oder con los que todavía manteníamos comunicación, y sobre todo, los situados junto al Elba ... Marchó, pero apenas me había dejado cuando otro oficial me trajo una orden no para comenzar la ejecución preliminar de mi plan, sino para que avanzáramos enseguida. Mis exploradores y mis partidas de forrajeadores estaban ya fuera, y en consecuencia mis fuerzas estaban muy debilitadas. Le dije al oficial que le hiciera saber al emperador que no podía avanzar hasta que regresaran esos hombres ... Volvió al poco rato, diciendo que el emperador ordenaba que me pusiera en marcha enseguida con las tropas que tuviera disponibles[78].

En vez de retirarse, el emperador adoptó una posición defensiva alrededor de Leipzig. La batalla que se libró allí fue la más grande, la más sangrienta y la más dramática de todas las guerras napoleónicas, con una *grande armée* compuesta por 177.000 soldados enfrentándose a una fuerza aliada de 250.000 efectivos. El 16 de octubre Schwarzenberg y Blücher lanzaron ataques simultáneos desde el norte y el sur, pero ambos fueron rechazados por los franceses. En ese momento Napoleón podía haber huido hacia el oeste, pero se esperaba la llegada de 14.000 soldados de refuerzo al día siguiente. Por qué Napoleón pensaba que eso podía marcar alguna diferencia no está claro: dejando aparte el desdeñable número de esta fuerza, la mayoría de sus componentes eran sajones, soldados que no ofrecían mucha confianza. Pero, fuera cual fuera la razón, Napoleón decidió resistir convencido de que podría obtener la victoria, para luego ofrecer sus propios términos de paz a los aliados: sería, primero, un armisticio por el que a Francia se le permitiría evacuar todas sus fortalezas asediadas en el Este a cambio de la promesa de retirarse a la línea del río Saale, y, segundo, un acuerdo de paz cuyos puntos principales serían el restablecimiento de España, Holanda, Hanover, Hamburgo y Lúbeck como estados independientes a cambio de que los aliados reconocieran el Reino de Italia y la Confederación del Rin. Sin embargo, resultaba imposible creer que los aliados iban a aceptar tales términos. Como cualquiera podía ver, el resultado hubiera sido que Napoleón hubiera tenido tiempo de reagrupar sus fuerzas y salvar a los miles de hombres que en ese momento no había más remedio que dar por perdidos, al tiempo que reservaba a los mejores para reanudar la lucha en otro momento. En las filas napoleónicas había hombres que tenían una visión más realista de la situación. El oficial de artillería Noël estaba en ese momento sirviendo en el cuartel general de Napoleón:

> El 17 de octubre permanecimos en las posiciones que habíamos ocupado la tarde anterior. Fue un día espantoso: el cielo estaba plomizo y el tiempo era frío y húmedo. El campo de batalla presentaba un espectáculo terrible ... Nuestros pensamientos estaban ocupados por un lado con el tiempo y por otro con la escena que se presentaba ante nuestros ojos. Las ilusiones se perdían según nos hacíamos conscientes de la situación. Vimos delante de nosotros a un enemigo numeroso y valeroso determinado, a cualquier precio, a recuperar su independencia. Tuvimos que empezar de nuevo en las peores circunstancias ... Ayer habíamos luchado en una proporción de dos a tres; mañana lucharemos uno contra dos.[79]

Para alivio de los franceses, el 17 de octubre fue un día bastante tranquilo ya que los aliados esperaron a la llegada de 140.000 soldados de refuerzo que venían al mando de Bennigsen y Bernadotte. Por lo tanto, la lucha no se reanudó hasta el día siguiente, cuando 300.000 hombres se lanzaron contra los franceses desde todos los lados. Gracias en parte a la torpeza y a la indecisión de los aliados, al principio la *grande armée* fue capaz de mantener sus posiciones, pero luego las cosas cambiaron. En mitad de la lucha, las dos divisiones sajonas que había llegado el día anterior se pasaron al enemigo y a Napoleón no le quedó otro remedio que ordenar la retirada. La única salida de esa trampa era un paso estrecho a través de un valle pantanoso, lo que constituía una maniobra extremadamente peligrosa, y no pasó mucho tiempo antes de que todo terminara en un caos. Entre las tropas que intentaban escapar a través de ese paso estaba el mariscal Marmont:

> Mi jefe de estado mayor y su ayudante habían caído a mi lado; cuatro de mis edecanes habían resultado muertos, heridos o desaparecidos, junto con otros siete oficiales adscritos a mi estado mayor. Y yo había sido herido por una bala de fusil en la mano, que además me hizo un enorme moratón en el brazo izquierdo, y una bala había agujereado mi bicornio y otra mi capote, aparte de que me habían matado cuatro caballos mientras los montaba ... El desorden reinaba por todas partes. Los atascos causados por las carretas y por las masas de fugitivos dificultaban que se pudiera reorganizar a los hombres e impedía la transmisión de las órdenes. El terror se había adueñado de todas las voluntades, y los efectos de esto se pueden juzgar si les cuento que la ciudad tiene un bulevar de forma circular que la separa de la periferia, que las columnas de tropas estaban por lo tanto convergiendo en la carretera de Lindenau —la única salida— desde tres direcciones distintas. Tan grande era la multitud que, habiendo dirigido mi retirada manteniéndome en la periferia del bulevar, me encontré con que no podía incorporarme a la corriente principal sin asistencia. Al final dos oficiales del octogésimo sexto me abrieron camino. Mientras uno de ellos se lanzaba contra la muchedumbre y abrió un pequeño espacio para mí con su sable, el otro cogía la brida de un pequeño caballo árabe que yo montaba y lo arrastraba hasta la mitad de la carretera. Tantos eran los empujones que el caballo terminó casi siendo llevado en volandas.[80]

A pesar del desorden, al principio todo fue bastante bien. Desorganizados y exhaustos, los aliados no reaccionaron hasta horas después de que comenzara la retirada, e incluso entonces fueron mantenidos a raya por la retaguardia francesa. Muchas de las tropas de Napoleón pudieron escapar, y muchas más podrían haberlo hecho si no se hubiera volado el paso. Como consecuencia de esto la derrota se transformó en catástrofe: por lo menos 30.000 soldados franceses que podían haber escapado murieron o fueron capturados. Los franceses habían sufrido 38.000 bajas en los tres días anteriores, por no mencionar los muchos miles que se habían perdido en las primeras fases de la campaña, lo cual constituía un golpe del que iba a ser imposible recuperarse. Sobre el campo de batalla no solamente estaban los restos de un ejército, sino también de un imperio. El 21 de octubre, sir George Jackson cabalgó hacia Leipzig acompañado de Metternich:

> Parte de nuestro camino pasaba por el campo de batalla, donde pude contemplar el espectáculo más repugnante y escalofriante de toda mi

vida. Apenas podíamos dar un paso sin pasar por encima del cadáver de algún pobre desgraciado cubierto de heridas y de la sangre que manaba de ellas; otros, sin un brazo o una pierna: aquí y allá se veían cuerpos sin cabeza, o solamente la cabeza, lo que hacía que nuestros caballos tropezaran o se echaran a un lado, o a veces nos encontrábamos con uno de su especie en medio de nuestro camino, con las entrañas colgándole, o con alguna parte de su cuerpo mutilada. Se le helaba la sangre a uno solamente con mirar; cuando pasábamos sobre las caras de los muertos, algunas mostraban agonía, otras una plácida sonrisa ... Salimos de ese «campo de gloria» tan pronto como pudimos, y quizá algunos intentamos aparentar que esas terribles escenas no nos habían afectado tanto. Pero yo sé que a todos nos recorrió un escalofrío, y que muchas de las lenguas más parlanchinas se quedaron mudas durante todo ese tiempo.[81]

Las bajas de los aliados también habían sido muy numerosas —por lo menos 50.000 hombres—, pero la victoria mereció la pena a pesar de su coste, ya que el poder de Napoleón en Europa central y del norte se había evaporado de la noche a la mañana. Con la *grande armée* en franca huida hacia el Rin, los satélites alemanes de Napoleón se apresuraron a pasarse al bando aliado o se terminaron colapsando. También se perdió por entonces Holanda, la cual fue evacuada por los franceses en la primera semana de noviembre, dejando que un grupo de influyentes notables establecieran un gobierno provisional. Al este del Rin todo lo que quedaba era Dinamarca que, aunque se mostró extremadamente leal, solo contaba con un pequeño ejército y se veía amenazada por un Bernadotte completamente determinado a conquistar Noruega. En los otros frentes las cosas no iban mucho mejor. En los Pirineos, el ejército de Wellington había cruzado la frontera española, atravesado las líneas defensivas que los franceses habían establecido y avanzado hasta las afueras de Bayona. En las provincias Ilirias, los franceses habían sido rechazados por una combinación de un gran ejército austriaco, un levantamiento entre los croatas de la vieja «frontera militar», y una pequeña escuadra naval británica que tomó los puertos de Trieste y Fiume. Y en el Reino de Italia, el incondicionalmente leal Eugenio de Beauharnais había rechazado un intento de su suegro, el rey Maximiliano de Baviera, para hacer que se cambiara de bando, pero se había visto forzado a retirarse nada menos que hasta el río Piave, teniendo así que abandonar grandes extensiones de territorio y, con ellas, la posibilidad de conseguir más hombres y dinero. Y finalmente, en Nápoles, Murat se suponía que estaba movilizando su ejército para acudir en ayuda de Eugenio, pero todo el mundo sabía que, en realidad, se mostraba extremadamente pesimista y circulaban historias de que estaba intentando negociar un acuerdo con los aliados.

La situación, por lo tanto, se mostraba muy sombría, pero como muestra de que Metternich pretendía mantener a Napoleón en el trono de Francia, tras la batalla de Leipzig se hizo una nueva oferta de paz. Nos encontramos entonces con el conocido como «memorando de Frankfurt». Como era de esperar, el triunfo de los aliados no produjo demasiado entusiasmo en el canciller austriaco. Quienes en el bando aliado deseaban ver el derrocamiento de Napoleón se habían visto envalentonados por lo acontecido en Leipzig, mientras que Metternich temía que esto sirviera para apoyar el nacionalismo alemán, sobre todo porque Stein había venido al oeste desde Königsberg con la esperanza de iniciar la revuelta. Para tratar con esta situación, Metternich negoció una serie de acuerdos bilaterales con estados como Baden y Württemberg, que salvaguardaron su independencia a cambio de su paso a la causa aliada, y él mismo tiempo presionaban a Alejandro para que redujera el gobierno putativo alemán de Stein a una mera comisión de control cuya autoridad estuviera restringida a las áreas como Sajonia (cuyo monarca pagó el precio de no haberse pasado a los aliados en abril) que no tenían gobierno legítimo. Pero la cuestión más importante que tratar era cómo acabar con la guerra, lo que además era la única manera de salvar a Napoleón. Lo que se necesitaba era una nueva oferta de paz, y una que fuera de lo más generoso. A Francia, sugirió Metternich, se le deberían ofrecer las fronteras de 1797 incluyendo Bélgica y Renania. Es esto fue apoyado por Nesselrode, ya que éste estaba alarmado por el «jacobinismo» de Stein, lo que a su vez provocó la aprobación de Alejandro I. Hubo cierto grado de frío cálculo en este acuerdo; el zar parece que creyó que Napoleón iba a rechazarlo de nuevo y que, por lo tanto, iba a legitimar la continuación de la guerra. Mucho más sorprendente resultó el comportamiento del embajador británico en Austria, lord Aberdeen. Joven e inexperto, se había quedado muy conmovido tras lo que había visto en Leipzig y, sin consultar a ninguno de los otros enviados, también dio su aprobación a los nuevos términos, y eso aunque éstos no daban solución a algunos de los objetivos que ansiaba alcanzar Gran Bretaña.

Es imposible saber si el acuerdo propuesto hubiera sido ratificado alguna vez pero, dadas las circunstancias, era lo mejor que Napoleón podía esperar. En lugar de llegar a un acuerdo inmediato, que hubiera sido la respuesta más sensata, sin embargo, Napoleón dejó que pasara el tiempo. Según el enviado que le presentó los términos, el emperador quería la paz y estaba preparado para abandonar España y reconocer el colapso de la Confederación del Rin a condición de que se garantizara la neutralidad holandesa y la preservación del Reino de Italia tal y como estaba constituido en ese momento. Sin embargo, su respuesta escrita fue mucho menos explícita. Napoleón se negó en redondo a hacer comentarios al respecto de los términos ofrecidos, y simplemente propuso que se celebraran nuevas conversaciones de paz. Eso no fue suficiente, el memorando Frankfurt había causado indignación entre los británicos —«Metternich ... Lo considero uno de nuestros peores enemigos», escribió sir George Jackson—[82] y, por lo tanto, Cathcart y Stewart hicieron toda la presión posible para que se retiraran los términos o por lo menos para que su discusión se pospusiera hasta que se pudiera enviar desde Londres a un plenipotenciario de la talla requerida por las circunstancias. En la práctica, por lo tanto, las propuestas se retrasaron. El plenipotenciario británico enviado fue nada más y nada menos que lord Castlereagh, pero por entonces los ejércitos aliados ya habían alcanzado el Rin y con cada paso que daban las fronteras de Frankfurt se iban haciendo cada vez menos realistas. Pero incluso entonces los líderes aliados no se sentían comprometidos con el derrocamiento de Napoleón. Federico Guillermo de Prusia, por ejemplo, se mostraba especialmente dubitativo:

> El rey había esperado que la paz se produjera por fin, y fue en Frankfurt donde oyó por primera vez que, en vez de eso, se iba a fijar el paso del Rin para el primer día de junio. Indignado ante la recepción de estas noticias, envió a por Gneisenau y a por mí para expresarnos su disgusto ... y para reprocharnos que no hubiéramos intentado impedir una empresa tan arriesgada. Confesamos al instante que habíamos recomendado fervientemente la medida porque sabíamos que Napoleón había rechazado las condiciones de paz demandando las cosas más ridículas. Le explicamos en detalle al rey ... que, de las tres grandes potencias, Prusia era la que tenían mayor interés por ver al amante de la guerra Napoleón ... aniquilado, si era posible destronándolo y, si esto no se podía conseguir, haciendo que Francia volviera a tener sus viejas fronteras ... El rey nos escuchó atentamente. Sin embargo, no estaba convencido de nuestro razonamiento, y persistió en sus miedos de que una expedición a París terminara saliendo mal.[83]

La guerra, por lo tanto, continuó. De vuelta en Francia Napoleón procedió a intentar reconstruir su fortuna. Por entonces ya una mera ficción, el reino francés de España había sido abandonado: José Bonaparte tuvo que dejar esas tierras tras la batalla de Vitoria, y, decidiendo que era el momento propicio para frenar sus pérdidas, Napoleón envió un mensaje a Madrid ofreciendo poner en libertad al cautivo rey Fernando VII con la esperanza de que éste firmara la paz con Francia y se comprometiera a expulsar a los anglo-portugueses. Cuando estos términos fueron rechazados de plano, decidió de todas formas liberar a Fernando VII, y eso solo provocó el caos —el resultado fue un golpe militar que restauró el absolutismo—, era demasiado tarde para que esto marcara alguna diferencia. Lo que quedaba del ejército francés en la Península se iba a ver abocado a luchar en el suroeste. También tuvo importancia que Napoleón liberara al Papa y le animara a marchar cuanto antes a Roma. Habiendo perdido la *grande armée*, las demandas del régimen aumentaron. Los impuestos se incrementaron de forma dramática: los impuestos sobre la tierra aumentaron un 95 por 100, y los que gravaban la propiedad en un 100 por 100. Y por lo que respecta a los recursos humanos, además de los 350.000 hombres que fueron llamados a filas entre enero y abril de 1813, y de otros 30.000 hombres llamados en agosto, octubre vio una demanda de 120.000 hombres de los reemplazos de 1803 a 1814. Y por si esto no fuera suficiente, otros 180.000 hombres fueron movilizados para el servicio como miembros de la Guardia Nacional. Esta fue una *levée en masse* que Francia no había visto desde 1793. En comparación, los 500.000 hombres reclutados durante la época del Terror eran una insignificancia.

El impacto de todo esto fue catastrófico. La guerra ya hacía tiempo que resultaba impopular en Francia, pero la atmósfera producida por las noticias de Leipzig era de creciente pánico. Como escribió Pasquier:

> Ya no había ninguna esperanza depositada en nada: todas las ilusiones se habían destruido. Ciertamente había largas columnas en *Le Moniteur* con largos discursos patrióticos y expresiones de devoción de parte de todas las corporaciones, ciudades y ayuntamientos, pero este lenguaje oficial parecía, por entonces, una broma. Hubiera sido mucho mejor para el gobierno haber mantenido un silencio dignificador.[84]

Si se necesitaba confirmación del estado al que se había visto reducida Francia, esta era la vista que ofrecía la llegada de los supervivientes de la campaña alemana. «El ejército retornó en las condiciones más horribles —escribió Lavallette—. El número de enfermos y heridos era inmenso; los hospitales y las casas privadas no eran suficientes para albergarlos, y la más terrible enfermedad, las fiebres tifoideas, atacó no solamente al ejército sino a cada pueblo y a cada ciudad por la que pasaba.»[85] Y sobre los refuerzos, apenas había hombres disponibles, así que dudo que pudieran contar con ninguno.

> Francia llevaba mucho tiempo exhausta, no tanto de dinero ... sino de hombres. Esta última escasez ... llevó a muchas familias a la desesperación y a la necesidad. Fueron realmente sangradas hasta el final. Quien era pobre tuvo que dar a su último hijo y con él perdió su apoyo, y los campos a menudo los labraban las mujeres y las chicas ... Y los mismos desastres ocurrieron en las ciudades. Muchas familias se vieron condenadas a gastar sus fortunas para librar a los jóvenes del servicio militar, pero éstos al final terminaban reclutados de igual forma ... La mortaja con la que las campañas de Rusia y de Leipzig habían cubierto Francia todavía se mantenía; todavía habría que derramar amargas lágrimas.[86]

Un sentimiento de desesperación, por lo tanto, se extendía por toda Francia, y a eso había que sumar la desafección política. En pocas partes del país el sentimiento monárquico constituía una verdadera fuerza. Según Rochechouart: «Con la excepción de la nobleza, el clero y unos pocos miembros acaudalados de la vieja burguesía, la mayor parte de la población ni siquiera conocía el nombre de Luis XVIII».[87] Pero el enfado ante las crecientes demandas del estado terminó por revitalizar los viejos antagonismos políticos. Tras la campaña de Leipzig, por ejemplo, Marbot había terminado en Mons, en la antigua Holanda austriaca. Como él mismo escribió: «Noté que el ánimo de la población había cambiado. Se sentía nostalgia por el viejo gobierno paternalista de Francia y un profundo deseo separatista, y todos se lamentaban de las guerras perpetuas que estaban arruinando el comercio y la industria. En resumen, Bélgica estaba solamente esperando una oportunidad para levantarse ... Desde mi hotel podía ver cada día 3.000 o 4.000 campesinos y artesanos reunidos en la plaza y escuchando los discursos de ciertos oficiales austriacos retirados ... Todos los oficiales franceses abandonaron el departamento para refugiarse en Valenciennes y Cambrai».[88] En Mons se evitaron serios problemas gracias a la vigorosa acción por parte de la guarnición, pero en la cercana Hazebrouck se produjeron graves disturbios. E incluso donde no se produjo una resistencia abierta, la deserción ante el reclutamiento se convirtió de nuevo en un serio problema, y con ella, aumentó el bandidaje. Casi en todas partes el ánimo era de una furia reprimida. «Las mentes perspicaces vieron claramente que el emperador había perdido la cabeza, y que pronto perdería su corona. En consecuencia, la opinión pública se mostraba absolutamente contraria a él. Sus operaciones militares y económicas eran absolutamente denostadas. Ya no se le temía, y por eso llegó ser el objetivo de diatribas, canciones satíricas, sátiras, y de todo el resto de armas empleadas por la opinión pública francesa.»[89] Incluso los intentos por atemorizar a la población ante la perspectiva de una invasión extranjera no dieron resultado alguno: «Estaba en el Vaudeville —escribió el duque de Broglie—. La policía había dado órdenes de que se representara una obra en la que los cosacos saqueaban un pueblo, perseguían a las chicas jóvenes y prendían fuego a los graneros: la pieza fue silbada desde el principio, interrumpida por los gritos del público, y no se pudo concluir».[90]

No es necesario decir que la inestabilidad social terminó por minar incluso la lealtad de los propios funcionarios del régimen, que como notables inevitablemente tenían mucho que perder, aparte de que no tenían ningún deseo de volver a los tiempos del jacobinismo y de la *levée en masse* que un desesperado Napoleón parecía querer hacer revivir en ese momento. No solo la retórica del régimen comenzaba a parecerse cada vez más a la de 1793, sino que Napoleón envió comisionados extraordinarios al estilo de los viejos *députés en mission*, introdujo una serie de medidas destinadas a la distribución de la tierra entre los campesinos y decretó la formación de una milicia voluntaria con los trabajadores desempleados de París y de otras ciudades de Francia. Con la restauración monárquica habiendo dejado de ser una amenaza en términos sociales y económicos —el 1 de febrero de 1813 Luis XVIII hizo una declaración pública en la que prometía respetar el statu quo—, la clase política no vio razón alguna para luchar hasta el final. Ya en diciembre de 1813 el *corps législatif* había exigido a Napoleón que firmara la paz inmediatamente. Aparecieron nuevos signos de desafección en la administración y entre la clase propietaria. Los prefectos y sus ayudantes comenzaron a negarse a cumplir las órdenes, a ser cómplices de la deserción ante el reclutamiento y de la evasión fiscal e incluso a desertar ellos mismos, mientras que los bonos que el régimen había autorizado a comienzos de año por un valor de 200 millones de francos para financiar el esfuerzo de la guerra terminaron siendo un desastre. De lo más típica fue la actitud del antiguo gobernador del Gran Ducado de Berg, el conde Beugnot, que en el invierno de 1813 fue nombrado prefecto del departamento del Nord: «Dejé de intentar reclutar a nadie. Y más que eso, envié a casa a los hombres jóvenes de las familias principales del departamento que habían sido reclutados para las *Gardes d'Honneur*, y puse fin a la persecución a la que se habían visto sometidos sus padres ... Y, finalmente, proclamé en voz alta que, en la situación en la que el departamento podía verse en cualquier momento, toda su gente junta no sería capaz de defenderlo, así que les prometí que no se esperaría que nadie de los que fueran llamados sirviera fuera de sus fronteras».[91]

Los nuevos ejércitos, por lo tanto, no parecía que fueran a formarse. Habiéndole exigido el reclutamiento de 5.000 hombres, por ejemplo, el departamento del Seine Inférieure solamente pudo proporcionar 1.457, y el país en su totalidad solo pudo reclutar 63.000 hombres. Y aunque se hubieran podido reclutar más, el caso es que faltaban armas. Muchos miembros de la Guardia Nacional, por ejemplo, iban armados solo con picas y con horcas. Enfrentándose al desastre, el emperador desplegó una inmensa energía. «Se va a la cama a las once —dijo su secretario, el barón Fain, a un preocupado Lavallette—, pero se levanta a las tres de la madrugada y hasta la noche no hay un solo momento en el que no esté trabajando.»[92] Pero las órdenes, por muy numerosas que fueran, no podían cambiar las cosas, y Fain admitió que su amo estaba «completamente agotado».[93] Aun así, no se hacía una sola mención a la paz. «¡Paz! ¡Paz! Es muy fácil pronunciar la palabra —gritó Napoleón a Beugnot—. ¿Voy a abandonar todo lo que he conseguido en Alemania? Tengo 100.000 hombres en las fortalezas situadas en las riberas del Elba, en Hamburgo y en Danzig. Si el enemigo es lo suficientemente tonto como para cruzar el Rin, marcharé a su encuentro ... y haré que mis guarniciones les ataquen por la retaguardia, y luego verás el significado de la palaba debacle.»[94] Sin embargo, en realidad, el poder de Napoleón estaba en sus últimos estertores. En el norte de Italia, era cierto, Eugenio de Beauharnais todavía mantenía la línea del

Adige pero, habiendo conducido primero a su ejército hacia el norte con el pretexto de reforzar a los defensores de esta línea, Murat de repente de declaró en contra del emperador en un último intento por conservar su trono. Mientras tanto, Bentick se estaba preparando para dirigirse hacia el norte partiendo de Sicilia al mando de una fuerza expedicionaria anglo-siciliana. Todos los bastiones polacos habían caído, y en Alemania solamente Hamburgo, Wittemberg y Torgau todavía resistían. Y lo que es peor, los antiguos miembros de la Confederación del Rin estaban movilizando a un gran número de reclutas, algunos de ellos enrolados en las milicias populares como las que se habían visto en Prusia. En Dinamarca y Noruega, la resistencia danesa fue aplastada por las tropas suecas. Además se estaba preparando otra fuerza expedicionaria británica para enviarla a Holanda. Y en Francia había solamente 85.000 hombres para defender la frontera oriental contra una fuerza inicial de, al menos, 35.000 aliados, mientras que otros 40.000 franceses se enfrentaban a 90.000 británicos, portugueses y españoles en el suroeste. Con unos refuerzos prácticamente inexistentes, apenas resultaba sorprendente que algunos de los confidentes más cercanos al emperador le rogaran que firmara la paz sin que importaran los términos que le propusieran. «Con una franqueza solamente perdonable por su sinceridad le dije que Francia estaba exhausta, que el país no podía resistir por mucho tiempo la insoportable carga que se le había impuesto, que el pueblo se libraría del yugo para ofrecer su rendición, de acuerdo con su desafortunado hábito, a alguna novedad ... Particularmente le hablé un montón de los Borbones, que terminarían heredando su monarquía si desgraciadamente terminaba siendo derrocado.»[95]

El emperador todavía encontraba momentos de felicidad gracias a la continua devoción que le mostraban sus soldados. En París, en uno de los últimos desfiles, Napoleón confió el cuidado de María Luisa y del rey de Roma a la guarnición antes de partir para el frente: «El entusiasmo generado por el emperador cuando cogió al pequeño rey en sus brazos ... no lo olvidarán nunca los que fueron testigos. Frenéticos y prolongados gritos de «Vive l'empereur!» conmovieron a los mariscales y a la Guardia Nacional reunida en Carrousel ... Estas demostraciones de verdadero cariño por su hijo conmovieron al emperador: besó al joven príncipe con una calidez que notaron todos los presentes».[96] En vez de escuchar las llamadas a la paz que se le hacían, Napoleón eligió luchar con la esperanza de mejorar su posición a la hora de negociar, golpeando duro y rápido a una sucesión de comandantes aliados según invadían el este de Francia. Al principio parecía que podía llegar a tener éxito. Sufriendo cinco grandes derrotas en tres semanas, los zarandeados aliados ofrecieron la paz asociada al restablecimiento de las fronteras de 1792. Pero una vez más la victoria confundió a Napoleón y éste eligió seguir luchando con la esperanza de poder conseguir la resurrección de las propuestas de Frankfurt. Fue su último error. Aunque sus improvisados ejércitos habían hecho prodigios gracias a su coraje, no se podía esperar mucho más de ellos, mientras que, recuperando el temple, los aliados ahora ofrecían respetar las fronteras de 1791.

Si Napoleón podía haber conseguido todavía algo en el campo de batalla es todavía motivo de discusión entre los historiadores, pero lo cierto es que la cuestión resulta irrelevante. El estado francés se estaba derrumbando. Ni los más entusiastas jacobinos fueron engañados por los intentos del régimen de evocar el espíritu de 1793, mientras que el grueso de la población se mostraban furiosamente hostil a las exigencias de reclutamiento de más hombres por parte del régimen, y los ejércitos franceses enfadados por la depredación practicada. «En todas partes se echaban pestes de Napoleón —escribió el antiguo miembro del Comité de Salud Pública Bertrand Barère—. Prevalecía el sentimiento general de que los extranjeros debían ser derrotados y expulsados de Francia pero las victorias del emperador eran temidas porque lo más probable es que sirvieran para aumentar su despotismo.»[97]

En las áreas en las que habían penetrado los austriacos, los prusianos y los rusos, los invasores se comportaron con gran brutalidad, y esto produjo unos cuantos episodios de resistencia popular, pero donde los aliados se portaron bien, como fue normalmente el caso en las áreas ocupadas por Wellington, las tropas enemigas recibieron una bienvenida amistosa. Como uno de los oficiales de Wellington recordaba: «El ejército inglés se hizo muy popular. Pagábamos en oro todos los suministros, mientras que su propio ejército no respetaba la propiedad. Se decía que el mariscal Soult había llegado a afirma: «Puedo esperar que la población al final termine tomando las armas contra nosotros».[98] Entre tanta confusión se producían frecuentes tumultos entre la población. «Los campesinos en el distrito de Gourdon ... sufrieron malamente el execrable y ruinoso yugo de las aduanas. Marcharon juntos a Gourdon en un día de mercado en un número de 4.000, apilaron los libros y registros de la oficina de aduanas en medio de la plaza y les prendieron fuego tras expulsar a todos los funcionarios.»[99] Las elites no estaban mucho más enamoradas del régimen que el pueblo, y las expresiones de apoyo a los Borbones comenzaron a multiplicarse rápidamente. Y por último, pero no por ello menos importante, la intransigencia de Napoleón no había hecho más que unir a los aliados, y el 1 de marzo todas las potencias firmaron un acuerdo por medio del cual se comprometían con la victoria total sobre el emperador. «La gente se dio cuenta —escribió el duque de Reggio— de que, cediendo cierto número de conquistas hechas en los años precedentes, el emperador podía haber evitado esta invasión de suelo francés; que por lo menos se le hubiera dejado la línea del Rin; que, incluso a esas alturas, si solamente le diera al Duque de Vicenza (su representante en el congreso de Châtillon) la libertad que ese celoso funcionario demandaba, éste podría haber conseguido unas condiciones de paz aceptables. ¡Paz!, el grito estaba en todos los corazones, porque lo que es de gloria, el pan suyo de cada día, Francia ya había tenido suficiente.»[100]

Y sobre el estado de ánimo de Napoleón en este momento de crepúsculo de los dioses no tenemos mejor testimonio que el de las memorias de Caulaincourt, que en el último minuto recuperó su puesto de ministro de Asuntos Exteriores y fue enviado a representar a Francia en las conversaciones de paz que se abrieron en Châtillon:

> La ruptura de las conversaciones era inevitable. Yo ya lo sabía de mucho antes, y se lo había dicho al emperador, que, engañándose a sí mismo con sus habituales e infelices ilusiones, se mostraría, sin duda, poco dispuesto a creerlo. Siguió diciendo que un éxito en el campo de batalla haría que los enemigos se alejaran de la capital, que en cuanto el enemigo sufriera el menor revés, la exasperación y el coraje de los ciudadanos forzaría una retirada de Francia. Escribió al emperador de Austria e hizo que el Príncipe de Neuchâtel escribiera al príncipe Scharzenber, sobre que las negociaciones se iban a celebrar a ciento cincuenta leguas de París, sobre que había alguna esperanza de desunir poderes que se habían reunido ante un peligro común, sin tener en cuenta otra cosa que escapar de la supremacía y el dominio del gabinete de las Tullerías ... Durante ese tiempo solamente había un objetivo: subyugar a Francia, acabar con el poder de Napoleón y alcanzar un estado de paz ... Pero el emperador ... no estaba dispuesto a sacrificar por su seguridad personal los departamentos que las armas de la República habían ganado ... Como ya he dicho, él medía el celo de los demás según el suyo propio ... Confiando en tener un

> poco de suerte, deseaba ganar tiempo para que esto sucediera y, en lugar de responder a mis despachos, me enviaba en su lugar boletines de victorias, así llamados ... como si ... la victoria sobre un solo cuerpo de ejército pudiera cambiar el curso de los acontecimientos ... Los peligros le rodeaban, le acompañaban, le oprimían por todos lados, pero pensaba que podía escapar de ellos, e incluso escondérselos a los demás engañándose a sí mismo.[101]

Este análisis se vio confirmado por la recepción que tuvo Caulaincourt a su vuelta al cuartel general de Napoleón. Como informó el desafortunado enviado, las charlas del emperador habían llegado a ser incluso más crípticas e incoherentes de lo que habían sido tras la retirada de Moscú:

> Humillarnos, eso es lo que quieren nuestros enemigos, pero la muerte es mejor. He sido un soldado mucho tiempo como para temer a la muerte: nunca firmaré nada que haga que Francia pierda su honor ... todos los funcionarios de alto rango están asustados, incluso los ministros ... los campesinos de Borgoña y Champaña tienen más espíritu que todos los hombres de mi consejo: todos vosotros sentís escalofríos. Los rumores dicen que la contrarrevolución es completa porque el alcalde de Burdeos se ha convertido en un traidor. Nadie entiende a los franceses como yo: la indignación nacerá de la decepción. Verás lo que ocurre antes de una semana. Toda la población estará en armas; tendremos que terminar rescatando al enemigo y parar la violencia del pueblo; masacrarán todo lo que tenga pinta de extranjero. Y nos aprovecharemos de ello, Caulaincourt. Si la nación me apoya, el enemigo estará más cerca de la ruina que yo, ya que el sentimiento de indignación está aumentando. Yo corté las comunicaciones aliadas: tienen muchas tropas, pero no cuentan con apoyo. Reúno algunas de mis guarniciones, derroto a uno de sus cuerpos de ejército y el más pequeño revés hará que se marchen. Saben lo que les ha costado su última retirada: otro movimiento como ese y ninguno podrá escapar. Si soy derrotado, es mejor caer con gloria que aceptar unos términos que el Directorio no hubiera aceptado tras los reveses sufridos en Italia. Si cuento con apoyo, puedo recuperarlo todo. Si la fortuna me abandona, el pueblo no podrá decir que he faltado al juramento que hice el día de la coronación.[102]

La realidad, en todo caso, era de miseria y horror. La población del este de Francia no estaba, como Napoleón se empeñaba en creer, volviéndose contra los invasores, sino luchando desesperadamente por sobrevivir. Entre ellos estaba el escritor Charles de Pougens y su sobrina, Louise de Saint-Léon. Atrapados por la invasión en Soissons, experimentaron por primera vez los horrores del sitio y del asalto:

> Refugiándonos ... en una habitación con el piso elevado cuyas ventanas completamente cerradas nos mantenían en la más absoluta oscuridad, escuchamos con escalofríos las explosiones de las bombas que caían a nuestro alrededor; un proyectil cayó con un tremendo estruendo en el jardín apenas a un centenar de pasos de donde estábamos, y convirtió un enorme árbol en polvo. Poco después ... Soissons fue tomada al asalto ... y los rusos se subieron a las murallas emitiendo gritos, o más bien alaridos, que nos hicieron temblar. No entraré en detalles al respecto de los terribles acontecimientos que se sucedieron: todo lo que diré es que la masacre de nuestros pobres soldados y el saqueo de la ciudad duró una hora entera.[103]

Soissons fue liberada poco después, pero Pougens y su familia decidieron huir a la casa de Louise en la cercana villa de Vauxbuin, Esta, sin embargo, no fue una buena elección. El 2 de marzo, se presentaron en esa localidad 6.000 cosacos. Pougens al principio intentó mantener al grupo a salvo persuadiendo al comandante de que había intercambiado cartas con la esposa de Pablo I, pero en cuanto los cosacos se hubieron marchado apareció un grupo de rezagados que saqueó la casa de Louise. Completamente aterrorizados, casi sin comida y viéndose constantemente amenazados por nuevas bandas de merodeadores, Pougens y su familia iniciaron el camino a pie hasta Nanteuil, donde se las arreglaron para subirse a una diligencia que iba hasta París. Pero en la capital la situación no era mucho mejor. Trabajando en el equipo de uno de los principales hospitales de la ciudad estaba el joven cirujano Pumiès de la Siboutie:

> La lucha se estaba desarrollando a las puertas de París. Los heridos llegaban a centenares. Pronto nos vimos desbordados. Cada centímetro de espacio disponible estaba lleno: los enfermos ordinarios fueron enviados a casa, los pensionistas ... y los incurables fueron sacados de sus salas y apelotonados en rincones oscuros y en los áticos. No pasó mucho tiempo antes de que esto ya no fuera suficiente, y se colocó a dos pacientes en cada cama. Cada día había que inventar nuevas cosas para alojar a la in-

cesante marea de enfermos y heridos que nos llegaba. Los pobres desgraciados se arrastraban hasta París guiados por un deseo febril de obtener socorro y ayuda. Algunos caían exhaustos en las mismas escalinatas del hospital y expiraban en cuanto se les colocaba sobre una cama. Muchos tenían heridas que no se habían vendado durante días, si es que lo habían estado alguna vez. Pasaba exactamente lo mismo en todos los asilos y hospitales.[104]

Mientras tanto, como incluso algunos de los súbditos más leales del emperador admitía, la propaganda del régimen apenas conseguía resultados positivos y, de hecho, hasta resultaba contraproducente:

El *Moniteur* estaba plagado de todas las quejas, todas las lamentaciones de los desgraciados habitantes de Montmirail, Montereau y Nangis ... Todas las ciudades que habían sufrido las miserias de la guerra enviaron diputados a París para que describieran sus padecimientos y exigieran venganza ... Se invocaban los ejemplos de la Antigüedad; se recordaba a Francia sus logros de 1792... Pero, hay que reconocerlo, estas medidas produjeron en París y en todas las grandes ciudades un efecto totalmente contrario al que se esperaba. Los franceses eran demasiado civilizados para actuar como lo habían hecho los rusos y los españoles. Los ciudadanos se quedaron impactados al conocer la violencia de las medidas que se les sugerían ... y lo que se pedía era la paz para que terminara de una vez ese periodo de horror.[105]

Así las cosas, el final no tardó en llegar. Aunque Napoleón continuó luchando y maniobrando sin parar, era poco lo que podía conseguir. El 9 de marzo Bentwick había desembarcado en Livorno desde donde, habiendo llamado a una revuelta nacional contra los franceses y no obteniendo respuesta alguna, marchó hacia Génova. El 12 de marzo Burdeos había proclamado a Luis XVIII, habiéndose asegurado antes sus autoridades de que iban a ser inmediatamente liberados por el ejército anglo-portugués. Como en 1870 y en 1940 los refugiados marchaban hacia el oeste, creando más confusión. Entre los que huían hacia París seguidos de cerca por el enemigo estaba la esposa del mariscal Oudinot:

La carretera de Versalles estaba abierta ... Dejamos que salieran la emperatriz, sus criados y su escolta, y a eso de las cuatro de la tarde partimos nosotros ... Era casi de noche cuando llegamos. Tomamos posesión

> de dos habitaciones adyacentes de una casa abarrotada en en la Rue de l'Orangerie. Durante toda la noche un incesante y confuso ruido nos daba cuenta del paso de un gran número de hombres, caballos y carruajes, y pronto la luz del día reveló el panorama más sorprendente que quizá los ojos humanos hayan visto nunca. Nos quedamos paralizados mirando por las ventanas. Lo que veíamos pasar ... era el imperio, el imperio ... con toda su pompa y esplendor, los ministros ... el consejo de estado al completo, los archivos, las coronas de diamantes, las administraciones. Y los símbolos del poder con toda su magnificencia se mezclaban con las humildes pertenencias de aquellos que habían amontonado en una carretilla todo lo que habían podido salvar de las casas que estaban abandonando.[106]

En ese punto, el ejército también se terminó colapsando: con los soldados desertando en masa, en Lyons Augereau simplemente abandonaron los cuarteles, y en París, Marmont primero rindió la ciudad y luego entregó sus tropas al enemigo.

Fue un momento culminante. Con Alejandro I y Federico Guillermo en la capital, la iniciativa la tomó Talleyrand, que había estado viviendo medio retirado y que en ese momento se estaba preparando para convencer a los monarcas aliados de que Napoleón se tenía que ir. Un Alejandro lleno de dudas no fue persuadido de ello hasta que vio algunas manifestaciones organizadas a toda prisa en favor de Luis XVIII. El 1 de abril los monarcas aliados hicieron pública una declaración anunciando que no volverían a tratar ningún asunto ni con Napoleón ni con ningún miembro de su familia, y que el futuro gobierno de Francia sería elegido por el pueblo francés, lo que habría de garantizarse por medio de una reunión urgente del Senado. Orquestado todo esto por Talleyrand, el resultado solo podía ser uno. El 2 de abril el Senado proclamó que Napoleón había sido depuesto e invitó formalmente a Luis XVIII a retornar a Francia. Mientras tanto, Napoleón estaba en Fontainebleau con 60.000 hombres. Aunque el emperador estaba dispuesto a seguir luchando, el resto de sus comandantes no estaban por esa labor, así que el 4 de abril a Napoleón se le comunicó de forma abrupta que debería abdicar. La guerra no había terminado todavía: como las noticias del armisticio le llegaron tarde, Wellington libró una batalla más en Toulouse el 10 de abril, mientras que algunas guarniciones aisladas siguieron resistiendo todavía algunos días más. Pero eran meras anécdotas. Viéndose forzado a ceder sin remedio, el 28 de abril el emperador embarcó con destino a su exilio en Elba, que fue decretado por un tratado negociado con él en Fontainebleau. La paz se había restaurado en Europa.

Así que, ¿qué es lo que realmente acabó con Napoleón? Ciertamente no fue un mítico «pueblo guerrero», ni siquiera la decisión de emplear las armas de la Revolución contra él. La respuesta, desde luego, se encuentra, en parte, en la misma persona de Napoleón. Cansado, sufriendo problemas de salud, viviendo progresivamente en un mundo de fantasía, desechó su única posibilidad de victoria en Rusia y luego procedió a rechazar repetidamente todas las ofertas de paz que se le hacían y que le hubieran permitido seguir como monarca de un país mucho más grande de lo que era cuando comenzó la guerra en 1792.

En palabras de una canción popular en el ejército británico de ese periodo, «Boney era un guerrero» y, como tal, no podía haber paz salvo la basada en la completa subordinación de sus oponentes; en resumen, que para él la paz debía estar ligada a la apoteosis de su gloria militar. Incluso en una fecha tan tardía como 1812, esto no representaba un problema en términos políticos, ya que Napoleón poseía los recursos de un imperio que se extendía desde los Pirineos al río Pripyat. Pero inmerso en las diversas circunstancias de 1813 y, aun más en las de 1814, las cosas eran muy diferentes. Viéndose forzado a exigirle a Francia cosas que la dominación de grandes áreas del continente le habían evitado pedir desde 1799, o puede que incluso desde 1793, el emperador hizo pedazos la aquiescencia —a menudo a regañadientes— con la que hasta ese momento se había aceptado su régimen, mientras que al mismo tiempo traicionaba los intereses de los individuos acaudalados que habían sido el sostén de su régimen. Igual de dañino resultó, mientras tanto, el impacto de la lealtad de los satélites de Napoleón: en junio de 1813, por ejemplo, todos los intereses de la «Tercera Alemania» encapsulados por la Confederación del Rin dependían de un compromiso de paz que hubiera visto un Gran Ducado de Varsovia que el emperador no podía proteger frente a las restauradas Austria y Prusia, pero comparado con el prestigio personal de Napoleón, los intereses de Maximiliano de Baviera y del resto no eran nada. Optando por la ruptura, Napoleón arriesgó todas las ganancias que había obtenido en los últimos diez años, y en el proceso nunca pensó en lo que suponía exponer a los horrores de la guerra sus pacíficos dominios. Con su lealtade puestas a prueba durante los momentos difíciles, los príncipes alemanes terminaron, les gustara o no les gustara, en los brazos de Metternich, y esto, desde luego, aumentó la presión a la que estaba sometida Francia todavía más.

Hasta cierto punto la reputación del emperador se había conservado gracias al impacto de la completa falta de realismo que demostró en el último año de su reinado con la extraordinaria defensa atrincherada que montó a la vista de la invasión de Francia por parte de los aliados. Incluso ahora, de hecho, los admiradores del emperador todavía sueñan solemnemente con lo que podría haber pasado si Marmont no hubiera rendido París, o si el pueblo francés no hubiera traicionado a su gran salvador. En la campaña de 1814 —que a menudo se reconoce como la más magistral de toda su carrera— Napoleón ciertamente logró un gran éxito local, pero esto era simplemente el reflejo de una situación en la que la *grande armée* ya había dejado de ser grande. Capaz de maniobrar su ejército con algo de su antigua celeridad, Napoleón también era capaz de hacerse físicamente visible a muchas más de sus tropas de lo que había sido el caso tanto en 1812 como en 1813: en Arcis-sur-Aube incluso luchó sable en mano a la cabeza de su escolta y resultó casi muerto cuando un proyectil explotó justo detrás de su caballo. Una vez más, por lo tanto, su extraordinario magnetismo personal fue capaz de inspirar a los jóvenes que formaban la columna vertebral de su último ejército y el resultado fueron unos episodios de heroísmo tan impresionantes como cualquiera de los que se habían dado durante las guerras napoleónicas. De ellos, quizá el mejor ejemplo sea la batalla de La Fère-Champenoise (25 de febrero de 1814) en la cual dos divisiones de la Guardia Nacional libraron una batalla desesperada en la retaguardia y en el proceso perdieron a 3.500 de sus 4.000 hombres. Por lo tanto, en la debilidad también se podían encontrar ventajas, pero en 1814, éstas ya no eran suficientes para cambiar la situación como ocurrió en Italia en 1796, y si Napoleón pensaba que se podía, es una razón más para pensar que a esas alturas había perdido el contacto con la realidad.

Por el contrario, en el alto mando aliado gradualmente emergió una estructura de autoridad que tuvo éxito tanto conteniendo como canalizando las numerosas tensiones que acosaban a la Sexta Coalición. Uno por uno los monarcas aliados, o por lo menos los poderosos representantes, aparecieron en los cuarteles generales; las estrategias conjuntas evolucionaron para enfrentarse a las diferentes situaciones de la campaña; y, en los momentos clave, se tomaron decisiones importantes que concernieron a los ejércitos de la coalición y que permitieron a los aliados responder a las situaciones cambiantes. El 24 de marzo de 1814, por ejemplo, se decidió marchar siguiendo el curso del río Marne hasta París sin tener en cuenta lo que Napoleón pudiera hacer para atacar la retaguardia aliada. Casi al final no había unidad en términos de objetivos de guerra —el tratado de Chaumont comprometía a los aliados a seguir luchando hasta que Napoleón fuera derrotado, pero no insistía en su derrocamiento, y mucho menos en la restauración borbónica—, pero también se elaboraron métodos que desde el principio impidieron que cualquiera de las potencias pudiera renegar de la alianza. De 1813 en adelante ninguna de las potencias que luchaban en el frente alemán envió en solitario a sus fuerzas al combate: en la campaña de Leipzig, por ejemplo, el Ejército del Norte de Bernadotte era una mezcla de suecos y prusianos, el Ejército de Bohemia de Schwarzenberg una mezcla de austriacos, prusianos y rusos, y el Ejército de Silesia de Blücher una mezcla de prusianos y rusos. Y cuando las discusiones surgieron en el campo aliado, por ejemplo cuando Schwarzenberg, por razones estratégicas, ordenó a las fuerzas aliadas que entraran en Suiza después de que Alejandro hubiera prometido respetar su neutralidad, en ningún momento se permitió que llegaran a tal punto que pusieran en riesgo el futuro de la guerra contra Napoleón. Una y otra vez, de hecho, las situaciones difíciles se salvaron gracias a una nueva tanda de negociaciones. Todos los aliados estaban de acuerdo en que al final el problema de Napoleón solamente se podría resolver a través del mantenimiento de la unidad aliada. Contra la hegemonía estaba el compromiso, y en última instancia fue el compromiso lo que terminó siendo más fuerte.

Capítulo 11

EL CONGRESO DE VIENA

Al comienzo de este libro nos preguntábamos si Napoleón había llegado a conformar, si no la historia del mundo, al menos la historia de Europa entre 1803 y 1814. Si seguimos lo acontecido durante la invasión de Rusia, podemos afirmar que es así. Las antiguas rivalidades en Polonia, el Báltico y los Balcanes se dejaron de lado e incluso estados que hasta entonces habían sido enemigos acérrimos, tales como Austria y Prusia, unieron sus fuerzas en una causa que representaba la de toda Europa. También quedó en suspenso temporalmente la sospecha general de que Gran Bretaña había retrasado la construcción de la Tercera Coalición y permitido a Napoleón en un momento u otro encontrar aliados en estados tan dispares como Dinamarca, España o Rusia. Antes de 1813, sin embargo, resultaba imposible encontrar algo tan coherente. Durante la mayor parte del periodo comprendido entre 1803 y 1806, Prusia había puesto su atención en Hanover, de la misma manera que de 1807 a 1812 el principal centro de atención habían sido Moldavia y Valaquia. Próxima a las provincias del Danubio, San Petersburgo se había preocupado sobre todo por Polonia, pero incluso este no fue un interés dirigido en principio hacia Napoleón, sino que más bien se debía a una reflexión sobre las tendencias de la política exterior rusa, evidentes al menos desde la década de 1770. Y por lo relativo a la unidad hacia la que se tendía en 1814, en términos contractuales era incluso más reciente que las campañas de 1812 y 1813 de las que había surgido. De hecho, el tratado de Chaumont no tuvo un reconocimiento formal hasta el 9 de marzo de 1814. Nada más firmar este documento, sin embargo, las condiciones que habían hecho posible la unidad del continente europeo habían cambiado por completo. Totalmente derrotado, Napoleón abdicó, y Europa podía descansar por fin, o al menos eso parecía. El emperador destronado estaba exiliado en Elba y la alianza que le había derrocado ahora era libre de disponer el continente más o menos como quisiera. Sin embargo, el emperador, hombre de recursos hasta el final, no solo estaba de vuelta en París a los pocos meses, sino desafiando la sentencia de 1814. Pero la resurrección del emperador fue efímera: aunque Gran Bretaña, Prusia, Austria y Rusia desconfiaban unos de otros, temían aún más a Napoleón. No importaba cuántas victorias había conseguido; el emperador tenía que ser derrotado. Afortunadamente para Europa, el fin llegó más bien pronto que tarde. Frustrado en su empeño por obtener una gran victoria al comienzo de la campaña, Napoleón se vio acorralado junto a un hasta entonces desconocido pueblo belga llamado Waterloo, y fue derrotado tan estrepitosamente que incluso él tuvo que reconocer que la única opción era rendirse.

Aunque algunos hombres de estado entre los aliados estaban preocupados por lo que Napoleón podría llegar a hacer todavía en 1814; la atención de los vencedores estaba centrada principalmente en el acuerdo de paz. A este respecto se habían establecido una serie de principios básicos: la transferencia de Noruega a Suecia, el restablecimiento de Austria y Prusia a una posición equivalente a la que disfrutaban antes de Austerlitz y Jena, el mantenimiento de una versión modificada del sistema de estado napoleónico en Alemania, la vuelta de los Borbones al trono de España, la prevención de más agresiones por parte de Francia; muchos temas habían quedado sin resolver, mientras la mayoría de los detalles de este programa se habían esbozado muy vagamente. Tampoco ayudaba el hecho de que no existiera consenso al respecto de los objetivos del proceso de paz. El punto de partida común fue el evitar más guerra en Europa, o al menos mantener un largo periodo de paz general. De Madrid a Moscú, los gobiernos estaban en bancarrota y el pueblo estaba cansado de guerra y cada vez menos dispuesto a aguantar los reclutamientos obligatorios. En muchas partes de Europa, además, el comercio y la industria, y en algunos casos incluso la agricultura estaban totalmente paralizados. Existía además un serio problema de orden público: los cientos de miles de desertores, mendigos y, en algunas zonas, combatientes irregulares de un tipo u otro eran un buen caldo de cultivo para el bandidaje. Pero, por encima de todo, la guerra se había identificado con la revolución. Mientras que antes de 1789 los conflictos eran cosa de los ejércitos, los gabinetes ministeriales y las dinastías, a partir de la Revolución Francesa se había asociado con niveles alarmantes de cambios sociales y políticos. Dejando a un lado los cambios llevados a cabo en los territorios gobernados por Francia, en Prusia se había llegado a considerar necesaria la emancipación de los siervos y, al menos en teoría, se había abierto el cuerpo de oficiales a todas las clases sociales, mientras que en España, Sicilia y Suecia la guerra había traído consigo una revolución política. Solo algo menos alarmante era el tema de las revueltas populares, como la acaecida en Valencia en 1801, o en Lombardía en 1809, o incluso en Inglaterra entre 1811 y 1812. Obviamente, la guerra debía desaparecer de escena. ¿Pero cómo se iba a lograr tal cosa? En 1648 y 1713 los tratados de paz generales —los de Westfalia y Utrecht— se habían negociado tras periodos de derramamiento de sangre en casi todo el continente, pero habían resultado ser completamente inefectivos a la hora de poner remedio a las carencias del sistema internacional que había llevado al conflicto. Lo que se necesitaba, por tanto, era un tratado de paz muy diferente de cualquiera que se hubiera firmado anteriormente: un tratado revolucionario para una época de revoluciones.

El problema era que no existía un acuerdo entre los poderes representados en el congreso internacional que se reunía en Viena. Las principales posturas a favor de un acercamiento «sistémico» al tratado de paz eran las de Castlereagh y Alejandro I. Comencemos con Castlereagh. El ministro británico de Asuntos Exteriores era, como hemos visto, un acérrimo enemigo de la Revolución Francesa y todavía más, si cabe, de Napoleón, y creía firmemente que la restauración de los Borbones era la mejor esperanza para el futuro. En abril de 1814 se había logrado, como era de esperar, pero en cierto modo el problema no había desaparecido. Podría haber otra revolución en Francia, o podría surgir un nuevo Luis XIV y desafiar el orden establecido. El objetivo territorial principal de cualquier acuerdo, por lo tanto, debía ser la construcción de un sistema que mantuviera a Francia acorralada. Esta idea heredada de Pitt, que la consideraba un corolario necesario para cualquier compromiso de paz con la República de Napoleón, era el objetivo principal de la política exterior de Gran Bretaña en 1814; pero las opiniones de Castlereagh no se limitaban a Europa occidental. Al contrario, él tenía bastante claro, en primer lugar, que tendría que haber un acuerdo territorial que incluyera el Báltico, Polonia y los Balcanes del mismo modo que la frontera del Rin; segundo, que este acuerdo tendría que basarse en un «equilibrio de poder»; y tercero, que debía encontrarse la forma de asegurar que las futuras disputas se resolvieran de un modo que no fuera el conflicto armado. A grandes rasgos, la idea de un cordón sanitario antifrancés fue refrendada por la mayoría del resto de gobernantes y hombres de estado que asistieron a la conferencia de paz. Sin embargo, existían variaciones importantes que causarían dificultades más adelante. Para evitar provocar a Francia innecesariamente, por ejemplo, Castlereagh quería que se la tratara de forma relativamente benévola, mientras que los prusianos querían al menos una compensación económica masiva y posiblemente también territorios en Alsacia y Lorena. Del mismo modo, mientras Castlereagh consideraba que el momento para la intervención extranjera era el punto en el que Francia o, de hecho, cualquier otra potencia, amenazara la paz general, Metternich pensaba en términos de intervención contra la revolución incluso cuando ésta se mantuviera en sus fronteras nacionales. Y, finalmente, mientras Castlereagh quería ver una garantía general que obligara a los países de Europa a mantener un statu quo establecido tras las guerras contra Napoleón, Alejandro quería que esta garantía afectara solo a Francia, dejando así manos libres a Rusia en Europa del Este.

Este no era el único asunto que separaba a Alejandro de Castlereagh; de hecho, el zar defendía una solución completamente diferente para los problemas de Europa. La objeción principal a las ideas propuestas por el ministro británico de Asuntos Exteriores y, en ese asunto, por Metternich fue que no tuvieron en cuenta la idea de que la revolución podía surgir a partir de injusticias políticas, sociales y económicas justificadas. En su opinión, la ideología revolucionaria era evidentemente errónea en sí misma —o una locura incluso— y los hombres que se aferraban a ella poco menos que vividores sin principios. Para ellos tomar ese camino era comprensible; quizá, el hecho de reconocer la legitimidad de las aspiraciones liberales y nacionalistas habría supuesto un desafío a los pilares de los estados a los que representaban. Pero la realidad era bien distinta: la Revolución Francesa, la revuelta serbia de 1804 y las convulsiones que sufrió España en 1808, por no mencionar el entusiasmo que sintieron muchos italianos e incluso más polacos al convertirse en estados satélites de Napoleón, todo ello fue el resultado de legítimas quejas contra el *ancien régime*. Influido como estaba por variadas ideas progresistas, Alejandro insistía en que los vencedores no podían permanecer ajenos a este problema. Ya desde 1804 venía abogando por un tipo de política diseñada para no dar cancha a los movimientos revolucionarios. «Veremos qué funciona mejor —había dicho Alejandro en su regreso a Vilna en diciembre de 1812— si hacerse temer o hacerse querer.»[1]

Más que dar marcha atrás al reloj hasta 1789, las nuevas potencias deberían estar construyendo una nueva Europa en la que sus diferentes pueblos tuvieran constituciones para defenderse del despotismo y los privilegios de la aristocracia y, al mismo tiempo, estar organizados en estados nacionales basados en los principios de la autodeterminación. Significaría recorrer un largo camino para salvaguardar la paz, pero tendrían que existir a la vez garantías por parte de las instituciones, especialmente un código legislativo internacional y una confederación europea.

Varios factores habían contribuido a este programa con el paso de los años, incluyendo la vanidad del propio Alejandro, el impulso de Czartoryski respecto a Polonia y, más ampliamente, Europa del Este, y el deseo de empujar la frontera rusa incluso más hacia el oeste. En el trascurso de los dos años anteriores, sin embargo, un interés en particular había llegado a ser incluso más importante. Como hemos visto, Alejandro había sufrido una experiencia de conversión tras la invasión de Rusia por Napoleón, y esto le había influido de forma determinante, haciéndole avanzar después de que las últimas tropas francesas cruzaran, tambaleantes, el río Niemen en dirección a Prusia Oriental. En 1814 su fervor religioso se había intensificado aún más. Una razón para ello era la simple gratitud por la misericordia divina, pero en su camino del Vístula al Rin el zar había conocido a una serie de escritores alemanes místicos y piadosos con los que antes no solía relacionarse. Invitado a Gran Bretaña en el verano de 1814, además de estar sujeto a bastantes adulaciones por parte del pueblo que habrían desestabilizado al más cuerdo, Alejandro entró en contacto con representantes de los cuáqueros, y quedó impresionado por su moralidad y pacifismo. Por último, parece que también existía un gran sentimiento de culpa: con Europa devastada por la guerra y la enfermedad, la sucesión constante de bailes, banquetes y recepciones, que eran el alimento principal de los dignatarios aliados, crispaban al zar y hacían que estuviera aún más convencido de que tenía que hacerse algo por el futuro del continente.

Este pensamiento se había reflejado en la conducta de Alejandro al menos desde 1812. Tal como hemos visto, al principio se había mostrado hostil a la restauración de los Borbones y prefería dar a Francia un gobernante más a tono con los sentimientos de la época: un Napoleón menor que pudiera recrear las glorias domésticas del Consulado sin rendirse al mismo tiempo a los sueños de conquista en el exterior— y de hecho fue Alejandro quien insistió en que se otorgara una constitución a la nueva Francia, y también fue él quien dio los pasos pertinentes para asegurarse de que la Confederación Helvética no perdiera la constitución otorgada por Napoleón. Y, finalmente, fue Alejandro el que puso el máximo empeño en asegurar que se mantuvieran, para el antiguo emperador y su país, los generosos términos que habían acordado inicialmente. Como dijo más tarde: «Solo he cumplido con mi tarea. Fue espantoso ver sobre mí males difíciles de controlar [tales como] la ira y la codicia de los austriacos y los prusianos. Querían hacer uso del derecho de represalia, algo que siempre me ha resultado repugnante; nunca debería tomarse venganza excepto devolviendo bien por mal».[2] Pero junto a todo esto convivían las más feroces contradicciones: cargado de buenas intenciones cuando se trataba de Francia o Alemania, el zar mostraría una notable capacidad de autoengaño en el caso de Polonia, y siempre tendía a eximir a Rusia de las normas de conducta que pretendía imponer en otros países. Al no existir cambios orientados a la reforma política o social de Rusia, el límite de la generosidad de Alejandro era la cancelación de todas las tasas pendientes de pago y una amnistía general de todos los prisioneros excepto los culpables de robo o asesinato. No negó el hecho de que finalmente Polonia no salió muy bien parada en el acuerdo de paz: «No he mantenido todas mis promesas a ... los polacos, pero he encontrado grandes obstáculos al intentar trabajar en su beneficio ... Los otros soberanos se han opuesto frontalmente a mis proyectos».[3] Pero, no obstante, esta agenda no era muy diferente de la desarrollada por Castlereagh, y lo más preocupante de todo esto era que tanto en Alemania como en Italia había personalidades influyentes con opiniones que sintonizaban con las del zar; dos buenos ejemplos eran Heinrich von Stein, que defendía una Alemania unida, y lord William Bentinck, del que se quejaba un exasperado Castlereagh: «Comprobará, a través de los despachos oficiales de lord William, lo exageradamente proclive que es a las revoluciones liberales en cualquier lugar ... Parece dispuesto a que se desate una en Italia. Podría ocurrir lo mismo que contra Francia, pero contra Austria y el rey de Cerdeña, con todas las nuevas constituciones que amenazan al mundo con más disturbios, resulta más absurdo».[4]

El conservadurismo, por lo tanto, estaba predestinado a chocar con el liberalismo. Mientras tanto, para complicar las cosas todavía más, ninguna de las potencias se había olvidado de sus intereses particulares. Gran Bretaña estaba dispuesta a excluir del acuerdo de paz el tema de los derechos marítimos; se tomó la molestia de asegurarse de que la organización de las colonias de Francia y sus aliados la manejara solo la propia Francia y luchó duro para que Bélgica siguiera siendo independiente de Francia, no solo para fortalecer a este estado tapón que desde los tiempos de Pitt en adelante se había concebido como parte de los Países Bajos, sino también porque el sacar a Francia de Bélgica se había considerado siempre algo básico para la seguridad británica. Del mismo modo, bajo esa imagen que se quería dar sobre la necesidad de frenar a Francia, Prusia seguía con su búsqueda implacable de adquisiciones territoriales que habían sido la marca de su política exterior en el siglo XVIII. Como Talleyrand escribió en las instrucciones trazadas para la conducta de Francia en el Congreso de Viena:

> En Italia debe impedirse que Austria adquiera demasiado poder oponiéndose a otras influencias. En Alemania ocurre lo mismo con Prusia. Lo exiguo de su monarquía hace que la ambición sea algo necesario para ella. Cualquier pretexto es bueno; no hay escrúpulos que la detengan; su conveniencia es su derecho. Tanto es así que en sesenta y tres años ha aumentado su población de menos de cuatro millones a diez millones de habitantes, y ha sido capaz de crear por sí misma, si puede decirse así, el marco de una gran monarquía, adquiriendo aquí y allá territorios aislados que pretende unir integrando a los que les separaban. La terrible caída a la que la llevó la ambición no le hizo escarmentar ... Le habría gustado poseer Bélgica. Le habría gustado poseer todo el territorio que queda entre las actuales fronteras de Francia, el Meuse y el Rin. Quiere Luxemburgo. Todo está perdido si Mainz no es suyo. No puede tener seguridad si no posee Sajonia.[5]

Sin embargo, culpar a Gran Bretaña o a Prusia es injusto. Como se quejó Castlereagh: «Nuestra desgracia es que cada una de las potencias mira a un punto diferente en lugar de ver el sistema general de Europa, lo que complica las cosas infinitamente».[6]

Un último punto clave fue que los gobernantes y hombres de estado de 1814 actuaban en un clima muy diferente al de sus predecesores del siglo XVIII. Por primera vez en la historia, la diplomacia tuvo que manejarse en el contexto de una opinión pública muy consciente de lo que ocurría y muy atenta a todo. En diciembre de 1812 Alejandro se había quejado: «Bajo el anterior reinado y el de la emperatriz Catalina nadie se preocupó por los asuntos del estado, pero hoy todo el mundo debe estar iniciado en los misterios del gobierno. ¿Y cómo puedo satisfacer todas estas opiniones?».[7] En el imperio Habsburgo se habían provocado disturbios durante el periodo que siguió a la derrota francesa en Kulm: «Esa misma mañana, conducían al Mariscal [*sic*] Vandamme a través de Praga, de camino a Rusia. Tan pronto como apareció, el pueblo, alborotado, estalló en tales gritos que parecía que se había soltado todo un ejército de salvajes o demonios. Le asediaban con todo tipo de epítetos indecentes e ignominiosos que pudieran pensarse o inventarse; a él se dirigían toda clase de gestos ofensivos y vejaciones, y si no hubiera sido por la fuerte guardia que le protegía, probablemente habría sido sacrificado ante tal furia».[8] Del mismo modo, mientras los acontecimientos se precipitaban hacia el clímax en la campaña de 1813-1814, la opinión pública de Londres pedía cada vez con más fuerza el derrocamiento de Napoleón. Con los aliados a punto de alzarse con la victoria, lord Liverpool avisó específicamente a Castlereagh: cualquier acuerdo que dejara a Napoleón en el trono supondría un serio problema en Londres: «Apenas puedes hacerte una idea de la locura de la gente en este país en relación a la paz con Napoleón, y no debería sorprender cualquier tipo de manifestación pública de indignación al enterarse de que la llegada de la paz deja a Napoleón todavía por en medio».[9]

Con Napoleón derrotado, sin embargo, la primera prioridad era llegar a algún acuerdo sobre Francia. Tal como hemos visto, Luis XVIII había sido restaurado en el trono y a Napoleón se le había enviado a Elba, según lo firmado en un tratado en Fontainebleau el 12 de abril de 1814, que le otorgaba, a perpetuidad, junto con un minúsculo ejército compuesto por hombres de la Guardia Imperial, una fragata y unos ingresos anuales de dos millones de francos, quedando María Luisa y el resto de la familia Bonaparte igualmente bien provistos. Pero todavía quedaba pendiente el tema de las fronteras de Francia, y de nuevo se optó por elegir una opción magnánima. El tratado de París, firmado el 30 de mayo de 1814, devolvió a Francia las fronteras del 1 de noviembre de 1792 (la única excepción fue el Principado de Mónaco, tomado por Francia en enero de 1792 y que ahora se convertía de nuevo en un estado independiente) e incluso le otorgaban ocho distritos fronterizos que por razones de estrategia o geografía se sugirió que debían ser parte de Francia. También se devolvieron a Francia todas sus colonias excepto Tobago, Santa Lucía y Mauricio, que quedaron en manos británicas, y la mitad oriental de Santo Domingo, que había sido tomada por Francia en 1795 y que fue devuelta a España. Destinada en primera instancia para Suecia, incluso Guadalupe izaría de nuevo la bandera francesa, aunque Francia tenía que comprometerse a abolir el comercio de esclavos en un plazo de cinco años. No hubo indemnizaciones, ni ejército de ocupación, ni intentos de devolver a sus antiguos dueños los tesoros artísticos europeos saqueados. Y, como última concesión a la dignidad francesa, se declaró una amnistía para todos los extranjeros que hubieran servido al imperio en Alemania o en cualquier otro lugar. Hubo algunas quejas —la inminente pérdida de Bélgica, en particular, incluso se llegó a volver a hablar de guerra— pero Francia se había ido de rositas.

Si las memorias de Talleyrand rezuman autosatisfacción en lo relativo a este asunto, había razones para ello:

> Creo que está justificado que recuerde con orgullo las condiciones que conseguí, no importa lo humillantes ni lo penosas que fueran ... Cuando pienso en la fecha de estos tratados de 1814, en las dificultades de todo tipo que llegué a sufrir y en el espíritu de venganza que encontré en algunos de los negociadores ... Aguardo confiado el juicio que me hará la posteridad. Simplemente llamaré la atención sobre el hecho de que, seis semanas después de la entrada del rey en París, los territorios de Francia estaban bien amarrados, los soldados extranjeros habían abandonado suelo francés y, debido a la vuelta de las guarniciones de las fortalezas extranjeras y al regreso de los prisioneros, poseía un extraordinario ejército, y además habíamos conservado todas las admirables obras de arte tomadas por nuestros ejércitos de casi todos los museos de Europa.[10]

Si Francia estaba, por tanto, controlada dentro de un potente cordón sanitario, todavía había que tratar con el resto de Europa. Tan pronto como se inauguró el Congreso de Viena en septiembre de 1814, se hicieron demasiado evidentes las profundas tensiones que acosaban a la alianza. El problema se centró en los asuntos de Polonia y Sajonia, relacionados entre sí. Motivado por la extraña mezcla de avaricia e idealismo que ya hemos comentado, Alejandro I proponía la restauración de Polonia —tal como se concibió en el Gran Ducado de Varsovia de la época napoleónica— como un estado satélite de Rusia gobernado por un príncipe Romanov y dotado de una constitución liberal. Sin embargo, ni Gran Bretaña ni Austria ni Prusia podían estar de acuerdo con esto: Gran Bretaña porque esto habría fortalecido demasiado a Rusia, habría dado a Prusia enormes beneficios en Alemania como compensación y además habría propiciado el rencor polaco en otros lugares; Prusia porque habría quedado con una frontera oriental indefendible (de hecho, Prusia deseaba recuperar las fortalezad de Thorn y Posen). Las tres potencias, sin embargo, se vieron apoyadas por Francia. Había varias razones para ello. En primer lugar, era un buen modo de volver a formar parte de las deliberaciones de los aliados. En segundo lugar, Talleyrand estaba sinceramente preocupado por el potencial avance de la frontera rusa al Oder. Y en tercer lugar, otra guerra suponía un claro yacimiento de empleo para un ejército cada vez más rebelde (véase más adelante). Como el duque de Wellington escribió en calidad de embajador británico en París: «Es bastante cierto que el estado interno de Francia debe causar al rey una gran [*sic*] desazón, pero este mismo estado puede llevarle a la guerra si tiene la posibilidad de continuarla con éxito, y la guerra no se prolongará por mucho tiempo».[11] El resultado fue un serio *impasse* diplomático. Como lamentó Castlereagh:

> Te darás cuenta de que hacemos poca cosa aquí, puesto que no veo un verdadero espíritu de comprensión: quizá es mucho esperar que este congreso difiera bastante de los anteriores. Sucede, desafortunadamente, que en ningún periodo anterior hubo tanto botín por el que pelearse. Si Rusia, dado su enorme territorio, se hubiera mostrado más desinteresada, su influencia, unida a la de Gran Bretaña y Francia, habría hecho el acuerdo comparativamente fácil. Por tanto, se nota la ausencia de una autoridad de control, requisito para forzar una decisión sobre los detalles comunes a tales asuntos.[12]

Siguieron meses de confusa diplomacia, y en resultado fue un sentimiento general de frustración y agotamiento. Como decía un alemán en una carta dirigida a sir George Jackson:

> Desde el momento que reina el estancamiento en la cámara del consejo, y dado el cansancio que sigue normalmente a este estado de cosas, algunos tienen muchas posibilidades de morir de aburrimiento y el resto de suicidarse. Sin la luminosa presencia de las mujeres, y los flirteos consiguientes, dudo que algunos de los plenipotenciarios hubieran aguantado tanto.[13]

Sin embargo, la situación, al final de 1814, era de todo menos aburrida. Varios factores —las concesiones rusas y la sospecha de los británicos— habían hecho que los prusianos se unieran a los rusos, mientras Gran Bretaña, Austria y Francia se unían contra ellos. Estaba en juego, sobre todo, el destino de Sajonia, que era protestante, extremadamente rica y populosa, contigua a Prusia y estaba bajo administración aliada debido a su decisión de abandonar a Napoleón en 1813, y en consecuencia era muy adecuada para compensar a Prusia por sus pérdidas en Polonia. Por unos momentos pareció que la guerra podía continuar, pero casi inmediatamente Alejandro retrocedió: no tenía estómago para más derramamiento de sangre, y además estaba preocupado por el hecho de que el final de la guerra de 1812, tras la firma por Gran Bretaña del tratado de Ghent el 24 de diciembre de 1814, le diera más libertad de maniobra en Europa. Y los prusianos tampoco tenían muchas más ganas de combatir. «Los generales prusianos se comportan de tal forma en los países ocupados que hacen odiar su gobierno», escribió el subsecretario de Castlereagh, Edward Cooke. «Además, si comenzara una guerra, Prusia, y no Rusia, habría sido un obstáculo, y además Prusia perdería Sajonia, si no perdía también las provincias que esperaban del reino de Westfalia y de la ribera izquierda del Rin.»[14] El resultado fue que todas las partes en disputa se echaron atrás. Se había adquirido muy pronto un compromiso en el que la mayor parte del Gran Ducado de Varsovia se constituyó como el «Congreso Polonia» con Alejandro como monarca, y Prusia otorgó Thorn, Posen y unos dos quintos de Sajonia. En una prueba más del nuevo clima en que se movían los hombres de estado de Europa, las noticias sobre la supervivencia de la independencia de Sajonia fueron recibidas con aclamaciones por el pueblo. sir George Jackson confiaba a su diario el 26 de febrero de 1815:

> Hacía unos cuantos días que había grandes muestras patrióticas en Leipzig. La gente se reunía en multitudes en el mercado, gritando: «¡Larga vida al Rey! ¡Abajo los prusianos!». La policía intentaba en vano dispersarlos [y] se rompieron muchas cabezas en el intento, lo que solo sirvió para aumentar el tumulto. Al final, Bismark, el comandante en jefe prusiano, hizo pública una proclama en la que llamaba a los habitantes a continuar con «la actitud sabia y prudente que habían mantenido hasta aquel momento», ya que le molestaría que le obligaran a tomar medidas drásticas para mantener el orden durante el corto periodo de tiempo que probablemente tendría que permanecer en su país. La última parte de su comunicado calmó a la población, que tras renovados «vivas» hacia su rey y su país se fue dispersando gradualmente.[15]

Dado el constante hincapié de Alejandro en la importancia del constitucionalismo en el acuerdo de paz, quizá sea conveniente hablar aquí sobre el nuevo estado polaco. Obviamente, se acompañó de celebraciones oficiales en Varsovia:

> El emperador Alejandro llegó a Varsovia el 26 de octubre de 1815. Hizo su entrada a caballo, vistiendo el uniforme polaco y la condecoración del Águila Blanca. Todas las ventanas y las calles en la ruta de Su Majestad estaban decoradas con flores, colgaduras y lemas. Diferentes delegaciones le recibieron bajo un arco triunfal ... El emperador no aceptó las llaves de la ciudad que le ofreció el alcalde, y respondió de este modo al discurso del magistrado: «No acepto las llaves porque no he venido como conquistador, sino como protector y amigo que desea veros a todos felices. Pero aceptaré pan y sal como valiosos regalos de Dios». Los polacos habían encontrado por fin un rey, un padre. La tarde de aquel día memorable la ciudad estaba iluminada con transparencias alegóricas, y una multitud innumerable inundaba las calles gritando el nombre de su rey, Alejandro.[16]

La carga emocional se completó con el regreso, bajo los auspicios de Alejandro, de los 6.000 supervivientes del ejército del Gran Ducado de Varsovia, que había salido intacto de las campañas de 1813 y 1814. Pero pronto estuvo claro que el Congreso Polonia tenía muy poca sustancia. Despojado de la provincia de Posen —cuna de la vieja monarquía— se negó también la unión con los distritos orientales tomados por Rusia en 1792 y 1795. Igualmente, Austria retuvo la región de Galitzia y recuperó el distrito de Tarnopol y, en deferencia con los deseos de Metternich, Cracovia se convirtió en una ciudad libre. Por el contrario, había un gobierno polaco, una constitución, un ejército polaco, una ciudadanía específica para sus habitantes y un código legal diferente al usado en Rusia (el Código Civil se mantuvo en su totalidad, y no se volvió a la servidumbre). Pero al final todo esto resultó ser un espejismo. Como Talleyrand escribió cínicamente, «Rusia no desea el restablecimiento de Polonia porque esto implicaría perder todo lo que ha tomado de ella; lo quiere para conseguir lo que no posee de ella».[17] El poder real en el reino lo ostentaba el hermano de Alejandro, el Gran duque Constantino, que era comandante en jefe del ejército, y el enviado especial del zar, Novosiltsev; Polonia estaba completamente atada a Rusia en términos de política exterior y el Parlamento polaco demostró tener poco poder real; se ignoró la protección de las libertades civiles contemplada en la constitución y a medida que pasaban los años se hizo obvio que no había intención de unir el Congreso Polonia con las provincias orientales. También eran deshonrosas las vagas referencias que hacía el tratado de Viena a la noción de una *commonwealth* polaca: se vio que la esperanza de hacer desaparecer las fronteras, de manera que la gente y las mercancías pudieran viajar libremente por las diferentes zonas en las que había quedado dividida Polonia, era algo ilusorio, y la Iglesia polaca se dividió deliberadamente en primaturas prusianas, rusas y polacas. Por lo tanto, la libertad que ofrecía Alejandro no parecía significar gran cosa. Como gran líder de la resistencia que era, Kosciuszko escribió a Czartoryski en junio de 1815:

> Debemos dar las gracias al zar por haber recuperado el nombre de Polonia, pero el nombre solo no hace a una nación. La extensión de su territorio y el número de sus habitantes también cuentan para algo. No veo, a menos que sean nuestros propios deseos, en qué se basa una garantía de las promesas que nos ha hecho ... de extender las fronteras de Polonia hacia el río Dvina. Si se hubiera restablecido una cierta proporción en términos de fuerza y población entre Rusia y Polonia, tal acción habría supuesto una cierta consideración mutua, incluso una amistad firme- entre los rusos y nosotros. Mientras tanto, con una constitución li-

beral y el tipo de autonomía que esperaban, los polacos habrían estado contentos de ser gobernados junto con los rusos bajo el cetro de tan gran monarca. Sin embargo, desde el mismo comienzo he percibido un orden de cosas muy diferente. Los rusos, por ejemplo, están ocupando los lugares importantes en el gobierno junto con nosotros. Esto no puede inspirar mucha confianza a los polacos, ciertamente: prevén, no sin temor, que con el tiempo la palabra «polaco» se convierta en algo despreciable, y que los rusos nos traten pronto como sus súbditos. Y lo que es peor, ¿cómo será capaz un pueblo tan infravalorado de librarse de su preponderancia?[18]

Este abismo entre la retórica y la realidad del Congreso Polonia fue uno de los puntos débiles del acuerdo de Viena. Desde Londres, lord Liverpool resumía admirablemente la situación:

> La conducta del emperador de Rusia no me ha sorprendido. Es vanidoso, autosuficiente y obstinado, con cierto talento, pero sin sentido común ni tacto ninguno. Estoy convencido de que sus asuntos en Polonia le traerán la ruina. Si separa las provincias polacas incorporadas a Rusia de este país con el propósito de crear un reino polaco, los rusos nunca se lo perdonarán. Si, por otro lado, anexiona el Ducado de Varsovia a Rusia y considera todo como una cuestión meramente territorial, los polacos le reprocharán justamente que les ha traicionado y se convertirán en sus más amargos enemigos. En resumen, solo veo futuros problemas a raíz de este acuerdo polaco; veremos cómo acaba.[19]

Con Polonia y Sajonia fuera de juego, el congreso se concentró en otros asuntos. Bélgica se había unido a Holanda en un nuevo Reino de los Países Bajos Unidos (aunque Holanda tenía que ceder el cabo de Buena Esperanza a Gran Bretaña); Renania se dividió entre Prusia y Baviera; Génova se añadió a un recuperado Piamonte; los Estados Pontificios le fueron devuletos al Papa, y Hanover, Oldenburgo, Parma, Módena y Toscana volvieron a ser estados independientes. Austria consiguió Venecia además de recuperar Lombardía, las provincias Ilirias, Voralberg, el Tirol, Salzurgo y Tarnopol; Baviera obtuvo Wurzburgo y Hesse y Prusia se dividieron lo que quedaba de Westfalia. Por último, pero no menos importante, se le dieron a Gran Bretaña Malta y las islas Jónicas. Hasta entonces, Nápoles había seguido gobernada por Joaquín Murat, pero Luis XVIII desde el primer momento había tenido ganas de sustitituirlo por el exiliado Fernando IV; como resultado, Metternich decidió enviar un ejército austriaco contra el otrora mariscal como un modo de asegurarse el apoyo francés contra Rusia.

Mientras el mapa se redibujaba, por tanto, Alemania también estaba llevando a cabo una importante reorganización política. El Sacro Imperio Romano había pasado a la historia, pero la necesidad de la nueva Alemania de ser capaz de defenderse de las agresiones francesas recomendaba la adopción de alguna forma de estructura federal. Una vez creado un comité especial para considerar el asunto, comenzaron a discutirse una gran variedad de proyectos. Apenas se habían puesto sobre la mesa, surgió algo inesperado: en apenas unas horas del 7 de marzo de 1815 llegó la sorprendente noticia de que Napoleón había escapado de Elba. ¿Qué había sucedido? En resumen, Napoleón había llegado a sus nuevos dominios el 4 de mayo de 1814. Deprimido por su derrota, al principio parecía haber aceptado con ecuanimidad su nuevo papel, pero pronto surgieron los problemas. Absolutamente carente de previsión, Luis XVIII no solo había dejado de pagar a Napoleón su renta vitalicia, sino que además le había confiscado su considerable fortuna personal. Con la administracion napoleónica presionando a la poblacion de Elba de manera inevitable y cada vez más duramente existía cierto peligro de que se produjeran revueltas. ¿Pero se habría quedado quieto Napoleón incluso si todo hubiera ido bien? Según se dice, el emperador comenzó a sentirse aburrido e inquieto rápidamente, y es posible que desde el principio hubiera cobijado secretas esperanzas de volver a Francia triunfante. A este respecto, el tenor de una conversación que tuvo en septiembre de 1814 con el comisionado británico al que se envió a la isla de Elba para vigilarle es ciertamente sugerente:

> Ayer tuve una audiencia con Napoleón ... Esta audiencia duró tres horas, sin interrupción. Caminaba constantemente de un extremo a otro de la habitación, hacía preguntas sin parar y argumentaba sobre gran variedad de temas, generalmente de buen humor, excepto cuando volvía sobre el tema de la ausencia de su mujer y su hijo y la defección del Mariscal Marmont. Comenzó haciendo preguntas sobre ... Piamonte, Lombardía, Venecia y Toscana. [En su opinión] las rudas maneras y el lenguaje diferente de los austriacos hacían imposible que les aceptaran los italianos, halagados por la creación del Reino de Italia ... Se interesó mu-

cho por el estado real de Francia ... Parecía admitir la estabilidad del soberano y del gobierno, apoyado, como el anterior, por todos los mariscales ... pero [sostenía] que la imitación del gobierno y la constitución de Gran Bretaña eran algo absurdo ... Tras largo rato en tensión dando vueltas a este asunto... trató con cierta afabilidad el tema de las cesiones hechas por Francia desde su abdicación ...No era prudente por parte de los aliados exigirlas. Hablaba como un espectador sin ninguna esperanza ni interés ... Pero esto demostraba la ignorancia sobre el carácter francés y [la] sensibilidad de la época. Sus sentimientos principales eran el orgullo y la gloria y les resultaba imposible mirar hacia delante con satisfacción y tranquilidad ... bajo tales sacrificios. Fueron conquistados solo cuando les superaban extraordinariamente en número, [no habían sido] humillados. La población de Francia no había sufrido hasta el extremo que puede suponerse, porque él siempre había mandado a morir a italianos, alemanes y otros extranjeros antes que a los franceses. Estas observaciones le llevaron al tema de sus hazañas en la guerra y en la última campaña, [al respecto de la cual] entró en detalles de muchas operaciones en las que había rechazado [al enemigo] y había tomado ventaja contando con un número de hombres muy inferior. Después comenzó a insultar al Mariscal Marmont, a cuya defección atribuyó el hecho de su propio abandono de la contienda.[20]

Las noticias que se recibían de Francia, que hablaban de la impopularidad del reinado borbónico, no hacían más que animar a Napoleón. La clave del problema era el viejo ejército imperial. En parte era un tema de percepción: gran parte del ejército no había compartido las miserias de 1814, los miles de hombres que habían quedado en guarniciones aisladas habían aguantado hasta el final y regresaron a casa convencidos de que habían resultado invictos. Compartiendo su sensación de traición, mientras tanto, hallamos a los numerosos prisioneros de guerra que ahora volvían tras un cautiverio que en la mayoría de los casos fue bastante atroz. En parte era un asunto económico: si les habían retenido en prisiones aliadas, guarnecido tales fortalezas como Hamburgo o luchado para defender a Francia, muchos veteranos ahora se encontraban sin trabajo o, en el mejor de los casos, recibiendo media paga. Y, por último, era también en parte un asunto de justicia: incluso aquellos oficiales y hombres suficientemente afortunados que tenían asegurado su puesto en el nuevo ejército debían sufrir la humillación de ver a cientos de favoritos de los Borbones, que se habían mantenido bien lejos de la guerrra, ser ascendidos y condecorados. Un ejemplo del sentimiento general son las palabras del general Thiébault:

> Veintitrés años de terribles guerras que comenzaron con tanto heroísmo y se desarrollaron tan magníficamente y sin contratiempos, terminaron, con errores tan grandes y desastres tan espantososos, provocando fatiga, agotamiento, indignación [e] ira. Había existido un deseo unánime de paz, y la paz se había logrado, pero en medio de la tranquilidad, el sentimiento del honor luchaba por hacerse valer de nuevo. Como nos afectaba de lleno, pudimos desentrañar la profundidad del abismo al que nos habían arrojado, y medir la diferencia que existía entre el gigante que habíamos perdido y el hombre que ocupó su lugar. Enormes errores, sin duda, habían ... provocado el final de este poderoso reinado, pero le habían acompañado grandes esperanzas y un futuro prometedor, mientras que los que ahora estaban en su lugar no ofrecían ni seguridad ni esperanza. Nadie se aventuró a esperar nada de una familia ... que, como dijo Napoleón, en veinticinco años de merecida desgracia, no habían aprendido nada ni olvidado nada. Insultaban al ejército, separaban del servicio a todos los oficiales respetables, arrabatan todo lo que podía arrebataban a una nación que ya estaba arruinada. Mucho menos habría significado la ruina de Napoleón cuando estaba en lo más alto de su poder y fama. [21]

Si los veteranos de la *grande armée* destacaban por gruñones, no eran, ni mucho menos, los únicos. En 1814 los Borbones no parecían tan mala opción, pero en ese momento las percepciones eran diferentes. En contraste con las opiniones moderadas que Luis XVIII había vertido en 1813, muchos oficiales eran despedidos, se trataba a la Iglesia con gran deferencia y se favorecía a la nobleza sobre la burguesía. Muchas personas destacadas estaban descontentas, sobre todo a medida que comenzaban a circular historias que decían que los *biens nationaux* podrían ser devueltos a sus anteriores propietarios. Estas políticas tampoco hicieron nada para tranquilizar a los liberales comprometidos, un grupo que ya se había sentido ofendido por los defectos de la constitución redactada por el Senado en abril de 1814. Al campesinado también le preocupaban estas tierras que habían adquirido durante la Revolución, además de temer por la vuelta de los diezmos y el resto de deberes feudales. Por último, afectados por la depresión de la posguerra y la entrada de productos británicos baratos, los trabajadores de la industria estaban sufriendo un grave desempleo, y en consecuencia echaban de menos el paternalismo que les había protegido durante el imperio, aunque fuera de manera imperfecta.

Todo esto animaba a Napoleón, pero al final de 1814 había otros temas que le empujaban a actuar. Dejando a un lado el impago al antiguo emperador, por parte del gobierno francés, de la pensión que se había acordado que recibiría, siempre hubo quien pensó que Elba era un lugar no solamente generoso para un exilio, sino bastante imprudente. Tanto Francisco I como Metternich se habían opuesto violentamente a estos planes, sobre todo teniendo en cuenta que el tratado de Fontainebleau también otorgaba a María Luisa y a su hijo el cercano Gran Ducado de Toscana. También Castlereagh estaba muy preocupado, mientras que sir Charles Stewart se preguntaba «si Napoleón no llevaría ... pólvora a las minas de hierro por las que la isla de Elba es tan famosa».[22] Según fuentes cercanas a Bonaparte, de esta insatisfaccción surgió una firme determinación de asesinarle. Es difícil decir si algo de esto era cierto, pero al comienzo de 1815 la residencia de Napoleón estaba paralizada por el pánico. «La gente temía por la integridad del emperador —escribía su ayudante de cámara, Marchand—, la noticias que llegaban de Viena, vía Livorno y Nápoles, no eran muy tranquilizadoras ... Se hablaba de Santa Elena ... Al comandante de la armada Chautard se le ordenó tener a una persona vigilando... los barcos que pasaban cerca de Elba ... Se tomaron medidas de defensa para las puertas exteriores.»[23] Después de Waterloo, Napoleón afirmó que había sido todo esto lo que le había empujado a actuar como lo hizo, pero los escépticos se ven obligados a tener en cuenta, primero: que Elba era un reino muy pequeño para un soberano con la energía de Napoleón, y, segundo: que el optimismo que le había sustentado en 1813 y 1814 había empezado a apoderarse de él una vez más. «El emperador sabía ... que, aparte de unos miles de intrigantes, la nación entera permanecía unida a él en espíritu, opinión y corazón, de la misma manera que seguían apegados a los principios de la soberanía nacional y el honor francés; que solo se había sometido a la necesidad impuesta por sus enemigos y el nuevo Judas, [y] que de 30 millones de habitantes, 29 millones y medio mantenían viva en sus corazones la esperanza de derrocar a los príncipes.»[24] ¿Y no habían estado sus enemigos a punto de llegar a las manos?

Sea cual fuere la verdad, en febrero de 1815 había decidido escapar. Visto objetivamente, las posibilidades de éxito eran escasas —de hecho, se ha llegado a afirmar que toda esta aventura fue provocada en un intento de asegurarse de que «el monstruo» fuera encadenado en un lugar de exilio lejos de Europa—, pero el 26 de febrero Napoleón zarpó de Elba con todo su ejército, compuesto de 750 hombres. Y aquí comenzó la más extraordinaria aventura del periodo revolucionario y napoleónico. Desembarcó el 1 de marzo cerca de Fréjus, y pronto estaba en marcha hacia París vía Grenoble. Las tropas que se enviaban contra él cambiaban de bando rápidamente, e incluso en zonas que quedaban bastante lejos de su magnética presencia las guarniciones anunciaron que no lucharían contra él. En la ciudad oriental de Toul, por ejemplo, el mariscal Oudinot se reunió con sus oficiales:

> No mucho después, una triple fila de oficiales se apelotonaba en nuestra habitación formando un círculo con el mariscal en el centro. Él esperó en silencio a que todos hubieran ocupado sus lugares y entonces se expresó más o menos en los siguientes términos: «Caballeros, en las circunstancias en las que nos encontramos, deseo hacer un llamamiento a vuestra lealtad. Estamos marchando bajo escarapela blanca. Pasaré revista mañana antes de nuestra partida; ¿con qué grito responderéis vosotros y vuestros hombres a mi "¡Larga vida al Rey!"?». A estas palabras le siguió el más absoluto silencio. Nunca había presenciado algo tan impresionante ... Vi que la tormenta estaba punto de estallar; cada segundo duraba un siglo. Por fin, el mariscal dijo: «¿Y bien, caballeros?». Entonces, un hombre joven de un rango inferior dio un paso adelante y dijo: «Señor Mariscal, me siento obligado a decirle, y nadie aquí podrá contradecirme, que cuando grite "¡Larga vida al Rey!" nuestros hombres, y nosotros con ellos, responderemos: "¡Larga vida al emperador!"».[25]

En el intento de levantar el ánimo de las guarniciones de Lyon, el mariscal Macdonald tuvo una experiencia similar:

> Estaba muy entusiasmado. Terminé mi discurso diciendo que tenía una opinión inmejorable acerca de su fidelidad y sus sentimientos patrióticos como para pensar que rechazarían hacer lo que yo había hecho, que nunca les había engañado y que me seguirían por la senda del honor y el deber; la única garantía que les pedí fue que se unieran a mí en el grito «¡Larga vida al Rey!». Lo grité varias veces, tan alto como pude. Ni uno me contestó. Mantenían un silencio sepulcral; admito que estaba desconcertado.[26]

Mientras Luis XVIII huía hacia la frontera belga, el 20 de marzo Napoleón se encontraba una vez más en la capital. Las escenas de recibimiento fueron extraordinarias: «Al menos 20.000 personas atestaban las cercanías del Pabellón de Flora, la escalera y las dependencias, adonde pensé que nunca podría llegar ... De repente reapareció Napoleón. La reacción de la multitud fue instantánea e irresistible. En cuanto le vieron el ruido fue tan ensordecedor que parecía que el techo se iba a venir abajo».[27] Tan pronto como llegó, el emperador promulgó una serie de decretos destinados a ganarse a la burguesía y a apaciguar al pueblo. Se abolieron todos los títulos feudales, se expropiaron todas las tierras de los *emigrés* y se pusieron en marcha grandes planes de obras públicas, mientras los viejos colegios electorales que habían elegido la legislatura napoleónica fueron convocados a una gran concentración en París y se les encomendó la tarea de aprobar reformas en la constitución imperial; reformas que harían posible la libertad de prensa y la existencia de un auténtico gobierno parlamentario. Al mismo tiempo se hicieron grandes esfuerzos por pintar el nuevo régimen como un periodo de paz, mientras el emperador se mofaba públicamente de la idea de la guerra y enviaba embajadores a Viena para defender su causa.

¿Había cambiado realmente el emperador? En París todo era excitación. La multitud inundaba las calles y plazas, y entre ciertos elementos de la población reinaba un entusiasmo marcial:

> La opinión pública había cambiado desde 1814. Estábamos deseosos de unirnos a las compañías de artillería que se habían formado recientemente, y hacíamos instrucción dos veces al día en los jardines de Luxemburgo. Nos invadía un ferviente deseo de ocultar todo recuerdo de nuestro pusilánime comportamiento en 1814. No solo nos animaba una pasión ciega por Napoleón. En el periodo de restauranción se había herido nuestra sensibilidad de todas las maneras posibles, y en realidad le considerábamos nuestro vengador.[28]

En el entorno del emperador había muchas y sombrías especulaciones. Hortensia de Beauharnais, por ejemplo, instaba en privado a Napoleón para que nombrara a Caulaincourt como ministro de Asuntos Exteriores, basándose en que podría ser garantía de su buena fe y así mantener la paz que Francia tanto necesitaba. Sin embargo, el emperador no hizo caso: Caulaincourt «favorecía demasiado a los extranjeros» y Hortensia solo era una mujer que no debía preocuparse por la política. Poco después, Hortensia coincidió con Caulaincourt, le confesó sus miedos y le rogó que actuara. «Todo el mundo sabe que eres el único que siempre ha estado del lado de la paz ante el emperador, Tu consejo es ahora más necesario que nunca. Debes oponerte a las intenciones de nuevas conquistas con todas tus fuerzas.» «Estoy seguro de que tienes razón —contestó Caulaincourt— pero ¿qué puedo hacer si el emperador no ha cambiado y decide que quiere recuperar Bélgica?» «Dios mío, ¿pero ya está hablando de esto?» «No, pero me preocupa que se le haya recibido con tanto entusiasmo. Un poco de resistencia habría sido mejor. ¿Cómo no va a sentir un hombre que es capaz de cualquier cosa después de tal recibimiento?»[29] Y esto no acababa aquí, porque Napoleón mostraba el mismo tipo de delirios que tenía en 1813 y 1814. «El emperador ... estaba convencido de que, en lo relativo a los territorios del Imperio, la gente, moldeada durante diez años por instituciones parecidas a la nuestra, mantendría buenas relaciones con Francia y que sus necesidades y deseos compartidos harían que las decisiones de sus gobernantes fueran completamente irrelevantes.»[30]

En muy poco tiempo, sin embargo, habían quedado claras muchas cosas. La primera de ellas era que la guerra era algo inevitable: en cuanto los aliados se enteraron de que Napoleón había escapado, movilizaron a sus ejércitos, le declararon fugitivo, establecieron una nueva coalición —la séptima— y se prometieron hacer la guerra al emperador hasta que fuera finalmente derrocado. No se perdió ni un momento. Al recibir la noticia de que Napoléon había desaparecido de Elba, muy temprano en la mañana del 7 de marzo, Metternich se apresuró a reunirse con el emperador Francisco:

> Antes de las ocho estaba con el emperador. Leyó el parte y me dijo tranquilamente ... «Parece que Napoleón quiere jugar a ser aventurero: eso es asunto suyo; el nuestro es garantizar la paz que ha perturbado durante años. Ve sin tardanza al Emperador de Rusia y al Rey de Prusia y diles que estoy preparado para mandar a mi ejército marchar de vuelta a Francia. No dudo que ambos monarcas estarán de acuerdo conmigo.» A las ocho y cuarto estaba con el emperador Alejandro, que me despidió con las mismas palabras que había usado el emperador Francisco. A las ocho y media recibí una declaración similar de boca del Rey Federico

> Guillermo III ... De modo que la guerra estaba decidida en menos de una hora.[31]

La ira de los aliados era tal que Eugenio de Beauharnais, que se había refugiado en Viena en 1814, se salvó de ser encarcelado en una remota fortaleza gracias a la intercesión de su suegro, el rey de Baviera. Por lo que respecta a los enviados de Napoleón, todos eran enviados de vuelta a París.

Si Napoleón era rechazado en Viena, las cosas no le iban mucho mejor en casa. Un grupo de dignatarios superiores del imperio se habían unido a él, cierto; pero aparte de esto no hubo respuesta ninguna. La nueva constitución era, en general, despreciada por la gente culta. «Nadie vio en esta asociación de un régimen antiguo con uno nuevo nada más que una concesión forzada por las circunstancias y un modo de restablecer el poder absoluto en el futuro. Al mismo tiempo, las ... ponzoñosas críticas de un cierto número de iracundos escritores crearon una violenta oposición», recordó Hortensia de Beauharnais.[32] «Se criticaba y censuraba abiertamente», escribía el cirujano parisino Poumiès de la Siboutie. La gran asamblea de electores ante la que se presentó el 1 de junio no lo recibió con mucho entusiasmo. Citando al observador anterior: «Me formé la opinión de que la asamblea no estaba dispuesta favorablemente hacia el emperador. Llegó muy tarde. Cuando por fin apareció, la multitud subió el tono de sus gritos: "¡Viva Francia! ¡Viva la nación!" Apenas se distinguían unos cuantos gritos débiles de "¡Viva el emperador!" ... Todo el mundo reparó en su cambio de aspecto. Se le veía más corpulento, y su gruesa cara estaba pálida y cansada, aunque su presencia todavía imponía».[33] Como admitieron incluso los bonapartistas más acérrimos, su antiguo carisma había desaparecido. Al verle en esta ocasión, Thiébault quedó profundamente impresionado: «Su cara ... había perdido la expresión y toda su contundente personalidad; la boca, fruncida, estaba vacía de todo su antiguo encanto; ni la cabeza conservaba la pose que solía caracterizar al conquistador del mundo; y su modo de andar era tan desconcertante como lo eran su comportamiento y sus gestos. Todo en él parecía haber perdido su natural y estar destrozado; la habitual palidez de su piel había sido sustituida por un matiz verdoso muy pronunciado».[34] Incluso la respuesta del ejército era muda: «Le trajeron las águilas para que las distribuyera al ejército y la Guardia Nacional. Con su estentórea voz, les gritó: "¡Jurad que defenderéis vuestras águilas! ¿Lo juráis?" Pero no hicieron la promesa con muchas ganas. Había poco entusiasmo: los gritos no eran como los de Austerlitz o Wagram, el emperador lo percibió».[35] En cuanto a las milicias populares —los llamados *fédérés*— que comenzaron a aparecer en las ciudades y en los pueblos grandes con el objetivo de luchar contra la monarquía, no consiguieron llegar más que a las clases pobres de las ciudades y a la pequeña burguesía, y daban muestras de una considerable ambivalencia hacia el régimen, inspirando poca confianza. En las palabras de una conocida canción popular que circulaba en aquel momento: «Zapateros, dejad vuestros zapatos; carboneros, venid y uníos a nosotros. Si viene el enemigo, al menos no encontrarán un solo blanco.»[36]

Resumiendo, Napoleón estaba en una situación desesperada. Decidido a reclutar un gran ejército, ya no podía contar con el consentimiento que había hecho posible el éxito de las levas en los años anteriores. Por el contrario, en muchos lugares de Francia, las personas importantes que eran el eje del gobierno local se mostraron especialmente poco cooperativas ante la puesta en práctica del régimen tributario y los reclutamientos. Frente a esta situación, el ministro del Interior, Lazare Carnot —el «arquitecto de la victoria» en 1793— despidió a un gran número de oficiales e intentó sustituirlos por hombres leales al régimen, pero se dio cuenta de que había pocas alternativas dignas de confianza. «Como era claramente necesario, hubo muchos cambios en los nombramientos de los prefectos, pero los favoritismos combinaron muchas elecciones incorrectas con algunas buenas. Se nombró a muchos hombres jóvenes que eran fervientes entusiastas, pero que no inspiraban mucha confianza. Por todos lados se proclamaba que debía prevalecer la ley, e incluso la mayoría de los comisionados especiales del emperador a los que se envió a los departamentos de toda Francia despidieron a los subordinados con el fin de dejar sitio para los hombres que habían sido nombrados previamente o para aquellos que en el pasado habían dado pruebas de patriotismo. Esta forma de proceder no solamente entorpecía las operaciones comerciales oficiales ... sino que aumentaba aún más el número de descontentos.»[37] En cuanto a las clases bajas, en algunas zonas hubo muestras de apoyo popular a Napoleón: en Metz, por ejemplo, una muchedumbre enfurecida asedió los cuarteles generales del gobernador e izó la bandera tricolor en la torre de la catedral; en Nevers echaron al gobernador de la ciudad cuando intentó tomarla para Luis XVIII; y en Grenoble, Lyon y, por último, París, Napoleón había sido recibido por multitudes que le alentaban.

Sin embargo, si bien tales acontecimientos eran indicativos de diferentes sentimientos, en Francia como un todo era otro asunto, porque se hallaban con más facilidad bien en distritos arrasados por el enemigo en 1814 o bien en lugares que tenían razones concretas para recordar el imperio con gratitud. Si los habitantes de Lyon entraron en acción con fuerza para dar la bienvenida a Napoleón fue en parte porque él había protegido sistemáticamente la industria de la seda de la ciudad, del mismo modo que París se había visto constantemente favorecida. En el resto de ciudades las cosas eran muy diferentes. Desde muchos lugares del país llegaban informes sobre desórdenes y deserciones ante los reclutamientos, y la Vendée estalló en una nueva revuelta. En el norte, profundamente católico, Luis XVIII, en su huida, fue recibido en ciudades como Lille por multitud de habitantes que le rogaban que no abandonara Francia. En Marsella, lady Bessborough, a quien los Cien Días la habían pillado de vacaciones en Francia, daba parte de que las noticias sobre el desembarco de Napoleón habían provocado «fuertes disensiones entre los soldados y el pueblo».[38] «Incluso en nuestro pacífico valle de Saulx —escribía Madame Oudinot— la población se estaba volviendo suspicaz y hostil ... El emperador no puede haber conservado por mucho tiempo sus ilusiones sobre las oportunidades de poder que le quedaban, porque en 1815 traerle de Elba era un deseo del ejército más que de la nación.»[39] No fue una sorpresa, por lo tanto, que los aliados estuvieran bastante confiados. Como Castlereagh escribió a sir Charles Stewart el 26 de marzo de 1815:

> Los informes recibidos hoy hablan favorablemente del sentimiento general en los departamentos occidentales y [anuncian] que están tomando forma movimientos que apoyan la causa del rey. El Sur también se muestra extremadamente favorable. En caso de confirmarse estos informes, podemos esperar que Bonaparte no sea capaz de obtener ni hombres ni dinero más allá del Loira.[40]

El entusiasmo popular por Napoleón en 1815 se limitaba en gran parte, por tanto, a los más allegados. Como llegó a decir el entuasiasta bonapartista Lavallette: «El deseo de tener a Napoleón era menos insistente que el de deshacerse de los Borbones».[41] En cuanto hubo una nueva guerra en ciernes, el entusiasmo cayó, En estas circunstancias no ayudaba lo más mínimo que José y Jerónimo aparecieran una vez más en París. «Se temía —escribía Hortensia de Beauharnais— que todavía tuvieran pretensiones acerca de sus antiguos reinos y se creía que no costaría nada a Francia conseguirlos de nuevo.»[42] En tales circunstancias era sorprendente que Napoleón tuviera éxito a la hora de reclutar un nuevo ejército pero, para muchos veteranos de la *grande armée,* las águilas seguían representando la única vida que conocían, y lo mismo le ocurría a los 200.000 hombres a quienes Luis XVIII había tomado a su servicio en 1814. Como consecuencia, a principios de mayo al menos 280.000 hombres que formaban parte de las tropas regulares se hallaban disponibles para el servicio, muchos de los cuales eran curtidos veteranos tan leales al emperador como entusiastas sobre su regreso. Como los oficiales británicos descubrirían más tarde, se mantendrían desafiantes incluso en la derrota:

> Los franceses heridos estaban casi todos en los hospitales de la ciudad o en las casas cuyos propietarios habían mostrado cierta tibieza en aquella contienda. Su grito constante era, y todavía es, «Vive l'Empereur!». Algunos de los que trajeron del campo de batalla el otro día, muy débiles por la pérdida de sangre y la falta de alimento, proferían la misma exclamación. Luis XVIII envio a un oficial el otro día a preguntar si necesitaban algo y a ofrecer ayuda a los que la requirieran. Visitó cada uno de los hospitales, pero creo que no pudo convencer a ninguno para que aceptara su ayuda en nombre del soberano. Solo tenían un rey.[43]

Como poco, Napoleón estaba en posición de oponer resistencia. Con relativamente pocas tropas aliadas dispuestas a tomar el campo, el emperador podía esperar la invasión masiva que la Séptima Coalición prepararía sin duda en cuanto reuniera suficientes hombres, o bien tomar la ofensiva y asegurarse una victoria dramática que podría darle tiempo para que su régimen consolidara su dominio sobre Francia o incluso frustrara la resolución de sus enemigos. Enfrentado a tal elección, el emperador no dudó. Tampoco le llevó mucho tiempo descubrir que los objetivos en los que debía centrarse eran el ejército inglés-holandés-alemán del duque de Wellington y el ejército imperial del mariscal de campo Blücher, ambos acantonados en el sur de Bélgica. La tentación era tan grande como malas eran las relaciones entre los dos líderes. Habían tenido amargas discrepancias al respecto de quién debería tomar el mando de los contingentes alemanes que se habían enviado a Bélgica y la calidad de las tropas no era especialmente buena. Incluso las tropas británicas de Wellington estaban en gran parte compuestas por soldados novatos: «El ejército británico en Bélgica no es numeroso ... Una considerable proporción del ejército ... se compone de jóvenes que nunca antes han estado de servicio».[44] Los holandeses, belgas y alemanes bajo las órdenes de Wellington eran, en su mayor parte, no solo igual de poco experimentados, sino también particularmente poco entusiastas. Según el oficial del regimiento de Rifles John Kincaid: «Nuestras tropas auxiliares extranjeras, que constituían más de la mitad de nuestra fuerza numérica eran, salvo algunas excepciones, poco mejores que un ejército novato: un cuerpo sin alma».[45] Y, por último, Blücher debía enfrentarse al absoluto rechazo de los muchos regimientos sajones que se habían incorporado a la fuerza en las filas prusianas. Entre los visitantes a su cuartel general se encontraba un oficial británico que le traía unos despachos de Wellington: «Era el momento en el que las tropas sajonas se habían amotinado porque Blücher quería integrarlas en las divisiones del ejército prusiano en lugar de dejarles actuar en una unidad propia, debido a que no tenía gran opinión de ellas. Les molesté, [y por eso] se amotinaron y obligaron a Blücher a abandonar Lieja y retirarse al pueblo en el que le encontré ... Blücher desarmó a los sajones amotinados y les envío a la retaguardia».[46]

Volvamos con el emperador: a principios de junio Napoleón estaba concentrando todas las tropas que su coraje le permitía en la frontera belga. Su plan era llegar a una posición entre Wellington y Blücher, obligarles a separarse y derrotarles por separado. Sin embargo, los primeros disparos en la guerra de la Séptima Coalición no fueron disparados por sus tropas mientras cruzaban la frontera belga al sur de Charleroi el 15 de junio, puesto que por entonces ya había comenzado la lucha en Italia. Allí Murat se había sentido cada vez más acorralado, dado que el gobierno de Fernando IV, en los meses transcurridos desde la abdicación de Napoleón, se había dedicado a hostigarle todo lo que podían. Se enviaron grupos irregulares desde Sicilia para formar el núcleo de una nueva revuelta en Calabria; los hábitos tradicionales en las migraciones de trabajo se explotaron como modo de extender la desafección en todo el territorio y se hizo todo lo posible por facilitar las operaciones de los numerosos contrabandistas que actuaban en las costas del sur de Italia. Murat se enteró del plan de Metternich para deponerle, y esto fue la gota que colmó el vaso. Movilizando a su ejército, proclamó una guerra de liberación italiana y marchó hacia el norte para atacar a los austriacos. Éstos, no obstante, se encontraban preparados: como se había prometido que a cualquier hombre que llegara al campamento austriaco se le concederían tierras, un gran número de soldados napolitanos desertó, y entre el 1 y el 2 de mayo Murat fue derrotado en Tolentino. Tal como Bentick había descubierto, el nacionalismo italiano estaba en pañales y se trataba de un arma que a Murat, simplemente, no le era de ninguna utilidad. Entre los miembros de la elite que habían servido en la administración napoleónica, el nuevo embajador británico en la Toscana, lord Burghersh, reconoció que había mucho apoyo para conseguir una Italia unificada: «En Toscana, pertenecer a un ejército que puede contar con unos 3.000 o 4.000 hombres no es algo que pueda hacer que un hombre se sienta orgulloso; el servicio requerido por el gobierno es una cantidad necesariamente tan pequeña y ... las recompensas tan limitadas que ni la ambición de los ricos ni la escasez de los pobres con talento encontrará su recompensa en el hecho de entregarse al servicio de su país». Pero el pueblo considerado en bloque era otro asunto. Dondequiera que habían aparecido los austriacos, admitía Burghersh, «el modo en que se han comportado tanto sus oficiales como sus soldados, así como los exagerados impuestos obtenidos por los generales, han contribuido a la insatisfacción general y me temo que han alejado de ellos las mentes de los italianos». Pero esto no era equiparable al nacionalismo. Continuaba como sigue:

> La gloria que evoca el nombre de la vieja Italia despertaría algún fervor en determinados sectores de las clases bajas. Sin embargo, se limitaría a aquellos que no soportan a las tropas alemanas. Estoy convencido de que, tratándose de los habitantes de Italia, ninguna medida dañina sería más dañina o impopular que la conversión del país en un reino. Los diferentes estados en los que ha estado tanto tiempo dividida han provocado un distanciamiento en los sentimientos e intereses de la gente. Los habitantes de ningún otro país llegan a odiarse tanto como los de los estados vecinos en Italia ... La gente está, además, muy apegada a sus diferentes capitales. Se vanaglorian de los privilegios de los que disfrutan, y los habitantes de Nápoles, Roma y Florencia no estarían dispuestos, ni mucho menos, a ver sus ciudades reducidas al rango de capitales de provincia. Con sentimientos como los que he descrito, el proyecto de un

> reino italiano ... podría llegar a hacerse realidad, pero dudo que fuera popular entre la población: los detalles secundarios encontrarían grandes dificultades.[47]

Para demostrar este punto, basta con concluir la historia de Joaquín Murat. Aventurero hasta el final, se escapó de Tolentino y fue al exilio en Francia. En octubre de 1815 desembarcó en Calabria con un puñado de seguidores y en el mercado de Pizzo proclamó de nuevo una cruzada por una Italia unida. Inicialmente, obtuvo la estupefacción por respuesta —la gente no parecía tener la menor idea de lo que quería decir— pero entonces una anciana lo reconoció. Gritando que le habían matado a cuatro de sus hijos, cayó sobre él golpeándole con los puños, y no sin grandes dificultades Murat pudo escapar de ser linchado allí mismo.

En unas horas se le había formado consejo de guerra y se le había ejecutado. Tan pronto como comenzó la contienda en Bélgica, los sueños del emperador se mostraban igual de vacíos. A pesar de una serie de errores insólitos por parte de Wellington, el 16 de junio Napoleón no pudo derrotar a ninguno de los dos ejércitos que se enfrentaban a él en las batallas gemelas de Ligny y Quatre Bras. En primera instancia, fue el resultado del trabajo defectuoso del estado mayor y de la estupidez del comandante del ala izquierda francesa, el mariscal Ney. Aunque Napoleón también tuvo su parte de culpa: sus órdenes no solo podían haber sido más claras sino que Ney, nunca lúcido cuando más se le necesitaba, no regía muy bien desde la retirada de Moscú y nunca se le debería haber dado un mando independiente. Tras el 16 de junio, la situación del ejército francés se convirtió en algo todavía más grave. Debido a una serie de equivocos y posiblemente a una nueva racha de mala salud de Napoleón, los franceses no supieron aprovecharse de las ventajas que habían obtenido y permitieron a los dos ejércitos aliados retirarse hacia Bruselas por caminos paralelos que les conducían a Waterloo y a Wavre. Al llegar a Waterloo —o más bien a una colina prominente conocida como Mont Saint Jean que cruza la ruta principal de Bruselas a Charleroi a unos cinco kilómetros al sur—, Wellington volvió a la lucha, de modo que estaba listo el escenario para la que se convirtió en la batalla decisiva de la campaña.

Si Wellington había cometido errores graves al comienzo de la campaña, en ese momento los compensó con creces. Consciente de las muchas deficiencias que tenían sus tropas, la posición que tomó era extremadamente fuerte. La colina que eligió como base no solamente les protegía de la artillería francesa sino que además contaba con tres importantes complejos granjeros que podía emplear como fortines. Tan bien psoicionadas estaban estas granjas que al menos una de ellas tendría que ser tomada por asalto antes de poder abrir una brecha en la línea principal de Wellington. La posición podía flanquearse al Oeste fácilmente, es cierto, pero tal movimiento habría sido en vano, ya que simplemente habría empujado a los defensores más cerca de los prusianos. Obligados a un asalto frontal como resultado, los franceses no superaban mucho en número a sus enemigos: dado que a un tercio de sus hombres se les ordenó seguir a Blücher bajo el mando del mariscal Grouchy, el emperador tenía solo 72.000 hombres frente a los 67000 de Wellington. Dicho esto, todavía podría haberse conseguido algo; el ejército de Napoleón era francamente superior al de Wellington, tenía bastantes más cañones y además luchaba con gran valor. «Aquellos de entre nosotros que habíamos sido testigos, en la Península, de acciones en la que ambas partes estaban bastante equilibradas, estuvimos de acuerdo en un punto: nunca antes habíamos visto una determinación por parte de los franceses como la que vimos aquel día», recordaba el teniente coronel John Leach, del 95 de Rifles. «Combatir bajo la mirada de Napoleón, y conscientes de lo que estaba en juego dará cuenta de su extraordinaria perseverancia y valor, y del enorme esfuerzo que hicieron por conseguir la victoria.»[48]

Sin embargo, la gallardía no era suficiente. Cuatro factores impedían la victoria táctica, que era todo lo que quedaba a estas alturas. En primer lugar, una lluvia torrencial había empapado de tal forma el campo de batalla que los primeros ataques se tuvieron que posponer para casi mediodía; en segundo lugar, la resistencia ofrecida por el ejército de Wellington era mucho mayor de lo esperado; en tercer lugar, se cometieron graves errores en el manejo de los ataques franceses; y, por último, Grouchy no pudo detener a Blücher antes de que se uniera a Wellington ni acudir en ayuda de Napoleón. Como resultado, para cuando los franceses irrumpieron, finalmente, en el centro del ejército de Wellington, hacia las seis de la tarde, un gran número de prusianos estaban atacando su flanco derecho. A la desesperada, el emperador envió ahora parte de la infantería de la Guardia Imperial. Tras atacar a algunas de las mejores tropas del ejército de Wellington, la Guardia fue rechazada y se retiró en desorden. Era el final. Completamente agotado, bajo el fuego enemigo e inquieto por los rumores de traición, el ejército francés se desintegró y Wellington ordenó un avance general. Con los prusianos presionando sobre su flanco y retaguardia y matando a todos los que encontraban en su camino, las fuerzas de Napoleón pronto se vieron abocadas a una huida desesperada a por la carretera principal. Perseguidos durante kilómetros por la caballería aliada, dejaron 25.000 heridos, aunque los aliados les seguían ligeramente por debajo, con 21.000 pérdidas. «Nunca había oído hablar de una batalla en la que todos murieran —escribía un participante— pero parecía probable, porque iban cayendo todos, unos detrás de otros ... A la mañana siguiente el campo de batalla era una carnicería aterradora: parecía que el mundo se había hecho añicos, y tres cuartos de todo cuanto existía [había sido] reducido a escombros.»[49] Es de sobra conocido lo que Blücher le dijo a Wellington cuando se encontraron: «Quelle affaire!». En la retirada del ejército francés estaba el capitán de la Guardia Coignet: «Tuvimos enormes dificultades para huir. No podíamos abrirnos camino entre la multitud asolada por el pánico. Y al llegar a Jemappes fue peor. El emperador intentó restablecer algún tipo de orden entre las tropas en retirada, pero sus esfuerzos fueron en vano. Hombres de todas las unidades de cada cuerpo forcejeaban y luchaban por avanzar por las calles del pueblecito ... Lo que más les preocupaba a todos era llegar a cruzar el pequeño puente que se había tirado sobre el río Dyle. Nada podía quedar en pie a su paso».[50]

A los franceses les pisaban los talones. A medida que los prusianos avanzaban, se comportaban con una brutalidad terrible. Citando al oficial de guardias británico Gronow:

> Nos dimos cuenta, al entrar en Francia, de que nuestros aliados prusianos habían cometido feroces atrocidades con los indefensos habitantes de los pueblos y granjas que quedaban en el camino de la línea de marcha. Antes de dejar La Belle Alliance, ya había visto la brutalidad de algunos miembros de la infantería prusiana, que cortaban a tajos a todos los cerdos y las vacas de las granjas ... En nuestra línea de marcha, cada vez que llegábamos a una ciudad o a un pueblo por el que habían pasado los prusianos, veíamos que habían destrozado gratuitamente cada uno de los muebles en las casas: espejos, camas de caoba, pinturas ... y los colchones estaban rajados y hechos trizas, medio quemados y esparcidos por todos

lados y, ante la más mínima protesta de sus desgraciados habitantes, les golpeaban de la manera más vergonzosa, y a veces les disparaban.[51]

No existía resistencia por parte de guerrillas. «Por lo que conozco a esta gente —escribía el oficial de Artillería Real a Caballo, Cavalié Mercer— parece muy dudoso que les importe un bledo quién reine. Sea como fuere, indudablemente entramos en Francia entre las aclamaciones y los saludos del pueblo ... La llegada de extranjeros atrajo una gran concurrencia de aldeanos a nuestro campamento, muchos de ellos mujeres mayores y jóvenes con cargamentos de cerezas selectas para vender ... Tampoco hemos visto ningún rastro de [enemigos], y el campesinado estaba apaciblemente ocupado en sus tareas como si la guerra no existiera.»[52]

Aquí y allá persistían algunas escaramuzas menores, pero para Napoleón estaba todo perdido y, en uno de sus pocos momentos realistas, el 22 de junio abdicó por segunda vez. Siguieron varias semanas de confusión en las que ni el emperador ni el gobierno provisional que se había formado en París parecían saber qué hacer. Pero el 15 de julio Napoleón se rindió finalmente a los británicos en Rochefort con la esperanza de ser capaz de persuadirles de que le trataran con indulgencia. En el este, mientras tanto, seis ejércitos aliados cruzaban la frontera ante escasos brotes de resistencia aislados. Desesperado por poner fin a la contienda, el gobierno provisional hizo un llamamiento a la paz, pero los aliados insistieron en presionar hasta capturar París, que cayó el 7 de julio sin que los tan cacareados *fédérés* disparasen un tiro: «La buena gente de París comenzó a salir de la ciudad y a mezclarse con nosotros como si no hubiera pasado nada ... Llegaron a nuestro campamento todo tipo de refrigerios: era ciertamente impresionante ver la confianza que los habitantes depositaban en nosotros».[53] Unas cuantas plazas fuertes acérrimas se habían mantenido durante el verano —la última, Montmédy, no se rindió hasta el 13 de septiembre—, pero las guerras napoleónicas llegaban a su fin.

Queda poco que contar. Ajeno al regreso de Napoleón, el proceso de paz había continuado en Viena, siendo el tema fundamental la organización de la confederación que, según se había decidido, ocuparía el lugar del Rheinbund creado por Napoleón. Cuando acabó la batalla de Waterloo, el acta final del acuerdo ya tenía diez días. En cuanto a Francia, a Napoleón se le envió a la lejana Santa Elena hasta el final de sus días y Luis XVIII fue obligado a aceptar un nuevo acuerdo de paz que despojaba a su país de cierto número de distritos fronterizos estratégicos —la frontera general que se adoptó fue la de 1790—, con lo que Francia quedó privada temporalmente de algunas fortalezas importantes, fue forzada a devolver muchas obras de arte, le impusieron el pago de una indemnización de 700 millones de francos y la sometieron a ocupación militar. En cuanto a las grandes potencias, el 20 de noviembre de 1815 Gran Bretaña, Rusia, Prusia y Austria entraron en la llamada Cuádruple Alianza, en la cual se comprometían a mantener la paz con Francia y a organizar regularmente reuniones para asegurar que no estallaría una guerra de nuevo. Incluso antes de esto, Rusia, Prusia y Austria habían firmado la bastante mal entendida Santa Alianza, un acuerdo cuyo punto clave no era tanto machacar la revolución allá donde levantara la cabeza, sino promover la estabilidad internacional. Sobre esto, Metternich, que lo observaba con bastante desprecio, es muy claro: «No fue necesario un examen muy exhaustivo por mi parte para ver que tal documento no era más que una aspiración filantrópica envuelta en un atuendo religioso que no proporcionaba material para un tratado entre las potencias ... La prueba irrefutable de la exactitud de tal afirmación se halla en el hecho de que nunca antes se había hecho mención a la Santa Alianza entre los gabinetes; de hecho ni siquiera podía mencionarse ... La Santa Alianza no era una institución que negara los derechos del pueblo [o] promoviera el absolutismo o cualquier otra forma de tiranía. Solo era la plasmación del sentimiento piadoso del emperador Alejandro y la aplicación a la política de los principios cristianos».[54]

Aunque el acuerdo de paz resultante de las guerras francesas se había criticado a menudo, no era ni mucho menos un desastre legendario, y menos aún si se valora dentro del contexto mundial tal y como se entendía en 1815. Indudablemente cubría las preocupaciones sobre seguridad de las grandes potencias con respecto a Francia: «Como el tratado ya está formulado —escribía Castlereagh— sobre todo en lo relativo a la exclusión de la familia de Bonaparte, creo que le dará un gran *appui* al Rey ... También hará que los jacobinos —en realidad la nación entera- sientan que no pueden actuar de nuevo ... sin estar comprometidos con toda Europa, y lanzando un millón de hombres armados sobre su país».[55] No se hizo ningún intento de atrasar el reloj hasta 1789, y si bien se hicieron muchos cambios territoriales, pocos fueron inaceptables para las poblaciones afectadas, ya que, fuera de Francia, el nacionalismo como fuerza política estaba en pañales. Por la misma razón no hubo grandes protestas en Alemania e Italia ante el fracaso del acuerdo de Viena al tratar el tema de la unidad nacional, e incluso en la Polonia dividida el tema no era tanto la ininterrumpida dominación extranjera sino el modo en que se ejercía tal dominación. Al mismo tiempo, también las nuevas fronteras estaban, en conjunto, sumamente justificadas. Tal como comentó Paul Schroeder, la Europa surgida de Viena era bastante más estable que la de 1918 o 1945, así que mejor no hablar de acuerdos de paz generales anteriores. Implícito en las decisiones del congreso se hallaba el reconocimiento fundamental de que las potencias de Europa ya no podían involucrarse en las interminables guerras dinásticas del siglo XVIII: la apuesta era demasiado fuerte y había mucho que perder. La consigna del congreso, de hecho, no era la reacción, sino más bien la paz, y con una cantidad que oscila entre cinco y siete millones de muertes en las guerras napoleónicas, no queda más que dar gracias a Dios por tal actitud.

¿Pero cómo valoraremos el papel de las guerras napoleónicas en la historia europea? El efecto más obvio fue político. Mientras que el conflicto no dio lugar ni al liberalismo ni al nacionalismo como fuerzas políticas, sí aceleró su desarrollo, como atestiguan las constituciones de naturaleza apreciablemente moderna que se habían promulgado en España, Sicilia y Suecia, y los movimientos nacionales que surgieron en Alemania, Italia, Serbia, Grecia y Polonia. Además, las hazañas de los oficiales se sacaban a colación frecuentemente en el discurso del día, mientras la retocada imagen de Napoleón Bonaparte se convertiría en un faro constante para todos los que soñaban con la gloria, estaban excluidos del sistema de la Restauración o les alcanzó verdaderamente el fuego de la ideología de liberación. Los movimientos políticos progresistas estaban convencidos de que para vencer la causa de la reacción bastaba con que la gente tomara las barricadas, de modo que 1815 parece el amanecer de una etapa de confusión. A este fermento político se unió el desarrollo económico. Gracias a las guerras francesas, los centros dominantes del comercio y la manufactura pasaron, a la fuerza, del litoral marítimo a zonas localizadas tierra adentro tales como Sajonia y el Ruhr. Con los puertos bloqueados por los británicos, se podría decir incluso que la Europa continental pasó del comercio a la industria, cuando ciertamente la era de paz relativa que siguió fue lo que permitió sacar el máximo partido a las considerables ventajas económicas. El cambio, por tanto, parecía muy probable, y sin embargo el acuerdo de Viena se asentaba en el mismo estado de cosas que en 1815, dando por sentado que serían siempre así. Resumiendo, la estabilidad que traía consigo el acuerdo de Viena era solo aparente; los factores que evitaron un conflicto general durante tanto tiempo fueron, primero, la asociación de guerra con revolución y, segundo, el coste político, social y económico de mantener ejércitos del tamaño de los que habían luchado en Wagram, Borodino y Leipzig.

Si Europa encaraba ahora una época de inestabilidad, lo hacía como entidad completamente diferente a la que había sido en 1803. En la periferia del continente, Suecia había perdido su larga lucha con Rusia por el control del Báltico y, literalmente, había sido empujada fuera de la línea central de relaciones internacionales; a España se le había despojado de la mayor parte de su imperio y había quedado en bancarrota; Dinamarca y Holanda habían sido neutralizadas como potencias navales; y el Imperio Otomano estaba sujeto a una serie de desafíos que se puede decir que lo habían puesto en camino hacia la desintegración final. Otro perdedor había sido Austria, que no solo se había visto despojada del control que había disfrutado sobre Alemania durante la existencia del Sacro Imperio Romano, sino que también se había revelado como un estado demasiado débil para hacer realidad sus pretensiones. Gran Bretaña, Prusia y Rusia, por el contrario, habían salido bastante reforzadas, la primera por la adquisición de nuevas colonias, la extensión de su dominio a la India y la confirmación de su superioridad naval; la segunda por la adquisición de territorios en Alemania occidental y Sajonia, que la convertían en motor de la industria alemana; y la tercera por la expansión de su poder no solo hacia el oeste sino también hacia el sureste, hacia las fronteras de Asia central. Toda esta situación fue el germen de nuevas luchas —entre Gran Bretaña y Rusia en Afganistán y entre Prusia y Austria en Alemania—, pero el cambio más dramático de todos lo hallamos en la posición de Francia. En 1800, como en 1700, había sido la mayor potencia en Europa continental, pero con Napoleón se había puesto a prueba hasta llegar a la destrucción. Y nunca volvió a ponerse en cabeza. Dado que el cambio social y económico del que hemos hablado anteriormente comenzó a hacerse patente, Francia se deslizó aún más abajo desde la cima de poder que había ocupado en 1807.

Pero no todo era culpa de Napoleón. Su responsabilidad, por ejemplo, en el descenso de la tasa de natalidad que Francia experimentó en el siglo XIX es, cuanto menos, incierta. Sin embargo, es un buen momento para considerar de nuevo la pregunta que abría este libro. ¿Fue la guerra lo único que aportó el emperador? En cierto modo, por supuesto, esta pregunta debe contestarse afirmativamente. Como este autor ya ha comentado, las guerras que asolaron Europa entre 1803 y 1815 fueron verdaderamente «napoleónicas». Una y otra vez fue Napoleón quien forzó a otras potencias a ir a la guerra con Francia, tomó la iniciativa de atacarlas, se involucró en acciones que hicieron aumentar el número de enemigos y las oportunidades de guerra en nuevos escenarios de conflicto o rechazó la posibilidad de un compromiso de paz. Decir que en cualquier momento podría haberse garantizado la paz cediendo ante Napoleón no deja de ser cierto, pero solo habría ocurrido a costa de aceptar la legitimidad de un imperio que Europa no había visto desde los tiempos de los romanos, y de esperar que Gran Bretaña y el resto renunciaran no solo a sus más preciados intereses en la política extranjera sino también a muchas de las ideas —sobre todo las relativas al equilibrio de poder— que sustentaban la propia supervivencia del sistema de estados europeos tal como se entendía en 1800. Sin embargo, las guerras napoleónicas no deben reducirse a la figura de Napoleón. Una de las razones por las que el emperador sobrevivió tanto tiempo fue que no existía una gran cruzada ideológica contra Francia. Por el contrario, muchas de las potencias de Europa continuaban persiguiendo sus propios objetivos de la política exterior tradicional mucho tiempo después de la aparición de Napoleón como gran desafío al orden internacional desde la Revolución Francesa. Al hacer esto, Rusia, concretamente, desencadenaba una serie de campañas que, aunque íntimamente unidas a la historia de Napoleón, habrían ocurrido sin su influencia igualmente, del mismo modo que podemos decir que, aunque el primer cónsul hubiera muerto en Marengo, la primera década del siglo XIX habría sido testigo, casi con toda seguridad, de un periodo de conflictos generales de ámbito internacional. Lo que Napoleón hizo al final, sin embargo, fue plantear tal desafío a las distintas potencias que el funcionamiento normal de las relaciones internacionales tuvo que suspenderse e incluso, en última instancia, ser reconsiderado totalmente. Hubo excepciones —el principal ejemplo es la Suecia del mariscal Bernadotte—, pero al final de 1813 el interés particular nacional casi se había dejado de lado en favor de una causa común que en realidad se vio como si fuera la de toda Europa. Con la llegada de la paz se perdió ese breve momento de unidad y abnegación, pero, incluso así, la idea general de que existía una causa común no cayó en el olvido, y a partir de aquí surgió el sistema embrionario de seguridad colectiva y manejo de la crisis acordado en Viena.

Volviendo a la cita de John Holland Rose con la que comenzaba este libro, la historia de Napoleón no constituyó la historia del mundo ni de Europa entre 1803 y 1815. Dicho esto, también debe decirse, no obstante, que sí prefiguró la historia del mundo. Al final, los planes para mantener la paz desarrollados al terminar las guerras napoleónicas no funcionaron y, tras un largo periodo en que el conflicto en Europa fue tan efímero como limitado a determinados escenarios de guerra, en 1914 y de nuevo en 1939 primero Europa y después el mundo se vieron sumidos en un conflicto general. En estas guerras del siglo XX había muchos asuntos en juego, y la existencia de una historiografía casi tan copiosa como la generada por Napoleón debería servir como advertencia contra generalizaciones simplistas. Sin embargo, la situación a la que se enfrentó Europa en 1914 y 1939 era exactamente la misma que aquella a la que plantó cara en 1803, en cuanto a que existía un poder que unía un desenfrenado militarismo con recursos militares, financieros y demográficos que no podían ser igualados, a corto plazo, por ninguno de sus rivales —por una potencia que, como Napoleón, pretendía, bien desde el comienzo o bien más tarde, establecer lo que venía a ser un imperio colonial dentro de Europa—. Ante esto, la respuesta fue básicamente la misma que hubo en la era napoleónica; es decir, la creación de una gran alianza cada vez más armada, financiada y apoyada por los recursos de ultramar, pero con la llegada de la paz volvió a haber movimientos hacia la seguridad colectiva y el manejo de la crisis que solo después de 1945 se plasmaron en resultados significativos. En Europa, mientras tanto la Comunidad Europea promete ser garantía de la abolición total de la guerra entre estados, lo que nos lleva de nuevo de vuelta a Napoleón. En Santa Elena, una de sus cantinelas más frecuentes era que había querido construir una nueva Europa en la que todos sus diferentes pueblos disfrutaran de la unidad y el autogobierno, integrados en una gran confederación. Desde que el emperador perdió sus guerras y acabó, cual Prometeo, encadenado a una roca en el Atlántico Sur, es, por supuesto, imposible hacer un juicio sobre lo que podría haber ocurrido en otras circunstancias. Aunque hay mucho sobre la naturaleza de su gobierno que sugiere que habría sido imprudente tomar en serio las afirmaciones del emperador, lo que sí podemos decir con seguridad es que, presuponiendo que realmente soñara con un nuevo orden, sus sueños nunca se hicieron realidad. Porque si Napoleón ha tenido alguna influencia en la creación de la Unión Europea ha sido, de forma bastante literal, en su papel de hombre del saco.

NOTAS

INTRODUCCIÓN

1. J. H. Rose, *The Revolutionary and Napoleonic Era, 1789-1815* (Cambridge, 1907), p. 148.

2. Citado en E. Las Cases, *Mémorial de Sainte Hélène,* ed. G. Walter (París, 1956), vol. II, p. 232.

3. Citado en *ibid.*, p. 303.

4. Se prefiere el término «bloqueo continental» al de «sistema continental», y por lo tanto será la primera expresión la que se use en el resto del libro.

CAPÍTULO 1

1. Citado en P. Fleuriot de Langle (ed.), *Napoleon at St Helena: Memoirs of General Bertrand, Grand-Master of the Palace* (Londres, 1953), pp. 69-70.

2. Louis F. de Bourrienne, *Memoirs of Napoleon Bonaparte,* ed. E. Sanderson (Londres, 1903), p. 3.

3. J. A. Chaptal, *Mes Souvenirs sur Napoléon,* ed. A. Chaptal (París, 1893), p. 174.

4. E. Las Cases, *Mémorial de Sainte Hélène,* ed. G. Walter (París, 1956), vol. I, p. 83.

5. Citado en Bourrienne, *Memoirs,* p. 5.

6. Citado en A. Wilson (ed.), A *Diary of St Helena (1816-1817): the Journal of Lady Malcolm containing the Conversations of sir Pulteney Malcolm with Napoleon* (Londres, 1899), p. 87.

7. Citado en V. Cronin, *Napoleon* (Londres, 1971), p. 31.

8. P. Jones (ed.), *Napoleon: How He Did It — the Memoirs of Baron Fain, First Secretary of the Emperor's Cabinet* (San Francisco, 1998), p. 181.

9. Bourrienne, *Memoirs,* p. 5.

10. *Ibid.*

11. S. de Morsier-Kotthaus, *Memoirs of the Comtesse de Boigne* (Londres, 1956), pp. 41-2.

12. Citado en F. Masson, *Napoléon dans sa Jeunesse, 1769-1793* (París, 1907), p. 293.

13. Citado en *ibid.*, p. 297.

14. Citado en Wilson, *Diary of St Helena,* p. 88.

15. G. Duruy (ed.), *Memoirs of Barras, Member of the Directorate* (Londres, 1895), vol. I, p.143.

16. Citado en S. de Chair, *Napoleon on Napoleon: an Autobiography of the Emperor* (Londres, 1992), p. 83.

17. Bourrienne, *Memoirs,* p. 16.

18. A. F. L. de Viesse de Marmont, *Mémoires du Maréchal Marmont, Duc de Raguse, de 1792* à *1841* (París, 1857), vol. I, p. 60.

19. Duruy (ed.), *Memoirs of Barras,* vol. I, p. 161.

20. *Ibid.*, p. 312.

21. L. Junot, *Mémoires de la Duchesse d'Abrantes,* ed. G. Girard (París, 1928-30), vol. I, pp. 198-9.

22. Bourrienne, *Memoirs,* p. 18.

23. L. Aldersey White (ed.), *The Adventurous Life of Count Lavallette, Bonaparte's Aidede-Camp and Postmaster-General, by Himself* (Londres, 1936), vol. I, p. 101.

24. Citado en F. McLynn, *Napoleon: a Biography* (Londres, 1997), p. 87.

25. A. Butler (ed.), *The Memoirs of Baron Thiébault, late Lieutenant-General in the French* Army (Londres, 1896), vol. I, p. 260.

26. *Ibid.*, p. 267.

27. Bourrienne, *Memoirs,* p. 22.

28. Citado en J. Howard, *Letters and Documents of Napoleon: the Ride to Power* (Londres, 1961), vol. I, p. 33.

29. Marmont, *Mémoires,* vol. I, p. 94.

30. J. Hanoteau (ed.), *Mémoires de la Reine Hortense* (París, 1927), vol. I, pp. 41-42.

31. Duruy, *Memoirs of Barras,* vol. II, p. 78.

32. Citado en Las Cases, *Mémorial,* vol. I, p. 344.

33. Citado en *ibid.*, vol. I, pp. 749-50.

34. Duruy, *Memoirs of Barras,* vol. II, p. 89.

35. Aldersey White, *Life of Count Lavallette,* vol. I, pp. 115-16.

36. Duruy, *Memoirs of Barras,* vol. II, p. 181.

37. Marmont, *Mémoires,* vol. I, p. 86.

38. Duruy, *Memoirs of Barras,* vol. II, pp. 85-6.

39. Marmont, *Mémoires,* vol. I, p. 145.
40. Citado en Las Cases, *Mémorial,* vol. I, p. 98.
41. Citado en McLynn, *Napoleon,* p. 153.
42. Aldersey White, *Life of Count Lavallette,* p. 120.
43. A. L. G. de Staël, *Considérations sur les Principaux Evénements de la Révolution Française* (Londres, 1819), vol. II, p. 175.
44. Citado en Hanoteau, *Mémoires de la Reine Hortense,* vol. I, pp. 45-46.
45. Duruy, *Memoirs of Barras,* vol. II, p. 128.
46. Butler, *Memoirs of Baron Thiébault,* vol. I, p. 298.
47. Citado en Howard (ed.), *Letters and Documents of Napoleon,* p. 196.
48. Bourrienne, *Memoirs,* p. 55.
49. Citado en A. Schom, *Napoleon Bonaparte* (Nueva York, 1998), p. 63.
50. Citado en H. Parker, «The formation of Napoleon's personality: an exploratory essay», *French Historical Studies,* VII, N. 1 (pimavera de 1971), p. 22.
51. Citado en A. Castelot, *Napoleon* (Nueva York, 1971), pp. 90-91.
52. Citado en Parker, «The formation of Napoleon's personality», p. 22; J. Tulard, *Napoleon: the Myth of the Saviour* (Londres, 1984), p. 64.
53. Bourrienne, *Memoirs,* p. S7.
54. Junot, *Mémoires,* vol. II, pp. 95-96.
55. Staël, *Considérations,* vol. II, pp. 202-203.
56. L. J. Gohier, *Mémoires de Louis-Jerome Gohier, Président du Directoire au 18 Brumaire* (París, 1824), p. 26.
57. Citado en F. Markham, *Napoleon* (Londres, 1963), p. 58.
58. Citado en P. Jupp, *lord Grenville, 1759-1834* (Oxford, 1985), p. 208.
59. Citado en Howard, *Letters and Documents of Napoleon,* vol. I, p. 226.
60. Bourrienne, *Memoirs,* p. 68.
61. Citado en C. de Rémusat, *Mémoires de Madame de Rémusat, 1802-1808,* ed. P. de Rémusat (París, 1884), vol. I, p. 274.
62. Staël, *Considérations,* vol. I, pp. 207-208.
63. Citado en Junot, *Mémoires,* vol. II, p. 138.
64. Citado en Rémusat, *Mémoires,* vol. I, p. 273.
65. Marmont, *Mémoires,* vol. I, p. 355.
66. Aldersey White, *Life of Count Lavallette,* vol. I, p. 223.
67. A. du Casse (ed.), *Mémoires et Correspondance Politique et Militaire du Prince Eugène* (París, 1858), vol. I, p. 75.
68. P. L. Roederer, *Mémoires sur la Révolution, le Consulat et l'Empire,* ed. O. Aubry (París, 1942), p. 103.
69. Chaptal, *Souvenirs,* pp. 209-10.
70. Staël, *Considérations,* vol. II, p. 234.
71. Citado en Roederer, *Mémoires,* p. 131.
72. Gohier, *Mémoires,* vol. I, pp. 353-4.

CAPÍTULO 2

1. Citado en E. Las Cases, *Mémorial de Sainte Hélène,* ed. G. Walter (París, 1956), vol. I, p. 168.
2. J. A. Chaptal, *Mes Souvenirs sur Napoléon,* ed. A. Chaptal (París, 1893), p. 224.
3. Louis F. de Bourrienne, *Memoirs of Napoleon Bonaparte,* ed. E. Sanderson (Londres, 1903), pp. 132-3.
4. A. Thibaudeau, *Bonaparte and the Consulate,* ed. G. Fortescue (Londres, 1908), pp. 5-6.
5. A. L. G de Staël, *Considérations sur les Principaux Evénements de la Révolution Française* (Londres, 1819), vol. II, p. 267.
6. J. Hanoteau (ed.), *Mémoires de la Reine Hortense* (París, 1927), vol. I, p. 90.
7. Citado en V. Cronin, *Napoleon* (Londres, 1971), p. 278.
8. Citado en J. F. Bernard, *Talleyrand: a Biography* (Londres, 1973), p. 229.
9. Citado en conde de Rosebery (ed.), *The Wellesley Papers: the Life and Correspondence of Richard Colley Wellesley, Marquess Wellesley, 1760-1842* (Londres, 1914), vol. I, p. 123.
10. Citado en S. de Chair, *Napoleon on Napoleon: an Autobiography of the Emperor* (Londres, 1992), pp. 173-4.
11. Citado en *ibid.* p. 148.
12. Citado en K. Roider, *Baron Thugut and Austria's Response to the French Revolution* (Princeton, New Jersey, 1987), p. 129.
13. Citado en *ibid.*, p. 86.
14. Citado en W. Simon, *The Failure of the Prussian Reform Movement, 1807-1819* (Nueva York, 1971), p. 10.
15. Citado en P. Dwyer (ed.), *The Rise of Prussia, 1700-1830* (Londres, 2000), p. 247.
16. Citado en Las Cases, *Mémorial,* vol. I, p. 415.
17. Citado en K. Waliszewski, *Paul I of Russia, the Son of Catherine the Great* (Londres, 1913), p. 81.
18. Bourrienne, *Memoirs,* p. 176.
19. Citado en *ibid.*
20. H. Carnot (ed.), *Memoirs of Bertrand Barère, Chairman of the Committee of Public Safety during the Revolution* (Londres, 1896), vol. III, p. 93.
21. Citado en J. Howard, *Letters and Documents of Napoleon: the Ride to Power* (Londres, 1961), p. 437.
22. Citado en Las Cases, *Mémorial,* vol. I, p. 839.
23. Citado en M. de Klinkowstrom (ed.), *Memoirs of Prince Metternich, 1733-1815* (Londres, 1880), pp. 31, 38.
24. J. Rambaud, *Memoirs of the Comte Roger de Damas, 1787-1806* (Londres, 1913), p. 295.

25. *Ibid.*, p. 298.
26. Citado en H. Acton, *The Bourbons of Naples, 1734-1825* (Londres, 1956), p. 296.
27. Citado en *ibid.*, pp. 437-8.
28. Citado en *ibid.*, pp. 438-9.
29. Citado en *ibid.*, pp. 441-2
30. Citado en tercer conde de Malmesbury (ed.), *Diaries and Correspondence of James Harris, First Earl of Malmesbury* (Londres, 1844), vol. IV, pp. 52-53.
31. Citado en Rosebery, *The Wellesley Papers,* vol. I, p. 143.
32. Citado en P. Mackesy, *War without Victory: the Downfall of Pitt, 1799-1802* (Oxford, 1994), p. 209.
33. Citado en P. Jupp, *lord Grenville, 1759-1834* (Oxford, 1985), p. 313; véase también J. Ehrman, *The Younger Pitt, II: the Consuming Struggle* (Stanford, California, 1997), p. 558.
34. Citado en P. Ziegler, *Addington: a Life of Henry Addington, First Viscount Sidmouth* (Londres, 1965), p. 125.
35. Citado en Malmesbury, *Diaries and Correspondence,* vol. IV, p. 61.

Capítulo 3

1. Citado en E. Las Cases, *Le Mémorial de Sainte-Hélène,* ed. G. Walter (París, 1956), vol. II, p. 302.
2. J. A. Chaptal, *Mes Souvenirs sur Napoléon,* ed. A. Chaptal (París, 1893), pp. 225-256.
3. A. Thibaudeau, *Bonaparte and the Consulate,* ed. G. Fortescue (Londres, 1908), p. 168.
4. Citado en *ibid.*, p. 84.
5. Louis F. de Bourrienne, *Memoirs of Napoleon Bonaparte,* ed. E. Sanderson (Londres, 1903), p. 219.
6. Marquis de Noailles (ed.), *The Life and Memoirs of Count Molé, 1781-1855* (Londres, 1923), vol. I, pp. 148-149.
7. L. J. Gohier, *Mémoires de Louis-Jerome Gohier, Président du Directoire au 18 Brumaire* (París, 1824), vol. II, pp. 256-257. El artista inglés Joseph Farington, que conoció al primer cónsul en el transcurso de una visita a París en el otoño de 1802, dice algo parecido con respecto a su vestimenta: «Vestía de azul, mucho más sencillo que sus oficiales, lo que le daba una importancia adicional, porque la magnificencia y el esplendor de esta situación estaba marcado por el contraste, que dominaba toda esta brillante exhibición». J. Greig (ed.), *The Farington Diary* (Londres, 1923), vol. II, p. 7.
8. Citado en J. Tulard, *Napoleon: the Myth of the Saviour* (Londres, 1984), p. 134.
9. Citado en Thibaudeau, *Bonaparte and the Consulate,* p. 120.
10. Citado en *ibid.*, p. 119.

11. Duque d'Audiffret-Pasquier (ed.), *Mémoires du Chancelier Pasquier — Première Partie: Révolution, Consulat, Empire* (París, 1895-1914), vol. I, p. 151.

12. J. Fouché, *Memoirs of Joseph Fouché, Duke of Otranto, Minister of the General Police of France* (Londres, 1892), pp. 155-159.

13. Citado en D. M. Stuart, *Dearest Bess: the Life and Times of Lady Elizabeth Foster, afterwards Duchess of Devonshire, from her Unpublished Journals and Correspondence* (Londres, 1955), p. 107.

14. Chaptal, *Souvenirs,* pp. 226-227.

15. Gohier, *Mémoires,* vol. II, p. 106.

16. Noailles, *Life and Memoirs,* vol. I, pp. 79-80.

17. *Ibid.*, pp. 84-5.

18. Fouché, *Memoirs*, pp. 190-191.

19. Citado en Thibaudeau, *Bonaparte and the Consulate,* p. 130.

20. Citado en *ibid.*, pp. 266-267.

21. Citado en *ibid.*, p. 249.

22. C. de Rémusat, *Mémoires de Madame de Rémusat, 1802-1808,* ed. P. de Rémusat (París, 1884), vol. I, pp. 103-104, 181-182.

23. Chaptal, *Souvenirs,* vol. I, pp. 333-334.

24. Rémusat, *Mémoires,* vol. I, pp. 105-106.

25. Chaptal, *Souvenirs*, pp. 341-343.

26. Greig, *Farington Diary,* vol. II, pp. 54, 87. En el mismo fragmento Farington apunta: «También manifiesta sus frecuentes enfados haciendo tajos en los brazos de la silla en la que está sentado mientras se ocupa de sus cosas, rayando los márgenes del libro que tiene delante, etc., etc.».

27. Citado en Stuart, *Dearest Bess,* p. 105.

28. Citado en Chaptal, *Souvenirs,* p. 299.

29. Thibaudeau, *Bonaparte and the Consulate,* p. 125.

30. Citado en *ibid.*, p. 121.

31. Citado en *ibid.*, pp. 120-121.

32. Citado en H. Deutsch, *The Genesis of Napoleonic Imperialism* (Filadelfia, 1975), p. 77.

33. Citado en J. F. Bernard, *Talleyrand: a Biography* (Londres, 1973), p. 246.

34. Citado en A. Lobanov-Rostovsky, *Russia and Europe, 1789-1825* (Chapel Hill, Carolina del Norte, 1947), pp. 70-71.

35. Condesa de Choiseul-Gouffier, *Historical Memoirs of the Emperor Alexander I and the Court of Russia,* ed. M. Patterson (Londres, 1904), p. 51.

36. Citado en Deutsch, *Genesis of Napoleonic Imperialism,* p. *58.*

37. Citado en conde de Minto (ed.), *Life and Letters of sir Gilbert Elliot, First Earl of Minto, from 1751 to 1806* (Londres, 1874), vol. III, pp. 259-260.

38. Citado en conde de Rosebery (ed.), *The Wellesley Papers: the Life and Correspondence of Richard Colley Wellesley, Marquess Wellesley, 1760-1842* (Londres, 1914), vol. I, pp., 60-61.

39. H. Carnot (ed.), *Memoirs of Bertrand Barère, Chairman of the Committee of Public Safety during the Revolution* (Londres, 1896), p. 117.

40. Citado en A. Alison, *History of Europe from the Commencement of the French Revolution to the Restoration of the Bourbons in* MDCCCXV (Edimburgo, 1860), vol. VI, pp. 190-192.

41. Citado en tercer conde de Malmesbury (ed.), *Diaries and Correspondence of James Harris, First Earl of Malmesbury* (Londres, 1844), vol. IV, p. 219.

42. Citado en Lobanov-Rostovsky, *Russia and Europe,* p. 71.

43. Rémusat, *Mémoires,* vol. I, pp. 118-120.

44. Citado en Alison, *History of Europe,* vol. VI, pp. 193-194.

45. Citado en Minto, *Life and Letters,* vol. III, p. 279.

46. Citado en Malmesbury, *Diaries and Correspondence,* vol. IV, p. 61.

47. Citado en *ibid.*, p. 63, 85.

48. Citado en *ibid.*, p. 65.

49. Citado en *ibid.*

50. Citado en *ibid.*, p. 230.

51. Citado en *ibid.*, p. 233.

52. Citado en *ibid.*, pp. 207-209.

53. Citado en *ibid.*, pp. 189-190.

54. Citado en *ibid.*, p. 202.

55. Citado en Rosebery, *Wellesley Papers,* vol. I, p. 164.

56. Greig, *Farington Diary,* vol. II, p. 99.

57. L. Junot, *Mémoires de la Duchesse d'Abrantes,* ed. G. Girard (París, 1928-1930), vol. IV, pp. 285-286.

58. M. Barrière (ed.), *Mémoires de M. le Comte de Vaublanc* (París, 1883), p. 401.

59. Junot, *Mémoires,* vol. IV, pp. 286-287.

CAPÍTULO 4

1. Citado en J. D. Markham (ed.), *Imperial Glory: the Bulletins of Napoleon's Grande Armée, 1805-1814* (Londres, 2003), pp. 10, 23.

2. A. L. G. de Staël, *Considérations sur les Principaux Evénements de la Révolution Française* (Londres, 1819), vol. II, pp. 351-352.

3. M. de Godoy, *Cuenta dada de su Vida Política por Don Manuel de Godoy, Príncipe de la Paz, o sea Memorias Críticas y Apologéticas para la Historia del Reinado del Señor Carlos IV de Borbón,* ed. C. Seco Serrano (Madrid, 1956), vol. I, p. 124.

4. H. Baring (ed.), *The Diary of the Right Hon. William Windham, 1784 to 1810* (Londres, 1866), p. 417.

5. Citado en J. Sherwig, *Guineas and Gunpowder: British Foreign Aid in the Wars with France, 1793-1815* (Cambridge, Massachusetts, 1969), p. 130.

6. Citado en A. D. Harvey, «European Attitudes to Britain during the French Revolutionary and Napoleonic Era», *History,* LXIII, N. 209 (octubre 1978), p. 360.

7. J. M. Sherer, *Recollections of the Peninsula* (Londres, 1825), pp. 66-7.

8. Anón., *Leaves from the Diary of an Officer of the Guards* (Londres, 1854), p. 279.

9. S. Monick (ed.), *Douglas' Tale of the Peninsula and Waterloo* (Londres, 1997), p. 99.

10. Citado en conde de Minto (ed.), *Life and Letters of sir Gilbert Elliot, First Earl of Minto, front 1751 to 1806* (Londres, 1874), vol. III, pp. 106-168.

11. Baring (ed.), *Diary of the Right Hon. William Windham,* p. 433.

12. Henry Richard, lord Holland, *Memoirs of the Whig Party during my Time,* ed. Henry Edward, lord Holland (Londres, 1852), vol. I, p. 57.

13. Citado en conde de Rosebery (ed.), *The Windham Papers: the Life and Correspondence of the Rt. Hon. William Windham, 1750-1810* (Londres, 1913), vol. II, p. 246.

14. Para estos datos, cf. N. Bentley (ed.), *Selections from the Reminiscences of Captain Gronow* (Londres, 1977), p. 61.

15. J. Rambaud, *Memoirs of the Comte Roger de Damas,* 1787-1806 (Londres, 1913), pp. 304-305.

16. Holland, *Memoirs of the Whig Party,* vol. I, pp. 154-155.

17. Citado en marqués de Londonderry (ed.), *Correspondence, Dispatches and other Papers of Viscount Castlereagh, Second Marquess of Londonderry* (Londres, 1848-1853), vol. V, p. 77.

18. Citado en tercer conde de Malmesbury (ed.), *Diaries and Correspondence of James Harris, First Earl of Malmesbury* (Londres, 1844), vol. IV, p. 66.

19. Citado en *ibid.*, p. 174.

20. J. F. de Bourgoing, A *Modern State of Spain* (Londres, 1808), vol. II, pp. 71, 75.

21. Rambaud, *Memoirs of the Comte Roger de Damas,* p. 304.

22. Citado en conde de Rosebery (ed.), *The Wellesley Papers: the Life and Correspondence of Richard Colley Wellesley, Marquess Wellesley, 1760-1842* (Londres, 1914), vol. I, p. 170.

23. M. K. Oginski, *Mémoires de Michel Oginski sur la Pologne et les Polonais depuis 1788 jusqu'à la fin de 1815* (París, 1827), vol. II, pp. 141-142.

24. Citado en Malmesbury, *Diaries and Correspondence,* vol. IV, p. 211.

25. C. de Mazade (ed.), *Mémoires du Prince Adam Czartoryski et Correspondance avec l'Empereur Alexandre 1er* (París, 1887), vol. I, p. 335.

26. Citado en Londonderry (ed.), *Correspondence, Dispatches and other Papers of Viscount Castlereagh,* vol. V, p. 81.

27. Citado en C. Fedorak, «In search of a necessary ally: Addington, Hawkesbury and Russia, 1801-1804», *International History Review,* XIII, n. 2 (mayo 1991), p. 242.

28. Citado en R. Garner, *The Campaign of Trafalgar* (Londres, 1997), p. 11.

29. Citado en Rosebery, *Wellesley Papers,* vol. I, p. 170.

30. Citado en *ibid.*, p. 171.

31. Citado en Rosebery (ed.), *The Windham Papers,* vol. II, p. 235.

32. Citado en P. Ziegler, *Addington: a Life of Henry Addington, First Viscount Sidmouth* (Londres, 1965), p. 197.

33. Citado en Malmesbury, *Diaries and Correspondence,* vol. IV, p. 313.

34. Citado en M. de Klinkowstrom (ed.), *Memoirs of Prince Metternich,* 1733-1815 (Londres, 1880), vol. I, p. 49.

35. Citado en A. Paget (ed.), *The Paget Papers: Diplomatic and other Correspondence of the Right Hon. sir Arthur Paget, G. C. B., 1794-1807* (Londres, 1896), vol. II, p. 108.

36. Citado en Minto, *Life and Letters,* vol. III, p. 355.

37. Citado en Malmesbury, *Diaries and Correspondence,* vol. IV, p. 271.

38. Citado en P. Dwyer, «Two definitions of neutrality: Prussia, the European states-system and the French invasion of Hanover in 1803», *International History Review,* XIX, N. 3 (agosto 1997), p. 536.

39. C. von Muffling, *Passages from my Life, together with Memoirs of the Campaign of 1813 and 1814* (Londres, 1853), pp. 6-7.

40. Citado en Malmesbury, *Diaries and Correspondence,* vol. IV, pp. 246-247.

41. J. Fouché, *Memoirs of Joseph Fouché, Duke of Otranto, Minister of the General Police of France* (Londres, 1892), p. 178.

42. Mazade (ed.), *Mémoires du Prince Adam Czartoryski,* vol. I, p. 38.

43. *Ibid.*, pp. 385-358.

44. For Napoleon's treatment of Morkov, cf. conde de Ilchester (ed.), *The Journal of Elizabeth, Lady Holland, 1791-1811* (Londres, 1909), vol. II, p. 159.

45. Mazade (ed.), *Mémoires du Prince Adam Czartoryski,* vol. I, p. 359.

46. G. S. Hellman (ed.), *Memoirs of the Cmte de Mercy Argentean, Napoleon's Chamberlain and his Minister Plenipotentiary to the King of Bavaria* (Nueva York, 1917), p. 94.

47. J. Hanoteau (ed.), *Mémoires de la Reine Hortense* (París, 1927), vol. I, p. 161.

48. *Ibid.* El General Monk había decidido el destino de la Commonwealth en 1660 uniendo el destino de sus tropas al de la causa de Carlos II.

49. Duc d'Audiffret-Pasquier (ed.), *Mémoires du Chancelier Pasquier - Première Partie; Révolution, Consulat, Empire* (París, 1895-1914), vol. I, p. 179.

50. Citado en R. Johnston (ed.), *In the Words of Napoleon: the Emperor Day-by-Day* (Londres, 2002), p. 136.

51. Bourrienne, *Memoirs,* p. 247; for Stael's views, cf. *Considérations,* vol. II, pp. 327-328.

52. C. de Rémusat, *Mémoires de Madame de Rémusat, 1802-1808,* ed. P. de Rémusat (París, 1884), vol. I, p. 387.

53. Así es, al menos, la versión tradicional. En las memorias de Fouché, hallamos lo siguiente: «Es más que un delito; es un error político». Véase Fouché, *Memoirs,* p. 182.

54. A. du Casse (ed.), *Mémoires et Correspondance Politique et Militaire du Prince Eugène* (París, 1858), vol. I, p. 91.

55. Condesa de Choiseul-Gouffier, *Historical Memoirs of the Emperor Alexander I and the Court of Russia,* ed. M. Patterson (Londres, 1904), p. 53.

56. Mazade (ed.), *Mémoires du Prince Adam Czartoryski,* vol. I, p. 378.

57. A. Thibaudeau, *Bonaparte and the Consulate,* ed. G. Fortescue (Londres, 1908), p. 310.

58. Citado en Rémusat, *Mémoires,* vol. I, p. 393.

59. Citado en Malmesbury, *Diaries and Correspondence,* vol. IV, pp. 331-332.

60. Fouché, *Memoirs,* p. 192.

61. Klinkowstrom (ed.), *Memoirs of Prince Metternich,* vol. I, p. 48.

62. Rambaud, *Memoirs of Comte Roger de Damas,* pp. 321-322.

63. *Ibid.*, p. 332.

64. H. Bunbury, *Narratives of some Passages in the Great War with France* (Londres, 1854), pp. 212, 215.

65. Fouché, *Memoirs*, p. 195.

66. *Ibid.*, pp. 195-196.

67. Citado en Rémusat, *Memoires,* vol. I, p. 384.

68. L. Aldersey White (ed.), *The Adventurous Life of Count Lavallette, Bonaparte's Aidede-Camp and Postmaster-General, by Himself* (Londres, 1936), vol. I, pp. 256-257.

Capítulo 5

1. J. L. Hulot, *Souvenirs Militaires du Baron Hulot, Général d'Artillerie, 1733-1843* (París, 1886), p. 92.

2. Citado en P. de Ségur, *Memoirs of an Aide-de-Camp of Napoleon, 1800-1812* (Stroud, 2005), p. 140.

3. R. de Montesquieu-Fézensac, *Souvenirs Militaires de 1808 à 1814* (París, 1863), p. 33.

4. Ségur, *Memoirs,* p. 146.

5. Citado en *ibid.*, p. 148.

6. J. Fouché, *Memoirs of Joseph Fouché, Duke of Otranto, Minister of the General Police of France* (Londres, 1892), p. 201.

7. Duque d'Audiffret-Pasquier (ed.), *Mémoires du Chancelier Pasquier - Première Partie: Révolution, Consulat, Empire* (París, 1895-1954), vol. I, pp. 219-220.

8. E. de Saint-Hilaire, *Souvenirs intimes du Temps de l'Empire* (París, 1860), vol. I, p. 263.

9. Hulot, *Souvenirs Militaires,* pp. 89-90.

10. Montesquieu-Fézensac, *Souvenirs Militaires,* p. 32.

11. *Ibid.*, pp. 64-5.

12. Hulot, *Souvenirs Militaires,* p. 93; Montesquieu-Fézensac, *Souvenirs Militaires,* p. 46; M. Barrès (ed.), *Memoirs of a French Napoleonic Officer: Jean-Baptiste Barrès, Chasseur of the Imperial Guard* (Londres, 1955), p. 55.

13. P. Haythornthwaite (ed.), *Life in Napoleon's Army: the Memoirs of Captain Elzéar Blaze* (Londres, 1995), pp. 2-3.

14. Citado en J. D. Markham, *Imperial Glory: the Bulletins of Napoleon's Grande Armée, 1805-1814* (Londres, 2003), pp. 9-10.

15. B. T. Jones (ed.), *Napoleon's Army: the Military Memoirs of Charles Parquin* (Londres, 1987), p. 185.

16. Citado en A. Forrest, *Napoleon's Men: the Soldiers of the Revolution and Empire* (Londres, 2002), p. 93.

17. A. J. M. de Rocca, *Memoirs of the War of the French in Spain,* ed. P. Haythornthwaite (Londres, 1990), p. 21.

18. A. Bell (ed.), *Memoirs of Baron Lejeune, Aide-de-Camp to Marshals Berthier, Davout and Oudinot* (Londres, 1897), vol. I, p. 28.

19. J. Fortescue (ed.), *The Note-books of Captain Coignet, Soldier of the Empire* (Londres, 1928), p. 122.

20. Citado en Forrest, *Napoleon's Men,* pp. 100-101.

21. Citado en *ibid.*, p. 103.

22. Citado en *ibid.*, p. 26.

23. Haythornthwaite, *Life in Napoleon's Army*, p. 177.

24. Citado en conde de Stanhope, *Notes of Conversations with the Duke of Wellington, 1831-1851* (Londres, 1888), p. 9.

25. H. d'Ideville (ed.), *Memoirs of Colonel Bugeaud from his Private Correspondence and Original Documents, 1784-1814* (Worley Publications facsimile edition, 1998), p. 54.

26. Citado en M. de Klinkowstrom (ed.), *Memoirs of Prince Metternich, 1733-1815* (Londres, 1880), vol. I, p. 56.

27. Citado en tercer conde de Malmesbury (ed.), *Diaries and Correspondence of James Harris, First Earl of Malmesbury* (Londres, 1844), vol. IV, p. 340.

28. Citado en L. Strakhovsky, *Alexander I of Russia: the Man who Defeated Napoleon* (Londres, 1949), p. 68.

29. C. de Mazade (ed.), *Mémoires du Prince Adam Czartoryski et Correspondance avec l'Empereur Alexandre 1er* (París, 1887), vol. I, p. 410.

30. Si realmente llegó a decir esto o no es un punto discutible. Ehrman, el principal biógrafo moderno de Pitt, admite que no se puede encontrar ninguna referencia definitiva sobre ello. *Cf.* J. Ehrman, *The Younger Pitt, II: the Consuming Struggle* (Stanford, California, 1997), p. 822.

31. Citado en R. Eden (ed.), *The Journal and Correspondence of William, lord Auckland* (Londres, 1860-62), vol. IV, p. 260.

32. Citado en A. Palmer, *Metternich, Councillor of Europe* (Londres, 1972), p. 48.

33. C. M. de Talleyrand-Périgord, *Memoirs of the Prince de Talleyrand,* ed. por Duc de Broglie (Londres, 1891), vol. I, p. 225.

34. *Ibid.*, p. 228.

35. Citado en J. M. Thompson, *Napoleon Bonaparte* (Oxford, 1988), p. 286.

36. Citado en *Correspondance de Napoléon I publiée par ordre de l'Empereur Napoléon III* (París, 1858; de aquí en adelante *CN*), vol. XI, p. 509.

37. Citado en *ibid.*, vol. IX, p. 345.

38. A. F. L. de Viesse de Marmont, *Mémoires du Maréchal Marmont, Duc de Raguse, de 1792 à 1841* (París, 1857), vol. II, p. 228.

39. Citado en *CN*, vol. XII, p. 509.

40. Citado en *ibid.*, p. 291.

41. Citado en *ibid.*, vol. XVI, p. 161.

42. Citado en *ibid.*, p. 474.

43. Sir John Moore a J. W. Gordon, 11 de octubre de 1806, British Library, manuscrito adicional 49487, ff. 39-43.

44. Citado en P. K. Grimsted, *The Foreign Ministers of Alexander I: Political Attitudes and the Conduct of Russian Diplomacy, 1801-1825* (Berkeley, California, 1969), p. 143.

45. Citado en A. Bryant, *Years of Victory, 1802-1812* (Londres, 1944), p.177.

46. Citado en *CN*, vol. XII, p. 571.

47. Talleyrand-Périgord, *Memoirs of the Prince de Talleyrand,* vol. I, p. 230; Malmesbury, *Diaries and Correspondence,* vol. IV, p. 353.

48. H. Bunbury, *Narratives of some Passages in the Great War with France* (Londres, 1854), pp. 223, 225.

49. Citado en J. Russel, *The Life and Times of Charles James Fox* (Londres, 1866), vol. III, p. 377.

50. Citado en E. Las Cases, *Mémorial de Sainte Hélène,* ed. G. Walter (París, 1956), vol. II, p. 282.

51. Citado en *ibid.*, p. 494.

52. Citado en *CN,* vol. XII, p. 450.

53. L. de Rochechouart, *Souvenirs sur la Révolution, l'Empire et la Restauration* (París, 1933), pp. 114-115.

54. Citado en A. Gerolymatos, *The Balkan Wars: Conquest, Revolution and Retribution from the Ottoman Era to the Twentieth Century and Beyond* (Nueva York, 2002), p. 156.

55. L. Edwards (ed.), *The Memoirs of Prota Matija Nenadovic* (Oxford, 1969), p. 136.

56. Rochechouart, *Souvenirs,* p. 213.

57. Audiffret-Pasquier, *Mémoires du Chancelier Pasquier,* vol. I, p. 290.

CAPÍTULO 6

1. Citado en J. D. Markham (ed.), *Imperial Glory: the Bulletins of Napoleon's Grande Armée, 1805-1814* (Londres, 2003), p. 173.

2. J. Fouché, *Memoirs of Joseph Fouché, Duke of Otranto, Minister of the General Police of France* (Londres, 1892), pp. 208-209.

3. Citado en H. Fisher, *Studies in Napoleonic Statesmanship: Germany* (Oxford, 1903), p. 128.

4. O. Williams (ed.), *In the Wake of Napoleon: being the Memoirs of Ferdinand von Funck, Lieutenant-General in the Saxon Army and Adjutant General to the King of Saxony* (Londres, 1931), p. 73.

5. C. von Muffling, *Passages from my Life, together with Memoirs of the Campaign of 1813 and 1814* (Londres, 1853), pp. 13-14.

6. C. M. de Talleyrand-Périgord, *Memoirs of the Prince de Talleyrand,* ed. duque de Broglie (Londres, 1891), vol. I, p. 231.

7. Citado en J. M. Thompson, *Napoleon Bonaparte* (Oxford, 1988), p. 290.

8. Citado en E. Henderson, *Blücher and the Uprising of Prussia against Napoleon, 1806-1815* (Londres, 1911), p. 24.

9. Citado en *ibid.*, pp. 10-11.

10. Citado en R. Aron, *Clausewitz, Philosopher of War* (Londres, 1983), p.19.

11. Citado en *ibid.*, p. 15

12. Citado en Henderson, *Blücher*, p. 12.

13. M. de Marbot, *The Memoirs of Baron de Marbot* (Londres, 1892), vol. I, pp. 215-216.

14. Sobre la opinión de lady Holland, cf. conde de Ilchester (ed.), *The Journal of Elizabeth, Lady Holland, 1791-1811* (Londres, 1909), vol. II, p. 183.

15. Citado en tercer conde de Malmesbury (ed.), *Diaries and Correspondence of James Harris, First Earl of Malmesbury* (Londres, 1844), vol. IV, pp. 355-356.

16. J. Greig (ed.), *The Farington Diary* (Londres, 1923), vol. IV, p. 25.

17. Henry Richard, lord Holland, *Memoirs of the Whig Party during my Time,* editado por Henry Edward, lord Holland (Londres, 1852), vol. II, pp. 112-15.

18. Citado en C. Abbot (ed.), *The Diary and Correspondence of Charles Abbot, lord Colchester, Speaker of the House of Commons, 1802-1817* (Londres, 1861), vol. II, pp. 131-132.

19. Ilchester, *Spanish Journal of Elizabeth, Lady Holland,* vol. II, p. 547.

20. M. Barrès (ed.), *Memoirs of a French Napoleonic Officer: Jean-Baptiste Barrès, Chasseur of the Imperial Guard* (Londres, 1955), p. 88.

21. J. Fortescue (ed.), *The Note-books of Captain Coignet, Soldier of the Empire* (Londres, 1928), pp. 132-133.

22. Muffling, *Memoirs,* p. 18.

23. Williams, *In the Wake of Napoleon,* p. 129.

24. Citado en Henderson, *Blücher and the Uprising of Prussia,* p. 25.

25. Citado en *ibid.*, p. 16.

26. Duque d'Audiffret-Pasquier (ed.), *Mémoires du Chancelier Pasquier - Première Partie; Révolution, Consulat, Empire* (París, 1895-1914), vol. I, pp. 292-293.

27. Williams, *In the Wake of Napoleon,* p. 108.

28. *Ibid.*, p. 293.

29. Fortescue (ed.), *Note-books of Captain Coignet,* pp. 137-139.

30. *Ibid.*, p. 136.

31. Williams, *In the Wake of Napoleon,* p. 142.

32. Ilchester, *Diary of Elizabeth, Lady Holland,* pp. 188-189.

33. R. Wilson, *Brief Remarks on the Character and Composition of the Russian Army and a Sketch of the Campaigns in Poland in the years 1806 and 1807* (Londres, 1810), pp. 2-3.

34. Greig, *Farington Diary,* vol. IV, p. 26.

35. Citado en B. Francis y E. Keary (ed.), *The Francis Letters* (Londres, s.f.), vol. II, p. 668.

36. J. North, *In the Legions of Napoleon: the Memoirs of a Polish Officer in Spain and Russia, 1808-1813* (Londres, 1999), p. 39.

37. Citado en H. Butterfield, *The Peace Tactics of Napoleon, 1806-1808* (Cambridge, 1959), 13-59.

38. A. Bell (ed.), *Memoirs of Baron Lejeune, Aide-de-Camp to Marshals Berthier, Davout and Oudinot* (Londres, 1897), vol. I, p. 38.

39. *Ibid.*, vol. I, p. 38.

40. M. K. Oginski, *Mémoires de Michel Oginski sur la Pologne et les Polonais depuis 1788 jusqu'à la fin de 1815* (París, 1827), vol. II, p. 337.

41. *Ibid.*, p. 340.

42. Marbot, *Memoirs,* vol. I, p. 38.

43. Bell, *Memoirs of Baron Lejeune,* vol. I, p. 47.

44. Barrès, *Memoirs of a French Napoleonic Officer,* p. 102.

45. P. Haythornthwaite (ed.), *Life in Napoleon's Army: the Memoirs of Captain Elzéar Blaze* (Londres, 1995), pp. 75-6.

46. Citado en A. du Casse (ed.), *Mémoires et Correspondance Politique et Militaire du Roi Joseph* (París, 1854), vol. III, p. 309.

47. Citado en Markham, *Imperial Glory*, pp. 163-164.

48. Citado en Fouché, *Memoirs*, p. 209.

49. Holland, *Memoirs of the Whig Party,* vol. II, p. 95.

50. Rambaud, *Memoirs of the Comte Roger de Damas,* pp. 410-414 *passim.*

51. Holland, *Memoirs of the Whig Party,* vol. II, pp. 95-96.

52. J. Maurice (ed.), *The Diary of sir John Moore* (Londres, 1904), vol. II, pp. 141-146, 188-192 *passim.*

53. Citado en Butterfield, *Peace Tactics of Napoleon,* p. 177.

54. Bell, *Memoirs of Baron Lejeune,* vol. I, p. 66; Fortescue, *Notebooks of Captain Coignet,* vol. I, p. 151; Wilson, *Campaigns in Poland,* p. 157.

55. Citado en Bell, *Memoirs of Baron Lejeune,* vol. I, pp. 66-67.

56. Citado en Butterfield, *Peace Tactics of Napoleon,* p. 198.

57. B. T. Jones (ed.), *Napoleon's Army: the Military Memoirs of Charles Parquin* (Londres, 1987), p. 71.

58. Citado en Butterfield, *Peace Tactics of Napoleon,* p. 36.

59. G. Troubetzkoy (ed.), *In the Service of the Tsar against Napoleon: the Memoirs of Denis Davidov, 1806-1814* (Londres, 1999), pp. 58-60.

60. Citado en A. Paget (ed.), *The Paget Papers: Diplomatic and other Correspondence of the Right Hon. sir Arthur Paget, G. C. B., 1794-1807* (Londres, 1896), vol. II, pp. 323-324.

61. Citado en R. Parkinson, *The Hussar General: the Life of Blücher, Man of Waterloo* (Londres, 1975), p. 79.

62. Citado en Butterfield, *Peace Tactics of Napoleon,* p. 234.

63. Citado en *ibid.*, p. 203.

CAPÍTULO 7

1. C. M. de Talleyrand-Périgord, *Memoirs of the Prince de Talleyrand,* ed. duque de Broglie (Londres, 1891), vol. I, p. 244.

2. Citado en M. de Baudus, *Etudes sur Napoléon* (París, 1841), vol. I, p. 105.

3. Conde de Toreno, *Historia del Levantamiento, Guerra y Revolución de España,* ed. L. Augusto de Cueto (Madrid, 1953), p. 1.

4. Conde de Ilchester (ed.), *The Spanish Journal of Elizabeth, Lady Holland* (Londres, 1910), vol. II, pp. 85-86,107,123-124.

5. M. de Godoy a María Luisa, 29 de mayo de 1801, Archivo Histórico Nacional (Madrid), Sección de Estado (en adelante AHN. Est.) 2821-I.

6. Ilchester, *Spanish Journal of Elizabeth, Lady Holland,* vol. II, p. 167.

7. *Ibid.*, p. 134.

8. Citado en J. I. González-Aller, *La campaña de Trafalgar, 1804-1805: Corpus documental conservado en los archivos españoles* (Madrid, 2004), vol. I, pp. 104-105.

9. Citado en C. Chastenet, *Godoy, Master of Spain, 1792-1801* (Londres, 1953), p. 107.

10. Citado en C. Oman, *A History of the Peninsular War* (Oxford, 1902-1930), vol. I, p. 603.

11. O. Williams (ed.), *In the Wake of Napoleon: being the Memoirs of Ferdinand von Funck, Lieutenant-General in the Saxon Army and Adjutant General to the King of Saxony* (Londres, 1931*),* p. 116.

12. Citado en *ibid.*, p. 167.

13. Citado en A. Paget (ed.), *The Paget Papers: Diplomatic and other Correspondence of the Right Hon. sir Arthur Paget, G. C. B., 1794-1807* (Londres, 1896), vol. II, p. 376.

14. Citado en *Correspondance de Napoléon I publiée par ordre de l'Empereur Napoléon III* (París, 1858; en adelante *CN*), vol. XVI, p. 83.

15. Duque d'Audiffret-Pasquier (ed.), *Mémoires du Chancelier Pasquier - Première Partie: Révolution, Consulat, Empire* (París, 1895-2914), vol. I, p. 309.

16. M. Barrès (ed.), *Memoirs of a French Napoleonic Officer: Jean-Baptiste Barrès, Chasseur of the Imperial Guard* (Londres, 1955), pp. 119-120.

17. R. Ledos de Beaufort (ed.), *Personal Recollections of the late Duc de Broglie, 1785-1820* (Londres, 1887), vol. I, pp. 52-53.

18. Citado en *CN*, vol. XVI, p. 19.

19. Citado en A. Hayter (ed.), *The Backbone: Diaries of a Military Family in the Napoleonic Wars* (Bishop Auckland, 1993), p. 114.

20. J. Fouché, *Memoirs of Joseph Fouché, Duke of Otranto, Minister of the General Police of France* (Londres, 1892), p. 214.

21. Citado en M. de Klinkowstrom (ed.), *Memoirs of Prince Metternich, 1733-1815* (Londres, 1880), vol. II, p. 158.

22. Citado en *CN*, vol. XVI, p. 80.

23. H. Carnot (ed.), *Memoirs of Bertrand Barère, Chairman of the Committee of Public Safety during the Revolution* (Londres, 1896), vol. III, pp. 131-132.

24. Anón., *Inocencia del Rey Nuestro Señor D. Fernando VII y tramas del pérfido Godoy* (Sevilla, 1814), pp. 10-11.

25. Citado en *CN*, vol. XVI, pp. 159-160.

26. A. Butler (ed.), *Memoirs of Baron Thiébault, late Lieutenant-General in the French Army* (Londres, 1896), vol. II, p. 196.

27. A. Berazaluce (ed.), *Recuerdos de la vida de don Don Pedro Agustín Girón* (Pamplona, 1978), vol. I, pp. 190-191.

28. A. du Crasse (ed.), *Mémoires et Correspondance Politique et Militaire du Roi Joseph* (París, 1854-6), vol. IV, p. 8.

29. Fouché, *Memoirs,* vol. I, p. 315.

30. Henry Edward, lord Holland, *Foreign Reminiscences* (Londres, 1850), pp. 130-31.

31. M. Arcola (ed.), *Memorias de Juan de Escóiquiz* (Madrid, 1957), p. 57.

32. Citado en *CN,* vol. XVI, pp. 500-501.

33. Citado en A. Alcalá Galiano (ed.), *Memorias de Don Antonio Alcalá Galiano* (Madrid, 1886), vol. I, p. 144.

34. Citado en *CN*, vol. XVI, pp. 418-419.

35. A. Bell (ed.), *Memoirs of Baron Lejeune, Aide-de-Camp to Marshals Berthier, Davout and Oudinot* (Londres, 1897), vol. I, p. 73.

36. M. Foy, *History of the War in the Peninsula under Napoleon* (Londres, 1827), vol. II, p. 135.

37. Citado en A. Wilson (ed.), *A Diary of St Helena (1816-1817): the Journal of Lady Malcolm containing the Conversations of sir Pulteney Malcolm with Napoleon* (Londres, 1899), p. 141.

38. Foy, *War in the Peninsula,* vol. II, p. 20.

39. R. Brindle, «A Brief Account of Travels, etc., in Spain» (MS), Real Colegio de San Albano, Valladolid, p. 10.

40. Citado en *Diario de Valencia,* 25 de marzo de 1808, p. 338.

41. Alcalá Galiano, *Memorias,* vol. I, p. 146.

42. J. Blanco White, *Cartas de España, ed.* V. Llorens y A. Garnica (Madrid, 1972), pp. 294-295.

43. J. Marcén (ed.), El *manuscrito de Matías Calvo: memorias de un monegrino durante la Guerra de la Independencia* (Zaragoza, 2000), p. 177.

44. M. de Marbot, *The Memoirs of Baron de Marbot* (Londres, 1892), vol. I, p. 306.

45. Alcalá Galiano, *Memorias,* vol. I, p. 160.

46. Citado en *CN*, vol. XVII, p. 66.

47. Citado en E. Las Cases, *Mémorial de Sainte Hélène,* ed. G. Walter (París, 1956), vol. I, pp. 780-781.

48. Citado en P. L. Roederer, *Mémoires sur la Révolution, le Consulat et l'Empire,* ed. O. Aubry (París, 1942), pp. 220-221.

49. Anón., *El Tirano de la Europa, Napoleón I: Manifiesto que a Todos los Pueblos del Mundo y principalmente a los Españoles presenta el Licenciado D.J.A.C.* (Sevilla, 1808), pp. 5-9

50. Marbot, *Memoirs,* vol. I, p. 320.

51. Citado en Las Cases, *Mémorial,* vol. I, pp. 784-785.

52. Citado en *ibid.*, pp. 783-4.

53. Citado en *CN,* vol. XVII, p. 359; con algunos ligeros cambios, se ha hecho uso de la traducción ofrecida en J. M. Thompson (ed.), *Napoleon's Letter* (Londres, 1934), pp. 200-201.

CAPÍTULO 8

1. Citado en *Correspondence de Napoleon I publiée par ordre de L'Empereur Napoléon III* (París, 1858 ; en adelante *CN*), vol. XVII, p. 407.

2. Citado en *ibid.*, p. 428.

3. Sarrazin, *History of the War in Spain and Portugal from 1807 to 1814* (Londres, 1815), pp. 64-66.

4. A. Bell (ed.), *Memoirs of Baron Lejeune Aide-de-Camp to Marshals Berthier. Davout and Oudinot (Londres,* 1897), vol.I, pp. 105-106.

5. Citado en A. du Casse (ed.), *Mémoires et Correspondance Politique et Militaire du Roi Joseph* (París, 1854-6), vol. VII, p. 84.

6. Aunque fue ocupada por los franceses tras la persecución de sir John Moore, Galicia fue difícil de mantener, y la evacuaron unos pocos meses después.

7. L. Suchet, *Memoirs of the War in Spain from 1808 to 1814* (Londres, 1829), vol. II, pp. 141-142.

8. W. Verner (ed.), A *British Rifleman: the Journals and Correspondence of Major George Simmons, Rifle Brigade, during the Peninsular War and the Campaign of Waterloo* (Londres, 1899), pp. 137-152 *passim.*

9. C. de Rémusat, *Mémoires de Madame de Rémusat, 1802-1808,* ed. P. de Rémusat (París, 1884), vol. III, p. 409.

10. lord Wellington a lord Liverpool, 25 de julio de 1813, Universidad de Southampton, Wellington Papers (en adelante US. WP.) I/373.

11. J. Hanoteau (ed.), *Memoirs of General de Caulaincourt, Duke of Vicenza* (Londres, 1935), vol. I, p. 236.

12. A. F. L. de Viesse de Marmont, *Mémoires du Maréchal Marmont, Doc de Raguse, de 1792 a 1841* (París, 1857), vol. IV, p. 259.

13. J. Maurice (ed.), *The Diary of sir John Moore* (Londres, 1904), vol. II, pp. 209-211.

14. W. Thompson (ed.), *An Ensign in the Peninsular War: the Letters of John Aitchison* (Londres, 1981), p. 32.

15. Citado en R. Weigall (ed.), *Correspondence of lord Burghersh, afterwards Eleventh Earl of Westmoreland, 1808-1840* (Londres, 1912), p. 39.

16. Wellington a E. Cooke, 25 de noviembre de 1812, US. WP. 1/351.

17. Canning a Wellington, 16 de septiembre de 1809, National Archives, Foreign Office Papers (en adelante NA. FO.) *72/75,* ff. 196-208.

17. Citado en M. Martin (ed.), *The Dispatches and Correspondence of the Marquess Wellesley, K. G., during His Lordship's Mission to Spain as Ambassador Extraordinary to the Supreme Junta in 1809* (Londres, 1838), p. 119.

18. Citado en Weigall, *Correspondence of lord Burghersh,* p. 33.

19. T. Graham a Liverpool, 23 de abril de 1811, National Archives, War Office Papers (en adelante NA. WO.) 1/252, f. 291.

21. H. Douglas a Liverpool, 13 de septiembre de 1811, NA. WO.1/261, f. 446; H. Wellesley a Wellington, 18 de julio de 1811, US. WP.12/2/2.

22. Wellington a H. Wellesley, 10 de agosto de 1810, US. WP. 12/1/1.

23. G. Larpent (ed.), *The Private Journal of judge-Advocate F. S. Larpent, attached to Wellington's Headquarters, 1812-1814 (Londres,* 1853), vol. II, pp. 127-128.

24. Wellington a Bathurst, 27 de noviembre de 1813, US. WP.1/381.

25. Citado en H. Acton, *The Bourbons of Naples, 1734-1825* (Londres, 1956), p. 606.

26. L. Spring (ed.), *An Englishman in the Russian Army, 1807; the Journal of Colonel James Bathurst during the East Prussia Campaign, 1807* (Woking, 2000), p. 18.

27. Hanoteau, *Memoirs of General de Caulaincourt,* vol. I, p. 67.

28. Citado en *ibid.*, p. 63.

29. *Ibid.*, p. 67.

30. Citado en Talleyrand, *Memoirs,* pp. 300-301, 316.

31. Hanoteau, *Memoirs of General de Caulaincourt,* vol. I, p. 84.

32. Citado en G. Stiegler (ed.), *Memoirs of Marshal Oudinot, Duc de Reggio compiled from the Hitherto Unpublished Souvenirs of the Duchesse de Reggio* (Nueva York, 1897), p. 78.

33. Hanoteau, *Memoirs of General de Caulaincourt,* vol. I, p. 84.

34. C. M. de Talleyrand-Périgord, *Memoirs of the Prince de Talleyrand,* ed. duque de Broglie (Londres, 1891), vol. I, p. 325.

35. Hanoteau, *Memoirs of General de Caulaincourt,* vol. 1, p. 71.

36. Citado en M. de Klinkowstrom (ed.), *Memoirs of Prince Metternich, 1733-1815* (Londres, 1880), vol. I, p. 82.

37. Citado en *CN*, vol. XVII, p. 417.

38. Citado en Klinkowstrom (ed.), *Memoirs of Prince Metternich,* vol. I, p. 80.

39. Citado en Talleyrand, *Memoirs,* pp. 305, 309.

40. Citado en Hanoteau, *Memoirs of General de Caulaincourt,* vol. I, pp. 73-88 *passim.*

41. E. Rousset (ed.), *Recollections of Marshal Macdonald, Duke of Tarentum* (Londres, 1892), vol. I, pp. 299-301.

42. P. Haythornthwaite (ed.), *Life in Napoleon's Army: the Memoirs of Captain Elzéar Blaze* (Londres, 1995), pp. 131-132.

43. Citado en Klinkowstrom (ed.), *Memoirs of Prince Metternich,* vol. I, p. 100.

44. Citado en *ibid.*, vol. II, pp. 364-365.

45. W. Müller, *Relation of the Operations and Battles of the Austrian and French Armies in the Year* 1809 (Londres, 1810), p. 13.

46. Citado en J. Gill (ed.), *A Soldier for Napoleon: the Campaigns of Lieutenant Franz Joseph Haussmann, Seventh Bavarian Infantry* (Londres, 1998), pp. 72-73.

47. M. de Marbot, *The Memoirs of Baron de Marbot* (Londres, 1892), vol. II, pp. 22-23.

CAPÍTULO 9

1. Citado en *CN*, vol. XVIII, pp. 375-376.

2. Citado en R. Soltyk, *Operations of the Polish Army during the 1809 campaign in Poland,* ed. G. Nafziger (Westchester, Ohio, 2002), p. 153.

3. Citado en *ibid.* pp. 159-160.

4. M. K. Oginski, *Mémoires de Michel Oginski sur la Pologne et les Polonais depuis 1788 jusqu'à la fin de 1815* (París, 1827), vol. II, pp. 370-371.

5. Citado en M. de Klinkowstrom (ed.), *Memoirs of Prince Metternich,* 1733-1815 (Londres, 1880), vol. I, p. 120.

6. Citado en duque d'Audiffret-Pasquier (ed.), *Mémoires du Chancelier Pasquier - Première Partie: Révolution, Consulat, Empire* (París, 1895-1914), vol. I, p. 377.

7. *Ibid.*

8. Citado en L. Aldersey White (ed.), *The Adventurous Life of Count Lavallette, Bonaparte's Aide-de-Camp and Postmaster-General, by Himself* (Londres, 1936), vol. II, p. 5.

9. Citado en Audiffret-Pasquier (ed.), *Mémoires du Chancelier Pasquier,* vol. I, p. 378.

10. Marqués de la Tour du Pin, *Recollections of the Revolution and the Empire,* ed. W. Geer (Londres, 1921), pp. 358-359.

11. P. Jones (ed.), *In Napoleon's Shadow: being the First English-Language Edition of the Complete Memoirs of Louis-Joseph Marchand, Valet and Friend of the Emperor, 1811-1821* (San Francisco, 1998), p. 5.

12. P. Jones (ed.), *Napoleon: How He Did It - the Memoirs of Baron Fain, First Secretary of the Emperor's Cabinet* (San Francisco, 1998), p. 183.

13. Citado en D. Seward, *Napoleon's Family* (Londres, 1986), pp. 124-125.

14. Citado en A. Brett-James (ed.), *1812: Eyewitness Accounts of Napoleon's Defeat in Russia* (Londres, 1966), p. 48.

15. C. J. Summerville (ed.), *Napoleon's Expedition to Russia: the Memoirs of General de Ségur* (Londres, 2003), p. 76.

16. Marqués de Noailles (ed.), *The Life and Memoirs of Count Molé, 1781-1855* (Londres, 1923), vol. I, pp. 140-141.

17. Condesa de Choiseul-Gouffier, *Historical Memoirs of the Emperor Alexander I and the Court of Russia,* ed. M. Patterson (Londres, 1904), p. 60.

18. Citado en *CN*, vol. XVI, p. 161.

19. Citado en Noailles, *Life and Memoirs of Count Molé,* pp. 140-141.

20. J. Hanoteau (ed.), *Mémoires de la Reine Hortense* (París, 1927), vol. I, pp. 242-243.

21. Citado en *CN*, vol. XIV, p. 28.

22. Citado en *CN*, vol. XVI, p. 161.

23. Citado en J. M. Thompson (ed.), *Napoleon's Letters* (Londres, 1934), pp. 230-233.

24. Hanoteau, *Mémoires de la Reine Hortense,* vol. II, p. 58.

25. Citado en N. Gotteri (ed.), *La Mission de Lagarde, Policier de l'Empereur, pendant la Guerre d'Espagne, 1809-1811* (París, 1991), pp. 141-142.

26. Citado en *ibid.*, pp. 148-152.

27. Citado en L. Lecestre (ed.), *Lettres Inédites de Napoléon 1er* (París, 1897), vol. I, pp. 266-267.

28. Citado en *ibid.*, p. 276.

29. Citado en A. du Casse (ed.), *Mémoires et Correspondance Politique et Militaire du Roi Joseph* (París, 1854-1856), vol. VII, p. 260.

30. Citado en *ibid.*, p. 272.

31. Conde de Ilchester (ed.), *Spanish Journal of Elizabeth, Lady Holland* (Londres, 1910), vol. I, pp. 27-28.

32. O. Williams (ed.), *In the Wake of Napoleon: being the Memoirs of Ferdinand von Funck, Lieutenant-General in the Saxon Army and Adjutant General to the King of Saxony* (Londres, 1931), p. 144.

33. Citado en *CN*, vol. XVI, p. 166.

34. E. Lecky (ed.), *Un Général hollandais sous le premier Empire: Mémoires du Général Baron de Dedem de Gelder, 1774-1825* (París, 1900), pp. 107-111.

35. Citado en Lecestre (ed.), *Lettres inédites,* vol. I, pp. 217-218.

36. Citado en *ibid.*, p. 327.

37. C. Lahovary (ed.), *Mémoires de l'Amiral Paul Tchitchagof, Commandant en chef de l'Armée du Danube, Gouverneur des Principautés de Moldavie et de Valachie en 1812* (París, 1909), pp. 370-371, 381.

38. Choiseul-Gouffier, *Mémoires,* pp. 64-65.

39. J. Hanoteau (ed.), *Memoirs of General de Caulaincourt, Duke of Vicenza* (Londres, 1935), vol. I, p. 96.

40. *Ibid.*, p. 101.

41. *Ibid.*

42. *Ibid.*, p. 110.
43. Citado en L. Czartoryski (ed.), *Alexandre Ier et le Prince Czartoryski: Correspondance particulière et Conversations, 1801-1823* (París, 1865), pp. 87-88.
44. Oginski, *Mémoires,* vol. II, pp. 376-377.
45. Citado en Klinkowstrom, *Memoirs of Prince Metternich,* vol. II, pp. 492-494.
46. Citado en V. Cronin, *Napoleon* (Londres, 1971), p. 384.
47. Oginski, *Mémoires,* vol. II, p. 375.
48. Citado en Lecky, *Mémoires du Général de Dedem,* p. 192.
49. Citado en *ibid.*, p. 193.
50. A. Branche y A. Dagoury (ed.), *Recollections of a Parisian (Docteur Poumiès de la Siboutie) under Six Sovereigns, Two Revolutions and a Republic, 1789-1863* (Londres, 1911), p. 88.
51. Hanoteau, *Mémoires de la Reine Hortense,* vol. II, p. 147.
52. Citado en Hanoteau, *Memoirs of General de Caulaincourt,* vol. I, pp. 171-172.
53. *Ibid.*, p. 383.
54. A. Beugnot (ed.), *Mémoires du Comte Beugnot, Ancien Ministre, 1783-1815* (París, 1868), vol. I, p. 486.
55. *Ibid.*, pp. 309-310.
56. Audiffret-Pasquier, *Mémoires du Chancelier Pasquier,* vol. I, p. 516.
57. J. Fouché, *Memoirs of Joseph Fouché, Duke of Otranto, Minister of the General Police of France* (Londres, 1892), p. 318.
58. Citado en Klinkowstrom, *Memoirs of Prince Metternich,* vol. I, pp. 152-153.
59. Citado en Noailles, *Life and Memoirs of Count Molé,* vol. I, pp. 148-149.
60. Citado en C. Stryienski (ed.), *Mémoires de la Condesa Potocka, 1794-1820* (París, 1911), p. 284.
61. Citado en A. Villemain, *Souvenirs contemporains d'Histoire et de Littérature* (París, 1854), vol. I, p. 175.
62. Citado en *ibid.*, p. 180.
63. Citado en *CN*, vol. XXIII, p. 26.
64. Citado en *ibid.*, p. 191.
65. D. Dufour de Pradt, *Histoire de l'Ambassade dans le Grand Duché de Varsovie en 1812* (París, 1815), pp. 44-56 *passim.*
66. A. Bell (ed.), *Memoirs of Baron Lejeune, Aide-de-Camp to Marshals Berthier, Davout and Oudinot* (Londres, 1897), vol. II, p. 150.
67. A. Mikaberidze (ed.), *The Czar's General: the Memoirs of a Russian General in the Napoleonic Wars* (Londres, 2005), p. 131.
68. Choiseul-Gouffier, *Memoirs,* p. 67.
69. D. von Uexküll (ed.), *Arms and the Woman: the Diaries of Baron Boris Uxkull, 1812-1819* (Londres, 1966), p. 62.
70. Citado en Hanoteau, *Memoirs of General de Caulaincourt,* vol. I, pp. 508-509.

71. Mikaberidze (ed.), *The* Czar's *General,* pp. 108, 111.
72. R. Wilson, *Narrative of Events during the Invasion of Russia by Napoleon Bonaparte and the Retreat of the French Army, 1812* (Londres, 1860), p. 25.
73. Citado en Hanoteau, *Memoirs of General de Caulaincourt,* vol. I, p. 155.
74. Citado en *ibid.*, p. 171.
75. J. North, *In the Legions of Napoleon: the Memoirs of a Polish Officer in Spain and Russia, 1808-1813* (Londres, 1999), pp. 188-9.
76. E. Labaume, *A Circumstantial Narrative of the Campaign in Russia* (Londres, 1815), pp. 3-4.

Capítulo 10

1. Citado en M. de Klinkowstrom (ed.), *Memoirs of Prince Metternich, 1733-1815* (Londres, 1880), vol. I, p. 153.
2. Citado en *CN*, vol. XXIII, p. 480.
3. Citado en duque d'Audiffret-Pasquier (ed.), *Mémoires du Chancelier Pasquier - Première Partie: Révolution, Consulat, Empire* (París, 1895-1914), vol. I, p. 525.
4. Citado en M. K. Oginski, *Mémoires de Michel Oginski sur la Pologne et les Polonais depuis 1788 jusqu'à la fin de 1815* (París, 1827), vol. IV, p. 18.
5. J. Fortescue (ed.), *The Notebooks of Captain Coignet, Soldier of the Empire* (Londres, 1989), p. 207.
6. M. Raeff (ed.), *The Diary of a Napoleonic Foot Soldier* (Moreton-in-Marsh, 1991), pp. 41-42.
7. J. North (ed.), *With Napoleon in Russia: the Illustrated Memoirs of Major Faber du Faur, 1812* (Londres, 2001), s.l.
8. Condesa de Choiseul-Gouffier, *Historical Memoirs of the Emperor Alexander I and the Court of Russia,* ed. M. Patterson (Londres, 1904), pp. 97-99.
9. J. Hanoteau (ed.), *Memoirs of General de Caulaincourt, Duke of Vicenza* (Londres, 1935), vol. I, p. 169.
10. M. de Marbot, *The Memoirs of Baron de Marbot* (Londres, 1892), vol. II, p. 221.
11. C. Stryienski (ed.), *Mémoires de la Condesa Potocka, 1794-1820* (París, 1911), p. 303.
12. A. Bell (ed.), *Memoirs of Baron Lejeune, Aide-de-Camp to Marshals Berthier, Davout and Oudinot* (Londres, 1897), vol. II, pp. 153-154.
13. D. Dufour de Pradt, *Histoire de l'Ambassade dans le Grand Duché de Varsovie en 1812* (París, 1815), pp. 63-64.
14. D. Chlapowski, *Mémoires sur les Guerres de Napoléon, 1806-1813* (París, 1908), p. 251.
15. Dufour de Pradt, *Histoire de l'Ambassade dans le Grand Duché de Varsovie,* pp.114-116.

16. R. Brindle (ed.), *With Napoleon's Guns: the Military Memoirs of an Officer of the First Empire* (Londres, 2005), pp. 140-441.

17. C. J. Summerville (ed.), *Napoleon's Expedition to Russia: the Memoirs of General de Ségur* (Londres, 2003), pp. 27-28.

18. Choiseul-Gouffier, *Memoirs,* p. 100.

19. Raeff, *Diary of a Napoleonic Foot Soldier,* p. 44.

20. Hanoteau, *Memoirs of General de Caulaincourt,* vol. I, pp. 191-192.

21. Citado en C. de la Roncière (ed.), *The Letters of Napoleon to Marie-Louise* (Londres, 1935), p. 80.

22. Citado en Summerville (ed.), *Napoleon's Expedition to Russia,* p. 36.

23. *Ibid.*, p. 40.

24. R. de Fézensac, A *Journal of the Russian Campaign of 1812* (Londres, 1812), p. 25.

25. Hanoteau, *Memoirs of General de Caulaincourt,* vol. I, pp. 197-198.

26. Summerville (ed.), *Napoleon's Expedition to Russia,* p. 41.

27. J. North, *In the Legions of Napoleon: the Memoirs of a Polish Officer in Spain and Russia, 1808-1813* (Londres, 1999), p. 209.

28. J. Clarette (ed.), *From Valmy to Waterloo: Extracts from the Diary of Captain Charles François, a Soldier of the Revolution and Empire* (Londres, 1906), p. 234.

29. Citado en Roncière, *The Letters of Napoleon to Marie-Louise,* p. 87.

30. A. Mikaberidze (ed.), *The Czar's General: the Memoirs of a Russian General in the Napoleonic Wars* (Londres, 2005), p. 127.

31. Fézensac, *A Journal of the Russian Campaign of 1812*, p. 59.

32. Bell, *Memoirs of Baron Lejeune,* vol. II, p. 170.

33. W. Wallich (ed.), *With Napoleon in Russia, 1812: the Diary of Lieutenant H. A. Vossler, a Soldier of the Grande Armée, 1812-1813* (Londres, 1969), p. 59.

34. Chlapowski, *Mémoires,* p. 264.

35. G. Troubetzkoy (ed.), *In the Service of the Tsar against Napoleon: the Memoirs of Denis Davidov, 1806-1814* (Londres, 1999), p. 85.

36. D. von Uexküll (ed.), *Arms and the Woman: the Diaries of Baron Boris Uxkull, 1812-1819* (Londres, 1966), p. 75.

37. R. Wilson, *Narrative of Events during the Invasion of Russia by Napoleon Bonaparte and the Retreat of the French Army, 1812* (Londres, 1860), p. 130.

38. Hanoteau, *Memoirs of General de Caulaincourt,* vol. I, p. 247.

39. Citado en *ibid.*, p. 252.

40. Summerfield, *Napoleon's Expedition to Russia,* p. 119.

41. Mikaberidze, *The Czar's General,* pp. 210-211.

42. H. Roeder (ed.), *The Ordeal of Captain Roeder: from the Diary of an Officer of the First Battalion of Hessian Lifeguards during the Moscow Campaign of 1812-13* (Londres, 1960), pp. 191, 201-202.

43. Wallich, *With Napoleon in Russia,* p. 45.

44. E. Lecky (ed.), *Un Général hollandais sous le premier Empire: Mémoires du Général Baron de Dedem de Gelder, 1774-1825* (París, 1900), p. 212.

45. R. Brindle (ed.), *With Napoleon's Guns: the Military Memoirs of an Officer of the First Empire* (Londres, 2005), pp. 150-151.
46. Citado en R. Wilson, *The French Invasion of Russia* (Londres, 1860), p. 366.
47. L. de Rochechouart, *Souvenirs sur la Révolution, l'Empire et la Restauration* (París, 1933), p. 222.
48. Choiseul-Gouffier, *Memoirs,* p. 150.
49. Citado en Dufour de Pradt, *Ambassade en Pologne,* p. 119.
50. Citado en L. Czartoryski (ed.), *Alexandre 1er et le Prince Czartoryski: Correspondance particulière et conversations, 1801-1823* (París, 1865), pp. 207-208.
51. Citado en Dufour de Pradt, *Histoire de l'Ambassade dans le Grand Duché de Versovie en 1812,* pp. 181-184.
52. Citado en Hanoteau, *Memoirs of General de Caulaincourt,* vol. II, p. 143.
53. Citado en *ibid.*, p. 315.
54. Hanoteau, *Mémoires de la Reine Hortense,* vol. II, p. 151.
55. Marqués de Noailles (ed.), *The Life and Memoirs of Count Molé, 1781-1855* (Londres, 1923), vol. I, p. 138.
56. J. Fouché, *Memoirs of Joseph Fouché, Duke of Otranto, Minister of the General Police of France* (Londres, 1892), p. 332.
57. Marbot, *Memoirs,* vol. II, p. 351.
58. Fouché, *Memoirs,* p. 329.
59. Hanoteau, *Memoirs of General de Caulaincourt,* vol. II, p. 347.
60. Citado en A. Villemain, *Souvenirs contemporains d'Histoire et de Littérature* (París, 1854), vol. I, pp. 290-292.
61. Hanoteau, *Memoirs of General de Caulaincourt,* vol. II, p. 352.
62. Citado en Klinkowstrom, *Memoirs of Prince Metternich,* vol. I, pp. 158-159.
63. Citado en *ibid.*, p. 166.
64. Fortescue, *Notebooks of Captain Coignet,* p. 248.
65. E. Macdonald, *Recollections of Marshal Macdonald, Duke of Tarentum,* ed. E. Rousset (Londres, 1892), p. 50.
66. Citado en Klinkowstrom, *Memoirs of Prince Metternich,* vol. I, pp. 167, 176.
67. Hanoteau, *Memoirs of General de Caulaincourt,* vol. II, p. 353.
68. Citado en Klinkowstrom, *Memoirs of Prince Metternich,* vol. I, pp. 185-186.
69. Citado en *ibid.*, pp. 185-187.
70. Citado en *ibid.*, pp. 187, 192.
71. Brindle, *With Napoleon's Guns,* p. 163.
72. Citado en Klinkowstrom, *Memoirs of Prince Metternich,* vol. I, p. 200.
73. R. Ledos de Beaufort (ed.), *Personal Recollections of the late Duc de Broglie, 1785-1820* (Londres, 1887), vol. I, pp. 228-229.
74. Citado en lady Jackson (ed.), *The Bath Archives: a Further Selection from the Diaries and Letters of sir George Jackson, K. C. H., from 1809 to 1816* (Londres, 1873), pp. 204-205.
75. Citado en Rochechouart, *Souvenirs,* p. 293.

76. Marbot, *Memoirs,* vol. II, p. 361.
77. Lecky, *Mémoires du Général Baron de Dedem,* pp. 332, 337.
78. Macdonald, *Recollections of Marshal Macdonald,* vol. II, p. 66.
79. Brindle, *With Napoleon's Guns,* p. 182.
80. A. F. L. de Viesse de Marmont, *Mémoires du Maréchal Marmont, Duc de Raguse, de 1792* à *1841* (París, 1857), vol. XVIII, pp. 295-300.
81. Citado en Jackson (ed.), *The Bath Archives,* p. 314.
82. Citado en *ibid.*, p. 361.
83. C. von Muffling, *Passages from my Life, together with Memoirs of the Campaign of 1813 and 1814* (Londres, 1853), pp. 92-93.
84. Audiffret-Pasquier, *Mémoires du Chancelier Pasquier,* vol. II, pp. 100-101.
85. L. Aldersey White (ed.), *The Adventurous Life of Count Lavallette, Bonaparte's Aide-de-Camp and Postmaster General, by Himself* (Londres, 1936), vol. II, p. 25.
86. Citado en G. Stiegler (ed.), *Memoirs of Marshal Oudinot, Duc de Reggio compiled from the Hitherto Unpublished Souvenirs of the Duchesse de Reggio* (Nueva York, 1897), pp. 252-253.
87. Rochechouart, *Souvenirs,* p. 328.
88. Marbot, *Memoirs,* vol. II, pp. 441-442.
89. H. Carnot (ed.), *Memoirs of Bertrand Barère, Chairman of the Committee of Public Safety during the Revolution* (Londres, 1896), vol. III, p. 168.
90. R. Ledos de Beaufort (ed.), *Personal Recollections of the late Duc de Broglie,* vol. I, pp. 241-242.
91. A. Beugnot (ed.), *Mémoires du Comte Beugnot, Ancien Ministre, 1783-1815* (París, 1868), vol. II, p. 68.
92. Citado en Aldersey White (ed.), *Life of Count Lavallette,* vol. II, p. 26.
93. Citado en *ibid.*
94. Citado en Beugnot, *Mémoires du Comte Beugnot,* vol. II, p. 57.
95. Aldersey White (ed.), *Life of Count Lavallette,* vol. II, pp. 26-27.
96. Jones, *In Napoleon's Shadow,* pp. 34-35.
97. Carnot (ed.), *Memoirs of Bertrand Barère,* vol. III, p. 171.
98. G. Bell, *Rough Notes of an Old Soldier,* ed. B. Stuart (Londres, 1956), p. 123.
99. *Ibid.*, p. 179.
100. Citado en Stiegler, *Memoirs of Marshal Oudinot,* p. 253.
101. Hanoteau, *Memoirs of General de Caulaincourt,* vol. III, pp. 7-9, 16-17.
102. Citado en *ibid.*, pp. 38-39.
103. L. B. de Saint-Léon, *Mémoires et Souvenirs de Charles de Pougens* (París, 1834), pp. 261-262.
104. A. Branche y A. Dagoury (eds.), *Recollections of a Parisian (Docteur Poumiès de la Siboutie) under Six Sovereigns, Two Revolutions and a Republic, 1789-1863* (Londres, 1911), pp. 122-123.
105. A. J. F. Fain, *Memoirs of the Invasion of France by the Allied Armies and of the last Six Months of the Reign of Napoleon* (Londres, 1834), pp. 161-162.
106. Citado en Stiegler, *Memoirs of Marshal Oudinot,* pp. 254-255.

CAPÍTULO 11

1. Citado en Condesa de Choiseul-Gouffier, *Historical Memoirs of the Emperor Alexander I and the Court of Russia,* ed. M. Patterson (Londres, 1904), p. 148.
2. Citado en *ibid.*, pp. 212-213.
3. Citado en *ibid.*, p. 212.
4. Citado en segundo duque de Wellington (ed.), *Supplementary Despatches, Correspondence and Memoranda of Field Marshal Arthur, Duke of Wellington, K.G.* (Londres, 1858-62; en adelante *WSD),* vol. IX, p. 64.
5. Citado en C. M. de Talleyrand-Périgord, *Memoirs of the Prince de Talleyrand,* ed. duque de Broglie (Londres, 1891), vol. II, p. 177.
6. Citado en *WSD,* vol. IX, p. 357.
7. Citado en Talleyrand, *Memoirs,* vol. II, pp. 133-134.
8. Lady Jackson (ed.), *The Bath Archives: a Further Selection from the Diaries and Letters of sir George Jackson, K. C. H., from 1809 to 1816* (Londres, 1873), vol. II, p. 240.
9. Citado en C. Webster, *The Foreign Policy of Castlereagh, 1812-1815* (Londres, 1931), p. 237.
10. Talleyrand, *Memoirs,* vol. II, pp. 135, 149.
11. Citado en *WSD,* vol. IX, p. 326.
12. Citado en *ibid.*, pp. 465-466.
13. Citado en Jackson, *Bath Archives,* vol. II, p. 464.
14. Citado en *WSD,* p. 493.
15. Citado en Jackson, *Bath Archives,* vol. II, pp. 474-475.
16. Choiseul-Gouffier, *Memoirs,* pp. 206-207.
17. Talleyrand, *Memoirs,* vol. II, p. 179.
18. Citado en M. K. Oginski, *Mémoires de Michel Oginski sur la Pologne et Les Polonais depuis 1788 jusqu'à la fin de 1815* (París, 1827), vol. IV, pp. 213-214.
19. Citado en *WSD,* vol. IX, pp. 467-468.
20. Citado en *ibid.*, pp. 268-73.
21. A. Butler (ed.), *Memoirs of Baron Thiébault, late Lieutenant-General in the French Army* (Londres, 1896), vol. II, pp. 408-410.
22. Citado en Webster, *Foreign Policy of Castlereagh,* p. 249.
23. P. Jones (ed.), *In Napoleon's Shadow: being the First English-Language Edition of the Complete Memoirs of Louis-Joseph Marchand, Valet and Friend of the Emperor, 1811-1821* (San Francisco, 1998), pp. 126-130.
24. *Ibid.*, p. 138.
25. Citado en G. Stiegler (ed.), *Memoirs of Marshal Oudinot, Duc de Reggio compiled from the Hitherto Unpublished Souvenirs of the Duchesse de Reggio* (Nueva York, 1897), p. 296.
26. E. Macdonald, *Recollections of Marshal Macdonald, Duke of Tarentum,* ed. E. Rousset (Londres, 1892), vol. II, p. 248.
27. Butler (ed.), *Memoirs of Baron Thiébault,* vol. II, p. 419.

28. A. Branche and A. Dagoury (ed.), *Recollections of a Parisian (Docteur Poumiès de la Sihoutie) under Six Sovereigns, two Revolutions and a Republic, 1789-1863* (Londres, 1911), p. 147.

29. J. Hanoteau (ed.), *Mémoires de la Reine Hortense* (París, 1927), vol. II, p. 338.

30. *Ibid.*, p. 355.

31. Citado en M. de Klinkowstrom (ed.), *Memoirs of Prince Metternich, 1733-1815* (Londres, 1880), vol. I, pp. 254-255.

32. Hanoteau (ed.), *Mémoires de la Reine Hortense,* vol. II, p. 354.

33. Branche y Dagoury, *Recollections of a Parisian,* pp. 148-149.

34. Butler (ed.), *Memoirs of Baron Thiébault,* vol. II, p. 421.

35. J. Fortescue (ed.), *The Notebooks of Captain Coignet, Soldier of the Empire* (Londres, 1989), pp. 272-273.

36. Citado en Branche y Dagoury (ed.), *Recollections of a Parisian*, p. 148. Aparentemente usado aquí en el sentido de «limpieza», «blanco» es, por supuesto, una referencia a los monárquicos.

37. L. Aldersey White, *The Adventurous Life of Count Lavallette, Bonaparte's Aide-de-Camp and Postmaster-General, by Himself* (Londres, 1936), vol. II, p. 97.

38. Citado en lady Granville (ed.), *lord Granville Leveson Gower, First Earl Granville: Private Correspondence,1781 to 1821* (Londres, 1916), vol. II, p. 526.

39. Citado en Stiegler, *Memoirs of Marshal Oudinot,* pp. 307-309.

40. Citado en *WSD,* vol. IX, p. 625.

41. Aldersey White, *Life of Count Lavallette,* vol. II, p. 94.

42. Hanoteau, *Mémoires de la Reine Hortense,* vol. II, p. 355.

43. S. Monick (ed.), *The Iberian and Waterloo Campaigns: the Letters of Lieutenant James Hope, 92nd (Highland) Regiment, 1811-1815* (Heathfield, 2000), p. 272.

44. *Ibid.*, p. 214.

45. Citado en J. Kincaid, *Adventures in the Rifle Brigade in the Peninsula, France and the Netherlands from 1809 to 1815,* ed. I. Fletcher (Staplehurst, 1998), p. 345.

46. R. N. Buckley (ed.), *The Napoleonic War Journal of Captain Thomas Henry Browne, 1807-1816* (Londres, 1987), p. 281.

47. Citado en R. Weigall (ed.), *Correspondence of lord Burghersh, afterwards Eleventh Earl of Westmoreland, 1808-1840* (Londres, 1912), pp. 94-95.

48. J. Leach, *Rough Sketches in the Life of an Old Soldier during a Service in the West Indies, at the Siege of Copenhagen in 1807, in the Peninsula and the South of France in the Campaigns from 1808 to 1814 with the Light Division, [and] in the Netherlands in 1815, including the Battles of Quatre Bras and Waterloo* (Londres, 1831), pp. 393-394.

49. Kincaid, *Adventures in the Rifle Brigade,* pp. 342, 347.

50. Fortescue (ed.), *Notebooks of Captain Coignet,* p. 280.

51. N. Bentley (ed.), *Selections from the Reminiscences of Captain Gronow* (Londres, 1977), p. 53.

52. C. Mercer, *Journal of the Waterloo Campaign kept throughout the Campaign of 1815,* ed. J. Fortescue (Londres, 1927), pp. 200-212 *passim.*

53. B. Liddell Hart (ed.), *The Letters of Private Wheeler, 1809-1828* (Londres, 1951), p. 178.

54. Citado en Klinkowstrom, *Memoirs of Prince Metternich,* vol. I, p. 162.

55. Citado en Webster, *Foreign Policy of Castlereagh,* p. 387.

BIBLIOGRAFÍA

Fuentes primarias

a) Publicaciones oficiales, colecciones documentales, etc.

Abbot, C. (ed.), *The Diary and Correspondence of Charles Abbot, lord Colchester, Speaker of the House of Commons, 1802-1817* (Londres, 1861).

Baring, H. (ed.), *The Diary of the Right Hon. William Windham, 1784 to 1810* (Londres, 1866).

Bickley, F., *Historical Manuscripts Commission Report on the Manuscripts of Earl Bathurst preserved at Cirencester Park* (Londres, 1923).

Brotonne, L. de, *Dernières Lettres Inédites de Napoléon* (París, 1903).

Casse, A. du (ed.), *Mémoires et Correspondance Politique et Militaire du Prince Eugène* (París, 1858).

— (ed.), *Mémoires et Correspondance Politique et Militaire du Roi Joseph* (París, 1854-1856).

Chair, S. de, *Napoleon on Napoleon: an Autobiography of the Emperor* (Londres, 1992).

Chuquet, A., *Ordres et Apostilles de Napoléon, 1799-1815* (París, 1911).

Correspondance de Napoléon I publiée par Ordre de l'Empereur Napoléon III (París, 1858-1869).

Czartoryski, L. (ed.), *Alexandre 1er et le Prince Czartoryski: Correspondance particulière et Conversations, 1801-1823* (París, 1865).

Francis, B., y E. Keary (ed.), *The Francis Letters* (Londres, s.f.).

González-Aller, J. I. (ed.), *La Campaña de Trafalgar, 1804-1805: Corpus documental conservado en los Archivos Españoles* (Madrid, 2004).

Granville, Lady (ed.), *lord Granville Leveson Gower, First Earl Granville: Private Correspondence, 1781 to 1821* (Londres, 1916).

Greig, J. (ed.), *The Farington Diary* (Londres, 1923).

Gurwood, J., *The Dispatches of Field Marshal the Duke of Wellington during his various Campaigns in India, Denmark, Portugal, Spain, the Low Countries and France from 1789 to 1815* (Londres, 1852).

Hargreaves-Mawdesley, W. (ed.), *Spain under the Bourbons, 1700-1833: a Collection of Documents* (Londres, 1973).

Hayter, A. (ed.), *The Backbone: Diaries of a Military Family in the Napoleonic Wars* (Bishop Auckland, 1993).

Howard, J., *Letters and Documents of Napoleon: the Ride to Power* (Londres, 1961).

Jennings, L. (ed.), *The Croker Papers: the Correspondence and Diaries of the Right Honourable John Wilson Croker, LL.D, F.R.S., Secretary to the Admiralty from 1809 to 1830* (Londres, 1884).

Johnston, R. (ed.), *In the Words of Napoleon: the Emperor Day-by-Day* (Londres, 2002).

Lecestre, L. (ed.), *Lettres inédites de Napoléon 1er, an VIII-1815* (París, 1897).

Londonderry, marquesa de (ed.), *Correspondence, Despatches and other Papers of Viscount Castlereagh, Second Marquess of Londonderry* (Londres, 1848-1853).

Malmesbury, tercer conde de (ed.), *Diaries and Correspondence of James Harris, First Earl of Malmesbury* (Londres, 1844).

Markham, J. D. (ed.), *Imperial Glory: the Bulletins of Napoleon's Grande Armée, 1805-1814* (Londres, 2003).

Martin, M. (ed.), *The Dispatches and Correspondence of the Marquess Wellesley, K. G., during His Lordship's Mission to Spain as Ambassador Extraordinary to the Supreme Junta in 1809* (Londres, 1838).

Minto, conde de (ed.), *Life and Letters of sir Gilbert Elliot, First Earl of Minto, from 1751 to 1806* (Londres, 1874).

Paget, A. (ed.), *The Paget Papers: Diplomatic and other Correspondence of the Right Hon. sir Arthur Paget,* G. C. *B., 1794-1807* (Londres, 1896).

Roncière, C. de la (ed.), *The Letters of Napoleon to Marie-Louise* (Londres, 1935).

Rosebery, conde de (ed.), *The Wellesley Papers: the Life and Correspondence of Richard Colley Wellesley, Marquess Wellesley, 1760-1842* (Londres, 1914).

Rosebery, conde de (ed.), *The Windham Papers: the Life and Correspondence of the Rt. Hon. William Windham, 1750-1810* (Londres, 1913).

Stuart, D. M., *Dearest Bess: the Life and Times of Lady Elizabeth Foster, afterwards Duchess of Devonshire, from her Unpublished Journals and Correspondence* (Londres, 1955).

Thompson, J. M. (ed.), *Napoleon's Letters* (Londres, 1934).

Thompson, W. (ed.), *An Ensign in the Peninsular War: the Letters of John Aitchison* (Londres, 1981).

Weigall, R. (ed.), *Correspondence of lord Burghersh, afterwards Eleventh Earl of Westmoreland, 1808-1840* (Londres, 1912).

Wellington, segundo duque de (ed.), *Supplementary Despatches, Correspondence and Memoranda of Field Marshal Arthur, Duke of Wellington K. G.* (Londres, 1858-1872).

b) Diarios, memorias, recuerdos personales

Alcalá Galiano, A. (ed.), *Memorias de Don Antonio Alcalá Galiano* (Madrid, 1886).

Aldersey White, L. (ed.), *The Adventurous Life of Count Lavallette, Bonaparte's Aide-deCamp and Postmaster-General, by Himself* (Londres, 1936).

Anón., *Leaves from the Diary of an Officer of the Guards* (Londres, 1854).

Arcola, M. (ed.), *Memorias de Juan de Escóiquiz* (Madrid, 1957).

Audiffret-Pasquier, duque de (ed.), *Mémoires du Chancelier Pasquier - Première Partie: Révolution, Consulat, Empire* (París, 1895-1914).

Barrès, M. (ed.), *Memoirs of a French Napoleonic Officer: Jean-Baptiste Barrès, Chasseur of the Imperial Guard* (Londres, 1955).

Barrière, M. (ed.), *Mémoires de M. le Comte de Vaublanc* (París, 1883).

Baudus, M., *Etudes sur Napoléon* (París, 1841).

Bell, A., *Memoirs of Baron Lejeune, Aide-de-Camp to Marshals Berthier, Davout and Oudinot* (Londres, 1897).

Bell, G., *Rough Notes of an Old Soldier,* ed. B. Stuart (Londres, 1956).

Bentley, N. (ed.), *Selections from the Reminiscences of Captain Gronow* (Londres, 1977).

Berazaluce, A. (ed.), *Recuerdos de la vida de Don Pedro Agustín Girón* (Pamplona, 1978).

Beugnot, A. (ed.), *Mémoires du Comte Beugnot, Ancien Ministre, 1783-1815* (París, 1868).

Blanco White, J., *Cartas de España,* ed. V. Llorens y A. Garnica (Madrid, 1972).

Bourgoing, J. F. de, *A Modern State of Spain* (Londres, 1808).

Bourrienne, Louis F. de, *Memoirs of Napoleon Bonaparte,* ed. E. Sanderson (Londres, 1903).

Branche, A., y A. Dagoury (eds), *Recollections of a Parisian (Docteur Poumiès de la Siboutie) under Six Sovereigns, Two Revolutions and a Republic, 1789-1863* (Londres, 1911).

Brett-James, A. (ed.), *1812: Eyewitness Accounts of Napoleon's Defeat in Russia* (Londres, 1966).

Brindle, R. (ed.), *With Napoleon's Guns: the Military Memoirs of an Officer of the First Empire* (Londres, 2005).

Buckley, R. N. (ed.), *The Napoleonic War Journal of Captain Thomas Henry Browne, 1807-1816* (Londres, 1987).

Bunbury, H., *Narratives of some Passages in the Great War with France* (Londres, 1854).

Butler, A. (ed.), *The Memoirs of Baron Thiébault, late Lieutenant-General in the French Army* (Londres, 1896).

Carnot, H. (ed.), *Memoirs of Bertrand Barère, Chairman of the Committee of Public Safety during the Revolution* (Londres, 1896).

Cases, E. Las, *Mémorial de Sainte Hélène,* ed. G. Walter (París, 1956).

Chaptal, J. A., *Mes Souvenirs sur Napoléon,* ed. A. Chaptal (París, 1893).

Chlapowski, D., *Mémoires sur les Guerres de Napoléon, 1806-1813* (París, 1908).

Choiseul-Gouffier, condesa de, *Historical Memoirs of the Emperor Alexander I and the Court of Russia, ed.* M. Patterson (Londres, 1904).
Clarette, J. (ed.), *From Valmy to Waterloo: Extracts from the Diary of Captain Charles François, a Soldier of the Revolution and Empire* (Londres, 1906).
Clausewitz, K. von, *On War*, ed. A. Rapoport (Londres, 1968).
—, *The Campaign of 1812 in Russia* (Londres, 1943).
Coignet, J. R., *The Notebooks of Captain Coignet, Soldier of the Empire* (Londres, 1985).
Doppet, F. A., *Mémoires Politiques et Militaires du Général Doppet* (París, 1824).
Dufour de Pradt, D., *Histoire de l'Ambassade dans le Grand Duché de Varsovie en 1812* (París, 1815).
Duruy, G. (ed.), *Memoirs of Barras, Member of the Directorate* (Londres, 1895).
Fain, A. J. F., *Memoirs of the Invasion of France by the Allied Armies and of the last Six Months of the Reign of Napoleon* (Londres, 1834).
Fézensac, R. de, *A Journal of the Russian Campaign of 1812* (Londres, 1812).
Fleischmann, W. A. von, *Mémoires du Comte Miot de Melito, Ancien Ministre, Ambassadeur, Conseilleur d'Etat et Membre de l'Institut, 1788-1815* (París, 1858).
Fleuriot de Langle, P. (ed.), *Napoleon at St Helena: Memoirs of General Bertrand, Grand-Master of the Palace* (Londres, 1953).
Fortescue, J. (ed.), *The Notebooks of Captain Coignet, Soldier of the Empire* (Londres, 1928).
Fouché, J., *Memoirs of Joseph Fouché, Duke of Otranto, Minister of the General Police of France* (Londres, 1892).
Foy, M., *History of the War in the Peninsula under Napoleon* (Londres, 1827).
Gill, J. (ed.), *A Soldier for Napoleon: the Campaigns of Lieutenant Franz Joseph Haussmann, Seventh Bavarian Infantry* (Londres, 1998).
Godoy, M. de, *Cuenta dada de su Vida Política por Don Manuel de Godoy, Príncipe de la Paz, o sea Memorias Críticas* y *Apologéticas para la Historia del Reinado del Señor Carlos IV de Borbón*, ed. C. Seco Serrano (Madrid, 1956).

Gohier, L. J., *Mémoires de Louis-Jerome Gohier, Président du Directoire au 18 Brumaire* (París, 1824).
Gotteri, N. (ed.), La *Mission de Lagarde, Policier de l'Empereur, pendant la Guerre d'Espagne, 1809-1811* (París, 1991).
Hanoteau, J. (ed.), *Mémoires de la Reine Hortense* (París, 1927).
— (ed.), *Memoirs of General de Caulaincourt, Duke of Vicenza* (Londres, 1935).
Hellman, G. S. (ed.), *Memoirs of the Cmte. de Mercy Argenteau, Napoleon's Chamberlain and his Minister Plenipotentiary to the King of Bavaria* (Nueva York, 1917).
Holland, Henry Edward, lord, *Foreign Reminiscences* (Londres, 1850).
Holland, Henry Richard, lord, *Memoirs of the Whig Party during my Time,* ed. Henry Edward, lord Holland (Londres, 1852).
Hulot, J. L., *Souvenirs Militaires du Baron Hulot, Général d'Artillerie, 1773-1843* (París, 1886) Ideville, H. d' (ed.), *Memoirs of Colonel Bugeaud from his Private Correspondence and Original Documents, 1784-1814* (Worley Publications facsimile edition, 1998).
Ilchester, conde de (ed.), *The Journal of Elizabeth, Lady Holland, 1791-1811* (Londres, 1909).
—, *The Spanish Journal of Elizabeth, Lady Holland* (Londres, 1910).
Jackson, lady (ed.), *The Bath Archives: a Further Selection from the Diaries and Letters of sir George Jackson, K. C. H., from 1809 to 1816* (Londres, 1873).
Jones, B. T. (ed.), *Napoleon's Army: the Military Memoirs of Charles Parquin* (Londres, 1987).
Jones, P. (ed.), *Napoleon: How He Did It — the Memoirs of Baron Fain, First Secretary of the Emperor's Cabinet* (San Francisco, 1998).
— (ed.), *In Napoleon's Shadow: being the First English-Language Edition of the Complete Memoirs of Louis-Joseph Marchand, Valet and Friend of the Emperor, 1811-1821* (San Francisco, 1998).
Jonnes, M. de, *Adventures in the Revolution and under the Consulate,* ed. J. Fortescue (Londres, 1919).
Junot, L., *Mémoires de la Duchesse d'Abrantes,* ed, G. Girard (París, 1928-1930).
Kincaid, J., *Adventures in the Rifle Brigade in the Peninsula, France and the Netherlands from 1809 to 1815,* ed. I. Fletcher (Staplehurst, 1998).

Klinkowstrom, M. de (ed.), *Memoirs of Prince Metternich, 1733-1815* (Londres, 1880).

Labaume, E., *A Circumstantial Narrative of the Campaign in Russia* (Londres, 1815).

Lahovary C. P. (ed.), *Mémoires de l'Amiral Paul Tchitchagof, Commandant en chef de l'Armée du Danube, Gouverneur des Principautés de Moldavie et de Valachie en 1812* (París, 1909).

Larpent, G. (ed.), *The Private Journal of Judge-Advocate F. S. Larpent, attached to Wellington's Headquarters, 1812-1814* (Londres, 1853).

Leach, J., *Rough Sketches in the Life of an Old Soldier during a Service in the West Indies, at the Siege of Copenhagen in 1807, in the Peninsula and the South of France in the Campaigns from 1808 to 1814 with the Light Division, [and] in the Netherlands in 1815, including the Battles of Quatre Bras and Waterloo* (Londres, 1831).

Lecky, E. (ed.), *Un Général hollandais sous le premier Empire: Mémoires du Général Baron de Dedem de Gelder, 1774-1825* (París, 1900).

Ledos de Beaufort, R. (ed.), *Personal Recollections of the late Duc de Broglie, 1785-1820* (Londres, 1887).

Liddell Hart, B. (ed.), *The Letters of Private Wheeler, 1809-1828* (Londres, 1951).

Macdonald, E., *Recollections of Marshal Macdonald, Duke of Tarentum,* ed. E. Rousset (Londres, 1892).

Marbot, M. de, *The Memoirs of Baron de Marbot* (Londres, 1891).

Marcén, J. (ed.), *El manuscrito de Matías Calvo: Memorias de un monegrino durante la Guerra de la Independencia* (Zaragoza, 2000).

Maurice, J. (ed.), *The Diary of sir John Moore* (Londres, 1904).

Mercer, C., *Journal of the Waterloo Campaign kept throughout the Campaign of 1815,* ed. J. Fortescue (Londres, 1927).

Mikaberidze A., (ed.), *The Czar's General: the Memoirs of a Russian General in the Napoleonic Wars* (Londres, 2005).

Monick, S. (ed.), *Douglas' Tale of the Peninsula and Waterloo* (Londres, 1997).

Monick S. (ed.), *The Iberian and Waterloo Campaigns: the Letters of Lieutenant James Hope, 92nd (Highland) Regiment, 1811-1815* (Heathfield, 2000).

Montesquieu-Fézensac, R. de, *Souvenirs Militaires de 1808 à 1814* (París, 1863).
Morsier-Kotthaus, S. de, *Memoirs of the Comtesse de Boigne* (Londres, 1956).
Muffling, C. von, *Passages from my Life, together with Memoirs of the Campaign of 1813 and 1814* (Londres, 1853).
Muller, W., *Relation of the Operations and Battles of the Austrian and French Armies in the Year 1809* (Londres, 1810).
Noailles, marqué de (ed.), *The Life and Memoirs of Count Molé, 1781-1855* (Londres, 1923).
North, J., *In the Legions of Napoleon: the Memoirs of a Polish Officer in Spain and Russia, 1808-1813* (Londres, 1999).
— (ed.), *With Napoleon in Russia: the Illustrated Memoirs of Major Faber du Faur, 1812* (Londres, 2001).
Oginski, M. K., *Mémoires de Michel Oginski sur la Pologne et les Polonais depuis 1788 jusqu'à la fin de 1815* (París, 1827).
Raeff, M. (ed.), *The Diary of a Napoleonic Foot Soldier* (Moreton-in-Marsh, 1991).
Rambaud, J. de (ed.), *Memoirs of the Comte Roger de Damas, 1787-1806* (Londres, 1913).
Rémusat, C. de, *Mémoires de Madame de Rémusat, 1802-1808,* ed. P. de Rémusat (París, 1884).
Rocca, A. J. M. de, *Memoirs of the War of the French in Spain,* ed. P. Haythornthwaite (Londres, 1990).
Roeder, H. (ed.), *The Ordeal of Captain Roeder: from the Diary of an Officer of the First Battalion of Hessian Lifeguards during the Moscow Campaign of 1812-13* (Londres, 1960).
Roederer, P., *Mémoires sur la Révolution, le Consulat et l'Empire,* ed. O. Aubry (París, 1942).
Saint-Hilaire, E. de, *Souvenirs intimes du Temps de l'Empire* (París, 1860).
Saint-Léon, L. B. de, *Mémoires et Souvenirs de Charles de Pougens* (París, 1834).
Sarrazin, J., *History of the War in Spain and Portugal from 1807 to 1814* (Londres, 1815).
Sherer, J. M., *Recollections of the Peninsula* (Londres, 1825).
Soltyk, R., *Operations of the Polish Army during the 1809 Campaign in Poland,* ed. G. Nafziger (Westchester, Ohio, 2002).

Spring, L. (ed.), *An Englishman in the Russian Army, 1807; the Journal of Colonel James Bathurst during the East Prussia Campaign, 1807* (Woking, 2000).

Staël, A. L. G. de, *Considérations sur les Principaux Evénements de la Révolution Française* (Londres, 1819).

Stanhope, conde de, *Notes of Conversations with the Duke of Wellington, 1831-1851* (Londres, 1888).

Stiegler, G. (ed.), *Memoirs of Marshal Oudinot, Duc de Reggio compiled from the Hitherto Unpublished Souvenirs of the Duchesse de Reggio* (Nueva York, 1897).

Stryienski, C. (ed.), *Mémoires de la Comtesse Potocka, 1794-1820* (París, 1911).

Suchet, L. G., *Memoirs of the War in Spain from 1808 to 1814* (Londres, 1829).

Summerville, C. J. (ed.), *Napoleon's Expedition to Russia: the Memoirs of General de Ségur* (Londres, 2003).

Talleyrand-Périgord, C. M. de, *Memoirs of the Prince de Talleyrand,* ed. duque de Broglie (Londres, 1891).

Thibaudeau, A., *Bonaparte and the Consulate,* ed. G. Fortescue (Londres, 1908).

Tour du Pin, marquesa de la, *Recollections of the Revolution and the Empire,* ed. W. Geer (Londres, 1921).

Toreno, conde de, *Historia del Levantamiento, Guerra* y *Revolución de España,* ed. L. Augusto de Cueto (Madrid, 1953).

Troubetzkoy, G. (ed.), *In the Service of the Tsar against Napoleon: the Memoirs of Denis Davidov, 1806-1814* (Londres, 1999).

Uexküll, D. von (ed.), *Arms and the Woman: the Diaries of Baron Boris Uxkull, 18121819* (Londres, 1966).

Verner, W., *A British Rifleman: the Journals and Correspondence of Major George Simmons, Rifle Brigade, during the Peninsular War and the Campaign of Waterloo* (Londres, 1899).

Viesse de Marmont, A. F. L. de, *Mémoires du Maréchal Marmont, Duc de Raguse, de 1792 a 1841* (París, 1857).

Villemain, A., *Souvenirs contemporains d'Histoire et de Littérature* (París, 1854).

Wallich, W. (ed.), *With Napoleon in Russia, 1812: the Diary of Lieutenant H. A. Vossler, a Soldier of the Grande Armée, 1812-1813* (Londres, 1969).

Williams, O. (ed.), *In the Wake of Napoleon: being the Memoirs of Ferdinand von Funck, Lieutenant-General in the Saxon Army and Adjutant General to the King of Saxony* (Londres, 1931).
Wilson, A., (ed.), A *Diary of St Helena (1816-1817): the Journal of Lady Malcolm containing the Conversations of sir Pulteney Malcolm with Napoleon* (Londres, 1899).
Wilson, R., *Brief Remarks on the Character and Composition of the Russian Army and a Sketch of the Campaigns in Poland in the years 1806 and 1807* (Londres, 1810).
Wilson, R., *Narrative of Events during the Invasion of Russia by Napoleon Bonaparte and the Retreat of the French Army, 1812* (Londres, 1860).

FUENTES SECUNDARIAS

Acton, H., *The Bourbons of Naples, 1734-1825* (Londres, 1956).
Adams, A., *Napoleon and Russia* (Londres, 2006).
Adkins, L. y R. Adkins, *The War for all the Oceans: from Nelson at the Nile to Napoleon at Waterloo* (Londres, 2007).
Adkins, R., *Trafalgar: the Biography of a Battle* (Londres, 2004).
Aftalion, F., *The Revolution: an Economic Interpretation* (Cambridge, 2000).
Alexander, R., *Bonapartism and Revolutionary Tradition in France: the Fédérés of 1815* (Cambridge, 1991).
—, «The *fédérés* of Dijon in 1815», *Historical Journal,* XXX, n.º 2 (junio 1987), pp. 367-390.
Alexander, R. S., *Napoleon* (Londres, 2001).
Alison, A., *History of Europe from the Commencement of the French Revolution to the Restoration of the Bourbons in 1815* (Londres, 1840).
Amini, I., *Napoleon and Persia: Franco-Persian Relations under the First Empire within the Context of the Rivalries between France, Britain and Russia* (Richmond, Surrey, 1999).
Arnold, E., «Some observations on the French opposition to Napoleonic conscription, 1804-1806», *French Historical Studies,* IV, n.º 4 (otoño 1966), pp. 452-461.
Arnold, J., *Marengo and Hohenlinden: Napoleon's Rise to Power* (Barnsley, 2005).

Aron, R., *Clausewitz, Philosopher of War* (Londres, 1983).
Askenazy, S., *Napoléon et la Pologne* (París, 1925).
Aston, N., *Christianity and Revolutionary Europe, c. 1750-1830* (Cambridge, 2002).
Atteridge, A. H., *Joachim Murat, Marshal of France and King of Naples* (Londres, 1911).
Barnett, C., *Britain and her Army, 1509-1970: a Military, Political and Social Survey* (Londres, 1970).
Bartlett, C. J., *Castlereagh* (Londres, 1966).
Bemis, S., *A Diplomatic History of the United States* (Nueva York, 1936).
Bergeron, L., *France under Napoleon* (Princeton, New Jersey, 1981).
Bernard, J. F., *Talleyrand: a Biography* (Londres, 1973).
Best, G., *War and Society in Revolutionary Europe, 1770-1870* (Londres, 1982).
Black, J., *European International Relations, 1648-1815* (Londres, 2002).
Black, J., *From Louis XIV to Napoleon: the Fate of a Great Power* (Londres, 1999).
—, «Napoleon's impact on international relations», *History Today*, XLVIII, n.º 2 (febrero 1998), pp. 45-51.
Blanning, T. C. W., *The French Revolutionary Wars,* 1787-1802 (Londres, 1996).
Blanning, T. C. W., *The Origins of the French Revolutionary Wars* (Londres, 1986).
Blaufarb, R., *The French* Army, *1750-1820: Careers, Talent, Merit* (Manchester, 2002).
Bond, G., *The Grand Expedition: the British Invasion of Holland in 1809* (Athens, Georgia, 1979).
Boycott-Brown, M., *The Road to Rivoli: Napoleon's First Campaign* (Londres, 2001).
Brittin Austin, P., *1812: the March on Moscow* (Londres, 1994).
—, *1812: Napoleon in Moscow* (Londres, 1995).
—, *1812: the Great Retreat* (Londres, 1996).
—, *1815: the Return of Napoleon* (Londres, 2002).
Broers, M., *Europe under Napoleon, 1799-1815* (Londres, 1996).
Bruce, E., *Napoleon and Josephine: an Improbable Marriage* (Londres, 1995).
Bryant, A., *The Years of Endurance, 1793-1802* (Londres, 1942).

Bryant, A., *Years of Victory, 1802-1812* (Londres, 1944).
Bryson, T., *Tars, Turks and Tankers: the Role of the United States Navy in the Middle East, 1800-1979* (Metuchen, New Jersey, 1980).
Buckland, C., *Friedrich von Gentz's Relations with the British Government during the Marquess Wellesley's Foreign Secretaryship of State from 1809 to 1814* (Londres, 1933).
Buckland, C., *Metternich and the British Government from 1809 to 1813* (Londres, 1932).
Burrows, S., «The struggle for European opinion in the Napoleonic Wars: British francophone propaganda, 1803-1814», *French History,* XI, n.º 1 (Marzo 1997), pp. 29-53.
Bury, J., «The end of the Napoleonic senate», *Cambridge Historical Journal,* IX, n.º 2 (1948), pp. 165-189.
Butler, I., *The Eldest Brother: the Marquess Wellesley,1760-1842* (Londres, 1973).
Butterfield, H., *Napoleon* (Londres, 1939).
Butterfield, H., *The Peace Tactics of Napoleon, 1806-1808* (Cambridge, 1959).
Carrington, D., «The achievement of Pasquale Paoli (1755-1769), and its consequences», *Consortium on Revolutionary Europe Proceedings,* XVI (1986), pp. 56-69.
Cate, C., *The War of the Two Emperors: the Duel between Napoleon and Alexander, Russia 1812* (Nueva York, 1985).
Chandler, D. G., *The Campaigns of Napoleon: the Mind and Methods of History's Greatest Soldier* (Londres, 1966).
—, «"To lie like a bulletin": an examination of Napoleon's re-writing of the history of the battle of Marengo», *Proceedings of the Annual Meeting of the Western Society for French Historical Studies,* XVIII (1991), pp. 33-44.
Chastenet, J., *Godoy, Master of Spain, 1792-1801* (Londres, 1953).
Clayton, T. y Craig, P., *Trafalgar: the Men, the Battle, the Storm* (Londres, 2004).
Chuquet, A., *La Jeunesse de Napoléon* (París, 1893).
Connelly, O., *Blundering to Glory: Napoleon's Military Campaigns* (Wilmington, Delaware, 1987).
—, *Napoleon's Satellite Kingdoms* (Nueva York, 1965).
—, *The Wars of the French Revolution and Napoleon, 1792-1815* (Londres, 2006).

Connolly, J., «Bonaparte on the bridge: a note on the iconography of passage», *Consortium on Revolutionary Proceedings,* XV (1985), pp. 45-65.

Cookson, J., *The British Armed Nation, 1793-1815* (Oxford, 1997).

Cooper, R., «Wellington and the Mahrathas in 1803», *International History Review,* XI, n.º 1 (febrero 1989), pp. 31-38.

Corrigan, G., *Wellington; a Military Life* (Londres, 2005).

Cronin, V., *Napoleon* (Londres, 1971).

Crowhurst, P., *The French War on Trade: Privateering, 1793-1815* (Londres, 1989).

Dallas, G., *The Final Act: the Roads to Waterloo* (Nueva York, 1996).

Dard, E., *Napoleon and Talleyrand* (Londres, 1937).

Deutsch, H. C., *The Genesis of Napoleonic Imperialism* (Cambridge, Massachusetts, 1938).

Dickinson, H. T. (ed.), *Britain and the French Revolution, 1789-1815* (Londres, 1989).

Dorpalen, A., «The German struggle against Napoleon: the East German view», *Journal of Modern History,* XLI, n.º 4 (diciembre 1969), pp. 485-526.

Driault, E., *La Politique Orientale de Napoléon* (París, 1904).

Duffy, C., *Borodino and the War of 1812* (Londres, 1973).

Dwyer, P., «From Corsican nationalist to French revolutionary: problems of identity in the writings of the young Napoleon, 1785-1793», *French History*, XVI, n.º 2 (junio 2002), pp. 132-152.

— (ed.), *Napoleon and Europe* (Londres, 2001).

—, «Prussia and the Armed Neutrality: the invasion of Hanover in 1801», *International History Review,* XV, n.º 4 (noviembre 1993), pp. 661-687.

—, «The politics of Prussian neutrality, 1795-1805», *German History,* XII, n.º 3 (julio 1994), pp. 351-368.

— (ed.), *The Rise of Prussia, 1700-1830* (Londres, 2000).

—, «Two definitions of neutrality: Prussia, the European states-system and the French invasion of Hanover in 1803», *International History Review,* XIX, n.º 3 (agosto 1997).

—, *The Younger Pitt, I: the Reluctant Transition* (Londres, 1983).

Ehrman, J., *The Younger Pitt, II: the Consuming Struggle* (Stanford, California, 1997).

Ellis, G., *Napoleon* (Londres, 1997).

Ellis, G., *The Napoleonic Empire* (Londres, 1991).
Emsley, C., *British Society and the French Wars, 1793-1815* (Londres, 1979).
Emsley, C., *The Longman Companion to Napoleonic Europe* (Londres, 1993).
Englund, S., *Napoleon: a Political Life* (Cambridge, Massachusetts, 2004).
Epstein, R., *Napoleon's Last Victory and the Emergence of Modern War* (Lawrence, Kansas, 1994).
Epton, N., *The Spanish Mousetrap: Napoleon and the Spanish Court* (Londres, 1973).
Esdaile, C. J., *Fighting Napoleon: Guerrillas, Bandits and Adventurers in Spain, 1808-1814* (Londres, 2004).
— (ed.), *Popular Resistance in Napoleonic Europe: Patriots, Partisans and Land Pirates* (Londres, 2004).
—, *The Duke of Wellington and the Command of the Spanish* Army (Londres, 1990).
—, *The French Wars, 1792-1815* (Londres, 2005).
—, *The Peninsular War: a New History* (Londres, 2002). (Hay trad. cast.: *La Guerra de la Independencia*, Crítica, Barcelona, 2003.)
Esdaile, C. J. y Muir, R., «Strategic planning in an age of small government: the Wars against Revolutionary France, 1793-1815» en C. Woolgar (ed.), *Wellington Studies, I* (Southampton, 1996), pp. 1-90.
—, «Latin America and the Anglo-Spanish alliance against Napoleon,1808-14», *Bulletin of Hispanic Studies,* LXIX, n.º 3 (julio 1993), pp. 55-70.
Espitalier, A., *Napoleon and King Murat* (Londres, 1912).
Eyck, F. G., *Loyal Rebels: Andreas Hofer and the Tyrolean Uprising of 1809* (Lanham, Maryland, 1986).
Fedorak, C., «Maritime vs. continental strategy: Britain and the defeat of Napoleon», *Consortium on Revolutionary Proceedings,* XX (1990), pp. 176-183.
—, «The French capitulation in Egypt and the preliminary Anglo-French treaty of peace in October 1801: a note», *International History Review,* XV, n.º 3 (agosto 1993), pp. 525-534.
—, «In search of a necessary ally: Addington, Hawkesbury and Russia, 18011804», *International History Review,* XIII, n.º 2 (mayo 1991), pp. 221-245.

Feldbaek, O., «The foreign policy of Tsar Paul I, 1800-1: an interpretation», *Jahrbücher für Geschichte Osteuropas*, XXX (1982), pp. 16-36.
Finley, M., *The Most Monstrous of* Wars: *the Napoleonic Guerrilla War in Southern Italy, 1806-1811* (Columbia, Carolina del Sur, 1994).
Fisher, H, *Napoleon* (Londres, 1912).
—, *Studies in Napoleonic Statesmanship: Germany* (Oxford, 1903).
Flayheart, W., *Counterpoint to Trafalgar: the Anglo-Russian Invasion of Naples, 1805-1806* (Colombia, Carolina del Sur, 1992).
Fletcher, I., *The Waters of Oblivion: the British Invasion of the Río de la Plata, 1806-1807* (Tunbridge Wells, 1991).
Forrest, A., *Napoleon's Men: the Soldiers of the Revolution and Empire* (Londres, 2002).
Fortescue, J., *A History of the British Army* (Londres, 1910-1930).
Fregosi, P., *Dreams of Empire: Napoleon and the First World War, 1791-1815* (Londres, 1989).
Fremont-Barnes, G., *The French Revolutionary Wars* (Motley, 2001).
— (ed.), *The Encyclopedia of the French Revolutionary and Napoleonic Wars: a Political, Military and Social History* (Santa Bárbara, California, 2006).
Fugier, A., *Napoléon et l'Espagne* (París, 1930).
Furet, F., *Revolutionary France, 1770-1780* (Londres, 1992).
Gagliardo, J. G., *Reich and Nation: the Holy Roman Empire as Idea and Reality, 17631806* (Bloomington, Indiana, 1980).
Garner, R., *The Campaign of Trafalgar* (Londres, 1997).
Gamier, J. P., *Murat, Roi de Naples* (París, 1959).
Gash, N. (ed.), *Wellington: Studies in the Military and Political Career of the First Duke of Wellington* (Manchester, 1990).
Gates, D., *The Napoleonic Wars, 1803-1815* (Londres, 1986).
Gerolymatos, A., *The Balkan Wars: Conquest, Revolution and Retribution from the Ottoman Era to the Twentieth Century and Beyond* (Nueva York, 2002).
Geyl, P., *Napoleon For and Against* (Londres, 1949).
Gill, J. H., *With Eagles to Glory*: *Napoleon and his German Allies in the 1809 Campaign* (Londres, 1992).
Glenny, M., *The Balkans, 1804-1999: Nationalism, War and the Great Powers* (Londres, 1999).
Glover, R., *Peninsular Preparation: the Reform of the British Army, 1795-1809* (Cambridge, 1963).

Grab, A., «Army, state and society: conscription and desertion in Napoleonic Italy», *Journal of Modern History,* LXVII, n.º 1 (marzo 1995), pp. 25-54.

—, *Napoleon and the Transformation of Europe* (Londres, 2003).

Gregory, D., *Sicily, the Insecure Base: a History of the British Occupation of Sicily, 1806-1815* (Londres, 1988).

—, *The Ungovernable Rock: a History of the Anglo-Corsican Kingdom and its Role in Britain's Mediterranean Strategy during the Revolutionary War, 1793-97* (Londres, 1985).

Griffith, P., *The Art of War of Revolutionary France, 1789-1802* (Londres, 1998).

Grimsted, P. K., *The Foreign Ministers of Alexander I: Political Attitudes and the Conduct of Russian Diplomacy, 1801-1825* (Berkeley, California, 1969).

Grunwald, C. de, *Baron Stein, Enemy of Napoleon* (Londres, 1940).

—, *Metternich* (Londres, 1953).

Guy, A. (ed.), *The Road to Waterloo: the British army and the Struggle against Revolutionary and Napoleonic France, 1793-1815* (Londres, 1990).

Hagemann, K., «Francophobie and patriotism: anti-French images and sentiments in Prussia and northern Germany during the anti-Napoleonic Wars», *French History,* XVIII, n.º 4 (diciembre 2004), pp. 404-425.

Hales, E., *Napoleon and the Pope* (Londres, 1962).

Hall, C. D., *British Strategy in the Napoleonic War, 1803-1815* (Manchester, 1992).

—, *Wellington's Navy: Seapower and the Peninsular War, 1808-1811* (Londres, 2004).

Hamilton Williams, D., *The Fall of Napoleon: the Final Betrayal* (Londres, 1994).

Hartley, J., *Alexander I* (Londres, 1994).

Harvey, A. D., *Britain in the Early Nineteenth Century* (Londres, 1978).

—, «European attitudes to Britain during the French Revolutionary and Napoleonic era», *History,* LXIII, n.º 109 (octubre 1978), pp. 356-365.

Hecksher, H., *The Continental System: an Economic Interpretation* (Oxford, 1922).

Henderson, E., *Blücher and the Uprising of Prussia against Napoleon, 1806-1815* (Londres, 1911).
Herold, J. C., *Bonaparte in Egypt* (Londres, 1963).
Hibbert, C., *Napoleon: his Wives and Women* (Londres, 2002).
Hilt, D., *The Troubled Trinity: Godoy and the Spanish Monarchs* (Tuscaloosa, 1987).
Hinde, *W., George Canning* (Londres, 1973).
Hitchens, K., *The Romanians, 1774-1866* (Oxford, 1996).
Hofschroer, P., *1815: the Waterloo Campaign —, Wellington, his German Allies and the Battles of Ligny and Quatre Bras* (Londres, 1998).
—, *1815: the Waterloo Campaign —, the German Victory* (Londres, 1999).
Holsti, K. J., *Peace and War: Armed Conflicts and International Order, 1648-1949* (Cambridge, 1991).
Hopton, R., *The Battle of Maida: Fifteen Minutes of* Glory (Londres, 2002).
Horgan, J., «Restoration of the Bourbon monarchy, 1813-1814: a matter of great-power self-interest», *Consortium on Revolutionary Europe Proceedings,* XXI (1991), pp. 43-55.
Horsman, R., *The War of 1812* (Londres, 1969).
Howarth, D., *Trafalgar: the Nelson Touch* (Londres, 1969).
Howarth, D., *A Near-Run Thing: the Day of Waterloo* (Londres, 1969).
James, L., *The Iron Duke: a Military Biography* (Londres, 1992).
Johnson, P., *Napoleon* (Londres, 2002).
Jorgensen, C., *The Anglo-Swedish Alliance against Napoleonic France* (Londres, 2004).
Jupp, P., *lord Grenville, 1759-1834* (Oxford, 1985).
Kastor, P., *Nation's Crucible: the Louisiana Purchase and the Creation of America* (New Haven, Connecticut, 2004).
Kauffmann, W., *British Policy and the Independence of Latin America* (Londres, 1967).
Kenney, J., «Lord Whitworth and the conspiracy against Tsar Paul I», *Slavic Review,* XXXVI, n.º 2 (junio 1977), pp. 205-219.
Kraehe, E., *Metternich's German Policy* (Princeton, New Jersey, 1963).
Kukiel, M., *Czartoryski and European Unity, 1770-1861* (Princeton, New Jersey, 1955).
Kurtz, H., «Napoleon in 1815: the second reign», *History Today,* XV, n.º 10 (octubre 1965), pp. 673-687.

Lambert, A., *Nelson: Britannia's God of War* (Londres, 2004).
Lavery, B., *Horatio, lord Nelson* (Londres, 2003).
LeDonne, J. P., *The Russian Empire and the World, 1700-1917: the Geopolitics of Expansion and Containment* (Oxford, 1997).
Lee, C., *Nelson and Napoleon: the Long Haul to Trafalgar* (Londres, 2005).
Lefebvre, G., *The Directory* (Londres, 1965).
—, *Napoleon: from 18 Brumaire to Tilsit, 1799-1807* (Nueva York, 1969).
Lefebvre, G., *Napoleon: from Tilsit to Waterloo, 1807-1815* (Nueva York, 1969).
Leggiere, M., *Napoleon and Berlin: the Napoleonic Wars in Prussia, 1813* (Londres, 2002).
Lobanov-Rostovsky, A., *Russia and Europe, 1789-1825* (Chapel Hill, Carolina del Norte, 1947).
Lovett, G., *Napoleon and the Birth of Modern Spain* (Nueva York, 1965).
Lynch, J., *Bourbon Spain, 1700-1808* (Oxford, 1989).
—, *The Spanish-American Revolutions, 1808-1826* (Nueva York, 1973).
Lynn, J., «Toward an army of honour: the moral evolution of the French army, 1789-1815», *French Historical Studies,* XVI, n.º 1 (primavera 1989), pp. 152-173.
Lyons, M., *Napoleon Bonaparte and the Legacy of the French Revolution* (Londres, 1994).
Macartney, C., *The Habsburg Empire, 1790-1918* (Londres, 1969).
Mackenzie, N., *The Escape from Elba: the Fall and Flight of Napoleon, 1814-1815* (Oxford, 1982).
Mackesy, P., *Statesmen at War: the Strategy of Overthrow, 1798-1799* (Londres, 1974).
—, *The War in the Mediterranean, 1803-1810* (Londres, 1957).
—, *War without Victory: the Downfall of Pitt, 1799-1802* (Oxford, 1994).
Madelin, L., *Talleyrand: a Vivid Biography of the Amoral, Unscrupulous and Fascinating French Statesman* (Londres, 1948).
Mahan, A. T., *The Influence of Seapower upon the French Revolution and Empire,* 1793-1812 (Londres, 1891).
Mahan, J. K., *The War of 1812* (Gainesville, Florida, 1972).

Mansel, P., «How forgotten were the Bourbons in France between 1812 and 1814?», *European Studies Review,* XIII, n.º 1 (enero 1983), pp. 13-38.
—, *Louis XVIII* (Londres, 1984).
Markham, F., *Napoleon* (Londres, 1963).
Marshall, P., *Problems of Empire: Britain and India, 1757-1813* (Londres, 1968).
Martin, A., *Napoleon the Novelist* (Cambridge, 2000).
Masson, F., *Napoleon and his Coronation,* trad. Frederic Cobb (Londres, 1911).
—, *Napoléon dans sa Jeunesse, 1769-1793* (París, 1907).
—, *Napoléon et sa Famille* (París, 1897-1919).
McGrew, R., *Paul I of Russia, 1754-1801* (Oxford, 1992).
McKay, D. y Scott, H. M; *The Rise of the Great Powers, 1648-1815* (Londres, 1983).
McLynn, F., *Napoleon: a Biography* (Londres, 1997).
Meriage, L., *Russia and the First Serbian Insurrection, 1804-1813* (Nueva York, 1987).
Mowat, R., *The Diplomacy of Napoleon* (Londres, 1924).
Muir, R., *Britain and the Defeat of Napoleon, 1807-1815* (Londres, 1996).
Murphy, O. T., «Napoleon and French old-régime politics and diplomacy», *Consortium on Revolutionary Europe Proceedings,* XX (1989), pp. 97-103.
Nicholson, H., *The Congress of Vienna: a Study of Allied Unity, 1812-1822* (Londres, 1948).
O'Dwyer, M., *The Papacy in the Age of Napoleon and the Restoration: Pius VII, 1800-1823* (Londres, 1985).
Oeschli, W., *History of Switzerland, 1499-1914* (Cambridge, 1912).
Oman, C., *A History of the Peninsular War* (Oxford, 1902-1930).
Oman, C. M. A., *Napoleon's Viceroy: Eugène de Beauharnais* (Londres, 1966).
Palmer, A., *Alexander I, Tsar of War and Peace* (Londres, 1974).
—, *Bernadotte: Napoleon's Marshal, Sweden's King* (Londres, 1990).
—, *Metternich, Councillor of Europe* (Londres, 1972).
—, *Napoleon in Russia* (Londres, 1967).
Palmer, M., *Stoddert's War: Naval Operations in the War against France, 1798-1801* (Columbia, Carolina del Sur, 1987).

Paret, P., «Napoleon as enemy», *Consortium on Revolutionary Europe Proceedings,* XIII (1983), pp. 49-61.

Parker, H., «Why did Napoleon invade Russia? A study in motivation, personality, and social Structure», *Consortium on Revolutionary Europe Proceedings,* XX (1989), pp. 86-96.

—, «The formation of Napoleon's personality: an exploratory essay», *French Historical Studies,* VII, n.º 1 (primavera 1971), pp. 6-26.

Parkinson, R., *The Fox of the North: the Life of Kutuzov, General of War and Peace* (Abingdon, 1976).

—, *The Hussar General: the Life of Blücher, Man of Waterloo* (Londres, 1975).

Parra, E. la, *Godoy: la Aventura del Poder* (Barcelona, 2002).

Pivka, O. von, *Armies of the Napoleonic Era* (Newton Abbot, 1979).

—, *Navies of the Napoleonic Era* (Newton Abbot, 1980).

Pocock, T., *Stopping Napoleon: War and Intrigue in the Mediterranean* (Londres, 2004).

Puryear, V. J., *Napoleon and the Dardanelles* (Berkeley, California, 1951).

Ragsdale, H., «A continental system in 1801: Paul I and Bonaparte», *Journal of Modern History,* XLII, n.º 1 (marzo, 1970), pp. 70-89.

—, *Détente in the Napoleonic Era: Bonaparte and the Russians* (Lawrence, Kansas, 1980).

—, «The case of Paul I of Russia: an approach to psycho-biography», *Consortium on Revolutionary Europe Proceedings,* XIX (1989), ii, pp. 617-624.

—, «Russia, Prussia and Europe in the policy of Paul I», *Jahrbücher far Geschichte Osteuropas,* XXXI (1983), pp. 81-118.

—, «Russian influence at Lunéville», *French Historical Studies,* V, n.º 3 (primavera 1968), pp. 274-284.

—, *Tsar Paul and the Question of Madness: an Essay in History and Psychology* (Nueva York, 1988).

Reddaway, W., *et al.* (ed.), *The Cambridge History of Poland, II: From Augustus II to Pilsudski, 1697-1935* (Cambridge, 1951).

Riehn, R., *1812: Napoleon's Russian Campaign* (Londres, 1991).

Riley, J. P., *Napoleon and the World War of 1813: Lessons in Coalition Warfighting* (Londres, 2000).

Roberts, A. *Napoleon and Wellington* (Londres, 2005).

Robertson, W., *France and Latin-American Independence* (Baltimore, 1939).

Robson, M., «British intervention in Portugal, 1792-1807», *Historical Research,* LXXXVI, n.º 191 (febrero 2003), pp. 93-107.

Rodger, A. B., *The War of the Second Coalition, 1798 to 1801: a Strategic Commentary* (Oxford, 1964).

Roider, K., *Baron Thugut and Austria's Response to the French Revolution* (Princeton, New Jersey, 1987).

Roider, K., «The Habsburg Foreign Ministry and political reform, 1801-1805», *Central European History,* XXII, n.º 2 (junio 1989), pp. 160-182.

Rolo, P., *George Canning: Three Biographical Studies* (Londres, 1965).

Ros, M., *Night of Fire: the Black Napoleon and the Battle for Haiti* (Nueva York, 1994).

Rose, J. H., *The Revolutionary and Napoleonic Era, 1789-1815* (Cambridge, 1907).

Rose, J. H., «British West-India commerce as a factor in the Napoleonic War», *Cambridge Historical Journal,* III, n.º 1 (1929), pp. 34-46.

Rose, J. H., «Napoleon and seapower», *Cambridge Historical Journal,* I, n.º 2 (1924), pp. 138-157.

Roselli, J., *lord William Bentinck: the Making of a Liberal Imperialist, 1774-1839* (Londres, 1974).

Ross, M., *The Reluctant King: Joseph Bonaparte, King of the Two Sicilies and Spain* (Londres, 1976).

Ross, S., «The military strategy of the Directory: the campaigns of 1799», *French Historical Studies,* V, n.º 2 (otoño 1967), pp. 170-187.

Rothenberg, G., *The Emperor's Last Victory: Napoleon and the Battle of Wagram* (Londres, 2004).

—, *Napoleon's Great Adversaries: the Archduke Charles and the Austrian Army, 1792-1814* (Londres, 1982).

—, *The Napoleonic Wars* (Londres, 2000).

Rowe, M. (ed.), *Collaboration and Resistance in Napoleonic Europe: State-Formation in an Age of Upheaval, c. 1800-1815* (Macmillan, 2003).

Rydjord, J., «British mediation between Spain and her colonies, 1811-1813», *Hispanic American Historical Review,* XXI, n.º 1 (febrero 1941), pp. 29-50.

Saul, N., *Russia and the Mediterranean, 1797-1807* (Chicago, 1970).

Schama, S., *Patriots and Liberators: Revolution in the Netherlands, 1780-1813* (Londres, 1977).
Schmitt, H., «1812*:* Stein, Alexander I and the crusade against Napoleon», Journal *of Modern History,* XXXI, n.º 4 (diciembre 1959), pp. 325-328.
Schneid, F., *Napoleon's Italian Campaigns, 1805-1815* (Westport, Connecticut, 2002).
—, *Napoleon's Conquest of Europe: the War of the Third Coalition* (Westport, Connecticut, 2005).
—, *Soldiers of Napoleon's Kingdom of Italy: Army, State and Society, 1800-1815* (Boulder, Colorado, 1995).
Schom, A., *Napoleon Bonaparte* (Nueva York, 1998).
—, *One Hundred Days: Napoleon's Road to Waterloo* (Londres, 1993).
Schroeder, P., «Napoleon's foreign policy: a criminal enterprise», *Consortium on Revolutionary Europe Proceedings,* XX (1990), pp. 104-111.
—, *The Transformation of European Politics, 1763-1848* (Oxford, 1994).
—, «An unnatural "natural alliance": Castlereagh, Metternich and Aberdeen in 1813», *International History Review,* X, n.º 4 (noviembre 1988), pp. 522-540.
Schur, N., *Napoleon and the Holy Land* (Londres, 1999).
Seeley, J. R., *Life and Times of Stein,* or *Germany and Prussia in the Napoleonic Age* (Cambridge, 1978).
Semmel, S., *Napoleon and the British* (New Haven, Connecticut, 2004).
Severn, J., «Spain, the Wellesleys and the politics of war: the Anglo-Spanish alliance, 1808-1812», *Consortium on Revolutionary Europe Proceedings,* XXV (1995), pp. 380-391.
—, *A Wellesley Affair: Richard Marquess Wellesley and the Conduct of Anglo-Spanish Diplomacy, 1809-1812* (Gainesville, Florida, 1991).
Seward, D., *Napoleon's Family* (Londres, 1986).
Sheehan, J., *German History, 1770-1866* (Oxford, 1989).
Shelah, Y., *Napoleon, 1813* (Londres, 2000).
Sherwig, J., *Guineas and Gunpowder: British Foreign Aid in the Wars with France, 17931815* (Cambridge, Massachusetts, 1969).

Showalter, D., «Hubertusberg to Auerstadt; the Prussian army in decline», *German History,* XII, n.º 3 (julio 1994).
Simms, B., «The road to Jena: Prussian high politics, 1804-6», German *History,* XII, n.º 3 (julio 1994).
—, *The Struggle for Mastery in Germany, 1779-1850* (Londres, 1998).
Simon, W., *The Failure of the Prussian Reform Movement, 1807-1819* (Nueva York, 1971).
Smith, D., *1813, Leipzig: Napoleon and the Battle of the Nations* (Leipzig, 2001) .
Smith, D., *The Decline and Fall of Napoleon's Empire* (Londres, 2005).
Sprout, H. y M., *The Rise of American Naval Power, 1776-1918* (Princeton, New Jersey, 1946).
Sutherland, D. M. G., *France, 1789-1815: Revolution and Counter-Revolution* (Londres, 1985).
Sweet, P., *Friedrich von Gentz, Defender of the Old Order* (Madison, Wisconsin, 1941).
Sydenham, M. J., *The First French Republic, 1792-1804* (Londres, 1974).
Tapié, V., *The Rise and Fall of the Habsburg Monarchy* (Londres, 1971).
Thompson, J. M., *Napoleon Bonaparte* (Londres, 1952).
Tuck, P. J. N. (ed.), *The East India Company, 1600-1858, V: Warfare, Expansion and Resistance* (Londres, 1998).
Tulard, J., *Napoleon: the Myth of the Saviour* (Londres, 1984).
—, (ed.), *L'Histoire de Napoléon par la Peinture* (París, 1991).
Turnbull, P., *Napoleon's Second Empress* (Londres, 1971).
Uffindell, A., *The Eagle's Last Triumph: Napoleon's Victory at Ligny, June 1815* (Londres, 1994).
Vandal, A., *Napoléon et Alexandre I: l'alliance russe sous le premier empire* (París, 1896).
Vincent, E., *Nelson: Love and Fame* (New Haven, Connecticut, 2003).
Vucinich W. S., (ed.), *The First Serbian Uprising, 1804-1813* (Nueva York, 1982).
Waliszewski, K., *Paul I of Russia, the Son of Catherine the Great* (Londres, 1913).
Wandycz, P., *The Lands of Partitioned Poland,1795-1918* (Seattle, Washington, 1974).
Watson, G., «The United States and the Peninsular War, 1808-1812», *Historical Journal,* XIX, n.º 4 (diciembre 1976), pp. 859-876.

Watts, S., *The Republic Reborn: War and the Making of Liberal America, 1790-1820* (Baltimore, Maryland, 1987).
Webster, C., *The Congress of Vienna, 1814-1815* (Londres, 1934).
—, *The Foreign Policy of Castlereagh, 1812-1815* (Londres, 1931).
Whitaker, A., «The retrocession of Louisiana in Spanish policy», *American Historical Review,* XXXIX (1934), pp. 454-476.
Wilson Lyon, E., «The Franco-American convention of 1800», *Journal of Modern History, XII,* n.º 3 (septiembre 1940), pp. 305-333.
Woloch, I., «Napoleonic conscription: state power and civil society», *Past and Present,* n.º III (mayo 1986), pp. 101-129.
Woolf, S., *A History of Italy, 1700-1860: the Social Constraints of Political Change* (Londres, 1979).
Zawadzki, W., «Prince Adam Czartorysky and Napoleonic France, 1801-1805: a study of political attitudes», *Historical Journal,* XVIII, n.º 2 (junio 1975), pp. 245-277.
—, «Russia and the reopening of the Polish question, 1801-1814», *International History Review, VII,* n.º 1 (febrero 1985), pp. 19-44.
Zawadzki, W. H., *A Man of Honour: Adam Czartoryski as a Statesman of Russia and Poland, 1795-1831* (Oxford, 1993).
Ziegler, P., *Addington: a Life of Henry Addington, First Viscount Sidmouth* (Londres, 1965).
Zulueta, J. de, «Trafalgar: the Spanish view», *Mariners' Mirror,* LXVI (1980), pp. 293-317.

GLOSARIO TOPONÍMICO

Abo - Turku
Abukir - Abu Qir
Acre - Akko
Alle, río - Lyna, río
Austerlitz - Slavkov
Breslau - Wroclaw
Castelnuovo - Herzegnovi
Cattaro - Kotor Constantinople
Danzig - Gdansk
Ewe - Ewia
Eylau - Bagrationovsk
Finkenstein - Illawa
Frederikshamn - Hamma
Friedland - Pravdinsk
Galatz - Galati
Glogau - Glogow
Golestán - Gulistan
Heilsberg - Lidzbark Warminski
Kolberg - Kolobrszeg
Königsberg - Kaliningrad
Kovno - Kauna
Kronstädt - Kronshtad
Kulm - Chlumec
Küstrin - Kostrzyn

Memel - Klaipeda
Nicópolis - Nikopol
Niemen, río - Neman, río
Novogrodek - Novgrudok
Ouja, río - Uzh, río
Posen - Poznan
Pressburg - Bratislava
Raab - Györ
Ragusa - Dubrovnik
Reichenbach - Dzorzoniow
Reval - Talinn
Rosetta - Rashid
Rustchuk - Ruse
Shumla - Shumen
Silistria - Silistra
Slobosia - Slobozea
Stettin - Szczecin
Sveaborg - Suomenlinna
Tauroggen - Taurage
Thorn - Torun
Tilsit - Sovetsk
Vilna - Vilnius
Vístula, río - Wisla, río
Zante - Zakynthos
Znaim - Znojmo

ÍNDICE ALFABÉTICO

LISTA DE ILUSTRACIONES

8. *El juego de las cuatros esquinas o los cinco hermanos*, 1808, Escuela Francesa, en una colección privada (foto: The Bridgeman Art Library).

9. *Napoleón recibe al zar Alejandro I, a la reina Luisa y al rey Federico Guillermo III de Prusia en Tilsit, el 6 de julio de 1807* (detalle), por Nicholas Goose en el Museo del Château de Versalles (foto: Art Archive/Dagli Orti).

10. *Boney y Talley, o el cadáver corso: el ajuste de cuentas del Carnicero*, por James Gillray, 1803, cortesía de Warden y Scholars de New College, Oxford (foto: The Bridgeman Art Library).

11. *El Dos de Mayo, Madrid, 1808*, copia de A. Álvarez de un original de Manuel Castellano en el Museo Municipal de Madrid (foto: AISA, Barcelona).

12. *La ira de Napoleón*, caricatura de la Escuela Española de principios del siglo XIX (foto: AISA, Barcelona).

13. *La rendición de Bailén, 23 de julio de 1808* (detalle), por José Casado del Alisal en El Prado, Madrid (foto: The Bridgeman Art Library).

14. *Napoleón y María Luisa en la botadura del «Friedland» en Amberes, el 2 de mayo de 1810* (detalle), por Mathieu Ignace van Bree en el Museo del Château de Versalles (foto: Lauros/Giraudon/The Bridgeman Art Library).

15. *Marineros británicos abordando un buque de guerra, el «Hermione», el 25 de octubre de 1799* (detalle), por Fry y Sutherland copiando a John Atkinson, 1815. © National Maritime Museum, Londres.

16. *Tropas equipadas con esquís en la batalla de Trangen, 1808* (detalle), por Andreas Block, *de Syv-aars-krigen el 17 de mayo 1807-1814* (pub. 1914), por Henrik Angell (foto: cortesía Forsvarsmuet, Oslo).

17. *Retrato de Petrovic, Karadjordje*, 1816, por Vladimir Borovikosky en el Museo Nacional de Belgrado.

18. *Una recepción en la corte de Selim III, en el Palacio Topkapi, Estambul*, Escuela Otomana, finales del siglo XVIII (The Art Archive/ Museo Topkapi de Estambul/Dagli Orti).

19. *El archiduque Carlos con su estado mayor en la batalla de Aspern-Essling. Mayo 1809*, 1820, por Johann Peter Krafft en la Colección del Principado, Vaduz, Liechtenstein (foto: akg-images).

20. *Batalla de Fuentes de Oñoro librada el 5 de mayo*, de *A Series of Views of the Principal Occurrences of the Campaigns in Spain and*

Portugal, 1812, por Turner según Thomas St Clair, cortesía del National Army Museum, Londres (foto: The Bridgeman Art Library).

21. *Episodio de la guera en España de 1812: Castalla*, 1837, Jean-Charles Langlois en el Museo del Château de Versalles (foto: © Photo RMN © Gérard Blot).

22. *El ataque de la caballería de Uvarov en Borodino, 1812* (detalle), por August Dezarno. © Museo Estatal del Hermitage, San Petersburgo (Inv ERI-2217).

23. *La batalla de Smolensko 17 de agosto de 1812*, por Albrecht Adam. © Museo Estatal del Hermitage, San Petersburgo (Inv OR-26980).

24. *El paso del Berezina*, 1812, *c.* 1859, por January Sucholdolski en el Museo Nacional, Poznan (foto: akg-images).

25. *Deportes de cosacos o los cazadores de Platoff poniendo el grito en el cielo en persecución de la presa francesa*, 1813, por William Elmes, en una colección privada (foto: The Bridgeman Art Library).

26. *La batalla de Hanau*, 1813, 1824 (detalle), por Emile Jean Horace Vernet, en la National Gallery, Londres (foto: The Bridgeman Art Library)

27. *El campo de Waterloo la mañana siguiente a la memorable batallla del 18 de junio de 1815*, 1817, grabada por M. Dubourg, según John Heaviside Clark, cortesía del National Army Museum, Londres (foto: The Bridgeman Art Library).

ÍNDICE

Esta obra,
publicada por Crítica,
se acabó de imprimir
en los talleres de Dédalo Offset,
el 14 de abril de 2009